1. 描绘三国协约的俄国漫画，左侧为象征法国的玛丽安娜女神，中间为象征俄国的“俄罗斯母亲”，右侧为象征英国的不列颠尼亚女神（佚名，1914）

2. 一幅描绘同盟国的漫画，图中人物从左到右依次为：德意志皇帝威廉二世、奥斯曼苏丹穆罕默德五世、保加利亚国王斐迪南一世、奥地利皇帝弗兰茨·约瑟夫一世（B. B. & O. L. G. M. B. H., 1916）

3. 1914 年 6 月 28 日，萨拉热窝事件（Achille Beltrame, 1914）

4. 凡尔登战役期间，1916 年 10 月 24 日，法军夺回杜奥蒙要塞（Henri Georges Jacques Chartier, 1916）

5. 《中毒》（John Sargent, 1919）。该油画描绘的是“一战”中遭到毒气攻击的士兵

6. 《凡尔赛条约》签署现场（William Orpen, 1919）

7. 1920 年 1 月，国际联盟开幕典礼（A. Frankl, 1920）

8. 1939 年 3 月 23 日，希特勒进入梅梅尔（佚名，1939）

9. 1940 年 5 月，敦刻尔克大撤退（佚名，1940）

10. 1940年9月7日伦敦大轰炸时的情景（New York Times Paris Bureau Collection, 1940）

11. 1944 年 5 月，奥斯维辛集中营里正在筛选匈牙利犹太人（佚名，1944）

12. 1944 年 6 月 6 日，诺曼底登陆时的情景（Robert F. Sargent, 1944）

13. 1945年5月8日，丘吉尔向人群挥手，庆祝德国投降（W. G. Horton, 1945）

14. 1963 年 6 月 26 日，美国总统肯尼迪视察柏林墙（Robert Knudsen, 1963）。前一天，他发表了著名的《柏林墙下演说》

15. 1968 年“五月风暴”期间，法国波尔多街头抗议者设置的障碍
（Tangopaso, 1968）

16. 《马斯特里赫特条约》（Creative Commons，收藏于巴伐利亚历史博物馆）

HISTORY OF MODERN EUROPE

THE END OF THE EUROPEAN ERA

1890 TO THE PRESENT

现代欧洲史

欧洲时代的终结，1890年至今

06

[美] 费利克斯 · 吉尔伯特
[美] 大卫 · 克莱 · 拉奇◎著
夏宗凤◎译

Felix Gilbert
David Clay Large

上

中信出版集团 | 北京

图书在版编目(CIP)数据

现代欧洲史.卷六,欧洲时代的终结,1890年至今 /
(美)费利克斯·吉尔伯特,(美)大卫·克莱·拉奇著;
夏宗凤,高迪迪译.-- 北京:中信出版社,2016.12(2021.4重印)
书名原文:The End of the European Era: 1890 to
the Present
ISBN 978-7-5086-7020-1

Ⅰ.①现… Ⅱ.①费… ②大… ③夏… ④高… Ⅲ.
①欧洲—历史 Ⅳ.①K5

中国版本图书馆CIP数据核字(2016)第279949号

First published in The United States of America in 1970
by W. W. Norton & Company, Inc.

现代欧洲史.卷六,欧洲时代的终结,1890年至今

著　　者:[美]费利克斯·吉尔伯特　[美]大卫·克莱·拉奇
上册译者:夏宗凤
下册译者:高迪迪
出版发行:中信出版集团股份有限公司
　　　　　(北京市朝阳区惠新东街甲4号富盛大厦2座　邮编　100029)
承 印 者: 北京通州皇家印刷厂

开　　本:787mm×1092mm　1/32　　印　　张:29.25　　字　　数:638千字　　插　　页:8
版　　次:2016年12月第1版　　印　　次:2021年4月第11次印刷
书　　号:ISBN 978-7-5086-7020-1　　京权图字:01-2021-1452
定　　价:108.00元(上下)

目录

第三章　第一次世界大战

第四章　缔造和平

第五章　稳定时期

第六章　经济危机与纳粹的兴起

第七章　面对不可避免的冲突

第八章　第二次世界大战

第九章　战后动荡期

第十章 重建与反抗：20 世纪 50 年代

第十一章 欧洲繁荣的十年：20 世纪 60 年代

第十二章　幻想破灭的年代：1967—1973

第十三章　缓和的十年：1969—1979

第十四章 20世纪80年代的西欧——困难重重

第十五章 东欧的新秩序

第十六章　大陆漂移

第十七章　欧洲及全球化的挑战

再版序言

自这本书上一次修订至今的六年中，欧洲和它周围的世界已经发生了翻天覆地的变化。而《欧洲时代的终结》再版的主要任务就是对这些变化做出阐述。

为此我重写了第十六章，现在这一章的标题是“大陆漂移”，将 20 世纪 90 年代至今主要欧洲国家国内发生的重要变化囊括其中。如今我们站在 2008 年的有利位置，可以更清楚地看到 20 世纪末所发生的标志性的转变：苏联的解体、冷战的结束，以及德国再次统一。这些转变带来的不仅仅是机遇，还伴随着挑战。我们还会看到，整个欧洲国家领导层的调整并没有使政府如预期般施展拳脚，有更大作为。在某些情况下，最近的高层变动反而对自由化和民主化的进程造成了巨大打击。

另外，再版加入了全新的一章，标题是“欧洲及全球化的挑战”。这一章审视了欧洲各国政府和扩大的欧盟如何解决各国同时遇到的问题，例如移民和人口迁移问题、经济全球化问题、环境破坏和气候变化问题及暴恐问题。当然，这些问题不仅仅发生在欧洲，因此我尝试展现的是，这些21世纪人类面临的新挑战将如何影响欧洲与非欧洲世界的关系，尤其是与美国的关系。

自《欧洲时代的终结》第五版修订以来，欧盟的规模又扩大了许多，但遗憾的是这本书不能做出同样程度的扩展，毕竟它应该方便携带，并且能够装在一般尺寸的背包里。因此我尽可能地使书中较早写成的部分更为详尽完善。在修改过程中，我加入了最新学术观点，这样讨论会变得更加有趣。

费利克斯·吉尔伯特教授已于1991年辞世，所以正如修订第五版时一样，我在修订再版时也无法获得他的亲自指导。但是，这一次我同样坚信，我对本书做出的修改与吉尔伯特教授在早期版本中定下的方向保持了一致。

大卫·克莱·拉奇

第一章

20世纪之初

20 世纪初期的一天下午，一位英国贵族，同时也是一位大地主，与客人一同站在他的大别墅阳台上，脚下的山谷中是无尽的农场、村落、铁路和煤矿，街道上拥挤着大量的工人。远处是一座山，山顶上坐落着另一栋大别墅。这位主人指着那栋别墅对客人说：“你瞧，这里除了我们就再没有其他人了。”

这是一个发人深省的故事。在一个世纪之前，这是很常见的场景，因为大地主们认为自己已经凌驾于奴隶和农民之上，认为他们毫无价值可言，尽管这些人就生活在自己的别墅或庄园中。然而到 20 世纪，随着地主阶级独裁势力的减弱，这些特别的邻居不再寄人篱下，这种公然展现的优越感也逐渐变得荒诞可笑。但与此同时，这个故事也尖锐地指出了存在社会与政治矛盾，以及导致 20 世纪动荡不安的原因；在大变革时代，统治阶级不仅没有权力阻止其他人参与政权，同时他们似乎也没有意识到这种社会变革是一种必然趋势。

人口增长

这个大地主的故事鲜明地反映了上层阶级未能及时意识到的现阶段社会的一个重大变化：工业城市人口逐渐占据重要角色，土地作用日益减弱。1871 年，德国统一改变了欧洲地图，并建立了一种新的权力平衡；1914 年，由于第一次世界大战爆发，欧洲政治生活一分为二，人口也随之增加了 2.5 亿，若算上俄罗斯人口的话，总人口竟高达 4.5 亿。1870 年后的第一个十年，人口增长还比较缓慢，而且是循序渐进的，但 19 世纪 80 年代后，增长速度迅速加快。事实上，人口增长与工业化发展有着密切联系。因此在当时，人口增长最为迅速的德国，工业化发展也是全速前进。从 1890 年到 1910 年，德国人口从 4900 万增长到了 6500 万，增长率超过 25%。而英国的工业化进程发展较早，其人口在 1914 年也高达 4200 万，比 1890 年增加了 780 万，同样达到 18% 的高增长率。就连一直以来都落后于欧洲北部地区的地中海国家人口也在高速增长，例如，1890 年，意大利人口有 3100 万，但到了 1910 年，人口增长到 3600 万。其中，人口数量差距最为明显的是俄国和法国：俄国人口增长迅速，是人口最为密集的欧洲强国。然而，法国是这个时期唯一一个人口没有增长的欧洲国家。在研究欧洲外交政策时，我们必须谨记，虽然 1914 年之前欧洲各国都没有明显的边界变化，但他们之间相互联系的内部力量却不断变动。

比起人口飞速增长，欧洲国家之间的人口迁移似乎更令人震惊。工业革命以前，欧洲的经济发展主要依靠土地；直到20世纪，农业仍然是欧洲东部及东南部地区的支配产业。然而英国和法国这两个欧洲西部国家，从18世纪末期便开始发展工业，因此从19世纪中期到1914年，两国从事农业的人口与从事工业的人口之间的数量关系基本没有发生变化。其中，英国只有10%的人口从事农业，而法国的农业人口达总人口的40%，甚至在第一次工业革命期间，农业也一直占据着重要地位。

在意大利，大部分人都从事农业生产，但从19世纪90年代

1909年，巴黎主要街道之一意大利大道的交通状况，此时汽车还没有得到大范围普及。

以来，工商业的人口比例呈现稳定增长。19 世纪末、20 世纪初，工业生产占国内生产总值的 20.2%，8 年后便增加到了 26.1%。然而社会结构变化最为明显的当属德国。在 19 世纪中期，大概有 70% 的德国人口从事农业活动，但 19 世纪 90 年代，这个比例便降低到了 35%，并且还在持续下降。若是换个角度来看这些统计数字，也会十分有趣：虽然德国从事农业活动的人口占总人口的比例有所下降，但其绝对人口却并没有减少，这意味着德国数十年间的人口增长纯粹是工业劳动力的增长。虽然其他国家的这种发展并不明显，但毋庸置疑的是，人口增长的确推动了工业化进程。

事实上，上述人口增长造成的最为明显且最直接的结果是大城市数量和面积的增加。1850 年，居民数量达 200 万以上的欧洲国家不足 14 个，但到了 1910 年，这个数字已上升到 38 个。到 19 世纪末期，英国和法国的城市人口增长速度逐渐减缓，但是伦敦人口 1880 年是 500 万，到 1914 年增长到了 700 万，巴黎人口也从 200 万增加到 300 万。而对于那些在第一次世界大战爆发前的半个世纪便进入工业时代的国家来说，城市发展更加显著。1866 年，柏林只有 50 万居民，但 1914 年却超过了 200 万。此外，作为西班牙、意大利的工业首都，巴塞罗那和米兰在 1914 年时城市人口都超过了 50 万。而大煤田区、铁矿区的人口和城市居民增长最为明显。其中，法国北部的里尔市（Lille）在 1850 至 1914 年间，人口增加了一倍。截至 1914 年，里尔市已有 200 万居民，加上周边城市的人口增长，法国北部日益形成了一个大都市。在德国鲁尔区（Ruhr area）也出现了类似的大都市，例如艾森（Essen）、盖尔森基兴（Gelsenkirchen）、波鸿（Bachum）以及米尔海姆（Mülheim），相互交织，连成一片；此外，卡托维兹附近的北部西里西亚煤田区也是如此。俄国是最后融入工业化潮流的，但其城市发展却相当迅速。1863 年，俄罗斯只有 3 个城市人口超过 100 万，分别是圣彼得堡、莫斯科和基辅；40 年后，此类城市的数量增加到了 14 个。而顿涅茨盆地（Donets Basin）煤田区、铁矿区附近及高加索油田区，也逐步发展成为人口密集区。

有识之士的反抗和文化风暴

欧洲这种社会结构的变化是清晰可见的，许多社会事实或者一些统计数字都有力地证明了这一变化。尽管当时欧洲人并没有掌握这种变化的特殊本质，但他们已经意识到这种发展正逐步侵蚀着支配整个 19 世纪的设想和价值观。这种侵蚀循序渐进，直到 19 世纪末，尤其是 90 年代，一系列文学、艺术、哲学运动如春笋般涌现，不断对抗着社会传统，就连那些传统文化的拥护者和倡导者也时常受到或明或暗的抨击。

知识分子们广泛倡导批评主义，强烈要求改革教会，因为教会在本质上是旧秩序拥护者的大本营，这是有识之士进行大范围反抗最有力的证明。一些天主教和新教教会中的独立个人，例如法国的阿尔贝·沐恩、德国天主教主教凯特勒（Ketteler）、新教宫廷传道士阿道夫·斯托克（Adolf Stöcker）等，发起各种运动以团结工人阶层，然而他们发现，工人们大多生活困苦，虽然他们不反对天主教，但也不感兴趣。此后，在1891年，教皇利奥十三世（Leo XIII）发表了著名的《新事》(*Rerum Novarum*）通谕，要求宗教为工人着想。之所以发表这样一份文件，目的是要鼓励建立天主教工会，但事实上，这份文件的理论假设意义不大。与卡尔·马克思（Karl Marx，1818—1883）不同的是，教皇认为工业化的最终结果无非是寄人篱下的穷苦大众数量的增加，以及掌握在少数富人手中财富的积累。教皇声称，在这种社会背景下，政府有权力干涉或制定社会法律，以保护工人不受剥削，并改善他们的经济条件。这份通谕强烈抨击了自由主义，特别是"放任主义"（laissez-faire）的经济政策，以及依靠个人力量建立美好社会的设想。

不仅如此，教会还批判了拥护自由资产阶级掌权的价值观，而且这种社会批判逐渐贯穿于新文学艺术运动中。其中，挪威剧作家亨利克·易卜生（Henrik Ibsen，1828—1906）是世界公认的"现代戏剧之父"。他的作品结构完美、发人深省，一直活跃在19世纪八九十年代的欧洲舞台上。在他的戏剧中，易卜生抨击了当时不公平的社会生活，倾向于描写在追求社会进步过程中，男女地位的不平等和男人的无情。此外，几乎他所有的作品都在批判资产阶级的伪善，他认为资产阶级为了维持体面，不惜将自己的生活建立在谎言之上，无情地谴责甚至摧毁那些违反传统道德的人。在他看来，这才是当时最为明显也是最普遍的社会缺陷。

在易卜生的影响下，德国和英国也出现了两位著名的戏剧家，分别是格哈特·豪普特曼（Gerhart Houptman，1862—1946）、乔治·萧伯纳（George Bernard Shaw，1856—1950），他们主导了19世纪甚至到20世纪中期的戏剧舞台。19世纪90年代，豪普特曼的著作《织工》使他闻名于世。这部戏剧主要取材于19世纪前期发生的反对引进机器和建立工厂的西里西亚织工起义，包含了强烈的改革意识，批判资产阶级忽视人类为维持生计而遭受的痛苦。他的早期作品比较倾向于描写统治阶层和劳苦大众之间的冲突及为维持传统道德而导致的人间悲剧。作为一位社会主义者，豪普特曼极力倡导推翻传统旧秩序；同样，萧伯纳也是一位社会主义者，但他却是一位费边社会主义者（Fabian socialist），坚信可以通过改革而非革命来建立更好的社会秩序。萧伯纳的著作多为喜剧。起初，他喜欢选择一些现代社会题材，例如卖淫和军国主义，然后围绕对它们的讽刺与批判来建构戏剧情节。但他后期的作品比较温和，主要是揶揄统治阶层的不公平。萧伯纳早期和后期的作品基调十分不同，他曾在一部全集中将其作品称为“悲喜剧”（unpleasant and pleasant plays）。

总而言之，上述三位剧作家都摒弃了记录英雄史诗的戏剧传统，是典型的“自然主义者”，舞台上的戏剧角色都直接取材于现实生活。与此同时，这种社会现实在小说领域内也获得了巨大的发展，其中，埃米尔·左拉（Émile Zola，1840—1902）便是这时期小说界的泰斗。

他在 20 世纪连续发表作品，描绘工业化带来的社会变化。但这位年轻的小说家最关注统治阶层的衰落。而这种衰落主要表现为家庭不再作为一个机构而存在；年青一代不再致力于增加财富，而是倾向于安享富贵；道德也随之衰退，而且资产阶级也逐渐接受了贵族的行为。于是，在 19 世纪 80 年代末，托马斯 · 曼（Thomas Mann，1875—1955）创作了一部名为《布登勃洛克一家》（*Buddenbrooks*）的小说，通过对人类最深层次心理的洞悉刻画了这种资本主义的衰退过程。这部小说一度成为许多同题材小说的范本。在 19 世纪的最后十年里，豪普特曼、萧伯纳和托马斯 · 曼都凭借自己的著作闻名于世，刺激和撼动着当时的统治阶级。三十年后，他们逐渐成为文学领域的经典，并在 20 世纪 20 年代结束之前，都荣获了诺贝尔文学奖。

如果说这些作家在 20 世纪的文学界风生水起的话，那他们应该不会在 19 世纪 80 年代或者 20 世纪初得到赏识的，因为这是“崇拜颓废”的时代，人们更加推崇代表颓废的作品。在这种审美趋势的影响下，作家和诗人也会像豪普特曼或者萧伯纳一样，猛烈批判传统的资本主义道德。但不同的是，后者也许会从衰败中预见更加自由的生活和社会，但在唯美主义者看来，这只不过是工业化和人口增长的产物而已。人们对艺术与美的理解不复存在，即使存在，那也只是给予少数人的恩典，这部分人比一般人具有更加灵敏的感知。在当时，这种观念的代表人物便是奥斯卡 · 王尔德（Oscar Wilde，1854—1900），他的喜剧弥漫在 19 世纪 90 年代伦敦大大小小的剧院里。但极具讽刺意味的是，为王尔德及其喜剧喝彩的正是王尔德有意攻击或者嘲笑的那些人。

这种颓废主义也只是流行一时，便很快销声匿迹了，但一种新浪漫主义仍然在文学界保持强劲的发展势头。诗人和作家们认为，以往贵族时代的文化成就要比现代社会的文化更加卓越，因此，为了展现生活的潜力，你不应该记述当代的社会现实，而应该复原过去的美好画面。这种主题的文学作品主要集中在音乐创作方面，因为文字与音乐的结合更能让人产生一种生活在理想世界的感觉。这种新浪漫主义最杰出的代表人物是比利时的莫里斯·梅特林克（Maurice Maeterlinck，1874—1929）和奥地利的胡戈·冯·霍夫曼斯塔尔。梅特林克的《青鸟》（*Blue Bird*）讲述了追求从未实现的目标，成为整个运动的象征；霍夫曼斯塔尔 9 岁时就发表了很多诗歌，一举成为闻名整个欧洲的诗歌神童。而且，这两位诗人的主要诗歌作品都被改编成了歌剧。其中，梅特林克的《佩利亚斯与梅丽桑德》（*Pélleas et Mélisande*）被改编为法国作曲家德彪西最为成功的作品；霍夫曼斯塔尔的《玫瑰骑士》（*Der Rosekawalier*）回忆了 18 世纪的维也纳贵族，也成为理查·施特劳斯（1864—1949）的巨作。

尽管这些对过去的美好遐想不太可能出现在现代工业世界，但它仍然潜移默化地影响着 20 世纪的政治气候，以及政治团体和政党的意识形态，成为他们反对进步主义、社会主义思潮，以及滋生法西斯主义、种族主义观念的重要依据。新浪漫主义在追求以往理想化贵族时代的过程中，不仅要复兴文化成就，同时也在推崇当时英雄式的生活方式：鄙视一切物质安逸，为实现更高的理想而过艰苦的生活。其中，意大利作家、诗人加布里埃尔·邓南遮（Gabriele d'Annunzio，1863—1938）是新浪漫主义最具代表性的人物。他的小说内容脱离现实，常描绘男人们无私地投身于国家事业，生活中充满着真善美，然而这并不阻碍他的作品名噪一时，这主要得益于他作品中极强的心理洞察力及丰富且具有说服力的语言。虽然多半人已经忘记，但在19世纪末20世纪初，他的确是最有影响力的作家之一，他的作品也为人们广泛阅读。

当加布里埃尔·邓南遮名利双收之时，哲学家弗里德里希·尼采（Friedrich Nietzsche，1844—1900）也逐渐进入人们的视线。事实上，尼采的许多作品一直都得不到赏识，但却突然名噪一时，为人们广泛阅读，而尼采也成了人们茶余饭后讨论的名家。在他的作品中，邓南遮所刻画的英雄大都仿效了尼采的超人。自此以后，在邓南遮的推动下，尼采的超人哲学便成了追求权力的代名词。但实际上，尼采在这个方面的思想更为成熟。他认为天主教道德观中所赞扬的谦逊正阻碍着人类力量的发展，抑制了人类的创造能力。在他看来，只有当人们真正意识到内心本能，而不是一味遵循理想或传统法则的时候，才能形成真正的伦理准则，从而实现新的社会平等。因此，他的目标不是要创造一个人们野蛮争夺权力的世界，而是要建立一套新的伦理体系。

在尼采的作品中，对现代道德观及传统的批判大都通过诗歌的形式表现出来，这对后来的弗洛伊德产生了重大影响。在此基础上，弗洛伊德用科学证实了这样一种观念：传统的道德观已经失去了原有的公平性，不断束缚着人们的本能，而这种对本能的压抑逐步成为人类社会压迫与不公的一部分。此后，这一观念日渐发展成为当代文学及哲学趋势的重要元素。虽然弗洛伊德的理论很晚才产生影响，但他的著作《梦的解析》一经出版便闻名于世，对19世纪最后十年及20世纪初期都具有重要的意义。

一些人认为，即将到来的危机会致使文明消失。当然，这并不是所有人的想法，或者说只有一小部分欧洲人这样认为。大多数人都相信文明在不断进步，这种信仰盛行于整个18世纪和19世纪的

奥地利著名精神分析学家西格蒙德·弗洛伊德（Sigmund Freud）

大部分时间，尽管现在有所动摇，但它始终没有消失。过去所获得的成就使人们深信，只要不断进步，就能看到美好的未来。科学上的新发现及其在人类生活各个领域内的应用，使得这种信念更加坚定。为庆祝新世纪的到来，赫伯特·乔治·威尔斯（H.G.Wells）书写了诸多文章，并编辑成册，命名为《机械化与科学进程对人类生活与思想的影响预期》（*Anticipation of the Reaction of Mechanical and Scientific Process upon Human Life and Thought*）。威尔斯根据现有的科学新发现及产业开发，为人们描绘了一幅20世纪美好新世界的画面：人们更加健康，拥有更好的生活环境，可以获得来自世界各地的物品；经济调节使人类生活更加安逸，并实现充分就业。此外，书中记载的欧洲中产阶级群体关于未来的展望，也比那些主张文化悲观主义的诗人和哲学家表述得更为准确。这本书之所以备受欢迎，是因为新工业化世界的兴起使许多人受到威胁、感到压抑，从而渴望一场革命来改变现状；还有一部分人对即将到来的20世纪充满希望，这本书所描绘的世界让他们感到满足。

第二次工业革命及欧洲政治大全景

在19世纪后期，人们渴望革命，担忧大众文化会导致文化及社会的衰落，期待稳定的物质进步，而所有这些想法都因经济的发展而被放大和强化。拿破仑时代结束后，欧洲经济出现了较长时间的通货紧缩，仅在19世纪中期稍有缓和，但这种状况在1896年发生了改变。新的大型采金场在南非和克朗代克（Klondike）被发掘，刺激了货币供给，于是出现了新投资和工业活动。被称作第二次工业革命（The Second Industrial Revolution）的新发展就此拉开帷幕。这场“革命”的基础其实早在几十年前就已出现：人们找到了生产碱性钢的新方法，使得钢铁既没有生铁的硬度也没有熟铁的腐蚀性。这种进步继而推动了两种新产业的发展：电气工业和化工业。这些新的产业带来了外部生活条件的巨大改善：电灯、暖气、电车、地铁、铁路。所有这些使生活和工作在市中心成为可能，并创造了大城市出现的前提条件。这些革新同样也影响了乡村的经济，农产品的生产和销售方式发生了改变。化工业不仅生产工业肥料，而且降低了染料成本，扩大了纺织品和清洁剂的使用范围；合成纤维的出现使布料完美地过渡到批量生产。

然而，这些新产业不仅给市场带来了新商品，它们对加工过程和副产品也有重要影响。首先是在开发新能源和拓宽能源分配上发挥了巨大作用。发电站允许工厂坐落在更合理的经济位置，靠近必需的煤矿或者是市场。然后是在工厂内，电力刺激了精密仪器的发明和使用，提高了生产力并使之机械化。未经特殊培训的工人也越来越多地进入生产线，生产量随之增加。尽管石油作为能源的潜力早已被知晓，但化工业把石油转化成燃料用于战船和远洋航线上，还是在20世纪早期。钢铁生产、电气工业和化工业的进步都促成了内燃机的发明，这是第二次工业革命最具特色的奇迹。汽车和不久之后出现的飞机见证了与19世纪大不同的新时代的到来。

第二次工业革命中一个至关重要的影响因素是它使工业化成为可能。因为缺少煤和铁，过去的几个世纪似乎注定停滞在农业上。随着电气工业和化学工业的发展，煤和铁资源逐渐失去了必要性。当然，尽管现在所有的欧洲国家都进入了工业化时期，但在深度和广度上也千差万别，并且还要参照它们的地理位置、社会和经济结构、大众教育的范围和特点。实际上，这种新局势意味着英国现在开始正面临严峻的竞争，在19世纪大好年月里它垄断了欧洲市场。英国主要的竞争对手是新统一的德国，除了鲁尔和西里西亚丰富的煤铁资源外，还有生机勃勃的发电厂和化工厂。自由贸易逐渐向保护性关税过渡，也反映了形势的变化。19世纪后期，除英国外的所有欧洲国家都改为采用保护性关税政策。陆地国家担心英国作为第一个工业化国家，其所拥有的优势会阻碍它们国内的工业发展，因此至今英国不仅被排除在德国市场外，而且在世界市场上还面临来自德国、法国和其他欧洲国家的挑战。

保护主义的新浪潮凸显了第二次工业革命对国际关系和外交政策的影响。它激发了一些地区的兴趣，因为可以为国内工业提供原料。确实，在19世纪后期和20世纪前14年里，欧洲增加了超过1100万平方英里的殖民地。这些新的殖民地位于非洲和东南亚。南太平洋上的岛屿勾起了法国、德国和英国的野心；在那里，欧洲列强遇到了美国这个新对手。尽管存在一些外交危机，但争斗仍以战利品的和平瓜分而结束。在20世纪初，非洲的埃塞俄比亚、布尔共和国（Boer Republics）和摩洛哥尽管早已独立，但仍保留着君主，对这些地区控制权的竞争变得尖锐，并一直持续到20世纪。

从经济的角度看，统治这些地区比建立一个殖民帝国更重要——它们政治独立，起码依国际法的标准看是独立的，这些地区能够成为工业产品的市场。在第二次工业革命前，这些地区的经济一直由英国控制。现在德国和英国在南非展开竞争；不仅是欧洲的工业化国家，就连美国和日本这个新兴工业国也反对英国在中国的经济干预。然而出于经济和战略目的，所有大国想赢得的最大战利品是“欧洲病夫”奥斯曼帝国（Ottoman Empire）。由于政治上软弱无力，奥斯曼帝国似乎不可能抵抗外国势力的经济渗透和控制。

社会结构

尽管欧洲列强的扩张和对全球的控制似乎是第二次工业革命最显著的特征，但对于工业化的欧洲国家来说，保持国内市场比产品出口更重要。然而在每一个欧洲国家内部，本质问题都涉及使新事物适应旧事物或旧事物适应新变化，当然哪一个都困难重重。这一章开头提到贵族地主们没能力或不情愿承认庞大的工人阶级的存在，这样一个趣闻幽默地暗示了意识到一个崭新社会结构的出现是多么的困难。在这个结构中工人是新兴的决定性因素，并且直到现在，工人融入已有的社会秩序也是最重要的问题。

工人阶级

在先前的几个世纪里，一些社会群体——家仆、农奴、半自由的农民、工匠、手艺人，曾是社会上最贫弱的阶级，但到了 19 世纪末，代表无产阶级的工人们却是最下等、处境最危险的一群人。在工业革命早期，工人们生活贫困，毫无安全可言，但随着 19 世纪末经济的发展，工资开始提高，工人的生活条件也逐渐得到改善。然而，增长的工资、改善的衣食条件并未消除无产阶级生活中的苦难。

尤其是在第一次和第二次工业革命中发展起来的行业，迫使人们走出家门走进工厂，小企业逐渐减少，雇用五十人以上的大企业不断增多。工厂的工人不得不在工地附近居住，彼此为邻，他们生活的工业中心以出人意料的速度膨胀。而私人建筑者、投机商或者外居地主则控制了这些民众所居住的房源。

在英国，人们一直独户自居，但是现在这些小房子容纳了数个家庭，并且很快就变成了拥挤脏乱的贫民窟。其他国家的工人则居住在四到六层楼高的公寓里，每一层都有五六间房，一间挨着一间，毫无转身余地；中心就是一个小黑院子，没有花园或是绿地，由光秃秃的街道连接。

这些工厂普遍都很大，却没有充足的采光或通风。在工业革命头几个艰苦年头之后，工作条件才开始改善。然而，即使是在最好的时候，工厂的卫生状况也惨不忍睹，几乎没什么措施来确保工人免受职业危害。尤其是在煤矿行业，安全预防措施被完全忽视。俄国、意大利和西班牙没有限制雇用妇女儿童或避免男女工作条件悬殊的法律。经济危机、频遭解雇、大幅度的失业率在所难免，工人们毫无能力来应对这些循环往复的艰难时刻，因为工资太低，没有一丝储蓄，此时只能束手无策。在高加索（Caucasus）的油田里，工人们喜欢年轻的约瑟夫·维萨里奥诺维奇·朱加什维利（Iosif Vissarionovich Dzhugashvili），也就是后来的斯大林（Josef Stalin，1879—1953），他们晚上被关在营房里近八小时，白天则在警察的监视下工作。年轻的安奈林·贝文（Aneurin Bevan），第二次世界大战后英国劳工党杰出领袖之一，出生在威尔士的一个煤矿村里。他的哥哥死于一起在贝文看来完全能避免的矿难，他的母亲被活活饿死。工人的家庭生活，为了孩子果腹而拼死挣扎的母亲，匮乏的医疗护理，逃避现实而酩酊大醉的男人，在矿场工作的少年，劳伦斯（D. H. Lawrence）在他的小说《儿子与情人》（*Sons and Lovers*）里把这些画面表现得淋漓尽致。这位对自由生活满怀信念的英国作家就生活在中部地区的煤矿开采村庄。

生存在这种环境里的人们自然而然地惧怕这个残酷的世界，许多工人已意识到他们在经济和社会上的劣势，于是寄希望于团结，组成工会，联合行动，期待能改善他们的处境。19 世纪 90 年代，工会运动酝酿了大规模的罢工；英国工会要比欧洲大陆的工会发展得早，到 1905 年已经拥有超过 300 万成员；德国有 150 万工人联合起来；法国有 100 万。这些数字听着令人震惊，但实际上这些国家的工会中成年工人的比例甚至不足 25%。然而工会对整个工人阶

1912年，东伦敦的工人阶级住宅区。

级还是有利的，因为雇主们逐渐被要求提供更好的条件来留住他们的工人。

工会的主要活动有集体协商，在谈判失败时保证罢工者的经济援助，募集救济金来帮助失业人员、病人和老人等，以此来提高工人的物质条件。但工会也试图武装工人们为社会改良而斗争，他们组建培训学校，设立教育课程，安排假期远足。工人的生活变得有意义，这种社群感把他们从孤立无援中解救了出来。

工会运动对欧洲女性工人阶级更显重要。直到19世纪后几十年，男性工人才开始意识到，如果女工的工资一直比男性少的话，会阻碍到他们的经济进步。此前，工会一直只是男人的避难所。19世纪80年后期开始，英国和欧洲大陆工会开始大量招聘女工，以此来增强新女性成员和它们自己的势力。很大程度上因为有工会做后盾，女性工人的工作时间变短，也得到了法律上的保护。但不幸的是，女仆和计件工很难联合起来，这就意味着在这些行业几乎没什么成就。即使是在工厂里做类似的工作，女性工人得到的工资仍比男性工人低，尽管差距不再像以前那么过分。

人们不久就注意到工会在工人阶级间所产生的巨大影响。大臣和牧师们发觉，这些组织正成功壮大到与教堂相抗衡的程度，于是罗马教会的新通谕应运而生，其中教皇利奥十三世（Pope Leo XIII）就表达了对组建基督教工会的支持。尽管天主教工会从未像“自由”工会那样强劲，但它们在德国和奥地利仍是重要的政治和社会因素。

工会能够存在下去绝不是一帆风顺的，他们必须为获得认同而斗争，而这只能一步步实现：在英国是1870至1876年，在法国是1884年，在德国则是1890年之后。一些国家只允许当地的工会或为特殊行业运动而成立的工会存在，直到1906年俄国才承认工会的合法性。几乎无一国认同集体协商，罢工和纠察队频遭禁止。工会通过各种运动试图大大改善成员的生活和工作条件，但他们取得的胜利十分有限。一些工人开始意识到，真正意义上的改善还需要整个政治制度的变革：经济上的活动必须有政治领域的补充。许多工会首领认同这个观点，并在组织工人起义的政治运动中扮演了领导者的角色。

19 世纪后二十几年里，社会主义者或社会民主党在几乎所有的欧洲国家中成长起来。这些政党遵守卡尔·马克思创立的政治信条中的主要宗旨。第一次世界大战前最强有力的社会主义政党是德国的社会民主党，其纲要是由马克思的朋友兼合作者、年迈的弗里德里希·恩格斯（Friedrich Engels，1820—1895）协助完成的，被称作“爱尔福特”（Erfurt），于 1891 年以一个小镇的名字命名。爱尔福特纲要基于几条明确简单的宗旨，并逐渐成为欧洲所有社会主义党派制定纲要的模范。其基本原理就是马克思主义设想，即每一个由阶级组成的社会都由经济利益所决定，每一场政治运动其实都是不同经济集团之间的角逐。因此，不经历一场从资产阶级手中夺取政权的政治运动，工人的经济状况就不可能得到改善。政权改变，生产方式落入无产阶级手中，生产资料共同占有将取代私有制，劳动产品将按需分配，惠及所有人。

这种设想并不是虚幻的乌托邦，而是事情发展的必然结果，就像经科学调查已证实的必需且必然的结果那样。因为资本主义财富被掌控在少数人手中，受压迫成为无产阶级的人越来越多，有渠道买到商品和刺激经济的人越来越少，结果就是，资本主义制度下固有的经济危机的爆发日益频繁严重。然而，马克思主义者督促工人们不要碌碌无为地等着危机终结和资本主义的瓦解。资产阶级会以武力自保，因此工人们必须争取能够占据权力的一席之位。为了改变现状和资本主义背水一战，他们在资本主义社会里致力于政治生活的民主化。自从资本主义统治了这个世界，它的倾覆就预示了一场国际革命。于是所有国家的社会主义党派于1889年组成了一个联盟——共产国际，这些政党的代表也定期会晤。尽管共产国际的决定只是一些建议，而且也不联合单个的社会主义政党，但它的确给人们留下了深刻印象，一股超越民族的伟大力量，为了唯一的目标而奋斗。

社会主义学说吸引着战前社会的局外人——工人，但是他们也有内部矛盾：如果社会必须全部变革，那么致力于它的民主化还有意义吗？如果资本主义的瓦解是历史的必然，还有什么理由组建政党、进行政治斗争呢？由于战前政治经济的真实情况并未按马克思主义计划的那样发展，这些矛盾就更加令人困惑。经济危机没有变得更频繁或更严重。事实上，在1890—1914年间并没有发生严重的经济危机，欧洲大陆的生活水平总体呈上升趋势。到1900年，技工的工资几乎是非技术工人的两倍，他们也有了自己的积蓄。

社会主义政党和工会的增多导致了庞大官僚机构的产生，它们雇用大量公务员，需要出版社和报纸，其中一些领导人还被选举进入议会。结果是，许多政党和工会的公务员对保持组织的活力越来越感兴趣，而不再冒险开展政治运动。一些社会主义者主张以渐进而非革命的形式迈向社会主义，如果工人将来慢慢壮大成为主流人群，那么完全有可能通过一个民主的过程逐步实现向社会主义的转变。此理论的创始人是德国社会主义者爱德华·伯恩斯坦（Eduard Bernstein，1850—1932），他对19世纪英国工人阶级的处境印象深刻。这场运动被称为“修正主义”（Revisionism），尤其是在英国和德国有很大的影响力，这些国家都有高度发展的工业体系，工人也因经济进步获得了一些利益。但是西班牙、法国和俄国处于工业化初期，政府觉得工人的要求会阻碍工业化进程，因此并不给予支持。这些国家的社会主义者就完全拒绝修正主义。在共产国际会议上，修正主义的观点也备受争议，从未成为正式的社会主义信条。他们坚持的仍然是革命。

欧洲的统治集团

如果第二次工业革命把一个试图反抗现有政治秩序的新因素带入政坛，那么已建立起来的统治集团也面临在工业化社会中保持地位或适应工业化的困难。欧洲的统治集团，比如在中欧和东欧仍然势力强大的英国，都带有过去的烙印：起源于农业社会，保留着封建和世袭的观点。

在世纪之交，欧洲只有两个共和国：法国和瑞士。除此之外的国家仍普遍保留君主制，但国王拥有实际政权的程度千差万别。不管他们是否有足够的权力来影响国家的政治，国王们都名正言顺地把自己看成欧洲政治领域最重要的人物。

一位王朝成员只能与一位来自其他王朝的成员联姻，除非他们愿意放弃地位和权力。在20世纪初，英国皇家成员即使被执政君主允许娶（嫁）普通人，他们也大都和高贵家族的成员结婚了。宗教在一定程度上把王朝分成了两类。几乎所有的天主教王公都和哈

一场皇家聚会。照片中的人物包括英国国王爱德华七世和他的儿子，即后来的国王乔治五世（George Ⅴ），德国君主威廉二世，西班牙国王阿方索十三世（Alfonso ⅩⅢ），以及他们的妻子。

布斯堡家族（Habsburgs）和波旁家族（Bourbons）有亲缘关系。东正教统治下的新教徒家族通过德国的一些小王朝紧紧联系在一起，若有任何意外情况，都可以从中觅得适龄王子或公主。特别是俄国沙皇，也倾向于和新教徒家族联姻。19 世纪，子孙众多的维多利亚（Victoria）和阿尔伯特（Albert）夫妇曾与新教统治者紧密联合。英国国王爱德华七世（Edward Ⅶ）是德国君主威廉二世（William Ⅱ）和亚历山德拉（Alexandra）的叔叔，而亚历山德拉则是俄国沙皇尼古拉二世的妻子。君主的生日、婚宴及葬礼不仅是国事，更是家人重聚的时刻。1912 年威廉二世的女儿举行婚礼，俄国沙皇和皇后、英国国王和王后都相约去了柏林；几乎所有的欧洲统治者都出席了 1901 年维多利亚女王的葬礼和九年后她的儿子爱德华七世的葬礼。这些都不足为奇。

自维多利亚逝世后，欧洲最年长的君主是奥匈帝国的国王弗朗茨·约瑟夫（Francis Joseph），他于1830年出生，1848年登上皇位。他被所有统治者尊奉为总大主教。1900年他的七十岁生日、1910年他的八十岁生日、1908年的第六十个大赦年，都是皇族会晤的机会。表亲之间频频拜访，德国国王经常与沙皇见面。爱德华七世为了减肥，为了喜欢美食盛宴又保持体形，他定期去玛丽亚温泉（Marienbad）做水疗。当他经过德国时，若不安排一次与侄子威廉二世的见面就显得不礼貌了，尽管他们之间并无亲情可言。在旅途中，君主们由高官陪同，毫无疑问会谈论些政治话题。最重要的是，这种高贵的关系网使君主们有种团结一致的感觉，可以共同对抗革命的危险。但是，正如第一次世界大战所显现的那样，这并不能确保和平。

君主的存在预示了与皇权紧密相连的统治集团的存在。18世纪，欧洲大陆的君主们直接控制武装力量，并与拥有土地的贵族结盟，凭此成为独裁者。这种君主与军队、土地贵族之间的联盟一直持续到20世纪。尽管那时候选举出来的议会在政治上已产生影响力，但社会地位的判定人仍是法院，其成员部长、御前大臣、司仪，都是贵族并且大部分是古老家族的后裔。君主们通过对军官的高调升迁来维持与军队特殊的亲密关系。此外，君主与禁卫军也关系密切。他们在皇宫或者首都内部或附近地区驻扎，王位继承人和其他的王公在里面接受军事教育。这些禁卫军的长官几乎都是贵族家庭的子嗣，其中有些还与皇家成员交情甚好。如此，拥有军事价

约1880年巴黎新兴的乐蓬马歇百货公司。

值和荣誉准则的封建贵族在君主制中就成了社会准则的设定者。

因其经济和政治条件，封建贵族的显赫地位在之前的几个世纪里也合乎情理，但在工业和商业主导经济的20世纪就似乎有些怪异了，毕竟大银行家、大企业的所有者和经理才是一个国家财富和权力的创造者。然而即使是那些工业最发达的国家，农业仍在经济中占有重要地位。在欧洲大多数地方，拥有一处大庄园仍然会很富有。东普鲁士拥有庞大地产的古老家族——多纳家族（the Dohnas）虽不像鲁尔区军火制造商克虏伯家族（the Krupps）那样富裕，但仍然是德国最富有的家族之一；匈牙利的艾什泰哈齐（Esterházy）

和卡罗伊（Károlyi）家族从大庄园中获得的收入，足以让他们享受欧洲任何一个豪华的度假胜地；俄国贵族那些多得令人难以置信的巨大财富也都来自农业；一位尤苏帕夫王子（Prince Yussupov）在他少年时就乘坐特制火车游历欧洲。而且，许多贵族的土地上还开采出那时最珍贵的原料——煤。英国斯坦利家族的德比勋爵（Lord Derby），德国普勒斯（Pless）和汉克尔－唐纳斯马克（Henckel-Donnersmarck）的王公们，以及波希米亚的霍恩洛厄（Hohenlohe）家族，他们不仅是地主，同时也是工业家。此外，在法国、意大利和德国，地主们种植葡萄园和开酿酒厂所得的收入往往和大银行家、工业大亨一样多。

然而，欧洲工业和农业之间的关系依然紧张。自己的土地地理位置不好的贵族们嫉妒和蔑视资产阶级不断增加的财富；小企业所有者常抱有19世纪早期资产阶级反抗旧制度时那种反贵族的想法。但上层土地贵族和工商业最富有的成员之间却有诸多联系，这两股势力渐渐地开始联合成一个独特的统治集团。

在20世纪早期，欧洲社会还存留着前工业化、反现代的思想。关系到等级和体面的贵族荣誉、杰出的军事表现、令人羡慕的悠闲生活，还有对牟利行为的蔑视，都是这个阶段的特征。马是这个社会的重要象征。以前，马对农业、交通和战争来说不可或缺，但在科技和工业年代就会被淘汰，这样的假设也合情合理。然而，赛马仍然是最高雅的运动，皇家成员的出席更是一件荣誉倍增的大事。对富人来说，举办一场牢靠的赛马活动是踏入上流社会最可靠的方式。而被允许加入为推广赛马而成立的赛马俱乐部，则是成功进入上流社会的标志。在军队中，骑兵守卫团也是最优雅的：英国皇家骑兵身着蓝色上衣制服、头戴红色马鬃制缨子；普鲁士的“黑”轻骑兵表情严肃，头戴黑帽，身穿皮夹克；奥地利帝国的猎骑兵则穿着镶有金色纽扣的淡蓝色外套——这些制服是欧洲军队的精华。但是，在技术时代所需要的和战略思想家能预料的战争中，整个欧洲的骑兵团这种所谓的长处并不符合形势变化。因此，第一次世界大战（First World War）爆发后不久，这些装备就毫无利用价值了。彩色制服被单调的灰色军衣替代，马匹的繁殖和训练也停了下来，骑兵不得不像步兵那样作战。

中产阶级

在诸多社会群体中，“中产阶级”通常被看作工业化社会发展的驱动力。第二次工业革命之前，这个社会群体因共同的目标、利益以及信仰而团结在一起，从而促成了第二次工业革命，但最终也因为这次工业革命而崩析瓦解。现在，“中产阶级”这个术语只用来代指既不属于社会上层，也不属于社会底层的那部分人。

上层中产阶级和下层中产阶级的分离印证了这个社会群体内部缺乏团结性和凝聚力。第二次工业革命以前，在整个社会中实现经济独立的那部分社会群体被称作中产阶级，包括商人、工匠、手工业者和小店老板，尽管他们在财富方面有所不同，却拥有共同的利益而将他们与其他社会阶级区分开来。他们居住在城市里，不受拘束，而且是自己事业的掌控者。随后，工业化为企业合并与扩张提供了有利的环境。一些小店老板和工匠与时俱进，将自己的商业贸易发展成小工厂或是连锁商店。但是，绝大多数国家的小型家庭式工厂很快便被改造成合资企业，或是被相同领域内的大公司吞并。此外，一些大工厂和银行的管理高层、主管或经理的收入，已经远远超出那些还在尽量维持独立的小企业所有者。自此，这些工业企业、银行的高级员工和高薪水的自由职业者，即医生、律师、教师等，共同构成了上层资产阶级。他们渴望成为公司的负责人，从而进阶到统治阶层。

工匠、手工业者、小店老板与工业企业家和管理者之间的经济差距越来越大，不仅如此，他们还要与制造工厂和百货商店展开生存竞争。但他们并没有完全消失。许多商店，尤其是酒商、屠夫和菜贩经营的商店，都宣称拥有延续几个世纪的家族所有权。我们仍然可以在一些小镇看到生意比较兴旺的小店老板和工匠，但他们在大城市的生存却岌岌可危。在 19 世纪中期，马克思和恩格斯便预言，在一段时期内，这些小店老板和手工业者会辗转于“有望进入富裕阶层”，又“害怕落得穷人乞丐的下场”之间，但他们“最终还是会消失在现代工业发展的旋涡中”。然而，这种预测高估了现代工业消除工业化前残余产业的速度和彻底性。此外，工业化本身也会促进下层中产阶级的扩张。

工业化发展滋生了大量的白领工人，他们主要从事商业和工厂管理，也担任公职。在此期间，经济和人口增长导致官僚机构不断扩大。邮局和铁路工作人员、警员及行政人员的数量呈现稳定增长的趋势；社会对医生、律师和教师的需求也有所增长。在这种环境下，这些职业变得更具吸引力，薪酬也很高。结果，人们对这些岗位趋之若鹜。由于职位供过于求，于是在专业群体内部开始出现财富状况的巨大差异。大企业律师、刑事律师及著名的内科专家收入非常高，理所当然属于上层资产阶级；而许多律师和医生却只能依靠微薄的收入勉强度日。

德国是工业化发展导致下层中产阶级出现的最好体现，这是因为德国工业化发展最为突然，也最为迅速。1914 年，在第一次世界大战爆发之际，德国产业工人的数量已超过 1300 万，其中有一半属于下层中产阶级，包括 200 万白领工人和 200 万低级和中级公务员。

确切地说，这些下层中产阶级构成了一个差别团体，他们在职业、收入和社会地位方面都存在很大差异，以否定的方式而非肯定的方式对其下定义反而更容易一些。他们不是工人，收入比工人高，而且享受固定的工资及养老金，这些都使他们的生活有了安定的经济保障。此外，他们自身或者后代都具有向上层流动的可能性。

一直到 19 世纪，人类参与经济活动都不需要很高的教育水平，但新型工业化社会却更需要受过高度训练的专业人士——经济学家、工程师和化学家。自此，整个欧洲国家的教育系统开始发生变化。虽然基础教育也有所提升，但变化最为明显的是中学教育和大学教育。其中，中学教育主要集中在介绍自然科学和现代语言方面；而大学教育旨在培养一定数量的律师、医生、教师和公职人

皇家哈洛威学院（伦敦）女性划船俱乐部的成员正在摆出自豪的姿势（19世纪90年代）。

员，因此将教育重点从针对艺术和文学的普通教育转向科学训练和技术指导。于是，专科学院应运而生。与大学一样，这些专科学院也有权授予高等学位。此后，19 世纪早期和中期所呈现的那种由哲学家和历史学家主导大学的旧格局被彻底打破，伟大的科学发明家，例如亥姆霍兹（Helmholtz）、巴斯德（Pasteur）和利斯特（Lister）等人，逐渐登上大学舞台，成为学术生活中备受瞩目的领头人。

富裕的工商业领导人群体数量极少，想要进入他们的圈子十分困难，但也并非不可能，外部人可以凭借在化学、物理、经济和工程方面的专业技术知识进入。此外，促进经济和社会发展的最好也是唯一的方法便是拥有专业的知识和技术，而大学或者专科学院的学位又是保证学习到专业技术知识的首要条件。因此，许多中产阶级家长都希望自己的儿子能够走上在大学或专科院校学习专业知识和技术的道路。但是，这条路并不好走，因为家长不仅要花费大量金钱将孩子送到预备学校，还要支付他们在大学期间的所有花销。尽管大学学位的确十分重要，但能够接受高等教育的人仍只占少数。根据 1913 年的数据显示，第一次世界大战之前，在欧洲各国人口中，每 10000 人中只有 7 到 11 个人是大学出身。

我们在这里所说的职业和教育机会都只针对中产阶级男性。这是因为，即使出生于富裕家庭，女性也很难享受与男性同等的晋升机会，更何况是普通女性。虽然在 19 世纪的最后 25 年里，许多欧洲国家开始为女孩们提供免费的基础教育，但在他们看来，涉及高级训练的职业都应当由男人来从事，并以此为由，拒绝向女性提供更高水平的中等及大学教育。然而，女人们逐渐意识到，如果不接受更好的教育，她们对社会的贡献就只能局限于慈善工作。因此，一些出身于知识家庭的女性开始反抗，为自己争取与兄弟一同接受中等教育和大学教育的权利。但她们的斗争却被这样一种事实所阻碍：许多女性仍然赞同传统的至理名言，认为接受过多的教育不利于她们扮演作为妻子和母亲的传统角色。在一些天主教国家中，中产阶级和上层阶级的女孩们通常由修女指导，而那些试图进入公共中等学校的年轻女子则被视为教会反对者。事实上，她们的确在某种程度上反对教会权力。

尽管过程困难重重，但她们却获得了巨大的胜利。英语教育改革家艾米丽·戴维斯（Emily Davies，1830—1921）私下给女孩们授课，并指导她们顺利通过男性参加的大学考试，然后又在剑桥大学开设了专门针对女性的学院。但是，在第一次世界大战之前，剑桥大学和牛津大学的女学生不允许被授予大学学位。1893年，德国巴登州（Baden）为女性设立了第一个国家学术性高中；1900年，巴登大学也逐渐向女性开放，成为德国第一个招收女生的大学；柏林大学紧随其后，于1908年开始招收女性学生。到1914年为止，已经有4126名女性就读于德国各所大学。此外，1876年，俄国的大学也开始接收女性学生，但因一名女性在1881年参与了针对沙皇亚历山大二世的暗杀行动，俄国政府又于1881年撤销了允许女性上大学的规定，直到1905年才又重新招收女性学生。19世纪80年代，法国的公立高中开始招收女生，但政府严厉禁止女性参加非大学预备课程，所以只有极少数私立高中的毕业生可以上大学。到1913年为止，法国只有4254名女大学生，而男性大学生的数量却高达37783名。如果说欧洲各国大学生数量占总人口数量比例不高的话，那其中女大学生所占比例更是少之又少。

对于女性来说，考入欧洲医科大学尤为困难。尽管许多男人承认女性有能力从事高等大学工作，但他们还是在医学方面划定了一条女性不可逾越的界线。他们坚信，只有男人才可以从事医学领域的工作。此外，一位主张自由主义并致力于开设女性学院的英国牧师弗雷德里克·丹尼森·莫里斯（F. D. Maurice）也声称，如果大自然或者上帝都认为女性不应该担任某一领域的职责，那针对此领域的女性教育便毫无意义。正如他所说的："我们只有明确男女分工，才能维持职权的正常运行。这不是社会的约定俗成，而是上帝的旨意。"尽管如此，在 19 世纪最后的几十年里，仍有一些英国、法国和西班牙的女性不顾神圣的旨意，也没有获得相关领域的学位证明，却硬要闯入医学领域，结果可想而知。在西班牙，男学生们向第一个学习医学的女学生扔泥巴；在法国，一位女学生试图成为一名实习医师，同班同学却焚烧她的雕像以泄愤。然而，在第一次世界大战爆发前夕，由于长期缺乏医生，许多欧洲国家开始允许部分女学生（虽然数量不多）接受重要的医学课程教育。其中，尤以俄国最为明显。

政治共识的瓦解

自由主义的衰落不仅对自由主义者来说至关重要，同时还预示着一场政治思潮的变革。可以肯定的是，在 19 世纪，自由主义试图笼络人心，无奈保守思潮着实坚不可摧，一直宣扬传统价值观的重要性及对社会等级秩序的维护。但某些基本自由观点，如设立宪法的必要性、由立法机关代表人民、对基本人权的保障，也为保守党所接受。在 19 世纪后期和 20 世纪初期，初步自由前景依然是政治思想的重要组成部分。因此，当 19 世纪 90 年代阿尔弗雷德 · 德雷福斯上尉（Captain Alfred Dreyfus）在秘密军事法庭上遭受谴责时，当十年后西班牙在没有充分证据证明无政府主义者法兰西斯克·弗雷尔（Francisco Ferrer）参加了革命活动的情况下就处决他时，整个西方世界都陷入一片骚动，反抗之声此起彼伏。

自由信仰的衰落并没有直接导致基本自由主义原则的改变，而是对现实政治产生了重大影响。我们在上文中已经提到，在19世纪的最后25年里，为了对抗英国工业起步的内在优势，欧洲各国开始施行保护主义，从而抛弃了自由贸易原则。

而政府不干预经济生活是自由主义经济的另一个基本原则，但是这一原则并不符合新型工业化社会的现状和利益。从人道主义角度讲，政府干预在调节经济生活方面发挥着积极的作用。政府为工厂制定卫生标准，限定工时，保护妇女和儿童免受剥削。虽然这些政府行为似乎都在保护工人的利益，但事实上，工业领导人也希望政府能够干预经济生活，如他们签署关税表，并希望政府能够制止罢工，或至少保护破坏罢工者。而重工业的领导人则需要政府签订合同以制造枪支和军舰。此外，一些大型军火制造商，如德国的克虏伯、法国的施耐德－克勒索（Schneider-Creusot）及奥地利的斯柯达，则急于将他们的货物贩卖到世界各地，而这些军械交易都需要政府的支持。从此，经济与政治的分界线变得越来越模糊。

然而，自由主义原则受到的最大冲击，主要还是来源于社会主义的崛起，这是由于社会主义拒绝自由竞争经济，同时又增加了革命的威胁。在自由主义时代，追求个人自由是自由主义思想的重要出发点和主要目标，因此，扩大选举权和加快民主化进程是自由主义时代的基本趋向。但社会主义的崛起却使得自由党产生怀疑：社会主义的政策会不会抑制选举权的发挥和民主化进程？尽管消除投票和普选中不平等现象的运动仍在进行，但进程却逐渐放缓，而且议会中上议院的权力几乎不受限制，上议院成员的席位大多实行世袭制，或者通过加权选举得来，通常由富裕阶级掌控。自此，民主进程似乎开始停滞不前。

在 19 世纪末，政治气候发生变化，不仅是因为自由主义观念

1911年，德国白人统治者管理其在殖民地喀麦隆的黑人奴隶。

的削弱，更是由于与基本自由观念相矛盾的新思想的兴起而引起的。据说，自由党曾接受并推崇帝国主义，这是他们所犯下的一个致命性错误。当然，实业家和银行家有权在全球范围内做交易的这一观念，与自由派所倡导的自由贸易相呼应，但他们所采用的方式，即殖民主义和对欠发达国家进行市场监控，使得欧洲人凌驾于本土民族之上，并掌控了他们的命运。这种现象本身违背了自由党所主张的平等观念，或侵犯了理性人享受平等的尊严，而且这种精英态度不可避免地趋向合理化，其中最能体现这种合理化过程的是社会达尔文主义及种族主义。达尔文（Darwin）声称强者统治弱者是理所当然的事；而种族主义者则认为欧洲白种人统治世界有色人种（吉卜林将其定义为“少数人种”）更是无可非议。

虽然在殖民地出现了要求“提高奴隶民族地位”的强烈呼声，但现实却是这些民族仍然受到殖民者的残酷剥削。其中，刚果自由邦是这种呼声与现实形成鲜明对比的最好体现。当时，比利时国王利奥波德二世（King Leopold Ⅱ）霸占刚果大片领土以掠夺它的象牙和橡胶资源。虽然利奥波德二世声称自己创建的刚果自由邦是实施开明管理的典范，但事实上，他一直在殖民地实施残忍的种族屠杀。当他的恶行被全部曝光后，整个西方世界受到了道德上的巨大冲击。约瑟夫·康拉德（Joseph Conrad）曾以利奥波德时期的刚果自由邦为背景创作了一部小说，命名为《黑暗之心》（*Heart of Darkness*，1902），书中详细叙述了“文明人”在刚果的胡作非为。

种族主义不仅为帝国主义扩张开脱罪名，还对欧洲各国的民

在利奥波德二世邪恶的橡胶王国中，一名刚果原住民被缠绕至死。由《笨拙》杂志提供，1906年。

主政策产生影响。种族主义一个最鲜明的表现是反犹太主义（anti-Semitism）。事实上，近些年，反犹太主义不再是个人的社会态度，已经发展成了一种政治运动，引起了国际社会的广泛关注。在种族主义的支持下，人们逐渐接受了社会一部分人的出身和种族要优于其他人的观念，在其影响下，拒绝大群体（如工人）参政的这一做法也趋向合理化。人们相信社会地位的差异来源于自然选择，来源于“好的血统”；现在社会中的统治阶层和精英不是偶然而是必然的存在。

这些种族意识主要诞生于社会小部分群体中。法国著名作家莫拉斯（Maurras）和巴雷斯（Barres）在他们的小说中表示，这些种族观点只不过是社会小部分群体对大城市所有的大众文化美学的歧视。但事实上，它们的出现更是预示着不受传统和宗教调节的独裁主义的复苏，以及对其他种族或下层阶级个人生活的蔑视。

此后，种族主义不断发展，并逐渐渗透到民族主义中，使后者更具爆发力和攻击性。在19世纪的前半期，民族主义和民族统一是自由政治运动的重要组成部分。不同国家通过人人平等的共同信仰实现统一，并且在这个大家庭中和睦相处。但是，自由主义信仰和民主主义的衰弱又使得民族主义开始强调每个国家的独特性及国家间的差异。

自此，欧洲内部出现了一种矛盾的状况。在世界各国中，欧洲占据了前所未有的主导地位，但团结整个欧洲社会的力量却逐渐衰弱。大量工人阶级无视政府主张，提倡推行涵盖世界各国的国际主义，消除所有国界。而位于社会阶层另一端的皇族和贵族却依然坚持建立拥有亲属关系和共同生活风格的跨国团体。但是作为当时社会中最重要的组成部分，工人和商人群体与民族国家的关系越发密切，他们需要民族的力量和支持去对抗其他群体。这种发展使得国内政策与对外政策相互联系、相互作用，列宁曾在他的宣传册子《帝国主义是资本主义的最高阶段》(*Imperialism, the Highest Stage of Capitalism*)中详细描述了这一发展。列宁指出，一个国家的工业力量和金融力量融合在一起，只有少数领导人可以决定该国的对外政策。当多个强国要分割一块未经开发的区域时，这些强国之间必定会爆发一场世界大战，因为各个国家都会努力压制抵抗其他国家以扩大国际市场，缓和国内经济危机。

当然，这只是一种夸张的说法。列宁对于商业与政治关系的解读，即商业利益决定政治并不完全符合现实，因为很多时候它们的关系正好相反：政府要求商业投资以满足政治需求；此外，不同国家的商业活动互相冲突这一观念也并不完全正确，因为跨国经济合作在第一次世界大战之前就已成为一个明显趋势。然而，虽然欧洲强国之间的冲突并不是不可避免的，但是国家之间的紧张局势及战争爆发的可能性，已经发展成为20世纪初欧洲政治环境中不可或缺的组成部分。

第二章

政治与社会，1890—1914

对历史进行概括具有一定的危险性。若仔细研究历史事件和历史发展过程，会发现它们总是展现出个性和独特的方面。要想了解历史的真实图景，不仅要把握发展的一般模式，还需了解个体的特征。这些特征改变了某个国家的发展模式，并且使其历史具有区别于其他国家的独特形态。因此，在广泛了解了影响20世纪欧洲历史进程的一系列因素之后，我们将关注重点转移至单个欧洲国家的发展历程上。西欧国家、中欧国家和东欧国家的政体发展迥然不同。在西欧，选举产生的议会决定了政府的角色和政策制定过程。与之形成鲜明对比，在德国、奥匈帝国和俄国等一些中欧和东欧大国中，君主对政策制定有着强大的影响力，虽然影响的程度及这些国家的宪政安排也各不相同。

英国

从维多利亚时代到爱德华时代

作为世界强国之一，英国在民主化和工业化进程上走得最远。在发展的同时，英国保持了一定的连续性，其非凡的政治和社会稳定性令人印象深刻。英国的“宪政奇迹”，即两党制和议会制度，为解决20世纪社会问题和缓解紧张局势做出了示范。

然而，19世纪末期，即便是英国，也告别了旧时代，步入了新纪元。1901年，维多利亚女王逝世，她的儿子爱德华七世（Edward Ⅶ，1901—1910年在位）继位。他们二人最显著的区别在于：前者高贵严肃，而后者放纵奢靡。爱德华七世沉溺在纸醉金迷的世界中放纵享乐，沉溺于美色与酒池肉林。他年轻时爱好赌博，晚年则喜欢桥牌，常于周末在有钱人的乡村别墅中从下午娱乐到深夜。此外，他还嗜好赛马和驾车。他的妻子亚历山德拉王后是当时最出名的美人，和国王一同被认为是穷奢极欲的社会中的引领者。

英国宫廷的风格突然从维多利亚女王时代的庄严疏离转变为爱德华七世时的奢靡放纵，君主制度没有被削弱，反而进一步加强了。维多利亚统治时期，英国资产阶级通过缓慢而持续的辛勤劳动，使他们的国家成为世界上领先的工业化国家。世纪之交时，英国完成了工业革命并享受丰收的果实。而爱德华七世便是英国这一经济发展阶段的完美代表，并广受追捧。

事后看来，英国的经济地位在20世纪前十年中并不像它表现的那样光彩夺目。在19世纪最后的25年，英国经济发展的速度开始下降。1885年至1913年间，英国工业产值的增长率为2.11%，而德国工业产值增长率为4.5%，美国的增长率更高达5.2%。钢、铁、煤作为英国的主要能源和商业动力，虽然产值依然较高，但已经失去了领先位置。1906年，美国钢、铁、煤的产量全面超过英国，德国的钢产量也超过了英国。类似的，英国在电力领域、汽车领域和化学领域的创新水平也落后于美国和德国。此外，美国和德国拥有的工业设备数量均超过英国。英国在经济其他领域的表现尚显乐观；英国作为贸易中心在造船业和纺织行业仍保持领先地位。值得一提的是，英国的海外投资成本已经回笼，并创造了新的投资机遇，因此成为全球最大的资本市场。银行享受着巨大的特权，金本位和英镑几乎对等。英国物资进口量大于国内生产量，尽管国外投资收益抵消了贸易逆差。这种在第一次世界大战后造成英国经济困难的潜在因素已经开始显现，并且在第二次世界大战后更具威胁性。

很少有人意识到爱德华七世时代的金色之光实为桑榆之霞。一般人都认为伦敦在第一次世界大战前的数十年中是世界中心，也是自罗马帝国之后无可比拟的奢华生活的又一代表。统治集团的内部和谐进一步加固了人们对英国社会稳定繁荣的印象。封建专制军事阶级和资产阶级在态度上并无对立，英国人民视常备军为君主专制的工具，成功地通过抗争缩减了常备军的规模。由于英国地理位置相对独立，征兵显得意义不大。此外，农业作为军人阶级经济来源的基础，几乎被废除。如果说19世纪上半叶废除谷物法、建立自由贸易，标志着工商业阶级对农业阶级的胜利，那么这项胜利则成就于19世纪80年代的农业危机。英国没有实施关税保护，从俄国或美国进口谷物十分便利；国内土地被用来放牧、发展畜牧业或栽培果园。但是土地所有者依然很富有。很多人发现，他们的土地蕴藏着丰富的煤炭资源，工业设施在他们的土地上如雨后春笋般涌现，他们还能获取丰厚的租金。土地所有者常从事工业和金融活动。新资产阶级和旧贵族统治阶级的融合，保证了英国社会的稳定。“如果商人成了合作伙伴，那么合作伙伴也就成了商人；当新兴富人进入了上议院，他们就都站在了同一个平台上。”[1]

统治阶级的政治

政治反映了统治阶级的一致性。尽管统一党（官方名称为保守党）和自由党之间的矛盾十分激烈，但是两个党派领导集团的社会构成十分相似。罗斯伯里伯爵（Lord Rosebery）带领自由党执政不久，1894年，威廉·格莱斯顿（William Gladstone）辞职，罗斯伯里伯爵掌控的自由党政府昙花一现，之后保守党在竞选中获胜并执政长达十年之久，即从1895年一直持续到1905年。其间，1902年之前，索尔兹伯里侯爵（Marquess of Salisbury，1830—1903）任英国首相，从1902年至1905年，索尔兹伯里侯爵的侄子亚瑟·贝尔福（Arthur Balfour，1848—1930）接任首相一职。在这两个党派中，已经统治英国数个世纪的贵族家族的后代依旧占据显要地位。索尔兹伯里和亚瑟·贝尔福均为塞西尔家族成员，格雷家族（Greys）和庞森比家族（Ponsonbys）则在自由党议会中握有席位。两党领导成员都是在工业界和金融圈拥有家族势力的贵族，如自由党的罗斯伯里和罗斯柴尔德家族联姻，保守党的德比伯爵则拥有大量煤矿资源。商人在两党中都扮演着重要的角色。保守党和自由党成员有着同等严格的古典教育背景，都曾就读于著名的公立学校，如伊顿公学、哈罗公学、拉格比公学、牛津大学或剑桥大学。这些学历背景在党派内司空见惯，也是开启政治生涯的必备条件。如果一位年轻人能在牛津或剑桥辩论协会中扬名，那么他往往能在政治上获得成功。在这一时期，牛津大学的贝列尔学院（Balliol College）是政治家的摇篮。曾翻译过柏拉图作品的院长本杰明·乔伊特（Benjamin Jowett），吸收了大批青年才俊前来就读，并让他们意识到从事公共事业是社会精英的责任。

尽管英国面临的竞争不断加剧，但统治阶级对于国家拥有统治民众、维护帝国身份、殖民扩张的权力这一点坚信不疑。保守党和自由党的重要领导人物都具有帝国主义意识。保守党在索尔兹伯里的领导下，利用1897年的维多利亚女王登基钻石（60周年）庆典积极美化殖民扩张；罗斯伯里和霍尔丹（Haldane）等自由党人也是英国的帝国主义角色的热情鼓吹者。保守党更关心维持英国的世界大国地位；自由党则强调在英国政府的领导下实行殖民地人民自治，并享受英国的福祉。但是两党的领导人都对英国当前的财富积累表示不满，并积极参与到对非洲和亚洲土地的掠夺中。

这段时期，英国在非洲实现“从开普敦扩展到开罗”的愿景影响着英国的殖民政策，并首先导致了英国和法国之间的冲突。法国为了扩张非洲殖民地，组织了两支远征队，一支由埃塞俄比亚从东向西挺进，另一支从乍得湖（Lake Chad）出发向东行进，两支队伍预计在尼罗河谷地上游会合，之后宣布这一地区为法国所有。如此一来，这片殖民区域将连接起东部的法属索马里、北部的法属阿尔及利亚及西部的塞内加尔，正好阻断了英国的"开普敦至开罗"的线路。因此，双方迅速采取对抗措施。英国派出赫伯特·基钦纳将军（General Herbert Kitchener，1850—1916）沿着尼罗河行进至苏丹境内；1885 年，戈登将军（General Gordon）被击败后，马

法国马钱德上校领导的殖民部队险于1898年在法绍达与英国士兵发生冲突。

赫迪（Mahdi）军队控制了此区域。1898 年，马赫迪军队分别在两场战役中被击溃，一场在阿特巴拉河（Atbara River，4 月 8 日），另一场在乌姆杜尔曼（Omdurman，9 月 2 日）。参加了乌姆杜尔曼战役的年轻编外中尉温斯顿 · 丘吉尔（Winston Churchill）回忆说："整个苦修僧众支离破碎、四散溃逃，在沙漠海市蜃楼的幻影中灰飞烟灭。"1898 年，法国远征军在让 · 巴蒂斯特 · 马钱德上校（Colonel Jean Baptiste Marchand）的带领下由西部进军，于 7 月 10 日抵达苏丹东南部的法绍达（Fashoda），并在此插上法国国旗。基钦纳沿着尼罗河上游迅速出击迎敌，9 月 18 日，他带着少量部队抵达法绍达，要求马钱德从此地撤离，但遭到拒绝。基钦纳和马钱德开始协商，然后一致同意由各自国家的政府来决定，他们二人一起喝威士忌、苏打水消遣日子。尽管英国政府愿意做出一些让步，但他们身不由己，因为法国对英国殖民扩张制造障碍的行为激怒了英国民众。法国政府面临两种选择：一是和英国开战；二是向英国让步。11 月 3 日，法国政府宣布投降，并无条件撤离法绍达。

工人运动和社会改革

1897 年的维多利亚女王登基钻石庆典、1898 年的乌姆杜尔曼战役、1898 年的法绍达事件，标志着英国帝国主义强权的鼎盛时期。尽管英国 19 世纪的政策取得了连续的成功，但国内的社会凝聚力和统治阶级对国内民众的控制力，却不如预期的那样稳固。尽管英国已经度过了早期工业化阶段最困难的时期，但国内大部分劳动人口依然苦难深重。英国牺牲农业发展工业，造成了 19 世纪 80 年代严重的农业危机，迫使小农场主和农民进城务工，而仅仅是成为没有技能的工人。工业中心的居住条件十分糟糕。在伦敦东区，一家八口或十口挤在一个房间中十分常见。

从 19 世纪 90 年代中期到第一次世界大战爆发前，英国并未出现严重的经济危机。之前稳步上涨的工资在世纪之交便停滞了，而物价开始上涨。失业的阴影持续地笼罩在工人头上，他们晚年避免不了依靠慈善援助和按《济贫法》（*Poor Law*）规定提供的并不充足的救济维生。工会作为为工人提供唯一保护的组织，因为缺乏经济手段而受到制约，而且其权利没有被明确。因此工会中出现了一种新的更为激进的情绪，人们越来越坚信有必要改变经济体制，实行集体所有制，控制物资生产、分配和交换，以此推动改革，而工人必须作为一支独立的力量登上政治舞台。这场运动中的积极代表人物是詹姆斯 · 凯尔 · 哈迪（James Keir Hardie，1856—1915），一名苏格兰煤矿工人及工会组织者。鉴于工会之前有代表通过竞选进入了议会并加入了自由党，到 1900 年时，凯尔 · 哈迪和他的朋友们成功说服工会资助和支持一些即将到来的议会选举的候选人，他们将代表工人阶级的利益，于是工党出现了，后被称为“工人代表委员会”。

英国中产阶级知识分子运动对工人运动的发展提供了助推力。统治阶级拥有的财富和劳动工人的悲惨遭遇形成鲜明对比，深深地激发了他们的社会道德感。知识分子因赞赏曾耐心等待时机、后苦战取胜的罗马独裁者费边（Fabius），将自己命名为“费边主义者”（Fabians）。这场运动中具有影响力的人物呈现多元化特点，有具有改革思想的激进主义者，如安妮·贝桑（Annie Besant）；有著名文学家，如小说家H.G.威尔斯和萧伯纳——当时他还不是一名剧作家，而是音乐和文学批判家；有学者，如政治科学家格雷厄姆·华莱士（Graham Wallas）。费边主义的指导精神来源于一对密切合作的夫妇，他们目标一致，被称为韦伯夫妇。悉尼·韦伯（Sidney Webb，1895—1947）本为政府工作人员，后来致力于研究工业社会存在的问题。其夫人比阿特丽斯·韦伯（Beatrice Webb，1858—1943）出身显赫、相貌出众，拥有敏锐的社会意识。在她年轻的时候，曾零星参加过一些公益活动，后来她进一步开始了关于社会问题的严肃而科学的研究，并成为工业社会中社会变革领域的伟大先驱。韦伯夫妇影响力最持久的成就是建立了伦敦经济学院，后来并入伦敦大学，专门研究现代世界的社会问题和政治问题。费边主义者认为民主化是现代社会发展中不可逆转的趋势，但是唯有在经济和政治上都实现民主化，民主化才能真正达成。经济民主化意味着社会化。中央、地区及地方公共权力机构有权组织基本的工业生产，并决定资本收益的分配。费边主义属于社会主义范畴，但不等同于马克思主义，它不提倡旨在实现无产阶级专政的革命，也不提倡国家灭亡。

在一段时间内，费边主义者试图说服各现有政党的领导人采用费边计划。悉尼·韦伯反对衣着或珠宝消费，声称如果这种消费能使政党领导听从费边计划，便允许比阿特丽斯添置一件新礼服。当时，保守党和自由党都未做出回应，于是费边主义者便产生了一个新的想法，即建立一个能在英国实现社会主义的第三党派。他们加入凯尔·哈迪的工人代表委员会，且他们的思想开始影响年轻的工党。自此以后，这种联盟便在工党中持续发挥作用。然而到20世纪末期时，托尼·布莱尔（Tony Blair）建立了新工党，工会的影响力显著下降。

保守党和自由党皆意识到独立的工党的建立会对两党制度产生威胁。他们意识到需要进一步努力满足工人阶级的需求。从那时起，迪斯雷利（Disraeli）提出了“托利民主”（Tory Democracy）的口号，保守党的一翼将重点放在社会改革上。1886年，广受拥护的约瑟夫·张伯伦（Joseph Chamberlain，1836—1914）、格莱斯顿，和自由党决裂而加入保守党，为这场运动注入了新的动力。约瑟夫·张伯伦出身于工业城市伯明翰，因提倡激进改革而名声大噪。作为伯明翰的市长，张伯伦引入了“市政社会主义”（municipal Socialism），通过在市政府的管理下增设地面有轨车辆、道路照明和公共设施，他改善了公共服务，并且降低了公共服务的费用。张伯伦还与能够号召选民的党派组织者成立选区，实现了党派政治的现代化。对于这样一位具有远见卓识的政治家，“保守党”似乎不是一个合适的标签，他所领导的政党，即官方所称的统一党（Unionist），与保守党结成了联盟。

自由党内部也出现了类似的社会改革趋势。非国教徒和激进主义者始终是自由党内强劲的因素，他们反对给其他民族造成压迫的殖民扩张，并认为罗斯伯里和帝国主义者不能代表真正的自由党传统。他们认为自由党应关注国内问题，通过为爱尔兰人民建立自己的政府，设立议会和实现地方自治等方式解决爱尔兰问题。他们质疑大英帝国的价值，因而被称为“英格兰本土主义者”。这个团体中最受尊敬的领导是亨利·坎贝尔–班纳曼爵士（Sir Henry Campbell-Bannerman，1836—1908），他是格莱斯顿领导的下任政府的高级官员，被视为格莱斯顿权力的接班人，将继续实施格莱斯顿的社会改革政策。另一位来自威尔士的年轻律师和演说家戴维·劳合·乔治（David Lloyd George，1863—1945）后来成了新的领袖，威尔士煤矿工人的不幸遭遇点燃了他的政治热情。

帝国主义和国内改革

英国政府和南非布尔共和国的冲突，加剧了国内改革分子和帝国主义者之间的紧张局势。索尔兹伯里执政期间，约瑟夫·张伯伦担任殖民地事务大臣。他投入大量精力致力于实现英国“开普敦至开罗”的殖民计划。原因之一是保守党不大可能接受他的提议实施社会改革；另一方面是出于自己职务的要求。虽然英国在法绍达重挫了法国在尼罗河谷地上游的殖民扩张计划，但德兰士瓦（Transvaal）、奥兰治自由邦（Orange Free State）、非洲南部的布尔共和国仍然是大计达成的障碍。这些独立的地区与英国之间不可避免地存在矛盾，在德兰士瓦地区发现了金矿，更是加剧了这种矛盾。布尔共和国担忧过多幻想一夜暴富的淘金者拥入德兰士瓦，数量会超过本国人口的数量，从而削弱布尔共和国的影响力。而且因为大部分外来人员（非南非人）都是英国人，他们势必想将布尔共和国纳入大英帝国的殖民范围以内。毫无疑问，塞西尔·罗兹（Cecil Rhodes）是英属开普敦殖民地最为强势的领导者，他的目标是吞并布尔共和国，认为布尔共和国和外来人员之间的紧张关系带来的不稳定因素对他而言是一个大好机会。1896 年，他派遣利安德·斯塔尔·詹姆森博士（Dr. Leander Starr Jameson）率 470 人的小型部队入侵德兰士瓦，期望能通过这次行动向反对布尔共和国的外来人员释放信号，从而在约翰内斯堡挑起叛乱，结果却没有奏效，詹姆森和他的部队很快就被击败并向布尔共和国方面投降；罗兹对这场失败责无旁贷，不得不辞去了英属开普敦殖民地首相的职务。当时，讨论最多的问题是殖民地事务大臣张伯伦是否已提前知道这次突袭安排。英国政府很快宣布对这次袭击不承担任何责任，下议院某委员会为张伯伦出具了无罪证明。但英国社会对张伯伦的议论从未停止。最近的调查表明，张伯伦对这次计划掌握的情况要远远多于他当时公开承认的。

外界都认为詹姆森事件是英国的一次失败。德意志皇帝威廉二世向德兰士瓦共和国总统保罗·克留格尔（Paul Kruger）发送电报，祝贺其成功地“维持和平、抵抗外敌侵略、维护国家独立”。这条信息无疑是在英国的伤口上撒盐。这种做法在政治上虽不是很明智，但是却表达出了对英国暴行的愤怒。这不仅是德意志民族，也是欧洲大陆人民真实的情感流露。詹姆森突袭事件和德意志皇帝的电报几乎确定了英国和布尔共和国之间要开战。对于英国来说，征服布尔共和国关乎其名望；另一方面，尽管公众认为布尔政府对独立权利的追求鼓励他们抗击英国人，但这次袭击事件也证明了布尔共和国的确惧怕外来人员带来的影响。布尔共和国对外来人员继续采取歧视性政策，而英国方面却开始着手处理外来人员的问题并坚持他们应该拥有投票权。当双方谈判无果时，英国调遣军队增援开普殖民地，布尔政府要求英方撤离军队，但是英国中断了所有的谈判。1899 年 10 月，布尔共和国（德兰士瓦及奥兰治自由邦）和英国之间的战争爆发了。

布尔战争和其他殖民战争的模式如出一辙。布尔本土军队力量比外界预期的更强，一开始便使英国损失惨重。但是，当英国调入全部军队时，力量的悬殊被证明具有决定性影响。布尔战争和其他殖民战争的不同之处在于，英国入侵力量遭受了惨烈的反扑，先是被击退，然后在莱迪史密斯（Ladysmith）和金伯利（Kimberly）被包围和围攻。直到 1900 年 2 月底，因为英国从国内调去的大规模援军抵达，且英军更换了指挥官，被困部队才解围。直到 1900 年 9 月，英国征服并吞并了德兰士瓦，进攻才停止，但是军事对抗却又持续了一年半。布尔政府对英军展开游击战，英军司令基钦纳进行残酷镇压，放火焚烧游击队的田地，并专门建立集中营囚禁妇女儿童。1902 年 5 月 31 日，双方签订和平条约，布尔共和国在条约中承认英国政府的统治。

布尔战争对英国人民提出了意想不到的要求。本次殖民战争规模不大，但英国却需要从国内调遣军队，出动了35万英军才征服6万布尔军队。对于英国民众而言，他们的亲人、朋友随时都可能在殖民地战争中陷入危险，国内家庭人的焦虑与日俱增。此外，欧洲大陆处处爆发出对英国的巨大愤怒，突然变得不得人心让英国人大感意外。虽然欧洲各国政府没对英国采取常规措施，但英国人民担心会遭到欧洲大陆所有国家的联合对抗。随后，英国的外交政策逐渐从“光荣孤立”转变为接受与其他国家合作。布尔战争暴露了英

图为一幅法国漫画。图中，公牛用牛角和狮子战斗。公牛头部是布尔共和国总统保罗·克留格尔（Present Paul Kryeger）。

国军事组织的陈腐无能，让外界非常怀疑英国政策的目的，以及英国政治程序的效率。

殖民扩张是否值得以生命和布尔战争中付出的金钱为代价？起初，战争政策反对者的声音遭到压制，并被社会抵制。但随着战事陷入胶着状态，亨利·坎贝尔·班纳曼和劳合·乔治等曾抵制帝国主义热潮的政治家在国内赢得了政治声望。他们呼吁政府应该将注意力重点放在国内问题上，此观点获得了越来越多的支持。事实证明，国内紧张局势已经达到了危险的地步。新成立的激进工会遭到雇主的强烈反对，于是他们采取本地罢工的方式反对雇用廉价劳动力及非工会人员。1901 年，《塔夫河谷决议》（*Taff Vale Decision*）强调工会应对其成员参与的罢工活动造成的损失承担相应经济责任，这使当前局势进一步恶化，工人阶级的愤怒情绪也进一步高涨，因为这项决议破坏了工会原本就不稳定的地位，使工人阶级失去了工会的帮助。政府的教育改革措施也使其大失民心，虽然实施教育改革的必要性获得了广泛认知。英国仅仅有极少量由郡县和城镇管理的公立小学。英格兰和威尔士过半数的儿童只能就读于私立学校，而这些学校不能保持适当的标准。1902 年，《教育法》（*The Education Act*）将所有私立小学收归郡县和城镇统一管理，强制其达到相应的标准。如有必要，当地的财政税收会提供一定的支持。这项措施无疑代表了英国教育的巨大进步，但它同时意味着税收也将用于支持英国国教和罗马天主教学校，因此遭到了英国人口的一个重要部分即英国新教徒的强烈反对。

自由党的胜利

保守党执政的十年以其内部的分裂而告终。约瑟夫 · 张伯伦从内部改革转向殖民扩张时并未放弃他起初的激进主义，相反，他把坚定的帝国主义政策当成为大众谋福利。他相信，英国持续的经济繁荣取决于持续的殖民扩张。他提倡保护性关税，限制国外商品在英国市场的竞争力，同时通过赋予英属殖民地优先权，将大英帝国打造成一个庞大的经济体。为了宣扬这些目的，张伯伦从政府部门辞职，成立关税改革联盟，全身心地投入这项改革。首相贝尔福则认为，英国人民还不能接受保护性关税政策。英国的农产品依靠进口，如果提高关税，首先会造成农产品价格上涨，增加国内人民的负担。保守党和自由党就关税问题存在分歧，保守党似乎缺乏一项经济政策，但是自由党坚持自由贸易的神圣传统。由于无法掌控自己的党派，贝尔福于 1905 年 12 月辞职，随后自由党执政，亨利 · 坎贝尔 · 班纳曼在他所在的政党内帝国主义者的不满中接任首相。爱德华 · 格雷爵士（Sir Edward Grey，1862—1933）担任外交大臣，赫伯特 · 阿斯奎斯（Herbert Asquith，1852—1928）担任财政大臣，霍尔丹担任陆军大臣。激进改革者代表劳合 · 乔治担任贸易部长，约翰 · 伯恩斯（John Burns，1858—1943）担任地方管理委员会主席。新政府由帝国主义者和社会改革者组成，这种组合看起来不太和谐。但那时的英国依旧繁荣，足以维持其强大的外交地位，并实施国内改革。在 1906 年 2 月的大选中，自由党大获全胜，新工党在选举中获得 29 个席位，成为新时代开启的标志。

自由党自 1906 年从保守党手中夺取政权后的十年中，完成了一系列改革并取得了广泛的成效。新政府执政的最初几年，人们并没有意识到这次政权更迭与以往有何不同，认为仅仅是在野党和执政党轮流上台。自由党将大部分精力用于纠正保守党曾激起民愤的举措，以及修复最近的事件中暴露的政府存在的缺陷。通过给予德兰士瓦自治权，自由党致力于弥合布尔战争造成的创伤；《塔夫河谷决议》被撤销；通过颁布《劳资争议法》（*Trades Disputes Act*）使和平纠察合法化，解除工会承担工人罢工造成的损失的责任；霍尔丹实施了军事改革，其成效在第一次世界大战中得到了证明。军队被分为两部分：一部分是远征军，随时准备在欧洲大陆采取迅即行动；另一部分是地方自卫队，以传统的方式组建，通常由志愿兵和义务骑兵队构成。此外，霍尔丹还效仿普鲁士建立了总参谋部。普鲁士自 19 世纪以来设立总参谋部，使德意志拥有了优越的军事力量。和其他成功的军事改革一样，这些措施也带来了经济的发展。

尽管如此，自由党实施改革的前几年成效并不明显，原因在于政府提倡的许多措施都被保守党控制的上议院否决，其中包括能消除新教徒异议的对《教育法》的修改。另外，财政大臣阿斯奎斯的金融政策走的是传统路线，不愿资助社会改革。直到 1908 年，阿斯奎斯取代垂死的亨利 · 坎贝尔 · 班纳曼成为首相，劳合 · 乔治担任财政大臣时，情形才发生改变。

劳合 · 乔治是一名威尔士人，精力充沛，野心勃勃，办事耐心，

1910年的预算日，爱德华时代的激进主义者劳合·乔治和丘吉尔走向下议院。

忧国忧民，某种程度上他使政策改革进程突然加速。作为自由党激进分子的领导者，他认为工党在1906年选举中的成功说明，如果政府持续不作为，自由党中相当一部分激进分子将转向工党。因此，劳合·乔治果断动用财力实施改革。这场改革中最重要的一项便是效仿德国首相俾斯麦发起的社会立法，颁布《国家保险法》（*National Insurance Act*，1911）。《国家保险法》强制规定工人和雇主缴纳保险基金，国家再将其用来支付病残和失业救济金。通过修正税收体系，他使富裕阶层承担了新方案实施的主要费用。因此，劳合·乔治1909年的首个预算案象征着激进改革的开端。他提出征收遗产税，并在高收入和低收入人群中区别征收，对高收入者征收附加税，并对烟酒征收重税。

劳合·乔治曾用四小时的演说来介绍其预算方案的创新性，但刚一开始就遭到了反对。保守党对于对增加的土地价值征税的建议备感失望，这一条后来确实被证明不切实际，并被废除。英国地主的大部分财富来自于蕴藏煤炭等矿产资源的地产，因此这项税收被视为对有产阶级的直接攻击。

预算案遭到保守党的强烈反对，并被上议院否决。依照传统，处理财政法案本是下议院的首要职能，但上议院却频频否决自由党的立法提案，因而计划进一步受挫大大地激怒了自由党人。上议院否决预算案被认为是破坏宪法的行为。

接下来，针对在立法程序中上议院和下议院拥有同等的权力，自由党随后提出议会法案以削弱上议院的立法权。如果这项法案通过，上议院仅能延迟立法，而无法完全否决。自由党面临的最大问题是如何说服上议院同意削减自己的权力。这个问题比预算案法案本身的细节还要重要。

针对议会法案的辩论过程充斥着敌意，这是英国政治程序中从未有过的。首相阿斯奎斯曾在下议院被阻止演讲，顽固分子大声斥其为“叛徒”，他的声音被谩骂及嘲笑声所淹没。这场斗争持续了两年多，后来，下议院历经两次解散，英国举行了新的选举，政府欲通过增加自由党贵族的数量促使上议院通过法案，这场斗争才停止。1911 年 8 月 10 日，英国进行最后投票，因为结果充满不确定性，整个过程充斥着极度兴奋的情绪。最终，在 37 名保守党成员和 13 名主教决定不弃权，并且为政府投票的情况下，法案才得以通过。

内部斗争的加剧：妇女权利和爱尔兰问题

1910 年 5 月 6 日，关于议会法案的辩论仍在持续，爱德华七世逝世，英国的光环也似乎暗淡了一些。他的继位者乔治五世（1910—1936 年在位）并不是一位富有魅力的国王，某种意义上，他的严肃冷峻与第一次世界大战前两三年笼罩在英国的黑暗和紧张的气氛十分一致。

议会法案历经坎坷才通过，证明英国之前存在的冲突和问题仍然没有解决。此外，这些问题带来的怨气和抗争使得政治冲突更加尖锐。

女权运动中因女性投票权问题积蓄已久的冲突更是如此。1894 年，英国妇女获得了在市级和郡级选举中的投票权，但仍被国家选举排除在外。英国女性相信，这种排斥是专横及不公平的，于是在一些工党成员的支持下发起了争取国家选举权的运动。她们在多种党派选举中陈述自己的要求，并通过分发宣传单、游行示威、向议会申诉等方式，宣传自己的主张。如果女权运动前期没有像艾米琳·潘克赫斯特（Emmeline Pankhurst）、她女儿克丽丝塔贝尔（Christabel）及西尔维娅（Sylvia）这样的拥有无穷力量的领导者，

白金汉宫前被捕的妇女参政主义者。

女权运动是否产生后来的影响力还不好说。潘克赫斯特母女在长相和衣着上十分具有女性特点，但是当她们的耐心被耗尽时，则随时准备采取“非女性化”的方法表达自己的观点。艾米琳·潘克赫斯特说：“当代政治最有价值的争论便是讨论一地破碎的玻璃片。”激进的妇女参政权论者和警察之间发生冲突，导致大量中产阶级女性被捕，这是英国历史上前所未有的。当法庭让她们在罚款和牢狱之间做出选择时，她们通常选择后者。她们若以绝食的方式表示不满，政府则采取强制喂食的方法来应对。曾有图片显示当女性示威者和女囚抵制强行喂食时，警察粗暴地捆住她们，这引发了对警方暴行的强烈抗议。讽刺的是，前首相的儿子、时任内政大臣赫伯特·格莱斯顿（Herbert Gladstone）作为女权运动的支持者，却要为警察的行为负责。直到 1911 年，暴力对抗还时有发生，因为关于议会法案的斗争还在继续，女性参政权论者希望通过频繁的选举，能够产生一个赋予她们选举权的议会。但是，关于议会法案的斗争结束后，依然没有扩大选举权的信号，于是女性参政权论者组成的妇女社会政治联盟（Women's Social and Political Union）采取了一系列组织有序的激进示威运动。为了让男性统治阶级屈服，女权运动的攻击目标不限于议会大厦或政府办公室，而是扩展到生活的方方面面。例如，1912 年 3 月 1 日，150 名衣着体面的女性将锤子装进手袋里，走向伦敦市中心的重要购物街——牛津和丽晶街，打碎周边百货商店的窗户，如博柏利、利伯提百货、马歇尔和斯内尔格罗夫等商店。这只是有组织破坏运动的开始，她们还剪断电话线，烧毁有轨电车，打碎伦敦塔中的展览品，毁掉国家美术馆中的画作，纵火烧毁知名政客的住所，等等。1913 年 6 月 4 日，这场运动达到了高潮，一位名叫艾米丽·戴维森的女权主义者在埃普瑟姆德比赛马会（Epsom Derby）上跑到乔治五世的赛马面前，结果被撞死。验尸人员发现她衣领上系着一枚标语，上面写着“妇女投票权”。

激进女权运动一直持续到第一次世界大战爆发前夕，人们开始反思激进妇女参政权论者的行为是不是会产生反效果。曾经的中立者转向反对态度，还出现了游行示威专门反对妇女参政权论者的游行。不仅如此，艾米琳和克丽丝塔贝尔·潘克赫斯特依然是妇女运

暴力反抗。1913年6月4日，妇女参政运动者艾米丽·戴维森冲入德比赛马场。当时，动作照片很少见，通常只能偶尔得到。

动的核心领导，坚持继续实施暴力行为，但妇女参政权论者中也出现了反对者，分离出一些主张采取和解政策的团体。我们很难判断，如非战争使女性接过了很多原本由男性从事的工作，妇女参政权论者的目标是不是很快就能达成。然而很明显，如果不是这项运动引导公众关注妇女参政权，战争也不会使女性获得选举权成为现实。1918 年，英国颁布《国民参政法》(*Representation of People Act*)，女性终于赢得了选举权。

英国议会错综复杂的局势让爱尔兰问题变得更加紧急。自 19

世纪以来，格莱斯顿地方自治提案就因遭到上议院的反对而被搁置。因此，爱尔兰民族主义者在约翰·爱德华·雷德蒙（John Edward Redmond）的领导下支持自由党政府削弱上议院的力量。在与上议院的对抗中，自由党失去了多数支持，此时爱尔兰民族主义者发挥了重要作用，他们在许多选举中引导大众舆论的趋势。正是依靠他们，自由党才得以继续执政。当对抗结束以后，民族主义者要求得到相应的回报。1912 年，政府起草了一份地方自治法案。但因自格莱斯顿地方自治立法失败以后，爱尔兰内部发生了一些变化，这份新的自治法案提案导致了危急形势。尽管追随格莱斯顿的保守党政府反对那份地方自治法案，但他们意识到需要缓和爱尔兰的贫困和不满。通过《土地收购法案》（*Land Purchase Act*），他们让佃户成为他们所耕种的土地的所有者，并允许一定程度上的地方自治。

这些措施推行之时，正值爱尔兰文化复兴伊始。爱尔兰人在经济上受到的压迫减轻了，民族认同的意识更为强烈，对于多数爱尔兰高级官员成为英格兰新教徒的现实越来越不满。尽管保守党政府带来了一些改善，但爱尔兰人民对自治权的呼声越来越高。另外，爱尔兰阿尔斯特地区的英国新教徒颇具势力，对爱尔兰天主教传统构成压力，不能接受爱尔兰的地方自治。他们以“地方自治就是罗马统治”为口号，组成志愿者组织，抵制爱尔兰地方自治。他们最有影响力、最具热情的领导是一位知名律师，同时也是当时伟大的演说家之一——爱德华·卡森爵士（Sir Edward Carson）。令人惊讶的是，卡森和阿尔斯特人民对反叛的呼吁得到了英格兰保守党的维护和鼓励。很明显，保守党将地方自治立法作为扫除自由党政府的手段。

阿斯奎斯政府试图达成妥协，在北部新教徒区域维持现状，这部分地区不实行地方自治。但是，由于爱尔兰民族主义者和阿尔斯特人民对此妥协都不满意，因此没有达成在地方自治区和阿尔斯特之间划定边界的协议。1914 年春天，上议院干预法案通过的延迟期已经用完，地方自治提案走完了所有的议会审批程序，使得局势一触即发。驻扎在阿尔斯特地区某团的军官，大多数为保守党人士，很多是爱尔兰新教徒的后代，他们以辞职为要挟，要求政府保证不会对阿尔斯特采取强迫手段。志愿者组织的兵器已经抵达爱尔兰北部和南部地区。唯有第一次世界大战才能阻止决议试行，并阻止政府强力施行爱尔兰政策。然而，与女性投票权问题形成鲜明对照，第一次世界大战并没有给爱尔兰问题带来解决方案。尽管存在分歧的爱尔兰民族主义者和阿尔斯特人民出于爱国主义，都表达了保卫大不列颠抵御德军入侵的意愿，但是他们之间的矛盾仍然持续发酵。1916 年，复活节起义（Easter Rebellion）爆发了。

信心减弱

女性参政权论者运动和争取地方自治权的运动都不在宪法框架内，因此这两项运动的过程中都产生了一些暴力行为。这两场运动都反映出，在 20 世纪发生快速变化的压力下，议会制度没有恰当地发挥自身的职能。英国人民和上议院贵族的斗争，促使人们进一步认识到现存体制对实现完全民主是一个障碍。第一次世界大战以前，一本当时的畅销书上的数据显示，英国总人口为4500万，其中3800万人的收入总和不足英国全国收入的一半，而12.5万名富豪的收入总和超过英国全国收入的三分之一。虽然这些数据只是粗略估计并且稍显夸张，但是这本小册子如此受欢迎，揭露出人们对英国阶级社会日渐不满。工人阶级的不满尤为明显，第一次世界大战爆发前几年，他们的不满是有合理依据的。南非发现金矿致使英国国内发生通货膨胀，尽管工人工资有所增加，但是不足以应对物价上涨。德国及美国在国际市场与英国形成竞争，英国工业家不愿进一步提高工人工资。法院否决了工会募集政治献金的权利，这一举措强化了统治阶级的影响，也加剧了既有统治阶级对工人阶级的压迫。相应的，保守党作为工会的利益代表，也被削弱了，并且无法重现他们在1906年选举中大获全胜的辉煌。人们通过工党采取议会手段改善经济条件的信心也被动摇了。

通过给党派施压达到目的的希望破灭后，工人运动转向积极寻求其他方法来改善他们的经济状况。一种从欧洲大陆，尤其是从法国而来的思想传入英国，吸引了他们的注意，即改善工人处境最直接有效的武器就是罢工。因此，在1911年和1912年，出现了多起出于经济和政治目的而发起的罢工。最著名的包括海员罢工、煤炭工人罢工、码头工人罢工、铁路工人全面罢工。这些罢工都伴随着暴力、抢劫、破坏工厂机器等行为。由于警察力量无法维持秩序，不得不经常出动军队进行镇压。在一些罢工中，雇主做出了让步，事态便很快平息。煤炭工人罢工还促成了《矿工最低工资法案》（*Miners' Minimum Wage Act*）的实施，这表示政府默认了矿工艰难的生存处境。而另一些罢工活动很快被瓦解了，部分是因为工人的待遇正缓慢提高，部分是因为民众厌倦了经济动荡，猛然转向反对工会。

对于这些纠纷，自由党的态度十分模糊。劳合·乔治对罢工起因表示支持，而其他人更倾向于通过立法，杜绝铁路等基础服务领域发生罢工。关于政府应该在确定和强制实行最低工资标准方面做出多大程度的努力，仍然没有达成统一的意见。

鉴于国际舞台局势紧张，工人阶级带来的不安定因素及政府不愿意出资实施社会改革，加剧了民众的愤怒。丘吉尔早期是自由党成员，是劳合·乔治社会改革和社会福利政策最强有力的同盟者。成为英国首位海军大臣后，因为这一特殊身份，丘吉尔支持修建大型战舰，即无畏舰，这使得他和劳合·乔治产生了分歧。时任首相阿斯奎斯成功地做出了折中处理，阻止了政府内部的分裂，然而很明显，帝国主义者和自由党激进派之间的紧张局势成了政府内部的首要矛盾。第一次世界大战之后，政府在经济领域和社会改革方面的干预措施再一次成为政治讨论的主题。自由党作为英国政治中的决定力量，将面临分裂和淘汰。但是，即便在第一次世界大战之前，自由党也因为缺乏明确、统一的计划而导致内部分裂，这反映出了在国家层面存在着更大的不确定因素。

法国

法国议会制度的社会基础

第一次世界大战爆发前十年，法国是欧洲大陆上民主程度最高的国家。法国也有议会制度。总统作为政府首脑掌握的权力不大。行政机构由总理领导，依赖于由选举产生的代表组成的参议院和众议院的支持。从形式上看，法国的民主程度甚至高于英国，因为法国的上议院即参议院由选举产生，而英国的上议院则采用世袭制。然而，法国选举参议员的制度更倾向于乡村地区和富裕地区，因此参议院成为与更自由的众议院相抗衡的保守势力。

和英国形成鲜明对比，法国的政治制度并非由两党制主导。法国议会由很多小的政党组成，每个政府都是一个小的联盟，而且政府改组频繁。1890 年至 1914 年的 24 年间，法国一共产生了 43 个政府和 26 位总理。但是，这些数据在表面上具有一定的迷惑性，实际上法国政治的稳定程度要比这些数据表现得更高。法国政党的多样性并不意味着法国内部有着不可协调的矛盾。法国人口的社会同质性程度很高。法国的商人和农民数量较少。工业企业一般为家族所有，且规模有限。直到第一次世界大战之前，法国超过半数的人口从事农业生产，1890 年其产值甚至占法国国民收入的三分之一。政治团体的多元化首先反映出经济利益的细微差别，也反映出了因地方和地区特殊性发生的变异不明显。政客转换政党身份也很容易。尽管他们随着政府变更，曾效力于不同部门，但内阁如流水，政客似铁打。多党派政府的主要区别就在于，政府的核心部分是由左翼支持还是由右翼支持。

颇具讽刺意味的是，法国政治核心的力量表明法国在工业竞争中处于落后地位。法国和英国几乎同时踏入工业时代。但是在法国大革命和拿破仑时代的加速发展后，法国的工业增长速度在19世纪开始放缓，并落后于美国和德国。凭借其财富积累，法国仍然是一个金融大国。然而，法国并不倾向于在工业领域投资，而是十分谨慎地投放于贷款上。在政府贷款市场上，法国的银行扮演着极其重要的角色。法国的重工业都聚集在煤炭资源丰富和纺织工业发达的东北部，以及拥有蕴藏盛大价值的铁矿床的洛林地区。因此，现代工业化引发的问题集中在相对较小的地域范围内，不会刺激国内其他地方的利益冲突。工业企业，尤其是矿场的工人健康状况和安全措施并不尽如人意。1884年，法国的工会最终被合法化，但是他们的活动范围仍然十分有限。

法国的社会党是一支活跃的党派，规模很小，如果没有乡村人口的支持，不可能赢得选举。所以，社会党虽然在理论上很激进，但在实际中比较倾向于中立。鉴于工人不能对议会抱有过多期望，所以社会党的理论，如建议采取直接行动及强调纯粹经济武器如罢工的效果，对他们具有吸引力。乔治·索雷尔（George Sorel）宣扬大罢工是推翻资本主义的正当武器，并借助他的作品《反思暴力》（*Reflections on Violence*，1908）在激进知识分子中成了颇具影响力的一位人物。他的观点增强了对工团主义的呼吁，工团主义是一种革命主义教条，宣扬采取直接行动，通过所有工厂工会的合作建立新的社会。工团主义在法国很受工人阶级的欢迎，并传播至意大利和西班牙。在这些国家的工人阶级中，工团主义是马克思主义有力的竞争对手。

共和政体对抗君主主义传统

由于法国工业化进程缓慢，政治生活的主题并不是社会冲突，主要的分歧存在于意识形态层面。法国民众关注的是法国大革命引发的问题。有说法称，法国经历了大革命之后分成了两个法国：贵族、君主统治的法国与法兰西共和国。法国本已在内部产生严重分歧，法国在普法战争（Franco-Prussian War）中战败，更是加剧了不可避免的颓败趋势。普法战争结束后，法兰西共和国在法国人民的英勇抵抗中诞生，如今却被丑闻和腐败所困扰，看起来无法重振国家力量。法兰西共和国和革命传统的敌对势力感觉到，法国政府的民主形式是法国国家力量衰弱的原因，因此需要一个具有威权的政体。除此之外，法兰西共和国的敌对势力主要牢固地根植于两个机构：军队和教会。

19 世纪 90 年代，一次重要的事件引发了“两个法国”的公开对峙，即 1894 年的德雷福斯事件（Derfus Affairs）。它对法国思想影响深远，但其影响力在数十年以后才慢慢消失。这一事件发生后，其重要性很快就显现出来。1894 年 10 月 15 日，法国总参谋部上尉军官阿尔弗雷德·德雷福斯（Alfred Derfus）因叛国罪被拘捕，

1899年在法国雷恩召开的审判德雷福斯的军事会议的场景。

并于数周后在秘密军事法庭上被定罪。1895 年 1 月 5 日，在总参谋部大厦外的庭院中举行了审判德雷福斯的庄严仪式，撤其军衔，断其剑，将其流放至法属圭亚那地区的魔鬼岛。这场审判中充斥着违规行为。给德雷福斯定罪的主要证据是一张蓝色小纸片，即后来著名的“备忘录”（bordereau）。一名女清洁工在德国驻外武官的废纸篓里面找到了这张记录法国军队相关信息的纸片，经专家鉴定，上面的字迹出自德雷福斯。

德雷福斯是共和党人而且是犹太人，在法国总参谋部的贵族和天主教军官面前他是一个圈外人。其他军官们很快就确信，如果他们中间出现了叛徒，那么唯一的可能就是德雷福斯。德雷福斯出身于阿尔萨斯一个富裕的家族，他的家族竭尽全力为其争取新的审判。一些反对军队阶级的记者和律师也为德雷福斯积极奔走。但是很长时间过去了，此事仍未获得进展。

1896 年，法国总参谋部反间谍部门新的最高长官乔治·皮卡尔上校（Colonel Georges Picquart）上任，他被认为是德雷福斯事件中真正的主角。皮卡尔意识到，德雷福斯被处置后，法国军情泄密事件仍在发生。他还注意到，备忘录的字迹和总参谋部另一名军官沃尔森·艾什泰哈齐（Walsin Esterhazy）的更为相似。更为重要的是，沃尔森·艾什泰哈齐是一个花花公子，并且赌博成瘾，常常经济拮据。但是当皮卡尔坚持调查艾什泰哈齐时，总参谋部没有人愿意听他指挥，而他从巴黎被调往阿尔及尔。离开巴黎前，他私下告知一些人他对艾什泰哈齐的怀疑。随后，有一些有影响力的人物开始介入德雷福斯事件，其中包括记者兼政治家乔治·克列孟梭（Georges Clemenceau，1841—1929），以及小说家阿纳托尔·法朗士（Anatole France）。然而，这仍然是一件费力不讨好的事。社会党领导人让·饶勒斯（Jean Jaurès，1859—1914）长期以来都十分怀疑德雷福斯蒙冤，当他看到正义被扭曲并准备为之抗争时，却看到党内人士的犹豫迟疑。社会党的领导人怀疑，他们的拥护者工人阶级将意识到他们的自身利益将和德雷福斯事件联系在一起。

很难说若军方领导没有慌乱，也没有高估自己，结果会是什么。为了再次平息和永久平息由德雷福事件引起的骚动，军队对艾什泰哈齐进行了军事审判，但最终艾什泰哈齐被无罪释放。皮卡尔是审判的目击者，却被拘捕并遭到囚禁。这种专制武断的诉讼程序激发了最伟大的现代政治文件之一《我控诉》（*J'accuse*，1898）的诞生。在这封写给共和党主席的公开信中，埃米尔·左拉简明扼要地阐述了德雷福斯事件，对官方领导进行声讨，并写下涉事军官的姓名，以“我控诉”开头，给他们每人写了一段话。这篇文章的发表直接导致左拉被起诉，反对者认为他必须被定罪，于是左拉逃往英国。左拉的介入标志着德雷福斯事件出现转折。公众被激起了极大的兴趣，控诉程序的每一步都被仔细审查。为了给德雷福斯定罪，一些文案材料被篡改的事实浮出水面。制造伪证者休伯特·亨利上校（Colonel Hubert Henry）后来自杀，艾什泰哈齐也潜逃至英国。在这种情况下，最高法院推翻了之前的审判结果，并组织了新的审判。但是军方并不愿意蒙受因德雷福斯事件翻案而带来的耻辱。人们普遍认为，军方欲通过政变推翻共和党政权。

法国现有政权面临的威胁使所有的共和党追随者意识到，必须迅速采取行动。欧洲历史上第一次，社会主义者宣布愿意支持资产阶级政府。勒内·瓦尔德克-卢梭（Rene Waldeck-Rousseau），来自一个显赫的信奉天主教的共和党家族，在前几届政府中证明了自己突出的行政能力。1899 年 6 月 22 日，他组建了囊括左翼和右翼的联合政府。当新的审判做出荒唐的结论裁定德雷福斯有罪，但是“情有可原”，瓦尔德克-卢梭政府有足够的权力来赦免他。

德雷福斯案件中，他个人的命运相对来讲就不那么重要了。当德雷福斯接受瓦尔德克-卢梭政府的赦免时，一名年轻的法国作家夏尔·佩吉（Charles Peguy）写道："我们本应该为德雷福斯牺牲，但德雷福斯没有为自己牺牲。"他认为，德雷福斯不是他自己的护卫者，他应该坚持完全恢复自己的名誉，因为这场斗争涉及不可协调的原则性问题，所以正确的原则应当最终取得完全的胜利，这也意味着共和党对专制主义思想的胜利。

反对德雷福斯案件的人表面上看起来十分愚蠢，但当德雷福斯案件演变成原则斗争时，这种反对行为如果不是彻头彻尾的犯罪，也是可以理解的。法国提倡君主政治复兴最有影响力的人物是夏尔·莫拉斯（Charles Maurras，1868—1952），他用大量精彩的随笔和檄文捍卫自己的理念，其中最著名的是《对君主政体的调查》（*Enquete sur la monarchie*，1900）。但是莫拉斯的君主专制概念和法国的君主专制没有任何关联。他认为，君主政体、军队和教会都是必要的，因为他们制定和维护规则及秩序，而规则和秩序是国家力量存在的先决条件。国家的完整性是国家的力量和活力的源泉，这也是个人愿意认同并从属于他所在的国家组织的基础。莫拉斯反对基于个人权利的革命教条，提出了建立等级社会的理念。因此，他认为德雷福斯是否清白并不重要。如果德雷福斯恢复名誉要以破坏军队的声望为前提，那么他的名誉是可以牺牲的，因为军队对于国家而言是至关重要的。

法兰西共和国及共和党人通过德雷福斯事件获得了前所未有的声望。由于本事件引发了暴力情绪，为德雷福斯辩护需要极大的勇气。如果左拉没有逃至英国，他很有可能被暗杀。德雷福斯的律师遭到枪击，德雷福斯支持者家中的窗户被石头击碎，警察在德雷福斯的护卫者需要保护时也行动迟缓。这一事件结束后，那些曾经冒着事业和生命危险护卫正义的人受到了高度评价。随后的几十年中，法国政治生涯中能起到领导作用的人物，大多都是在德雷福斯事件中最先吸引公众注意，并充当德雷福斯护卫者的，如克列孟梭、白里安（Briand）、米勒兰（Millerand）、维维安尼（Viviani）、卡约（Calliaux）和布鲁姆（Blum）。

因为德雷福斯事件，政治右翼获得了新的理念；而左翼获得新的方向感，认识到法国大革命的目标还没有完成，即工业社会发展中产生的内部社会问题涉及新的任务，亟须调整政府结构进行应对。法国大革命的历史在以前是被忽略的研究领域，现在成了学术界的兴趣热点，一个重要的体现便是在索邦大学设置了研究法国大革命方向的教授职位。

共和国政权的巩固

显然，只有剥夺充当政府公敌、阻碍政策实施的机构的权力后，才能朝着建立一个更为民主的社会的方向迈进。于是文官控制军队成了首当其冲的目标：军队将军的晋升权力从军事委员会转移至军政部长手里，而此人是一个文官，并倾向于支持可靠的共和党成员。但是，这项措施没有消除反共和党军事政变的危险，反倒将军官队伍分成了君主主义团体和共和团体。而受政治考量的影响，大多数能力突出的将军不能被派往前线。比如，莫里斯·甘末林

（Maurice Gamelin，1872—1958）在共和党中很受欢迎，但是军事才能平庸，却在第二次世界大战中任总指挥，显示出这种政治任命方式存在弊端。

另一股公开向法兰西共和国表露敌意的力量便是教会。20 世纪前十年中，法国政治生活的主要问题是努力遏制教会的影响力，这场斗争的主要战场是在教育政策上。罗马天主教团体控制着法国的多数学校，并提供教职人员。在德雷福斯事件发生之前，政府就开始着手建立更多的公立学校，通过提供免费的小学教育来提高它们的吸引力。然而，宗教团体仍然控制着大量学校。德雷福斯事件之后，政府决定实施一项政策来缩减这些学校的数量并削弱其影响力，其手段是通过对规范社团的法律做出牵强的解释。宗教团体被视为社会团体，想要合法存在，须依照法令得到授权。瓦尔德克－卢梭政策的目的是限制教会对教育的影响力，而非急切地关闭所有天主教学校，1902 年，瓦尔德克－卢梭辞职，狂热的反天主教者埃米尔·孔布（Emile Combes，1835—1921）继任。埃米尔·孔布拒绝将宗教团体合法化，这些团体别无选择，只能离开法国。这项措施遭到教会和全部天主教神职人员的激烈反对，并引发了整个法国范围内的反政府示威游行。反天主教政治力量和教会之间达成妥协的可能性不复存在。1904 年，政府通过一项法案，禁止宗教团体从事教育行业。法国和梵蒂冈之间的关系破裂，直到第一次世界大战结束后宗教团体被允许返回法国之前，二者都势不两立。

政府的教育政策不局限于消除教会的影响力，真空地带必须被填充，在教育中灌输共和理念的重要性也十分明显。政府须建立更多的学校，并用新的教育理念培训更多的教师。政府教育哲学传播的中心是巴黎高等师范学院（École Normale Supérieure），这所学校为高中和大学培养教授。受人权和科学运动信念的影响，这所学校提供反教权的世俗教育。教师们无论是在巴黎高等师范学院直接受到培训，还是师从这所学校培养的教授，他们都成了法兰西第三共和国精神的宣扬者。很多小说描述了乡村的情形，贵族地主和神父代表了旧制度，而市长和学校教师则象征着法国大革命的精神。

新紧张局势的产生

为德雷福斯恢复名誉并实行政教分离的瓦尔德克－卢梭政府和孔布政府，都是基础广泛的中间偏左的联合政府，左翼联盟即一个包括所有中间党派和极左党派代表的委员会，为其出谋划策。但是，从 1906 年到第一次世界大战爆发前，这个政治联盟发生了分裂，法国政治生活中左翼和右翼分道扬镳。其原因之一是法国社会党与英国工党不同，希望因其在危机年代以社会改革的方式支持政府而得到回报。尽管法国在工业生产领域远落后于德国、英国及美国，但是 1896 年法国经济开始回暖，刺激了法国经济的进一步发展。然而这次工业化的浪潮反映出了法国劳动条件和劳动立法的倒退和滞后，即工厂缺乏安全管理；工人劳动时间长，即便是妇女和儿童也不例外；没有劳资谈判的途径。法国只有四分之一的人口从事工业劳动，很难获得向议会有效施压的机会。因此，采取罢工等直接行动的呼声越来越高。实际上，罢工运动此起彼伏，最著名的是一次煤矿工人罢工，这场罢工的起因是一场煤矿事故，矿工们扣留了矿主并令其对事故负责。公共企业既固定工资等级，又没有固定雇用时限，首先引发了邮政工人罢工，1911 年又引发了铁路工人罢工。在克列孟梭的领导下，政府以严厉的手段进行回击。在煤矿工人罢工中，政府动用军队保护破坏罢工者，又颁布了严格的法律，规定“国有员工禁止罢工”，以限制邮局工人罢工。在铁路工人罢工事件中，政府采取军事动员保证火车缓慢前行，将工人征召入伍，强迫其在军事指挥下工作。

为什么政府采取这样的镇压方式呢？法国有一句古老的谚语：“法国人的心长在左边，钱包在右边。”（意思是既想办事又不愿意出钱）政府意识到，如果他们放任和右翼的意识形态斗争持续扩大，直至不得不实施代价较高的社会改革政策的地步，则会失去很多支持。此外，关于 1871 年巴黎公社的回忆，依然萦绕在许多法国人的心头，警告他们不能对激进工人让步。但是决定性的因素是外交政策所面临的情况：1905 年，法国和德国在摩洛哥问题上的争斗愈演愈烈，局势极其严峻，直到 1911 年之后危机才稍稍缓解。政府不想给人这样的印象，即法国由于国内局势不稳而无力抵抗外敌。

然而，法国面临的外部危险也使得左翼和右翼之间的分歧越来越多。法国军队领导获得右翼的支持，坚持为了缩小与德国庞大的军事力量的差距，必须在两至三年内扩大征兵。左翼尤其是社会主义者，多数是和平主义者，原则上十分反对扩兵措施，并对此十分愤怒，因为扩大兵役意味着提高税收，而且本可用在社会改革上的款项将会被用作军费开支。此时，征收收入所得税的必要性就体现出来了。左翼分子要求将所得税分散，富人承担相应较高的比例。法国财政部长约瑟夫·卡约最终提出了税务改革方案，即累进所得税制。法国中产阶级和上层阶级不愿意接受修订的方案，所以新的税收方案没有通过，仅仅是扩充兵役政策生效。1913 年 1 月，右翼的主要领袖雷蒙·普恩加莱（Raymond Poincare，1860—1934）被选为法兰西共和国总统。他曾是一名来自洛林的成功律师，后来展现了优秀的行政管理才能，他的获选似乎标志着右翼的完全胜利。然而，那一年的春天，法国众议院选举中产生了一些逆流。即便德雷福斯事件及与教会的斗争过去多年后，法兰西共和国政权得到了巩固，法国仍然是欧洲政治格局中一个不稳定的因素。

外交政策

事实上，法国成功强化了其在欧洲大陆权力平衡中的地位。在德雷福斯事件和政教分离的斗争过程中，法国外交政策的实施并未受国内政党斗争的影响。1898 年至 1905 年，泰奥菲勒·德尔卡塞（Théophilus Delcassé，1852—1923）一直担任法国外交部长。

法国已经建立了广阔的殖民帝国，继续扩张下去并没有明显的经济利益。虽然法国在 19 世纪 90 年代的确参与了帝国主义竞争，但是在法绍达受挫之后，法国迅速放弃了扩张政策。它开始密切关注地中海沿岸的北非国家突尼斯和摩洛哥。这关乎法国的政治利益和战略利益多于经济利益，因为如果其他强国控制这些国家，一旦发生战争，法国从阿尔及利亚调回军队的道路将被切断，而且法国将完全暴露于来自南面的攻击之下。为了牢牢地控制住这一区域，法国愿意放弃其他殖民地。法国将其在埃及的权利让给了英国，也承认意大利对的黎波里的占有权。作为补偿，英国和意大利承认法国在摩洛哥享有主要权益。因为英国和意大利都未声称拥有摩洛哥，它们从协议中获得的实际利益多于法国。法国与英国和意大利的关系纽带也增加了它在欧

法国社会主义领导人让·饶勒斯在法国大革命的象征和旗帜前对公众演讲。

洲大陆的分量。这正是法国外交政策的首要目标，即再一次成为欧洲大陆上不可忽视的因素。财政实力是法国执行此外交政策的重要砝码。法国通过贷款和俄国建立了密切的关系。法国的公司广泛投资俄国的私人企业，尤其是在采矿和冶金领域。俄国非政府企业三分之一的外国投资都来自于法国，但法国银行也占用了大部分俄国政府的贷款。第一次世界大战爆发时，俄国政府发放的贷款约一半由外国人持有，这其中法国持有的比例占了 80%。

因此，法国在欧洲政治格局中重塑了强大的形象。德国在 1870 年到 1878 年战争期间一直试图孤立法国，这种形势对于德国颇为不利。两国之间局势紧张，1871 年至第一次世界大战爆发前，两国的政治家之间从未有过官方互访。两国之间保持强硬对立是否无法避免，以及在法国在欧洲恢复地位之后，两国间的紧张局势是否逐渐缓解，都是悬而未决的问题。法国金融界对于与德国开展经济合作有一定的兴趣。左翼团体希望法国能在国防上减少开支，将更多的钱用在社会改革上。此外，法国社会党成员是反战主义者，他们的领导人让 · 饶勒斯有力地表达出他们的这一理念。法国一旦试图与德国缓和关系，便会引发国内强烈的抵抗情绪。此时期，在巴黎协和广场上诸多代表法国城市的雕塑中，仅有斯特拉斯堡被蒙上了黑纱。法国人不敢设想和德国开战夺回阿尔萨斯-洛林，但是只要德国占据阿尔萨斯-洛林，两国之间就不可能展开合作。法国的外交政策给人的感觉是守住对德国的防线。这的确是这项政策在当时的主要倾向，也解释了为什么战争发生以后，尽管左翼和右翼水火不容，二者间的鸿沟却没有阻挠民众对战争的普遍支持。让·饶勒斯在战争爆发当天被民族主义者暗杀。这件事情意义重大，因为凶手认为让·饶勒斯要做反战演讲，而讽刺的是，让·饶勒斯的演讲主旨是支持政府抵抗德国。

意大利

意大利北部和南部的中产阶级是推动意大利国家统一的主要力量。尽管在政治上取得了统一，但是北部、中部和南部的社会差异却未曾消除，在意大利的南部地区，封建贵族的强大势力仍然根深蒂固，难以消除。不断兴起的工业运动加剧了地区之间的差异对比，也壮大了具有革命意识的底层阶级。工人阶级是马克思主义和工团主义思想的牢固据点，而不满的情绪在贫农和农业工人中间不断扩散。这个时期内，工业罢工、农业罢工、农业工人和农民占据土地的事件时常发生。第一次世界大战爆发前的 25 年里，意大利的变化速度或许比欧洲其他强国还要快。

19 世纪最后几十年，意大利最为杰出的政治家是意大利复兴运动（Riesorgimento）中的英雄人物之一，名叫弗朗西斯科·克里斯皮（Francesco Crispi，1819—1901）。克里斯皮决心要将意大利的力量转移至符合意大利强国愿景的殖民扩张上。大多数意大利人依然在哈布斯堡帝国的统治下生活在南蒂罗尔、伊斯的利亚（Istria）

和戈里齐亚（Gorizia）。克里斯皮想将意大利民族主义者的雄心从这些地区转移出去，因为他迫切地希望避免和奥匈帝国及其同盟国德意志发生冲突。意大利颠覆了外界的看法，即意大利的殖民扩张政策已经步入了死局。克里斯皮决定加入与其他欧洲强国的竞争，争夺尚未被纳入欧洲统治的非洲地区。由于意大利在红海沿线的控制范围较小，克里斯皮想将控制范围扩大到邻近的埃塞俄比亚。1896 年，他的军事顾问做出了更好的判断，但他置之不理，执意命令驻在厄立特里亚国（Eritrea）的军队向埃塞俄比亚进军。克里斯皮错误估计了对手的军事力量。埃塞俄比亚人民英勇好战，他们接受过法国军官的军事训练，并拥有法国武器装备。在阿杜瓦地区（Aduwa），一支由 1 万意大利人和 1 万本地人组成的军队，与一支有备而来的、10 万人组成的埃塞俄比亚军队遭遇，结果意军大败，6000 人死亡，2000 人受伤，2000 人被俘。当战败的消息传到罗马，国内举行了大范围的游行示威活动，要求立即结束在非洲的冒险行动，克里斯皮在这种呼声中辞职。安东尼奥·鲁迪尼（Antonio Rudinì，1839—1908）继任，并和孟尼利克皇帝（Emperor Menelik，1844—1913）宣布休战，承认埃塞俄比亚独立，意大利在欧洲国家中的地位从此下降。意大利没有巩固国家统一，反而进行殖民扩张，加剧了国民的不满，埃塞俄比亚战争后，意大利国内多年局势不稳定。

此外，法国实施保护性关税，导致意大利采取对抗措施。关税之战接踵而来，导致意大利出口规模有所减少，而且因为切断了来自法国的贷款，工业扩张也受到阻碍。工业领域失业率升高，1898 年 5 月米兰发生面包暴乱，街道上处处矗立路障，在一系列争斗和戒严令颁布后，秩序才得以恢复。路易吉·佩卢克斯将军（General Luigi Pelloux，1839—1924）成为意大利首相，他通过皇家法令实施统治并试图建立军事独裁。1900 年，佩卢克斯在选举中失利，一个月以后，曾任命佩卢克斯并支持其独裁政策的亨伯特国王（King Humbert）被暗杀。

此后，意大利的局势平静下来。左翼激进分子高估了自己的手腕，1902 年铁路工人罢工和 1904 年大范围罢工引发了普遍的愤怒。这两场罢工被政治动机激发，而非因为经济困难，被视为革命的尝试。结果，所有温和派的力量更紧密地凝聚在了一起。在革命的威胁下，意大利政府和罗马天主教之间的敌对状态有所缓和。由于社会秩序的安全性受到了威胁，教皇庇护十世（Pope Pius X）允许天主教徒参与党派斗争。1904 年 10 月举行的大选中，激进的左翼分子惨遭失败。

意大利国内情形有了较高程度的稳定，其原因之一是欧洲经济自 1896 年之后开始增长，与之一致，意大利自身也加快了工业化步伐。据了解，1896 年至 1914 年，意大利也发生了工业革命。19 世纪 90 年代，意大利银行建立，充当意大利中央银行的角色，它拥有发行货币的唯一权力，因此能够控制和规范货币供给，为工业领域提供资金支持。货币市场的新稳态立即使得一系列商业银行建立起来，并经常有外资注入，尤其是来自德国的资金。这些银行为工业企业融资发挥了积极作用。

意大利政治局势的稳定也迎来了新的转机。1903 年，乔瓦尼·乔利蒂（Giovanni Giolitti，1842—1928）成为意大利首相。乔瓦尼来自意大利北部地区，在政府部门开始他的职业生涯，很快便被选为议会代表。他是一位异常聪明的国会议员，用自己的战略能力保证了意大利政治的高度稳定。他认为，意大利当前形势的主要任务是发展经济现代化。乔瓦尼分别于 1903—1905 年、1906—1909 年及 1911—1914 年三次担任意大利首相，在野时也仍旧是意大利政治生活中的主导人物。在他的影响下，意大利政府积极促进工业化进程，坚持从意大利企业订购武器装备，尽管它们价格高昂，质量欠佳。意大利铁路之前为私人所有，后来政府开始实施雄心勃勃的计划，将其接管后积极扩建。为了刺激造船相关行业的发展，政府向重点企业如商船队发放直接补贴。乔瓦尼的工业化政策产生了显著的效果。在第一次世界大战爆发的前 20 年里，意大利的工业产值占国民总产值的比例由 20% 上升至 25%，国民收入提高了约 50%。

乔瓦尼意识到，经济的发展要求有良好的社会环境。他发起多项社会改革，将工会合法化，推动劳资谈判，设定工厂最低卫生标准，改善妇女和儿童的工作条件。

乔瓦尼执政期间，意大利经济的改善有目共睹，但乔瓦尼实施政策的方式饱受质疑，他被批评在执政期间使意大利政府变得腐败并实施独裁专制。从议会支持的角度上来看，他的处境十分复杂。传统统治阶级对他的社会政策持反对态度，社会主义者也拒绝与资本主义者和君主主义政府合作。为达到他的政治目的，乔瓦尼发明了一种政治策略，叫波动选票法（*trasformismo*），即在政府中建立一个灵活的中间派联盟，以孤立左翼和右翼极端分子，从而保证总能获得多数支持，维持他自己的统治地位。意大利不像其他欧洲国家那样选区较大，每个地区可以选出两至三名议会代表进入国家议会，意大利选区较小，每个选区只能选出一名代表。因此乔瓦尼凭借他所在选区的居民对他的好感，而非依靠党派支持，获得连任。通过向赋予代表们在其所属地区的支配地位，乔瓦尼赢取了在野党代表甚至反对党派代表的选票。在理念和原则的伪装下，实质上是代表们对政治和物质利益讨价还价。乔瓦尼在意大利南部地区以牺牲原则的方式博取战略利益的行径十分明显。他在南部地区不实行经济和社会改革，也没有尝试实行土地改革，即将大型农业地产拆分后分给众多一贫如洗的农民。这使得他获得了南部地区代表的选票，但是这也意味着与教会联盟的大地主仍然保有强大的权力；而在西西里岛，根据私人及官方调查，实施诈骗、暴力甚至凶杀活动的黑手党仍然拥有影响力。在某些地区，在学生父母们需要的情况下，乔瓦尼甚至通过推行宗教教育对教会利益做出一些让步。实际上，这意味着南部地区的学校由神职人员掌控，而这些人自己都没有受过完整的教育，对于教育其他人的帮助不大。意大利北部和南部之间的差距变得越来越大：北部一些地区的文盲率降至 11%，而南部文盲率一直保持在 90% 以上。这项政策实际上破坏了乔瓦尼的经济目标：南部地区大部分人甚至连从事技术含量最低的工作都不能胜任，他们也没有经济能力购买工业产品。国内市场影响着意大利整体的工业化发展，却被南部地区所阻碍。

当然，乔瓦尼也意识到要维持政权，就要扩大议会基础，他主持的中间偏左的政府愿意让社会党成员加入进来。工会在社会党中握有重要的权力，因此乔瓦尼主导的很多社会政策都是为了得到工会的支持。他相信，在工会的帮助下，他能克服传统马克思主义者对在资本主义制度下开展合作的抵制。他相信离这个目标已经很近，于是在议会上宣布社会党“已将马克思束之高阁”。他于 1912 年实行选举改革，将投票人数从 350 万人扩充到 800 万人，在 30 岁以上的所有男性中实现了普选，只有未服兵役的男性文盲（和女性）不享有投票权。他认为至此他的政策终于可以画上圆满的句号。

然而在社会党内部，反对承担政府责任的团体比预想的更为强大。在北方大部分省份，工人团体在一个特定区域内吸纳了所有的工人，工会与其展开了竞争。这些工人团体的成员包括农业工人，以及一些地区如罗马涅的小型企业待遇低劣的工人，乔瓦尼的改革没有给予他们任何帮助，因此这些团体十分激进且具有革命意识。社会党的改革主义者在短期内占据了上风。总体上来讲，激进派分子带有无政府主义倾向，并主张采取革命、罢工和破坏行动，以此奠定他们行事的基调。1912 年，激进分子在社会党大会上掌控了局势。他们的领导者之一贝尼托·墨索里尼（Benito Mussolini）成了社会党官方报纸《前进》（*Avanti*）的编辑。

社会党左翼对右翼的胜利还受到当时的外交和战争事件的影响。阿杜瓦战役给意大利自尊心造成的创伤从未愈合，恩里科·柯拉迪尼（Enrico Corradini）就发起了一场民族主义政治运动以表达不满，他把这些军事耻辱归咎于民主和议会制政府中缺乏英雄主义。意大利著名的作家加布里埃尔·邓南遮是这场运动中的强有力的发言人，他宣称国家需要一位强有力的统治者。他在青年一代中拥有大批追随者。尽管民族主义者的运动在数据上看起来并不显眼，但是意大利须坚持自己是一个强国这种思想传播了开来。当法国宣布控制摩洛哥时，意大利也开始对的黎波里进行经济渗透了。有必要征服的黎波里的观点甚至延伸到社会党阵营中。就算乔瓦尼·乔利蒂想撤回此行动，也身不由己了。

然而，尽管社会党温和派领导认为，通过在北非地区建立殖民地可以改善经济状况，因而发动一场战争是值得的。但是社会党的大部分人不接受这种观点。他们指责战争是帝国主义者的行径，同时坚定了拒绝和资本主义政府展开合作的态度。

如果乔瓦尼想通过发动战争赢取右翼的支持，他也会失望的。民族主义者认为，战争证明有必要在议会之外发动运动和采取行动，而这些运动和行动将行之有效。意大利政府颁布新的法律赋予民众普选权，1913 年的选举据此举行，但是这场选举并没有为改革政府组建一个稳定的议会，而是展现了左翼和右翼激进主义的力量。第一次世界大战爆发时，这个自由的国家陷入了严重的危机。

德国

宪法和社会结构

德意志帝国的独裁体制主要是19世纪历史发展的产物。因为普鲁士完成了德意志国家统一，德意志帝国的政治结构沿袭了普鲁士模式。

普鲁士成功镇压了19世纪的中产阶级革命，其政治体制高度集权。军队直接听从国王指挥，而不受文官控制。普鲁士通过保证易北河大地主阶级控制权的方式，选举产生议会。

普鲁士国王和其他领导都不希望自己的国家结构淹没于宽泛的帝国主义构架之中。因此，德意志帝国没有成为单一制国家，而是成了由25个邦国组成的联邦制国家，除了三个自由市，其余邦国均由诸侯统治。每个联邦成员政府指定一名代表参加联邦议会，即德意志联邦参议院（Bundesrat）。议会在柏林召开，议会主席由普鲁士国王任命，一般是即将上任的普鲁士首相。普鲁士国王担任联邦的主席，同时拥有德意志帝国皇帝的头衔。由于每个邦国在参议院中的席位数量是由其地域范围和人口规模决定的，所以联邦参议院由普鲁士主导。

德意志统一时期，普鲁士政策的领导者需要考虑的问题是，德意志统一最大的阻力来源于各邦国的统治者，以及因为利益和效忠等因素与其紧密相连的各种团体。德意志统一的主要参与者是平民大众，尤其是中产阶级。为了遏制德意志联邦参议院所面临的分裂倾向，德意志帝国国会（Reichstag）建立了，其选举制度更为先进，国会成员以其为基础被选举出来，即在25周岁以上的男性中普选产生。

德意志帝国立法须在联邦参议院和帝国国会同时通过，帝国仅能在外交、海事、邮电、电讯、海关、殖民地等非常有限的领域的事项上做出决议和立法。帝国还拥有设定司法标准和军事管理标准的权力，各联邦国的统治者有权管辖军队，但在战争状态下，军队听从帝国统一指挥。德意志帝国可以从各邦国筹集的税收中抽取一定的比例，并有权征收间接税。

尽管德意志帝国的职责有限，但是这些职责可以延伸，对政府机构做出规定，联邦行政机构的组织方式强化了普鲁士的主导地位。联邦参议院主席负责掌管和监督联邦行政部门，并在帝国国会中对新的立法做出解释、进行辩护。参议院主席常由普鲁士首相担任，因此他集两种职能于一身。作为联邦政府的首脑，他同时拥有帝国总理的头衔，在他之下是一些高级官员即部长，在联邦控制之下负责管辖外交、海事、殖民地等各领域的事务。另一方面，身为普鲁士首相，他负责引导普鲁士政策，掌管着由内政大臣、军事大臣、教育大臣、财政大臣等高阶官员所组成的内阁。这种格局赋予了他相当程度的独立性。由于他由普鲁士国王任命，联邦参议院和帝国议会均不能将其革职。尽管位高权重，但是他阻止官员离职比免除官员职务要更容易一些。在他不赞同时，他可以阻挠政策的实施，只需要站到政策提议方的对立面进行反对，对立关系往往存在于德意志帝国与普鲁士、帝国参议院与帝国国会之间；但是他还需要谨慎协调各方势力向着同一个方向努力。因此，德意志帝国复杂的政治结构产生了一些特殊的矛盾，它使得普鲁士在保留其政府制度和自治权的情况下，在联邦中取得主导地位。然而，帝国宪法在承诺普鲁士的事务不被干涉的同时，也保障其他邦国各自的内政不受干扰。因此德意志帝国内部存在着高度的政治多样性。和保守的北部相比，南部的德意志国家，例如巴伐利亚、符腾堡、巴登等，更为自由，甚至更为民主，并拥有自己的议会制政府。德国大部分人口为新教徒，但天主教徒少数派也数量可观。1900 年，德意志帝国境内拥有 3500 万新教徒和 2000 万天主教徒。一些德意志邦国盛行新教，而在另一些邦国天主教则拥有重要的政治影响力。

毫无疑问，复杂的政体要求德意志帝国领导拥有强大的平衡艺术，协调构成帝国的多方势力。德意志帝国是奥托·冯·俾斯麦（Otto Von Bismarck）一手缔造的，其政体受到俾斯麦强硬、谨慎的个性的影响。德意志统一后的前十年，社会力量仍保持平衡，农业和工业发展之间的利益冲突也趋向缓和，俾斯麦深受鼓舞。但是，19 世纪快要结束时，德意志政体成功运转的条件开始消失，俾斯麦也于 1890 年下台。德意志帝国的剧变也扰乱了社会力量的平衡状态。此时，德意志已经成为一个高度工业化和商业化的国家。

第一次世界大战爆发时，德国商船队的规模已跃居世界第二，仅次于英国；德国的煤炭产量跃居世界第三，落后于美国，与英国的差距非常小。德国的生铁和钢产量高于包括英国在内的欧洲任何一个国家，几乎可达到美国的一半。德国丰富的矿产资源也促进了其军工业的发展。德国军工业的领导者克虏伯和奥地利的斯柯达、法国的施耐德－克勒索支配着世界军工行业市场。同时，德意志的电气行业和化工业也蓬勃发展。德国的染料工业和制药工业在世界范围内取得了垄断地位。与美国和英国完全不同的是，德国生产的物资远远超出国内市场的消费能力。1887 至 1912 年期间，德

1904年，克虏伯兵工厂。

国出口总量增长了185%。德国迅速崛起成为世界工业强国，与其对国外市场的渗透是分不开的。1880年之前，德国只和欧洲其他国家进行贸易，1880年之后，德国越来越多地与其他大陆的国家开展商品交换。

工业发展所需的矿产资源遍布德国，最重要的是，鲁尔区蕴藏着丰富的煤矿和铁矿。德国西南部的阿尔萨斯和洛林地区（两地区于1871年割让给法国）蕴藏着大量的铁矿和钾资源；东部上西里西亚的煤炭资源丰富；中部充足的褐煤储量可以促进电气和化工业的发展。因此，整个国家都能感受到工业化的影响。由于德国的工业化进程晚于英国和法国，它需要大量的资金与更先进的工业国家展开竞争，这些巨额资金只能从银行获取，而无法从工业家或者私人金融家那里获得。在德国经济的发展过程中，银行和工业企业的联系更为紧密，这种联合促进了大型企业的形成，这些企业比生产同样产品的小企业生产效率更高。一些大型企业在某些领域处于垄断地位，在另一些领域大型企业通过卡特尔协议联合进来，规范价格，划分市场。卡特尔成员在国内制定高价格标准以保证利润，在国外则以低价倾销货物抢占市场。因此德国政府不仅允许垄断和卡特尔协议存在，甚至给予卡特尔协议一定程度的法律保护，违反者将受到法庭的制裁。

德国上层阶级和中产阶级都沉醉于本国迅速发展为经济强国，并给所有人带来财富，但这种自大透着危险的信息。他们中的大部分禁不起成为“世界强国”这一想法的致命诱惑，认为德国应该拥有海军，应该拥有殖民地，应该拥有世界上最大最快的客船。德国的银行家和工业主义者深信，在德国实现经济渗透的地方，例如中国、土耳其或其他任何地方，他们应该好好利用机会，而不用考虑其他国家的殖民统治、权利或经济利益。作为世界舞台上的后起之秀，德国人认为他们应该加快节奏，获取他们预想中的“阳光照耀之地”(“Place in the sun”)，野心勃勃的威廉二世曾用这个词来描绘他渴望达成的帝国扩张。

然而，德国工业化发展过程中仍然存在矛盾冲突。贵族地主阶级在德意志最强大的邦国内占据着主导地位，因此当工业利益和农业利益发生冲突时，他们表示强烈反对。另外，向工业化过渡的过程中也不可避免地伴随着社会紧张局势，俾斯麦制定反社会主义法律以镇压工人阶级，引发了工人阶级的不满，扩大了企业家和工人之间的鸿沟。这些法律失效后，随着工业化进程的加快，社会主义分子也取得了巨大的进步。社会民主党在联邦参议院中的席位由1890年的35个增加至1911年的110个，成为最强大的政治党派。尽管社会民主党和联合工会为当时最大的官僚机构，倾向于缓慢、谨慎地发展，但是马克思主义提出的需要发动革命的思想在当时工人阶级中仍然占据主导地位，尤其政府持续对颠覆性破坏和宣传行为进行大力镇压。

1890年之后，俾斯麦下台，宪法将权力归于皇帝所有，然而皇帝仅仅是想作为一名君主进行统治，并不具备管理国家的必备素质，于是德国不稳定的局势进一步加剧。

威廉二世统治下的德意志帝国

在公众看来，尤其是第一次世界大战时期抵抗德国的国家的人民看来，威廉二世（1888—1918）是军阀形象的原型：专横、残酷、野蛮。的确，他喜欢全副武装，身穿重骑兵军官的银色制服，披着闪光的盔甲，戴着象征皇室金鹰的头盔。他对大臣和人民说话好似军官对士兵说话，满是要求和命令的口吻。他认为自己是 19 世纪专制的霍亨索伦国王的继承人。他相信他的权力来自于上帝，正如他在一次夸夸其谈的演讲中所说，自己是“上帝的工具”。最重要的是，他认为维持普鲁士的军事传统是他的责任。他几乎没有意识到当时的军队已经不再是雇佣兵军队了，不再是君主的私人财产，而是通过普遍征兵制组成的军队。在对一个柏林的部队做反对社会主义训话的时候，他告诉自己的士兵们，在他的命令之下，即使对面是自己的父母，也要毫不留情地射杀。由于他不喜欢现代舞蹈，所以，1913 年探戈舞流行时，他禁止所有军人跳探戈。由于军队内部组织和军官任命全都不受文官控制，威廉二世认为要求绝对服从从法律上来讲是正当的。

然而，威廉二世不仅想成为专制传统的保护者，还想成为一名带领德国进入历史新纪元的现代君主。他的身边不仅环绕着普鲁士贵族，还有银行家和工业家。威廉二世年轻时参加过反犹太主义团体的会议，但是后期乐于支持富裕的犹太人，并为他们加官晋爵，这令普鲁士贵族感到非常不满。他对自然科学领域的发明十分感兴

同步画派讽刺画，讽刺威廉二世优先考虑的事：“陛下无暇顾及欧洲事务，陛下正在为随军牧师设计制服。”

趣，对杰出的科学家授予勋章，有时还会将其封为贵族。他热情宣扬将德国打造为世界强国的必要性。威廉二世是阿尔弗雷德·马汉（Alfred Mahan）的热心读者，并且非常认同马汉的观点，即海上力量是国家竞争中的重要因素，也是建立帝国的关键所在。

将普鲁士独裁主义与对科技进步的信仰和资本主义扩张结合在一起，很符合德国资产阶级的想法。威廉二世在他统治早期很受欢迎，但是随着时间的推移，反对者数量不断增加。反对者和评论家不光存在于谴责整个政治制度的社会主义者之中，也存在于那些了解他的人之中。有人认为他是德意志君主国的掘墓人，因为他们意识到他的浅薄。他的文化和审美热情都保持不了多长时间，也无法持续努力认真地工作。出于神经质和不安分，他频繁地四处旅游，期望一直寻欢作乐。最重要的是，他虽身穿军装，神态威武，但他意志薄弱，很容易受到意愿强烈的人影响，尤其是当别人以有趣或谄媚的方式表达想法时。军人、工业家、银行家、朝臣，都可以对这位皇帝造成影响。

虽然威廉二世不能为国家提供统一方向，但是却不愿意向大臣们交出俾斯麦曾经拥有的绝对影响力。每位大臣都不得不和陆军、海军以及威廉二世的个人势力做斗争，德国的政策路线变得飘忽不定。

俾斯麦的继任者中，第一位是军人出身的列奥·冯·卡普里维伯爵（Count Leo von Caprivi，于1890—1894年间任总理），其余都是文官。克洛德维希·冯·霍恩洛厄亲王（Prince Chlodwig von Hohenlohe，1894—1900）曾是阿尔萨斯–洛林地区的行政首脑；伯恩哈德·冯·比洛（Berhard von Bülow, 1900—1909）来自于外交使团；特奥巴尔德·冯·贝特曼·霍尔维格（Theobald von Bethmann-Hollweg, 1909—1917）曾任职于普鲁士政府。任命文职人员担任政府高官，标志着政府从议会的影响中独立出来。正如我们所见，尽管帝国国会的权力有限，但由帝国国会通过立法和税收政策还是很有必要的。社会民主党反对整个行政系统，经常向政府投反对票，于是不得不寻求各党派对左翼社会主义者的支持。这些都是使用政治手段相互制衡的例子。保守党主要维护农业领域的利益，而中央党（Center Party）的成员则包括社会各阶层，因为他们统一的纽带是罗马天主教。资产阶级由两个团体代表：国家自由党（National Liberals），为重工业的利益而斗争；改革论者（Progressives），其支持者为小型企业和白领工人，他们保持着19世纪建立自由和民主的德国的想法。

在利益各异的众多党派中开展合作十分困难。政府经常获得保守党和国家自由党的支持，虽然他们分别代表着农业和工业领域的利益，彼此之间很难开展合作。德国面临的最关键的问题是经济属性的问题。地主阶级和工业家之间的冲突在于，地主阶级要求实行保护性关税，以限制从美国和俄国进口粮食；而工业家则要求降低食物价格，这样一来便可以降低工人工资，以提高在国际市场上的竞争力。威廉二世统治初期，俾斯麦的继任者卡普里支持工业扩张，因而降低了农业关税，不久贵族地主便要求卡普里下台。政府改变了路线，开始实施农业保护政策，通过向工业利益集团妥协，收买国家自由党达成了一致意见。

妥协之一便是实施建立一支舰队的计划。发起这项海军计划的根源可以追溯到威廉二世对英国海军力量的嫉妒和艳羡，以及冯·提尔皮茨上将（Admiral von Tirpitz）对威廉二世的影响。这个计划还是得到了一定的支持。它为重工业企业带来了持续不断的政府订单。工业家认为，这个计划带来的好处要大于保护性关税对他们带来的影响。同样的，保守党认为保护性关税是对他们放弃反对打造战舰的补偿。

工业和农业领导者与政府之间的合作不仅是为了满足议会的目

的，同时也是为了防止社会民主党发动颠覆性的破坏运动，以维护社会秩序。学校是国家机构（包括小学和开始大学教育之前的预科学校），教师被要求在教学中强化爱国主义和基督教虔诚理念，来抵制社会民主党的思想。此外，任何人要在政府担任重要职务，前提是必须完全接受官方价值观。尽管犹太人在法律上不受任何限制，但是他们不能在行政部门中担任任何职务。公职人员组成的委员会在审核进入政府部门的候选人时，会着重考虑候选人的政治可靠性。但在公职人员的选拔中最严苛的条件是候选人必须先担任预备军官，如果不先成为预备军官，则几乎没有可能成为公职人员。在德国，男性有义务服两年的兵役，而受过较高教育的男性只服一年兵役即可。在这一年后成为预备军官，好比成了俱乐部的会员。一个人是否能成为预备军官主要决定于军队的现役军官。现役军官只接受和他们有相同行为标准的人作为发展对象。但是成为预备军官还有深层的含义；成为预备军官就意味着拿到了宫廷及上流社会的入场券。因此，在德意志，尤其是在普鲁士，要成为具有影响力的人，意味着需要根据高级政府部门和军官队伍，调整自身的行为和价值观，而在这些部门中，由贵族组成的团队发挥着决定性的作用。普鲁士贵族的封建和军国主义价值观仍然很强。因此，在德国，资本主义价值观没有取代贵族价值观；相反，上层资产阶级变得封建化。

尽管德国统治阶级不容许政治民主化，但是行政部门效率很高，并且渴望表现出对公民福祉的关注。官僚部门作风廉洁；警察虽然可能过分热心，但致力于维持社会秩序和安宁；政府也不专制。德国人骄傲地认为，他们生活在一个法治国家。司法程序严格遵守法律规定，这使德国人相信他们的权利有所保障。

如果说普鲁士统治阶级的狭隘和保守主义使柏林和普鲁士的文化生活变得压抑，那么德国其他地方的文化氛围则更为活跃和自由。如果说柏林是德国的政治中心，那么慕尼黑则是德国现代文艺运动的中心，表现主义就是其中之一。

尽管如此，任何对军国主义倾向的反对，在德国政治现行制度下都是行不通的。最明显的例子就是1913年，在阿尔萨斯小镇扎本（Zabern），因反对驻扎在当地的军队，爆发了大众示威游行。起因是军方蛮横地扩张军事职能，对小镇实施军事管制。威廉二世对这场积极的军事行动表示肯定，所有的政治温和派的抗议都无济于事。皇帝在扎本事件中的专制行为，使民众更加质疑当前的统治能维持多久。在地方层面，尤其是市级行政部门，社会主义者和激进资产阶级党派之间开始合作。天主教中央党开始在帝国国会中发挥作用，与社会主义者及资产阶级激进分子合作，准备实施议会制度改革。如果战争没有爆发，德国没有战败，很难说这股洪流能否战胜强大的经济利益和根深蒂固的传统，而这二者支撑着当前的专制政权。

富裕的工业和金融资产阶级与封建军事传统观念的融合，对德国的外交政策产生了十分危险的效应。德国在争取“阳光照耀之地”时，十分主张强权政治。当德国认为非洲、中国和太平洋区域的领土唾手可得时，便宣称拥有对这些地方的管辖权，这种行为很快引发了德国和欧洲其他主要国家之间的冲突。普鲁士保守党使得德国成为欧洲军事力量最强的国家，但是打造一流海军，以及德国日益增长的工业力量带来的经济竞争，使德国和欧洲传统海上强国英国之间的关系变得复杂。另外，为了不影响工业和农业利益集团之间的联盟，政府决定向它们施加的压力妥协。因此，德国支持其国内金融集团在土耳其境内修建巴格达铁路，铁路修建过程中，德国深入了一片之前英国和俄国曾经争夺的地区。因为德国雄心勃勃，鲁莽地冲入了世界政治格局，它也开始感受到来自各方的压力。

哈布斯堡君主国

在世纪之交，欧洲的七大强国中唯独奥匈帝国在第一次世界大战中解体。即便在第一次世界大战之前，哈布斯堡也统治着多个不同民族，例如日耳曼人、马扎尔人、斯洛伐克人、罗马尼亚人、意大利人、波兰人，显得不合时宜。大部分时候，哈布斯堡君主国虽然在改革政体和议会制度方面做出过一些微小的、反复无常的尝试，但是仍然保持独裁统治。罗伯特·穆齐尔（Robert Musil）在其小说《没有个性的人》（*The Man without Qualities*，1932）中利用双关技巧讽刺君主国为“Kakania”，一个K代表“帝国的”（kaiselich），另一个K代表“贵族的”（koniglich），kaka则代表粪便的意思。君主国不合时宜的特质赋予了奥匈帝国，尤其是维也纳战前年月独特的魅力。充满贵族气质和大都会气息的维也纳，仿佛留存着欧洲其他国家业已消失的文化传统。维也纳是音乐之都，吸引了众多著名歌唱家来这里表演歌剧，以及最优秀的交响乐指挥和作曲家。在维也纳可以看到约翰内斯·勃拉姆斯（Johanner Brahms）坐在约翰·施特劳斯（Johann Strauss）的妻子旁边，当施特劳斯在指挥他的华尔兹舞曲时，勃拉姆斯则在施特劳斯夫人的扇子上写道："不幸的是，非约翰内斯·勃拉姆斯所作。"维也纳

同步画派讽刺画《中尉的前天、昨天和今天》。标题是用俚语表达的，其他语言很难表现那种感觉和意味。中尉说："昨天，在赛马俱乐部赌马，赚了些钱，然后是香槟，香槟。"

城堡剧院也吸引着最优秀的德意志演员前来演出。维也纳还是探索人类心理复杂性的文学思潮的中心，在咖啡馆或许可以看到现代文学的代表人物阿图尔·施尼茨勒（Authur Schnitzler）和赫尔曼·巴尔（Hermann Bahr），正恭敬地与一位脆弱的、未满 20 岁的年轻人在交谈，而这位年轻人正是刚刚因为创作了几首优美的诗而出名的作家胡戈·冯·霍夫曼斯塔尔（Hugo von Hofmannsthal）；此后，他为理查·施特劳斯（Richard Strauss）著名的歌剧《玫瑰骑士》（*Rosenkavalier*，1911）创作了剧本。维也纳矗立着优雅的巴洛克风格宫殿，漂亮的骏马拉着马车从这些宫殿驶出，驶向维也纳最著名的普拉特公园，车上是它们高贵富有的主人，列支敦士登家族（Liechtensteins）、艾什泰哈齐家族和施瓦岑贝格家族（Schwarzenbergs）。他们使得维也纳的宫廷生活比欧洲其他宫廷更加精彩纷呈，因为常常有年轻狂野的哈布斯堡大公被卷入绯闻，宫廷生活又增添了几分浪漫色彩。

而弗朗茨·约瑟夫皇帝（Emperor Francis Joseph，1848—1916 年在位）是这个时代不合时宜的具体表现。1900 年时，他已经执政超过五十年，而且在第一次世界大战期间还将继续统治。穆齐尔曾写道，国王像遥远的星星一样，在它还未到达地球之前，光芒就已远去。他遭遇过很多政治灾难和个人不幸：他被迫放弃部分遗产，将其拱手让给意大利；他曾被赶出德国，他的儿子自杀，妻子被刺杀。但是他仍然每天早上五点起床在桌边批阅文件，继续端坐在他的宫廷王座上，看着人们按照严格的礼节向他致敬。看上去如此充满力量，而 1914 年 6 月发生的事件使得他的统治变得衰弱。弗朗茨 · 约瑟夫的侄子，推定继承人弗朗茨 · 斐迪南（Francis Ferdinand）和其身份低微的妻子在萨拉热窝遇刺身亡，这一事件导致了一个多月后第一次世界大战爆发。皇帝的第一反应不是因痛失亲人而悲伤，反而看起来像是舒了口气。因为斐迪南的婚姻是贵贱通婚，皇帝并不希望他成为奥匈帝国的统治者，而谋杀者恰好断绝了这种可能。弗朗茨 · 约瑟夫听到这个消息后曾说："更高的力量已经恢复秩序，我很伤心我不能维持这个秩序。"很明显，他指的是刺杀事件之后，政治动乱可能会接踵而至。

二元君主国

哈布斯堡帝国后来演变为二元君主国。奥地利帝国的人口主要是日耳曼人；另一方面匈牙利帝国的人口主要是马扎尔人。这两个帝国都由同一位皇帝统治，拥有相同的外交政策、海关政策和军队，仅此而已。但是奥地利不完全是日耳曼国家，匈牙利也不完全是马扎尔国家，随着时间的推移，日耳曼人和马扎尔人对于其他少数民族的统治变得越来越困难。报纸和文学作品等印刷物的发行量不断扩大，使得各个民族的人们意识到他们拥有独特的文化遗产。工业化让大量农民进入城市，也增强了他们的经济实力。这一时期整体经济变革所带来的社会紧张局势，因为其他民族对日耳曼人和马扎尔人统治的反抗而进一步加剧。奥匈帝国的两个方面都有宪法，但是却有着截然不同的特点。

民族主义的兴起使二元君主国产生了最大的问题，其中以奥地利最为尖锐。如果众多民族一直感到不满和受到压迫，那么社会秩序即便能够维持，也非常困难。日耳曼人已经习惯了自己的民族占据统治地位，以及在整个哈布斯堡帝国担任政府官员，如果奥地利对少数民族做出任何让步，就会遭到日耳曼人的反对。因此，奥地利的宪法十分复杂。奥匈帝国议会的选举体制偏向有产阶级，尤其是地主阶级，他们被认为是政府可靠的支持者。此外，每个民族都有固定配额的议会席位，所以每个民族都能发表自己的意见，然而日耳曼人在议会中占据大多数席位，一直主导着议会。其他民族要求扩大自己的席位数量是意料之中的事。而日耳曼人又分裂成自由分子和天主教保守派团体，因此，每个立法提议都会引起无休止的争论。

19 世纪 90 年代，首相为了安抚捷克民众并获取他们的支持，颁布了一系列法令，要求在日耳曼人和捷克人混居的区域，政府官员必须具备使用双语的能力，这引发了一场巨大的危机。日耳曼对此强烈反对，因为大部分捷克人懂德语，但是大部分日耳曼人不懂捷克语，因此他们可能在行政体系中失去地位。日耳曼民族主义者发动暴力示威游行，宣称日耳曼的种族优越性在维也纳和大部分奥地利的德语城市都有所体现。军队和示威者之间发生了冲突，首相在社会动荡的压力下被迫辞职，他的语言法令也被撤销。

基于奥地利民族问题中的重重困难，奥匈帝国宪法规定，在帝国议会无法召集的情况下，内阁和皇帝拥有紧急立法的权力。在之后的数十年中，这一紧急立法条款是奥地利统治的基础，但其实施方式一直饱受质疑。官僚机构自18世纪以来便统治着奥地利，从未中断，他们有能力执行行政管理工作，但是这种管理模式并不能满足现代工业社会发展的需要。政府通过扩建铁路，逐步推进社会立法的方式，小心翼翼地为工业发展提供支持。但是很显然，为了和其他欧洲国家的发展步伐保持一致，奥地利需要采取经济、金融措施，并实施社会改革，而这些都需要获得议会批准。1907年，政府在自由主义者和民族主义者力量的压力下，实行选举改革，这些改革虽然没有改变各民族席位的比例，但是实现了男性普选权。政府相信，城镇中产阶级是民族主义的主要宣传者，享有选举权的当地工人和农民都愿意效忠居住国，或至少乐于维持广大经济区域的统一。讽刺的是，哈布斯堡君主国在很多方面被外界看成是中世纪专制主义的残存势力，而社会民主党却支持政府，他们也相信，一旦各个民族享有自治权或者独立地位，中产阶级就会取得统治权，从而阻碍工业发展和对工人处境的改善，进而使整个工业化进程举步维艰。

和奥地利相反，奥匈帝国的另一方面匈牙利的议会体制有效运行，但是选举范围却受到限制，只有马扎尔人和大地主才能成为议会的主体。统治阶级通过保护性关税维持经济繁荣，哈布斯堡君主国要求他们共同承担国防和外交政策中的财务费用，这对匈牙利而言是个负担。于是匈牙利的统治阶级开始考虑和哈普斯堡君主国的关系。独立党自1848年革命时便已存在，在匈牙利起义英雄路德维希·科苏特（Ludwig Kossuth）之子弗朗茨·科苏特（Franz Kossuth）的领导下产生了更大的影响力。独立党要求匈牙利军团从其他军队中独立出来，这导致了他们和政府在维也纳发生冲突。匈牙利政府提出，他们的军团应该有自己的徽章，应该使用匈牙利语而非英语作为军事指挥用语。但是弗朗茨·约瑟夫认为这是对他权力的直接干涉并予以回绝，于是马扎尔人不承认奥匈帝国皇帝任命的政府。皇帝以实施普选作为威胁，粉碎了这次马扎尔人起义，因为普选会使马扎尔人失去支配地位，并剥夺地主阶级的权力。匈牙利领导人这才意识到他们的行为有些过激。如果有变动或大的动乱，匈牙利也遭受其害。此后，匈牙利的政治整体上被一部分人所控制，他们意识到马扎尔人对匈牙利的统治与皇帝的维护是密不可分的，很可能将发生剧变和大范围的动乱。

在这根本不合逻辑的情势下，或许包括了一种内在逻辑，即哈布斯堡帝国一些最有活力的领导人回避实施国内改革，而认为应该通过扩张政策维护帝国统治。他们寄希望于因军事成功获得的自豪感可以成为各民族联合的纽带。然而奥匈帝国并不临近海洋，所以世界政治、海上力量和殖民地对他们的吸引力不大。在之前的世纪中，巴尔干半岛一直是哈布斯堡外交政策的重要地区，由于巴尔干半岛一些国家和奥匈帝国人民之间的关系，巴尔干国家的民族主义在居住于二元君主国内的少数人之间激起了动乱和不满。同时，奥地利对巴尔干半岛的关注，也使一直以来对海洋力量存有野心的俄国与奥地利之间的关系，一直处于紧张状态。

俄国

专制统治

欧洲很多国家都存在紧张和不稳定的局势，但是唯独俄国的紧张局势在第一次世界大战前引发了国内的全面革命。在政治发展方面，俄国落后于欧洲其他国家，19 世纪末期，它仍然处于专制君主的统治之下。此外，沙皇尽管拥有如此巨大的力量，实际上却是他同时代最无足轻重的君主之一。即便是国家和王朝危在旦夕时，沙皇尼古拉二世（Nicholas Ⅱ，1894—1917 在位）的日记中也单调地记载着天气情况和访问日程，仿佛对于这位君主而言，世界只限制在他宫殿的管辖范围内。他和其他软弱而愚蠢的人一样，顽固地坚持自己从小被灌输的想法，即深信他所继承的绝对权力应该被完整、不受限制地传给他的儿子。

尼古拉很容易受到拥有同样想法而意志更强者的控制。在他执政的前十年中，深受圣议会（Holy Synod）检察长康斯坦丁·波别多诺斯采夫（Konstantin Pobedonostsev，1827—1907）的影响。康斯坦丁·波别多诺斯采夫是尼古拉的导师，充满宗教热情，期望屏蔽所有西方自由主义思想来拯救俄国。后期，他被皇后和修道士拉斯普京（Rasputin）所影响。皇后认为拉斯普京有能力治愈她儿子的血友病，并且能够让他活下去。尽管拉斯普京贪婪和腐败的方式逐渐明显并饱受诟病，皇后依然相信，如果尼古拉保持独裁，拉斯普京便可以留在宫内。因此尼古拉沙皇加强专制的想法，是为了维

加冕典礼上，沙皇尼古拉二世和皇后。

护皇后和拉斯普京的利益。因为很多大臣反对拉斯普京的政治思想，而沙皇常常强行将反对者免职，拉斯普京出现在宫廷中就代表着严重的政治事件。为了驳回对拉斯普京的攻击，沙皇和皇后试图让大臣们相信他们的“朋友”是一名“圣人”，他们通过拉斯普京倾听“民众的声音”。

在20世纪初，由一个人来统治广阔的俄罗斯帝国是难以实现的。庞大的官僚机构是俄国真正的统治者，但是这一机构行动迟缓、思想呆板、自身腐败。即使出现过一些能力出众的管理者，如于1892—1903年任财政部长的谢尔盖·维特伯爵（Count Sergei

Witte，1849—1915），1905 年俄国革命之后于 1906—1911 年任首相的彼得 · 斯托雷平（Peter Stolypin，1863—1911），但他们很快便被卷入官僚主义的阴谋之中。另外，沙皇并不相信新的思想，并将这些人物的崛起看成是对自己权力的威胁。因此，沙皇并不相信这些人所提倡的新思想，而且认为他们如此受欢迎，会威胁到他的权力，因此他想尽快将他们免职。沙皇的人格缺陷使得专制主义明显的弱点在现代社会中不断放大。

向工业化进军

俄国政府面临着巨大的问题，蹒跚而行。俄国先前主要以农业为支柱，但是克里米亚战争（Crimean War）以后，俄国意识到需要发展工业维持其大国地位。俄国的确拥有发展工业的必要资源：顿涅茨盆地蕴藏着丰富的煤矿和铁矿，高加索地区有大量的石油，土耳其斯坦的棉花资源丰富。但是工业化的障碍也很大。1860 年以前，莫斯科、圣彼得堡和基辅是俄国仅有的大城市，俄国缺少其他国家拥有的能给国家的工业化发展提供资本和技术的社会阶层。因此，大部分资本只能从国外引入。1900 年，俄国工业企业超过 50% 的资本来源于国外，金属行业的资本也来源于国外。荷兰皇家石油公司深入高加索的石油开发领域；英国资本在乌克兰钢铁行业发挥着重要的作用。

在全国范围内发展铁路网、提高联通效率是工业化发展的必要条件。俄国草原地域广阔，有些不宜居住，也未曾开发。政府担负着铁路建设这一复杂严峻的工程，同时也为钢铁行业和煤矿产业的发展提供了机遇，因此政府成了重要开发者。必要的资本主要来源于国外贷款，大部分货款都由国外银行尤其是法国银行提供，俄国偿付的贷款利息有 50% 被用来偿还国外贷款。

在工业化中获得充足的人力资源也十分困难。亚历山大二世（Alexander Ⅱ）于 1861 年实行农奴解放的主要目的就是让农民迁往城市地区并成为工人。但是解放条例并不明晰，因此预期目标没有完全实现。农民不得不赎回曾授予他们的土地。为履行这一义务，米尔（村民委员会）顺势而生，为了支付土地偿金，它们需要农民耕种土地，不愿意让农民进城务工。为了向工业中心迁移，农民要么放弃拥有土地，要么在收获季节返回家乡，其余时间都待在城市里。因为农民不能连续性地从事工业劳动，他们的劳动技术不熟练，选择工作的余地不大。工人的劳动待遇特别低，1880 年时莫斯科的工人一天的报酬只有英国工人的 25% 左右。工人们住在营房里，每天早上被铃声叫醒，然后便一起赶住工厂，工作结束后又一起返回，然后营房大门关闭。恶劣的条件带来了骚乱和不满，当工人们返回到村庄和家里时，他们要发泄自己的情绪，于是便在农民中宣传革命思想。此外，俄国的工业化进程中存在着其他国家工业化之初的同样弊端：工厂缺乏健康和安全防护措施，工作时间没有限制，即便是妇女和儿童也不例外。例如在纺织厂，工人每天需要工作 12 至 15 小时，双方没有劳资谈判，工人也没有罢工的权利。此外，工业化带来的社会生活的改变十分令人不安。工业化骤

俄国早期工业化：圣彼得堡的铸造工人，1890年。

然在大城市暴发，不仅是一场经济事件，也是一种情绪宣泄。

俄国境内有很多民族。国家中心地区人口数量最多的是俄罗斯人，但是中心以外的地方情况却非常不同。俄国西部的人口为波兰人，北部为芬兰人——19 世纪早期这一地区就被俄国吞并；在波罗的海诸国，日耳曼贵族地主统治着爱沙尼亚、拉脱维亚和立陶宛；格鲁吉亚人定居在高加索地区。这些民族群体，尤其是波兰人、芬兰人，还有波罗的海诸国的居民，在俄国仍与世隔绝的时候就已经成为欧洲的一部分。因此他们的社会结构和知识见解与俄国人有很大的不同。他们有古老的中世纪的城镇，也有中产阶级。他们在贸易和工业领域十分活跃，例如，当俄国依然是纯农业社会时，波兰已经从事纺织品生产了。他们有古老的大学，文化生活主要向西方国家看齐。波兰人信仰天主教，芬兰人和波罗的海居民信仰路德教。宗教信仰的不同使各民族之间的关系更为紧张。所有这些非俄罗斯族人的长相和西方国家的人十分相似，他们都因缺乏西方国家的宪政体制和自治体系而感到羞愧。另一方面，俄国政府害怕一旦实行宪政体制和自治体系，会加剧这些地区的离心倾向。于是俄国政府采取了许多暴力手段致力于俄国统一，要求各民族都使用俄国语言，而且对东正教以外的其他宗教信仰设置障碍。此外，政府以牺牲其余人口为代价支持大地主阶级。这些政策助长了民族情绪，加剧了社会紧张局势。

反抗

在俄国不存在发泄政治不满的常规途径，也不存在试探反抗力量大小的常规方式。俄国不允许政党存在，就连一般的协会，如工会，都不被允许。一些专业的组织经审批可以建立，但是他们的会议也受到监视。俄国的审查制度非常严格。一些批判观点和改革计划只能隐藏在大量的理论文章中以逃避审查，批判政府的政治文学和报纸只能秘密印发和发行。这些作品常常为流放人士所写，通过边境秘密地传播到国内。

瑞士和英国是俄国政治流放的主要地区。俄国社会民主党的主要媒体《火星报》（*Iskra*）是一份地下报纸，主要在瑞士编印。该党的第一次大会于1898年在明斯克召开，其间一些领导人被逮捕；1903年，第二次会议一开始在布鲁塞尔召开，后来转移至伦敦。参加会议的主要人员为政治流放人士。1903年会议的主要议题之一是关于该党的组织形式：是否只有积极革命分子才能入党，或者支持者也能入党？如果党派规模小，很容易被控制，然而，如果规模大了，则很容易受到俄国环境变化的影响，不利于从事秘密活动。这个议题还涉及一个更宽广的问题：推翻专制政权以后，是否要立刻建立社会主义国家，社会主义是否等同于资本主义自由政权阶段的实现？关于这个问题的分析，也是俄国在正统马克思主义和修正主义之间对于欧洲社会主义的分裂做出的解释。

弗拉基米尔·伊里奇·列宁（Vladimir Ilich Lenin，1870—1924）是这个小革命党派拥护者的领导人，他是一名年轻的逃亡者，曾从西伯利亚逃至瑞士。他在《火星报》上发表的大量杰出的文章吸引了外界的注意。在一次主要会议成员缺席因而其有效性遭到质疑的选举中，列宁所在的派别通过选举胜出，后来这一派的成员被称为“布尔什维克”（多数团体）。列宁的领导很快便遭到强烈抨击，随后他的政治对手孟什维克（少数团体）获得了领导权。列宁领导的布尔什维克基本上成了一个社会主义小派别。孟什维克的政策旨在和其他的反对势力密切合作，这似乎比布尔什维克的目标更为现实，因为工人阶级毕竟只在人口中占一小部分。感到不满的不仅仅是工人，农民阶级的不满情绪尤其严重。社会革命党人主要在农村人群中工作，比社会民主党力量更大。

通过农民和工人的合作开展革命，而非列宁希望依靠的无产阶级，成功的概率可能会更高。

所有的反抗运动都是秘密进行的。惩罚一般是被流放至西伯利亚，这种威胁悬在所有参与者的头上。暴力是表达对政府不满的唯一有效方式，杀害高级官员和统治王朝成员的事情经常发生。为了发现违禁会议、调查违禁活动和发现阴谋，俄国需要投入大量警力，警察部门成了俄国当局行动范围最大、最令人生畏的机构。据说，警察在每个街区的楼房都布有间谍，他们渗入反对团体和反对革命者之中，交换条件是让这些人成为警方调查计划中的间谍。首相斯托雷平在宫廷的反动势力中不受欢迎，于 1911 年被暗杀，大家普遍认为，警察是幕后推手。这些谣言反映出整个俄国政治舞台上弥漫着猜忌和不安的气氛。

如果说统治阶级也面临危险的话，那么他们得到了补偿。19 世纪末，只有俄国贵族才能享受生活的甘甜和乐趣。在这个阶段的俄国，成为地主意味着拥有巨大的财富，因为交通工具的创新加速了俄国小麦向其他国家出口，而且小麦的价格不断增长。贵族阶级生活在圣彼得堡和莫斯科的宫殿中，一年中，他们会从宏伟的城市宫殿搬到自己的乡村别墅中，再前往克里米亚。他们乘坐私人有轨电车到里维埃拉（Riviera）、巴黎、伦敦。俄国贵族对奢侈品的喜好一个最明显的表现就是费博奇（Faberge）颇受欢迎，他的作品是由珍贵的珠宝制成的微型雕塑，贵族阶级认为它们时尚有趣，适合作为复活节的礼物馈赠他人。

俄国贵族阶级沉溺于毫无意义的奢侈品中，原因之一便是他们得不到专制统治者及其幕僚的信任，而且无法参与政治生活和承担责任。因此可以认为所有的俄国贵族阶级都不务正业，不了解自己国家的政治情形。列夫·托尔斯泰（Leo Tolstoy）在贵族圈中是个例外人物，他思想激进，认为应该回归纯朴的基督教美德生活。此外，俄国贵族对地方自治组织，即亚历山大二世（Alexander Ⅱ）建立的地区议会，持十分积极的态度。这种机构代表了俄国实现地方自治的最短途径。很多贵族愿意加入这个机构以改变经济形势，同时还努力扩大地方委员会活动的范围，因为法律将其限定为地方和慈善工作及政治事务。然而，他们总是遭到政府的拒绝。

日俄战争和1905年革命

俄国几乎所有的社会阶层对沙皇持续的专制统治都感到不满，尽管各阶层的具体目标不一致，但是只需星星之火即可将他们在全面爆发的革命中团结起来。俄国在日俄战争中战败就成了这个火种。俄国欲挤压日本利益，以扩张其在远东的影响力，于是引发了日俄战争。1904年2月8日，日本鱼雷艇对停泊在旅顺港港口的俄国分遣舰队发动突袭，战争爆发。随后，俄国陆军部队在中国奉天（沈阳旧称）战败，令人们十分意外。几乎没人预料到，俄国作为欧洲强国居然被一个亚洲国家打败。事后人们才意识到日本获胜的原因：日本为这场战争做了精心准备；而俄国军队穿越西伯利亚的铁路只有一条，且尚未修建至太平洋地区，这造成俄国的军队供给和增援都十分困难。在俄军完全投入战斗之前，俄国政府便接受了美国总统西奥多·罗斯福（Theodore Roosevelt）的调解。1905 年 9 月 5 日，俄日双方在新罕布什尔州朴次茅斯签署了和平条约。

日俄战争给国内交通运输系统造成了巨大压力，大的城市中心物资供应也瘫痪了。面包价格飙升，工人工资购买力降低。同时，国内多处发生罢工。1905 年 1 月 9 日，工人前往沙皇所在的冬宫申诉他们的不满，但是被军队封锁，军队朝群众开枪，自己也掉了脑袋。正是这次被称为“血腥星期日”（Bloody Sunday）的事件，触发了大革命。圣彼得堡发生全面罢工，其他工业中心也紧随其后。工人联合起来，一些被允许在监视之下存在的专业组织，成了政治舞台的活跃因素，他们选举出新的领导人并起草了政治改革计划。地方自治组织制定政治需求，大众呼吁建立以普选为基础的议会制政府。

此目标取得了阶段性的成果。3 月，沙皇被迫宣布成立协商议会。8 月，沙皇再次让步同意通过选举组建协商议会，但是沙皇坚持对普选权的范围进行限制，议会（杜马）只能纯粹地行使审议的权力。随后，俄国又爆发了新一轮的罢工和革命。10 月，工人阶级占据了圣彼得堡和莫斯科等城市，在公共秩序面临崩溃的压力下，沙皇进一步妥协：扩大杜马的选举基础，杜马可以行使立法职能。公民自由权得到了保障。任命维特伯爵为首相标志着俄国政治

1905年1月9日爆发“血腥星期日”事件。军队在冬宫外射杀示威者。

制度发生了变化。但是工人阶级间的革命风潮仍在持续，农民阶级的骚乱也在蔓延。在俄国南部，农民烧毁地主的房屋，强占地主的土地。在农民暴动的威胁下，沙皇听取维特的建议，于 12 月妥协，同意给予民众普选权，采用不记名投票的方式进行选举，但这是沙皇的最后一次妥协。军队从远东地区返回援助政府，逮捕了圣彼得堡工人运动的领袖，镇压了莫斯科工人的一次暴乱。鲍里斯 · 帕斯捷尔纳克（Boris Pasternak）在《日戈瓦医生》（*Doctor Zhivago*，1957）中生动地描述了 1905 年的冬天在莫斯科践踏人民大众的哥萨克人。

1905 年革命并没有决定沙皇的命运。这场革命是一个没有实现转折的转折点。俄国建立了宪政体制，尽管普选权没能继续实施，且投票结果支持富裕阶层，但是国内大部分人愿意和政府合作使宪法生效。此外，农民不用再支付土地偿金，获得了解放，在斯托雷平的领导下解散村社，为以私有制为基础的农业发展打通了道路，俄国开始出现富农阶级。但是沙皇并不愿意看到这些发展，反而以各种方式阻挠。1906 年 3 月，沙皇因认为维特做了很多不必要的妥协，解除了他的职务。1906 年的晚些时候，斯托雷平担任首相，在 1911 年被暗杀之前就已经失去了沙皇的支持。尼古拉会在任何可能的场合下任命反动大臣。他公开对反动团体表示支持，这其中包括黑色百人团（Black Hundreds），他们在军队的支持下对农民采取野蛮的惩罚措施。沙皇还鼓励反犹太人大屠杀。和从前一样，沙皇仍旧是自由力量的首要讨伐目标。

实际上，沙皇可以利用大革命及其影响扩大政府的支持基础。1905 年夏天，除了极端反动组织外，几乎所有的社会主义团体都支持了大革命运动。因为农民暴乱不断持续，工人阶级开始公开地为建立社会主义共和国而斗争，这条统一的战线于秋季瓦解。沙皇颁布十月法令做出让步，满足了自由派贵族、专业团体和中产阶级的利益。由于革命活动失去了广泛的支持，并且活动范围限制在工人和农民之间，革命活动进程在10月到12月之间变得缓慢。沙皇通过执行温和的自由政策，获得了社会上大部分人的支持。

除了1871年的巴黎公社，欧洲之前的革命运动都带有资产阶级特点。1905年俄国革命可以被看成第一次社会主义革命。它展示出了罢工作为政治武器拥有着巨大重要性。此外，它还是影响社会革命的新途径。由众多工厂的工人选举代表成立的工人委员会第一次在重大事件中发挥直接作用，也是第一次在特定的重要历史期间充当有效政府。圣彼得堡工人委员会的灵魂人物是一位名叫列夫·托洛茨基（Leon Trotsky）的年轻社会主义作家。和列宁的相似之处在于，他意识到这些工人委员会在革命时期可以充当权威机构，阻止暴乱，同时保持无产阶级的权力。

1905年俄国革命在整个欧洲范围内有着很大的影响。政治生活中对革命活动的恐惧越发明显，政府比以前更加关注维持自身统治和特权。革命的结果加剧了欧洲各国之间的紧张局势，各国更加注重在外交政策上获得成功。此外，俄国在革命中展示的弱点改变了整个欧洲格局，国际舞台上的危机和机遇也急剧扩张。

第三章

第一次世界大战

在第一次世界大战爆发前的十年间，欧洲的政治局势就如同在暴风雨中挣扎的船只一样，充满着变数和动荡。几大强国接连陷入一个又一个的外交危机当中，面对德国冲向“阳光照耀之地”，各国用并不娴熟的手法应对着。奥斯曼帝国曾经无比辉煌，但此时已日渐衰微，而巴尔干半岛出现的权力真空使局面变得更加复杂。民族主义仇恨如同病毒一般在大陆上蔓延，羞辱着敌对国家，也预示着战争的临近。许多欧洲人开始相信某些军事冲突是不可避免的，但还有一些人对此感到悲哀。然而，他们最终得到的东西出乎所有人的预料：一场战争。这场战争的范围、持续时间和破坏程度，让20世纪的欧洲政坛甚至是文化景观都发生了彻底的改变。

同盟制度的僵化

1905年是新欧洲外交政策演变过程中至关重要的一年。那一年发生的事件使欧洲各国的国家制度分裂成了两个相互对立的集团。

欧洲强国组成的同盟自 19 世纪开始就已经存在了。同盟的核心是由德国、奥匈帝国和意大利组成的三国同盟（Triple Alliance），后来在 19 世纪 90 年代，法俄同盟将其取代。但是，同盟与强国之间的变通和机动的空间仍然存在。俾斯麦（Bismarck）为保持和俄国的良好关系，与俄国签订了《再保险条约》（*Reinsurance Treaty*）。虽然后来该条约并未更新过，但德国与俄国之间的合作从未彻底停止，沙皇和威廉二世之间表面上的友谊和实际上的联姻关系也一直存在着。更重要的是，英国并未加入任何同盟当中。

1905 年的僵局并非一夜之间出现。大陆对布尔战争的反应让英国深感意外。显然，布尔人享受着大陆人民对他们的同情，英国的战败则令人欢欣鼓舞。为了避免各国的集体反对和加强帝国的安全，英国人需要废除“光荣孤立”政策，并寻求大陆上强国的支持。

最可能成为英国盟国的是德国，因为德国比英国的邻国法国更加强大。而且，英国与法俄同盟在有关波斯、印度北部边境和中国地区的利益上产生了冲突。但如果英国在德国不受欢迎，那么德国在英国也同样不受欢迎。英国人认为德国在非洲、中国和南太平洋（South Seas）的扩张行为就像一个被宠坏了的野蛮青年，想要霸占可以触及的一切。在英国政策制定者的眼中，德国政府的两个举动极其危险，一个是建设强大的海军，另一个是投资建设巴格达铁路。当德国刚刚开始建设海军的时候，几乎没有人意识到它此后将导致的后果。海上力量在世界政治中至关重要，因此海军很快就在德国的资产阶级中大受欢迎，海军军官主要来自资产阶级家庭，这与贵族统治的陆军产生了鲜明的对比。海军司令冯·提尔皮茨高效的行事作风使海军获得了进一步的支持，他成立了特别办公室，负责编辑宣传册，协助组建海军联盟，并安排会议讨论海军力量的重要性。该办公室就是所有宣传部的前身。1898 年，德意志帝国国会批准了一项海军法案，这对于德国来说是一个新的起点，因为该法案不仅提议部署巡洋舰以防御德国沿海可能遭受的袭击，而且指出应在公海部署战舰装备为战争做准备。同时，该法案批准在 1905 年建成 11 艘战舰和 5 艘一级巡洋舰。德国海军当时的设想还很微小。然而到了两年后即 1900 年，提尔皮茨制定了第二条法案，扩大了建设规模，计划在 20 年内建成 38 艘战舰。在第二条法案中，反英倾向就已经十分明显了。提尔皮茨的目标是建成强大的舰队，让英国不敢袭击德国。

此外，德国在巴格达的铁路项目也从一开始的不痛不痒发展成具有危险政治后果的计划。该项目的资本需求和金融风险巨大，德意志银行（Deutsche Bank），一家德国金融银行，有兴趣并希望接管这个项目，1899 年土耳其政府对其做出妥协并不惜对其他竞争者违约。德意志银行的领导层试图向其他国家的金融家寻求合作，但并未成功。这个项目最大的竞争对手是俄国的银行。法国支持德国，英国也没有提出反对意见，因为英国和法国都迫切希望遏制俄国在近东地区的扩张，以及让德国与他们一起保护土耳其。然而，当铁路建设使德国获得了对土耳其的经济和政治控制以后，英国和法国的态度不可避免地发生了变化。

如果说德国的这些项目降低了外界了解德国的兴趣，那么德国领导人的态度就将了解的势头彻底阻断了。德国的掌权者，尤其是伯恩哈德·冯·比洛总理及其政治顾问弗里德里希·冯·霍施泰因（Friedirch von Holstein）认为英国不会转向其他国家。因此，德国可以拒绝满足只规定了德国和英国殖民利益的条约，等时机成熟后再提出建立一个防守同盟。

但是英国政府并不想走到这一步，于是转向了法国，并于1904年4月8日签署了《英法协约》（*Entente Cordiale*）。这份协约正式规定了有关英法殖民分歧的一切事务，主要内容是法国放弃了在埃及的一切权利，而英国承认法国在摩洛哥拥有首要利益，并承诺对法国实现控制摩洛哥的计划给予外交支持。一年后，这个有限的暂时性条约已经让两国结成了紧密的伙伴关系。

在发生1905年的这些事件之前，俄国的立场发生了改变。整个19世纪中，英国和俄国之间的对立一直是欧洲外交政策的基本元素。就像一句俗语所说的那样："熊和鲸鱼不可兼得。"重要的是，当英国政府放弃了"光荣孤立"政策后，签订的第一个条约是承认日本在朝鲜特殊利益的盟约。但是在该盟约中，英国的主要利益是加强对俄国向远东扩张的阻碍。在日俄战争爆发前两年，尤其是俄国从波罗的海航行到远东的船只在北海误伤了英国的渔船后，俄国害怕英国会加入战争中并站在日本一边。因此，俄国开始重视德国友善的中立态度，并开始寻求德国的支持。对于想再次主导大陆的德国政治家来说，这是他们梦寐以求的机会。他们说服自己，由于俄国忙于远东事务，无暇协助法国，因此这是羞辱法国的良机，好让法国人知道他们与英国签订的《英法协约》毫无价值。而且，如果德国阻止法国侵占摩洛哥，德国的优势和法国的无助将会变得十分明显。

1905—1914 年的危机

第一次摩洛哥危机和第二次摩洛哥危机

第一次摩洛哥危机发生在威廉二世 1905 年 3 月访问地中海之时，当时威廉二世在丹吉尔（Tangier）登陆，严肃地宣布德国希望摩洛哥保持独立。法国提出了反对，德国要求召开国际会议裁定分歧，想借会议揭露法国的孤立和无能。法国一开始反对这个要求，但是在确定了英国会支持自己后同意参加会议。因此，1906 年 1 月当会议在西班牙港口阿尔赫西拉斯（Algeciras）召开时，孤立无援的并不是法国而是德国。在关于一件小事的测试性投票中，俄国、英国、意大利甚至还有美国都支持法国，只有奥匈帝国把票投给了德国。这意味着如果德国决定对法国发动战争，那么目前除奥匈帝国外所有国家都会反对。冯·比洛总理意识到德国不得不放弃。最终的协议是用外交语言委婉地表达的，但是德国的失败显而易见：法国控制着在名义上独立的摩洛哥。更重要的是，在对抗日益强大的德国时，法国显然不是孤军奋战。的确，这次会议意义重大，它表明了欧洲的外交局面。在阿尔赫西拉斯，那些后来在第一次世界大战中互相对抗的国家，第一次发现自己已经身处两个对立阵营中。

然而，德国并没有完全领会第一次摩洛哥危机的含义，并于1911年夏天再次试图对法国施压，由此引发了第二次摩洛哥危机，而且德国又遭受了新一轮的外交失败。摩洛哥爆发内部动乱以后，法国为镇压动乱而采取的干预手段对德国的商业利益产生了威胁，于是德国派遣了一艘炮艇前往摩洛哥港口阿加迪尔（Agadir），以维护自身利益。英国担心德国可能会在阿加迪尔建立海军基地，而这会威胁到直布罗陀（Gibraltar），所以英国对这一举动的警觉甚至超过了法国。1911年7月21日，劳合·乔治在伦敦市长官邸发表演讲时对德国发出了严重警告。法国政府虽然同意和德国谈判，但是既然已经知道英国会支持自己，也并没有打算做出过多让步。在最终签订的条约中，法国获得了摩洛哥的自行决定权，德国获得了连接德属喀麦隆和刚果河的部分法属刚果地区，对德国而言是小小补偿。德国再一次未能成功威胁到法国，也未能离间英法关系。相反，德国的炮艇外交只是证实了其他国家已经将德国视为一个危险激进的新型强国。

巴尔干半岛地区的战争和危机

1908年，德国的同盟国奥地利为了加强自身在巴尔干半岛的影响，吞并了土耳其的波斯尼亚（Bosnia）和黑塞哥维那（Herzegovina），这一举动干系甚大。此时的土耳其受新兴革命政权

“青年土耳其党”（Young Turks）控制，而德国向土耳其施压，让其接受吞并。对奥地利的举动最为愤怒的国家是塞尔维亚。因为波斯尼亚和黑塞哥维那的人民主要是南部斯拉夫民族，因此塞尔维亚人认为这两个地区应该由自己而非奥地利人管辖。在俄国的支持下，塞尔维亚进行了军事准备，奥地利也紧随其后。1909 年 3 月，德国政府向俄国发出了严重警告，要求俄国放弃支持塞尔维亚并承认奥地利在波斯尼亚和黑塞哥维那的吞并行为。当时俄国仍处于日俄战争之后的恢复期，因此圣彼得堡方面放弃了对塞尔维亚的支持。

然而，如果巴尔干半岛的紧张局势持续发展下去，那么战争将不可避免。阿加迪尔危机之后，紧张局势的焦点转移到了东方。自 1912 年以后，奥斯曼帝国的事务和巴尔干地区国家的民族情感问题掀起了一次又一次的危机。这些危机的序幕是发生于 1911 年 9 月的意大利和土耳其之间的的黎波里战争（Tripolitan War）。各国都承认的黎波里属于意大利的势力范围，因此法国吞并摩洛哥后，意大利政府决定采取行动并宣布吞并的黎波里。土耳其对意大利宣战表示回应。意大利很快取得了胜利，但与此同时，的黎波里战争引发了巴尔干半岛地区的动荡。塞尔维亚和保加利亚认为，如果不在的黎波里战争结束前采取行动，它们就会错失将土耳其赶出欧洲的机会。它们成功获得了黑山共和国和希腊的支持，于 1912 年 10 月对土耳其发动了战争。保加利亚和塞尔维亚的士兵英勇善战，土耳其军队接连战败。

但是，达成外交解决方案要比获得军事胜利难得多。战胜国之间在战后边界的划分问题上产生了分歧，需要被处置的两个地区是马其顿和阿尔巴尼亚。

保加利亚、希腊和塞尔维亚都要求拥有马其顿的一部分，尤其是希腊和保加利亚都急于控制爱琴海北海岸，因此两国的要求难以协调。结果引发了第二次巴尔干战争，希腊、塞尔维亚、罗马尼亚和土耳其联合起来对抗保加利亚。战争的结果是保加利亚只分得了马其顿很小的一部分。马其顿的大部分地区由塞尔维亚和希腊瓜分，土耳其重新获得了阿德里安堡（Adrianople，现埃迪尔内）。三国在马其顿的瓜分问题上的分歧和冲突，一直持续到第二次世界大战结束以后。

塞尔维亚在瓜分阿尔巴尼亚领土时不是很成功，无法直接通向亚得里亚海（Adriatic Sea）。各国在伦敦与巴尔干半岛地区的国家和土耳其召开了会议，迫使塞尔维亚和黑山共和国接受阿尔巴尼亚的独立。塞尔维亚依旧被阻隔在亚得里亚海之外。

在伦敦的会议上，俄国宣布支持塞尔维亚，而奥匈帝国支持保加利亚，并与意大利一起坚决反对塞尔维亚通向亚得里亚海的要求。俄国和奥匈帝国都做了军事部署，以表明对局势的重视。英国和德国协作，就冲突达成了和平解决方案，不过，各国在伦敦只是将巴尔干战争中积累的新的矛盾隐藏起来，并非消除。土耳其为了重组军队调来了一位德国军官，但是，由于这一举动似乎是德国控制土耳其的进一步行动，因此引起了俄国的强烈抗议。俄国和土耳其双双表示，在巴尔干问题的最终解决方案上，他们本应该得到各自的盟友英国和德国更有力的支持。因此，英国和德国的政治领袖清楚，如果下次再出现问题时不给予盟国更有力的支持，那么同盟关系将会岌岌可危。但是，巴尔干战争最严重的后果是一切对塞尔维亚民族主义的仇恨，此刻都集中到了哈布斯堡政权上。塞尔维亚有志于成为所有南部斯拉夫民族人民的家园，而1908年奥地利吞并了波斯尼亚和黑塞哥维那，因此塞尔维亚把这看作是对其目标的打击。1913年，奥匈帝国再一次成为塞尔维亚实现目标的主要障碍，并夺去了塞尔维亚的胜利果实：通向亚得里亚海。对于塞尔维亚的民族主义者来说，哈布斯堡君主国就像一头古老而邪恶的野

（左图）发生在萨拉热窝的谋杀：弗朗茨·斐迪南大公被谋杀的几小时前正在波斯尼亚访问的场景。（右图）警察正在逮捕行刺者加夫里若·普林西普。

兽，阻碍他们的国家变得更强。1914 年 6 月 28 日，一名年轻的塞尔维亚民族主义者加夫里若 · 普林西普（Gavrilo Princip）于萨拉热窝刺杀了哈布斯堡王朝皇储弗朗茨 · 斐迪南（Francis Ferdinand）大公和他的妻子。

第一次世界大战爆发

弗朗茨 · 斐迪南大公遇刺事件和第一次世界大战爆发之间的五周内发生了一系列事件，而在世界历史的长河中，关于这些事件的调查研究比其他任何事件都要细致得多。不计其数的书籍和文章对“一战”爆发的原因进行了全方位的剖析：塞尔维亚政府是否知晓刺杀计划；德国是否支持奥匈帝国对抗塞尔维亚，并故意促成 1914 年全面战争的爆发；法国是否把这场危机看作挑起战争的机会以重新夺回阿尔萨斯 – 洛林地区，因此对盟友俄国的态度变得强硬起来；军队的需求是否妨碍并削弱了政治领袖做决定的自由；英国不表明立场的政策是否正确。关于最后一点，英国历史学家尼尔 · 弗格森（Niall Ferguson）认为英国外交大臣爱德华 · 格雷（Edward Grey）没有必要对德国明确支持法国表示反感；如果格雷在外交事务上更加明确地指出德国在世界上的重要地位，那么第一次世界大战及其引发的一切悲剧也许就可以避免。这个观点很吸引人，但是和所有的“如果”一样，与第一次世界大战爆发有关的其他情节可能都仅仅是假设而已。

实际上，塞尔维亚政府领袖应该并不知晓刺杀斐迪南大公的计划。然而，刺杀事件并非个人所为，而是由一伙波斯尼亚和塞尔维亚的民族主义者谋划的，这些人得到了塞尔维亚秘密组织“黑手党”的支持和怂恿，而黑手党的领导人物正是塞尔维亚总参谋部情报局负责人。然而，在1914年7月23日的最后通牒当中，奥地利政府控告塞尔维亚政府官员卷入了这场阴谋，但这是建立在被篡改了的文件上的无凭无据的指控，而且该指控也没有涉及黑手党，所提及的个人和组织都与这场刺杀事件无关。因此，奥地利政府是出于强权政治的目的故意利用了刺杀事件，以消除塞尔维亚对哈布斯堡君主国构成的威胁。后来的证据也能够证明奥地利的企图。虽然塞尔维亚政府几乎完全接受了极其苛刻的要求和羞辱性的最后通牒，在贝尔格莱德（Belgrade）的奥地利长官还是按照指示，在收到塞尔维亚方面的态度以前宣布对塞尔维亚的回应感到不满，并离开了贝尔格莱德，这样的行为使两国之间的战争不可避免。

然而，如果没有德国的明确支持，奥地利政府不会挑起对塞尔维亚的战争。实际上，奥地利政界对于发展道路有两种截然相反的观点，而具有影响力的人物，尤其是匈牙利首相蒂萨（Tisza）反对可能引发战争的一切行动。然而，德国政府敦促奥地利对塞尔维亚采取坚决的对抗行动，因此当蒂萨得到证据表明德国希望奥地利对抗塞尔维亚，并承诺当其他国家卷入战争后会支援奥地利时，他就不再犹豫了。

德国之所以鼓励奥地利对抗塞尔维亚，是因为在德国看来，哈布斯堡皇位继承人的死是十分危险的信号，预示着哈布斯堡王朝即将灭亡，而这会使德国失去盟友的支持。德国希望奥地利在与塞尔维亚对抗时展现出强大的实力，以重振哈布斯堡皇室。斐迪南大公夫妇遇刺事件引起了人们的普遍愤怒，也使奥匈帝国皇帝获得了广泛的同情，因此奥匈帝国和塞尔维亚之间的战争似乎有可能维持在局部范围之内。可是，从一开始德国就知道，奥匈帝国向塞尔维亚发动进攻有可能会引发全面战争。俄国、法国和英国一定会联合起来反抗德国和奥匈帝国，而德国政府愿意冒此风险定会引发合理的控诉。德国的这种态度源于多个因素。其中最主要的是德国统治阶级认为未来属于强国，而要想成为世界强国，德国只能通过一场战争来证明自己与最强大的国家势均力敌，并为德国公民和德国经济扩张计划开拓更为广阔的疆土。如果迟迟不发生战争，德国就可能永远失去成为少数几个世界强国之一的机会。人口庞大、资源丰饶的俄国一旦全面发展起来，一定会超越所有的邻国，因而德国发展的机会也会随之消失。就算仅从军事的角度来看，拖延时间也对德国有弊无利。几年之内，俄国就会从战败的损失中恢复过来，而法国的三年制兵役法也会将军队的重心转向对抗德国。历史性的假设、经济扩张计划和军队规划这一连串的因素营造出了一种氛围，那就是战争也是可以接受的。而德国政府制定的政策也正是基于这样的考虑。德国首相贝特曼·霍尔维格是个认真负责的人，并带有悲观主义倾向，他意识到一场世界大战的后果是难以预计的。然而，他虽然知道欧洲陷入战争会导致严重的后果，但还是支持奥匈帝国采取行动，让奥地利的政治家们自行其是。贝特曼·霍尔维格作为德意志帝国中拥有至高权力的人，不仅对军队的要求言听计从，而且他本人也认为俄国的日益强大将会对德国构成威胁，同时他几乎对世界大战即将到来持宿命论的态度。德国在1914年的机会要比以后都好。在预言的世界大战即将爆发的最后几天，贝特曼·霍尔维格似乎被自己的勇敢吓倒了，他试图用极端的手段把奥匈帝国和塞尔维亚之间的冲突控制在局部范围内，但是他心中一定知道，这样的努力注定会失败的。

奥匈帝国已经用难以想象的丑恶姿态，把人民因刺杀事件产生的同情消耗殆尽了，而就算单单只有这一个因素，德国最后时刻的尝试也不可能成功。奥匈帝国在7月23日才向塞尔维亚发出最后通牒，这时刺杀事件已经过去了超过三周，大家对事件的热情也减退了很多。而耽搁的原因是奥地利人特有的拖拉，虽然他们清楚拖延的后果是在召集士兵之前，匈牙利的农忙时节即将到来。在最后时刻，法国总统普恩加莱正在俄国对沙皇进行访问，而奥地利人不想在普恩加莱离开俄国之前发出最后通牒，这样法国和俄国就不能立即达成联合行动，因此将时间又延后了三天。

普恩加莱和法国总理于1914年7月20日至7月23日访问了圣彼得堡。关于奥匈帝国与塞尔维亚之间即将发生的冲突，没有人知道他们和沙皇密谈了什么。在公开声明中，法国和俄国都强调两国要加强紧密联系，这意味着俄国必然会对奥匈帝国的行为有所反对。

在接下来极其重要的几周内，法国驻俄国大使鼓励俄国政府采取坚定立场。此时俄国的军事地位比 1908 年强得多了，不仅组建了陆军，而且由于西部铁路的发展建设，交通状况也有所改善。毫无疑问，俄国统治者承受着来自激愤的民众和军方的双重压力，士兵们急切地希望为 1905 年的战败报仇，因此俄国不可能接受又一次的外交失败，于是决定阻止奥匈帝国侵犯塞尔维亚的主权和领土完整。7 月 24 日，俄国看到了奥匈帝国最后通牒上的内容，并决定，如果奥匈帝国对塞尔维亚展开行动，就开始进行局部军事动员，这意味着俄国将派遣军队向奥地利边境逼近。但是到了 7 月 30 日，当奥匈帝国拒绝了塞尔维亚的回应，向其宣战并部署兵力后，俄国政府说服了沙皇，宣布进行整体动员行动。改变计划的原因部分是出于技术层面的考量。俄国总参谋部认为，部分动员行动开展后，再想放缓进度进行整体动员就很难了。然而，整体动员显然要得到法俄军事同盟协议的许可。俄国和法国对于德国的战争计划有着一定程度的共识。两国都清楚，德国一开始会集中军事力量对抗法国，因此法国的抵抗能否成功就要看俄国的军队能否快速抵达德国了。

7 月 30 日，俄国安排了整体动员后，各参谋部制订出的军事行动计划开始主导政治行动。俄国的行为迫使德国军队立即调兵，并迫使奥地利开展整体军事行动。根据德国和奥地利军官商议的军事计划，奥地利的军队负责牵制俄国向德国的进攻，这样由于德国主力部队试图击溃法国使其出局，就无暇顾及自己的东部边境。由于俄国的调兵行为，奥地利需要进行整体军事行动，虽然这很快就会

1914年时，人们战争热情高涨。自愿从军的年轻人在一条柏林的主街道菩提树大街上游行。

带来反作用；而德国也应该立刻对抗法国，并在奥地利被强大的俄军打败前及时将军队从西向东转移。因此，德国军队的头目想尽快终止所有的外交谈判，以便侵略法国。当军事领袖们宣布如果不调兵，军事计划就会毁于一旦，国家也将岌岌可危时，无论是三大帝国的君主弗朗茨·约瑟夫、尼古拉二世和威廉二世，还是他们的主要文职顾问，都没有勇气表示反对。德国向俄国发出了最后通牒，要求俄国立即停止军事准备，而俄国做出的回应令德国不满，于是德国于 8 月 1 日向俄国宣战。紧接着，德国诬陷法国军队侵犯了自己的边界，并在 8 月 3 日向法国宣战。

无法撤回的军事计划势必会使英国外交大臣爱德华·格雷想要阻止军队调动并召开会议的最后尝试以失败告终。英国的外交官们极力维持和平，但问题是他们是否采取了正确的对策。如果在危机发生之初，格雷就宣布一旦战争爆发英国会支持法国和俄国的话，世界会保持和平吗？英国若是早些做出承诺，也许能够争取到时间召开会议。奥地利也会犹豫是否要对塞尔维亚展开对抗行动。而俄国因为有了英国的支持，也就不那么急着进行整体动员了。可是，为格雷辩护的人认为，英国如果表示支持，那么俄国和法国就会采取更为激进的态度，这会产生反作用。此外，支持格雷的人质疑道，就算英国宣布支持法国和俄国，德国就一定会停下脚步吗？要知道，只要英国宣战的速度不足以将法国从战败中拯救出来，德国还是希望英国加入战争的。

此外，格雷不愿明确表态的原因还有一点，那就是他不知道英国民众是否会服从自己的领导。关于这个问题，英国的公共观点形成了两派。当德国于 8 月 3 日侵略比利时之后，英国方面才做出了明确表态。一直以来，比利时的中立态度得到了国际条约的保证，而德国也是该国际条约的签署国之一。所以，德国违反国际条约的做法让英国政府和英国民众一致决定有必要加入战争中来。英国于 8 月 4 日对德国宣战。

就在德国侵犯比利时中立权的前一周，英国保守党表示支持英国加入战争，原因是英国与法国关系密切，而且维系大国平衡对英国有利。但工党对此表示反对。在自由党中只有激进派支持该观点，因此自由党没有达成统一的政策。自由党政府和自由党本身一样分为两派，甚至在德国侵犯了比利时的中立权以后，仍有两名自由党人士反对英国加入战争。在关于此事的辩论和讨论中，爱德华·格雷支持英国加入战争，但认为英国应该保持自主权，而且没有支持法国和俄国的义务。格雷的想法没错，因为英国和法国并没有建立紧密的政治同盟，英国和法国总参谋部达成的协议仅仅是有关军事方面的。然而，格雷关于英国有自主选择权的观点有待商榷。根据两国总参谋部达成的共识，法国希望英国向法国派遣远征军。任何总参谋部在做出这样的决定时，都一定得到了政府的肯定和支持。格雷否认对法国有过政治方面的许诺，若不是因为他天真地以为政治和军事计划可以分割清楚，就是为了隐瞒真相以免引起党内激进派的不满。法国驻伦敦大使保罗·康邦（Paul Cambon）在呼吁英国对德宣战的宣言中说，从英国对这个要求的态度，可以看出“光荣”这个词是否还将存在于英语之中。德国侵略比利时后，英国议会决定加入战争，这下格雷可算是松了一口气。英国的加入已经具有道德上的必要性了，就连犹豫不定的人也都被说服了。

1914 年欧洲对待战争的态度

第一次世界大战揭露了工业时代的战争是多么恐怖。战争所造成的人类生命和物质资源的损失令人惊骇，但有关 1914 年 7 月及 8 月事件的解读却将这些损失淡化甚至是扭曲了。关于第一次世界大战起因的讨论主要是有关罪行的问题：历史研究已经对个人及参战国家的罪行进行了分配。值得强调的是，在 1914 年，人们虽然知道战争危险，令人不悦，但当时并没有把这场战争当成罪行，而是看作合法的政治手段。

确有一部分人在见证了现代武器带来的巨大毁灭后，对战争的态度有所转变。勇敢而有远见的人士试图通过和平运动让公众了解现代战争的危险。在 1899 年和 1907 年于海牙（Hague）举行的两次国际和平大会也强调了战争的破坏性。但是会议只提出要限制武器，只考虑了战争人道主义，却并未提出要废除战争。直到 1914 年也没有任何要废除战争的迹象。而且，几乎每个人都认为，鉴于欧洲经济已经形成了复杂的一体化结构，战争只会持续几周或几个月的时间，几场重大战役就会快速决定出战争的胜负。在 1914 年时，没有人料到接下来的几年里战争竟会一直持续着。

就算政府的领袖们犹豫是否要冒着卷入军事冲突中的危险，他们也并没有因为害怕被说成是战犯而停下脚步。然而，经历了普法战争和日俄战争之后，政治家们看到了隐藏在每一场战争后的革命力量。他们知道战争释放出的力量是现存的统治阶级无法控制的。欧洲各国政府不希望发生明显冲突的另一个重要原因是，各国军队组建的情况是建立在可征召入伍的男性人口数量上的。要想让民众抛家舍业，放弃和平的生活，加入必要性并不明显的战争中，就算不是不可能，也会相当困难。由于资本主义世界两极分化严重，除非工人们相信和平的国家受到了外敌的威胁，否则他们是不会愿意去打仗的。

因此，在 1914 年夏天，欧洲各国政府都急于展现自己在战争中是无辜的受害者。在第一次世界大战期间，这样的道德元素，这种处于各自立场的所谓的正义，一直贯穿始终。对敌人的仇恨使国内的力量团结在一起，社会和政治的动荡也因为战争而减少。战争成了正义对抗邪恶的行动，因此战争非打不可，而且直到敌人被全部消灭才能停止。

统治阶级害怕底层人民会反对征兵，主要是因为社会主义第二国际在宣言中呼吁工人通过集体罢工的方式回击军队的号召。实际上，欧洲的社会主义政党都没有注意到第二国际的建议而支持政府制定的战争政策。不仅反对战争的呼吁无法具体化，而且人们对战争几乎是抱着狂热的态度。对于战争的响应比外交部长和外交官们估计的要热烈得多。

在多数欧洲国家，战争似乎是从难以忍受的状态中解放出来的手段。政治发展陷入死局的情绪在统治阶级之中蔓延着，不仅仅在统治阶级极力维护早已过时的封建统治的沙皇俄国和奥匈帝国，在整个欧洲都是如此。在英国，自由党政府的改革没有缓和社会矛盾，就在战争即将爆发的前几年，劳资冲突和罢工运动尤为严重。爱尔兰的局势已经威胁到了政府的权威，政府对爱尔兰问题的解决已经不容拖延了。在法国，右翼和左翼的政策再一次针锋相对。在意大利，政府对工业化和民主化制定的政策畏首畏尾，民众已经失去了耐心，反对国会的极端运动在右翼和左翼之间此起彼伏。在德国，1912 年国会选举以后，社会民主党一跃成为最强大的政党，这意味着通过有序的行政管理和采取社会福利手段再也无法安抚民众了，民众不会再将政治权力拱手相让了。

通常认为，第一次世界大战即将爆发的前几年是充满光明的，与1914年降临到欧洲的黑暗形成鲜明对比。但是事实上，这几年的不安预示着即将到来的战争威力无边。这并不是说冲突不可避免。欧洲各国的经济利益注定会有所冲突，因此1914年爆发的并非仅仅是一场帝国主义战争。全世界范围内的经济扩张既加重了各国金融和工业企业的竞争，也促进了合作。总的来说，商人们不支持战争。同时，虽然存在罢工和暴力事件，但是欧洲各国政府拥有着可靠的军队和警力，足以维持社会秩序，所以可能发生的革命并不会威胁到政府，英国、德国和法国都是如此。因此，各国政府没有必要利用战争避免倒台。但是工业化正在发展之中，也造成了很多难以剔除的问题，无论是独裁政府还是议会制政府都无法解决。各国都期待着出现转机，能够让棘手的问题全部消失。对于一些政治家来说，国家分裂成两个敌对阵营的状态已经使他们厌烦了，而战争似乎让他们重新回到目标一致的状态。

全面战争的本质

自从1914年8月以来，随着时间的流逝，人们越来越清晰地感到第一次世界大战的爆发意味着一个时代的终结。可以肯定的是，我们若是仔细回顾一下战争爆发前的十年，就会发现欧洲政治和社会生活已经有翻天覆地的趋势了。但是，第一次世界大战加强了这种趋势，并加速了变革的步伐。

有人认为新时代开始于 1918 年战争结束之时，但这样的看法是错误的。第一次世界大战不仅仅是将旧时代从新时代分离出来的暴力序章。新的时代在战争年月中悄悄到来，而 1914 年至 1918 年之间发生的事情使即将到来的变革的时代合情合理。

最为明显的改变来自于冲突本身、科技创新及战争行为。当欧洲各国于 1914 年夏末调兵遣将时，军队穿过街道行军至火车站，周围是欢呼的人群。这真是令人印象深刻而色彩鲜明的景象啊！士兵前面放满了鲜花，人们期盼着他们在几周后凯旋。旗帜飘扬着，乐队演奏着，士兵们唱着歌迈向战场。在最初的几个月里，军队采用的是传统的作战方式。数列步兵沿着道路行进，骑兵侦察敌人的位置，军官带领着部下向城镇和村庄进攻。但是，西方的最初几次战役结束后，战线上留下的是诡异的宁静。士兵们把自己埋在战壕之中，外面由带刺的铁丝网围着；作战双方阵营之间有一块无人之地，到了晚上火炮的光芒把这里照得透亮，借此搜寻企图潜进来的敌方侦察队。骑兵队伍中高贵优雅的战马也显得有些多余了。侦察行动在空中进行最为高效，有时原本从事侦察活动的飞机也装备着武器加入了空中战场。飞行员成了最受欢迎的战地英雄。身着土灰色或卡其色服装的步兵手里仍拿着步枪和刺刀，但是他们最有力的武器是手榴弹、铲子和机关枪。在战争结束之前，毒气也成了直接对付敌人的武器，坦克笨拙地驶向战场和战壕。

海战同样发生了巨大变化。只有一次例外：英国和德国的舰队于 1916 年在日德兰半岛（Jutland）交战。此外再没有发生过大型海战。战舰用来保护护航舰队以抵御潜艇袭击，而潜艇成了争夺海上控制权的超级武器。

这些改变意味着，在 20 世纪，战争已经超越了陆军力量的较量，因此“全面战争”一词的出现也合情合理。为了保证日益重要的武器流通更加顺畅，成熟的工业综合设施必须继续发挥作用。战争刚刚爆发时，只有很少的一部分人隐约感觉到原材料和人力供应的重要性，而一段时间以后，政治家们和军队领袖们才意识到这个事实。

同样需要记住的是，虽然第一次世界大战主要发生在欧洲，但参与作战的士兵却包括了来自欧洲殖民地、领地和属地的人。成千上万来自塞内加尔、印度和加拿大的士兵前往西部前线支援盟军。土耳其西部战场上爆发了加里波利之战，其中伤亡最为惨重的是澳大利亚和新西兰士兵。第一次世界大战蔓延至遥远的欧洲殖民地前哨，例如埃及、美索不达米亚、波斯、非洲和中部太平洋。日本袭击了德国在中国占领的土地。美国于 1917 年加入战争，这个非欧洲国家的加入意味着这场战争确实是全球性的冲突。战争带来的毁灭性后果严重削弱了古老的欧洲各国的实力，打开了非欧洲世界的新兴国家走向强大的大门。

然而，第一次世界大战中发生的大屠杀事件带来的变化最为显

英国殖民军和一名英国军官的合照。

著，那就是服兵役的士兵们对待他们身处的战争有了新的态度。大屠杀和战壕中见证的残酷现实，与政客们和宣传人员用华丽辞藻所描绘的景象大相径庭：过膝的泥浆、嗜血的虱子、被尸体喂得肥胖的老鼠，尸体及尸块遍布无人区，对整场战争都是莫大的讽刺。经历了这场战争的人已经不再将战争视为光荣的运动和高尚的事业，或是武装形式的奥林匹克运动会。虽然还是有人会把战争的经历描绘得浪漫无比，但是20世纪20年代出现的绝大部分的战争回忆录和战争文学，都把战争描述得极为残忍，将战争比喻成非人的暴力工厂。

大后方

在人力问题上，最重要的是协调军事需求和工业需要。矿工和炼钢工人也许十分符合从军要求，但同时他们所掌握的技术和体力也是矿区和工厂所需要的，因此必须要做出优先选择。随着战争的持续，伤亡人数不断增加，人力的补充成了政府最为关注的问题。征兵对年龄的要求更宽松了，之前办公室和工厂里的工作都是由男人从事的，后来也开始由女人承担了，比如有轨电车售票员和农场雇工。

女性逐渐走向了工作岗位，这对于中产阶级女性的影响要比对无产阶级女性大得多，原因是无产阶级女性已经在外工作多年了。但是，部分工人阶级女性此时从事着白领工作，而之前这样的工作是她们无法触及的。尽管很明显女性走上工作岗位是出于战事的需要，可是哪怕女性承诺了战事结束就会离开，还是有很多男性反对雇用女性职工。虽然无论按绝对值计算还是从对比角度看，战时女性的工资整体上多于男性，但实际上在从事完全相同的工作时，女性的工资还是远远少于男性。例如，战前在巴黎从事冶金行业的女性工资是从事同样工作的男性的 45%，到 1918 年这一比例上升到了 84%。

一切无法直接支援战事的工业都不得不降低到最小规模。其中一个原因是要为战场补充人力，另一个原因是原材料的稀缺。战争之前，欧洲没有任何一个国家能够自给自足。法国在进口方面算是欧洲最不依赖其他国家的强国了，但是由于其很大一部分的工业区被德国占领，法国也很快失去了原材料的优势。在和平时期，原材料的获取主要依靠国际贸易，但是在战时，国际贸易也被军事行动终止了。同时，由于制造业出口活动所带来的外汇体系不复存在，各国在进行原材料进口交易时只能使用黄金。在战争时期，对原材料的严格把控如保存、采集，以及根据军事需要进行分配，就变得格外重要。

最令人头疼的问题莫过于维持食物供给。英国和德国这样的工业大国在和平时期就依赖小麦和其他食品的进口，但是面临食物短缺问题的不仅仅是工业大国，像奥地利和法国这样的农业国也因为征兵而丧失了很多农业工人。此外，由于军事需要，铁路运输负担

由于大后方的男性劳动力短缺，女人不得不在军工厂工作。

过重，因此想把食物运输到城市中心异常艰难。各国政府只能采取定量配给政策，最开始只是应用在面包和肉类上，而后来其他食物也通过这样的方式发放，到最后连衣物、肥皂等物品也都定量供给了。这样，人力、原材料和日常用品全都由政府控制了。

负责直接管理经济事务的政府部门也相继成立。罢工运动成了非法行动，而工作时间延长了很多。物资稀缺导致物价上涨，为了避免贫富之间的冲突以及公众情绪爆发造成严重后果，价格管控变得十分必要。然而，工人只有得到工资保证以后才愿意接受价格管控。政府为了制定并执行这样的管控政策，只能求助于企业家和工会领袖，因为这些人的支持对于政策执行至关重要。政府渗透进了经济生活的方方面面。当然，某些国家的政府对经济的干预程度比其他国家大得多，比如德国和英国就超过了奥匈帝国、俄国和意大利，而且后三者的官僚体系效率低下。全欧洲范围内政府对经济的控制打破了一个观念，那就是经济只有在不受政府控制的状态下才能运作。毫无疑问，定量配给政策和政府管控是保证所有民众生存下去的唯一方式。但即便如此，在欧洲大陆上，尤其是俄国、奥地利和德国，这些政策还是收效甚微。民众食不果腹，常常有人饿死；富人在黑市上购买商品，滋生了贪污腐败并导致士气低落。

另一个严重问题是身处大后方的女人们也日益消沉。女性承担着养家糊口的主要责任，还要面对食物、燃料和其他生活必需品价格高昂的现实。因此，参战各国的女性开始走上街头，要求更加公平的资源分配，以及政府加强价格管控，这毫不意外。在休战呼声最先出现的德国，早在 1915 年 10 月，无产阶级女性就参与到了反对昂贵的食物价格的抗议运动中。有一次，一群女人袭击了一家黄油店，因为这家店的老板抬高了商品的价格。当老板说过一阵一磅黄油就要卖到六马克，并让前来抗议的女人“吃屎当甜点”，女人们一怒之下把老板暴打了一通，把玻璃砸得粉碎。女人除了要养家糊口，还要时刻担惊受怕，担心也许会失去在战场上作战的丈夫和儿子。德国艺术家凯绥 · 珂勒惠支（Käthe Kollwitz）1914 年 10 月得知自己的儿子彼得死于西方战场后，在日记里写道 :“这是我们生命中永远无法愈合的伤口，也不应该愈合。”后来珂勒惠支雕刻了一座现代雕像，以表达母亲的丧子之痛，这幅作品成了 20 世纪所有在战争中失去孩子的母亲的痛苦写照。

欧洲女性的遭遇触目惊心，由此可见，在每一个参战国，第一次世界大战带来的毁灭性灾难已经渗透到了各国生活的方方面面。可以肯定的是，空军建设还没有完善到可以进行大规模的轰炸袭击。几次对敌方城市的空袭和大型德国齐柏林硬式飞艇（Zeppelin）飞过英国东海岸和伦敦，能有效引起恐慌，但不能造成严重的破坏。但是，这些空袭事件预示着，空中对垒型的战争即将到来。

制裁敌国经济的主要办法是经济封锁。英国控制了北海（North Sea），防止德国从大西洋的另一侧接收供给品。德国很快意识到，自己在海战中最强大的武器是潜艇，因此德国宣布整个不列颠群岛都是封锁区，并声称有权搜索和击沉到达不列颠港口的一切船只。

由于第一次世界大战中大后方至关重要，因此各国政府尽其所能稳定民众的情绪。各国都采取了审查制度，防止传播对敌人有利的消息，并控制和引导所有的新闻媒体，以提高民众的士气。因此，在第一次世界大战中，“宣传”一词带有了贬义色彩，所有政府都成立了宣传部，而且都在传播虚妄不实的消息。战争宣传部门的主要职责之一是诬蔑敌人，把敌人说成十恶不赦，这样公众就会认为战败意味着所有美好的东西都会毁灭。战争是正义战胜邪恶的说法渐渐站稳了脚跟。各国政府在报道德国的行为时证据充分，因此反德宣传尤为成功。德国对在比利时的残暴行为无可抵赖。本以为能够通行无阻的德军被比利时的抵抗激怒了。德国的突然进攻让

凯绥·珂勒惠支，画家、雕塑家。

比利时措手不及，很多人只能穿着便装作战，要不是手中拿着武器，根本看不出谁是士兵谁是百姓。这个情况得到了国际法的允许，但是德军认为没有身着军装的作战人员都是平民中的恐怖主义者，所以一旦抓捕了这些人就会把他们射杀。在德军眼中，比利时是全民武装抵御德军，这触动了德国的神经，因此德国一旦发现反对者，就会将他们当作人质处死。在 8 月最后一周的《泰晤士报》中，德军在鲁汶（Louvain）的行为被描述成野蛮人的行径。德军认为在鲁汶受到了突袭，并声称到处是平民恐怖主义者，于是枪杀了大量平民，又放火烧了整座城市。当地大学里历史悠久的著名图书馆被毁于一旦。鲁汶事件后，德军紧接着又在兰斯（Rheims）犯下了罪行。1914 年 9 月，德国声称兰斯大教堂的塔楼是法国的观察站，于是放火烧了教堂，教堂的屋顶和中殿损毁严重。虽然塔楼还能修复，但是这种对欧洲艺术作品的破坏行动不可饶恕。后来德国占领比利时后推行的残酷政策更是让各国的宣传部门有话可说。德军杀害了护士伊迪丝 · 卡维尔（Edith Cavell）。她曾帮助过英国和法国士兵逃过边界前往中立国荷兰（Netherlands, 一译“尼德兰王国”）。作为医院的院长，她拒绝了占领军长官的要求，无私地为各国伤兵治疗。她身上具有的不仅仅是正义，更是慈悲。另一个事件是德国将数以十万计的比利时工人放逐到德国，威尔逊总统把这件事称作“第一次世界大战中最悲惨最不正当的事件之一”。

战争的目的

各国政府的广泛宣传形成了这样一种概念，那就是敌人十分邪恶，只有打败敌人才能建立一个更好的世界。这样的观点和道德立场，使交战双方无法达成重建大国平衡和重归国际合作的和平谈判。作战双方都认为只有敌人被彻底打败后，战争才可能结束，因为只有这样才能建立一个崭新的世界。因此，双方都在意识形态的层面把自己作战的目的说成为全人类的利益而服务。在战争的最后两年，这种战争目的的构想对于英国、法国及其盟国来说相对容易。这些国家认为战争是为了建立新的国际秩序，建立在民主和国家自决的原则上的秩序，这种目的可以简洁地概括成一句著名的标语“让民主安存于世间”。只要俄国和其专制政府是反对德国阵营中的一员，那么声称为获得民主而进行的战争就只能是一句空话。但是，1917 年 3 月沙皇被推翻以后，民主和专制之间的斗争有了意义，尤其是沙皇被推翻的同时美国加入了对抗德国的战争。所有阶层的男性和女性都加入了军事活动当中，因此他们也有权利决定自己国家的政治命运。在第一次世界大战之前，女性要求获得选举权简直是天方夜谭，而且只有英国发生了女性要求获得选举权的运动。但是现在这样的活动迫在眉睫，其合理性也受到了广泛认可。英国、德国和美国的女性在第一次世界大战后就获得了选举权。意大利和法国的反对者直到第二次世界大战结束都不愿给予女性选举权。但是尽管如此，女性争取选举权的运动必将胜利。

对于德国和其盟国来说，想在意识形态层面美化战争就要困难得多了。德国的社会民主党是所有社会主义政党中规模最大、组织最为完善的。社会主义者为战争制定的财政法案是最具突破性的，也是社会民主党出于防卫祖国而进行的背弃革命国际主义的活动中最令人惊讶的案例。德国政府得到了社会主义者和进步力量的支持，但是并没有将他们纳入政府之中。因此，在第一次世界大战大部分时间内，德国仍由保守的官僚阶级统治着。官僚阶级对自由和民主的抵触是与生俱来的，战争时期统治者的权力越来越大，这种抵触也越来越强。威廉二世在和平时期领导地位就岌岌可危，当然在战时也就更不敢挑战风云人物的权力了。因此，德国的军事领袖保罗·冯·兴登堡（Paul von Hindenburg，1847—1934）和埃里希·鲁登道夫（Erich Ludendorff，1865—1937）开始掌权，他们就算不是形式上的也已经是事实上的军事独裁者了。作为保守党派的同盟，他们反对政治改革，在和平时代就出现过的紧张局面，在战争时期最后两年再次出现，这说明他们为了美化战争的目的而苦苦挣扎着。在战争的最初几周，德国对法国的进攻几乎是不可挽回的，工业家和保守党的支持者认为，在战争结束后德国必须获得成为世界霸主的安全基础。德国认为应该占领比利时，并获得法国龙韦-布里埃盆地（Longwy-Briey Basin）宝贵的钢铁和煤炭资源。到了战争后期，德国占领了大片东部土地后，野心再度膨胀，想要吞并那里的农业区，这样德国的食物供给就永无后顾之忧了。到了战争的最后几个月，重工业企业领袖和保守党人士得到了军方鲁登道夫的支持，他们一致声称要取得完全的胜利，这样德国才能实现自己的扩张目的。然而快速取胜的目标遥不可及，于是那些认为战争目标不切实际而且不道德的反对者，提高了质疑的声音。侵略主义者遭到了和平人士的反对，后者认为在当下状态就可以实现和平，各方应该共同努力来实现理解与和平。因此，从战争的第二年开始，德国

德国高级军事长官：兴登堡、威廉二世和鲁登道夫。

内部于 1914 年 8 月建立起来的统一战线就开始出现裂痕，并随着时间的推移进一步加深。

战争的趋势

战争舞台的延伸

1914 年至 1918 年之间发生的冲突是全球层面的世界大战。但是在一开始，这场冲突只是欧洲几大强国英国、法国、俄国、德国和奥匈帝国之间的战争。最开始只有两个欧洲小国参与了这场强国之间的对决，一个是与奥地利对抗的塞尔维亚，两国的冲突也是这场世界大战的导火索；另一个是被德国侵犯了中立权后被迫作战的比利时。于 8 月加入战争的日本是首个卷入大战的非欧洲国家。但是，日本的军事力量只用在了远东战场，目的是征服和占领德国在远东的殖民地。战争舞台真正扩大发生在 1914 年 11 月，土耳其加入了德国一方。土耳其的地位十分重要。如果土耳其站在西欧强国和俄国的一边，那么奥地利和德国口中的同盟国（Central Powers）就会被一个完整的圆圈包围，两国就会受到东部、西部和南部的夹击。但是如果土耳其站在德国和奥地利的一边，就能够阻挡从地中海和黑海前来为俄国输送供给品的船只。因此，为争取土耳其的激烈的外交斗争在君士坦丁堡轮番上演，但是德国在土耳其修建了巴格达铁路，而且又派遣了两艘军舰前往达达尼尔海峡，于是德国对土耳其的影响力更大一些。土耳其的加入使战争扩大到了美索不达米亚和波斯，在这里，英国和俄国的军队占据着一边，由德国指挥的土耳其军队占据着另一边。德国和奥地利想要尽快和奥斯曼帝国建立直接联系以缓解土耳其的压力。两国承诺把当时在塞尔维亚手中的马其顿的大部分领土割让给保加利亚，因此说服了保加利亚于1915年10月加入战争。另一方的情况是这样的：尽管塞尔维亚当时受到了西面和北面的双重夹击，同盟国因而控制了从北海到美索不达米亚和苏伊士运河的广阔领土范围，但是协约国（Allies）法国、英国和俄国还是说服了罗马尼亚和希腊，两国分别在1916年8月和1917年6月宣布加入战争。1915年，协约国获得了一个重要的盟友——意大利。最开始意大利宣布中立，因为在意大利看来奥地利是挑起战争而非自我防卫，要求意大利进行援助，因为意大利是1882年缔结的三国同盟的成员。作战的双方都在争取意大利的支持，但是同盟国无法做出任何承诺帮助意大利在战争中获得更多的利益，以实现被奥地利统治的意大利人民的解放。而协约国于1915年4月在伦敦签署了秘密条约，承诺意大利除了其国民可以继续在奥地利的部分省份居住外，还可以获得亚得里亚海的东部地区，其中包括北阿尔巴尼亚和位于爱琴海的多德卡尼斯群岛（Dodecanese）；如果土耳其被分割了，意大利还可以获得小亚细亚的一部分。后来葡萄牙和圣马力诺（San Marino）也加入了战争。截至1917年，除了斯堪的纳维亚国家、荷兰、瑞士和西班牙之外，欧洲国家都加入了战争。1917年4月美国加入战争以后，这场战争彻底演变为世界大战。之后，包括巴西在内的几个拉丁美洲国家宣布对德作战，而像玻利维亚、秘鲁和厄瓜多尔的拉美国家也断绝了和德国的关系。亚洲的中国和暹罗（今泰国）及非洲的利比里亚（Liberia）加入了协约国。以上这些国家加入战争的原因纯粹是出于经济目的。与德国关系的破裂有助于增大封锁中的漏洞，阻碍了德国资本的转移活动，并使没收德国资产的行为变得合法化。从任何方面来看，这场战争都已经演变为世界大战。

与协约国所占的广袤的领土相比，同盟国所占的面积小之又小，那么这样看来同盟国的战败几乎是不可避免的。但是实际上，德国有很多次都接近胜利了，因此它在 1918 年的崩溃显得有些突然，令人感到意外。

西方世界的僵局

战争爆发之时，德国总参谋部计划在六周之内打败法国，之后转战俄国。想要在西方战场获得这样的快速胜利，德国必须集中全部兵力与法国作战，而兵力的大部分主要来自德国的右翼部队。德国计划采用闪电战，穿过比利时和法国北部，之后转向南部，最终到达西部，形成一个巨大的包围圈将法国团团围住。这曾是汉尼拔（Hannibal）在坎尼（Cannae）打败罗马人的战术，此刻在更大的规模上又一次使用。这就是著名的施里芬计划（Schlieffen Plan），该计划以德国总参谋长的名字命名，就是他在 1905 年将这个计划构思出来的。但这个计划失败了。德国进攻的脚步在马恩河战役

（Battle of the Marne）中被耽搁了，这场战役也成了世界历史上的重要战役之一。德国失败的原因有很多。首先，比利时的抵抗拖延了德国的进攻。同时，德国没有想到英国远征军会出现，虽然在蒙斯（Mons）和勒卡托（Le Cateau）英国远征军并没有取得胜利，但还是阻碍了德军的前进。德国第一集团军司令亚历山大·冯·克鲁克（Alexander von Kluck）负责指挥最右翼的德军，他认为英国军队的出现使德国不可能按照原先设想的计划包围巴黎。因此，他命令军队立刻转向南面，让巴黎的方位在军队的右侧。这样的做法给了法国一次机会。法国军队虽然在整个 8 月都在被迫撤退，但是并没有瓦解。法国元帅约瑟夫·霞飞（Joseph Joffre）并不怎么关心安排防守位置，他更支持连续袭击，喜欢抓住机会进行进攻。克鲁克转移到南面的行动让霞飞有机会袭击德国的侧翼和后方。紧接着就发生了一场著名战役。在巴黎指挥官的命令下，巴黎的出租车司机将一些士兵直接从巴黎带到了前线。9 月 9 日，克鲁克军队被迫从马恩河撤退到埃纳河（Aisne）。德国的作战计划宣告失败。

德国军事司令部导致了这场战败，使原先的施里芬计划毁于一旦，而右翼军队比其应该呈现出的水平弱了很多。与此同时，德国的左翼军队正在洛林作战，因此无暇在这个重要的时刻支援右翼。德军总参谋长赫尔穆特·冯·毛奇（Helmuth von Moltke）的叔叔是 19 世纪最伟大的战略家，在作战时经常给予战地指挥官做决定的权力。毛奇正是师从他的叔叔，但是他把这个原则运用得过于呆板，太不知变通了。来自上级的指示太少，德国各个司令官之间的沟通也太少，导致了代表右翼的德国第一集团军和代表左翼的德国第二集团军在法国开始反攻的危急时刻存在着裂痕。毛奇意识到，法国的进攻可能会造成严重后果，因此下令德军撤退。

马恩河会战最终出现了这样的结果，不管是因为法国和英国军官的力量和勇气太强，还是德国军事领袖的错误行动，其实整个施里芬计划都是无法实现的。想要包围整个国家对于步兵来说是不可能完成的任务，更别说要以打胜仗的速度和精确度来完成了。在第二次世界大战中，这样的大规模包围行动经常能够获得成功，但是"二战"时期的军队已经完全实现机械化，而且建立和维系不同部队之间的沟通也要容易得多。

马恩河会战之后，紧接着就是一场海峡港口的竞赛。作战双方都想要通过侧翼包围的办法获得行动的自由，但是在佛兰德斯（Flanders）海岸经历了一场血战后，任何一方都没有被赶出海峡。此时前线战事变得胶着：从北海起始，穿过佛兰德斯，进入法国境内（德国重新控制了法国重要的工业区），之后又沿着阿尔萨斯–洛林折回了法德边境，并终止于瑞士境内。军队就地安营扎寨。接下来的四年间，战线几乎没有任何变化，一直保持到了 1918 年的春天。虽然双方不时发生流血冲突，想要打破僵局，进而突破敌人的防线，但是都未能成功。1916 年 2 月，德国向凡尔登（Verdun）发起了进攻。这场战役的目的是为了造成军事消耗，德国希望法国的精锐部队卷入这场战役，以削弱法国军队的士气。但是战争在 6 月结束的时候，德国的损失并不比法国少，获得的土地也分文不值。

1916年7月，法国和英国沿索姆河（Somme）展开了进攻。这一次也是同样的情况，11月索姆河战场上双方陷入了僵局，所得的领土也微乎其微。法国和英国试图在1917年春天同时在两个不同的地点阿拉斯（Arras）和埃纳河沿岸发动进攻以取得突破，这场进攻的主要发动者是法国总指挥官罗贝尔·尼维尔（Robert Nivelle）。他的主要成就是攻克了前线中央区的高地贵妇小径（Chemin des Dames），但是损失也是极其惨重的，以至于法国军队内部发生了哗变，被派去替换尼维尔的军官亨利·菲利普·贝当（Henry Philippe Pétain）决定在西部战场采取纯粹的防御行动。然而，英国司令官道格拉斯·黑

英国和法国的政治军事领袖黑格、霞飞和劳合·乔治（左图）。福煦（Foch）、黑格、克列孟梭和韦甘德（Weigand）（右图）。

格（Douglas Haig）认为尼维尔的进攻是失败的，原因是他出现了战略错误，而他本人能够做得更好。虽然英国内阁提出了质疑，黑格还是毅然决然地向伊普尔（Ypres）附近的佛兰德斯发起了进攻，这场进攻从7月31日持续到了11月。这场战争所得的领土仍然微不足道，伤亡人数却惨不忍睹。秋天的雨水和淤泥让军队的每一步都走得十分缓慢，所以发动进攻的军队很容易就会暴露目标。这场战役被称作帕斯尚尔战役（Passchendaele），这场战役、“索姆河会战以及凡尔登战役一直是战争史上规模最大、战事最胶着、最残忍、最没有意义及流血最多的战争”[1]，而且纯粹是没有意义的屠杀。如果非要说出什么意义的话，帕斯尚尔战役说明了要想战胜防御优势获得成功，就必须采用新型武器和新型作战方式。

德国在东部的成功

凡尔登战役的失败证明了德国在西线战场发动的战争是徒劳无功的。自从马恩河会战失败以后，有些德国的军事领袖开始认为，只有打败了俄国才会取得战争胜利，凡尔登战役之后，这样的观点处于上风。该观点最具有影响力的代表是兴登堡和鲁登道夫。两人在1914年8月和9月的坦能堡战役（Battle of Tennenberg）和马祖里湖战役（Battle of Masurian Lakes）中战胜并歼灭了两支进攻东普鲁士的俄国军队，因此在德国颇具声望。不过由于兴登堡当时刚从退伍中复职，鲁登道夫从西线赶来，他们到达战场时，现场德军指挥官已经安排好了战役布局，因此两人打了胜仗的功劳有所削减。尽管如此，把德国从俄国的野蛮行为中拯救出来的事迹还是让他们成了受人欢迎的大英雄。1914年9月，兴登堡成为德军在东线战场的总指挥官，1916年他晋升为总参谋长，鲁登道夫是他的主要部下。德国在东线战场的作战方法出奇制胜。1915年，德国对俄国占领的加利西亚（Galicia）发起了进攻，很快战事就扩展到了整个东部边境。当时同盟国已经攻占了波兰、立陶宛和库尔兰（Courland），当军事活动于秋天停止时，战线从加利西亚东部直达北部。

德国的胜利一部分原因来自于俄国缺少军需品和装备。1915年年初，英国尝试从达达尼尔海峡开通一条直达俄国的航线。但是这一被称为加利波利战役（Gallipoli Campaign）的行动因为海军和陆军缺少配合而以失败告终。因此，送往俄国的物资只能通过西伯利亚，俄国在1916年夏季的战役中被迫只能依靠自己的物资，这也是沙皇俄国的最后一次军事活动。

人们为什么战斗

战事这样一直拖沓下去，政治家口中华丽的描述与战场上的可怕事实形成的具有讽刺意味的反差越来越明显。支持战争的人开始担心士兵会选择叛乱或是集体逃离的方式退出战争。1917年，法国军队中发生了严重的叛乱，在1917年和1918年发生的逃兵事件也极大地削弱了俄国和德国的作战能力。然而，从总体上看，尽管第一次世界大战中的士兵遭遇了前所未有的损失，并越来越怀疑战争是否能够实现它所应该实现的目标，士兵们还是继续着残酷的工业化屠杀。当被杀的可能性远远大于获得胜利时，我们应该如何解释这种继续杀戮的意愿呢？那些具有自杀精神的士兵冲向敌人的炮火，或是坚守在震耳欲聋的炮轰中的战壕，就算没有被炸得粉碎也会被活埋，这样的行为我们又该如何解释？

毫无疑问的是，前线严厉的军规控制了逃跑、叛乱和以装病逃避作战的现象。士兵一旦擅离职守或挑起反抗活动，就会面临被处死的下场（也会失去尊严和光荣）。英国军队的军规尤其严厉，共

堑壕战。该图拍摄于1916年索姆河会战期间。

有 3080 名士兵因逃跑而被判处死刑，虽然最后只有 346 人被真正处死。1917 年，法国仓促审判并处死了部分叛变者。

尽管如此，对惩罚的恐惧也不足以消除所有的逃跑和叛变事件，因为还有很多其他的因素影响着士兵作战。其中之一是在前线作战的士兵对自己的直接上级尉官和军士十分尊重。（与之形成鲜明对比，前线的士兵逐渐开始鄙视身处后方的参谋官，这些参谋官常常命令战壕中的士兵进行自杀式袭击。）然而前线军官因为维持士气而获得的尊重，也被各种回忆录——不仅仅是军官们自己的回忆录放大了。毕竟，很多尉官在手下的士兵战死或转到其他队伍之前根本不知道他们的名字。

还有更重要的一点，那就是士兵对战友的忠诚。谁都不想让战友失望，也不愿被战友看成懦夫。但是由于伤亡惨重，军队人员常常会重新组织和分配，因此这种忠诚的作用有限。今天的战友可能明天就会消失，这一点都不夸张。

人们热情歌颂的战友之情常常消逝，而对国家的忠诚是坚定不移的，宗教信仰对于保持士气的作用也不容忽视，但这两种情感却屡屡被夸大其词的民族主义者滥用。在第一次世界大战中，尽管忠诚的本质和程度在不同的战役中各不相同，但是士兵的确是充满热情地为信仰和国家作战。例如，澳大利亚和新西兰的士兵更看重的是自己国家的土地和主权，而并非其母国英国。同样，许多奥地利军队中的斯拉夫族士兵更加认同的是自己的祖国区域，而非哈布斯堡帝国。

有一句著名的军事格言这样说道："军队不能空着肚子作战。"物质需要如食物、衣服和军舍，在维持士气方面起着重要的作用，不仅在第一次世界大战时是这样，在所有的战争中都是如此。同时，我们不能够忽略烟草、毒品和酒精的重要性，这些东西能够稳定情绪，稳定意识，有时也能刺激士兵杀人的欲望。正如英国军事历史学家约翰·基根（John Keegan）所指出的，英国的士兵在进攻之前每个人都得到了少量浓烈的海军朗姆酒，而在有些时候前锋部队已经喝得烂醉。一位英国的军医回忆起这件荒唐的往事时说道："要是没有这点儿朗姆酒，我们不会取得胜利。"

朗姆酒和其他药品有麻痹大脑的作用，帮助士兵完成任务，但是很明显，有些士兵根本不需要酒精的刺激，而是享受着杀人的乐趣。对杀人的欲望和战争的历史一样悠久，而在现代战争中这种欲望演变成了激发士气的一个因素，这种演变无疑是因为能够隐藏人类文明中容易气馁的性格。尼尔·弗格森所列举的让战争旷日持久的因素中就包含了杀戮的乐趣，对此许多人展开了长时间激烈的争论，但毫无疑问，第一次世界大战中的大部分士兵都乐于杀人，第二次世界大战中包含了更为极端的意识形态层面的仇恨，因此这种倾向更为明显，所以尼尔的说法应该是有道理的。虽然许多士兵真实地说出或写出了他们对杀人的反感和抵触，但是还有一些人公开地庆祝在战争中所经历的一切残忍行为。德国的杰出作家恩斯特·荣格（Ernst Jünger）在西线尸体堆积如山的战场上找到了空灵的美。英国贵族骑兵军官朱利安·格伦费尔（Julian Grenfell）与曾在战场上作战的祖先一样，觉得没有什么比射击和刺杀更能让人感到快乐的了。在战争期间，他曾在信中这样写道：“我沉迷于战争，它就像一场大型的狂欢，一场没有目的的狂欢。我从未感受过这样的快乐。”

1917 年：战争的转折点

从 1915 年年末开始，战争呈现出了新的面貌。对战争快速结束的期待已经落空。战争之初在高涨的爱国热情中，每当前线传来捷报，各国都会进行庆祝，而现在这种狂热逐渐被冷静的质疑所取代。严重的伤亡情况和萧条的经济状况让每个家庭都感受到了战时的无望和萧索。

德国民众生活状况于 1916 年和 1917 年之间的那个冬天达到了最低点。煤炭稀缺导致供暖不足，分配到的肉类和黄油也少得可怜。熬过了那几个月的人们回忆称，那个冬天只能靠芜菁过活，因为这是当时唯一供应充足的食物。人们获得的也就只有芜菁、马铃薯、蔬菜和各种各样食物的极佳替代品。这个冬天令人震惊，此后几年人们吸取教训，在冬天作战时都制订了更好的计划，如此一来，虽然情况没有发生彻底的改变，但也不像当时那样令人绝望了。在奥地利，由于铁路需要用来将士兵从一个战场运到另一个战场，没有足够的铁路运送食物，导致一些大城市，尤其是维也纳，出现了食物短缺的问题。同时，匈牙利的地主和农场主不愿意把自己的农产品低价卖给奥地利，控制着价格。

几乎在所有国家，激进组织都从社会主义政党中获得了力量，因为他们强烈反对社会主义者给予政府发动战事的支持。奥地利发生的一个事件证明了这个现象：1916 年 10 月 21 日，奥地利首相被奥地利社会民主党领袖的儿子弗里德里希 · 阿德勒（Friedrich Adler）刺杀。阿德勒用这个行动来表达自己对战争迟迟不结束的抗议，以及对其父亲领导的社会党的反对，原因是社会党支持政府的战争政策。毫无疑问的是，阿德勒的行为显示出了公众中普遍存在的对战争的厌烦。弗朗茨 · 约瑟夫皇帝于 1916 年 11 月去世后，其继位者卡尔一世皇帝（Emperor Charles Ⅰ）试图展开和平谈判。由于奥地利未能逃出德国军队的包围，这个尝试未能成功。不过奥地利已经越来越不愿意和德国并肩作战了。

在英格兰和法国，物资匮乏也十分明显，但是更让人们感到不满的是鲜有军事胜利，尤其是在索姆河会战中的失败。法国经历了这次战败和凡尔登的抵抗，兵力损失惨重，国内出现的叛乱证明了此时军内的情绪很不稳定。法国任命了新的最高指挥部，贝当担任最高指挥官，并建立了新的规章制度，但是，对于政治的不满情绪仍然在增长。直到 1917 年 11 月，乔治 · 克列孟梭成为法国总理，这个任命意味着法国将竭尽所能争取胜利。在英国，索姆河会战的坏消息传来之前还有其他令人失望的消息：爱尔兰爆发复活节起义（Easter Rebellion）、与德国公海舰队爆发长时间的冲突即日德兰海战（Battle of Jutland）。这些困难和失败的原因主要是政府在征兵时拖拖拉拉，而且不愿制定紧缩的经济政策，以及首相赫伯特·阿斯奎斯没有能力加快武器和军火的生产速度，也没有能力动员整个帝国。1916 年 12 月，劳合·乔治取代阿斯奎斯成为首相，和 10 个月后法国克列孟梭的上任一样，这意味着战争将会突破僵局，获得最终的胜利。同时，这意味着英国也意识到，战争前对于战争本质的看法是错误的。现代战争带有集权主义性质，而且需要采取极端的手段和努力。

俄国的革命

俄国的情况和英国有所不同。在俄国，这样的观点也开始出现，即战争要想获得胜利，只采取军事行动远远不够，要根据战争的需要对全体民众进行安排和领导。但是在俄国，这样的要求意味着需要崭新的、更有活力的领导，因此导致了第一次世界大战期间一次决定性、至关重要的事件：沙皇政权被推翻，布尔什维克掌握大权。1916 年夏天的索姆河会战是一项杰出的战略计划的一部分，该计划的目的是让德国受到协约国从西面和东面的双重夹击。俄国进攻了奥地利—德国战线南段的部队，并成功占领了喀尔巴阡山脉（Carpathian Mountains）的高地。但是在那里他们不得不停下来并被迫撤退，原因是兵力损失惨重和供给品运输出现了问题。同时，在这次战役中，出现了和第一次世界大战之前的战役一样的情况，那就是俄国军火不足。这次被称为布鲁西洛夫突破（Brusilov offensive）的军事行动产生的巨大伤亡导致人们普遍呼吁，只有对杜马充满信心并包含了各个不同政党领袖的新政府，才有权力采取必要的政策以提高工业生产，为军队和工业区的工人加强食物供给的保障。只有拥有广泛基础的政府才能激励人们坚定战争终将取得胜利的信念。沙皇和皇后认为政府官员的任命掌握在他们的手中，而公众这种要求与根深蒂固的专制主义意识形态背道而驰。他们对这种侵犯了沙皇独裁统治的行为深恶痛绝，而更为坚固、更为自由的政府逐渐形成，这让沙皇意识到这个政府也许会把腐败的拉斯普京赶出宫廷，而拉斯普京被沙皇认为能让他患有血友病的儿子活下去。

因此，皇后坚持要维护沙皇权力的完整，只有支持拉斯普京的人才能够成为政府中的一员。政府中任命的都是一些无能和腐败的官员，由于拉斯普京反对整个战争，所以亲德派的官员在政府中大受欢迎。各个阶层、持有不同政见的人，无论是保守党派人士还是自由党派人士，无论是大公还是外国使臣，都联合起来说服沙皇建立一个议会制的政权。拉斯普京被一位皇室成员和一位保守党领袖刺杀，刺杀者希望拉斯普京被除掉以后沙皇不再那么反对政体改革。但是事实却恰好相反。沙皇将自己封闭了起来，丝毫不受政治领域的影响。压力越来越大，他便前往军事指挥部，在那里没有人能找到他。因此，当面包叛乱在彼得格勒爆发的时候，护卫队也加入了反叛的人群中，这时沙皇发现没有了护卫，军队中也没有人来保护他，因此不得不接受退位的要求。沙皇和其家人被软禁，一开始关在首都附近的沙皇夏季度假地沙皇村，后来他们又从那里被带到了西伯利亚，最后又回到了乌拉尔（Ural）。1918 年 7 月，当君主主义者的军队到达乌拉尔的时候 ，沙皇、皇后和他们的孩子已经被处死了。沙皇政权的倾覆带有一种令人惊讶的宿命论，沙皇曾虔诚地相信拉斯普京的预言：一旦他死去，沙皇俄国也会就此灭亡。

沙皇的位置本应该由他的兄弟米哈伊尔（Michael）继承。但是米哈伊尔清楚王朝所获得的支持已经十分微弱了，因此放弃了皇位继承权。这样，杜马建立了由各个资产阶级政党领袖组成的临时政府，温和的社会主义政党孟什维克表示接受，孟什维克主义者愿意和自由资产阶级合作，并支持为获得民主发起的战争。

政府在这个艰难的时刻获得了权力，从这时开始到之后的六个月，事情的发展速度令人困惑。对于政府中的成员来说，维持和加强战争力量至关重要。但是这样的政策需要民众的支持，推翻沙皇政权燃起了他们的希望：工人希望实现社会主义，农民希望通过划分大庄园地产而获得更多的土地。这样的要求需要着重考虑。工人委员会和士兵委员会在工厂和军队中相继成立，在二者中农民都占据了很重要的一部分。临时政府在执行政策的时候都高度依赖这些工人委员会和士兵委员会。很明显，临时政府中的保守人士和自由人士对于这些激进的要求缺乏热情。他们认为这些重大的变革应该通过制宪会议决定，该会议应通过超过 18 岁的男性和女性投票产生，然而在战争的状态下这样的投票很难实现。战争的持续需要工人和农民紧密配合，而他们已经因为社会主义迟迟不能实现和土地分配的不均而感到深深的不满，因此政府不得不向他们保证一定会实行改革。社会主义党派人士亚历山大·克伦斯基（Alexander Kerensky）被任命为司法部长，之前他因为口才绝佳担任彼得格勒苏维埃副主席。临时政府中存在着很深的内部矛盾，由于克伦斯基代表了政府与日益不安和不满的工人与农民之间联系的纽带，因此他的影响力越来越大。克伦斯基于 7 月成为临时政府总理。但是政府中左翼的影响力越来越强，造成了保守党派和自由党派的反对，尤其是官员和军官的不满，因为他们觉得军队的纪律已经四分五裂了。于是军队总指挥官拉夫尔·科尔尼洛夫（Lavr Kornilov）发动了军事行动，以恢复军队的纪律和秩序。他的行为遭到了克伦斯基的反对。由谢尔盖·爱森斯坦（Sergei Eisenstein）执导的庆祝布尔什维克革命的俄国电影《十月》（*October*，1927）中有一个著名场景：彼得格勒的工人破坏了科尔尼洛夫军队即将到达的铁路。需要补充的是，科尔尼洛夫命令自己的军队进攻彼得格勒时，几乎没人服从他的命令。科尔尼洛夫的计划虽然流产了，但还是削弱了克伦斯基的地位。从这件事中可以看出临时政府的软弱和粗心，以至于反对活动能够获得如此强大的力量，反革命分子有能力发动政变。我们可以很明显地看出，为了保证战争能够持续进行而制定的政策让过去的统治阶级拥有了强大的地位，也让其无法与工人和农民的目的达成一致。布尔什维克的时刻到来了。

当列宁于1917年4月3日的夜晚到达彼得格勒的芬兰火车站的时候，发生了一个重要的事件，而这个事件的重要性在后来表现得淋漓尽致。德国允许列宁离开流放地瑞士，期望作为激进的布尔什维克党领袖的列宁能够干预好战的临时政府。列宁一到车站，就被彼得格勒苏维埃孟什维克党领袖郑重其事地请进了候车室，因为这个候车室之前是为皇室成员预留的。列宁立刻回绝了这一邀请，拒绝在抵抗内部或外部敌人的行动中与他们合作。列宁在演讲中指出革命无法解决俄国无产阶级的根本问题，目前的任务是要把资产

1917年10月，列宁在莫斯科红场发表演讲。

阶级革命转变为无产阶级社会主义革命。一开始，列宁制定了布尔什维克应该遵守的规则，并将布尔什维克与其他政党区分开来。布尔什维克对于能够真正实现无产阶级专政的革命翘首以盼，因此竭尽全力以期尽快发动革命。由于在战争时期权力掌握在军队和资产阶级手中，因此这样的目标在战时无法实现，所以战争必须立刻停止。和平与革命互为补充。但是与此同时，列宁向其他国家的工人发表演说，让他们牢记国际革命和反军国主义的马克思主义传统。

对和平的渴望暗含着对俄国士兵的宣传诉求。士兵们无疑都想尽快回家，想早日参与到盼望已久的土地分配活动中。布尔什维克清楚，实现他们的目标意味着要控制俄国的政治和工业中心彼得格勒。在掌权之前，布尔什维克党的拥护者并不多。就算是在工厂里工作的工人也大多支持另一个社会主义党派孟什维克。彼得格勒被划分成了几个区域，各区都有各自的工人委员会。虽然孟什维克领导着彼得格勒的市政府，但是布尔什维克占据着位于基层的各区委员会，并控制了城市的部分区域。这成了布尔什维克革命运动的根基。

列宁于 4 月回到俄国并获得布尔什维克党的领导权，但是在 10 月 24 日（俄历，公历 11 月 9 日）布尔什维克党掌权之前，列宁制定的政策路线似乎是不现实的。甚至在布尔什维克党的重要人物中，都有人认为与孟什维克合作，并保护推翻沙皇政权获得的成果，要强于为布尔什维克控制下的无产阶级专政服务。布尔什维克党在 7 月尝试夺权的计划失败后，这样的说法甚嚣尘上。甚至出现了暂时性的背叛事件。当科尔尼洛夫起兵暴露出了克伦斯基及其临时政府的软弱后，布尔什维克党迎来了转折点。从那时起，怀疑和犹豫不复存在，就连支持孟什维克的工人都能够注意到，一个充满活力的革命政府正在冉冉升起。

列宁在7月的布尔什维克起义失败后一直东躲西藏，并敦促迅速开展行动。但是和彼得格勒人民联系密切的人士决定在10月25日全俄苏维埃大会（all-Russian Congress of Soviets）召开的同时展开夺权行动。虽然参会成员并非全都是布尔什维克党人，但是他们都是社会主义人士，而且都认为应该推翻克伦斯基政府，并由社会主义政府掌握政府权力。因此，在托洛茨基的指挥下，布尔什维

1917年，布尔什维克士兵行军穿过红场。

克军队几乎没有受到任何有力抵抗。克伦斯基无法安排一场军事反攻，因此仍然身处彼得格勒的临时政府官员被迫投降。第二天，全俄苏维埃代表大会召开，虽然部分孟什维克党人进行了抗议，大会还是承认了布尔什维克革命政府的合法地位。

列宁的策略绝妙无比。他在新政府中掌握了绝对的领导权，新政府中的成员并不把自己称作官员，而是人民委员。但是列宁希望自己的权力足够在未来的几个月甚至是几年内控制政府。人民委员立即采取了一系列行动，预示着新的社会主义时代已经到来了。他们制定的第一批政策中有一条是划分大型地产分配给农民，农民无须向之前的土地所有者支付补偿金。所有的银行都归国家所有，工厂的管理权被交到工人手中。为了和资本主义制度划清界限，私人银行尽数充公，教会的财产也被没收，之前与协约国之间签署的关于领土分割的秘密外交文件也被公开。

然而，布尔什维克政府受到了比国内改革更加紧迫的问题的困扰。协约国清楚，布尔什维克政府掌权意味着俄国将要退出战争，因此对布尔什维克的反对者加以保护。这些反对者是沙皇俄国的残余势力，其中包括官员、君主主义者、资产阶级政治家，他们开始组织反动行动。另一方面，新政府最关键的政策，即结束战争、达成和约，不能由俄国单方面宣布，而是需要与同盟国共同协商。虽然德国和奥匈帝国的政府与俄国政府达成了共识，和约应建立在国家自决原则的基础之上，不过它们却对这个原则做了特殊的解释。德国和奥匈帝国坚持认为，波兰、芬兰和波罗的海各国应该从俄国中分离出去并由德国和奥匈帝国控制，同时乌克兰地区（几乎是俄国在南欧的整片领土）应该成为一个独立的国家。在布列斯特–立托夫斯克（Brest-Litovsk）进行的和平谈判出现了一个奇怪的现象：同盟国一方是由高级军事长官举荐的外交专家带领的代表团；而俄方则由年轻的革命英雄托洛茨基带领，其代表团仅由一位农民和一位海员组成。托洛茨基认为和约应该在没有领土兼并和赔款的前提下达成，并揭露同盟国统治者是冷酷的兼并主义者，同时他呼吁各国工人应该团结起来。但是，托洛茨基对同盟国的抗议是徒劳无功的。列宁从一开始就知道俄国不得不放弃自己的要求，因此经过简短的抗议后，布尔什维克政府便妥协了。这份屈辱的和平协议使布尔什维克党人士对资本主义的仇恨进一步加深，此时资产阶级的对抗者已经扩大成了一个以农民为代表的激进党派社会革命党。土地分配政策实施后，社会革命党和布尔什维克党联合了起来，由于社会革命党的大部分力量存在于乌克兰，因此社会革命党人士坚决反对德国接管乌克兰地区。对于德国来说，东方战场的战争结束了。但是对于布尔什维克党来说，与同盟国战争的结束预示着内战的开始。

西方的决议

在 1918 年春天之前，同盟国一直处于优势，其军队从双前线的危机中解脱了出来。半年后，德军最高指挥部向政府宣布战争失败，1918 年 11 月，德国在革命后变成了共和国，并通过了停战协议，但是停战协议只是西方国家在口头上达成的。那么究竟发生了什么使得命运发生了逆转呢?

德国在东方的所有成功都无法抹去一个事实，那就是德国在西方面临着最为强大的对手，如果无法打败这些对手是不可能获得胜利的。看起来似乎很明显，需要采取海上行动来制约西方敌国中最令人敬畏的对手英国。战争之初，英国和法国对德国进行了海上封锁，阻止原材料进入德国。国际法对违禁品和非违禁品有着不同的规定，违禁品是指军事装备中所需的军火和原材料，而非违禁品主要是指食物和服装。在封锁行动中，没收的只能是违禁品。但英国不认可这种区分。任何中立国的船只都不允许驶入德国港口，到达斯堪的纳维亚半岛国家和荷兰的进口货物有数量的限制，以保证货物在进口国使用而不会被转运到德国。

新的参战国：美国

英国违背国际法的行为引发了美国和英国之间的严重冲突。美国最终选择站在英国的一边对抗德国，原因是德国违反国际法的现象更加严重，而且比英国更为残酷和罪恶。德国认为自己可以采取更为有效的经济战手段即用潜艇封锁来对抗英国的封锁。潜艇无法把商船上的货物和人员进行转移，只能将船只击沉。德国宣布不列颠群岛周围的水域都是作战区，所有经过那里运送货物的敌国船只都会被击沉。1915 年 5 月，一艘德国潜艇击沉了一艘英国远洋客轮——卢西塔尼亚号（Lusitania），船上近1200人全部遇难，其中有188名美国公民。虽说卢西塔尼亚号的确携带军火，但是造成超过1000人死亡的确是极其残忍的行为，而且这1000人中的大部分来自中立国。美国的仇恨情绪与日俱增。威尔逊总统发出了严重警告后，德国有所收敛，并在两年内调整了他们的潜艇战术。但是认为应该慎用潜艇的德国首相贝特曼·霍尔维格和政治顾问们身上的压力越来越大。公众相信德国持有足以做出回击的武器，因此很难接受英国封锁制造的困难。同时，德国海军又建造了多艘新潜艇，而且在想要取悦海军指挥官的专家的支持下，海军最高指挥官坚持认为英国已经囊空如洗，并会在短时间内投降。兴登堡和鲁登道夫全力支持海军的计划。1917年1月31日，德国宣布恢复潜艇战。美国与德国的外交关系进一步恶化，在美国船只被击沉事件的刺激下，美国于1917年4月6日宣布对德作战。

美国参战的重要性是不可估量的。尤其在德国宣布恢复潜艇战以后，英国船只的损失惨不忍睹，仅在1917年4月这一个月内，被击沉船只的总吨位就高达87.5万吨。英国尝试组织护航系统来应对威胁。而美国的参战使德国的潜艇战不堪一击，因为从此以后护航舰队的舰只数量和保护护航队的舰只数量都大大增加了。护航舰队负责把食物、军用物资和士兵安全运送到英国，而且船只的建造速度很快就超过了损失速度。原本俄国退出战争提升了德国的士气，而美国的加入又使其受到重挫。威尔逊总统对正义与民主和平的坚持加剧了德国国内的紧张局势，同时也激化了对战争目的的讨论。战争不应该是统治阶级用来实现目标和野心的工具，这样的观点越来越占据主导地位，人们呼吁只要德国人民的生存不再受到威胁，就应该立即停止战争。无论在德国国内还是国外，《布列斯特－立托夫斯克和约》（*Treaty of Brest-Litovsk*）的签订及其产生的影响加深了人们对政策的不信任。在从俄国分裂出来的地区，同盟国建立了由一小部分富人进行统治的政权：波罗的海国家的德国地主和乌克兰的亲德团体。德国诸侯相继在新建立的国家如立陶宛、库兰（Kurland）和芬兰登基。德国的所作所为正应了托洛茨基在和谈时的说法：同盟国作战并不是要为人民获取利益，而是为少数剥削阶级的利益服务。

虽然在 1918 年年初，同盟国处于上风，但其实他们的情况存在着致命的弱点。德国在东方推行的残酷政策使被占领的地区处于动荡之中。德国必须派遣庞大的军队来维持东部占领区的稳定，而食物的运输，尤其是从乌克兰运输小麦时遭遇了重重阻碍。与此同时，由于同盟国政府想要实现自己的野心而不愿或不能终止战争，因此受到的谴责也越来越多。而协约国已经强大到可以在不同战场发动进攻了。在 1917 年秋天，英国将土耳其人赶出埃及边界，并向巴勒斯坦发动进攻，最终于 1917 年 12 月 8 日占领了耶路撒冷（Jerusalem）。希腊于 1917 年 6 月加入战争，这使得进攻保加利亚成为可能。同盟国一方，1917 年 10 月，奥地利和德国军队在卡波雷托战役（Battle of Caporetto）中突破了意大利的防线，欧内斯特·海明威（Ernest Hemingway）在他的小说《永

一幅为庆祝德意志帝国潜艇在第一次世界大战中获胜所作的德国漫画。

别了，武器》（*A Farewell to Arms*，1929）中对这次战役有十分精彩的描述。为了遏制意大利军队中的恐慌，意大利宪兵部队接到命令，对于任何形式的逃兵，每十个人中处决一个。重要的是，德国虽然在卡波雷托战役中获胜了，也未能让意大利就此罢休。英国和法国派遣了增援部队，重建了皮亚韦河（Piave）沿岸的意大利防线。

因此，在1918年年初，虽然签订了《布列斯特–立托夫斯克和约》，但是德国并非处于无懈可击的状态，不可能坐等协约国采

卡波雷托战役：机关枪扫射后的南部前线战场上的场景。

取行动。美军的加入及德国的作战理由变得越来越不充分，这两点导致战争将很快结束。德国军事领袖在西线发动进攻做出回应，他们本以为有了东部的支援，战争能够获得胜利。但是这场于1918年3月21日发动的进攻与前几次在西线发动的进攻没有任何区别。一开始，攻占的土地很可观。但是，当德国士兵脱离炮兵部队的掩护前进时，他们再一次发现，在堑壕战中防守要比进攻容易得多，因此德国的进攻陷于停滞。德国在其他地区发动的进攻，其威力甚至比3月份的进攻还要小得多。德国在贡比涅（Compiègne）受到了法军的阻挠，又在蒂耶里堡（Château-Thierry）受到了美军和法军的阻挠。从 1918 年 7 月开始，由协约国军总司令斐迪南 · 福煦（Ferdinand Foch）带领的协约国军队开始在法国发动进攻。在这些进攻中，协约国军队使用了威力无比的坦克，这种新型武器给战争带来了新鲜元素。协约国军队在萨洛尼卡（Salonika），意大利军队在皮亚韦河同时展开进攻，保加利亚和奥地利的防线双双崩溃。保加利亚和奥地利宣布投降。

在这个时候，鲁登道夫敦促德国政府签署停战协议。此时，德国政治领袖已经对德国最高指挥部完全丧失信心，德国人民和士兵也不愿意再服从军队和统治者的领导，革命活动此起彼伏。到 11 月 9 日，包括威廉二世在内的所有贵族全部宣布退位，并于 11 月 11 日签署了停战协议。第一次世界大战就此落下帷幕。

第一次世界大战的后果

当停战的消息传到伦敦时，在战争期间一直沉默的大本钟再一次发出了声响。在伦敦和巴黎的街道上，人们载歌载舞，互相拥抱着彼此。人们好像突然从沉重又可怕的噩梦中醒来，世界再一次呈现出其本来的色彩和模样。但是，想要回到 1914 年 8 月的生活只能是天方夜谭了。世界大战造成的后果在战后的岁月中一直存在着。

整个世界笼罩着悲痛的气氛。数以百万计的尸体被从各个战场运送回家乡，或者埋骨他乡，然而除了这些，还有 300 万阵亡士兵没有算在其中，他们的尸体或是难以辨认，或是已经消失在了战死的沙场上。一位英国牧师设立了一座象征性的坟墓以祭奠所有无名的战士。这个行为被各国纷纷效仿，各地建立了许多“无名烈士墓”以纪念所有战死的士兵。

战争也造成了巨大的经济损失。战争的成本极其高昂。例如，在 1917 年，德国的战争支出是战前全国收入的三分之二。这笔庞大的费用中只有很少的一部分来自税收。在德国，战争费用主要来自纸币的大量印刷和内债（战争贷款），而在协约国，美国是资金的重要来源。欧洲各国通过贷款的方式支付从美国获得的军用物资，若用现金支付，国家的黄金储备很快便会消耗殆尽。

因此，欧洲各国不仅浪费了大量的资本和资源，其经济地位也因此变弱，相比美国处于劣势。欧洲各国从债权国变成了负债国。在战争结束之时，英国向美国政府贷款的总额高达 36.96 亿美元，法国的贷款总额为 19.7 亿美元，意大利的贷款总额为 10.31 亿美元。欧洲各协约国欠美国的债务金额总计超过了 70 亿美元。另外，战争结束后各国又向美国多次贷款，在 1922 年时，协约国共向美国贷了 11656932900 美元。世界货币市场的中心开始从伦敦转移到了纽约。

因为第一次世界大战，欧洲向非欧洲国家的投资减少了很多，欧洲国家对其他国家经济发展的影响力也减弱了许多。德国在欧洲境外的大部分资产都被其曾占领地区的当地政府没收了。在美国加入战争以前，贷款并不容易获得，因此英国用黄金支付商品，并通过调动英国公民握有的外国证券获得必要的外汇。英国和欧洲各国在非欧洲国家的财产大大减少。同时，由于欧洲各国急需生产用于作战的工业产品，因此各国的出口贸易几乎完全停止了，这导致非欧洲国家的经济生活彻底改头换面。例如，在第一次世界大战之前，英国和德国主导着拉丁美洲国家的国际贸易。在当时，农业是这些国家的经济支柱，而制造业商品只能从国外进口。战争结束后，拉丁美洲与美国的贸易逐年增加，美国公司在拉丁美洲的投资也稳定增长。美国的经济影响加快了工业化的发展：美国的投资主要是针对煤矿业，同时美国的资本对于委内瑞拉、秘鲁、哥伦比亚和厄瓜多尔油田的开发也起到了重要作用。此时这些国家都迈上了工业化的道路，在 20 世纪 20 年代，这些国家都实现了可观的繁荣。印度也实现了相同的经济发展。在战争期间，印度政府积极推动工业增长，来为美索不达米亚和近东的作战部队提供装备。位于比哈尔邦（Bihar）的塔塔钢铁公司（Tata Iron and Steel Company）成为世界上最大的炼钢厂，每年能够生产出近 100 万吨的钢铁。全世界范围内的生产力发展表明，欧洲大陆的经济影响力已经降低。1925 年世界制造业产品的产量比 1913 年高出 20%，而增长主要得益于非欧洲国家生产力的发展。

这些结构性的转变是逐渐出现的，但是经济困难这个临时性的特征却是突然之间出现的。为了配合战时需要而进行的工业生产此时必须转型成和平时期的生产状态。这个转型需要很长时间才能完成，但是从战场上回家的士兵需要工作，因此工业转型又迫在眉睫。几乎所有的欧洲国家在战后都面临着失业期，士兵们几个月前还被称作保卫国家的英雄，现在却得不到应有的奖励。

在欧洲各国，对伤员的抚恤金和失去亲人的寡妇和儿童的赔偿金，成为政府支出中的很大一部分。税收不降反升，与此同时，政府所希望的能够调整政府开支，并将其用于社会和政治用途的可能性也在降低。

人们期待政府能为人民多做些什么，可就在这时，政府预算更加吃紧。战争表明，政府能够控制经济生活为政府的利益服务。因此，就难以解释为什么会出现这样的现象：战争结束后失业现象无法避免，但底层人民的处境却有一定改善。演说家声称战争的结束是民主的胜利；整场战争中的牺牲影响了人们生活的方方面面，底层人民决定自己命运的权利逐渐被认可。在全欧洲范围内，虽然不同国家的程度有所不同，但整体上看，人民的选举权有所扩大。在战后时期，对于政府能够做什么和应该做什么的期望成了政治生活中的重要组成部分，但是政府处理事务的方式却受到更多的限制。

期望和现实之间的对比成了整个学术界讨论的热点。人们本以为战争结束意味着新时代的到来，但是恢复了日常生活以后，人们发现生活甚至比战争之前更加苦闷。这就像是对人们遭受过的战争之苦的愚弄和嘲笑。英国诗人西格夫里 · 萨松（Siegfried Sassoon）曾这样写道：

你安静又平和，在家里安全地度过炎炎夏日；
你从未想到会有一场血腥的战争正在打响！……
噢，是的，你可能会……为什么？你能听到枪声。
听，砰、砰、砰——声音温和……从不停止，
那枪声似低语——

这些诗句揭示了战争的苦难现实让人们对战前拥有的信仰产生了怀疑。诗歌表达了诗人对战争经历的情感转变。在战争早期，诗人和作家都在表达传统的爱国情感，把成为士兵看作年轻人的特权，并将战死沙场看成生命华美的终点。但是后来，诗人和作家所描绘的尽是战争中的恐惧、苦难和毁灭，如是种种对战争的控诉。在许多作家看来，传统的语言和画面根本不足以表达自己的感受，也掩盖了事实真相，世俗的词汇无法描述出史无前例的苦难和愤怒。要想表达出内心的绝望，无论是对战争还是对生命的绝望，艺术家必须能够创作出让读者感同身受的作品，这并非带有道德意义或道德指引的逻辑语言或现实主义画作所能实现的。文学和抽象艺术中的表现主义（Expressionism）在1914年之前就已经出现了，并随着第一次世界大战的发展逐渐在思潮中占据主导地位，这也是战争让欧洲的生活方式发生裂变的另一个证据。

战争也深深影响了礼仪和道德，尤其是女性的礼仪和道德。战争期间，女人习惯了独自外出或与其他女伴一起外出。战争结束后，许多年轻的女性还是会在没有男人陪伴的情况下在街上闲逛。

这些“新式”女性更愿意穿着长及膝盖的裙子，而不是战前流行的遮住脚踝的款式。胸罩取代了紧身胸衣，这个发明让固守传统的男人和女人瞠目结舌。与紧身胸衣同时被抛弃的还有美丽年代（Belle Époque）耀眼的鲁本斯风格，人们更崇尚优雅，更推崇节制的饮食。同时，短发和化妆品也成了时尚，而这些在战前都是与妓女联系在一起的。这些变化实际上代表了战争期间人们对于性的态度更加开放和宽松，正如一位英国军官所说：“许多年轻的男男女女从家庭的约束中解放出来。”毕竟，数以百万计的年轻男人战死沙场或伤残归来，再要坚持贞洁和自律的老观念已经没有意义。今天还在家里的英俊的英雄，明日可能就会永远消失，或者他身上重要的一部分会被炮火炸飞。避孕药物的使用、堕胎和非法生育的现象在战时屡见不鲜，而与女人的裙边高度一样，这些现象没有随着战争结束而消失。

经济、政治和知识领域的改变与发展使社会生活的重建以及旧时代到新时代的转变进行得异常困难，这个任务又因为战争给人类带来的巨大损失而变得异常复杂。第一次世界大战后出现的最严重的问题是，整整一代人都逝去了。

在西欧各国，第一次世界大战中的伤亡情况要比第二次世界大战严重得多。共有 850 万人死于战争，而受伤人数是死亡人数的两倍多，受伤的人大多已经终身残疾，伤亡总数（死亡、受伤和失踪）共计 3750 万。伤亡情况最为惨重的国家是德国，约有 600 万人战死或伤残。法国的伤亡人数为 550 万，但是由于法国人口不足德国的三分之二，因此在第一次世界大战参战的欧洲各国当中，法国的伤亡比例是最高的。澳大利亚共有 500 万人口，其中 5.9 万人死于战争，其比例是全世界最高的。澳大利亚和新西兰的作战人员中共有 62% 的人伤亡，这一比例是盎格鲁－撒克逊世界中最高的。每场战役中的伤亡情况都惨不忍睹。在凡尔登战役中，德国和法国各损失了 30 余万人。在帕斯尚尔战役中，英国损失了 24.5 万人。整整一代人都埋葬在了战场之上。现代的战争并没有让最强大和最优秀的人幸存下来，那些可能在未来几十年中成为领袖的年轻人再

战争的罪行：兰斯大教堂毁于战火。

也没有从战场上归来。

由于社会发展是在这样残酷的屠杀中进行的，因此通常意义上所说的一代到下一代的更替在战争时代是无法实现的。的确，在20世纪20年代末，经历过战争的一代人中出现了几位杰出的政治领袖：英国的安东尼·艾登（Anthony Eden）、法国的爱德华·达拉第（Édouard Daladier）和德国的海因里希·布吕宁（Heinrich Brüning）。但是，他们作为战争一代的特性强调了为何原本能够成为国家领袖的人，很少能够活下来。贝尼托·墨索里尼和阿道夫·希特勒（Adolf Hitler）在前线作战中表现出色，他们代表了老一代试图压制的一代人。直到20世纪30年代，甚至第二次世界大战爆发之前，欧洲的政治领导人大部分都是由第一次世界大战之前就占据要职的人担任的 。同时，由于在1918年以后还存在着对战争事件和经历的记忆，因此人们还继续把战争时期的军事领袖视作可以托付命运的英雄。像兴登堡和贝当这样的将军，无论是胜利者还是败军之将，都没有从政治舞台上退出，而是扮演着重要的角色。第一次世界大战中造成的新问题与负责解决这些问题的年迈政治家之间，呈现出了极不和谐的状态。

第四章

缔造和平

政治家和他们的目标

1919年至1939年间的这20年被称为战间期。然而这里需要强调，这一定义显然是后人给出的。1919年1月，战胜国的政治家在法国巴黎聚集，他们希望，大众也希望能够达成协约，维持世界的永久和平。然而，他们的希望渐渐破灭。到20世纪30年代，情况已经十分明显，持久的和平并未到来，战争的威胁已然笼罩着整个世界。尽管和平主义者没能实现厌倦战争的欧洲人所渴望的未来，但我们也必须承认，他们面对的这个任务存在着难以估量的复杂性。战争因欧洲各国间的冲突而起，慢慢地演变为世界性战争。最后，尽管各国都同意应当从全球角度来考虑协约，却仍有一些国家认为，剔除欧洲一些存在潜在危险的国家才是当务之急。这一争议也随着其他方面的一些分歧而愈演愈烈。一些政治家及外交家，主要是那些重点关注协约中欧洲部分条款的人，相信依靠传统方式能够实现他们的目标。其他的政治家及外交家则认为应该用新的方式去解决国际关系中的问题。假如我们对1918年年底聚集在巴黎的那些领导人的性格特点略有了解，就会明白存在分歧是理所当然的。

英国外交大臣亚瑟·贝尔福曾经参加过 1878 年柏林国民会议（Berlin Congress of 1878），他以一位老人的超然，看待着巴黎和会的过程。作为一位老派外交家，他主要关注权力平衡的重新确立，然而贝尔福的想法却是少数。巴黎和会期间，占据主流的思潮是 19 世纪的民族主义。例如，在法国总理乔治·克列孟梭的身上，这种思想体现得淋漓尽致。对他而言，1870—1871 年法国战败是一段难忘的经历，因此，他认为修复法德战前的国际关系是不可能的事。民族主义的另一些主要典型，则是那些好不容易摆脱强权大国的束缚或摆脱对大国的依赖，从战争中涌现出来的国家领导人或代表，他们立志建立强大独立的国家。例如被称为“塞尔维亚的

1919年签订和约后，法国军队领导人福煦与霞飞带领胜利的军队沿着香榭丽舍大道前行。

俾斯麦”的尼古拉·帕希奇（Nikola Pašić, 约1845—1926），以及希腊备受欢迎、影响力十足的政治家埃莱夫塞里奥斯·韦尼泽洛斯（Elefthevios Venizelos，1864—1939）。他们想要努力实现塞尔维亚和希腊的民主目标，让国家变得更加强盛。捷克代表爱德华·贝奈斯（Eduard Benes，1884—1948）及波兰代表伊格纳西·帕德雷夫斯基（Ignace Paderewski, 1860—1941），基于建立国家新政权的需要，提出每个国家都应拥有民族自决权。然而，当他们的国家利益与其他国家产生冲突时，他们仍显露出残酷无情的一面。

与此同时，“新外交政策”的支持者们也有强势的代表。他们想要通过建立超国家组织，强化国际法则来缓和过去的冲突和紧张关系。他们主要来自欧洲以外的国家，例如南非颇具影响力的政治家扬·克里斯蒂安·史末资将军（General Jan Christian Smuts，1870—1950）。而这些理想主义者的领袖非伍德罗·威尔逊（Woodrow Wilson，1856—1924）莫属。他是首位在任期间前往欧洲进行访问的美国总统。在巴黎、伦敦及罗马，威尔逊受到了人民的热烈欢迎，人们将他看作能带来更好的全新时代的救世主。虽然许多国家的领导人对其持怀疑态度，但他们代表团中的很多年轻成员都是威尔逊的拥趸。然而不可避免的是，巴黎和会上有许多想法和声音，最后的决议不可能完全实现威尔逊的理想，只是威尔逊的新外交理念在考虑强权政治与民族主义热情之后的一种折中。

巴黎和会正式开始于1919年1月18日。随着1919年6月28日在凡尔赛镜厅与德国签署和平条约，和会达到了高潮。与拿破仑战败后召开的维也纳会议一样，巴黎和会不仅是一次政治性会议，也是一个社会性事件。大量民众拥入巴黎。各国各界的代表，包括政客、军人、法律界精英、财政巨头、地理学家及历史学家，与该时期法国伟大的文人相互结交。

大量的委员聚集于巴黎反复讨论磋商，最终拟定了条约，确定了新的国界，针对领土主权变更产生的法律和经济问题做出了调整，对赔款的数量及方式也进行了商榷。但最终的决策者是四巨头，他们分别是美国总统威尔逊、英国首相劳合·乔治、法国总理克列孟梭及意大利首相奥兰多。四国在达成一致上遭遇了很大的困难，其中最主要的分歧在美国与法国之间。美国总统威尔逊倡导新

巴黎和会四巨头：劳合· 乔治、奥兰多、克列孟梭及威尔逊。（左起）

的外交理念，但法国总理克列孟梭只关心法国的安全问题，在他看来，必须削弱德国的力量。意大利首相奥兰多除就意大利领土的相关问题立场坚定外，其他方面基本附和威尔逊的意见。英国首相劳合·乔治曾在英国大选前的演说里表示要对德国强硬，但到了巴黎和会时，他对这个问题已经不那么关注，而是更希望让各国达成一致，让和会取得成果。

在最后达成的和约中，四巨头都在某种程度上做出了让步。虽然他们自愿如此，并确保了和约的签订和国际联盟（League of Nations）的确立，但也正是因为这些让步，使得他们在自己的国家威望严重受损，最终他们的政府领导人地位纷纷被本国的其他人所取代。

东欧协议

巴黎和会的主要任务是针对战败国确立协约，这些国家分别是土耳其、保加利亚、奥匈帝国和德国。和约都有着优雅动听、极富历史气息的名称，因为和约的签署地都是在巴黎郊区的各大宫殿。《色佛尔条约》（*Treaty of Sèvres*，1920）结束了土耳其的战事，但很快就被废除。《纳伊条约》（*Treaty of Neuilly*，1919）确立了协约国与保加利亚的和平关系。四分五裂的哈布斯堡帝国也随着与奥地利签署的《圣日耳曼条约》（*Treaty of St.Germain*，1919）、与匈牙利签署的《特里亚农条约》（Treaty of Trianon，1920）得以再次整合。《凡尔赛和约》(*Treaty of Versailles*，1919)是最重要的和平条约，它标志着与德国战争的结束。

这些条约主要解决了两大方面的问题。一方面是政治问题，即基于民族自决原则确立新国界的问题。然而制定这些条约的人不久便意识到，民族自决原则的实施远比他们想象的复杂得多、困难得多。另一方面是关于赔款的经济问题，即战争期间遭受的摧毁或损失的赔偿问题，这导致了后来十年中国际关系的紧张及摩擦。

《色佛尔条约》及现代土耳其的产生

《色佛尔条约》是1920年在巴黎和会上签署的最后一份和约。在这里首先介绍，是因为它在一些方面与其他和约有很大的不同。首先，这份和约非但没有对一些欧洲国家做出严格的处理，相反，却对一些非欧洲国家提出了苛刻要求。此外，本应用于欧洲确立政治协约的基本原则并没有用于奥斯曼帝国。战胜国似乎将奥斯曼帝国作为殖民地来处置。然而，作为一个以辉煌历史为骄傲的古老民族，对于这种高压手段显然会产生强烈的抵制。因此，这份条约，或者确切地说是这份条约的失败之处，与近东反帝国主义和反殖民主义的兴起，以及俄国从西方资本主义列强的控制中解放有色民族的努力息息相关。协约国与土耳其签订和平条约是第一次世界大战的终章，但它又是另一个故事，即镇压欧洲起义的开篇。

第一次世界大战期间，西方列强签订了一系列协议，企图瓜分奥斯曼帝国。就阿拉伯从土耳其分割出去的问题，他们也达成了共识。不过在第一次世界大战期间，协约国还企图将土耳其腹地的小亚细亚（Asia Minor）也分割出去。尽管沙皇专制的瓦解已废止了协约中的部分细节，但分割的理念依旧存在。1919 年 4 月，意大利军队出现在小亚细亚南部的阿达利亚（Adalia），一个月后，希腊军队登陆士麦那（Smyrna）。希腊调查委员会的官方报道写道："征服与改革的相似之处莫过于传递文明。"一支协约国军队控制了君士坦丁堡及其周边地区。

在《色佛尔条约》中，士麦那和色雷斯被割让给希腊，小亚细亚的大部分地区则根据意大利及法国的利益诉求被瓜分一空，君士坦丁堡成为国际共管区域。被占领的君士坦丁堡的苏丹在抗议声中签署了这份条约。然而，外来力量进入小亚细亚，引发了土耳其人民的激烈反抗。土耳其的民族主义者将第一次世界大战中的英雄穆斯塔法·凯末尔帕夏（Mustafal Kemal Pasha, 1881—1938）推为领导。凯末尔帕夏在安哥拉（Angora，如今的安卡拉）开始组织国内的反抗力量，拒绝承认条约。为强制执行条约内容，协约国准许希腊从士麦那进军土耳其。希腊与土耳其的战争从 1920 年一直持续到 1922 年，最终以希腊的全面溃败而收场。土耳其人民的胜利主要归功于凯末尔杰出的军事才能及政治才能，同时也得益于布尔什维克领导的俄国的帮助。当然，布尔什维克也乐于帮助土耳其反抗西方列强的控制。最重要的是，协约国并没有团结起来全力支持希腊。相反，他们各怀鬼胎，相互竞争。当时，意大利对希腊在小亚细亚扩张势力一事极为不满，法国也想借此限制英国在近东的影响力。因此，当意大利和法国获得土耳其承诺的经济利益时，便毫不犹豫地撤出了军队。只有英国，尤其是英国首相劳合·乔治，仍然积极支持着希腊。尽管劳合·乔治愿意主动介入这一事件，帮助希腊防卫君士坦丁堡，但无奈英国人民早已对战争深恶痛绝，情愿接受新的外交策略。最后，希腊孤立无援，只能于1923年放弃《色佛尔条约》，签署《洛桑和约》(*Treaty of Lausanne*)，结束战争。土耳其失去了爱琴群岛（Aegean Islands）的大部分，一些被割与意大利，其他的被割与希腊。土耳其海峡仍保留非军事化特征，向所有国家开放。但土耳其收复了第一世界大战前被剥夺的欧洲领土，包括阿德里安堡，他们再次拥有了整个小亚细亚半岛，包括君士坦丁堡的控制权。

凯末尔就这样成了一个现代国家政权的建立者。由于最后一任苏丹反对民主主义运动而遭到废黜，土耳其成为共和政体。小亚细亚腹地的安卡拉成了土耳其的首都，因为君士坦丁堡还留存了许多过去的政治及社会机构，和列强的距离也太近。穆斯林的精神领袖哈里发的职位一度被保留下来，由奥斯曼帝国的一位王子担任。但是当哈里发成为反世俗伊斯兰力量的号召者时，哈里发制度也遭到了废除，这是土耳其现代化进程中的重要一步。其时，所有基于伊斯兰教义的风俗、习惯及法则均可废止。其中最明显的一个例子就是废除必须佩戴土耳其毡帽的规定，凯末尔的理由如下："废止毡帽的佩戴很有必要。因为毡帽仿佛一个忽略、无视、盲信和厌恶进步和文明的象征，坐在土耳其民族的头上。我们应当引入被整个文明世界佩戴的礼帽，借此表明，土耳其民族在精神及其他方面绝不会与文明社会的生活背道而驰。”哈里发统治的移除使新法典的引入成为可能，也不用再时时恪守伊斯兰教义。瑞士法律的规范被奉为典范。一夫多妻制不再合法，婚姻法的引入也使离婚成为可能，夫妻双方的地位平等，这意味着妇女的地位发生了翻天覆地的改变。更深远的影响是，伊斯兰宗教信仰的废除也使得拉丁字母及义务教育得以引入，在此之前，这是伊斯兰教的神职人员严令禁止的。

所有这些改革，均归功于凯末尔的首创精神。他是土耳其共和国官方认可的总统，接受了阿塔土克（Atatürk，意为“土耳其人

身着西服的凯末尔。

之父”）的名字。他还拥有了任命总理的权力，并把他在军队的战友伊斯麦特帕夏（Ismet Pasha）任命为总理，后者后改名为伊斯麦特·伊诺努(Ismet Inönü)。通过由普选产生的议会，各项立法措施纷纷出台。不过因为仅有凯末尔人民党（Kemal's People's Party）这一个政党，所以议会完全顺从凯末尔的意愿，也曾两度授予其紧急权力，推进改革的实施。

凯末尔执政期间，土耳其并没有形成西方模式下的议会民主制。在经济方面，土耳其受苏维埃俄国的影响较大。在20世纪20年代末经济困难时期，土耳其的对外贸易受国家政府的控制。1934年，在俄国贷款的帮助下，土耳其实施了五年计划，并引入俄国顾问。这次五年计划通过建立钢铁冶炼厂，为土耳其的工业打下了基础，还建立了造纸厂、玻璃厂，尤其是纺织厂，促进了消费行业的发展。在这种中央集权制度下隐藏的问题，直至凯末尔死后才显现出来。

《纳伊条约》《塔里亚农条约》《圣日耳曼条约》及东南欧和东欧的发展

签署《纳伊条约》《塔里亚农条约》及《圣日耳曼条约》的直接目的就是与保加利亚、匈牙利、奥地利达成和平协议。然而这些条约涉及从南部爱琴海至北部波罗的海的整个东欧区域。这些条约需要处理的政治、领土及经济问题极其错综复杂。一方面，该区域包含许多不同的国家，其中一些国家之间的关系在第一次世界大战前曾经受到过某些群体的侵害，例如马扎尔人及德国盟国曾控制过该区域的其他国家。除此之外，该区域的重组使得已存在的经济结构也被打散。比如，在《特里亚农条约》及《圣日耳曼条约》之下，奥匈帝国的自然经济体如今已然四分五裂。再比如，由旧多瑙河帝国（Danube Monarchy）分裂成的各主权国家因需要财政资源，致使协约不得不按照前奥匈帝国的经济情况进行划分。

战胜国认为，民族自决原则的应用不仅可以保证该区域国家的和平，也能让这些之前由专制政府掌控的地区的民主政治机构发挥作用。然而，15 年以后，除了捷克斯洛伐克之外，其他在巴黎和会上建立或重组的国家，都没有保留民主制。造成这一情况的原因是什么？和约中存在什么漏洞或不足，使得情况与战胜国想象的结果相去甚远？

我们很容易理解，那些被迫放弃国土、支付赔款的战败国民主基础薄弱。其实，和约对保加利亚的要求并不苛刻：只是对其与塞尔维亚、罗马尼亚及希腊的边境线进行了微小的调整，保加利亚需要支付战争赔款并将军队数量减少到两万人。尽管这些条件对其没有多大损害，但骄傲而雄心勃勃的保加利亚人仍然无法接受，他们对邻国罗马尼亚及南斯拉夫（扩大的塞尔维亚王国）充满怨恨，军权被削弱的保加利亚军官更是急于报复。同时，他们对马其顿民族主义者加以保护，后者对马其顿没有建立独立的国家政权，而是被南斯拉夫及希腊瓜分的事实感到不满。他们逃到了保加利亚，并在那里对抗南斯拉夫。保加利亚军官与马其顿民族主义者结盟，激烈反对象征着承认和约的任何政策，也因此与国内改革者冲突不断。

战败后，保加利亚的领导者失去了民众的信任而被迫下台。保加利亚国王斐迪南（King Ferdinand）退位，支持他的儿子鲍里斯（Boris, 1918—1943 年执政）上位，同时一个新的政党农民党（Agrarian Party）开始掌权。农民党领导人亚历山大·斯塔姆博利伊斯基（Aleksandr Stamboliski）主张东南欧农民团结起来，致力于组建巴尔干半岛联邦政府，使塞尔维亚人民与保加利亚人民和解。在保加利亚，他推行土地改革，对大量土地资产进行再分配。这些土地政策对多数大地主的利益没有多大损害，但人们认为这样的政策是向共产主义的迈进，尤其是党内有许多成员还对布尔什维克社会及经济政策表示了同情。因此，保加利亚的资产阶级、军队及国王都对斯塔姆博利伊斯基的改革感到不满。但由于他获得了广大农民的支持，且农民占保加利亚人口的 80%，想要用民主手段将其罢免是不可能的。因此，他的敌人决定诉诸武力。1923 年初夏，斯塔姆博利伊斯基的政府被一场军事政变推翻，他本人被马其顿恐怖分子捕获，被残忍地斩断手足，饱受折磨，最终被杀害。这次军事政变结束了保加利亚的民主制。在一系列懦弱无能的资产阶级政府领导的外衣下，马其顿的民族主义者及保加利亚的军官开始对保加利亚联手进行恐怖统治（尽管偶尔也存在争执）。1935 年，一直在幕后进行操纵的鲍里斯国王登上了前台，他在军队及警察的支持下，重新开始君主独裁。

在和约中，匈牙利在国土上的损失比保加利亚及奥地利都要严重。《特里亚农条约》规定，除支付战争赔款及将军队数量减少到

3.5 万人外，匈牙利还必须割让原领土的四分之三给捷克斯洛伐克、南斯拉夫和罗马尼亚，这些地区有匈牙利三分之二的人口。这样的苛刻要求使得战败国很难对战胜国倡导的民主制等制度产生兴趣。此外，匈牙利人虽然在战争的最后阶段经历了政体变革，但他们仍希望讨好西方民主国家。在战争结束的前两周，匈牙利宣布解散与奥地利的联盟，实现独立。米哈利·卡罗伊伯爵（Count Mihaly Karolyi）开始掌权。他反对东欧国家，支持西方民主，是匈牙利贵族资产阶级中孤独的异类。卡罗伊上台后立即采取措施，开始了彻底的土地改革。他甘愿放弃自己多达 5 万余英亩的土地资产，将它们分给农民，而且他的政府也立即着手划分事宜。卡罗伊支持广大人民通过秘密普选形成并召开宪法议会，但他的这种想法从未实现。卡罗伊深信威尔逊的那套理念，曾经反对奥匈帝国参战。战后，战胜国没有将匈牙利作为新兴的国家看待，而是作为战败敌军加以处理，并支持南斯拉夫、罗马尼亚及捷克斯洛伐克瓜分匈牙利的领土，导致他的威望受到了损失。在这样的形势下，卡罗伊觉得自己不再有用了，于是在 1919 年 3 月辞职，这正中左翼激进主义者的下怀。从 1919 年 3 月至 8 月，在贝拉·库恩（Béla Kun）的领导下，匈牙利是一个共产主义共和国。尽管只是由很小一部分极端少数派组成，但贝拉·库恩政府刚开始也获得了广泛的支持。匈牙利人民希望在布尔什维克俄国的帮助下，他们能够阻止罗马尼亚及捷克斯洛伐克对他们心中的匈牙利国土的侵犯。旧哈布斯堡军队的将领与士兵听命于库恩，库恩则让政府谨慎行事，不要对抗非共产主义的社会组织。库恩政府推行土地资产集体化，但是集体所有的土地往往被委托给前地主或管理者。因此，旧的统治集团和资产阶级起初也愿意容忍共产主义政府。然而，在少数几次军事行动取得成功后，库恩政府迫于协约国的压力，撤离了斯洛文尼亚；而罗马尼亚军队在法国的支持下，挺进布达佩斯。旧的统治集团及资产阶级意识到共产主义者不可能保持匈牙利国家领土的完整，于是不再支持库恩，转而与前奥匈帝国海军军官霍尔蒂·米克洛什上将（Admiral Horthy Miklos，1868—1957）结盟。共产主义者试图通过恐怖手段重获大权，但面对内外敌人的双重夹击，他们的政权最终瓦解。库恩逃往俄国，后来在斯大林的一次清洗运动中被处以死刑。霍尔蒂及其保守派支持者接管了政权，到了 1919 年秋天，旧的统治集团已经重新拿回了原来的权力，而被怀疑具有激进观点的共产主义者、工人及农民代表，尤其是犹太人，惨遭围剿，受尽折磨，最终被杀害。数月后，恐怖行动结束，匈牙利重新回到战前的伪立宪制度。霍尔蒂成为摄政王。在法律上，匈牙利复辟了君主制，但匈牙利的邻国拒绝哈布斯堡最后的统治者前来担任国王，因此王位一直空缺。议会被重新确立，但人们的选举权受到了限制，选举则由权力集团操纵。在第二次世界大战以前，大大小小的地主是匈牙利最有权势的人。1920 年 6 月 4 日，霍尔蒂及其集团接受了《特里亚农条约》，获得了战胜国的帮助来共同抵制共产主义者。然而，条约签订激起了匈牙利人民的极大不满，尤其面对国家力量的削减，他们更是义愤填膺。此外，匈牙利失去了大量旧有市场，严重影响了国内工农业的发展。改写和约，收复失地，使领土回归到圣史蒂芬（St. Stephen）王朝统治时期的状态是匈牙利人民外交政策的目标。在战间期，匈牙利一直动荡不安，是任何试图改写和约的列强的天然盟友。

与具有强烈民族传统的保加利亚及匈牙利相比，奥地利在第一次世界大战之后崛起，与奥地利的哈布斯堡王朝关系不大。自从奥地利的领土被局限在哈布斯堡王朝的德语区，国家就变得很小，人口只有650万。其中一个德语区南蒂罗尔（South Tyrol）被分给了意大利。但南蒂罗尔人民不愿服从意大利的管辖，致使奥地利与意大利摩擦不断。另一方面，奥地利不太怨恨重划边境线的问题，但却对《圣日耳曼条约》颇有微词。《圣日耳曼条约》不允许他们与德国合并，剥夺了他们的民族自决权，这让他们抱怨不已。禁止德奥合并（Anschluss）导致了一个溃烂的伤口，因为奥地利希望并入德意志帝国，而且他们倘若成为一个单独的国家，在经济上能否维持下去都值得怀疑。维也纳，曾是一个帝国的首都，是世界上最大的城市之一，现在将它作为这个小国家的首都未免太大。战后，维也纳居民人数占到了奥地利总人口的三分之一。城乡人口比例的严重失调经常引发经济危机和政治上的紧张。在维也纳，社会主义者盛行，他们建立了一套有效的市政管理体系。而在奥地利的其他地区，人民却很保守，信奉天主教。这种形势一直制约着共和国政府，政治局势一直动荡不安。到20世纪30年代，奥地利北部出现的经济问题及压力威胁到了奥地利的独立，统治者不敢再把国家的命运交给普选，于是转向政府独裁。

保加利亚、匈牙利及奥地利曾作为德国的盟军战斗。对战胜国人民来说，这预示着什么？塞尔维亚及罗马尼亚曾与同盟国抗衡，而波兰和捷克尽管在战前并不是独立政体，也曾遭到霍亨索伦及哈布斯堡独裁王朝的镇压，在战胜国的帮助下形成志愿军，站在了协约国一边。塞尔维亚、罗马尼亚、波兰及捷克斯洛伐克的国家代表也被准许全程参加巴黎和会。战前这些国家由于全部或部分领土曾是哈布斯堡帝国的一部分，因此被称为继承国。罗马尼亚及波兰在东边得到了更多领土，以便让共产主义离欧洲越远越好。

虽然民族自决原则使建立独立国家合法化，但这一区域人口过于混杂，应用民族自决原则非常困难，也产生了许多问题。

作为塞尔维亚的扩大王国，南斯拉夫便出现了这种情况。这个新的国家名字，旨在表达该国所有居民均是南部斯拉夫人，是南部斯拉夫或南部斯拉夫家族众支的成员。然而，尽管他们都是南部斯拉夫人，但其中的塞尔维亚人、克罗地亚人及斯洛文尼亚人都视自己为不同民族族群，这对民主制的实行产生了阻碍作用。塞尔维亚人及他们的领导者帕希奇认为，他们才是新兴民族的创造者，也不愿与别的族群共享权力。他们强烈呼吁建立大塞尔维亚（Great Serbia），而非几个民族联合而成的联邦制国家。由于政府反对联邦原则，克罗地亚人民拒绝接受1919年11月宪法议会选举产生的席位。克罗地亚人的缺席，使得建立由塞尔维亚人主导的中央集权制国家的宪法得以通过。此外，克罗地亚人民及斯洛文尼亚人民的不满情绪也因宗教冲突及社会摩擦而升级，因为塞尔维亚人信奉希腊东正教，而克罗地亚人及斯洛文尼亚人大多信奉罗马天主教；克罗地亚人大多是农民，而塞尔维亚统治集团是工业资产阶级。1928年，克罗地亚人的政治领袖遇刺，统一的局势受到了威胁，而国王依赖军队的支持结束了议会制度，确立了军事独裁。平静的政治局势下暗流涌动，虽然克罗地亚被强烈镇压，但他们心存不满。究竟是使用残暴的专制，还是放任分裂，这似乎是贯穿20世纪30年代的抉择。

在波兰或罗马尼亚，民主制昙花一现。它们虽不存在民族问题，因为少数民族即特兰西瓦尼亚的马扎尔人和日耳曼人手中无权，但两个国家都流行着一股反犹太的恶毒势力，甚至政府都通过准许或鼓动反犹暴动获得支持。犹太人鲜有政治地位，只能依靠经济手段自保。像许多国家一样，波兰局势的动荡不安及人民的不满情绪，主要来源于土地问题。新的准则规定，单一土地所有者最多可拥有100公顷（约200多英亩）土地，东部边境地区共可拥有400公顷。这些法则遭到了拥有广大土地资源的波兰贵族的顽强抵制，因而大部分条款最终并没有得到落实。同时，由于资产阶级担忧共产主义对农民及工人造成影响，也不愿共产主义权力扩大，于是，地主与资产阶级达成了同盟。波兰两大政治阵营对立的僵局为1926年政变的发生提供了契机。政变由约瑟夫·毕苏斯基（Józef Pilsudski，1867—1935）领导，他被社会各界看作爱国者及军事家。他曾为建立波兰独立政府抵抗专制统治而奋斗，也曾在第一次世界大战期间组织波兰军队，并在该军队的帮助下，在战争的最后阶段建立了波兰独立政府。1920年，作为波兰军的将领，他阻止了俄军进军华沙（波兰的首都），使波兰免受布尔什维克主义影响。早年，毕苏斯基曾是社会主义者，1926年发动军事政变后，华沙工人支持并期望他能继续推进停滞不前的民主及社会改革。但毕苏斯基让他们失望了。掌权后，他与资产阶级和土地主结盟，这些人数相对较少的集团的统治，不可避免与工人希望的自由相悖。1935年，给予总统及政府无限权力的宪法被强加于人民的头上。同年，毕苏斯基去世，权力落入他的好友手中，这些好友大多是他在第一次世界大战时创建的波兰军的将领。然而，这些将领比毕苏斯基更加自私贪婪，第二次世界大战前波兰一直受他们控制。

19世纪后半叶的罗马尼亚，代表着城市富裕资产阶级的自由党（Liberal Party）在布勒蒂亚努家族（Bratianu family）的领导下掌权，这一点作为决定性因素，将罗马尼亚引向了协约国。战后，罗马尼亚进行了广泛选举及秘密投票等民主改革。但罗马尼亚战后获得的领土比萨拉比亚（Bessarabia）及特兰西瓦尼亚主要是农业地区，这使得社会关系更加紧张，党派间的冲突加剧，主要表现为农民利益代表方迫切需要进行土地改革及实施保护性税收政策，而代表工商业利益的自由党要求降低关税，保证罗马尼亚工业品，尤其是石油在国外市场的销售。自由党若想保证其权力，就需要进行选举改革，改革内容为，若在选举中获得40%的选票即可获得50%的议会席位。但在1927年自由党的有力领导者扬·布勒蒂亚努（Jan Bratianu）逝世之后，他们即便操纵选举也无法获得权力。随着经济状况的恶化，农民变得更加激进，也更具有进攻性。农民领袖尤利马 · 马纽（Iuliu Maniu）成功联合了比萨拉比亚及特兰西瓦尼亚的农民党派，在 1928 年成为罗马尼亚总理。马纽是民主制的顽固信奉者，却不是个专业的政客。1930 年，马纽召唤流放在外的卡罗尔二世（Carol Ⅱ）回国，卡罗尔曾放弃王位并支持他的儿子米哈伊一世（Mihai Ⅰ）登基。由于卡罗尔二世和希腊公主的婚前及婚后，都拒绝中断与情人玛格达 · 路派斯库（Magda Lupescu）的联系，甚至宁愿被流放，使国民大为震惊。1930 年准许他回国的条件，就是路派斯库不得与他一同回国。然而，卡罗尔二世并没有遵守诺言，与马纽产生了冲突，马纽不久后便辞职了。第二次世界大战后，马纽重新掌权，试图阻止共产党接管权力，却遭到失败，那时他本性中的顽固更是令人惊叹。1947 年，他被判终身劳役，1953 年在狱中死去。回过头来再看 1930 年，他过于顽固，一怒辞职，给罗马尼亚带来了很大的伤害。在此之后，自由党及农民党政权不断交替，政治局势动荡不安。操纵选举变成了保有权力的主要手段。议会被国王解散后，国王的权限越来越大，渐渐地，废除议会制、确立君主立宪制似乎成为解决问题的简单途径。不过等到罗马尼亚确立君主专制时，法西斯主义及纳粹主义已登上历史舞台。卡罗尔二世模仿意大利及德国领导者，试图建立一党专政。他认为自己把握着未来的潮流，当然，这时罗马尼亚的专制统治之残忍恐怖，与德国的法西斯主义、纳粹主义也没有太大的区别。

只有捷克斯洛伐克在战间期实行民主制。和南斯拉夫一样，捷克斯洛伐克也是几个不同国家国民的融合：捷克人、斯洛伐克人、鲁塞尼亚人（Ruthenians）及日耳曼人。如果问为什么捷克斯洛伐克的民族冲突没有南斯拉夫那么尖锐，原因可能是他们意识到国家的发展高于一切。战争期间，国际知名、德高望重、兼具政治勇气与政治正义的学者托马斯·马萨里克（Tomáš Masaryk，1850—1937），联合其他捷克人与斯洛伐克人的领袖，成立了委员会，大力宣扬国家独立，同时也组织军事力量站在协约国一边。即便在战争结束前，协约国就已经承认这一委员会为临时政府。从一开始，捷克与斯洛伐克便在委员会上通力协作，因为他们意识到不同国家间合作建立政权的必要性。因此，政党形成，开始选举时，最大最重要的两个政党，即社会民主党及农民党，涵盖了来自共和国各地各个民族的成员。新政权推行的首批举措之一便是分割庞大的土地资产，这保障了整个国家农民的利益，维护了新的共和国的稳定。此外，由于捷克斯洛伐克拥有煤、铁等矿产资源，以及现代化的酿造业和纺织业，工农业间的经济平衡比该地区其他国家都要好。马萨里克作为共和国总统，是一名斯洛伐克人，但其一直努力保证各民族之间的公平。作为战前布拉格大学的教授，马萨里克为整个地区培养了知识精英，他备受尊敬，拥有很高的威望。但是，捷克斯洛伐克也无法避免国内关系紧张的问题。该国的鲁塞尼亚人及斯洛伐克人以农民为主，他们认为政府支持波希米亚工业，却忽视了农业在经济成分中的重要作用。此外，由于大多鲁塞尼亚人及斯洛伐

1920年左右，捷克总统托马斯·马萨里克向阅兵队敬礼。

克人信奉罗马天主教，随着反宗教政府与罗马天主教会之间摩擦日益激烈，他们也越来越积极反抗行政管理。最后，许多居住在捷克斯洛伐克，尤其是苏台德地区（Sudeten area）的日耳曼人，认为自己在1918年前属于统治阶层，而现在突然降级，因此他们极不情愿接受这种地位落差。不过直到20世纪30年代后期，这些离心力量因受到纳粹德国外来力量的刺激和支持，才开始对捷克斯洛伐克的民主形成强大的威胁。

因此，在巴尔干半岛地区及前哈布斯堡王朝地区，战争的结束促成了两大势力的形成。一方为战败国保加利亚及匈牙利，它们对于和约都表示不满；另一方为战胜国罗马尼亚、捷克斯洛伐克及南斯拉夫，他们希望能够维持现状，通过小的协约来维护和约创造的局势。两大势力在外交事务上的对立阻碍了经济合作，加剧了各国间政治局势的不稳定。按哈布斯堡王朝之前提出的通过多瑙河联邦（Danube federation）思路获得经济凝聚力的尝试也宣告失败。战败国认为，该组织只是为了稳定这个让他们不满的现状，而战胜国却担心这是哈布斯堡王朝复辟的第一步。最终，各国转向自给自足的经济政策，不再依赖邻国发展经济。然而这种人为营造的产业导致了激烈的竞争和极低的产品价格，这让各国经济都陷入危险和脆弱的境地。

巴尔干半岛地区及东欧的局势，好比是威胁着整个欧洲稳定的两颗炸弹。民族间的对立，激进的农民与急于发展工业化的资产阶级间的冲突，地主阶级对土地改革的抵制，以及对改革和对共产主义的恐惧，使民主制苟延残喘。民主政府中的专制政权或伪专制政权面对这些问题缄默不言，也不着手解决。其实，他们自己的地位也不稳固。他们曾经依靠武力获得权力，现在却又受到武力的威胁。但他们为保住自己的地位宁可冒险，也不愿意退缩。

欧洲列强如果团结一致，也许就能够制定出共同的政策，改善经济状况，缓解紧张关系。但恰恰相反，他们各自为政，指望东欧各国给他们支持，从而加深了东欧各国之间的对立。另一方面，列强的威望与巴尔干盟国的命运紧紧相连，而巴尔干半岛地区的冲突，使得想要克服各国间紧张局势的努力都付诸东流。

《凡尔赛和约》

虽然对欧洲广大地区进行了重组，但巴黎和会的主要注意力都放在了与西方列强的核心敌对国德国达成和约上。1919 年 6 月 28 日，《凡尔赛和约》在凡尔赛宫镜厅签署，这里也是 1871 年德意志帝国宣布成立的地方。和约中关于领土的规定包括：将阿尔萨斯–洛林归还给法国；将原属波兰的领土，主要指波兹南（Poznán）和大部分西普鲁士归还给波兰。如此一来，波兰拥有了一块狭长地带的主权。这块被称作波兰走廊（Polish Corridor）的地区会把东普鲁士和德国分割开来。波兰走廊最北部的德国海港但泽（Danzig）成为国际联盟共同管理下的自由城市，旨在保证波兰能够畅通无阻地进入波罗的海。东普鲁士最北端的梅梅尔（Memel）也由国际联盟管理，这里之后被立陶宛占领。由公民投票确定石勒苏益格（Schleswig）、上西里西亚及东普鲁士南部的边界问题。这导致德国又失去了额外的领土，以及上西里西亚丰富的煤炭资源。此外，德国还不得不放弃殖民地。他们总共失去了战前领土的 13.1%，1910 年全国人口的 10%。

除领土分割外，《凡尔赛和约》对德国的军事和经济方面也做出了限制。军事方面，德军总数不得超过 10 万人，采用自愿兵役制，废除德国义务兵役制；禁止德国生产及使用飞机、坦克或其他侵略性武器；德国所有火炮、飞机、坦克上缴战胜国；德国海军向英国投降，只是德国大部分船只已被破坏；未来德国最多可拥有 12 艘舰艇，总吨位不得超过 1 万吨；禁止德国拥有潜艇；废除所有培养总参谋或将领的学校。最后，为保证军事条款的履行，协约国占领莱茵兰（Rhineland）15 年，并保证莱茵兰成为永久非军事化地带。

协约国很难在经济方面达成一致意见，最后《凡尔赛和约》的第 231 条规定，德国必须承认“由于德国及其同盟国的侵略引起战争，因此对协约国及联邦政府各国所造成的破坏及损失，德国及其同盟国必须承担全部责任”。这条规定的深远影响显而易见。我们可以将其理解为德国必须向将领支付遣散费及伤残补偿。从这条规定可以看出，在德国必须支付的赔款金额方面很难达成一致，给出确切数字，因为专家相信，德国能支付的数额与战胜国人民期望的数字出入很大。和约确切表明，在 1921 年前德国必须支付 50 亿美元。然而，和约又包含了各种削弱德国经济，降低德国支付赔款能力的条约。德国不得不向战胜国上交大量商船，约四分之一的渔船队及相当一部分铁路股权；在接下来的五年中，德国必须每年为战胜国建造吨位为 20 万吨的船只，每年向法国、意大利及比利时输送煤炭，并支付协约国因占领莱茵兰而产生的费用。另外，法国还将对富含煤铁资源的萨尔地区（Saar area）拥有经济控制权，这里将由国际联盟管理 15 年，然后由公民投票决定其归属。

由于在《凡尔赛和约》第 231 条中指出，战争是因德国的侵略而引起，德国人受到强烈的道德谴责。同时这一条款在其他方面对德国也有所限制。比如，禁止德国加入国际联盟；德国人须将之前的政治及军事将领移交国际法庭，由国际法庭对他们违反国际道德的罪行进行审判；禁止德奥政治联盟，也就是说德语的人民不具有民族自决权。德国人似乎成了被驱逐的人，而直接将条约强加给德国的方式更强化了德国的这一形象。4 月 29 日，来到凡尔赛宫的德国代表被阻挡在铁栏之外；5 月 7 日，在没有任何协商的前提下，条约被强加给德国；6 月 16 日，协约国下达最后通牒，一周内德国不同意签字就发动战争。6 月 23 日，协约国果然宣战，5 天后，签约仪式在镜厅举行。

《凡尔赛和约》的苛刻一直以来都受到了强烈的指责，也常常被看作是德国纳粹兴起的原因之一。这么说也许更合理：《凡尔赛和约》的不足之处就在于它是一个折中，它对德国既不宽容大度，又没有对其造成毁灭性的打击。法国意图摧毁德国，或至少将莱茵兰从德国分离出去，在可预见的未来让德国没有军事力量，经济疲软。但英美两国反对法国的计划，一部分原因是他们认为那样做不道德，一部分原因是他们认为没有实现的可能性。协约国认为如果条约苛刻到无法到承受的地步，德国就很可能投靠布尔什维克主义者，那么共产主义就有可能渗入欧洲。于是法国的计划遭到英美的反对。为说服法国放弃他们的计划，英美也做出了让步。条约的结果看上去给了德国致命一击，但实际上，条约为德国保留了相对较强的实力，尤其在德国规避了大部分第一次世界大战的赔款后。

考虑到战时各国间存在的敌意，恐怕没办法做出比《凡尔赛和约》更合适的处置安排。总体来看，以民族自决原则，它基本解决了边界问题。修订和缓和军事经济条款的必要性不久也得到认可。但1919年夏天，德国接受条约时认为条约极为苛刻，由于他们之前以为会得到宽大处理，所以这种对比尤其强烈。他们当时放下武器，也是因为他们认为战胜国会按照威尔逊的《十四点原则》（*Fourteen Points*）达成协约。实际上，签订休战协议时，他们几乎没有机会提出条件。德军已全部撤退，国内发生叛乱，根本无力反抗战胜国。

魏玛共和国的兴起

1918年10月，德国西线的实力开始衰弱，一个以马克斯·巴登亲王（Prince Max of Baden）为首的新德国政府成立。马克斯是一个人道主义者，也是一个自由主义者，他为战俘所做的活动为他在德国以外的地区赢得了很高的威望。作为德国首相，他引导着德国政治局势的转变。在德国人看来，军事失败象征着当前德国统治者的无能。在这一年的10月，宪法的改动让德国转变成议会民主制。经秘密投票德意志帝国国会成立了政府。普鲁士引入了普遍选举，打破了容克（Junkers）对德意志帝国的专制独裁。此外，一直迫切要求德国民主化的政党中央党（Central Party）及左翼的政党领导人进驻政府。时间允许的话，德国会向世界证明，一个新的德国政府正在兴起。但是这些变化及改革一直笼罩在即将来临的军事惨败的阴影下。马克斯·巴登亲王成立政府时，鲁登道夫已对军事形势感到失望，要求与协约国进行协商，结束敌对形势。于是，政府告知威尔逊他们准备基于其《十四点原则》展开和平协商。在整个10月中，双方都在就此交流意见。然而协约国不相信德国在战败之际突然转向民主的诚意，于是威尔逊要求德国拿出他们转变的明证。同时，政府向威尔逊的申诉对德国人民产生了重大的影响。他们突然意识到隐藏在乐观政府公报背后的事实：战争失败。老将领心中普遍存在一种想法，他们应该放弃手中权力，给威尔逊及其联盟以确凿的转变证明。在威廉二世考虑退位之事时，以海军为首的兵变爆发。城市内动荡不安。示威游行及罢工运动预示着政府已无法依赖警备及军事力量。1918年11月9日，德国民主政府在柏林宣告成立。两天后，停战协定得以签订。

德国内部改革使权力落入了社会主义者手中，但动荡不安的局势使他们想借助帝制的失败将德国转向社会主义政权的希望落空。社会主义者被分为温和派和激进派，两派之间争斗不断。社会民主党大多数的温和派领导被称为多数社会主义者（Majority Socialists），而另一派被称为独立社会主义者（Independent Socialists）。两派政见不同，多数社会主义者认为激进的社会主义变革将导致德意志帝国的分裂，尤其是因为分离主义运动已经在巴伐利亚州及莱茵兰兴起。因此，多数社会主义者开始将激进主义者排挤出政府。后来激进主义者发动了革命，其主要推动力是极端左翼组织斯巴达克同盟（Spartacus group），后来发展成德国共产党。1918年至1919年冬，斯巴达克同盟领导人卡尔·李卜克内西（Karl Liebknecht）及罗

莎 · 卢森堡（Rosa Luxemburg）对第一次世界大战前的社会主义运动产生了很大影响。他们在柏林发动了激烈的巷战，且在 1918 年年末与 1919 年年初的几周尤为激烈，后来激战蔓延到鲁尔区及汉堡。4 月，一个苏维埃共和国在巴伐利亚州成立。但是所有这些革命运动均以失败而告终。

为击退左翼激进势力，多数社会主义者不得不接受右翼势力的帮助。由于急于掌控军事力量，1918 年 11 月共和国宣布成立后，社会主义领导者、新联邦政府主席弗里德里希 · 艾伯特（Friedrich

卡尔 · 李卜克内西（中）和罗莎 · 卢森堡。

Ebert，1871—1925）开始接近德国陆军元帅兴登堡及高级军事指挥官威廉·格勒纳将军（General Wilhelm Groener），那时格勒纳将军已取代鲁登道夫。两人同意与社会主义领导人合作，维护德国统一。

多数社会主义者与高级军事指挥官之间的联盟带来了重要影响。以兴登堡为例，德国政府的工作人员意识到新政府的合法性后，继续各司其职。它带来了管理上的延续性，克服了复原过程中存在的困难，向和平经济的过渡趋于和缓。但是高级军事指挥官对打击极端左翼势力的支持并未阻止内战的爆发，而且对未来的发展产生了致命的影响。从西部及东部占领区返回的德国军队纪律涣散，擅离职守，随意返回家中。这导致德国在 1918 年最后几个月中形势尤为严峻。高级指挥以前军事将领为首，迅速组织了志愿部队，即自由军团（Freicorps）。这些自由军团在打击极端主义者方面发挥了重要的作用。保守派联盟对政府施压，要求结束工人委员会及士兵在革命形势下干扰政府程序的行为。于是，政府被敦促尽快安排选举，让资产阶级及人民群众中的保守派得以发声。到 1919 年 1 月底，产生制宪议会的选举正式进行，此时，左翼激进势力的多数革命运动均告失败。1919 年 2 月 6 日，新的议员在魏玛组织会晤。

然而，社会主义者与高级军事指挥官并不和谐的联合产生的影响一直延续到 1918—1919 年的冬天，且使民主制在德国的发展化为乌有。因为社会主义者依赖原政府的公职人员，共和国不得不让这些职能人员继续享有旧帝国的权利。因此，在共和国存在的整个期间，管理机构一直掌握在保守派手中，这些人往往是君主主义者、无法解雇的公职人员，以及可以左右新的公职人员录用结果的人。此外，建立了新的 10 万人军队后，挑选将领的职责就落在旧军官的手中。这种对保守力量的依赖阻碍了地主及资本家强势地位的瓦解或弱化。革命热潮之初做出的土地改革的承诺也没得到兑现。资本家避开了所有社会主义化的尝试，尽管工会得到了承诺：雇主会接受劳资双方代表进行集体谈判的原则，不妨碍工会在工厂中发挥职能。应该说，社会主义者不可能使德国社会发生彻底的变革，因为倘若他们反抗资产阶级，造成的冲突就会破坏德意志的统一。但是统一的德意志在接下来的数年里也经受了严重的危机。实际上，多数社会主义者的大多数领导人不是革命者，而是官僚主义者，他们不懂得如何使用落在他们手中的权力。

1918 年 11 月，德国人民做好了准备接受一系列影响深远的改变，从反动力量刚刚出现，选举制度就准备好取而代之这一情况，我们便可窥知一二。立宪议会中，德国民主政治的倡导者占绝大多数：总共 423 位代表中占 328 位。共和团体内部，拥有 165 位成员的温和社会党派势力最强，但是它们没有占据多数，不得不和另外两个资产阶级共和党——天主教中央党和左翼自由民主党联合起来，虽然这两个政党并没有社会党强势。因此，议会产生的宪法确立的不是社会主义体系而是议会民主制。所有权力都掌握在议会（德意志共和国国民议会）手中，议员基于比例代表制，由 21 岁及以上的男性和女性通过不记名投票选举产生。共和国联邦政府被赋予的权力比帝国主义时期更大。其中一项规定赋予了联邦政府提高直接税收的权力，政府随后将所得资金分配给了各州。与美国一样，共和国的首脑总统，由人民直接选举产生；以总理为首的政府对国民议会负责。因此，国民议会及总统代表人民并享有民主合法性。假如他们产生冲突，议会民主有权推翻总统。紧急情况下，在没有提前获得议会批准时，总统按照规定，有权依照法令做出决定，只是尚未有法律条文规定什么情况属于紧急情况。

尽管内部冲突不断、经济萎靡，不过政治生活形式的改变及新政治领导人的出现还是给德国人民带来了希望。但当凡尔赛的德国代表团接到和平条约的草案时，他们的希望落空，化为绝望，同时义愤填膺。面对暴力，德意志共和国国民议会以温和社会主义党派及中央党成员组成的微弱多数接受了协约。德国的军事领导人保证，他们不会重新发动战争。同时，他们也担心协约国对德国的占领将会导致德意志共和国的瓦解。和约的接受增强了君主权力，强化了左翼激进势力。右翼谴责共和国政府缺乏国家荣誉感，左翼呼吁与布尔什维克俄国合作，作为一种“解放”的方式。1919 年夏天过后，那些宣扬民主共和制，并作为新的宪法拟定者的党派、中央党、民主党及多数社会主义者不再在德意志帝国占据多数席位。纳粹自德国自由选举出现时便兴起，每谈及此事，人们会说纳粹在选举中从未获得多数支持。这是事实。但 1919 年以后魏玛共和国存在的 14 年间，这些政党作为共和国政体的有力支持者，也从未获得过多数支持。

国际联盟

第一次世界大战波及了欧洲、非洲及亚洲，在战争的最后阶段，拉丁美洲也参与进来，也就是说，人们对巴黎和会的期望不止于为中欧及东欧国家划定新的边界。世界各地的人们都对巴黎和会寄予厚望。在他们看来，会聚巴黎的政治家们的首要任务便是建立国际准则、国际制度及国际组织，承认非欧洲国家的崛起为世界带来新的变化，以保证国际和平新秩序。国际联盟的建立便反映了人们对新的国际秩序的需求。

与 19 世纪欧洲几大列强联盟不同，国际联盟希望能包含世界各国，无论国家大小都享有发言权。创立国际联盟的想法始于对战前外交方针的普遍抵制。这种方针关注权力的平衡，急于达成秘密协约，建立联盟，而且坚持保有强大的军事力量。这被认为是引发第一次世界大战的重要因素。在战争期间，对新外交方针的需求被盎格鲁–撒克逊国家的作家及政客尤为强调，他们的想法得到威尔逊总统的有力支持，后来威尔逊也将其写到自己的和平计划中。

在战争最关键的时期，俄国与同盟国达成了和平协议，威尔逊总统使用了极具煽动性的说法，将战争正义化。他让士兵们认为自己在为新的世界而战，从而大大鼓舞了协约国军队的士气。各国边界，应当按照民族自决原则划清，这样边界扩张导致的冲突就不会出现。海洋自由及经济限令的移除能促进各国经济发展，加强国家之间的合作。单一政权国家应建立政府民主制，如此一来，人民要求和平的意愿就能胜过少部分独裁主义和军国主义支持者的阴谋。

秘密协约的废除和公开的外交能够进一步确保国际关系和平时代的到来，包含世界各国的国际组织能够监督并维护新的世界秩序。威尔逊在他的《十四点原则》中如是阐述民主战争的目标，给世界人民留下了深刻的印象。

巴黎和会上，威尔逊将促成国际联盟组织视为自己最重要的任务，假如能在这个问题上达成一致，他甘愿做出妥协，因为他确信联盟一旦确立，就能够修正和约中的任何错误。

联盟存在的时间很短，第一次会议于1920年召开，最后一次则是在1939年，不过直至1946年4月18日，这个联盟才正式解散。由于国际联盟未能阻止战争的爆发，我们很难称它为一个成功的联盟。然而，这是人们首次尝试建立一个包含世界各地的国际组织，以确保国际和平，因此它可谓是一个里程碑式的存在。此外，它每年定期召开国际联盟大会，国家无论大小都享有相同的权力。执行事宜被委任给理事会，虽然理事会的确保留了列强大国统治世界的一些旧观点，其中英国、法国、意大利和日本为常任理事国，同时也包含一些非常任理事国（最初为四个，后来数量不断增加），这些非常任理事国往往来自拉丁美洲、亚洲及英国统治区。各国平等和自治的理念，也在德国和土耳其在亚洲和非洲占领的区域体现了出来。战胜国以代理人的身份接收了这些地区，在国际联盟的监督之下进行管理，旨在让当地居民逐渐实现完全的独立。

然而，国际联盟没能阻止侵略、维护和平，其原因要追溯至联盟成立之初。国际联盟声称包含世界各国，但事实并非如此。威尔逊总统无法克服美国人对于加入联盟会被卷入“国外争端”的恐惧，因此美国没有加入联盟。

但是国际联盟失败的原因，主要不在于有的国家没有加入。甚至是起初参与组织筹建并加入联盟的那些国家，也迟迟不接受限制他们国家主权的规定。因此从一开始，国际联盟想要维护和平的愿望就很难获得成功，因为它没有“牙齿”。成员国承诺避免发动战争，尊重其他国家的领土完整，并将国际争端交与位于海牙的最高国际法院和国际联盟理事会进行调查、仲裁、解决。如果一国政府拒绝遵守约定成为入侵者，那么联盟的其他成员可以实行经济制裁，切断与入侵国的经济往来。但是联盟并未在对入侵国进行军事制裁上做出明确规定。另外，就国家间存在的冲突问题，国际联盟的理事会没有做出一致决定，事实上无法达成一致意见。

国际联盟最有效的工作，在于他们促进了各国在科技及经济领域的合作。国际健康组织在控制流行疾病，标准化药物及疫苗，促进对营养学的广泛研究和提高亚洲的健康服务等方面，做出了重大的贡献。国际联盟的经济区域组织提供了有价值的分析及数据资料，其交通运输组织在诸如电力、内河航运等问题上加深了合作。国际劳动组织在改善工作环境方面也取得了一些成功。

苏维埃俄国及和约

国际联盟未能实现既定目标，不仅仅是因为被期待发挥领导作用的美国拒绝加入，将德国与俄国两大强国排挤在外也是重要的原因。我们稍后将探讨德国后来加入了国际联盟，但是把占世界巨大面积的俄国排除在外，产生了重大而持久的影响。发生在俄国的事件，从 1917 年布尔什维克掌权至 1920 年俄波战争结束，对巴黎和会后世界的塑造产生了重要影响，尽管是消极的。

威尔逊式和平的追随者意识到了俄国的缺席所产生的困难，也曾数次尝试与俄国领导人交往，比如曾任命美国外交家威廉·布利特（William Bullitt）与俄国谈判。但这些努力并没有积极付诸实践，因为每次试图与俄国达成共识，就会遭到法国及英国组织的反对，他们要求推翻布尔什维克政体。

布尔什维克制定了一系列令世人吃惊的措施及法令。他们保留了接受新政府的政府官员，同时也将官位分配给了没有经过审查、缺乏专业知识但却很可靠的政党人员。同样的，法庭里的法官也没有经过法学教育。这样一来，阻挡在改革政体道路上的保守官僚主义的障碍很快就被清除了。让欧洲其他国家感到恐惧的是，俄国的政府官员拥有至高无上的权力。

布尔什维克所制定的经济措施，例如没收私有财产、银行国家化、废除私有贸易、将工厂移交给工人、土地收归政府等，都象征着资本主义的废除。然而，大部分措施很快就进行了一定程度的调整。大部分土地资产被分割，但农民的土地所有权被保留了下来，虽然他们也需要向政府缴纳一定份额的农产品，这些产品将被分配给从事其他产业的人。

工人指挥工厂所引发的混乱很快转变为有条不紊。1921 年内战结束后，国内甚至有从早期共产主义转向自由经济政策（NEP）的迹象。自由经济政策允许国内存在大量的自由贸易。然而，重工业、交通运输业及信用体系仍然掌握在国家手中，外贸也受到政府的垄断。俄国虽已废除资本主义经济制度，但政府仍掌握着国家的经济命脉，随时都能进行更严格的把控。此外，最初制定的经济措施，例如没收银行资产、工厂社会化、土地国有化等，使中产阶级及贵族越发贫穷。俄国占有工业企业、拒付政府贷款，还给在俄投资的外国个人、外国银行及外国政府带来巨大损失。在与布尔什维克领导人的进一步协商中，国外投资者要求他们偿还沙俄时期的赔款和债务，这种诉求导致了在双方的交流中形成了无法逾越的障碍。尤其是法国，他们曾在沙俄时期借给俄国一笔巨款，因此在很长一段时间内坚持除非他们获得赔偿，否则拒绝与布尔什维克政权进行接触。

这些经济方面的冲突，只是布尔什维克俄国与世界其他国家不同的一个方面。布尔什维克拒绝西方列强所推崇的自由民主价值观。与沙皇一样，布尔什维克拒绝出版自由及言论自由。俄国领导人追求极端的反教权主义政策，并没收教堂财产。此外，他们为政权建立民主基础的尝试也很快被放弃。获得权力后，苏维埃宣称布尔什维克领导人建立的政府为俄国合法政府。然而，前政府本已命令国民议会进行选举，创建最终宪法。但在获得权力前，布尔什维克党人谴责政府延迟选举而不愿召集议会。然而在1917年11月25日的投票选举上，布尔什维克仍未获得多数支持。1918年1月18日在国民议会开幕式上，布尔什维克称投票名单是在十月革命之前确立的，议会结果只“代表着旧秩序”。在军队的帮助下，他们解散了议会。苏维埃仍是受欢迎的政权基础。而在苏维埃党派中，布尔什维克党已获得了大多数工业无产阶级的支持，并与代表农民利益的左翼社会革命党共享权力。

立法议会的解散，使国内的紧张关系尖锐化，布尔什维克在国内四处受敌。1917年12月，布尔什维克党建立了俄国非常委员会（肃反委员会），以“打击反革命破坏行动”。随着肃反委员会的建立，恐怖事件成了政府有意识使用的、公开承认的手段。1918年夏天，布尔什维克领导人与其唯一政府伙伴社会革命党决裂。作为农民利益的代表者，社会革命党拒绝接受《布列斯特－立托夫斯克和约》，该和约剥夺了俄国最重要的农业地区之一乌克兰。为废除和约，断绝与德往来，1918年7月6日，社会革命党刺杀了驻莫斯科的德国大使。关于此次事件，仍旧存在着一些疑惑。很难想象刺杀者怎么能如此轻易地接近大使。有人说，全面了解社会革命党计划的布尔什维克使之成为可能。即便这不是真的，那个时期的莫斯科面对这样的传闻也不免困惑绝望。然而，刺杀行动已经发出了信号，布尔什维克击败了企图推翻政府的社会革命党。不过斗争仍在持续。与沙俄时期的改革一样，社会革命党也试图通过一系列的刺杀行动撼动政权。1918 年 8 月 30 日，列宁严重受伤。布尔什维克党的回应是肃反委员会指导下的升级恐怖事件。没有确切的数字显示红色恐怖事件中有多少受害者。从布尔什维克的数据中，我们发现彼得格勒在 9 月初的一天中，有 512 名“反革命白卫军”被击毙。许多人被杀害不是因为犯了某种罪行，而是作为政府的阶级敌人被消灭。俄国以外的国家对此感到十分愤慨，位于彼得格勒及莫斯科的国外列强代表纷纷抗议，谴责布尔什维克“残暴镇压”“滥杀

俄罗斯海报：布尔什维克骑士正在屠杀资本主义龙。

无辜”，激起了“世界文明国家的愤慨”。

1918 年秋，残暴的恐怖斗争爆发，布尔什维克的地位岌岌可危，与社会革命党的冲突加剧导致了内战的爆发。1918 年 3 月 3 日签订《布列斯特－立托夫斯克和约》时，英国和法国派遣军队前往阿尔汉格尔斯克及海参崴海港，以免协约国派往俄国的供给物资及军火落入德军之手。布尔什维克的敌人聚集在被协约国占领而非布尔什维克控制的地区，并向他们发动袭击。在西方列强三心二意的支持下，俄国将领开始从北方和东方，后来又从波罗的海各国及乌克兰开始进攻。1918—1920 年间，内战进行得尤其激烈。但布尔什维克占有内线优势，军队可以快速从一个危急地区转移到另一个危急地区。布尔什维克方面，这次内战的英雄是列夫·托洛茨基。他成功地组织了一支纪律严明的高效红军。他常常坐着公路铁路两用车，辗转于各个最危险的地区进行指挥。此外，作为布尔什维克的对手，白俄罗斯人的领导出现了分歧。有的将领，如亚历山大·高尔察克（Aleksandr Kolchak），从西伯利亚挺进了俄罗斯东部，希望复辟沙俄政权，而另一些将领则意识到有必要建立一个更自由、更民主的国家政权。在白俄罗斯人发生分歧时，布尔什维克获得了大部分人口的支持。同时，农民阶级担忧一旦白俄罗斯获得胜利，他们就不得不归还从前地主手里获取的土地。尽管白俄罗斯人只获得了英国及法国的少量支持，但根本无济于事，但这也足以使得布尔什维克树立起抵御外国列强，保卫俄国利益的形象。在政治委员的紧密监察之下，前政府官员开始以“科技专家”的身份为布尔什维克所用。布尔什维克还希望在当地共产主义政党的帮助之下，再次统治芬兰、波罗的海诸国和波兰。他们这一计划失败了，但是原沙俄的其他领地已经被纳入了他们的控制之下。

在内战的前两年，苏维埃政权形势不容乐观，但布尔什维克领导人还是站在了他们一边。欧洲战争已经接近尾声，德国政府摇摇欲坠。其他国家不满的呼声越来越高，战争的结束似乎预示着几个欧洲国家改革的到来。此时，俄国领导人无法想象假如其他国家仍保留着资本主义政权，俄国如何能成为社会主义国家。正如列宁在芬兰站所说的那样，他们认为布尔什维克在俄国的改革，只是世界各国改革浪潮的开始。他们也认为，他们的地位很大程度上取决于执政期间其他国家的改革力度。因此，在俄国进行殊死内战的同时，他们还建立了共产主义国际组织（共产国际），试图刺激其他国家进行改革。1919年3月，第一次共产国际大会（第三国际）在莫斯科召开。大会平淡无奇，因为为数不多的外国代表团都是一些从社会主义政党分裂出来的极端组织的领导人。1920年8月，第二次共产国际代表大会在莫斯科召开，此次会议则重要得多，参会者包括许多国家的极端左翼代表。本次会议更明确地定义了共产国际的组织形式。

共产国际的建立产生了深远的影响，其中之一便是许多由马克思主义者鼓舞的工人运动出现了分裂。即便在第一次世界大战之前，欧洲大多数社会主义政党也都包含左翼及右翼，即改革主义与修正主义，但社会主义运动仍在大体上保持统一。从1919年起，马克思主义政党分成了两派，即社会主义政党与共产主义政党。此外，共产国际的构建与第二国际存在本质性区别。在第二国际中，各国社会主义政党拥有自主权，第二国际仅给予建议，而在共产国际中，共产主义世界大会（World Congress of the Communist Parties）把持最高权力，每年的参会人员是由世界大会选举产生的执行委员。大会所做决策及委员均受制于共产主义政党，必须遵守共产国际制定的“规矩”。俄国布尔什维克影响力巨大，因为执行委员的总部设在莫斯科，而且共产国际的常任秘书长格里戈里·季诺维也夫（Grigori Zinoviev）就是布尔什维克领导人。共产国际的基本原则之一就是所有共产主义政党必须将维护、保卫及强化布尔什维克政权作为最高目标。共产国际的目标就是进行世界范围内的改革，且各国共产主义政党需通过成立类似于特殊青年组织、共产主义工会等组织，为改革运动获取支持，且所有的组织必须以围绕共产主义为准则。至于这些组织是进行公开自由活动，还是秘密进行非法活动，或者公开与秘密组织同时活动，则取决于各国的情况。

一开始共产主义领导人就意识到，欧洲政府利用对世界非欧洲国家的影响力，已经积累了巨大的优势。因此，破坏欧洲对殖民地的统治，从一开始就是共产国际公开宣称的目标，这在 1919 年 4 月 6 日“殖民地问题已经提上了日程……亚非殖民地！在欧洲实行无产阶级专政的时刻，也就是实现你们自由的时刻”的声明中得以体现。这一点在 1920 年关于“国家及殖民地问题”的专刊上再次得到强调及阐释。专刊称：“我们的政策定会将所有国家与殖民地解放运动与苏维埃俄国紧密团结在一起……共产国际的目标就是解放世界工人阶级，将整个世界的工人阶级，无论是白色、黄色还是黑色人种，都友好地团结在一起。”

共产国际独立于国际联盟之外，对于削弱欧洲在非欧洲国家的影响力，有着非常重要的作用。第一次世界大战的爆发，使白色人种与其他有色人种，欧洲统治者与殖民地间的关系都发生了变化。不同种族的人民开始并肩战斗，白色人种与其他种族间的距离逐渐消除。那些原来就存在自治运动或独立运动的地区，现在有了更强的动力，一些国家的民族主义也开始觉醒。布尔什维克在巴黎和会上建立的与世界的对立，极大地巩固了这些运动。原住民意识到，并不是只有他们拒绝承认欧洲列强组织并操控着国际秩序。这些运动在 20 世纪 20 年代并未影响到欧洲的殖民力量，但它们的影响力开始逐渐增强。我们之后会看到，在 20 世纪 30 年代，巴黎和会上达成的整个约定开始受到威胁时，它们在政府决策中开始起到举足轻重的作用。

但是在巴黎和会召开时，共产国际对殖民帝国日益施加的压力没有产生多少实际影响。它主要是在探讨与俄国进行非正式磋商的可能性时，起到了直接的重要作用。此外，它也带来了在欧洲爆发共产主义革命的危险。在欧洲的东部和中部，共产主义运动开始爆发。1919 年 3 月至 8 月，贝拉 · 库恩（Béla Kun）领导的共产党统治了匈牙利。1919 年 4 月，巴伐利亚也存在过苏维埃共和政权。在柏林及莱茵工业区，政府开始打击共产党。考虑到布尔什维克有可能在中欧站稳脚跟，再考虑到他们会废除私有企业，制造恐怖事件，以及他们在打击反革命运动时获得胜算的可能性，这些威胁使得拒绝与共产主义者进行任何磋商的论调轻易占据了上风。因此不可避免地，巴黎和会达成的协议均采取了反俄态度。他们在东欧建立了所谓的“防疫封锁线”，把布尔什维克俄国与西方民主国家隔离开来。芬兰通过自己的努力获得了独立。但波罗的海诸国，包括爱沙尼亚、拉脱维亚及立陶宛，在反抗俄国再次征服的过程中都得到了西方的支持。由于波兰及罗马尼亚可能成为反共产主义的坚固桥头堡，这些国家通过巴黎和会上签订的条约得到了之前的俄国领土，即便这可能违反了民族自决的原则。罗马尼亚获得了曾属俄国领土的比萨拉比亚，波兰则试图尽可能扩张其东部边界，还要求获得整个乌克兰。尽管 1920 年的俄波战争阻止了波兰的扩张，但是通过西方列强的外交帮助和紧急援助，两国的边境线仍旧深入了俄国领土。

第五章

稳定时期

第一次世界大战期间及和约签订之后，曾经的同盟国法国和英国尽管关系紧张，针对某些特定问题也存在争端，但一直保持着紧密的合作关系。然而，不久两国间政策及观点上存在的差异越发凸显，并不断加剧，这些差异延伸至全球范围，比如在 1922 年中东危机中，英国支持希腊，而法国支持土耳其。但致使关系恶化的关键性问题是一个欧洲事件——英国与法国就德国处置问题存在分歧。而争端的核心问题是《凡尔赛和约》中协议的执行问题：采取强硬手段还是温和手段。英法之间无法达成共识对德国产生了严重影响，导致德国局势不稳定，威胁到新建立的共和国的生存。欧洲中心这种不稳定的局势也使整个大洲充满不安。

1919—1924 年德国局势的动荡与混乱

魏玛共和国存在期间，其政策受制于履行和约过程中存在的问题。签订《凡尔赛和约》后的第一个五年里主要处理了两大基本问题：将军队规模削减至 10 万人及支付战争赔款。德国接受和约后就爆发了冲突，而这些问题使得冲突毫无平息的迹象。和约的反对者督促推进一项完全消极的蓄意阻挠政策，政策暗示世界局势的改变将使这些条款变得更加难以实现。共和政党认为需要表现出愿意履行和约条款的诚意，这有利于推进进一步的谈判，而德国也有可能在这些谈判中获取同情。

对军事条款反对最为激烈的是职业军官，尤其是国防部长、社会民主党的古斯塔夫·诺斯克（Gustav Noske），一位过于轻信的长官。曾经的总参谋部伪装成国防部，继续发挥着它的职能。军队帮助非官方秘密军事组织，为它们提供武器，并参与它们的训练。军队利用一些人来保持军队的尚武精神，其中一人是下士阿道夫·希特勒（Adolf Hitler），他的演讲才能似乎很适合这个任务。

1920 年军队蓄意阻挠的浪潮达到顶点，因此将军队缩减至可接受的规模已经刻不容缓。前帝国政府官员沃尔夫冈·卡普（Wolfgang Kapp）组织暴动，试图推翻政府。虽然政府已逃到柏林，但一场大规模的游行活动还是促使暴动分子最终投降。于是军队被缩减至规定规模，不合法的军队组织也被渐渐解散。然而，卡普暴动带来的混乱引发了共产主义的动乱，尤其在鲁尔区，只有借助军队才能将其镇压。因此共和国政府感到无力利用其对极端右翼获得的胜利肃清军队君主主义因素。新组建的 10 万人军队即魏玛防卫军，仍旧牢牢地掌握在旧军官组织手中。

《凡尔赛和约》将战争赔款的确切数额及支付细节的决定延迟

卡普暴动期间德国士兵占领政府总部，图为他们在反共和国政府的叛乱中挥动德意志帝国军旗。

协商。这些问题在数次大大小小的会议中被反复研究，这也说明协约国索赔的数额与德国赔款能力间存在着很大的鸿沟。由于无法达成一致，双方之间的气氛十分紧张。一项决议最终以最后通牒的形式交给德国，德国被迫接受，并最终在 1921 年 5 月伦敦的一次会议上被通过：针对战争损失的赔款总额定为 1320 亿马克，合 315 亿美元，每年必须支付 20 亿马克，即接近 5 亿美元。

所有的德国政党均相信德国无力支付数额如此巨大的赔款。但是德国政治家就如何减少数额的问题无法达成一致。极端右翼政党再次倡议进行阻挠，而共和党支持支付一些赔款，提供一些物资，希望借此促成经济合作协商的开启。该项政策的主要倡导者是沃尔夫·拉瑟努（Walter Rathenau，1867—1922）。拉瑟努是个不同寻常的人物。他是一个鉴赏家，与许多现代艺术界与文学界的重要人物关系密切，同时是一位作家，曾在大量被广泛阅读的书籍中讨论现代科技对人类生存的影响。他还是一位活动家，作为大德电力信托的主席，他的实践能力得到了证明。拉瑟努也是德国忠诚的爱国者。战争之时他曾建议政府对所有原材料做详细的分类，这是一项很有必要的举措，而他被委托完成这一任务。在战后困难的局势下，拉瑟努再次投身政府事务，先后出任重建部长（1921 年 5 月）和外交部长（1922 年 2 月）。他的首要目标是通过用支付物资代替支付黄金的方式遏制德国经济通货膨胀的趋势。他希望通过经济合作，尤其是德国与法国间的工业合作，促成一个可行的赔款方案。然而，拉瑟努没有掌管好自己的外交部，一些有影响力的外交官员认为，只有德国采取反压力措施才能减弱西方国家对德国的压力，他们支持与苏维埃俄国保持密切联系。1922 年 4 月 16 日，关于赔款协议没有获得任何进展，拉瑟努作为德国外交政策以西方为导向的倡导者，被说服在拉帕诺（Rapallo）结束了与苏俄的协议，该协议为德国提供了与东方展开更密切的政治与经济合作的可能。然而，由于德国公众认为拉瑟努是向战胜国妥协的代表人物，于是他成为右翼极端势力暗杀的主要目标。1922 年 6 月 24 日，拉瑟努被秘密组织刺杀，该组织主要由前任军官组成，试图清除卖国贼，即履行赔款政策的倡导者。刺杀拉瑟努的行动只是一连串政治暗杀中的一次。早在1919年，卡尔·李卜克内西和罗莎·卢森堡就作为斯巴达克组织的领导者卷入反对多数社会主义者的极端分子叛乱中，落入军队手中后，未经审讯便被杀害。马提亚·厄资博格（Matthias Erzberger）作为中央党签署停战协议的领导者，于1921年被刺杀。1922年，出现了一项试图取社会主义者菲利普·谢德曼（Philipp Scheidemann）性命的行动，谢德曼于1918年11月在柏林德国国民议会大厦的阳台上宣布共和国成立。司法部的成员都是保守派及民族主义者，也试图远离民族主义机构，所以对谋杀者所在的民族主义组织并不积极调查。

随着拉瑟努被铲除，钟摆偏向了支持完全消极的拒绝支付政策的一边。即便德国货币完全崩塌，他们也不会觉得那是场灾难，因为那正印证了德国无力支付赔款的事实。早些年，政府在重工业的压力下不得不增加货币流通量，因为马克的贬值有利于出口贸易，也足以强调德国无力赔款。现在，1923年年初，在商业领袖海因里希·古诺（Heinrich Cuno）领导下的专家组成的政府，获得右翼政党的支持，故意拒绝交付德国应承担的物资。法国迅速做出激烈的回应。法国军队进入鲁尔区，占有该地区的矿区为其生产。但是在德国政府的鼓动下，矿工拒绝为法国人工作，并实施消极抵抗政策。为了向工人提供其赖以生存的金钱，德国不得不加速印刷货币，马克陷入了深深的无底洞。在1914年可兑换4.2马克的1美元，在1923年年初可以兑换1800马克。到1923年秋天时，1美元价值42000亿马克，这样的货币已经没有实际价值。人们拿到工资时，会迅速换成货物以免货币的购买力进一步下降。工人受到重创，因为他们的工资尽管稳定增加，却无法跟上物价上涨的速度。公职人员由于工资固定，只能缓慢地随着物价上涨的趋势调整，陷入严重的困境之中。那些依赖养老金、租金或者对政府借贷进行投资的人，只能依靠变卖手上值钱的东西生活。中产阶级，常常作为一股稳定的社会力量存在，如今受到最为沉重的打击，变得愤恨，也越来越激进，这对共和政权的声誉带来了致命的一击。通货膨胀带来了十分消极的影响。大多数人不理解目前发生了什么，而理解的人能够赚一大笔钱。十七八岁的孩子离开学校，转向金融投机，并且赚的钱是其父辈的十倍之多，而他们的父辈曾在封建等级制度下一步步奋斗，以图提升自己的地位。

德国局势变得混乱不堪。莱茵兰的分离主义运动不断涌现。在萨克森州，激进左翼势力掌权。巴伐利亚州受到巴伐利亚君权主义者及由鲁登道夫与希特勒领导的激进右翼势力的控制。如果德国想要保持统一，想要维持有序的社会生活，必须停止货币印刷，鲁尔区消极抵抗政策必须废除，而且德国必须继续支付战争赔款。

不仅履行赔款条约政策的倡导者，德国人民党右翼领导者古斯塔夫·施特雷泽曼（Gustav Stresemann，1878—1929）也意识到承

1923年法军进入埃森，占领鲁尔区。

认失败的必要性。施特雷泽曼看起来属于德国小资产阶级。1914年之前他曾经是威廉二世的狂热仰慕者，并且作为第二次世界大战期间德意志帝国国会的成员，他是狂热的民族主义者及兼并主义者，支持最高指挥部的所有命令。但是，军事领袖就战争获胜概率欺骗自己及德国民众的行为令施特雷泽曼大为震惊。他开始相信德国政治生活基于民主的重建无法避免，而当共和德国民主党拒绝接受他时，他建立了自己的政党。该政党致力于君主政权的复辟，但是也承认政府议会体系。通过断言争夺鲁尔区的竞争已无获胜希望，施特雷泽曼赌上了自己的声誉，他意识到通过此事确立领导权，也为自己打开了成为魏玛共和国政治生活中积极角色的大门。1923

年初夏，他在整个德国做了许多演讲，向公众灌输有必要放弃鲁尔区的想法。1923 年 8 月，施特雷泽曼成为首相，计划稳定德国货币流通，并继续落实赔款政策。首先他结束了鲁尔地区的消极抵抗。中欧地区混乱的政治局势对整个欧洲大陆的经济产生了破坏性影响，这一事实在很大程度上帮助了施特雷泽曼。所有的大国现在意识到，为了自己的经济稳定必须对德国战争赔款事宜做出妥协。他们同意通过成立以美国人查尔斯 · 道威斯（Charles G. Dawes）为首的专家委员会重新讨论战争赔款问题，而道威斯委员会的成立代表着欧洲稳定时期的开始。

赔款方案之路

道威斯委员会的成立，或者说道威斯计划得到的认可在很大程度上弥合了英国与法国间的裂痕，这一裂痕在巴黎和会后的第一个五年内不断扩大。然而，法国在紧接战后的几年里，至少如目前与欧洲事务的关联度那样，自 20 世纪 20 年代以来一直处于主要地位，而英国处于决定性地位。在英国的影响下，在紧接战后的几年不稳定局势后，法国在 20 年代后期一直处于稳定期。为进一步了解这些发展，包括道威斯委员会的形成，道威斯计划被接受，以及政治权重由法国转向英国，我们必须将注意力投向战后几年内英法两国的发展。

法国

第一次世界大战的结束在法国历史上是一个重要的转折点。阿尔萨斯－洛林重新被收回，一洗普法战争（1870—1871）失败的耻辱。在法国将军福煦元帅的指挥下，协约国取得了第一次世界大战的胜利。法国军队被认为是世界上最强大的军队。第一次世界大战之前，德国军队是许多小国家军事力量的典范，但现在法国成了新建立国家的教官，而且这些新兴军队的军官和士兵穿着与法军制服同款的制服。

由于法国被公认在战争中发挥的重要作用，和平会议也得以在巴黎召开。随着全球各地的政治家及政客聚集于此，至少在巴黎和会期间，可以说巴黎成了整个世界的首府。巴黎和会期间，来自世界各地的人们发现，马塞尔·普鲁斯特（Marcel Proust），保罗·克劳德尔（Paul Claudel），安德烈·纪德（André Gide）与保罗·瓦莱里（Paul Valéry）等法国新一代的重要作家也出席了会议，法国文明进入了一个新的伟大时期。

在法国胜利光环的背后也存在相反的一面：法国在战争中损失了 132 万士兵，25 万公民。由于法国人口出生率较低，人口的损失只能慢慢补回，而且很明显，法国军队男性士兵的平均年龄将远比德国小。此外，整整四年中法国北部地区都战火不断，1918 年德国撤军时这一地区大部分已被毁坏，而法国最重要的工业企业就位于此地。金融方面，法国和许多交战国一样，遭受了巨大的损失。虽然法国已经向外国贷款，贷款主要来源是美国，还有英国，但法国仍然不得不印刷纸币。战争快结束时，法国有比 1914 年多 5 倍的货币在流通，而物价水平也比战前高出 3.5 倍。

像法国一样，许多遭受巨大损失的国家希望从战败国德国那里挽回原料损失，有这样的想法并不奇怪。而且，法国也不会在意这些要求对德国经济带来的困难。法国在人力资源及自然资源方面不及德国，于是提议利用德国的经济资源重振战胜国经济，这种手段会大大削弱德国的竞争力。同时法国也不反对对德国施加压力摧毁德意志的统一。

1919 年 11 月举行的选举反映了军队的精神斗志，那就是著名的“蓝色地平线”选举，以法国军队制服的颜色命名的保守派“民族集团”获得了众议院三分之二的席位，即总数为 613 个席位中的 437 个。爱德华·赫里欧（Édouard Herriot，1872—1957）领导下的左翼政党及社会主义者损失惨重。右翼取得胜利并不单单因为战争胜利所激发的民族热情。法国比任何其他的国家对布尔什维克在俄国掌权一事都感到恐怖，并充满敌意。布尔什维克拒绝承认法国在战前借贷给俄国，这使得法国资产阶级感觉到一场革命势在必行。法国经济体系发生的改变使事态更加剑拔弩张。战争使得法国的工业开始产生集中化的趋势，大型企业使得战前经济中占主要地位的小型家族企业黯然失色。失而复得的洛林地区丰富的矿产资源巩固了重工业在工业结构中的有利地位。最重要的工会组织法国总工会的成员由 1914 年的 600 人上升到 1920 年的 200 万人，作为一股新的社会力量出现在法国政治生活中。克列孟梭领导下的政府意识到工人阶级的力量，在1919年前的选举前推进了每天八小时工作制，并承认集体合同的合法性。但将劳动力合法化的举措似乎对社会其他阶层构成了威胁，因为1919年法国社会党依旧与布尔什维克保持着密切的联系。直到1920年，在图尔市社会主义会议上，社会党分裂：较大的那部分称仍紧随共产国际的脚步，而莱昂·布鲁姆（Léon Blum）领导下的较小的部分仍忠诚于第二社会主义国际，虽然后者在战后进行了改造。

取得胜利的“民族集团”中，最有影响力的领导者是雷蒙德·普恩加莱。1920年2月普恩加莱担任共和国总统的任期结束，但他随后被选入参议院，继续他的政治活动。担任共和国总统期间，普恩加莱支持福煦将莱茵兰从德国分裂出去的主张，而且由于克列孟梭愿意向英国与美国做出妥协以达到长期占领莱茵兰的目的，普恩加莱对他充满了敌意。普恩加莱支持强制执行《凡尔赛和约》。1922年，当关于德国战争赔款的相关问题被搁置时，普恩加莱接管首相与外交部长的职务，并推出一项政策，无视英国提出的更温和的方式，意图迫使德国支付其于1921年在伦敦同意的战争赔款，即便当时德国也百般阻挠。这项政策背后的强烈动机是为解救正处于财政困难期的法国。战争已使法国负债累累，除小额提高税收外，法国人民抵制任何其他形式的增加财政收入的方式，这使得政府只能支付一小部分费用，于是政府不得不依靠卖债券来支撑开支。国内摧毁及破坏地区的重建工作加重了政府的财政负担，为进行修复工作，政府被迫债台高筑，贷款的担保正是德国的赔款。德国在会上多犹豫一分钟，法国的财政赤字就多增长一些。

普恩加莱的政策主要为打破德国对战争赔款的抵制，在鲁尔区被入侵时使矛盾达到了顶峰。普恩加莱的直接目的就是占有鲁尔区丰富的煤铁资源，使其为法国政府服务，而从煤铁销售中所获的利润可以支付破坏地区的重建工作。他还设想通过施加军事和经济的双重压力，加强德国内部存在的离心力量，或许会导致在莱茵兰建立一个单独的共和政权。

法国对鲁尔区的占领最终被证实是失败了。德意志依然保持统一，德国政府实行的消极抵抗政策收到了成效，所有矿区停止了作业。而消极抵制政策中所投入的费用，即在矿工停工的情况下仍支付给他们工资，也确实导致了破产。九个月之后，即 1923 年 9 月，德国被迫结束消极抵制，宣称愿意继续支付《凡尔赛和约》中规定的赔款与物资。同时，法国在占领鲁尔区活动中所投入的经费使其经济进一步恶化。法郎迅速贬值，投机者认为法郎会步德国马克的后尘。美国银行家尤其是摩根公司提供的贷款，可以阻止法郎贬值的趋势，但法国政府必须承认国际专家委员会即道威斯委员会的成立。道威斯委员会将评估德国经济形势及其支付赔款的可能性。

这一后果违背了法国的普恩加莱政策。很显然，法国意识到了“不妥协的痛苦”，这是英国外交大臣乔治 · 寇松（George Curzon）给法国的政府文件上的一句话，而且法国使整个世界都尝到了这种“不妥协的痛苦”。在鲁尔区被占领后的那年选举中，左翼联盟取得胜利，普恩加莱辞职。爱德华·赫里欧成为新一任首相，阿里斯蒂德·白里安（Aristide Briand，1862—1932）成为左翼政府外长。

白里安在1925年至1932年期间任法国外长。他早期的政治生涯已成前尘往事，那时他在政教分离活动中扮演着激进的角色。随后他作为教育部长、司法部长、首相，活跃在多个法国内阁中。在德国进攻凡尔登期间，白里安作为首相经历了战争中的恐怖，战后他的兴趣转向外交事务与和平问题。白里安比他的前任们更坚信法国需要防御攻击的保障，但他希望能够通过集体安全体系中的协约与联盟来实现，而集体安全体系将使国际联盟的成员国联合起来，共同抵御攻击者。白里安是个伟大的雄辩家，他的演讲，尤其是在日内瓦国际联盟会议上的高潮部分，总能为法国创造许多国际声誉。然而，接受他的外交政策就意味着法国承认其权力受到限制。即便在战争中获得胜利，即便拥有强大的欧洲军队，法国战后的外交政策也不可能完全不受牵制。

英国

尽管英国对德态度远比法国宽大，但战争结束时英国人对德国人没有丝毫的怜悯与同情。事实上，他们对德国人十分痛恨，直至多年后两国人民才恢复个人往来。1918年12月举行的选举中，女性被赋予了选举权，被称为“卡叽选举”，无论是竞选还是投票都体现了身穿卡叽布制服的士兵们的精神。竞选中，政府向人民承诺处置威廉二世及那些应对战争暴行负责的德国人，他们会让德国承担一切战争损失。首相劳合·乔治向人民保证他们会“掏空德国能力范围内的最后一分钱”，于是政府获得了 478 个席位的压倒性胜利，而对手仅获得 87 个席位。劳合·乔治政府是由保守党和自由党中他的追随者组成的联合政府，其中保守党占 335 个席位，其势力远远大于自由党，这种政府形式反映出了这一时期的民族主义氛围。

然而，英国对战后世界的期望与法国不同。法国获得了一些具体的收益，如收复阿尔萨斯–洛林；达成了一些具体目标，尤其是从德国统治与侵略的梦魇中挣脱出来，获得了自由。英国人的概念则比较模糊。他们期望不列颠群岛的所有人民过上和平、富足的生活。国际社会新秩序的构建需要与国内民生改革结合起来。开创战后社会改革新时代的重要性在国王开启战后议会的致辞中得到了体现：“对更好的社会秩序的追求在饱经战乱的人民心中迅速成长，这需要我们迅速全面展开行动……战争爆发后，每一个政党，每一个阶层的人民团结一致，为这一伟大理想而奋斗……我们必须继续传承这一精神。我们要不遗余力，不惜一切代价消灭贫穷，消除失业，提供条件适宜的居所，改善国民健康，为整个国家创造福祉。”这些概念在 1919 年 2 月劳合·乔治在下议院的一次演说中再次被强调，他表示下议院的每一个成员无不承诺致力于社会改革事业。“如果我们失败了，历史不仅会谴责那些背信弃义的人，历史也会因为这样的失败而遭到无情的讥讽。”

英国社会各个阶层的人民都曾为战争而努力，那些参与战争的人希望他们的需要能够在和平时期得以实现。政府赋予30岁以上的女性投票权，也解除了对男性投票者富裕程度的限制。虽然实施了将失业保险拓展至大多数工人，保证每个工人周薪不低于5英镑的举措，然而社会改革推行的情况并不令人满意。战后，英国存在的最重要问题是住房问题。战争期间房屋建造停止。战后一年内，据估计至少需要30万处新建住房。两年后，在政府的住房政策下仅仅建造了14594处新房。到1923年时，由于预算削减，政府不再提供房屋津贴。一时间，房屋短缺问题比1918年还要严重。贫民窟仍旧是英国工业中心不可磨灭的印记。

战争的胜利与政府的承诺带给人们的希望落空，这种失望使过去的问题发酵，衍生出更多问题。人们对战时政客的热情已转化为怀疑与批判，对于对德政策开始持怀疑态度。

社会改革之所以失败，一部分是政府存在的问题，一部分是因为当时政府无法控制的社会环境。一方面，政府官员爱慕虚荣。劳合·乔治因为在战争中的领导权而获得了很大权力，类似的还有前首相亚瑟·贝尔福，在南非颇具声望的阿尔弗雷德·米尔纳（Alfred Milner），印度前总督乔治·寇松等厉害人物。除此之外，还有新一代的杰出人物，其中包括傲慢却不失风趣的艾德文·史密斯（F.E.Smith，后成为伯肯黑德伯爵）、温斯顿·丘吉尔、约瑟夫·张伯伦（Joseph Chamberlain）的儿子及政治继承人奥斯丁·张伯伦（Austen Chamberlain）。与落实统一政策相比，这些人物及其他的领导人似乎对相互挟持、互相操纵以获取公众支持更感兴趣。他们的野心与阴谋被出版物争相报道，尤其是出版界巨头——诺斯克里夫（Northcliffe）、罗瑟米尔（Rothermere）和比弗布鲁克（Beaverbrook），他们自己都渴望成为政治角色。

保守党与自由党组成的联合政府双面受制，当政府努力建立一条政策路线时，立刻因两党存在原则冲突而受到阻碍。关于自由贸易的争端再次出现，自由党急于维持开放的贸易政策，而保守党支持对大英帝国各成员国实行优惠关税。在政府对英国经济生活的控制方面，两者也存在争议。因为没有控制权，自由党对社会改革实行积极政策的主张无法实现。而保守党利用其在下议院的势力，迫使劳合·乔治废止战时采取的经济限制与规则。

同时政府还面临着其他的问题。战争引起的骚乱一时无法平息，整个英国境内动荡不安。巴黎和会、俄国干涉问题和近东的抗争，使英国政府官员应接不暇。回到国内，爱尔兰问题困扰了英国政府几乎整整一个世纪，不能再度延迟。战争期间，政府对是否在爱尔兰推行地方自治的问题上采取积极措施犹豫不决，结果导致了1916年复活节起义的爆发。暴乱很快被镇压，只是镇压之残酷摧毁了爱尔兰地区温和派的影响力。新芬党（Sinn Fein）成了影响爱尔兰政策的最重要的力量。“新芬”的意思是“我们自己”，这意味着该组织的目的是实现完全独立。新芬党开始了游击战：攻击英国政府官员，焚烧反对爱尔兰独立的政府官员的庄园，将银行洗劫一空。为替代已辞职的爱尔兰人以巩固警备力量，政府从英格兰招募新的警员，因其制服的颜色，他们被讽称为黑棕军。他们的残暴程

1916年新芬党运动中的复活节起义，掀开了爱尔兰内战的帷幕。

度甚至激起了英格兰人民的愤怒。

保守党认为在黑棕军重整秩序后才能与新芬党进行交涉，而自由党想立即与其进行协商，最终自由党占了上风。1921 年 12 月双方签订条约，条约将爱尔兰划分为北部的阿尔斯特与南部的爱尔兰自由邦，北爱尔兰依然是联合王国的一部分，爱尔兰自由邦则获得了自治领地位。但埃蒙 · 德 · 瓦勒拉（Eamon de Valera，生于 1882 年）领导下的一些新芬党成员对这一安排并不满意，于是他们与爱尔兰政府温和派进行残酷的斗争，并最终取得胜利。1937 年，在他们的成功帮助下，爱尔兰自由邦取得了完全独立。

1921 年吞噬英国的经济萧条，给所有的社会改革计划带来了最为沉重的打击。战争期间货物供不应求，战后的繁荣导致了过度膨胀与过度投机的现象。结果，战后物价大幅上涨后又急剧下跌，这使得生产骤减，购买力降低。1921 年英国对法国出口量同比降低 65.2%，对美国出口量同比降低 42.6%。英国出口总量比 1920 年减少了一半。1921 年 6 月经济到达谷底，23.1% 的英国工人，约 218.5 万人失业。然而，这一数字远不足以反映事实的悲惨程度。某些工业损失比其他行业更为惨重，一些地区的失业率高达劳动总量的 40% ~ 50%。1922 年后，经济形势有所改善，直到第二次世界大战爆发时，英国的失业人数才降到 100 万以下。失业救济金在英国经济生活中成为长期特点之一。《失业保障法案》规定失业者可以获得救济金，同时规定只能严格分两个周期领取，每个周期为 16 个月，而且只有能证明自己确实有需要的人才能领到。失业和救济金竟成为战争胜利后对战时苦难的奇怪补偿。

20 世纪 20 年代的英国处于幻灭时期。战争中那些闪耀的领导者失去旧时的风采。温斯顿 · 丘吉尔不得不为维护他的政治地位而努力挣扎。人们对劳合 · 乔治极其不信任。1922 年在保守党的核心卡尔顿俱乐部（Carleton Club）上的一次演讲中，时任贸易董事会主席的斯坦利 · 鲍尔温称劳合 · 乔治是“一股伟大的动力”，而那股动力是“一件非常恐怖的事”。保守党投票反对继续实行联合政府，而且劳合 · 乔治再也没有回归政府重新找到他的位置。

有一种普遍存在的看法：胜利无法弥补战争带来的损失与破坏。和平主义组织数量激增，武装力量的扩张不再常见。英国政府提出“英国在未来的十年中不会卷入任何战争，也不再需要任何讨伐力量”，要求军事部门以此为基础制订预算方案。裁军被认为是灵丹妙药。

从这种认识的转变中获益最大的就是德国。战时宣传被认为将德国形象进行了夸张和扭曲。1919 年约翰 · 梅纳德 · 凯恩斯（John Maynard Keynes）在《和约的经济后果》（*Economic Consequences of the Peace*）中曾公开抨击和约条款，现在德国希望修订《凡尔赛和约》的要求在英国找到了依据。

由于大批年轻人在战争中丧生，年长的人握有权力的时间比战前久得多。在封闭的等级制度中引起注意似乎不太可能。年轻人由于厌恶政治生活的传统与风气，纷纷远离政治舞台。排斥既定的形式与公认的价值观成了新一代杰出作家的一大特点。英国战后幻灭与绝望主题最伟大的文学里程碑就是托马斯 · 斯特尔纳斯 · 艾略特（T. S. Eliot）的《荒原》（*The Waste Land*，1922）。

为追逐胜利，对深深扎根于自由思想的态度的抛弃及战后时期的幻灭，激起了对过去传统与成就的怀疑。从政治历史的角度来看，它改变了政治风气，并在工党的兴起中发挥作用。工党的兴起被看作战后最引人注目的事件。1914 年时，工党取代自由党一度被认为是不可能的事，而战争给了工党机会。随着 1916 年劳合 · 乔治取代阿斯奎斯担任首相，自由党分裂为两大敌对组织。而且，战争也巩固了工党的权力。工业转向战争生产，对各种人力资源的需求要求政府与工会合作。联盟的权力与吸引力也与日俱增。到1919年，工会的成员数量翻了一番，总计达800多万。为确保工人的支持，工党两大领导人物，亚瑟·亨德森（Arthur Henderson）与约翰·罗伯特·克莱因斯（John Robert Clynes）进入战时政府。他们在类似工人薪资与劳动法问题上的温和立场反驳了工党领导人是野蛮的激进分子，无法承担政府责任的言辞。另一方面，1914年自由党反对战争的想法依旧支配着工党中一些团体的思想。反战者中，拉姆齐·麦克唐纳（Ramsay MacDonald，1866—1937）最为著名。

作为一名贵族知识分子，麦克唐纳从控制着党派组织的、务实的工党领导人中被移除了出去。但是麦克唐纳在战争中表现出了惊人的勇气，他与民族非理性主义思潮做斗争，自发组织会议，富有责任心的反对者可以在会上提出他们的和平主张。麦克唐纳义正词严地说，如果战争是世界变得更好的开端，才算是有意义。1917年，麦克唐纳向俄国革命致敬，认为其鼓舞世界各地的工人运动，并倡导在英国成立工兵委员会。

在战后的幻灭年代里，工党与保守党和自由党相比，获益更多，因为工党代表着变化的可能。同时，战争似乎也已证明工党的统治能力。在1923年12月举行的选举中，工党充分发挥了这一优势。劳合·乔治领导下的联合政府被保守党政府所接替，该政府先后由博纳·劳（1858—1923）及斯坦利·鲍尔温（1867—1947）领导。鲍尔温就新选举做出决定，通过旧时保守党主张的保护性关税，因为他认为保护性关税有利于缓解失业。在选举中，虽然保守党依然势力最强，但失去了多数选票。自由党与工党一起获得的总票数比保守党要多。由于工党握有的席位比自由党多，所以国王乔治五世邀请拉姆齐·麦克唐纳组建政府。由于工党第一次组建政府，没有获得多数选票，而且也需要自由党的支持，因此他的行动力受到严格限制，成就寥寥无几。实行住房法案是其在国内最主要的成就，该法案提供房屋建造津贴，并控制租金。外交方面，政府与苏维埃俄国确立了外交关系，不久与俄国签署了商业条约。然而，这些举措遭到猛烈的抗议。关于一个很小的问题，其实就是对一名共产主义记者的指控有一些遗留问题，自由党投票反对政府，在接下来的选举中，工党被打败。失败的主要原因可以归为非理性反共思潮。麦克唐纳与苏维埃俄国的协商彻底激怒了中产阶级，于是在竞选中通过公开据说是共产国际主席季诺维也夫写的一封信公然反对工党，该信概述了英国改革策略。尽管这封信是伪造的，但确实起到了让工党妥协的作用。工党政府任期较短，仅仅维持了十个月，但确实建立了工党作为保守党之外的另一个选择的地位。此外，尽管工党的国内举措并没有鼓舞人心，但在外交事务上确实取得了毫无争议的成功，这主要归功于拉姆齐·麦克唐纳。麦克唐纳曾担任外交大臣与首相的职务，就是在他担任外交大臣期间，赔款问题达成一致。

工党执政期间，一个专家委员会即道威斯委员会正在调查赔款问题，但有一个问题还没有解决，那就是各国尤其是法国是否认为道威斯委员的审议结果会束缚它们。在 1924 年给普恩加莱的一封信中，麦克唐纳十分坦诚，没有任何外交辞令："英格兰人民清晰地感觉到，与《凡尔赛和约》相悖，法国正在努力创造条件以获得他们在协约国和平协商中没有得到的东西……法国人民热切地希望法国摧毁德国，统治欧洲大陆，而不考虑我们应得的利益，以及未来对欧洲移民的影响。"麦克唐纳明确地暗示英格兰希望法国接受道威斯委员会的报告，并不再讨价还价。法国人民或许不怎么担心英国对法国的敌意会对法国通货膨胀时期的经济生活产生不良影响。对麦克唐纳来说，幸运的是 1924 年 5 月赫里欧与左翼联盟获得政权，而且新政府出席了了麦克唐纳在伦敦主持的会议。经过长时间的艰难谈判，赫里欧做出让步，法国军队渐渐撤出，放弃对鲁尔区的占领。基于道威斯委员会报告，8 月 31 日，所有相关国家就赔款达成协议。

麦克唐纳政策与他之前和之后的保守派外交大臣的政策并没有太大的差异。工党与保守党政策相同，只是出发点多少有点不同。麦克唐纳的策略比较理想化。作为战争的反对者，麦克唐纳想尽快清除战争的影响，以构建和平国际秩序为先决条件，做得尽量彻底。保守党的想法更合乎实际，最主要的是，它已经成了一个商人的政党。工党与保守党对英国的经济恶化与经济困难更为关切。他们并不希望看到德国马克贬值及崩溃，因为德国货品的低廉价格会使他们成为国际市场上残酷的竞争者。他们认为保持中欧地区稳定的经济形势和恢复英国经济发展一样重要。

此外，自战争时期以来，对英国经济政策产生巨大的影响的美国金融界也要求解决战争赔款问题。1923年的前几个月，当时身为财政大臣的斯坦利·鲍尔温曾与美国政府就英国偿还战争期间从美国获取的贷款达成协议。美国政府官方称德国战争赔款问题与协约国偿还战争借贷两者之间没有联系，但很显然欧洲各国在接收到战争赔款后才能偿还战争债务。解决战争赔款问题可以使欧洲经济得以恢复，也事关美国的利益，这成为两个英语国家的共同目标。美国金融界愿意发挥积极作用。专家委员会主席、美国人查尔斯·道威斯重新审视战争赔款问题。金融界也乐意提供借款，使报告中的提议生效。正是这种积极的参与态度与帮助使得欧洲有了喘息的机会。

英国领导欧洲：1925—1929

20世纪20年代下半段，欧洲通过两个举措迎来了稳定时期。第一个举措是与道威斯计划保持一致就赔款问题达成了协议，以此为坚实基础重整经济生活。另外一个是欧洲主要国家达成一项政治协议，此协议写入了《洛迦诺公约》，该公约于1925年10月在瑞士洛迦诺商定，于1925年12月1日在伦敦签署。

鲁尔区放弃消极抵抗政策后，德国引进一种新的货币单位即地租马克，使得货币流通趋于稳定。一地租马克相当于一万亿旧马克。这是一项理论上的措施，实际上就是为了消除货币数字后面的一连串零。但是它部分落到了实处，因为德国国家银行行长成功地从大不列颠的各家银行及英格兰银行获得了贷款。另一方面，德国银行采用严格的通货紧缩政策，停止向德国政府或者德国经济企业发放贷款。货币印刷时期结束了。然而，如果德国货币流通没有完全实现稳定，接受道威斯计划后带来的新的赔款压力将会使德国再次出现通货膨胀。

道威斯计划规定德国在接下来的五年内支付战争赔款。在大量国外贷款的帮助下，随着德国经济的复苏，分期偿还的数额逐渐增

《洛迦诺公约》的缔造者。从左向右依次为：施特雷泽曼、奥斯丁·张伯伦及白里安。

加。专门有一位美国委员确保德国尽了最大能力进行偿还。他掌管着赔款的汇款并将其转化为黄金。他足以对德国经济生活产生深远影响，因为他监管着德国国家银行的政策、铁路的财政管理，以及其他国营企业。假如道威斯计划规定的赔款数额超出了德国的能力范围，这位委员也可以给德国听证的机会。另外，国外贷款的存在也意味着其他国家的财政利益与德国经济的恢复及繁荣息息相关。

约翰·梅纳德·凯恩斯这样描述赔款协议："赔款及分期债务大多以书面形式而非以货物支付解决。美国借钱给德国，德国等价转给协约国，协约国再将其返给美国政府。其实什么也没传递，没有人受到损失。"在这个睿智的讽刺性的总结中，凯恩斯并没有提到一个在接下来的几年中极其重要的问题。借款附有利息，因此德国不得不通过出口贸易赚取利息。因为战争结束以后德国工资水平很低，且自 1921 年经济低潮之后世界经济不断扩张，因此德国出口所得足以支付既定数额的赔款及贷款利息。这样的体系运行了很多年，直到德国低廉的工资水平与世界经济繁荣这两个必要条件消失，德国再次陷入困境。

随着国际利益在德国经济复苏中建立起来，对第一次世界大战的战胜国而言，利用巴黎和会上达成的政治协约束缚德国尤为重要；对德国而言，这是一次在大国中获得一席之地的机会。这些考虑在洛迦诺达成的协议中得以体现。其中最重要的条约由英国、德国、法国、比利时及意大利共同签署。德国意识到它的西方边界，正如《凡尔赛和约》中确立的那样，是不会变的。假如德国对法国，或者法国对德国“无故发动攻击”，受害国将得到英国与意大利的帮助。有条规定值得注意，不论是侵犯边界还是“公然破坏”莱茵兰非军事化都将被视为侵略行为。该规定在 1930 年对莱茵兰的占领结束后变得尤为重要，因为六年后，当德国进军莱茵兰时，“公然破坏”与“无故发动攻击”的表述变得漏洞百出，正是有了这些漏洞，莱茵兰再次军事化得到谅解。虽然没有人否认德国侵犯了《洛迦诺公约》，然而这种侵犯既非“公然”也非“无故发动”。但在 1925 年，就德国、法国与比利之间的边界及莱茵兰永久非军事化最终达成共识。

《洛迦诺公约》的核心部分由一系列的其他条约构成。德国、法国、比利时、波兰及捷克斯洛伐克最终达成的条约规定，通过外交协商无法解决的所有争端均移交仲裁。此外，法波之间、法捷之间达成的协议确定，假如德国拒绝仲裁，这些国家在必要情况下可以以武力相互支持，抵制德国。最终，德国获准加入国际联盟，并在联盟委员会中占有一席之位。然而，德国宣称，如果国际联盟对其他国家实行制裁，德国受制于其军事及地理形势不便参与，因为《凡尔赛和约》的军事条款规定，弱小国家可以不参加军事行动。实际上，这意味着德国可以不参加对抗苏维埃俄国的军事行动。

在一定程度上，《洛迦诺公约》确实改变了既有的政治局势，那么哪些国家将从中受益？德国加入国际联盟，并在联盟中永久占有一席之地，意味着德国被认为和其他国家地位平等，并且仍然是欧洲大国。对德国人民而言，放弃对其西部边界阿尔萨斯–洛林的权利，以及承认对莱茵兰主权做出的限制是痛苦的。然而，没有痛苦能与承认东部边界不变的痛苦相比。德国公开放弃使用武力对边界进行修正，但并没有被阻止对边界修正问题进行争论。此外，德国可以继续维持与俄国在1922年《拉帕洛条约》(*Treaty of Rapallo*)中确立的特殊关系。1926年4月，在《柏林条约》中两国对《拉帕洛条约》进行了确认。德国并没有在东方与西方之间做出选择。当然，与之前相比，它的交涉地位不可能更糟，反而有可能是更好。

法国也没有失去什么。第一次世界大战结束后，法国坚称，法国的安全需要依靠与美国、英国结成坚固联盟，共同对抗德国。现在法国终于如愿获得英国的援助保证。需要明确的是，《洛迦诺公约》不是一次特殊的法英联盟，其实是对法德现有边界的一个保证。没有国家预料到法国希望重划边界，这意味着法国获得英国的承诺，即一旦德国发动袭击，英国将出面支持法国。法国希望在德国东部边界也获得类似的保障。但是莱茵兰非军事化，以及法国与波兰、捷克斯洛伐克的军事联盟，会削弱德国的军事力量，使其无力向西或向东扩展边界。因此，《洛迦诺公约》并没有降低法国的地位。如果说对法国有什么影响的话，只能是巩固了法国军事安全。

法国与德国都有两条道路可选。他们可以将《洛迦诺公约》视为一个新的出发点及合作的开端，这次合作能够逐渐消除不信任，创造一个欧洲共同体。或者他们重新回到敌对的状态，只是他们相对的力量既没有得到加强也没有遭到削弱。

《洛迦诺公约》遭到德国人民与法国人民的强烈批判。白里安与施特雷泽曼推断，他们会被谴责为弃民族利益于不顾的人。他们之间彼此信任，并相信对方的善意。但是他们必须向他们国家的人民证明公约将给他们的国家带来好处。为了逐渐凸显出这些好处，英国做了很多工作。如果英国通过制约德国军事力量复苏及阻止法国利用其军事优势削弱德国经济实力，谨慎地平衡法德两国之间的对抗关系，那么就有利于消除两国曾经的敌对关系。英国在很多年内确实都在为这项工作而努力。

《洛迦诺公约》在伦敦签署之时，卡斯尔雷子爵的画像被从英国外交办公室的阁楼上取了下来，悬挂在了举行庄严仪式的房间内。英国采取这一姿态是适宜的。卡斯尔雷子爵曾经被驱逐至这座阁楼，因为在英国光荣孤立期间，他与欧洲大国之间的合作政策看上去与英国的传统相悖。但是他通过与欧洲主要领导人举行会谈的外交手段维系欧洲和平与稳定的目标，与英国外交大臣奥斯丁·张伯伦推行的政策非常相似。确实，《洛迦诺公约》的影响不仅仅局限于德法紧张关系的消除，其主要影响在于重新确立欧洲大国间的协调关系，从而恢复欧洲内部秩序，将欧洲大国的影响传播至整个世界。

20 年代的意大利与俄国

《洛迦诺公约》中对战争赔款问题及政治稳定的规定，其实是以控制战争的名义对政治观的再次确认，对多数民主的再次确认，以及对两大战胜国法国与英国领导地位的再次确认：胜利所产生的主要负担都落在了它们肩上。1924 年及 1925 年达成的协议意味着德国也将卷入其中，虽然如同我们所预知的一样，多大程度上能够实现这一目标以及如何完全实现这一目标，仍是尚待解决的问题。另外一个更深层次的问题是，曾经置身事外或者反对《巴黎和约》的那些大国对于确立新的欧洲协调会有何反应，以及即便他们接受《洛迦诺公约》创造的新局势，他们会选择合作还是选择容忍并等待改变甚至推翻它的机会。这个问题指向了意大利和德国。

意大利法西斯主义的兴起

意大利在第一次世界大战中作为协约国参加战争。巴黎和会召开期间，意大利首相奥兰多作为“四巨头”之一，与威尔逊、劳合·乔治及克列孟梭主持这个国际新组织。然而，战后意大利并不认为自己是战胜国，而是急于修改和约，倾向于支持修正主义运动。这一与其他协约国的分歧，在巴黎和会上已经显现出来，并深深扎根于伴随着意大利进入 1915 年战争的事件中。

与其他大国不同，其他国家由于一系列无法掌控的事件而陷入敌对之中，但意大利是故意参战，以达到扩张的目的。在 1915 年秘密签署的《伦敦条约》中，英国、法国和俄国承诺意大利扩张其领土。然而，条约的履行在巴黎和会上遭遇了困难，尤其关于意大利获得奥地利大片领土的问题：特伦蒂诺及南蒂罗尔直至勃伦纳山口（Brenner Pass）、的里雅斯特（Trieste）、伊斯的利亚（Istria）、达尔马提亚沿岸群岛及达尔马提亚大部领土。意大利获得这些土地后足以抵御哈布斯堡帝国，确保安全，而1915年时没人希望哈布斯堡帝国消失。然而战争结束时，奥匈帝国已不复存在，且《伦敦条约》与民族自决原则相矛盾，因为它将使100多万南斯拉夫人受意大利统治。然而意大利依照1915年条约指定的边界占领奥地利，并在巴黎和会召开期间坚持自己尽管合法但无礼的要求——履行《伦敦条约》。意识到局势的改变使先前承诺的兑现遭遇障碍，意大利表示如果将阜姆港给他们，他们愿意接受现实。然而，阜姆港南斯拉夫人口众多，且南斯拉夫人也激烈反对意大利的要求，因为他们不愿意亚得里亚海东部两大优良港口的里雅斯特及阜姆港均落入意大利手中。阜姆港问题成了巴黎和会上的一大棘手问题。威尔逊总统对意大利人民接受民族自决原则的呼吁遭到拒绝。在三周的时间里意大利代表团拒绝参加协商，而他们回归后，阜姆港问题依然没有得到解决。

巴黎和会使意大利边界扩展至勃伦纳山口，并接管伊斯的利亚半岛，包括的里雅斯特城。意大利获得所有战前被称为“意大利沦陷区”的哈布斯堡领土。政府收复失地激起了民族主义振奋感，但民族愿望得到满足的喜悦之情却因失去阜姆港与达尔马提亚的失望之情而变得黯淡。所有意大利人民称之为“残缺的胜利”。

1914年之前，意大利议会体系陷入严重的危机。不尽如人意的战争结果唤起并加强了人们对薄弱的议会政府的谴责。政府未能解决南方深陷苦难的问题，他们曾宣称要使意大利成为大国却再一次失败，左翼及右翼势力纷纷发动强烈的激进运动，坚持自己的主张。反议会政治性质的民族主义组织不断涌现出来。充满激情的诗人加布里埃尔·邓南遮成为意大利具有影响的政治领导人。1919年秋天，关于阜姆港问题的协商正在进行时，邓南遮组织一支志愿军夺取了阜姆港政权。他们在此驻军直至1920年12月。那时，意大利外交大臣卡洛·斯福扎伯爵（Count Carlo Sforza，1873—1952）已商定条约，确立阜姆港为独立的城市国家，而且为了弥补意大利，一些达尔马提亚沿海的岛屿被划归意大利。于是意大利军队将邓南遮及其志愿军驱逐出阜姆港。但邓南遮揭露了意大利政府的懦弱与优柔寡断，他们总是先提出伟大主张，在实施时却犹豫不决。在这个时期的民族主义领导人中，最有能力的当属社会党领导人贝尼托·墨索里尼，他曾因为社会党阻止意大利加入战争而离开该党。在战争期间他作为一个志愿者为国家效力，现在他想从中寻找平台再次回到政治生涯中。1919年3月23日，他在米兰圣墓广场的大楼内成立了自己的组织战斗法西斯（Fasci di Combattimento），其成员后来被称为法西斯主义者。

经济的萧条与困顿助长了人民对民族主义目标遭到挫败的愤恨。意大利50%以上的国家税收来自于消费税，而战争使得消费物资产量骤减，消费者税收降低。意大利曾试图利用国内外贷款来支付战争财政支出，但事实证明远远不够。因此政府不得不印刷大量纸币，结果导致通货膨胀。1920年，里拉价值不及战前的五分之一。贸易平衡方面财政赤字不断增长，财政问题也不断增加。

战争期间，许多男性应征入伍，农业生产仅靠妇女、儿童及老人维系，保持在令人满意的水平。但因为没有做任何工作改善土壤，土壤的肥力渐渐耗尽。于是，战后意大利不仅从国外进口煤炭与石油，还需要进口大量的谷物。

受到通货膨胀最直接打击的是中产阶级，例如政府官员，他们收入固定；地主受到法律的限制不得提高租金；求租者则将资金投向政府债券。而农民阶级及工人阶级也感受到了经济危机的影响。战后，50% 以上的意大利人民进行农业生产。90% 的农业生产者拥有不足 3 英亩土地，几乎不足以维持生计。大部分农村人口属于无土地者，他们依靠在大型庄园服务赚取工资。战争期间，政府承诺重新划分土地。关于俄国所发生事件的谣言，很多被夸大，使得意大利农民耐心不足，且期望值上升。战争也增加了工厂工人间的不稳定因素。到目前为止，工业活动都是以小企业的形式进行的，企业雇员不到 10 人。但是战争期间大规模的工业设施变得越来越多。战争期间对枪支、飞机、汽车及轮船的大量需求催生了许多钢铁生产、工程设备制造及造船的产业复合体。安萨尔多（Ansaldo）雇用了 10 余万工人，Iloa、菲亚特等其他企业的规模也十分可观。许多大型工业企业与诸如意大利商业银行、意大利中央银行等大银行密切合作，这种工业与商业利益的联合在意大利的政治中发挥着重要的作用。意大利货币的贬值有利于意大利工业产品的出口和工业生产的增长，以及企业财富的增加，然而工人的工资水平始终无法跟上通货膨胀带来的物价上涨。这些经济困难与俄国工人处于“天堂”的传言强化了工人进行社会改革的主张，且工团主义与无政府主义的深远影响增强了他们的激进思想。农民阶级和工业资产阶级间的不满通过直接的行动终于爆发，农民及农业工人伴随着激扬的军乐和隆隆的教堂钟声前进，他们以这一戏剧性的方式占领了大地主未开垦的土地。在城市和乡镇，罢工运动不断加剧。1920 年夏天，冶金工业区解雇工人事件导致工业区工人占领厂区，将罢工运动推向高潮。但是，这些罢工游行并没有产生长期的影响。警察以合理的方式将农民驱逐出土地，而工人由于缺乏原料、资金及销售人员，使得工厂无法运作，最终放弃。然而，农民与工人的政治行动确实改变了意大利政党体系。战争前，意大利政党结构相当松散。个人代表依靠自己的声誉和他在所在地区的地位而非政治标签赢得选举。战后，社会党因为与工会形成紧密联盟，成立了一个高效、中央集权的组织。此外，教皇本尼迪克特十五世（Pope Benedict XV）准许成立天主教政党，于是天主教人民党（Catholic People's Party）登上了政治舞台。因急于获得大众支持，该政党越过天主教资产阶级去寻求追随者，试图吸引南方的农民与产业工人，在这部分人中间，天主教工会开始与社会主义工会竞争。天主教人民党的精神领袖是西西里牧师唐·路易吉·斯图尔佐（Don Luigi Sturzo），他在不景气的意大利南方的切身经历，使他意识到社会的确需要进行改革，尤其是土地改革。比例选举制度的采用，使这两大群众性政党——社会党和天主教人民党的影响力得以强化。这一选举制度是政府为改革的需要做出的让步：每个政党的代表人数由其在整个意大利范围获得的总票数来决定。中间和左翼资产阶级政党，自由党和民主党都受到了严重的威胁。这是 1922 年 10 月法西斯当政时的形势。

墨索里尼声称法西斯主义从布尔什维克手中挽救了意大利，这显然是不正确的。如果说第一次世界大战后存在共产主义成功接管意大利的危险（其实这也是非常值得怀疑的），那么改革的浪潮使其在 1921 年夏天达到了顶点。如今新的群众性政党已经根深蒂固，它们并不提倡改革。但他们也承认确实有进行深远社会与经济改革的需要。工业家与土地主十分惧怕改革，至今仍无法从工人占领工厂、农民与工人抢占土地的震惊中恢复过来。于是，他们将焦急的目光投向议会民主的对手，希望能从他们反对改革的斗争中获得帮助。墨索里尼的法西斯主义向他们提供了有效的工具。在整个意大利范围内，法西斯都建立了准军事组织，成员主要是年轻的失业士兵。在北方工业中心，法西斯组织通过保护破坏罢工者及破坏社会主义游行而受到资产阶级的欢迎。在农村地区，他们支持地主阻止农场工人联盟的形成，并对已经存在这类联盟的地方进行捣毁。年轻的法西斯主义者是野蛮的，但也是高效的。另外，他们的领导人墨索里尼善于鼓舞士气。他是一位颇有才能的记者，也是出色的演讲家。尽管很大程度上夸大了他对马克思主义思想及尼采的强化学习，但他对马克思主义思想及现代哲学的了解足以用于写作与演讲，让他的写作与演讲泛着智慧之光。尽管他主张意大利参战，并在战争中展示了他的爱国主义民族情怀，但墨索里尼过于马克思化，他不认为世界会停滞不前，也不满足于一成不变的旧观念。因此，他不仅是一个民族主义者，也是一个革命行动家。在意大利上层阶级人群的眼中，正是这些特点的集合形成了他的优势。一方面，墨索里尼似乎能够掌控这些努力挣脱控制的大众。另一方面，他似乎也分享他们的民主理念和他们对国际社会主义的排斥。他们希望墨索里尼能将他的组织发展成能与新兴群众性政党相抗衡的力量。旧政治组织的领导人，比如乔利蒂，仁慈地看待墨索里尼的兴起。他们认为他将会成为有用之人，并且也有可能与其合作。

检验的时刻到来了，1922 年 10 月 27 日，法西斯进军罗马，夺取了政权。针对此次事件法西斯对外宣称法西斯组织聚集罗马，面对革命力量，政府最终投降。实际上，关于法西斯党加入政府的协商已经进行了一段时间。各政党领导人同意与法西斯党结成联合政府。为促进协商，墨索里尼组织进军罗马。他的准军事组织分成四路向首都进军。政府十分确定，他们可以出动军队击退这次法西斯暴动，国王愿意签署命令宣布进入戒严状态。但是 10 月 27 日夜晚他改变了主意，出于什么原因并不清楚，也许是因为他收到夸大法西斯军事力量的报告，也许是他被告知军队不愿意攻打法西斯军队。当墨索里尼得知国王改变了态度，他对在联合政府中的从属地位不再满意，而坚持要成为首相。这一要求获得准许后，他来到罗马。10 月 30 日，墨索里尼出现在国王面前并被委任组建政府。法西斯组织现在入驻罗马并举办了胜利的游行。进军罗马这一事件表现了墨索里尼在法西斯统治的第一个十年中鲜明的政策特征：一方面是向外部世界做出富有戏剧性的举动；另一方面是细致的准备与谨慎的谋划。

墨索里尼统治的前些年，其政策模棱两可。法西斯准军事组织成了政府民兵武装，国家支付其费用，被有效利用于铲除异己。在他的管理中，将法西斯党放在关键地位，而且法西斯主义者能够控制警力。然而，政府不仅包括法西斯党成员，也包括自由党、保守党及天主教人民党的一些成员，并且议会继续发挥着作用。起初，墨索里尼最主要的困难来源于多样性，这体现在他的支持者中有一些人彼此对立。保守党、自由党与其合作，因为他的政府承诺将使意大利生活“正常化”，将重建稳定的社会与政治秩序，将营造安稳的局面。另一方面，法西斯准军事组织法西斯遣散队犯下累累暴行，他们的侵略性与残暴性是威胁工农及破坏罢工的首要手段，简而言之，是为实现有序化及“正常化”。

起初，墨索里尼的政府体系似乎是仿照战前乔利蒂的议会独裁模式构建的。然而，因为工农大众变得越来越有发言权且越来越有组织性，这样的议会独裁维系起来要困难得多。相应的，大权在握的人使用起残暴冷酷的手段也不再犹豫了。另外，墨索里尼坚决要掌握权力，不仅因为稳定是“正常化”的保障，也源于他对权力的热衷。困难在于墨索里尼曾多次保证在宪法框架内处理事务。他通过引入一项新举措绕过阻碍，即变更选举法：在第二波革命浪潮的威胁下，他强迫议会接受所谓的《塞博法案》(*Acerbo Law*)。《塞博法案》规定，获得最多票数的政党将获得三分之二的众议院席位。1923年《塞博法案》比进军罗马事件更进一步代表着议会权力的终结和宪法被遗弃，它清除了挡在通往独裁统治道路上的所有障碍。在1924年的选举中，政府获得绝大多数投票，按照《塞博法案》转化成了三分之二的多数选票，政府获得了众议院535个席位中的356个席位。

墨索里尼的行径使其反对者团结起来。政府反对派仍可以从议会论坛得到消息，也可以从那里抨击法西斯的残暴与选举结果造假。于是，墨索里尼命令他的党羽打击主要反对派领导人，使他们从议会上消失，或至少受到威胁。法西斯统治最主要的反对者之一是一位年轻的而备受尊敬的社会党代表吉亚科莫·马泰奥蒂（Giacomo Matteotti），他在文章与演讲中展示了法西斯恐怖行径的证据。他特别讲述了在最近的选举中，法西斯如何使用暴力恐吓投票者。他的揭露使一些法西斯统治集团成员十分难堪，然而马泰奥蒂突然消失了，后来他的尸体在台伯河中被捞了出来。很快人们都知道，他被暗杀了，也许是在墨索里尼的法西斯亲信的唆使下，他被绑架并被谋杀。

尽管没有证据证明墨索里尼让人杀害了马泰奥蒂，但这至少是残酷与暴力行为的一种表现，且随着政府领导人的容忍与鼓励在不断发展。于是，掀起了一股揭露法西斯主义的狂潮。议会反对派，大约有一百位代表，其中有各社会党团体、天主教人民党成员及自由派左翼势力，要求解散法西斯民兵武装，拒绝与法西斯党及谋杀

1922年10月，贝尼托·墨索里尼在“进军罗马”中。

者所在政党接触。同时，他们也退出众议院，在阿文丁（Aventine）组建了自己的议会。反对派的主张受到意大利主要报纸的强烈支持，报社纷纷要求墨索里尼辞职。他似乎有退休的想法，反对派也希望国王能够主动解雇墨索里尼，但国王没有采取行动。墨索里尼仍然执政，而且他现在占据了主动权。他在一次著名的演讲中称：“我声明，我，我自己，对所有发生的事情，承担政治的、道德的及历史的责任……如果法西斯曾经是一个罪恶的团体，如果所有暴力事件都是某些特定历史、政治及道德的结果，责任都归于我。”墨索里尼现在极力促成一党体制和极权主义独裁统治。

议会的权力逐渐被剥夺，最终几乎消除。它已经没有信心通过投票来选举或推翻政府。其成员也无法提出问题进行讨论，是由政府首脑决定议会讨论的主题。政府首脑或者说首相的地位被抬升至高于其他内阁成员，由他任命或解雇大臣，并指导他们的工作。大臣们不能以个人或集体的形式对他的决定提出抗议。首相也几乎独立于国王，国王如果需要任命新政府首脑，法西斯党大议会（Great Council）会列出候选人的名单，国王只能从中选取。因此，法西斯党成为官方认可的机构，并且是意大利政治生活的决定力量。不久它便成为唯一的合法政党，其他的政党变得软弱无力，最终被强制解散。虽然法西斯党大议会列出投票候选人名单，名单上的人可能被选择也可能被拒绝，但只有法西斯主义者能被选举为上议院成员。法西斯党的组织过程认真严格，主要分为地方、省内和国家三个层级；所有政党官员都是直接任命，而非通过选举产生。大议会享有政党最高权威，由墨索里尼及其忠实追随者选出的约 30 位成员组成。

墨索里尼紧接着成为首相即政府的最高管理者和政党领导人。通过政党组织渠道，各地政党官员向墨索里尼汇报政府官员的效率和忠诚度。通过在所有层级“监督”或告知管理职能，法西斯党向政府官员施加了巨大的压力，他们很快就发现，对法西斯党成员的行为提出质疑，即便不是危险的，也是徒劳的。法西斯民兵即便实施了暴力行动，也几乎不会受到任何惩罚。恐怖行动是一种有效的统治手段。许多法西斯时期前的重要政治领袖被流放。继续留在意大利的一部分人受到了人身攻击或严重的创伤，一部分未经审判就被投入监狱，或被流放到地中海的小岛上和卡拉布里亚山脉与世隔绝的小村庄里。

警察监督因恐怖事件而被强化，作为一种控制手段对审查制度进行补充，在马泰奥蒂暗杀事件中立即被引入。审查法给许多私有和独立报纸带来很多障碍，这些出版机构开始消失。报纸的所有者被迫将它们卖掉，有些报纸被政府接管，地方报纸则被当地政党官员以低廉的价格收购。审查制度也渗进文学及学术领域的每一个层面。作家或学者要么被迫停止当代主题的创作，要么宣扬法西斯党的观点。同时，法西斯主义也意识到宣传的重要性及价值。他们将许多精力放在大众身上。他们将其教条嵌入标语，这些标语出现在全国各地的海报上。他们对现代文学及艺术运动如未来主义表现出兴趣，以此来打动知识分子。他们使铁路准点运行，向外国人表明秩序已经恢复了。

墨索里尼意识到，这些控制手段在降低失业率、摆脱经济危机方面能产生多大作用，仍是一个问题。尽管墨索里尼在他的演讲中多次强调法西斯既不代表资本主义，也不是马克思社会主义，而是一个新的社会体系，但墨索里尼仍与曾帮助他当政的经济领袖与工业领袖保持密切联系。因此，在法西斯极端主义削弱并摧毁政治反对派可能存在的核心力量后，墨索里尼在法西斯党军队中提出更严格的纪律要求，并严令规定政党官员通过任命而非选举产生。此外，墨索里尼不允许法西斯党渗入官僚体系。虽然政党官员对政府官员实施政治监督，政党与国家仍然是分离的。这种根本性的保守态度在经济政策方面表现得尤为明显。

墨索里尼著名的“组合国家”本应在社会及经济生活中实现新法西斯思想，实际上却为富裕阶层的目标服务。按照建立这一组合国家的章程，每一个工业分支的雇主及雇员都应进行合作。在合作中，包括雇主、雇员及政府人员组成的代表委员会决定工资、工时等类似问题。委员会的决定具有约束力，例如禁止罢工。但是由于只允许成立法西斯主义工会，在委员会中代表工人阶级的工会领导须遵循政府代表设立的规定。20 世纪 20 年代遍及整个欧洲的经济复苏降低了失业率，但也掩盖了工人力量变得越来越弱的事实。此外，墨索里尼宣称将使意大利远离布尔什维克主义，受此影响，意大利及外国银行家都认为法西斯意大利值得信任，局势稳定，于是向法西斯政府提供贷款，这对意大利的经济发展提供了额外的刺激因素。

1929 年 2 月 11 日，意大利政府与罗马天主教会签订《拉特兰条约》(*Lateran Treaty*)，双方达成和解，使政权的声望及受欢迎度在意大利社会各阶层中得以提升。墨索里尼掌权后立即与梵蒂冈展开了协商。在 1929 年的协议中，教皇被认为是小国梵蒂冈的独立统治者，并且教会获得了一大笔财政支持，作为意大利统一期间的征用赔偿。教会与国家间的关系受宗教协约的规定，该协约规定罗马天主教是国家的官方宗教，允许教皇从政府拟定的候选人名单当中选择主教，保证在学校推行宗教教育，强制婚礼以宗教形式举办。《拉特兰条约》签订两天后，庇护十一世（Pius XI，1922—1939 年间的教皇）宣称墨索里尼是“上天派来的人”。

与教会达成和解，对先前炫耀自己是无神论者并蔑视教会的人来说，无疑是走出了奇怪的一步。但随着法西斯主义的施行，墨索里尼认为政客不应局限于某一体系或者某些原则。他强调法西斯主义观念的新颖，但在他当政后，一点也看不出法西斯观念究竟有何新颖之处。在后来的年头，当他试图规范法西斯体系时，却发现思想不可局限于统一的框架内，这很好解释，因为思想不可能独立于行动而存在是早有定论的。

发现法西斯排斥的事情永远比发现其支持的事情更为容易。在关于法西斯政治概念与政府的陈述中，墨索里尼及其追随者强调法西斯反对法国改革中的个人主义及理性主义哲学。政治法则像自然法则一样，是一种竞争；持续的生存需要持续的成长，而且只能通过行动而非思想来实现。国家是真实存在并能够存续下去的政治单位，人的职能就是充当握在国家领导人手中的工具。已将社会主义及国际主义转向民族主义，墨索里尼以转而信仰宗教的过分热情宣扬个人应从属于国家。但他也认识到追求严格的民族主义政策将有助于隐藏政权内部的矛盾，即明明宣称自己是革命者，实际上却保护并维持现状。因此，个人倾向与政治算计结合在一起，推行民族中心主义的、强有力的外交政策，奠定了墨索里尼统治的基石。

墨索里尼并不喜欢集体行动与稳定，相反，他喜欢利用变化的国际关系造成变动的局势，这样意大利就会以自己的民族利益为先。他强调意大利不是个满足于现状的国家，是个“对土地充满欲望的国家，因为我们资源丰饶，并且希望保持下去”。墨索里尼反复强调他不相信永久的和平，且重点强调意大利不仅必须拥有强大的陆军与海军，还需要拥有“统治天空的空中力量”。早在 1923 年，希腊—阿尔巴尼亚边界发生了一些意大利官员被暗杀的事件，墨索里尼以此为由对希腊下达最后通牒，从那时起，他就为意大利的外交政策设立了新的基石。他索要 5000 万里拉的赔偿，要求希腊在意大利武官的协助下对事件进行调查并做出正式的道歉，为遇害者举行隆重的葬礼。在希腊犹豫着要不要接受时，他轰炸并占领了科孚岛（Corfu），直到希腊听从大国建议满足了意大利的要求才撤军。墨索里尼在外交政策方面的第一次冒险尝试收到了很小的实际效果，其实即便不依靠武力也可以获得。但他的目的却是暴露他统治的意大利不再是一个孱弱、谨小慎微且具备国际思维的政府，他也利用每一次机会向世界展示意大利开启了积极外交的新篇章。他为他在科孚岛事件上的行动感到自豪，因为那预示着意大利已从英国与法国的禁锢中挣脱出来。

20 世纪 20 年代法西斯的声势远比他的行为具有威慑力。墨索里尼小心谨慎，避免他的举措导致严重复杂的局势，比如与某一大国产生冲突。他清楚意大利是一个弱小的国家。另外，意大利的经济也需要国外贷款。当英国、法国与意大利启动最终促成《洛迦诺公约》签署的协商时，墨索里尼拒绝参与，因为他并不赞成国际联盟与集体行动。然而，当协商即将结束时，他又匆忙赶到洛迦诺，参加文件的签订仪式。他不愿意引起不快，使得意大利的经济地位受到不良影响。此外，他急于向世界证明意大利是欧洲强国之一。有人可能会补充道，在马泰奥蒂被谋杀后的一年里，墨索里尼地位的稳固程度不足以让他阻碍绥靖政策激起其他国家的不满。在 20 年代后期，虽说墨索里尼没有直接反对其他欧洲大国旨在达成的稳定，但是他既没有放弃对民主与和平的敌意，也没有放弃使意大利成为扩张主义大国的梦想。20 世纪 20 年代，通过确立意大利对阿尔巴尼亚的保护国地拉，他又采取了一些具体的扩张政策。直到 20 世纪 30 年代，德国纳粹党政推行侵略政策，他对行动力及民族声誉进行强调所产生的影响才显现出来。墨索里尼最终自食其果，但他并不想显得不如德国纳粹领导人那般孔武有力。20 世纪 20 年代的繁荣过后，意大利人开始注意到法西斯政权为国家经济与社会生活带来的改变其实微不足道。对墨索里尼来说，唯一的解决办法就是将意大利的民族命运系于正在崛起的纳粹德国。

俄国共产主义稳定时期

从列宁到斯大林

布尔什维克统治时期的前三年，其主要成就是成功地生存下来。随着内战的突然爆发，许多为创建新的社会主义社会而在经济及制度领域实行的原始政策不得不被荒废。在新经济政策的高调名称下，私人土地所有者及私人工商企业在农产品方面恢复了一定数量的对外贸易，但是规模很小。问题是如何及何时再次向着社会主义前进。列宁意识到由于无产阶级无法在高度发达的工业社会掌权，实行社会主义还涉及一些特定问题，也就是说需要构建一个全新的社会，社会主义能在其中发挥作用。除了这一基本的任务之外，还有许多亟须回答的实际问题：对外贸易垄断是否能与外币流通与商业增长的需求兼容？对于包含许多不同民族的俄国来说，在多大程度上能实现民族自决与强大的中央政府并存？工会应该发挥着怎样的作用？作为工人的代表，他们是否可以胜任管理工厂的工作？最后，对于一致抵制沙皇统治，帮助布尔什维掌权的妇女来说，应赋予她们什么地位、什么角色？

针对这些问题，布尔什维克领导人展开了激烈的辩论，其中列宁的观点最具说服力。工会并不隶属于政府经济管理部门。由于工人自身不能使经济运转，工会仍保持独立，但主要作为共产主义学习组织存在。关于民族问题，关键是要确立苏维埃俄国为联邦国家。在许多共产主义政党统治的联邦制国家中，可以通过合作形式维系国家统一，但联邦制结构意味着要提供反对公开的俄国沙文主义的保证。列宁将俄国沙文主义视为沙皇制可憎的遗产，认为其包含着纯粹的资产阶级统治的危险。尽管经济处于不利形势，政府仍坚持实行严格的对外贸易垄断，并将其作为避免资本主义侵害的必要条件。

依照列宁对俄国妇女在政治、法律、社会及经济方面解放她们的承诺，至少在理论上，妇女获得了完全的解放及绝对的平等。一系列的法律和法令赋予妇女在婚姻、法庭及财产关系方面的平等地位。政教分离消除了宗教对妇女自由的限制，比如对离婚的限制。共产党妇女部的确立，并通过教育、动员及社会工作等方式将这些法律落到实处。然而，这项工作很快陷入经济困境的沼泽，并因俄国党内纷争被搁置下来。在新兴经济政策下的混合经济中，妇女首当其冲受到工作机会削减的挤压。此外，并不是列宁所有的同事都认同他对性别关系的开明看法，而随着领袖的身体健康每况愈下，更多的传统观念重新抬头。男人整体上仍处于统治地位，不仅在苏维埃社会，在党内也是如此，而处于领导地位的女性少之又少。

1924 年列宁去世后，其遗体被安放在克里姆林宫前方广场的陵墓内，以供当代及后世的人们瞻仰。那些与列宁最为亲密的人认为这个决定与他本人的思想和性格完全相悖。列宁的遗孀反对道："如果你们真的想使弗拉基米尔·伊里奇·乌里扬诺夫（Vladimir Ilyich Ulyanov）之名获得荣耀，请建一些育儿所、幼儿园、房屋、学校、图书馆、医疗中心、医院、残疾人疗养所等，最重要的是，将他的理念付诸实践。"决定已做出，列宁崇拜开始了。列宁崇拜的发起者和积极鼓吹者便是列宁的接班人约瑟夫·斯大林（Joseph Stalin）。

约瑟夫·朱加什维利（Josif Djugashvili）于 1878 年 12 月 6 日出生于俄罗斯帝国的毗邻国家格鲁吉亚，他后来将自己命名为斯大林（意为"钢铁之人"）。从他的出生与成长经历来看，人们很难将此人与历史舞台上的风云人物联系起来。他的父亲是一个酗酒的鞋匠，经常打他。他的母亲期望并祈祷他能成为俄国东正教的牧师。斯大林身材矮小，满脸麻子，罗圈腿，且两只胳膊长短不一。唯一值得骄傲的是他有着惊人的记忆力，也正是这一特点使他进入了格鲁吉亚首都第比利斯（Tiflis）的神学院。因此，他看起来更可能达成母亲的期望，成为一名牧师。

斯大林的传记也承认在其后半生似乎有了“病理上的”特质，同时也强调他在俄国改革社会民主运动中镇定从容的工作态度使得他获得了提升。斯大林的事业无疑得益于这一事实：许多当代人低估了他的智力，以为他是半文盲的野蛮人而将其解雇，事实上他的写作涵盖了宽泛的主题，并且论述中肯透彻。然而必须强调，团队的努力造就了斯大林在俄国新生的布尔什维克党等级中的飞跃发展。他适时获得了来自激进伙伴的帮助，而他们（错误地）认为他可以为他们的目的所利用。

斯大林成为新苏维埃国家的最高领导人，一大部分归功于他潜在搭档的掌权，同时还有一些运气的成分。1922 年 5 月列宁中风，自此到他于 1924 年 1 月 21 日去世之间，他只能断断续续地进行工作。与斯大林相比，多数布尔什维克领导人更惧怕托洛茨基。他们宁愿与斯大林结成坚固联盟，与其共同战斗对抗睿智却行为古怪的托洛茨基。他们将托洛茨基视为反复无常的知识分子。因此，当列宁的遗嘱在共产党中央委员的会议上进行宣读的时候，大多数人，即以 40 比 10 的票数，反对公开直接批评斯大林的段落。当时在支持斯大林而反对托洛茨基的人当中就有格里戈里·季诺维也夫（Grigori Zinoviev）及列夫·加米涅夫（Lev Kamenev），他们是布尔什维克中央委员会中的两大领导人物。十二年后，季诺维也夫及加米涅夫以捏造的叛国罪被处决，而这一处决是斯大林第一次公开在审判上做出的决定。也许这就是当初帮助“钢铁之人”掌权的回报。

在布尔什维克早期统治期间，斯大林曾担任许多职务，比如任苏维埃民族人民政委中的最高级别官员。在人民政委中，他在将俄国转变为苏维埃社会主义共和国联盟中发挥了重要作用。1922 年，联盟成员有俄罗斯、白俄罗斯、乌克兰及外高加索。随后，乌兹别克、土库曼共和国加入。在联邦控制下，政府活动范围主要包括外交政策、国际贸易、国防、经济计划、司法及教育组织，但在这个框架下，各苏维埃共和国政府可以将教育体系、司法管理及农业组织按区域及公民的具体需要或要求进行调整。

斯大林还曾任共产党中央委员会（Central Committee of the Communist Party）总书记。这个职位的归属是列宁首要关心的问题，但是对他而言，斯大林的粗暴有可能会危及共产党的团结与热情。斯大林担任中央委员会的总书记时，正如列宁所写：“大部分的权力集中在他一个人的手中。”要理解总书记在共产党中央委员会中的关键角色，就必须熟知苏维埃俄国的宪法结构。布尔什维克政府最基本的组成部分是工人及农民委员会。他们普遍存在于地方、省市及区域层面，高级委员会由低级别的委员会代表组成。每两年会召开工农委员会全体大会，选举出中央执行委员会（Central

Executive Committee），该委员会由两个办公室组成，一个代表人民，另一个代表苏联共和国成员政府。中央执行委员会每年召开会议，履行的职能与欧洲议会类似。中央执行委员会指定人民委员会议（Council of People's Commissars），该会议发挥最高行政权力。因此，政府看起来就像一个金字塔结构，由庞大的基座向上收拢，直至顶端的制高点。但指导政策的 12 位人民委员几乎独立于任命他们的选举团队。一方面是因为所有全体大会及中央执行委员会并不经常召集，并且召集时间相对较短，使其无法对人民委员实施真正的监督，而每天许多大事都等待人民委员做出决定。另一方面，人民委员在党内占据着主要职位，他们可以从中获得权力，毕竟共产党是整个苏维埃结构中的控制力量。法律上，苏联每一个通过生产劳动谋生的人都拥有选举权。但是投票对象即委员会候选人的名单是由共产党提出的。

共产党规模相对较小，成员不及人口的 1%。1930 年该党拥有 119.2 万人。与委员会金字塔结构形成鲜明对比，这个政党自上而下，由 20 名最重要的共产党员组成的中央委员会进行管理。中央委员会中最出色和积极的成员，主要为一个特殊的委员会即政治局工作，并为俄国及共产党政策制定总路线。然而，斯大林依旧陷入在政党管理的烦琐工作中。作为共产党中央委员会的总书记，他在入党问题及党内晋升问题上拥有决定性的话语权。既然该党能够决定候选人名单，斯大林就能够对整个政府进行人事控制。结果就是他熟悉普通党员，他们需要依靠他得到晋升，自然也愿意接受他的领导。

对党组织的牢固掌控是斯大林成为列宁接班人的奋斗之路上的主要力量来源。由于在政党组织中的角色，斯大林不仅能够拥有很多追随者，也熟知一般党员的所思所感。广大党员已不再是沙皇专制时期精通马克思主义思想，也能够独立思考社会主义存在的问题的布尔什维克主义者。自布尔什维克夺取政权，许多年轻人加入政党，他们常常缺乏对共产党历史的基本认知，其中很多只接受过初等教育。斯大林意识到对他们来说列宁崇拜很有必要，应该在他们面前树立榜样，让他们知道什么是真正的社会主义者。1924 年，斯大林以《列宁主义的基础》(*The Foundations of Leninism*) 为题做了一系列讲座，并大量引用列宁的思想，最终总结道他认识到了列宁学说的精髓所在。尽管他的演讲平淡无奇，也不如其他布尔什维克领导人如托洛茨基、布哈林（Bukharin）或季诺维也夫关于列宁主义及革命策略的文章那么深奥，但确实产生了巨大的影响，因为他以简单明了的方式将列宁的思想整合到了一起。而且，它们对斯大林在党内的地位至关重要，因为他需要证明，他不仅是一名布尔什维克战士和组织者，像与他竞争列宁接班人位置的那些人一样，他也是一位有见识的理论家。

在列宁去世后的数年中，对列宁留下的领导地位的竞争主导着苏联的政治舞台。尽管该竞争主要是个人性质的竞争，但也关乎政治上重大的政策决议。布尔什维克掌权之后，他们希望欧洲的工业国家能够追随他们的脚步进行革命，首先是在德国。所有人都认为如果俄国是唯一一个推翻资本主义体系的国家，那么布尔什维克不会一直当权。在这个问题上，列宁从未改变过看法，从未对革命在西方爆发失去过希望。1923 年，列宁弥留之际，德国通货膨胀的结束浇灭了中欧地区发生革命的可能性，任何对于苏联之外的地方发生革命的希望都落空了。此时，1917 年彼得格勒起义的组织者及内战英雄托洛茨基比斯大林更有名望，也是斯大林成为列宁接班人的主要竞争对手。对托洛茨基而言，在资本主义世界建立一个独立的社会主义国家是不可能的。他提出进行永久革命的想法：组织并支持世界范围内的革命运动是苏联布尔什维克的主要职能，即便苏联的布尔什维克政府有可能因此被摧毁，但是新的政治和经济问题将被抛向世界，只有一场世界范围的革命方能解决这些问题。起初，斯大林也认同这一观点，但经过再三考虑后，他说服自己，资本主义政权会顽固地抵御共产主义的攻击，因此他坚定地转向构建一个能够依靠自身力量的新的苏联社会。1925 年 3 月，在第十四届共产党国会期间，斯大林“一国社会主义”（“socialism in one country”）的理论获得了官方的支持。

其他布尔什维克领导人发现他们更难放弃进行世界范围内革命的想法。他们中间的许多人曾经历过长时间的流放，与其他国家的一些极端分子建立了密切的关系。斯大林只去过国外一次，而且只待了几周的时间，因此并不熟悉其他国家的社会及工业发展情况。此外，一些布尔什维克领导人，比如共产国际主席格里戈里·季诺维也夫、卡尔·拉狄克（Karl Radek），与斯大林的经验主义相比，他们受意识形态的启发更多。斯大林意识到集中力量做好苏联经济转型能够巩固他的地位，因为这项工作需要更多的党内官员来对过程进行控制和管理。

斯大林“一国社会主义”的政策导致产生了大量官僚机构，反对该政策的声音也越来越多。例如，托洛茨基攻击斯大林，按照马克思主义理论，国家最终会消亡，而斯大林的行动反而强化了官僚机构。但是斯大林的观点已成为广为接受的共产党“路线”，于是他给托洛茨基的反对贴上了反革命和颠覆分子的标签。1927 年，托洛茨基被剥夺所有职务，并与其他 75 位主要反对派成员一起被驱逐出党。被流放至西伯利亚后，他仍在当地进行煽动。1929 年，托洛茨基被逐出俄国，后来在莫斯科的难民营被发现，十一年后托洛茨基被暗杀。

一国社会主义

对“一国社会主义”政策的贯彻引发了重大的社会变革，伴随着经济上的困难和苦难。理论上击垮资本主义之后应该出现的黄金时期看上去仍然遥不可及，而布尔什维克主义领导人急于强调，只有在世界范围内推翻资本主义制度后才可能实现真正的共产主义社会。此时，他们又努力创建一个过渡阶段，即社会主义社会。

在一个国家建立社会主义的潜在目的是将苏联转变为一个高度工业化的国家，这样才能与更多发达国家如英国与美国竞争，才能够奋勇抵抗资本主义国家的入侵。在苏联，工业化也涉及农业转型，农业生产应该更为高效，唯有如此，才能养活城市中不断增长的产业工人，而且农业生产必须有富余才能出口，才能换取所需的外汇。实现这些巨大的转变有两个前提：绝不能损害社会主义政权的基本原则，即国家控制经济；不能依靠私人或境外资本的帮助。为了实现这些目标，俄国发明了一种全新的方法，即实行计划经济，涵盖国家各个部门的所有经济领域。于是，在接下来的几年中，俄国上下一直在为实现两个五年计划设定的目标而努力。第一个五年计划于 1928 年启动。俄国领导人骄傲地宣布，他们在四年内实现了第一个五年计划的目标，因此第二个五年计划于 1932 年启动。

第二次世界大战期间，温斯顿·丘吉尔曾问斯大林，是否发现实行集体化农场时出现的压力与战争期间的压力一样沉重。“哦，没有，”斯大林回答道，“集体化农场政策是一次可怕的奋斗。”[1] 苏联经济规划者将农业集体化置于首要地位，主要是因为它能促进现代方式及现代化机器的使用，这样有利于提高产量。但集体化同时也被用来加强政府对农村生活的管控。之前得到斯托雷平改革的支持，后来又在新经济政策下生活好起来的富农，对 20 世纪 20 年代的布尔什维克政权不再抱有幻想。因为限量供给和固定的粮食价格使农业生产无利可图，许多农民拒绝将产品运送至城市，并按照自己的个人需要限制生产。政府决定实行集体化时，富农将这一政策视为对他们的财产权甚至是他们的生存的直接攻击，于是他们利用各种可能的方法进行抵制。他们烧毁集体农场，毁坏拖拉机及其他农业机器。当他们不得不并入集体农场时，就屠宰他们养殖的牲畜。将近300万头牛马被屠宰，这几乎是存量的一半。于是政府决定清除富农阶级，鼓动贫农反抗他们，出动警察及军队帮助贫农阶级。富农拥有的土地被充公，他们的房屋被改造成俱乐部或学校，大约200万富农被运送至遥远地区，在那里他们被强制劳动。

实现农业现代化的要求，在工业计划的设定方面起着重要的作用。例如，拖拉机的年度生产量由第一个五年计划实施初期的6000辆增加到末期的15万辆。仅次于农业需要，国防工业在塑造工业计划方面也很有影响力，重工业得到重视。大型新兴城市在煤矿与铁矿的附近涌现。马格尼托哥尔斯克（Magnitogorsk）因其位于南乌拉尔蕴藏丰富矿产资源的地区，被列入五年计划之中。第一个五年计划结束时马格尼托哥尔斯克拥有6.5万人口，7年后人口增长至超过15万。重工业的集中发展限制了消费品的生产，例如第一个五年计划规定制鞋业每三年向每个人提供两双新鞋。消费品的匮乏意味着工资可能被降低，人民生活的总体标准较低。在计划者看来，消费品的短缺也有好处：工人不会把工资花完，会用一些收入购买政府债券，这为工业化提供了资金支持。国营商店的利润和税收，主要是营业税，也就是销售所得税，也为五年计划提供了资金。

尽管苏联政府公告及数据夸大了五年计划的成功，但毫无疑问，五年计划的目标确实实现了。俄国从一个农业国转型为工业国，1932年，俄国70.7%的国民生产总值来自于工业。另外，由于俄国经济集中化组织的影响，私人企业几乎完全消失。

苏维埃统治者都是马克思主义理论的坚定信仰者，并将他们的智力成果作为经济制度的上层建筑。他们也非常重视人才及对人才的培养。他们意识到工业社会需要一大批专门人才，如技术员、工程师、医生、经济学家和教师，而且大部分人需要接受教育，这样才能学会使用现代化机器。因此，布尔什维克政权在整个国家建立学校，扫除文盲。在革命时期，学校已遍地开花。1923 年，有 2700 万俄国人仍不会读写。

工人开始上夜校，为读大学做准备。大学，尤其是技术类及自然科学类大学数量激增。随着文盲数量的减少，出版活动在一定程度上增加，也变得越来越重要。报纸及期刊为提高工农业产量刊登一些有用的知识，同时也进行宣传。苏联领导者意识到，只有让大众坚信以后的生活会更安全、更美好，他们才能容忍现在被迫劳动及经受贫穷。然而，俄国人民必须确保他们的领导者在唯一可能的道路上全速实现这一目标。人民对国家领导人的信心变得重要，于是，斯大林被宣扬为无所不知及远见卓识。后来所谓的个人崇拜开始流行。

斯大林领导下的俄国社会转型也为女性角色的转变提供了契机。确实，这些年女性生活发生的改变比俄国历史上任何时期都要深远。政府对快速工业化及经济现代化的推进大大地提升了妇女的上进心，她们获得的受教育及接受专业教育的机会比以往要多得多。传统男性从事的行业，如医疗、科学、工程及建筑业，现在都对女性开放，甚至是较低社会阶层的女性。女性识字率由 1926

年的 42.4% 上升至 1939 年的 81.6%。而女性进入高等学校学习的比例也由 31% 增长至 51%。大致在同一时期，女性工人的数量由 1928 年的 300 万跃升至 1940 年的 1300 万。另一方面，国家对高出生率的提倡增加了女性生育与工作的压力，同时也废除了苏联早期实行的自由堕胎政策。如果说列宁时期将女性定义为反叛者和勇士，那么斯大林时期就将女性称颂为母亲，并且对为家庭开枝散叶的爱国母亲予以奖励。于是，当妇女在工作中正探索新领域时，也被期望能够保持在家庭及育儿方面的传统角色。苏联男人的工作日一般在酒吧畅饮一瓶伏特加后宣告结束，而妇女在家中喂完孩子，打扫完屋子后才结束忙碌的一天。

苏联转型为工业社会的那些年被称为“铁器时代”（Iron Age）。在这个时期，俄国社会的精神生活与布尔什维克掌权后一个短暂的时期相比有很大的差异。勇敢的革命知识分子，像托洛茨基与拉狄克，如今被谨慎的官僚和技术专家所取代。列宁时期被教育委员阿纳托利·卢那察尔斯基（Anatoli Lunacharsky）推行的前卫艺术及文学尝试现在也被摈弃。政府要求艺术家针对布尔什维克领导下五年计划的成就及其他展现苏联进步的事件进行简单通俗的现实描写。激进的无神论者与宗教之间的斗争仍在继续，因为教会的影响阻碍了农村地区的现代化进程。自由恋爱和离婚不再像布尔什维克统治早期那样受到鼓励。成功实现两个五年计划后，人们希望消费品的生产能够增加，已经习以为常的受到约束的单调生活能够让位于简单而丰富的生活。此外，1936 年 6 月 12 日，发行范围最广的官方报纸《真理报》(*Pravda*)发布了新宪法的草案，该宪法似乎预示着一个新时期的到来，即苏维埃人民的权利即将扩大并被明确定义。

当然，那些权利从来没有得到落实。相反，随着斯大林对其独裁统治的巩固，苏维埃人民的权利及自由得到进一步限制。其中一个举措便是扩充政治警察（国家政治保安总局，OGPU），这部分警察现归属于内政人民委员会（Commissariat for Internal Affairs，NKVD），其享有未经指控便实施逮捕的权力。斯大林越来越觉得他的敌人无处不在，认为这些敌人会廉价出售或倒卖苏联所得的利益。在 1931 年的一次访谈中，斯大林坚称，之前他对这些反改革的“恐怖分子”表现出了太多的仁慈，因此他最先背叛了苏联工人阶级。他保证不再犯错误：从现在开始，不再是好好先生。

魏玛共和国的未知性

《洛迦诺公约》签订后，对《巴黎和约》的抵制并没有结束，而是仍悄无声息地进行着，而德国的地位决定了她的未来。我们已经解释过，《洛迦诺公约》应作为一个新的起点而非解决途径来看待：德国是否只将在洛迦诺创造的局面作为喘息的机会，打算稍后制定新的政策以推翻现有秩序，或者德国是否已了解现状并有意维护，或至少依赖对国际联盟机制的修正达到同样目的。这些问题存在密切的联系，其实也就是独裁主义德国是否会转变成为民主社会的问题。

接受道威斯计划并参加洛迦诺会议后，德国的政治形势很明显发生了改变。直到那时，事件接踵而至。一连串著名人物站了出来，但很快又从舞台上消失。罢工运动及动荡不安的局势时常出现，有时会演变成为内战，比如在柏林、巴伐利亚、莱茵兰及萨克森州都有这种情况。有时会有这样的疑问，联邦政府能否在德意志所有地方实施独裁统治？尤其在军队与司法对秘密军事组织施加保护的情况下，这些组织对共和政体充满敌意。在紧急情况下，像鲁尔占领区一样，怀着对西方列强的敌意，它们结成联盟，被称为民族布尔什维克主义，介于极端左翼与极端右翼之间。

紧接战后的几年，新的政治构架中发生了社会及经济混乱。议会体制下的德国成了共和国。以联邦成员国为代价，德意志功能得以扩大。德意志各成员国也引入了普遍选举权和议会体制，例如普鲁士，到 1932 年时拥有了社会民主党领导的政府。工会的地位在法律上得以强化，而且受社会民主党的影响，在劳务争端中，政府干预及仲裁保证了工会能够做出公平审理。

在连续几年的动荡不安及突发事件结束后，改变了的宪法形式究竟能否实现，终于可以得到检验，因为它反映了一种社会变革，民主社会及自由精神的发展。

应该强调的是，议会体制从未在德国发挥其功能。包括极左的共产党和一些极右的小政党，20 世纪 20 年代德国共有五大重要政党：三大共和派政党——社会民主党、民主党及天主教中央党；两大君主主义政党——德国人民党及德国民族主义党。没有哪一个单一政党获得多数支持。政府频繁更替。其中几个是少数党政府或专家政府，因为多数选票在不断变化，有时偏向他们，使他们得以掌权。那些基于议会多数支持的政府，如1923年和1928年上台的两届大联合政府，只能够获得右翼的支持。这些政府除三大共和派政党（社会民主党、民主党和中央党）外，还包括君主主义德国人民党。先于希特勒掌权的海因里希·布吕宁及弗朗茨·冯·帕彭政府，没有议会基础的保障，并受总统紧急法令的管制。1925年，当社会民主党领导人弗里德里希·艾伯特去世后举行意在选出新任共和国总统的普举时，共和派对政权掌控力的薄弱变得益发明显。陆军元帅冯·兴登堡获选，其票数比共和派中温和的天主教中央党的候选人威廉·马克思（Wilhelm Marx）多80万。共产党候选人恩斯特·台尔曼（Ernst Thälmann）获得近200万选票。共和派政党中心的势力比左翼和右翼联合的势力要弱一些。

君主独裁主义兴盛数十年后，在德国，人们依然信任君主形式的政府，对于议会和议会制度的不信任感仍然没有完全消失，这并不奇怪。通货膨胀使中等阶级变得贫穷，而且其中的许多人认为，新任领导人没能有效防止因民主及议会制度的低能而造成的经济灾难。反议会运动及反议会的态度得到了资产阶级及军队的大力支持，因为在这两个群体中，前统治集团的一些人仍占据支配地位。按照宪法，他们不能被免职，而且他们公开要求重归传统旧观念、等级秩序及大公无私的国家服务。他们强调，不仅自己与新领导人不同，而且旧制度比新制度更为优越。

然而，德国经济局势的变化在强化反民主和反议会权利中起着决定性作用。20 世纪 20 年代期间，德国经济形式正在复苏。虽说通货膨胀对生活的各个方面产生了毁灭性的影响，但货币贬值也并非毫无益处。德国货物售价低廉，而且许多工业企业有能力偿还债务，这促进了德国货物的出口贸易。德国经济恢复稳定之后，货物出口及新投资带来的利润使德国工业器械完全实现了现代化。但是，德国经济中仍然存在薄弱环节，农业便是其中之一。

海外竞争及美国的现代化削弱了整个欧洲战后的农业发展形势。德国的农业形势尤其严峻，因为即便在战前的几十年中，德国的重农派也更为关心粮食生产，无法转向市场化产品的专业生产，比如种植水果和蔬菜。他们依赖保护性关税及政府支持。战后，形势变得越发严峻。战时需要使土地变得贫瘠。低利润及通货膨胀阻碍了现代化所需要的资本的形成，而不能实现现代化就无法实现向专业化生产的转变。此外，与霍亨索伦君主国（Hohenzollern monarchy）相比，共和国对重农派所提要求的支持度更低。原本对革命最初几周归来的士兵做出的实施土地改革的承诺并没有兑现，因此德国农业危机仍在继续，关于农业政策的激烈争论仍未停止。仍然拥有土地的容克地主要求实施保护性关税，得到政府补助。作为工人阶级的代表，社会主义者已成为共和国中强有力的因素，他们更倾向于保持低廉的物价，所以并不赞同实行保护性关税。大地主大多是高级贵族或君主主义者，成为君主主义性质反议会政党的保护者及赞助者，并有支持反共和组织的倾向。

因为地主与德国一些重要的工业家组成了联盟，土地革命反对者的影响得到很大程度的巩固。德国占世界工业产值的份额由战前的14.3%降至战后的11.6%。考虑到像日本、美国等非欧洲国家工业产值的增加，德国的份额虽然降低，实际上也是一项成就。德国当然比英国表现更好。但是，德国经济得以恢复在相当程度上是因为其在电力及化学工业方面的成功，尤其是在出口市场上。德国重工业的发展让位于非欧洲国家。由于无法再生产武器，重工业将重心转向国内市场，并与重农派一起要求较高的保护性关税。工业家的民族主义倾向在经济利益的驱使下进一步加强。他们通过删除《凡尔赛和约》中关于解除武装的条款获得了巨大的直接利益。于是右翼政党不再主要由重农派组成，也代表了强大的工业利益集团。此外，为了重现过往时代的辉煌，与目前平民生活的单调形成对比，他们对广大资产阶级进行了强烈的情感呼吁。在革命和缓的开端之后，民族主义者成为一个不容忽视的因素。几乎所有曾统治过德国的联合政府都被迫向民族主义者妥协，要么是为了安抚右翼伙伴德国人民党，要么为从右翼获得民心。他们公开批判《凡尔赛和约》中关于战争罪的条款，明显为了规避解除武装的条款，他们着手建设袖珍战列舰。袖珍战列舰比传统的战舰小且非全副武装。道威斯计划生效后不久，他们便要求进行修订，这一要求或许有些冒昧。显然，德国不断地要求使法国开始怀疑德国缔结《洛迦诺公约》的诚意，同时法国对他们修订的目的也进行了强烈的抨击。几年后，德国与法国外交大臣施特雷泽曼和白里安成功避免了使两国关系出现严重破裂。然而，法德关系仍然岌岌可危。

20世纪20年代以后，三大共和派政党在德意志再也没有获得过大多数支持，但仍然是20年代最强大的集团。那时，他们处于守势。战败后的混乱及民族分裂的威胁使其错失土地改革及社会主义化的机会。只有少数人意识到结束容克地主在东方的统治及削减鲁尔区工业家的力量，对创建新的民主社会的必要性。另外，道威斯计划的达成是以保持现有经济结构为先决条件的。结果，左翼政党，尤其是社会主义者，首先开始关注捍卫及改善选民的物质利益。但就工资、关税、社会保险的支付、罢工及仲裁问题的商议，使得建设社会新秩序的美好前景演变为无休止的讨价还价。

然而，德国在某一领域呈现出新的形态，那就是文化领域。在一系列影响深远的计划遭受挫折后，自由主义者与社会主义者急于证明至少在文化方面一个新的时代正在开启。德国许多大城市的市政府都由社会主义者主导，他们负责建立学校、医院、公共部门办公室，最重要的是为工人及低收入人群提供廉价的住房。这些工作往往被委任给建筑师，如瓦特尔·格罗皮乌斯（Walter Gropius）。他是包豪斯建筑学派（Bauhaus）的创始人，开创了一种功能主义风格，将建筑功能的重要性置于建筑设计之上。法兰克福、柏林、杜塞尔多夫（Düsseldorf）、斯图加特（Stuttgart）及德绍被公认为风格粗犷的现代建筑的展示地。在各德意志邦国，尤其是普鲁士，由左翼管理的自由主义者或社会主义教育大臣，支持艺术及文学中的现代潮流，而这曾遭到帝国保守派教育大臣的反对。多年的动荡及不安全因素带来的紧张与兴奋，刺激了艺术及文学领域的尝试。另外，通货膨胀在一定程度上动摇了人们对传统价值观的信仰。而且，正如我们所见，通货膨胀期间一些人通过投机获取了大量利润，并将钱用于购买保值品，如艺术品。他们预见到纸币会很快贬值，因此花钱时不经思量，恣意挥霍。因此，表面的繁华下掩饰着严酷的社会现实，尤其在柏林和其他大城市。娱乐业繁荣起来，艺术展、歌剧、剧院及音乐会场场爆满。在歌剧、戏剧及艺术等领域也有许多尝试。20 世纪 20 年代初，年轻的贝尔托·布莱希特（Bertolt Brecht）的戏剧首先登上德国舞台。阿尔班·贝尔格

德国现代建筑：位于德绍的包豪斯大学。

（Alban Berg）的歌剧《沃采克》（*Wozzeck*）获得了巨大成功。诸如电影《卡里加里博士的小屋》（*The Cabinet of Dr. Caligari*），展示出新艺术形式的内在可能性。社会不稳定使人们变得愤世嫉俗，也使社会批判变得更加尖锐，这两者在乔治·格罗兹（George Grosz）的绘画作品中有明显的体现。渡过战后立即出现的经济危机这一难关后，批判主义精神仍然存在，对尝试的渴望仍在继续。布莱希特的《三便士歌剧》（*Threepenny Opera*），由库尔特·魏尔（Kurt Weill）谱曲，不仅因其全新的戏剧风格，也因其对腐败官僚主义社会及价值观的谴责而出名。事实证明，这部歌剧获得了巨大的成功，从 1928 年至纳粹兴起，柏林一直在反复演出这一剧目。第一次世界大战后柏林的学术氛围令人振奋，吸引了来自世界各地的记者、作家和艺术家。诸如辛克莱·刘易斯（Sinclair Lewis）、多萝西·汤普森（Dorothy Thompson）、斯蒂芬·斯彭德（Stephen Spender）、克里斯多福·伊舍伍（Christopher Isherwood）及伊利亚·爱伦堡（Ilya Ehrenburg）等人物，他们回顾起 20 世纪 20 年代在柏林的生活，都将其作为自己的重要经历。

但是，由于对传统艺术形式的排斥，以及有意识地接触其他国家最先进的知识运动，这些文化活动遭到许多德国人的反对。保守派认为这是魏玛政权与德国传统决裂的进一步表现，是德国历史上的外来元素。君主主义与民族主义上层精英每年 8 月在拜罗伊特（Bayreuth）进行会见。理查德·瓦格纳（Richard Wagner）的遗孀科西马，同时也是无情的传统卫道士，在其严厉的监视下，他们听到的《尼伯龙根的指环》(*The Ring of the Nibelung*)和它在 19 世纪创作完成后第一次演出的样子完全一样，虽然现在看来已经有点过时。乡村地区远离现代生活中的快速变革，与共和国的现代首都柏林之间的差距也越来越大。正是德国其他地区与柏林和其他大城市的这种差异，使得后来纳粹的反魏玛“体制”宣传在社会各界具有更大的吸引力。

美丽新世界

当我们描述和解释进取精神的复兴及 20 世纪 20 年代下半段的社会进步时，仅把原因归为一定程度上的政治局势的不稳定是不充分的。这种复兴发生时，科技领域的深远发展使人类生存的方方面面发生了巨大的改变。而战争又进一步刺激了这些发展，即便在战争结束后，这些强有力的刺激因素仍然存在。

20 世纪 20 年代最为繁荣的一年发生了一件事，而该事件成为这些改变与进步的象征。1927 年 5 月 21 日，在一次大胆的单独飞行后，查尔斯 · 林德伯格(Charles Lindbergh)抵达巴黎勒布尔歇(Le Bourget)机场。至此，他完成了向东越过大西洋的持续飞行。在 20 年代没有其他任何事件能像这件事一样引得世界人民遐思无限。这并不难理解，林德伯格的壮举在两方面触动了 20 世纪人们的内心：人们对于未曾消逝的个人英雄主义的自豪感，以及科技的进步。

1927年5月21日，林德伯格的飞机“圣路易斯精神号”（The Spirit of St. Louis）降落在巴黎勒布尔歇机场 。

飞机用于常规运输是技术变革已经发生的明证。在飞机从试验阶段迈向广泛运用的过程中，战争是决定性的因素。因为飞机在战争中的作用，航空技术的巨大潜力显现出来。1919 年时伦敦与巴黎之间的航线开通，林德伯格飞行成功一年之后，阿姆斯特丹和伦敦之间也开通了航线。不久之后，所有欧洲大城市都有了机场，且有固定的商业航班。林德柏格飞行的成功表明横跨大西洋的常规飞行服务可以实现，但时隔十年，直到第二次世界大战爆发前夕，这一设想才真正实现。

第一次世界大战对交通及通信的发展产生了深远的影响，体现在许多方面。第一次世界大战并不是一场机械化的战争。直到军事冲突的最后阶段，坦克才出现。大型军事部队并非步行前进，都使用铁路进行运输。对于较小的团体，尤其是军官，主要的交通工具则是汽车。汽车构造变得更为复杂，为战后汽车化工业的扩张奠定了基础，尤其是那些生产大批量、体积较小且相对便宜的汽车，使得社会上大多数人都可能拥有汽车，虽然拥有轿车在欧洲仍是个别而非主流现象。

第一次世界大战中无线电通信的使用开启了该领域新发展的篇章。第一次世界大战之后，关于无线电通信的试验开始了，金融家投入大量资金，无线电工业建立起来。战时的原始耳机被敏感接收器所代替，无线电台可以整天播报节目，每个欧洲国家都拥有政府控制下的公共广播公司，国际大会指定了每个国家使用的波长。1927 年，英国与美国之间首先开通了无线电话服务。

第一次世界大战对工业的影响延伸到了很多方面。战争极大地促进了化学工业的发展，且化学工业自身也变得越来越重要。战时需要带来的最重要的影响可能就是发现大气中的氮能够转化为氨，氨是爆炸物及化肥生产中的基本要素。这样一来，它们的生产不再依赖进口，尤其是从智利的进口，因为智利拥有丰富的自然硝酸钠资源。实际上，如果没有硝酸钠的工业生产，德国无法使战争持续如此长的时间。化学工业的发展也得益于另一项挑战，即发展商品的替代品，因为原料匮乏，战争期间有一些商品无法生产。

尽管合成纤维发现于 19 世纪，人造纤维也于 1914 年前开始生产，战争降低了进口蚕丝的可能性，但因需要生产可以覆贴机翼的材料，对该原料的需求又在增加，这催生了更为耐用的粘纤。战争结束后，人造丝生产成为工业领域发展最迅速的产业之一，从 1920 年到 1925 年，产量以每年 45% 的速率增加。人造丝在成本上比天然丝要低，且使用范围非常广。例如，因为超短裙成为时髦的女性服饰，人造丝袜的销量激增。虽然几乎所有欧洲国家都加快了人造纤维的制造，但人造纤维的生产对德国和意大利尤为重要。对德国而言，化学工业帮助德国重获战前工业领先的地位。对意大利而言，它不出产铁和煤，发展化学工业生产恰好不需要这两种原料，同时意大利能通过水力发电提供化工业所需的电能。

科学发现从发现之初到实际投入使用，需要借助技术和发明，需要花费很长的时间。交通、通信及化学工业的发展都基于很久以前的科学发现，当然是 1914 年前的发现。另一方面，20 年代的科学发现只能对 20 年后，即第二次世界大战期间及战后的人类生活产生影响，而且是革命性的影响。但在科学史上，20 世纪 20 年代是伟大的时代之一。

“对原子物理学的理解……源于新的世纪之交，20 世纪 20 年代是其集大成和解决问题的阶段。”[2] 朱利叶斯 · 罗伯特 · 奥本海默（J. Robert Oppenheimer）如是说，他是科学革命的重要人物之一，这句话描述了原子物理学的主要发展阶段。世纪之交，原子物理学历史上发生了几件大事：1900 年，马克斯 · 普朗克（Max Planck）发表的《关于正态光谱能量分布规律的理论研究》（“*On the Theory of the Law of Energy Distribution in a Normal Spectrum*”），提到了量子理论的命题；1905 年，阿尔伯特 · 爱因斯坦发表论文，详细阐述了相对论。到 1903 年时，一些实验确认了新理论观的必要性，例如皮埃尔 · 居里和玛丽 · 居里分离出镭元素的实验、安托万 · 亨利 · 贝克勒尔（Antoine Henri Becquerel）发现物质放射性的实验。第一次世界大战之后，一些年轻科学家探索了这些理论及发现的应用。充满吸引力的智力探险之地包括哥本哈根，原子学研究的领导者尼尔斯 · 玻尔（Niels Bohr）在那里工作；马克思的出生地哥廷根，詹姆斯 · 弗兰克（James Franck）及大卫 · 希尔伯特（David Hilbert）保持了哥廷根大学作为数学及自然科学中心的传统；剑桥，欧内斯特 · 卢瑟福（Ernest Rutherford）继续他的放射性研究，并与詹姆斯 · 查德威克爵士（Sir James Chadwick）一起转向原子结构的研究。这些研究团队之间展开了热烈交流，来自多个国家的科学家的共同成就是开启了新的物理世界观的大门。虽然新的物理学观点没有动摇传统的牛顿物理学，但却限制了它的应用范围。

数十年来，对经典物理学进行修正的必要性激发了创造激情，尤其是经典物理假设通过观察和实验，能够确立某些法则，这些法则证明了决定自然过程的因果联系。普朗克证明了能量辐射中存在着一定的不一致性，它不是以连续波的形式，而是以间隔跳跃的形式从一个物体传递到另一个物体，就像一连串大小固定的子弹（“量子”）。这一理论表明，在自然过程中存在完全连续性的说法是不成立的。自然是非连续性的。量子能量释放后会引发一系列事件，但这些事件不是预先设定的。类似的，爱因斯坦在他的相对论中证明了时间维度与空间维度中存在着某种连接，导致人们重新审视通过观察所得到的物质的参数。人们发现，对小的基本粒子如电子进行测量时，如果集中在速度上，就无法测量到精确的位置。相反，对位置的测量会降低速度测定的准确性。结论就是，对自然的根本描述就是“不确定性”。

对自然固有的非连续性及不确定性的揭示，使早期科学家的期望落空，他们原本希望某天能发现永恒不变的公理，它们能够解释所有的已知现象。物理学家的工作局限于探索各种现象中的关系，但也正是这一局限性，使研究者有了更大的付出创造性努力的空间。

20 世纪 20 年代及 20 世纪 30 年代，理论假设中的这一改变被证实需要基于具体的观察。原子研究中的发现伴随着对知识的思索。19 世纪，已经有一些研究表明，原子并不是构成物质的不可继续分割的单位，这与曾经的假设不同。20 世纪时，科学观察逐渐揭示出原子由一个非常小的原子核和围绕着它带负电荷的电子组成，原子核通常由带正电荷的质子和不带电荷的中子组成。问题是，虽然某些元素存在放射性，可能会导致能量衰减，但它们的原子却能保持稳定。在新的理论视角下对这一现象做出解释，带来了原子能的发现。

当时公众对科学领域的发现及发展的理解，和今天的我们一样少，甚至可能更少。“相对性”及“不确定性原理”的说法在日常语言中常会用到，并且被认为具有哲学本质的意味，但是我们对这些术语模糊的大致了解恰恰说明，即便是受过教育的人也不知道这些概念确切的科学含义。然而，公众对这些术语的兴趣说明他们意识到自己生活在一个科学获得极大发展的时代。然而，科学的发展与发明带给人类的不仅是热情，还有恐惧。人们曾认为他们生活在一个他们所熟知的世界，并因此拥有安全感，然而现在这种安全感正逐渐消失，人们开始意识到不只有新的机遇，还有新的危险，不只有扩大的视野，还有新的控制手段。科学快速发展带来的恐惧不单单因为他们拒绝接受某些改变。也有人质疑新发明带来的影响，不知道他们能够从中获得什么益处。

20 世纪，私人生活与充斥政治和商业活动的世界之间存在一定的距离，而新的通信技术让这种距离不复存在。自从家中有了收音机，人们不断受到来自外部世界的接二连三的要求的影响。第一次世界大战期间，政府就通过在大后方进行渗透，收到了强大的宣传效果。当时海报随处可见，或是力劝人们去服兵役，或是游说大家购买战争债券，有时是警告人们提防间谍。战争结束后，宣传中用到的技术手段被广告商采用，广告开始出现在印刷品、广告牌、电影和广播等传播介质中。广播更是被用于控制大众思想，成了操控普通大众情绪的强有力的方式。

科学、技术及工业带来的变化，为主导政治事务创造了新的可能性。但是这些发展带来的成果直到 20 世纪 30 年代才被用于政治活动中。对其潜能的认识程度因各国的特殊情况而定，尤其是各国政治传统的力量。例如，虽然广播“炉边谈话”时使用的技巧提高了富兰克林 · 德拉诺 · 罗斯福（Franklin Delano Roosevelt）的受欢迎程度，时任法国总理的加斯东 · 杜梅格（Gaston Doumergue）模仿罗斯福播出讲话时，则被认为是自大与独裁主义的体现，反而加速了政府的垮台。很自然，在那些反对既有政治架构而发起的政治运动中，参与者大多乐意使用新的政治技巧。墨索里尼及希特勒都曾强调，自己是现代化运动的领导人。墨索里尼特别喜欢在驾驶飞机时拍照，希特勒则经常被看到开着他的梅塞德斯－奔驰。在西方民主国家，英国首相内维尔·张伯伦的勇气极受赞赏，1938 年 9 月前往贝希特斯加登（Berchtesgaden）会见希特勒时，他人生中第一次乘坐飞机，而且胳膊下还夹着一把伞。但是纳粹及法西斯主义者觉得张伯伦不愿意使用现代化交通工具，令人鄙夷，认为他代表着民主国家的落后。

自 18 世纪起，科学就与“启蒙”联系在了一起，人们希望确立一个更好的，也就是一个理性的世界秩序，但没有预料到科学竟成了一股反作用力。它约束了人们的思想，这对那些掌握了交流方式的人来说确实有好处。1932 年，阿道斯·赫胥黎（Aldous Huxley）在他的小说《美丽新世界》（*Brave New World*）中向头脑简单的乐观主义者提出了第一个清晰的警告，即对这一说法的反对：科学进步将创造出一个理性的世界，在这个世界中人们会生活得更加幸福。这部理想化的小说有力地展现了组织完善的生活可能伴随着内心的空虚，没有复杂深刻的情感，也没有选择或决定的权利。但是赫胥黎的小说出现时，欧洲已经发展出了一种新的状态，那时一切都很明了，稳定繁荣的时代结束了。

第六章

经济危机与纳粹的兴起

世界经济危机

几年后，世界性的经济危机打破了1925年实现的稳定局面。经济危机的影响空前强大，因为20世纪20年代过后，人们逐渐相信第一次世界大战留下的创伤会被治愈，会重现1914年前的繁荣，被战争打断的前进步伐会再次开始。但是经济危机摧毁了所有的期望与希望。战前的世界似乎一去不复返，许多人深信这一系列的事件已经造成了不可逆转的颓倾之势，欧洲的生活会比第一次世界大战前更加危险，充满灾难，也许最终会走向毁灭。因此，20世纪30年代是充满焦虑和不安的十年。1939年，第二次世界大战爆发时，世界性的经济危机还没有开始全面恢复。

1929—1933年是经济崩溃最严峻的时期。在讨论造成经济危机的原因前，首先应该概述一下这些年发生的大事件。1929年10月的最后一周，在大量投机的影响下，纽约证券交易所股票崩盘，标志着经济危机爆发，尽管一些指向生产下降的危险信号之前就已显现出来。1931年夏天，欧洲经济危机达到顶点。1931年5月，奥地利最重要的银行——受奥地利罗斯柴尔德家族控制的银行，称其已无法履行责任。这一事件动摇了德国主要银行对于偿付能力的信心。随着越来越多的资金要求撤回，不久德国各大银行因失去了偿付能力被迫关闭。他们只有在政府的保证下才能重新开张。经济形势如此严峻，偿还国际债务显然是不可能的，于是美国总统赫伯特·胡佛（Herbert Hoover，1874—1964）建议给欧洲国家一年的支付赔款及偿还债务的缓冲期。经过长时间的协商，这一提议终于在 8 月获得通过。但是延期偿付来得太迟，已来不及挽救英国的经济形势，受中欧经济崩溃影响，英国的经济形势已经被严重削弱。1931 年 9 月 21 日，英国放弃金本位制。此次事件标志着一个时代的终结，迄今为止英镑一直享有与黄金同等的价值。在接下来的几年中，经济一直处于低迷状态，尽管从 1934 年起开始逐渐恢复，尤其在工业国家。农产品价格仍然承受巨大压力，依赖农业产品出口的巴尔干半岛国家依然损失惨重。此外，一开始似乎没有受到经济危机影响的法国，于 1932 年也开始遭受经济困难，而且法国的经济衰退延缓了其他欧洲国家的经济复苏。

要想了解这场经济灾难的特点，如严重性、持续时间及其传播范围，就必须了解其中的两个因素。第一是产量下降，导致贸易锐减，失业率飙升；第二个则是财政危机。

产量下降主要体现为生产进入停滞期，因为第一次世界大战后生产一直处于低迷状态。到 1929 年时，经济的确已恢复到战前水平，但经济增长率本应该随着人口的增长而更高，虽然人口增长率

经济萧条中的英国。失业大军在伦敦排队等待工作机会。

也不算高。此外，欧洲在世界贸易中的份额比1914年低，因为欧洲面临着来自非欧国家新兴经济体的竞争。对于欧洲在非欧洲市场中份额的减少，俄国从世界经济体系中被排除应该算作一个更深层次的制约性和破坏性的因素。

20世纪20年代下半段的经济繁荣建立在有限的基础上。有限的人口增长限制了销售增长的可能性，尤其是自战后就存在的高失业率多年来一直未完全消除。利润的获得主要来自于生产的现代化，而非新增的投资或市场的扩张。因此，这一时期的经济繁荣不足以抵御严重的打击。

在1929年之前，农产品价格的下跌就预示着经济将开始下滑。东南欧的农业国家立刻受到价格下跌的影响，尤其是罗马尼亚、保加利亚及南斯拉夫。在这些国家，受传统或战后土地改革的影响，高生产成本的小农场是主要的土地所有形式。对这些国家的农民而言，农产品价格下降使他们失去了在巴尔干半岛以外欧洲市场的竞争力。即便在巴尔干半岛国家，小麦的价格也几乎下跌了一半。由于工业产品的价格下降没有那么严重，这就使这些国家的农民陷入农产品与工业品的差价即"价格剪刀差"中，他们没有能力从工业国家购买货物。因此，整个欧洲发生了工业生产萎缩的现象。而且，每一个国家都利用保护性手段不惜一切代价保护自己的工业，由于这种抵制外来品的保护性手段的普遍应用，工业生产萎缩的现象进一步恶化。

加上金融危机，生产危机呈现出非同寻常的且戏剧化的形式。1929年，在金融风暴的中心华尔街，投机活动高涨最终导致股票市场崩盘，引发旷日持久的经济大萧条。美国经济崩溃迅速对欧洲产生了不良影响，尤其是德国。美国不但借款给德国政府解决战争赔款问题，还向许多私人和半公共化企业，如工业企业、公共事业公司及市政府提供贷款。外来资金以高利率大量流入德国，而因为德国劳动力相对低廉，德国经济足以承担由此产生的利息。随着股市的崩溃，美国货币不再注入，而且美国银行要求德国必须在约定日期到来时尽快偿还贷款。在生产萎缩和价格下跌时期，美国突然撤走贷款无疑给德国商人带来沉重的打击。商人们主要依赖美国持续提供的资金，以短期借贷的形式做长期投资。尽管德国经济学家沙赫特（Schacht）曾提醒过这种方式并不可取，但是从德国国家银行的主席到德国商人及外国银行家，无一能够抵御轻易获利的诱惑。

随着美国资金从德国经济中撤出，德国各银行及企业的流动准备金受到的压力越来越大。此外，由于海外贷款必须以外币支付，美国撤回资金后德国国家银行不得不动用黄金储备，而这将危及德国货币。到1931年时，德国货币折合总值不及经济危机爆发前的10%。1931年夏，德国公众意识到德国金融危机的严重性并冲向银行，德国经济危机达到高潮。由于德国是国外货币的投资中心，因此，德国的银行遭受的困难给国外银行带来了惨重的损失，尤其是英国与美国。于是，德国受到普遍的信贷限制，而且也很难或者根本不可能获得投资。缺乏新的投资延长了萧条期，也使经济复苏进一步放缓。

此时约翰·梅纳德·凯恩斯的观点，即经济萧条时期应向经济中注入新的货币，被几乎所有的经济学家认为是危险的异端邪说。以平衡预算同时将花费降到最小值为主要特征的通货紧缩政策，是经济学家在经济危机时期给个人及公共财政提供的处方。他们没有意识到失业会使经济萧条加剧，因为失业者没有货币购买商品。20世纪20年代的经济不景气使整个欧洲出现零星的失业现象，而大萧条时期，失业人数激增。1931年，英国有将近300万失业人口。1933年年初，德国工业产量仅为1929年的一半，失业人数却是

1929年的3倍，即有600万人失业。

经济危机是两次世界大战间的转折点，因为它改变了欧洲的政治氛围及政治格局。即便在经济稍微稳定的时期，也没有回到1929年前的形势。

随着第一次世界大战的结束，1914年前，工人阶级与统治阶级、国际社会主义代表者与民族主义追随者之间的鸿沟，似乎均已弥合。战争期间，工人支持他们的政府，工人以此表明他们乐于承认民族国家的价值，作为回报，政府扩大了公众的政治权利。战后西欧和东欧国家不同程度地采取了这些举措：降低选举人年龄，赋予女性选举权，消除财产资格限制，实施比例代表制等。战前激进派提出的大多政治民主化主张都得到了满足。

虽然政治民主化缓解了工人与资产阶级之间的阶级冲突，但并不意味着他们之间经济利益方面的冲突得到化解。在这个领域，战争也打开了新的视角。社会主义者已经丧失了革命的热情，一部分因为他们强烈反对在苏联掌权的激进左翼势力的理论及行为，一部分因为不同政府在战时采用的经济控制及经济调控，意味着在现有体制下自由经济将转向管制经济和计划经济。相应的，资产阶级成员意识到战时与工人的顺利合作给他们带来好处，同时俄国革命仍是他们心头挥之不去的阴影，他们害怕一旦将工人逼到绝境，还会发生类似事件。此外，战后经济衰退对工人与雇主都产生了打击，他们都希望为经济注入动力。

因此，社会主义者与资产阶级都愿意采取措施接触对方。众所周知，工人获得了一些妥协条件，如八小时工作制，提高失业救济金，承认罢工权，以及建立只雇用工会成员的工厂，这使得工会成为工人在工厂中的唯一合法代表。作为交换，社会主义者降低革命宣传的力度，强调通过民主方式达成目的的可能性，接受劳资纠纷中的仲裁机制，承认有必要维护民族武装力量直到局势允许解除武装。

战后不同的欧洲国家在社会立法方面都取得了一定进展，但是每个国家的具体情况各不相同。在曾经发生过革命的德国，工人及工会的权力比在法国得到了更好的保障。毫无疑问，劳动环境及雇主与工人间的关系得到了改善。

然而，妥协的时期是短暂的，经济危机的爆发扩大了两个阶层之间的鸿沟。政府起草预算时目标就是节省资金，这意味着失业救济金要被削减，工人将被企业家无情地解雇，因此通过资本主义制度逐渐过渡到社会主义的希望渐渐破灭。朝着革命激进主义发展的新趋势出现了。同时，工业企业家开始变得越来越反对工会，将工会作为他们试图通过降低工资、减少劳力来节省资金的障碍。反动及独裁主义思想又被重新激发，这种抬头之势伴随着民族主义的复兴。在经济萧条的黯淡氛围中，每个政府首先考虑的是本国人民，于是采取经济保护措施来抵御外来竞争。向其他国家妥协会被认为是懦弱的表现。

欧洲两大区域尤其受到不断加剧的民族主义态势的影响。在巴尔干地区，各国之间的敌对态度变得尖锐，各大国不再鼓励合作与宽容，还有一个重要的原因就是他们不再依赖贷款强化经济。法国在这一地区失去了主要影响力，而意大利与德国的影响力逐渐增强。但是西欧几个大国间的紧张关系变得更加严重。受经济危机的影响，英国变得虚弱，无力发挥其在《洛迦诺公约》中曾经承担的调停者及仲裁者的义务。法德间的敌意再次抬头已不可避免。

因此，整个欧洲境内的经济危机唤醒并强化了左翼及右翼的极端主义倾向，破坏了紧握民主理想的温和的中间力量。

为理解 20 世纪 30 年代发生的事件，我们应先跳出经济危机的影响来看一下党派政治的影响。20 世纪 30 年代的政治氛围与 20 年代完全不同。有人会说只有在萧条期间第一次世界大战带来的打击才显现出来。在很大程度上，这种打击源于设想的破灭，这些设想一度被认为理所当然会实现。1914 年之前，文明的进步几乎在平稳地进行着，欧洲道德观的普遍准则在世界广大地区传播并得到肯定。在战争中，人们残酷地创造出最有效的杀人及毁灭性机器来对抗所有的民族，当他们站在民族胜利的道路上时，漠视惯例及道德。这些战争的经历与旧时的原则背道而驰。当和平再次来临，这些旧的原则又被宣扬应该成为文明社会的一部分。此外，当年轻人被迫离开学校而置身于战争的冲突之中，他们认识到他们拥有的本能和力量，是他们的父辈所在的世界曾经镇压过的，而且这些本能和力量在父辈们希望他们遵从的生活模式中毫无用武之地。有一本感人的书，即保罗·福塞尔（Paul Fussell）所写的《伟大的战争及现代的记忆》（*The Great War and Modern Memory*）曾清晰记录了在战争中所产生的强烈的情感及伦理意识。战后，里顿 · 斯特拉奇（Lytton Strachey）也曾揭示维多利亚时代背后的虚伪；西格德蒙 · 弗洛伊德（Sigmund Freud）的压抑及潜意识理论渗透到艺术与文学中。然而，刚刚迎来和平的那段时期，在人们反对历史价值及传统的情绪中，一种信念盛行起来，即战后将提供一个创造更新更好的民主世界的机会。20 世纪 30 年代，一些人宣扬战争中显示出的暴力、残酷及对权利的欲望才是社会中真正有效的因素，而战后世界幻想的破灭伴随着经济萧条的苦难，使得这种说法越来越难以被否定。在社会及政治生活中，战争似乎也可能发生，战争武器的使用也获得了许可。因为延迟效应的力量，第一次世界大战的经历带来的打击，使得心理疏导应用于政治及社会生活中。

欧洲形势的改变解释了一种令人讶异而震惊的发展。不到十年的时间内，英国及法国在完成足以确立其欧洲领导者地位的安排后，便偃旗息鼓了，主动权转移到了反民主国家的手中。

反抗欧洲控制世界最早的革命萌芽

欧洲的发展虽然对 30 年代的诸多事件及第二次世界大战的最终爆发起着决定作用，但在权力平衡向独裁转变的过程中，非欧洲国家发生的事件也扮演着各自的角色。我们曾提到，非欧洲国家工业的发展及用于支付战争费用的海外资产的销售，挫伤了欧洲的经济力量。随着以结束殖民统治及开采为目的的民族主义的兴起，英国及法国的地位及其对欧洲平衡的影响力也被削弱。各民族为之并肩战斗的战争，为挣脱殖民统治进行的解放运动注入了动力。到30年代初期，这些运动成为重要政治关联中的因素。在非洲及南亚，欧洲统治者和殖民者与原住民之间的敌对关系开始发挥重要作用。

非洲

在非洲，必须区分阿拉伯人多个世纪前征服的北部集团与非洲中部及南部。在中非和南非，英国与法国政府试图建立他们的殖民咨询委员会，并渐渐对原住民开放政府职位。这些措施是必须采取的，因为英国与法国对非洲的前德国殖民地（坦噶尼喀、多哥、喀麦隆）的控制采用的是托管的形式，而其前提是受到国际联盟的监管，以及以实现原住民自治为目标。渐渐地，在前德国殖民地中所做的让步扩展到了其他领域。但在这些地区，实现自治甚至独立还有很长的一段距离。

在非洲北部及近东，反抗欧洲帝国主义的运动有着很深的渊源。自19世纪埃及人哲马鲁丁·阿富汗尼（Jamal-ud-Din al-Afghani，1838—1897）为穆斯林提出民族及自由主张，民族主义运动在整个非洲北部及中东地区不断发生。在第一次世界大战之前，阿拉伯人已开始反击奥斯曼帝国的统治。土耳其加入第一次世界大战时，阿拉伯民族主义受到英国与法国的支持，并且在联络官如托马斯·爱德华·劳伦斯（T. E. Lawrence，1888—1935），即著名的阿拉伯劳伦斯（或沙漠枭雄）的鼓励下，十分希望建立一个更大的阿拉伯王国，其疆域从阿拉伯帝国延伸至大马士革及巴格达。然而在 1920 年这些希望落空了，阿拉伯人称这一年为“灾难年”。法国将阿拉伯人驱逐出大马士革，并控制了黎巴嫩及叙利亚，这是法国获得托管权的地区。英国政府对巴勒斯坦拥有托管权并对其实施管理，而且曾在《贝尔福宣言》（*Balfour Declaration*，1917）中承诺将巴勒斯坦作为犹太人的民族国家，这里的反犹太暴动于是遭到了镇压。英国试图通过建立阿拉伯国家，例如外约旦、伊拉克及汉志，与阿拉伯民族达成和解，但是阿拉伯对欧洲帝国主义的敌意仍未消除。于是英国人与法国人通过利用宗教与种族敌意，例如信奉天主教的阿拉伯人和德鲁兹人（Druzes）对穆斯林的敌意，或直接利用武力，维持他们对这些地区的控制。民族主义也深入阿拉伯人定居点的最西部。自 20 世纪 20 年代，年轻的突尼斯人（突尼斯民族主义者如是称呼自己）带来越来越大的压力。20 世纪 30 年代，民族主义运动也开始活跃于摩洛哥。20 世纪 20 年代和 30 年代，反帝国主义运动对英法在非洲这部分殖民地的统治构成了严重威胁，但这只是一个缓慢的渐进过程。只有一个例外，那就是埃及。战争结束后，阿拉伯民族主义在埃及政治中的重要性立刻显现出来。

战争期间，英国完全剥夺了埃及人的统治权并干预埃及人的生活，征用牛群及食物，强迫埃及人民为其在近东地区战争的需要修建铁路及其他设施，因此埃及反英情绪进一步加剧。这些严苛的举措激起了埃及人的愤恨，华夫脱党运动爆发了，这次组织有序的运动目标就是实现埃及的完全独立。自 1919 年 3 月英国拒绝华夫脱党的要求至 1922 年，埃及一直处于动荡不安的局势中。在这些暴乱的影响下，1921 年，英国被迫释放华夫脱党的组织者及领导人萨德·扎格鲁尔·帕沙（Saad Zaghlul Pasha，约 1860—1927），他曾被流放至马耳他。扎格鲁尔胜利归来后，局势终于归于稳定。英国承认埃及主权，但是仍有权干涉埃及事务。他们控制住苏丹，并承担保卫埃及、保护外来居住者的责任。尽管做了妥协，但形势依旧严峻。扎格鲁尔施加压力，要求废除英国人保留的特权，而华夫脱党在选举中经常获得胜利。但是，英国得到了埃及国王的支持，他并不赞成华夫脱党的民主倾向。尽管英国被迫做出进一步的妥协，但是他们撤军依旧缓慢。在战间期，埃及仍然是英国的政治考量，为了在埃及维持地位，英国在那里部署了一定的军事力量。

印度

阿拉伯民族主义取得的进展十分缓慢，第一次世界大战差不多结束时，印度白人统治者才面临着最为严峻的挑战。在非欧洲民族为摆脱欧洲统治发动的解放运动中，一股力量不断凝聚增强，而发生在印度的事件就是最有力的证明。50 多万印度人民参与了第一次世界大战，不论是贵族还是平民，都因他们的勇敢而引人注目。在第一次世界大战结束之前，英国政府就意识到，印度人民在战争中的积极表现证明他们理应参与国家政府事务。1917 年 8 月，印度国务卿埃德温·蒙塔古（Edwin Montagu）在下议院中宣布，英国政府计划“不仅在各管理部门中增加印度团体，同时准许成立自治机构，以期在印度逐步建立属于大英帝国一部分的、负责任的政府”。

英国认为要想对印度的现状做出改变，他们首先要与受过英式教育的上层阶级及土邦统治者进行交易。他们相信自己需要缓缓推进，务必谨慎。但印度独立运动加快了步伐，并由于其领导人莫汉达斯·甘地（Mohandas Gandhi，1869—1948）鼓舞人心的个人魅力，演变成了戏剧性的冲突。

二十年间甘地一直住在南非，被认为是那里大批印度契约劳工的领导者。甘地曾为他们的法律及经济地位带来明显改善。为实现这些目标，甘地曾使用过罢工、示威及饥饿游行等手段，但他禁止他的追随者使用暴力，一旦警察采取行动，他和他的追随着便自愿前往监狱，不做任何抵抗。甘地为南非印度人进行的斗争使他成为一位备受尊敬的著名人物。1916 年，当他返回印度时，民族主义运动领导者主动投靠他。

甘地为独立运动灌输了两大关键性思想。首先，要扩大基础。不应该仅仅局限于受教育的上层阶级，要包含社会各个阶级，尤其是那些贫穷的农民和产业工人。其次，在独立运动中使用的方法必须是他在南非成功使用过的，即非暴力政策。

扩大社会基础需要迈出改革性的一步：冲破种姓阶层及贱民间的藩篱。甘地在贱民中居住时，收养了一个贱民女孩做养女，这使得人们感到深深的震动。渐渐地，他的道德力量受到钦佩，巩固了他的政治领导力。他对非暴力的坚持使运动有了很强的道德基础。

甘地称，他的斗争包含“尝试改革政治，恢复有组织斗争中的道德力量。我们希望通过我们的行为能够证明肉体的力量在道德力量面前微不足道，道德力量永远不会失败”。甘地希望通过不合作的形式迫使英国让步，并不使用暴力。他的想法是有力的，因为它包含很强的道德因素。正如甘地所说：“对邪恶不合作，就如同与善良合作。”

不合作政策中采取的实际措施大大削弱了英国对印度的统治。两位参与其中的律师离开了法庭，后来成了运动领导者，他们分别是尼赫鲁（Nehru，1889—1964）和帕特尔（Patel，1875—1950）。学生们离开了大学，和 19 世纪俄国的民粹主义者类似，专业人员及知识分子前往农村，对人民进行教育并宣讲不合作政策。要想成功实现不合作，首先必须抵制进口商品，人们穿上了朴素的布衣，标志着生活将自给自足。甘地劝诫印度人民每天纺纱，他对这项工作赋予了特殊的价值，因为纺纱时，人们可以进行冥想。

印度独立运动组织受全印度自治联盟（All-India Home Rule League）的掌控，1920 年甘地成为联盟主席。在甘地的领导下，创立了民主群众组织，该组织分为乡村单元、城市区域和省级部分，最高级别是印度国会委员会（All-Indian Congress Committee）。印度独立斗争发展成为国会与英国之间的斗争。国会采用不合作政策，称“脱离与政府的联系，另谋生路是每个士兵与公民的义务”。然而，不合作演变为公民不服从运动，随之而来的往往是暴动与暴力。当暴力发生时，甘地以绝食做出回应，暴乱结束时他才停止绝食。甘地被印度人奉为宗教崇拜的象征性人物，所以他可以用绝食的方式控制住他们。人们接受了他的主张，因为一旦绝食时间过长，可能会危及他的生命。

英国人对甘地的处置使他们自己陷入了不安全的境地。1922 年，他们以甘地写了一系列煽动性的文章为由将其逮捕，并判他入狱六年。但为平息监禁甘地所引发的事端，两年后他们就释放了他。

1930 年爆发了一起冲突。由于英国政府迟迟不肯给予对印度独立明确的承诺，引起了新一轮的国民不服从抗争。退出政治舞台几年的甘地答应重新担任领导者。为了扩大抗争的效果，甘地决定

甘地领导示威游行抗议英国在印度的食盐垄断。

打破政府对食盐的垄断，并相应地组织向海边进发的游行。在海岸上，甘地抓起海浪退去后留下的盐并放进嘴里，以示他并没有受到关于食盐的条例的约束。甘地再次被逮捕了。但英国政府意识到他们在某些方面必须达成协议，便释放了他。为了表示对英国人这一举动的感谢，甘地提出希望见到总督，即欧文勋爵（Lord Irwin），也就是后来的哈利法克斯伯爵（earl of Halifax，1881—1959）。在这次著名的会见中，总督给了甘地一杯茶，甘地从围巾中拿出一纸包盐，说道："谢谢，我打算在茶中放入一些盐，提醒我们不要忘记波士顿倾茶事件*。"甘地与欧文勋爵的会见终止了公民不服从运动，所有政治犯被释放，英国放弃对食盐的垄断，而且会见还促成了国大党（Congress Party）参加在伦敦举行的圆桌会议。甘地作为国大党代表只身前往伦敦。在伦敦，印度的国内局势给独立带来的巨大的困难变得极其明显。会议使印度教教徒与穆斯林之间产生了巨大的分歧。穆斯林作为印度的少数派，主张对选民进行区分后举行选举，唯有达成这项协议才能避免他们在选举中被多数派打败。而印度教教徒坚持对全体选民一视同仁。英国政府决定进行区分选举，这激起了新的一轮斗争，贯穿了整个20世纪30年代，令人目不暇接：国民不服从运动、逮捕、甘地绝食、英国的不断妥协。最终的解决方案直到第二次世界大战后才达成，印度获得独立，但被分为两个国家，一个国家大部分公民为印度教教徒（今印度），另

* 1773年12月16日发生的波士顿倾茶事件是一场由波士顿自由之子所领导的政治示威事件。示威者们乔装成印第安人的模样潜入商船，将东印度公司运来的一整船茶叶倾入波士顿湾，以此反抗英国国会于1773年颁布的《茶税法》。

一个成了英联邦国家，大部分公民为穆斯林（巴基斯坦）。

远东的变化：日本和中国

受第一次世界大战的影响，两大非欧洲国家美国和日本，在实力及对欧洲大国的重要性方面变得势均力敌。没有美国和日本的参与就无法决定全球事务。的确，远东地区的发展在一定程度上显示出，美国与日本已不仅仅与欧洲大国势均力敌，甚至超过了它们。

欧洲国家与美国都卷入欧洲战事，使日本有了可乘之机。日本尤其急于加强对中国的控制。中国被迫承认日本接管了德国在中国的权利，并扩大日本在中国东北地区的经济特权。此外，日本试图保住其接管的德国从前在太平洋占领的岛屿。

但是日本政策触犯了美国的利益。他们对已占领岛屿尤其是雅浦岛（Yap）的控制意味着他们在太平洋谈判中拥有主导权，且日本对中国的控制抵消了美国门户开放政策的效果。一场海军军备竞赛似乎不可避免。然而第一次世界大战之后经济环境十分糟糕，这种加重经济负担的做法显得毫无意义，海军大国仍希望努力尝试通过协商解决争执。1921 年 12 月 12 日，海军大国代表在华盛顿进行谈判，讨论海军军备及太平洋局势。在开幕式致辞中，美国国务卿查尔斯·埃文斯·休斯（Charles Evans Hughes）提出了许多限制海军军备的具体提议。1922 年 2 月 4 日，会议达成解决方案并结束，解决方案包含了就提案形成的一系列复杂协议。其中一条是确立了海军大国控制战舰吨位的明确比例。英国不再宣称自己拥有世界上最强的海军，而承认美国拥有同样强大的海军力量。英国和美国各自被允许拥有52.5万吨的大型军舰，日本可拥有35万吨，法国与意大利的标准都是17.5万吨。此外，在接下来的10年中，不允许建造新的大型战舰，即吨位在1万吨及以上的战舰。《九国公约》(*Nine Power Treaty*)对这一海军协约进行了补充，由美国、英国、法国、意大利、日本、比利时、荷兰、葡萄牙及中国九个国家签署。《九国公约》保证了中国的主权和领土完整，并承诺保持门户开放。据此公约，日本将前德国殖民地胶州湾地区（Kiaochow）归还给中国。最后，由美国、英国、法国及日本签订的《四国条约》(*Four Power Treaty*)确认了各国在太平洋的所属岛屿，并达成一致：若四国的所属岛屿遭到威胁，它们将共同协商解决。《四国条约》通常被认为是华盛顿会议达成的最重要的外交成就。会议期间，日本和英国之间的联盟关系得到重申。美国对英国与日本间这种特殊的纽带关系表示不信任，而英国也不愿意因为做出这项承诺而站在美国的对立面。《四国条约》取代了旧的英日联盟关系，并开启了与远东利益相关的各大国共同合作的时代，同时阻止日本单独采取行动。

总之，这些协约揭示了太平洋地区力量的显著转变。在该地区，英国明显屈于美国，居于次要地位。迫于美国的意愿，英国放弃了与日本的联盟关系，而且因为英国只能在远东地区保留部分海军，关于海军力量的协约杜绝了英国单方面参与远东战事的可能性。英国现在不得不努力达成合作，有必要的话，加入与远东利益相关的各国，共同采取行动。但是，华盛顿会议制定的政策能否实现目标，《四国条约》取代英日联盟是否能产生有利影响，都是未知数。

日本从中国撤军，并在很多年内一丝不苟地遵从在华盛顿达成的各项协约。这都使日本强烈感觉到他们参加第一次世界大战并没有获得多少利益。热心于进行帝国扩张及反对议会政权的军国主义集团变得更有号召力，而支持与英国、欧洲各国及美国合作的温和派日本政客逐渐失去了影响力。

中国发生的事件促进了事态的发展。对外国人的仇恨以及对帝国主义政权的愤怒不断积聚，1911 年，辛亥革命终于爆发。随后中国进入了混乱的内战时期，各地军阀之间发生混战。第一次世界大战使这些事件成了新的转折。

将中国的前德属殖民地移交给日本，激起中国人民的民族仇恨，尤其是在知识分子及学生之间。另一方面沙皇统治的终结及布尔什维克夺取政权，意味着中国不再面对外国列强的统一战线。相反，自从共产国际致力于殖民地民族及受剥削国家的事业，有一个国家成了中国的守卫者。俄国通过放弃清朝政府赋予沙皇的特权，对中国表示了诚意。孙中山被拥护成为中华民国临时大总统，他是中国革命中富有才能的领导者，他倡导社会改革，是建立统一的、现代化中国事业中的重要人物。但是 1922 年时，军阀混战，中国四分五裂，孙中山的权力变得十分微弱。他转向俄国，并允许中国共产党党员加入他创立的政党即中国国民党。这种联盟并不是基于完全的机会主义：孙中山看到了布尔什维克实施的各项举措，大多是中国可以借鉴的土地政策。因为在中欧和西欧发动革命希望渺茫，俄国曾一度认为，通过共产主义征服中国可以为其实现世界范围内的全面革命增加动力。在俄国顾问的帮助下，国民党以高效的方式得以进行组织，军队也得以改革，这些顾问中的最杰出人物是米哈伊尔·鲍罗廷（Mikhail Borodin）。1925 年，孙中山逝世，他的继任者蒋介石（1887—1975）成功实现了国民党对中国主要地区的控制。国民党政权的巩固，伴随着一浪高过一浪的反资本主义罢工及游行示威，使西方各国效仿俄国纷纷放弃特权，从帝国时期占领的港口撤军。他们希望以这样的方式维持与中国的贸易，并实现官方宣称的他们政策的目标：开放门户及实现中国的独立。蒋介石和孙中山不一样，他受到西方支持的鼓舞，认为与共产党合作只是权宜之计，于是与其断绝关系。共产党被驱逐出国民党及政府，尽管在毛泽东（1893—1976）与朱德（1886—1976）的领导下控制了中国的一些农村地区。蒋介石领导下的国民政府宣称其目标是建立宪政民主，但是这一目标只有经过所有权力集中在国民党手中的过渡阶段才能实现。国民党统治下的中国成为一党制国家。这是一个集中化及组织改进的阶段：货币得到统一，预算制度的引进使政府财政变得有序，铁路及公路的修建促进经济的发展，行政管理得到加强。

与西方列强完全不同，日本人并不认为中国政府的巩固对他们有利。他们担心政治上变强的中国会追求民族主义政策，从而使日本的工业产品被从中国市场清除出去，进而危及日本的经济形势。

另一方面，中国认为日本试图对东北地区进行经济渗透，因此对其越来越不信任，日本成为反帝国主义运动及示威游行的头号目标，联合抵制日货的行动也开始了。1931 年 9 月，日本将一次铁路爆炸归咎于中国，两国关系破裂，九一八事变爆发。日本侵占中国东北，战争开始了，直到“二战”结束时中日之间的战争才结束。欧洲列强无法阻止冲突的爆发，国际联盟也束手无策。日本拒绝接受国际联盟的建议，并于 1933 年 3 月退出国际联盟。

国际联盟在这次冲突中调解失败，是这一巴黎和会上建立的体系变弱的明显信号，意味着这一体系的缔造者和主要捍卫者法国和英国的权威遭到了沉重打击。很明显，受到经济危机的影响，它们无法动员必要力量阻止日本步步为营，也无法提供解决方案。在欧洲，那些反对国际联盟政治体系的人也认为改变的时机来到了。因此，反对《凡尔赛和约》的暴动蔓延至欧洲。

德国纳粹的兴起

真正终结巴黎和会上建立的体系及政治稳定时代的决定性因素是德国纳粹主义的兴起。其原因当然是多方面的。经济危机给纳粹运动注入了很强的动力，但并不是其传播的唯一的原因，甚至不是最重要的原因。在很大程度上，纳粹主义是德国内部现象，它唤起了旧时德意志帝国的政治态度，即独裁主义及民族主义。

希特勒和纳粹党的建立

研究纳粹独裁统治的学者会注意到，领导德国纳粹运动的阿道夫·希特勒同他后来的敌手约瑟夫·斯大林有一些相似的生平经历。如同斯大林出生于格鲁吉亚一样，希特勒也是一个“外人”，他出生于奥地利而非德国本土。希特勒家庭的情况也是父亲暴躁、母亲溺爱。他们都通过反对既有国家统治开启自己的政治生涯，都曾因反政府活动入狱。如果没有第一次世界大战的激进影响，他们的政治生涯都无从谈起。然而，希特勒的政治经营模式却与斯大林迥然不同。苏联领袖斯大林热衷于政治阴谋中的细节，而且事无巨细必亲力亲为，甚至对最平淡无奇的国家事务也是如此。而德国元首希特勒醉心于营造意识形态幻想的大方向，除了文化事务外，他对于单调乏味的日常政策制定表现得漠不关心。因为没有通向独裁统治的普遍之路，所以想要理解希特勒如何由无名小卒一跃成为德国元首，需结合他当时所处的独特的社会环境。在数百万德国人的眼中，希特勒的非凡角色是时世造就的。希特勒在政治上的成功不仅依赖良好的机遇和自身的才干，也离不开众多狂热追随者的拥护。在这一点上，他和墨索里尼很是相像。

1889 年 4 月 20 日，希特勒出生在位于奥地利与德国边境的布劳瑙（Braunau）的一个小镇上，早年生活在上奥地利州的林茨（Linz），直到 1932 年才获得德国国籍。希特勒的父亲是一名海关官员，在希特勒14岁时便去世了。母亲非常宠爱儿子，放任他过着懒散浪荡、毫无节制的生活。希特勒在学校表现不佳，并于16岁时辍学。希特勒自认为能成为一名艺术家，于是1907年时，他前往维也纳学习绘画，但未能被维也纳艺术学院录取。1908年，希特勒的母亲去世，他靠着父母遗留下来的财产一度过着考究的生活。但好景不长，他很快挥霍完了父母的遗产，为了生计不得不辗转于各种粗重的工作之间，始终没能找到一份稳定的工作。穷困潦倒的他睡在廉价的旅馆，衣衫褴褛。在朋友的建议下，他为当地的建筑绘制明信片，他的朋友则负责沿街兜售。因为接触到的大部分都是流浪汉，希特勒并没有从他们那里学到谈话的艺术。他通过独白的方式锻炼自我表达能力，并且终生坚持着这个习惯。他的独白通常描绘的是“犹太人的邪恶”，反映出希特勒早已深陷20世纪早期在维也纳盛行的极端反犹思潮。作为一个没有接受过特殊培训的“外人”，希特勒无法找到一份正式工作，尽管事实上他也并不想找工作。画着可悲的明信片挣点果腹的小钱，在流浪汉中时不时高谈阔论一番，对于漫无目的地混日子，他似乎很满足。

第一次世界大战彻底改变了希特勒的命运，尽管这件事没有发生的话对于世界来说会更好。1913年，他前往当时德国的艺术中心慕尼黑，相信自己的艺术之路在那里兴许会更加顺畅。并且，正如他后来所说的那样，相较于“外国人蜂拥混杂”的维也纳，他更喜欢慕尼黑这样一个真正的德国城市。然而他在慕尼黑和在维也纳一样，过着得过且过、悲惨无望的日子。因此，1914年第一次世界大战爆发时，他看准机会加入了巴伐利亚军队，为德军效力。但作为一个奥地利人，他必须得到巴伐利亚国王的特殊许可。希特勒在战争中表现英勇，获得了一枚一等铁十字勋章和一枚二等勋章。在西部前线的战壕里，他负责传递战地信息，首次感受到自己也是团体中的重要一员。在那里他结识了一些重要的人，这些人之后成了他最忠实的朋友和追随者，其中有他后来的秘书鲁道夫·赫斯（Rudolf Hess），纳粹德国的新闻主管马克斯·阿曼（Max Amann）。战争的经历使希特勒推崇与军队相关的一切，特别是等级秩序和严格的指挥链条。

德国在第一次世界大战中的失败对年轻的希特勒个人来说是一次巨大的灾难。他无法正视德国的惨败是由他所爱戴的军队领导人造成的。在他看来，战败是由“背后捅刀子”的黑暗势力造成的，即他痛恨的维也纳和慕尼黑的共产党和犹太人。在 1918 年至 1919 年革命期间，他回到慕尼黑做起了军方的情报人员，被指派调查战后混乱环境下趁势而起的小党派的活动。为保持军队的尚武精神，他还在军队复员中心发表煽动性的演讲。在一系列的活动中，他接触到了自称为德国工人党（German Workers' Party）的一小撮人，该党派成立于 1919 年 1 月。对这个小党派，希特勒开始不以为意，但不久就加入其中，想着用自己的努力为该党打上自己的印记。他很快就做到了，主要是利用自己的演说才能吸纳新成员。短短几个月，他就确立了自己作为工人党领导人的地位，把该党的名字改成了德国国家社会主义工人党（National Socialist German Workers'

Party），简称纳粹党。

顾名思义，纳粹党旨在将国家主义的元素同社会主义的元素相结合，所谓的“社会主义”并非来自马克思国际主义而是源于战时前线士兵与爱国工人的友谊。为保护盟友和破坏竞争对手的集会，纳粹党建立了自己的政治军队——冲锋队。通过巧妙地利用慕尼黑战后政治和经济的动荡，纳粹党很快发展成当地政治舞台上一股不可小觑的力量。1923 年年末，毁灭性的通货膨胀如恶魔般吞噬了德国，此时的希特勒相信自己已羽翼丰满，可以先占领慕尼黑进而向柏林进军，如同 1922 年墨索里尼进军罗马一样。因此，在 1923 年 9 月 8 日和 9 月 9 日，他发动了著名的啤酒馆暴动（Beer Hall Putsch）。在粉碎了啤酒馆的一次政治会议之后，他率领着众多的追随者向慕尼黑的中心挺进，企图接管该城市。尽管希特勒成功地将鲁登道夫将军拉到了自己这边，但巴伐利亚的警察部队和军队却并没准备接受希特勒的领导和指挥。在慕尼黑统帅府雨点般的枪炮声中，希特勒的第一次夺权企图宣告失败。未来的元首虽侥幸活了下来，但起义过后不久就被当局逮捕并被判处叛国罪，他的政党也被宣布为不合法。希特勒理应被押解回奥地利或是被终身监禁，但他却被从轻发落，最终只被判在狱中服刑五年。在人们看来，保守的慕尼黑法官相信了希特勒的夺权系爱国之举的说辞。不到一年，当局又把他放了出来，允许他重新回到慕尼黑和政坛。就这样，德国及世界错过了一个彻底铲除希特勒的绝佳机会。

在监狱服刑期间，希特勒口述了自传体回忆录《我的奋斗》

（*Mein Kampf*）。在书中他阐述了自己的指导原则和政治思想。他的世界观是简易通俗化的社会达尔文主义、瓦格纳浪漫主义、尼采哲学和马基雅维利现实政治的奇怪融合。希特勒说："大自然的全部就是一场强弱之间的斗争——优胜劣汰。"对于他来说，政治就是不同种族之间的斗争，但是在他看来，种族是不平等的，存在优劣之分，"雅利安"人种优于其他任何人种。他相信精英的重要性。在所有的"雅利安"人中，日耳曼人就是精英，负有领导和统治其他种族的权利和责任。斗争是生命法则，战争因此必不可少。国家领袖的主要职责是使国家拥有赢得战争和实现对外扩张的强大军事力量。为拓展日耳曼人的生存空间，希特勒希望获得的首要地区位于东边。他设想对波兰和苏联的战争将能为日耳曼人带来这样的生存空间。在他看来，与苏联之间的战争尤其必要，因为苏维埃共产主义是纳粹主义的头号敌人。这不仅是因为斯大林实行强大的独裁统治，而且这和国际犹太人意图让德国居于弱势的阴谋有很大关系。

希特勒宣称，德国人种上的优越赋予了其统治的特权。这使得纳粹的意识形态跟苏维埃共产主义的意识形态存在本质上的区别。共产主义宣扬的是代表人类进步及超越国家和种族的无产阶级情谊。正如历史学家理查德·奥弗里（Richard Overy）所指出，意识形态的根本差异为两种独裁统治之间的"霸权战争"设立了舞台。

反犹政策体现了希特勒对布尔什维克主义的憎恨，是其政治思想的核心，也是他在德国进行政治宣传的有效手段。人们无法理解一些破坏小型企业和店主自主经营的经济力量，却会把批评的矛头指向犹太人。但是，反犹的实际用处对于希特勒还只是第二位的。他是一个坚定不移、不折不扣的反犹恨犹人士。他喜欢瓦格纳的歌剧，迷恋讲述日耳曼英雄故事的剧本：日耳曼英雄受大堆金子引诱，被黑暗矮人困于网中。对此我们无法找到一个合理的解释，连希特勒本人也没有真正去这么做。正如希特勒整个一生显示的或是他经常吹嘘的那样，希特勒的很多重大决定都是依靠直觉做出的。

然而，无论希特勒对自己的直觉能力持有何种说辞，对于将来的元首由穷困潦倒的前士兵向巴伐利亚及德国政坛领袖的迅速转变，我们不能从第六感的角度去理解其中的政治决策。对于研究希特勒的学者而言，解释希特勒这样一个刚愎自用、总体内向的人，如何能指挥理性而世故的一群人中那些杰出的追随者，不失为一项挑战。在此我们又一次看到，似乎是他的演讲口才将纳粹运动发展壮大成令人惊叹的力量，至少在慕尼黑是这样的。与希特勒本人宣扬的恰恰相反，他的演讲能力并非凭空产生，不是“上天的赠予”，而是在镜子前苦练的成果。希特勒不仅是个自助的践行者，而且懂得如何利用他人。

魏玛共和国议会政府的衰落

1925 年，在希特勒重返慕尼黑政坛之际，他的第一要务是要把纳粹党再次合法化。鉴于当局不再把他的政党视作威胁，他很快便做到了。除了重新确立自己在党内的领导地位，他还建立了一个准军事的组织——党卫军，作为自己的贴身卫队。之后，在总指挥海因里希·希姆莱（Heinrich Himmler）的领导下，身着黑色制服的党卫军变成纳粹德国最有权势的机构之一，甚至堪与军队抗衡。在20世纪中期，人们对纳粹党的前景并不看好。在侥幸熬过了通货膨胀的混乱、左翼和右翼的起义、《凡尔赛和约》的耻辱之后，魏玛秩序似乎才最终获得一丝丝认可。道威斯计划的实施和《洛迦诺公约》的签订使德国在三四年间获得了持续的繁荣，魏玛政权也开始渐渐站稳了脚跟，在1928年的政府选举中左翼获得微弱优势。这是政治环境改变的信号，标志着君主主义德国人民党将进入和其他三个共和党派联合执政的时代。然而，形势发生了急剧的变化。大选之后的一年，经济大萧条的影响开始不断凸显。1929年9月，德国失业人口数量为132万,一年之后增加到300万；1931年9月，德国失业人口数高达435万；到1932年失业人口再创历史新高，总数超过了600万。经济大萧条所引发的普遍穷困尤其对人民的心理造成了毁灭性的打击，人们未曾料想灾难会紧随通货膨胀的困苦而来，来势如此迅猛。共和国政府似乎也黔驴技穷，无法为社会维持稳定的经济基础。左翼和右翼的激进势力不断发展壮大，加剧了联合政府中左右翼势力之间的紧张局势。社会主义党人因害怕自己的追随者会转向共产主义阵营，越来越不愿意接受可能会增加失业人口的经济措施。为了增加党派的吸引力，德国人民党采取了更偏民族主义的外交政策路线。1929年10月，在德国人民党内拥有一定影响力的古斯特夫·施特雷泽曼不幸去世。在去世前不久，他成功地推行了“扬格计划”（Young Plan）。该计划降低了德国的年赔款总额，消除了他国对德国的经济管制，结束了对莱茵兰地区的军事占领。但是，因为该协议的签订经历了痛苦的外交斡旋，接受该协议引起了民族主义者的反抗和憎恨情绪，旨在增进国家间相互理解的“扬格计划”在实施过程中效果被削弱。

施特雷泽曼死后，政府部门中左翼和右翼之间的差异逐步扩大，到1930年3月时，联合政府终告瓦解。在应对不断深化的经济危机的举措上，各党派无法达成一致意见。失业救济金问题导致了现任政府的垮台，极其相似的是，英国工党政府在一年之后也因同样的问题解散。社会主义党人既想保留失业救助，又想减小预算赤字，因此提出提高捐税。另一方面，对于工业家来说，这似乎是一次绝佳机会，他们可以削弱工会在工人工资和解雇问题上的决策权，再次把决定权握在自己手中。

尽管兴登堡从未掩饰自己的君主主义的信仰，但他在第一任总统任期内却一直依宪法行使职权。他的周围充斥着君主主义的官员和朋友，他们认为联合政府的垮台为建立更强大的独裁体制提供了一个良好的机会，为新的君主政体铺平了道路。1930年，他们从中央党中选择了海因里希·布吕宁出任共和国总理，因为他是一个十足的民族主义者。布吕宁是一个虔诚的天主教徒，过着禁欲的生活，为人刚愎自用。他是个行政官员而非政客，是个独裁者而非民主人士。他是中央党财政事务的专家，是古典经济学说的忠实信徒。他坚信只有紧缩通货和厉行节约才能解决经济危机，其中包括削减失业保险金。意识到社会主义党人永远不会认同他的这一政策

1932年国民议会选举期间，各党派在投票站点发放传单。

后，他希望从中间派和右翼人士那里寻求支持。为此，他愿意调整宪法向右翼示好，即便这会使政府独裁进一步加强。国民议会否决了他的财政提案之后，他将其解散，动用紧急状态法令将提案付诸实践。

如事先所预料的那样，1930 年 9 月 14 日举行的议会选举结果偏向了右翼。但是并非偏向可能与布吕宁合作的德国人民党或德国民族党。纳粹党异军突起，在这次选举中赚足了政治资本，在议会中的席位由之前的 15 个增加到 107 个。

竞选的结果并没有使布吕宁踌躇不前：他拒绝接受一切关于与

社会主义者继续合作的建议。他还开始运用魏玛宪法中的一项条款（第 48 款），也就是经过总统的允许，在紧急状态法令下，总理有权实施统治。尽管这一条款基于它的本质不能经常或长期使用，布吕宁却得到了兴登堡的支持，使之成为常规举措。尽管这项措施削弱了自身及社会主义党人在国民议会中的影响力，极端右翼势力依然对这一方式表示支持。实际上，甚至在希特勒当权之前，布吕宁就已经扼杀了魏玛共和国的民主。

布吕宁通过转向德国的民族主义对外政策进一步讨好右翼势力。1930 年 6 月，当法国的最后一支军队撤离莱茵兰，庆祝这一事件发表的官方演讲对于法国的让步并不领情，甚至提出要对和平条约做进一步的修正。英国驻柏林大使写道："这就是德国人性格里不讨喜的一点。他们对于受到的恩惠毫无感激之情。但是如果在得到好处后让他们提出新的要求，他们又会感到不耐烦。"如果英国政府遵循了他们的大使的建议并且与法国站在一边的话，那么德国人在抱怨和提出新要求的方面也许会更谨慎一些。但是英国人只想保持中立，让事情顺利结束，德国则继续推进试图修改条约的政策。

这一次德国走出的最为灾难性的一步就是在 1931 年 3 月与奥地利组成了关税同盟。这个协议同 1919 年德奥合并禁令几乎是完全相悖的，这与奥地利在 1922 年接受法国、英国和意大利的经济支持的条款也有直接冲突。法国在位于海牙的国际常设法院上提出了这一问题，关税同盟被宣布为无效。因为关税同盟的矛盾而带来的政治动荡引发了1931年夏天严重的经济危机，最初发生在维也纳，接着席卷整个德国，最终蔓延至伦敦。

那个夏天，布吕宁和德国国家银行主席陷入绝望，被迫前往伦敦和巴黎，以寻求经济援助。而这种对曾经的敌人低头的行为破坏了政府在民族主义者眼中的威望。在1931年至1932年的冬天，民族主义者抗议的声音不断高涨，失业情况也达到了惊人的程度。

只有在经过总统同意的情况下，布吕宁才能通过紧急状态法令进行统治，毕竟总统才是有权颁布法令的人，这一事实进一步妨碍了布吕宁。1932年3月，兴登堡的第一次总统任期结束。在接下来的选举中，他获得了53%的支持率，而希特勒获得了36.8%的支持率。尽管兴登堡获得了大多数的支持，但最后的结果却令布吕宁感到失望，数字表明右翼激进主义势力正在持续增长。布吕宁未能与极端右翼群体进行合作，1932年5月底，布吕宁被兴登堡草草地免去了职务。

关于在布吕宁的免职和希特勒于1933年1月当权之间德国究竟发生了什么，细节是错综复杂的，但大致格局没有变化。右翼民族主义极端势力越来越受拥护，温和的保守派不想再与社会主义者重新展开合作。此外，兴登堡年岁已高，变得容易受人影响，反对恢复议会制度。国防军的将军们强烈支持这种独裁倾向。即便不对那些国家社会主义党领袖，他们至少对于国家社会主义党宣扬的民族主义和军国主义的复兴是支持的。在他们看来，当《凡尔赛和约》的枷锁被打碎的时刻到来之际，纳粹党将成为军队中的宝贵力量。他们不愿意冒险与国家社会主义党的准军事组织发生政治争执。事实上，他们甚至不确定军官们是否能遵从攻击纳粹的命令。总统身边所有的人都想与国家社会主义党合作，唯一的障碍就是国家社会主义党领袖希特勒的要求：他必须在任何其所在党派支持的政府中担任总理。兴登堡的顾问们想要利用国家社会主义党来达到自己的目的，但他们又愿意听从该党发号施令。布吕宁的继任者弗朗茨·冯·帕彭是一位有野心并且优雅的前任军官。他利用自己拥有的巨大财富在新闻报道和政坛获得了影响力，但他未能与希特勒合作。帕彭的继任者冯·施莱谢尔（von

当权之前的阿道夫·希特勒。和他在一起的是当时最杰出的副官。从左到右依次是施特拉塞尔、罗姆、希特勒、戈林、布鲁克纳。

Schleicher）也未能成功。然而到 1932 年 12 月的时候，情况开始发生变化。11 月的大选第一次显示出了国家社会主义党获得的支持率稍有下降；很明显经济危机已经达到顶峰。保守党派和民族主义者担心如果这种趋势持续下去，可能就会错过建立独裁政府和君主制复辟的机会。同样的，国家社会主义党领袖也开始感觉到他们已经等待了太久。民众逐渐认为国家社会主义党不会当权，可能会倒向其他党派。在这种情况下，帕彭再次尝试与国家社会主义党共同建立联合政府。他向国家社会主义党领袖做出让步，同意让希特勒成为总理，但只有其他两位纳粹成员，威廉·弗利克（Wilhelm Frick，1877—1946）和赫尔曼·戈林（Hermann Göring，1893—1946）成为内阁成员，戈林担任不管部部长。其他的成员或者是保守党派政治家，例如德国民族主义党领袖阿尔弗雷德·胡根贝格（Alfred Hugenberg，1865—1951），或者是一些专家。帕彭作为副总理，每次在总统接见希特勒的时候都在场。在这样的政府中，帕彭和他的朋友相信，由希特勒担任总理不会构成任何威胁。希特勒身边都是坚定的保守党派人士，他没有行动自由。帕彭的这些说法获得了兴登堡的儿子及秘书的支持，并克服了总统方面的阻力。1933 年 1 月，希特勒被任命为总理。

纳粹计划的实施

1 月 30 日傍晚，纳粹庆祝希特勒的任职，进行大规模的火炬游行。他们和有组织的老兵一起前进，穿过柏林市政府办公楼。举行这次游行是为了强调希特勒政府的形成预示着一个新的开端，并且代表着一场革命。在意大利同时兴起的法西斯主义也是非常惊人的。在与其他党派协商并实施宫廷阴谋之后，墨索里尼领导的联合政府最终建立。墨索里尼当选的传统本质在“进军罗马”的行动中体现出来，即通过武力征服来夺取权力。1 月 30 日这天的火炬游行实质上就是希特勒的“进军罗马”。兴登堡身边的人和希特勒政府中的非纳粹反动成员，希望能控制希特勒并让纳粹为己所用，这体现了他们并不了解希特勒的个性，以及为什么如此多的人都被吸收进国家社会主义党。尽管纳粹最终的当权是基于军队和反动分子的阴谋和狡诈的算计，但他们在德国政治中已然成为一股力量，因为德国大众赞同纳粹的激进要求，并将其视作新的起点，更将希特勒视作一位救世主。

希特勒的目标就是掌握全部权力，启动德国的扩张进程，以此来实现他所认为的政治自然法则。当他成为总理时，这样的目标还可望而不可即。他的联合政府中，国家社会主义党占少数。在外交政策上，德国的行动自由受到《凡尔赛和约》和《洛迦诺公约》的限制。德国军队的规模也受到限制，莱茵兰被解除武装。人们也许无法接受希特勒的目标，厌恶他的残忍手段，但是也不得不感慨他拥有非凡的本领，采用精湛的技巧摆脱了这些内部和外部的限制。在希特勒当上总理一年半后，他成为德国掌握绝对权力的独裁者。又过了不到两年，也就是 1936 年 3 月，他让《凡尔赛和约》和《洛迦诺公约》成了几页废纸。

起初希特勒利用和德国民族主义党组成的联合政府来强调他的“国民革命”温和保守的特性。黑白红三色的德意志帝国国旗取代了黑红金三色的魏玛共和国国旗。精心策划的庆典强调，新的纳粹德国和古老的德意志帝国是一脉相承的。

希特勒和国家社会主义党出于一些原因在短期内采用保守路线。首先，希特勒必须赢得老兴登堡的信任。如果兴登堡拒绝签署紧急状态法令，他的政府很有可能垮台。其次，这位新总理想要避开官僚主义带来的阻碍，并且要确保军队领导层不会反对他。最

1934年在纽伦堡举行的纳粹党国会。希特勒站在中间，左边是党卫军首领希姆莱，右边是冲锋队首领吕策。

后，如果与纳粹保持距离的保守党派和民族主义党派成员能够被诱惑加入纳粹党，那么纳粹主义将获得更高的民众支持率。保守路线也确保了纳粹党从工业信托和银行获得持续的经济支持，例如克虏伯钢铁厂与法本化学工业公司。

政府组建之初，希特勒坚持要求解散国民议会，并举行新的选举。国家社会主义党加入竞选，并且拥有很大优势。他们的党派领袖同时也是政府领导人，因此颇具威信。他们可以利用政府机构进行宣传。基于宪法第 48 款，他们可以发布紧急状态法令来限制反对党集会的权利，并且对其报纸和政治刊物进行镇压。然而，在 1933 年 2 月 27 日晚上举行的竞选中出现了决定性的转变，召开国会的大厦被大火烧毁了。尽管在大厦中被逮捕的荷兰年轻人马里纳斯 · 范 · 德 · 吕贝（Marinus van der Lubbe）承认是他所为，但人们认为他一个人不可能引发如此巨大的火灾。虽然最近的调查显示范 · 德 · 吕贝并非唯一的肇事者，但当时乃至以后，很多人都认为是纳粹党自己放的火。不管怎样，纳粹很快把责任推到共产党身上，并指控他们只是让可怜的荷兰人出面来当替罪羊。

2 月 28 日，在国会大火之后，政府颁布了一些紧急状态法令，直到 1945 年希特勒第三帝国灭亡时才被废除。作为一项“反对共产党暴力行为的防御措施”，政府撤销了对基本权利例如个人自由、言论自由、集会和结社自由、信件和电话通信隐私，以及财产不可侵犯的保证。另外，在对罪行的审判中判处死刑的情况增多，传播谣言或虚假消息被视作叛国。最终，德意志帝国政府被授权在必要

纳粹反犹太政策的一种体现。牌子上写道："这座小镇不欢迎犹太人。"

的情况下接管各联邦州政府。

在国会大火一周之后的大选上，国家社会主义党获得了 43.9% 的支持率。尽管大选发生在巨大的压力和限制之下，国家社会主义党也并没有获得明显的多数支持，这被认为是德国人民政治成熟的体现。甚至在希特勒政权显露出它的独裁本质之后，只有大约 44% 的德国人支持纳粹，这也许是一个更重要的事实。加上德国民族主义党获得的 8% 的选票，国家社会主义党获得了多数支持。

但紧急状态法令的运用很快就让这种联盟关系没必要存在了。

获得 12.2% 支持率的共产党代表被逮捕，不被允许进入国会。这样一来，即便没有德国民族主义党的支持，纳粹获得的支持率也占多数。

对于希特勒来说，这只是第一步，他想要完全清除议会和大选的阻碍。因此希特勒政府颁布一项授权法，将立法权从国会转移到政府，有效期为四年。因为是对宪法做出修改，这条法律需要获得三分之二国会代表的支持。希特勒威胁天主教中央党，如果不顺遂他的意思，则会动用紧急状态法令来对付他们，就像对共产党那样，因此得到了天主教中央党的支持。而天主教中央党做出的解释是唯有支持授权法，他们才能拯救自己的党派，并保留一定的影响力。授权法在 3 月 23 日被通过，只有社会民主党投了反对票，当时骑兵在大厅外叫嚣道："通过法案，否则大火和杀戮等着你。"

通过 2 月 28 日颁布的紧急状态法令和 3 月 23 日颁布的授权法，所有立法权和执法权都集中到希特勒政府手中。所有执行层面可以抵制罪行发生的保障都被清除了。这就是 1933—1945 年间希特勒独裁的"法律"框架。

然而，希特勒为建立独裁统治所掌握的法律手段并没有完全清除障碍，让他真正一手遮天。尽管他的政党在国会中占据多数席位，但他承诺要保留联合政府。而总统兴登堡的威望比他更高。反对党和报纸虽然受到限制，但依然存在。那些代表受教育公民如公务员、教授、牧师并充任其发言人的传统人物，仍然能表达自己的见解。希特勒运用高明的手段来削弱并最终消除这些残存的独立团体。他用的都是相似的套路，不会一次性消灭全部反对者，而是各

1933年2月28日国会大火。

个击破，循序渐进。

希特勒结束多党制的手段可谓是颇具特色。在德国共产党被清除之后，希特勒的第一个目标就是社会民主党。在这方面，联合政府中的伙伴非常愿意帮助他，其他资本主义党派也极少提出异议。社会民主党的力量在于他们与工会之间紧密的联系，而工会一旦发动罢工会严重阻碍政府的工作。因此希特勒首先要将工会从社会民主党分离出来。他向工会承诺只要它们放弃政治活动并专注于经济目标，那么工会就能继续存在，不受干扰。工会的领导者胆小而势利，于是掉进陷阱并且接受了限制。接下来，纳粹宣布工会没有独立存在的必要性，而应该成为一个综合性大组织的一部分，这个组织能够接纳工会的雇员和工人。5 月 1 日，德国劳工阵线成立，举办了盛大的庆典，这一天也被定为德国的法定假日。第二天，工会所在的数座大楼被占领，其资金被没收，一些工会领导人被逮捕。在清除工会之后，社会民主党失去了他们最后一点能够向政府施压的力量。一些重要的社会主义者面临被监禁的威胁，于是他们离开了德国，在国外继续打击德国政权，纳粹以此为由声称社会民主党的活动为叛国罪行。他们废除了这个党派，并且监禁了许多重要的党内领导人。

接下来，希特勒继续处理那些政府之外的资本主义党派。这些党派中最重要的是天主教中央党。希特勒依照对付社会主义党派的方式故技重演：他摧毁了天主教中央党的力量来源。该党得以存在的最根本原因就是保留并维护罗马天主教会及其成员的位置。希特勒派帕彭去罗马签订宗教协定。多年以来罗马教廷一直渴望有这样一个协定，能够保障天主教会在德国的法律地位及主教们与教皇的交流，但之前没有一个联邦政府愿意签署这样的协定。罗马教廷接受了希特勒的条件，可能是因为教皇庇护十一世（Pius Ⅺ）倾向于独裁统治，也可能因为当时的教廷国务卿即后来成为庇护十二世（Pius Ⅻ）的欧金尼奥·帕切利（Eugenio Pacelli）有亲德倾向。这是一个致命的错误。这一协定使纳粹政权第一次获得了国际上的认可，并且提高了它的声望，但这并没有确保罗马天主教在德国的地位。希特勒达到解散天主教中央党的直接目的之后，立刻就着手对天主教进行打击和破坏。但是当时德国天主教徒得到协定的保证，不受纳粹政权的迫害。他们放弃了天主教中央党成员的身份。7 月 8 日，迫于来自罗马教廷的压力，天主教中央党领袖同意解散该党。

至此，希特勒仅需要剪除其在联合政府中的伙伴德国民族主义党。希特勒当上总理时，曾承诺不会改变政府的构成，即政府中包括他在内，一共只有两名国家社会主义党成员。然而，通过创立由纳粹领导的新部门，他成功地增强了国家社会主义党在联合政府中的影响力：戈林，在战争中曾是一名出色的飞行员，也是希特勒亲信中最受尊敬的一位，成为空军司令；约瑟夫·戈培尔（Joseph Goebbels，1897—1945），曾为柏林纳粹党首领，同时也是最具智慧和愤世嫉俗的纳粹领袖，成了宣传部部长。此外，投奔国家社会主义党的德国民族主义党成员都得到了奖励，在管理部门和党派中获得了优越的职位。而拒绝加入者则会面临无限的麻烦。因此，这种在德国民族主义党内产生的巨大压力使得其成员相信，要想在政府和管理部门保持影响力，则必须与纳粹党合并。于是，德国民族主义党开始分裂，并最终解体。7 月 14 日，一项政府法令宣布：“德国国家社会主义党是德国唯一的政党。”试图保有或组织其他任何政治党派将被视作犯罪。德国成为一党制国家，多党派体系的消亡是德国迈向极权主义至关重要的一步，但这只是冰山一角。纳粹委员担任各联邦州首脑，并由他们任命受纳粹控制的州政府。媒体和出版社由纳粹控制的组织机构进行调整。只有这个机构中的成员才能编辑报纸，或在报社工作。类似的接管也出现在了大学里。一些新领域如种族科学的教授职位被创造出来，这些职位都由国家社会主义党成员占据。有政治倾向的新来者会得到大学校长的支持，而校长已经不是通过选举产生，而是由纳粹教育部任命。表现出纳粹强调的观点成了继续任期和晋升的必要条件。德国学术界对剥夺学术自由这一点几乎不曾抵制，对此没有任何理由能够做出解释。因为纳粹渗透进大学的情况时有发生，许多教授在失去他们的独立性时才意识到这是系统性的破坏。

与此相似，希特勒反犹太人的目标逐渐明晰。很有可能从这时起，希特勒的头脑中已经有了灭绝犹太人的想法，这一想法在第二次世界大战时成了“最终解决方案”。但在纳粹政权形成之初，希特勒让犹太人觉得他们可以在经济领域和专业领域内继续活动。除了在第一次世界大战中参战的犹太人，其他犹太人都被排除在政府职务之外。然而，很快希特勒就变本加厉，参战老兵的例外待遇被取消，纷纷被撤职。在为医生、律师、记者、作家而组织的协会中，犹太人也被排除在外。那些不属于协会的人在专业实践中会遇到越来越多的困难。学校和大学不再接收犹太裔的青少年。商业和经济领域中也逐渐采取了同样的措施。从事商业和经济活动的前提是成为不接收犹太人的行业协会的会员。与此同时，货币调控和出口限制使得事业刚刚起步的犹太人只能通过移民这一条路逃离德国。对于那些中年人和老人来说，移民看起来不太可行。大多数人犹豫不决，直至追悔莫及。

戈培尔在纳粹群众性集会上发表演说。他的右侧是柏林希特勒青年团的旗手。

1935年9月15日通过的《纽伦堡法令》(*Nuremberg Laws*)标志着反犹政策的高潮。这项法令剥夺了犹太人和有犹太血统的人的德国公民身份，严禁非犹太德国人和有犹太血统的德国人通婚及发生性关系，不允许犹太人雇用非犹太血统的女仆。无论何时，当犹太人上街时，衣服上必须佩戴黄色的“大卫之星”(六芒星，犹太教和犹太文化的象征)标识。他们被赶到犹太人区。反对这些措施的抗议毫无作用。事实上，很少有人敢冒险反对这些做法。

所有这些变化也带来了一系列政治恐怖，尽管纳粹并不把自己看作“恐怖分子”。相反，他们认为他们的镇压政策是对付反政权者的必要武器。那些敌人在他们眼里才是真正的“恐怖分子”。需要强调的一点是，大多数成为纳粹“恐怖”一部分的政策和举措，都得到了德国民众的广泛的支持。数百万普通公民选择了做出这样的解释：这种残酷压迫及其对公民自由的破坏，对于政府声称要进行打击的“反恐战争”是至关重要的。此外，数千名不属于政府恐怖机构的普通公民心甘情愿地为国家的恐怖政策提供协助。对于镇压中的受害者，当权者声称他们行动可疑，与国外保持秘密联系，决心采取恐怖行动对抗德国人民，并将他们描述为“永远的敌人”，需要对他们一直保持警惕。纳粹当权后，他们

水晶之夜：1938年11月10日的早晨，一家犹太商店的窗户玻璃被砸，碎片散落一地。

的第一个举动就是控制警察。因为各联邦州的内政部长控制警力，纳粹确保担当这些职位的人都是可信赖的。在大一点的城市中心，纳粹还被任命为警察联合会主席。这些官员组织了突击队员作为警察辅助力量。在国会大火之后通过的紧急状态法令授权警察逮捕和拘留任何不忠于国家的人。没有人是安全的，仅仅因为一句轻率的话或者个人对突击军队存在不满，就可能招致牢狱之灾。有些人莫名其妙就消失了，从此杳无音信。警察拒绝对纳粹游行实施干预，例如 1933 年 4 月 1 日，纳粹的游行队伍毫无障碍地穿过柏林市中心的各大街道，向犹太人经营的百货公司和商店的窗户投掷石块。在大学内也爆发了类似的学生运动，纳粹学生让那些被认为对新政权不友好的教授放弃他们的课程。在恐怖的氛围之下，官员对于这些黑暗时期的开端不闻不问，梦魇不断加深。人们不再提问，对周遭发生的一切置若罔闻。此外，几个月过去之后，这种恐怖仍然没有消散。相反的，象征这种恐怖的组织出现了，即秘密国家警察，常被称为盖世太保。它发展成了一个大型组织，总指挥部设在柏林，警局则遍布德国。盖世太保致力于找出纳粹主义的敌人，在不经过任何法律程序的情况下对他们实施逮捕、审问、折磨，并将他们送进隔离营。

在这种情况下，对于希特勒领导地位唯一的严重威胁来自于纳粹党本身。许多党内杰出的人物，例如纳粹党卫军首领、狂热而死板的海因里希·希姆莱，还有宣传部部长、足智多谋却越来越受轻视的戈培尔。他们意识到跟随自己的人很少，因此完全依赖于希特勒。戈林唯独嗜好奢侈和权力，这使他的诉求显得更为人性化。戈林是希特勒的指定接班人兼第二号人物，他对于这种地位赋予他的权力和财富感到十分满意。但是许多党内早期成员相信纳粹当权会引发社会革命，而他们也将成为一个全新社会的领导者。这样的想法在冲锋队体现得最为突出，主要鼓吹者就是冲锋队首领恩斯特·罗姆（Ernst Röhm，1887—1934）。他的具体目标就是让冲锋队成为军队的一部分，并让冲锋队领袖获得军衔。这样的要求令国防军的将军们感到不安，他们不希望看到自己训练和组织军队的权力受到冲锋队“野蛮人”的干扰。希特勒不想失去这些军事将领的信任，因为在 1934 年兴登堡死后将总统和总理的职位合二为一变得迫在眉睫，希特勒预计在这方面他需要军方的支持。因为保守党派的一些举动使情况变得更为复杂。他们意识到没有兴登堡，他们就无法阻止第二次革命，因此在兴登堡去世之前，他们就叫停纳粹激进主义。

这些复杂的动机于 1934 年 6 月 30 日引发了一场血战。希特勒亲自领导了反对罗姆和冲锋队其他领袖的行动，在巴伐利亚州的一个小型夏季度假村发动了突袭，罗姆和他的随从未经审判就被处死。在做出辩解的演讲中，希特勒强调自己发现他们和年轻的冲锋队战士上床。事实上，他早已知道在冲锋队内部同性恋的现象十分普遍。在柏林，戈林不仅起诉了冲锋队领袖，还起诉了他在纳粹党中的政敌，如前总理施莱谢尔。他还处死了副总理冯·帕彭的两位作为保守派发言人的秘书，帕彭则被软禁起来。因此，希特勒摆脱了党内的激进派，赚取了军事将领们的感激。他也以此证明了自己没有成为保守党派的囚徒。6月30日发生的事件既表明了希特勒对于法律和道德的不屑，又标志着他获得了无限权力。当8月2日兴登堡去世时，希特勒在无人反对的情况下合并了总统和总理的职位。

在社会生活的两方面即经济事务和军队事务上，相较其他领域而言，纳粹独裁带来的改变并不明显。从一开始，经济和军事领导人的利益便和希特勒的目标保持一致。经济生活受到了严格的控制，工业和贸易活动都由贸易协会协调。所有的企业家都要加入这些协会，而犹太人和共济会会员则被排除在外。亚尔马·沙赫特（Hjalmar Schacht）作为经济部长和德国国家银行的主席，同时也是政府和商业之间的中间人。沙赫特抛弃了前政府通货紧缩的政策，通过启动公共建设工程，如修建高速公路系统，以及为工业企业提供军备制造合同，他将新的资金注入德国经济中。通过严格控制货币和限制进口，这项政策带来的通货膨胀的后果被降到了最低。此外，德国秘密重整军备的消息被封锁，让不明就里的公众以为是政府支出及政府对商业企业的投资发挥了作用。

现在整个世界已经知道，政府对经济活动的支持即对商业企业的投资是克服经济大萧条的有效手段。然而，要想成功贯彻这一政策还是存在一些限制。沙赫特认为他的目标在1938年之前就已实现，而希特勒坚持继续实行这一政策，所以沙赫特离开了政府。直到1939年战争爆发时，毁灭性的后果才显现出来。那个时候，德国面临着衰退和战争两种选择，纳粹领导人这才意识到问题所在。

冲锋队干涉的危险已经清除，军事领袖们对于希特勒的统治都非常满意。在希特勒看来，德国元首不仅要赞成重整军备，还要加快这一进程。因此，军事领袖们对重整军备的渴望不会遭到政府的反对。然而，他们独立于纳粹控制实际上是有名无实的。1933 年创立的空军由戈林指挥，它的军官们也都是狂热的纳粹分子。此外，军事扩张使得军队内部晋升速度加快，年轻的军官更倾向于支持希特勒政权。1938 年，一些年长的军官开始担心希特勒的外交政策太过冒险，希特勒毫不费力地替换了那些他认为碍手碍脚的人，起用了对他更为顺从的将军。

到了 1936 年，希特勒有理由宣称自己建立了一个极权国家。除了罗马天主教会和新教教会有小型团体偶尔做出抵抗，所有的活动、组织和机构都接受了纳粹政权，并且服从希特勒的指示。但是希特勒及其他纳粹党领袖声明的对权力的征服代表了一场革命，这一说明是否也有理有据呢？“革命”可以被理解成一个统治阶级被推翻，并被另一个阶级所取代。那么纳粹政权究竟从什么方面，在何种程度上改变了德国社会生活的基本结构呢？

纳粹运动不单一地局限于德国社会的某一阶级或某一层次。农民和地位较低的中产阶级是这次运动的决定力量。但是在经济困难时期，失业人员、公职人员和白领员工加入并壮大了纳粹组织。在这些小团体中，尤其是年青的一代成为纳粹成员。1930 年该党第一次在选举中获得巨大胜利时，超过三分之二的纳粹党成员年龄都在

40 岁以下，超过三分之一在 30 岁以下。纳粹承诺要彻底改变现状，于是那些觉得前途坎坷、前景黯淡的人受其诱惑。出于对现状的不满，来自不同阶层的人加入该党并团结在一起。

因此当纳粹当权时，他们并没有任何旨在改变德国社会结构的经济或社会纲领。他们曾向中产阶级追随者保证，会保护小型商业免遭大型百货商店和连锁商店的吞并。事实上，纳粹的确颁布了一些法令，限制商店出售某些商品，并对这些商品的销售征收特种营业税。但是后来因为银行和其他信托机构已经对某些企业投入了资金，它们反对这类法令的实施，限制百货商店和连锁商店的措施逐渐放松了。除了对小资产阶级商人做出这种短时间的让步，纳粹当权之时在经济和社会改革方面并没有任何具体的计划。他们的“革命”在于把一种新的“精神”融入整个社会中。显然，他们所谓的革命行动主要停留在宣传层面。他们的目标是展现出一个新的国家，所有的群体和阶级都和谐地为了共同利益而共同协作。将 5 月 1 日定为法定假日是为了强调工人阶级的重要性。许多节日的确立都是为了体现德意志的国家团结，这个节日只是其中之一。随着各阶级之间友谊的建立，“德国社会主义”正如它所说的，似乎会成为现实。希特勒青年团和劳务组织的建立就是为了达成这个目标。希特勒青年团由年轻的男孩女孩组成。劳务组织则要求学生参加义务劳动，其他人可自愿参加。它的训练和教育效果更为前来参观的外国人而非实际受训者所赞赏。

对于希特勒来说，现代社会的分界线并不是教育的不同、职业

1933年5月，柏林，纳粹焚烧图书的景象。冲锋队领袖在德国年轻人的欢呼声中把“反德文学作品”扔到篝火中。

的不同、经济状态的不同，而是种族的不同。然而，即使在日耳曼人这个优秀的种族中，也需要有唯一的一位精英来实施统治。那些在希特勒青年团中精打细算且在所有活动中表现优异的少数人，将作为领导层的储备人才。他们在特殊培训学校受训，住在仿照中世纪骑士团居住的城堡修建的建筑中。这种训练和周围的环境都是为了锻炼受训者养成服从的品质，拥有强健的体魄、敏锐的直觉和强大的意志力。

纳粹社会政策中宣传和种族浪漫主义的混合，反映了纳粹在切合德国社会结构上并没有具体的想法。但是这种缺陷对于纳粹政权来说也有它的优势。因为德国没有一场革命改变了德国的阶级结构，或推翻统治阶级并取而代之，德国社会的每个团体都保持着和纳粹当权之前一样的地位。除了政权更迭的明显受害者犹太人和反对纳粹的政治家，其他人并没有经历社会地位的迅速下降，他们的人生道路也没有明显的改变。这种明显的稳定性也是社会各阶级对纳粹政权缺乏抵抗的原因之一。

纳粹宣传把重点放在建立新的民族共和体上，很大意义上是为了缓和政治上的乏力感所引起的怨恨。纳粹统治者尤其费心让工人们感到满意。劳工阵线将更多的注意力放在工厂内部条件、保证定期休假上。一个叫作“快乐的力量”（Strength through Joy）的特殊组织还资助工人们在假期和家人们一道外出旅行。

即便如此，如果雇主和雇员在经济繁荣时期丧失政治影响力而未获得安抚，宣传中的恭维话和宣传小册子是否会起到作用，值得怀疑。纳粹当权时，经济萧条在纳粹军备重整的政策下已经开始恢复。1938 年，联邦预算达到了纳粹当权之前的 7 倍，而预算的 74% 被用在军备上。签署政府合同的企业可以在固定的年限内获得贷款或者保证拿到订单。例如 1933 年 12 月，政府与德国大型化工公司法本公司签订了合约，在 10 年内都可按照固定的价格购买汽车燃料。在这样的情况下，工业逐渐失去独立地位，在生产和价格上受到政府的控制。但是作为政权的合作者，工业企业尤其是一些大型公司开始兴起。

由于重整军备带来的经济增长也改变了劳动力市场的情形。

1936—1937 年间，受雇人数比 1933 年受雇佣者和失业者人数加起来还要多，很快德国就出现了劳动力短缺。尽管平均工资比 20 世纪 20 年代还要低，但是 20 世纪 30 年代在纳粹德国，非技术工人能确保找到工作，即便是工资居高不下的技术工人，其需求量也很高。在经历过大萧条的阴影之后，经济保障对于雇主和雇员来说都是值得投资的。

1936 年，纳粹德国在加尔米施－帕滕基兴（Garmisch-Partenkirchen）和柏林主办了奥运会。在这期间反犹太活动暂时停止，来自世界各地的运动员，包括一时引起轰动的美国黑人短跑选手杰西·欧文斯（Jesse Owens），在这里上演了一轮又一轮的精彩竞技，其间没有发生意外。纳粹德国希望给世人这样一种感觉：他们早已超越了早先暴力无度的那个时期。

纳粹时期的女性政策

纳粹在德国掌握极权如何影响这个国家女性的地位呢？国家社会主义党对于女性的政策代表了对传统保守观点的延伸和激进化。本质上来说，纳粹认为女性的价值体现在家庭中，而不是在办公室或者大学里。他们坚持说女性“解放”已经为女性（更不用说德国男性了）自身带来了普遍的迷惑和痛苦。对此，纳粹承诺会让女性回归“真正的”角色，并且承认和赞美女性作为母亲和妻子对这个国家所做出的贡献。

纳粹当权的过程中并没有为女性福利付出过任何真正的努力。

国家社会主义是一次男性占压倒性优势的运动，它明确地拒绝女性成为领导者或政策制定者。希特勒宣传他未从女性那里征求过政治上的建议，并且坚持认为女性可能影响最伟大的男性领导人。他曾经说过一句非常能表明他观点的话："一个女人一定是一个可爱的、讨人喜欢的、天真的小东西——温柔、甜美并且愚蠢。"后来，直到确认婚姻的结合对他没有坏处，希特勒才愿意结婚。他在自杀的那天和长期共同生活的情妇爱娃·布劳恩（Eva Braun）结婚了。在魏玛时期，纳粹在反女权主义的女性中吸引了相当数量的追随者。她们的任务就是在街角和救济厨房做宣传，加强纳粹运动的吸引力，而当时大部分德国女性都与纳粹党保持政治上的距离。在大多数选举中，女性基本上都把选票投给了已有的保守党派，如果她们属于工人阶层，则会将选票投给社会主义者和共产党。然而，随着大萧条日益严重，越来越多的女性开始支持纳粹，因为她们认为希特勒的纳粹党是帮助她们渡过这次经济灾难的最佳选择。

纳粹在当权之后试图将他们对女性的观点转化为法律条文。纳粹首先将女性视作传宗接代的工具，他们通过立法强迫女性生育更多的孩子。如果女方承诺留在家中并且生育孩子，她和丈夫就会得到一笔政府承诺发放的婚姻贷款。每生下一个孩子，他们需要偿还的贷款数额就会减少一些。另外一个提高出生率的手段就是对为国家生育大量孩子的女性颁奖并发放奖章。德国母亲十字勋章分为三个等级：生育超过 8 个孩子的母亲获得金质勋章，生育超过 6 个孩子的获得银质勋章，生育超过 5 个孩子的获得铜质勋章。那些生育了 9 个孩子（或者 7 个儿子）的生育模范除了能获得金质勋章之外，还有见到元首的机会。这些政策都是为了鼓励婚内生育，毕竟纳粹政权十分需要有人在未来的战争中充当炮灰。此外，纳粹还设立了一个名为“生命之源”（Lebensborn）的机构，供党卫军成员和“种族上适合”的未婚女性结合，他们生育的后代将由国家抚养。毫无意外，选择不生孩子的夫妇被谴责为自私的懒鬼，是国家的道德敌人。一些妨碍生育的措施，例如避孕和流产，被宣布为不合法，纳粹当权之后立刻关闭了提供关于避孕信息的咨询中心。许多年中，有数千女性因实施非法流产而被起诉。另一方面，属于“劣等种族”的女性，例如犹太人和吉卜赛人，被鼓励流产，有精神病的女性和男性则被施以绝育手术。为了确保女性不会组织起来反对这些政策，纳粹政权解散了所有独立的女性团体，并将其并入德国女性协会，该协会会长是一名狂热的纳粹分子格特鲁德·朔尔茨–克林克（Gertrud Scholtz-Klink）。她为人谨慎，自己从不制定政策，只是鼓励德国女性服从元首的全部命令，并且以母亲、妻子和消费者的身份来支持帝国政权，不过要记得，不能去犹太人开办的商店中购物。

毫无疑问，纳粹坚持让女性回归到“合理的”位置上，然而他们对这种理想表达的敬意大多停留在修辞层面而非现实层面，因为事实证明这样的理想与他们更迫切要达成的目标存在明显的冲突，即重塑德国作为一个主要的军事和经济大国的地位。纳粹很快发现，如果不让大量女性加入劳动力大军中，德国就不可能形成现代经济，也无法重振军队。男性的人数不足以同时补充军队的军衔空缺和工厂的劳动力缺口。1937 年，也就是第二次世界大战爆发的两年前，政府撤销了婚姻贷款计划。现在女性如果离开家去工作将会得到贷款。战争爆发时，德国劳动力中女性人数破纪录达到 1460 万。然而由于纳粹对于女性的看法比较传统，他们不会强迫女性像男性那样去做“志愿”工作。甚至在战争期间，纳粹倾向于使用外国奴隶作为劳动力（当然其中一些是女性），而不是由本国的女性来填补劳动力的不足。

说起战争，事实上我们应该会想起，几乎所有希特勒的政策，都是为了让德国充分准备以应对必要的及不可避免的军事冲突，其中也包括对女性的政策。因此，说起德国和其他国家的关系，希特勒的目标是通过外交尽可能地获得优势，之后再通过战争获取更大的优势，这并不令人惊讶。

纳粹外交政策的开端

希特勒实施他的外交政策之初，曾高调强调他的和平意愿：如果德国能受到平等待遇，他非常愿意解除武装。尽管如此，在 1933 年 10 月，希特勒宣布，自 1932 年起在日内瓦举办的裁军会议上讨论的裁军计划，是针对德国的，是歧视性的。德国退出了裁军会议和国际联盟，这是其迈向新的外交政策的第一步。之后希特勒为了缓和事态，宣称如果德国对平等的军事力量的要求能够获得认可，那么德国愿意回归裁军会议和国际联盟。忙于实现经济复苏的英国政府拒绝加入任何强力的对抗，并且开始探索在军备限制上达成一致的可能性。1934 年 1 月 26 日，希特勒的外交政策出现转变，他和波兰签订互不侵犯条约，这让英国看到希望，试图让德国回到国际合作中来。德国要求收回但泽，且波兰走廊一直被认为对欧洲和平构成严重威胁。尽管德国的新统治者实施的国内政策极端残暴，但为了和波兰达成协议，他似乎很清楚处理国际关系时使用暴力手段是不合适的。在希特勒实行外交政策的第一年，德国外交获得了巨大的进展。德国曾指出它再也察觉不到《凡尔赛和约》军事条款的束缚，但仍然被拒绝参与国际协商。

1934 年，阴霾笼罩着德国的天空。作为一名奥地利人，希特勒对于德奥合并很有感触。他对奥地利总理恩格尔伯特 · 陶尔斐斯（Engelbert Dollfuss）的举措做出激烈的回应。陶尔斐斯为了保证奥地利的独立建立了天主教独裁政权。希特勒通过禁止德国人去奥地利旅行，摧毁了奥地利的旅游业。此外，他积极支持已被陶尔斐斯宣布为非法的奥地利纳粹党，逃到德国的奥地利纳粹党在边界附近形成了一个军事团体。1934 年 7 月 25 日，奥地利纳粹党试图通过武力夺取政权。他们成功地暗杀了陶尔斐斯，但是暴动失败了。另一位天主教总理接管了政权并且继续贯彻陶尔斐斯的反纳粹政策。德国政府想要摆脱对暴动的责任，于是解散了奥地利军事团体。但是这种免责声明遭到质疑，希特勒作为热爱和平者的形象受到了严重的损害。

希特勒显露出的攻击性带来了两个后果。希特勒激烈的反共产主义倾向让法国感到强烈的不安，而且德国与波兰缔结的互不侵犯条约令人难免怀疑希特勒准备联合波兰对苏联发动战争，于是法国人加强了与德国东部邻国的联系，并且开始与苏联展开合作。在法国的帮助下，苏联于1934年9月加入国际联盟。八个月之后，法苏联盟形成，两国承诺在任何一方受到无端侵略时另一方将会提供援助。

希特勒对奥地利的政策也改变了意大利的态度。墨索里尼对希特勒的发迹非常满意，1933年年初，墨索里尼尽全力安抚因纳粹当权在欧洲引起的恐慌，并且劝阻法国和英国采取行动。墨索里尼反对民主与和平，蔑视国际联盟和解除武装的要求，并且对希特勒外交政策的态度很有共鸣。墨索里尼在日益强大的德国身上看到了明显的优势，并把意大利想象成一个摆轮，一侧是英国和法国，另一侧是德国，希望意大利以中间人的角色从中不断获得力量。但是他意识到德国吞并奥地利的举动是与意大利的利益相悖的。德国可能会介入意大利在多瑙河流域和巴尔干半岛的势力范围。此外，如果德国在勃伦纳山口一侧扩张，意大利统治下的南蒂罗尔的日耳曼人就会变得难以管制。因此墨索里尼帮助陶尔斐斯建立了反纳粹独裁政权。当他得知陶尔斐斯被暗杀之后，他派军队前往勃伦纳前线，表明他不支持德奥合并。希特勒谨慎地向墨索里尼表示了支持，而墨索里尼已经加入了反纳粹阵营。1935年1月，在罗马的协商中，法国外交部长皮埃尔·赖伐尔（Pierre Laval，1883—1945）促成了一项协议，协议中设想了法意军事人员的对话，意在做出部署，一旦与德国发生战争，法国和意大利将采取一致行动。当希特勒采取下一步行动时，德国地位的恶化就更加明显了。1935 年 3 月，希特勒宣布《凡尔赛和约》里的解除武装条款被废除，进一步强调了德国军队的伟大，并声称德国将进行大规模征兵。在斯特雷萨会议上，英国、法国和意大利强烈谴责这种对于国际条约的单边违背，并且宣称维护奥地利的独立地位与它们利益攸关，同时警告如果德国进一步采取攻击性的行动，那么将不仅引起抗议，还会引发军事对抗。这次德国除了能得到波兰的谅解，完全陷入孤立并且看起来寸步难行。

但是情况迅速地发生了改变。两个月之后，即当年 6 月，英国和德国签署了海军协定，确定了两国的海军相对实力。德国被允许拥有和英国同等数量的潜水艇，但是德国其余舰队的数量则被限制为英国舰队数量的三分之一。在英国对纳粹德国的外交政策的失误里，签署《英德海军协定》是最令人费解的一个。对英国人而言，几乎没有什么实际利益；对德国人而言，他们对打造强大的潜艇力量而非建立公海海军更感兴趣。政治上的不利因素就更多了，因为英国对德国背离《凡尔赛和约》中军事条款的举动表示了认可，就意味着破坏了斯特雷萨阵线形成的基础。不可思议的是，英国政府看起来并没有预料到和德国签署这项海军协定会造成什么后果，他们只是单纯地出于技术层面的考虑，尤其是相信限制德国海军的力量，能够推动英国与其他国家关于海军力量限制的谈判。

意大利征服埃塞俄比亚

希特勒尝到了甜头，于是继续他的进攻性外交政策，而墨索里尼也确信民主产生不了积极的作用。因此，和希特勒合作相比于和英法合作，能够带来更多实际成果。法意军事人员对话被推迟。另外，尽管墨索里尼发现和英法合作能够保证奥地利的独立，但他希望他的支持能得到回报，并且决定尽快兑现。结果就是意大利-埃塞俄比亚战争爆发了。意大利在1936年5月彻底征服了埃塞俄比

1936年3月7日，德国军队进军并占领莱茵兰。

亚，在某种意义上也是一雪在阿杜瓦战败的前耻，是对这一事实的明证：法西斯意大利已经成为一个伟大的帝国主义国家，比民族制度和议会制度下的意大利更为强大，更具影响力。墨索里尼的另一个打算就是把意大利过剩的人口安置在埃塞俄比亚。1935 年 1 月，赖伐尔在与墨索里尼进行协商时表示，法国不会反对意大利扩大在埃塞俄比亚的影响，墨索里尼希望英国也抱有类似的态度。非常奇怪的是，在英国总有人为希特勒的种种行径辩护，而墨索里尼侵略埃塞俄比亚却在英国引起了巨大的愤慨。对于英国人民来说，这是一次启动国际联盟机制反抗侵略的契机。1935 年 12 月，英国外交大臣塞缪尔·霍尔爵士（Sir Samuel Hoare，1880—1959）想要和墨索里尼进行谈判，然而英国国内群情激愤，以至于霍尔最终被免职。安东尼·艾登（Anthony Eden，1897—1977）接替了霍尔的位置，他是国际联盟和集体安全的积极拥护者。但这并不意味着在英国公众拒绝和墨索里尼谈判之后，英国政府就决定采取集体安全的政策，即便这可能会引起战争。英国继续走没有成效的中间路线。当英国试图对意大利进行制裁而法国想要暂缓这一举措时，英国没有表现得非常不满。他们还犹豫是否要继续实施对意大利的有效制裁，即切断对意大利的石油供应。结果就是在国际联盟中英国只是敷衍了事采取了一些措施，并没有阻碍意大利在埃塞俄比亚的征服之路，但却激起了意大利对英国和法国的怨恨。

莱茵兰重新武装

在这样的局势下，1936 年 3 月 7 日，希特勒通过命令他的军队进军莱茵兰，结束了该地区的非军事化。这不仅违反了《凡尔赛和约》，也违反了《洛迦诺公约》。希特勒指望着埃塞俄比亚战争会给斯特雷萨边界带来混乱，从而牵制西方国家的行动。即使如此，他也意识到他是孤注一掷。正如他后来所说，他等待法国做出回应的 24 小时是他生命中最刺激也最伤脑筋的一天。如果法国的反应是向莱茵兰派兵，德国军队就会撤退到莱茵河的右岸。在同意希特勒的这次行动之前，许多德国的军事将领认为这种情况一定会发生。然而希特勒这次赌赢了，欧洲的政治平衡发生了彻底改变。只要莱茵兰处在解除武装的状态，并且鲁尔区的重要工业区处于不受保护的状态下，法国就保有军事优势并且不会面临真正的攻击威胁。现在，德国军队临近法国边界和腹地的鲁尔区，和德国发生冲突就意味着将陷入苦战。至此，德军再次成为欧洲大陆最强大的军事力量。

第七章

面对不可避免的冲突

绥靖时期

西方大国如英国和法国如何面对纳粹的崛起对第一次世界大战之后建立的体系造成的威胁？或者我们可以诉诸后见之明的智慧，为什么在将近十年的时间里他们的回应都如此软弱？答案很明显，他们也受到经济危机的巨大冲击，在克服经济危机带来的困难时力量和能源都消耗殆尽。尽管这个答案是正确的，但仅仅是浮于表面，未深入本质。经济危机对于英国和法国的影响非常大，因为在第一次世界大战之后，英法两国都没能调整自己的经济活动和组织结构来适应新发展，在战争中出现的新势力群体，以及因为战争越发凸显的问题。为了理解英法两国政府在看待纳粹崛起带来的挑战时的犹豫态度，我们需要追溯到30年代之前英法两国自第一次世界大战结束后面临的经济环境和社会问题。

英国

全球经济危机并没有让英国的经济变得脆弱，但是人们意识到了它的发生。在第一次世界大战期间，英国由于从海外采购战争物资，导致国外资产减少，贸易出现逆差，使经济大伤元气。此外，战后英国政府采取了两种手段。其一是集中解决1926年大罢工问题的工业政策，其二是在1925年重新采用金本位制。尽管这两种手段在相对繁荣的20世纪20年代中期看起来很安全，并且有一定作用，但这一次却加剧了经济危机，阻碍了经济复苏。

大罢工

1926年大罢工是英国煤矿业发生的一次危机。英国煤矿业在第一次世界大战之前就落后于德国和美国，如今因为石油的用量不断增加，又一次受到严重冲击。战争期间，政府控制煤炭开采，煤矿重新变为私有不可避免地引发了危机。矿工工会提出要求保证平均工资水平能够维持下去。而煤矿主却不愿意答应他们的要求，因为一些煤矿并没有那么多利润，还有一些甚至无法盈利。英国四分之三的煤矿都在亏本生产，依靠政府补贴才没有停工。法国占据鲁尔地区暂时性地削弱了德国煤矿业的竞争力，这让英国松了一口气。但在1923年，德国煤矿在鲁尔地区做出消极抵抗后，危机不可避免地发生了。在重新协商薪酬时，对于降低工资、延长工作时间等要求，矿工工会和矿主针锋相对。政府在一次报告中建立了支持工人群体的委员会，并且建议煤矿业进行彻底的重组。尽管这个报告大体上对工人来说是有利的，但却意味着工人们在重建期间需要接受工资降低。在这个问题上，谈判破裂。英国所有的同业工会都支持矿工们，结果就是在1926年5月发生了持续10天之久的大罢工。英国首相鲍德温（Baldwin）很想避免这次巨大的工业冲突，但是政府中一些成员希望工人争取到自己的地位，因此认为暂时停工是可取的方式。

政府对大罢工做好了准备，宣布进入紧急状态。英国被划分为几个区，由公职人员支持的政府委员进行管理，一支受过突发事件处理训练的志愿者队伍也被动员起来。人们迫切需要的服务得以维持，食物得以运抵各城市。因此，政府逐渐减弱了罢工带来的主要影响。一些内阁成员包括内维尔·张伯伦和温斯顿·丘吉尔，极力敦促宣布罢工为非法活动，监禁煽动者并没收工会的资金。工会领导人物担心一旦工会的资金用尽，或者停止罢工，或者绝望中的工人诉诸武力，则可能引发内战。最终，煤矿业采取有效措施进行重组之后，矿工工会接受了降低工资的折中方案，并叫停了罢工。这是工人阶级的失败，深感屈辱的矿工们被降低工资的建议所激怒，在整个夏天中继续罢工，但之后他们的反抗力量日渐衰弱。工人们感到越来越沮丧，最后又回去工作了。他们签订的不是国家协议，而是地方和地区的协议。最终的结果就是他们要工作更长时间，领到更少的工资。

在20世纪20年代后半段的繁荣时期，英国人的生活与战前的光辉岁月类似。大罢工很快就成为过去，但影响却是深远的。对煤矿业进行彻底整顿的机会被错过。它依然深陷困境，开采地区依然充斥着收入低微和普遍失业的现象。乔治·奥威尔（George Orwell）在他的作品《通往维根码头之路》（*Road to Wigan Pier*, 1937）当中以逼真而感人的文学笔触，描绘了英国煤矿工人这种晦暗、艰辛而充满危险的生活。

此外，罢工加剧了工人阶级和其他阶级之间的不信任。政府强制推行特许经营失败了，本来这项政策可能会阻止罢工，失败的结果却导致人们对统治集团的意图产生了怀疑，同时在罢工过程当中，人们的怀疑还被罢工者中一些成员的强硬激进言论不断强化。在这些事件之后，鲍德温采取了一种安抚的态度，极力促成工业企业让工人复工，并且不能降低薪酬。但是他并没有足够实力来执行这些政策，也无法阻止他的那些反对工人阶级的同僚。1927 年，国会中的保守党多数派通过了一项法案，限制了针对贸易纠纷进行罢工的权利，支持罢工被认定为不合法行为，进而以此打击工会。此外，不再允许工会为了政治目的进行集资。政府毫不妥协，工人坚持抵抗，双方陷入僵持状态，工人们反对一切可能涉及临时降薪或者因关闭不盈利企业导致临时失业的措施。为了在国际市场中具有竞争力，英国工业需要现代化，但没有工人的合作这是无法实现的，而这在大罢工之后更不可能发生了。

对英国经济同样致命的就是回归金本位制。这是由保守党财政大臣温斯顿·丘吉尔于 1925 年 4 月在他的第一次预算演说中提出的。货币中的基本单位必须要与一定数量的黄金等价，当时没人质疑这一点。丘吉尔措施的失误不在于他回归每英镑与一定重量的黄金等值的制度，而在于他选择的战前平价的系数太高。丘吉尔根据英格兰银行行长的建议开始行动。这位行长希望回归战前标准，这样伦敦就能够重新在金融市场占据支配地位，伦敦在第一次世界大战时期失去了这一地位，美国取而代之。然而这样做的结果就是英国商品在国际市场中的物价上涨，因而导致了英国在国际贸易中的地位下降。因为英国已经出现了贸易逆差，这种影响就更为危险了。金融家如今把任何进一步加大进出口差额的举措都看作是对英国经济生活的损害。此外，因为被19世纪的繁荣所迷惑而得到错

英国大萧条时期的失业人员。工人们在维根码头的职业介绍所等待可能的就业机会。

误的安全感，英国实业家们疏于更新设备和推进设备现代化。而如今盈利减少使得他们无力再做这些投资。约翰·梅纳德·凯恩斯是少数意识到回归战前平价就代表着进一步“竞争障碍”的人中的一个。总体来说，人们意识到这些困难时为时已晚，因为20世纪20年代后期的繁荣已经结束，大萧条时期开始了。

1924—1929年保守党当权，由斯坦利·鲍德温领导。他在战后才在保守党中获得领导地位。他和那些大贵族如索尔兹伯里和贝尔福非常不同，这些人在20世纪早期做过保守党的首相。而他对于战争引起的经济和政治权力分配的转变有很深刻的理解。鲍德温是一个富有的实业家，他出任保守党党魁意味着商人在该党派中的话语权变得更强。然而他并不像传统意义上的商人那样理智、目的性强及高效。他很懒惰，而且做事没有明确的目标或计划。当行动无法避免时他才会展开行动，并且他的行事方式更依赖于直觉而非冷静的判断。他的言论中透露出他向往宁静安详的生活，并且远离工业社会的喧嚣。他完全反映出中产阶级的怀旧情结。中产阶级被战后世界出现的大量问题所吓倒，并且将维多利亚时期和爱德华时期的英国构想为一个稳定、繁荣的理想世界。因此，鲍德温看到英国在20世纪20年代后期恢复了部分昔日的辉煌。他感到很满意，毫不质疑这段繁荣期能持续多久。此外，鲍德温态度随和，准许他的内阁放手做事。积极活跃的大臣会提出自己的政策。奥斯丁·张伯伦作为外交大臣就是一个成功的例子。他同父异母的弟弟内维尔·张伯伦是卫生大臣，推动老年人养老金法案获得通过，扩大了社会保障体系。财政大臣丘吉尔尝试通过降低所得税和提高遗产税来促进工业发展。但是与鲍德温表达的意愿相反，丘吉尔和张伯伦坚持利用大罢工的失败通过立法，以削减劳工的力量，这种方式体现出在为数不多的好年景之下各方关系剑拔弩张。

大萧条初期的征兆甫一出现，保守党的声望立即开始下降。结果在 1929 年 6 月举行的大选中，工党在拉姆齐·麦克唐纳的领导下开始掌权。事实上，保守党在普选中仍然是最强大的党派，但由于选区边界的划定问题，导致工党在下议院中占有 280 个席位，而保守党只有 261 个，59 位自由党议员成为扭转局面的重要砝码。与 1924 年一样，工党政府依赖于自由党的支持，因而只要是涉及社会化的基本措施就会遇到重重障碍，而工党在现有的经济体系内又没有任何切实有效的计划可以解决失业问题。又因为麦克唐纳让菲利普·斯诺登（Philip Snowden，1864—1937）当上了财政大臣，政府的行动自由被进一步限制，他是老牌的工党成员，也是自由贸易和经济正统的坚定拥护者。与此同时，随着大萧条开始不断蔓延，到 1930 年 12 月时，失业人数达到了 250 万，比工党刚开始掌权时也就是 18 个月之前增加了 150 万人。由于税收减少，失业补贴增多，政府预算开始失去平衡。一个调查经济状况的委员会认为未来的情况很不乐观。该委员会报告建议政府厉行节约，尤其是削减失业津贴。这种对英国经济的悲观预估和德国金融危机同时发生，因为英国银行业的利率受到德国金融危机的严重影响。人们开始恐慌，结果就是人们把手中的英镑换成了其他币种，货币危机令预算危机雪上加霜。因为工党在下议院中没有占据多数席位，所以需要其他党派领导人进行协商。在英国和美国银行家的敦促下，这些党派领导人表示，在工党削减失业津贴的前提下，他们才对其提供进一步的支持。这种情况令工党政府成员如鲠在喉，有苦难言。如果工党政府不能就这个问题达成一致，辞职将不可避免，保守党和自由党联合政府有望接管政权。然而麦克唐纳并没有递交辞呈，而是宣布他同意继续担任首相，领导包括所有三个党派领导人在内的国家政府，这让他所在的党派大吃一惊。工党大部分党员拒绝跟随他，只有两位颇具声望的工党政治家斯诺登和詹姆斯·亨利·托马斯（J. H. Thomas，1874—1949）接受了新政府中的职位。麦克唐纳建立的国民工党仍然微不足道。即便如此，麦克唐纳这种被他的前工党同僚认为是“背叛”的行为，对工党造成了巨大的打击。到20世纪30年代末，工党才逐渐从中恢复过来。

麦克唐纳在这次危机中的表现令人困惑。许多人认为这源于他性格中的缺陷，尤其是他的虚荣和势利。国民政府形成之后，麦克唐纳被告知在他并不熟悉的领域里非常受欢迎。他被报道曾大声说过："是的，明天伦敦的每一位女公爵都会想亲吻我。"但是，我们不能忘记，他的社会主义信仰源于一个非常模糊的政治理念。他从不是一个马克思主义者，也从不关心经济问题。在经济问题上，他通常听取专家的意见。他可能自己也相信他把国家看得比党派更重要。

新政府成立后，采取了严苛的经济措施：削减公职人员的收入，削减失业津贴，每年只有26周时间可以领取失业津贴，而且需要通过经济审查。在军队降薪引发了英国海军在因弗戈登（Invergordon）和苏格兰的暴动。尽管暴动很快就结束了，但这引发了新的经济恐慌。政府采取了一项几个月前根本不会考虑的措施：让英镑脱离金本位制。此举使得英国在世界贸易中的出口份额保持了相对稳定。大选于1931年10月27日举行，目的是让政府获得人民的授权，结果获得了压倒性的胜利。工党赢得46个席位，而国民政府中的党派总计获得了556个席位，其中保守党获得472个席位。尽管国民政府的名号得以保留，但1935年时麦克唐纳就结束了他的任期。事实上，保守党一直统治着英国，直到第二次世界大战爆发。

斯坦利·鲍德温仍然是保守党的领袖，因此也是国民政府中权力最大的人物，即便在麦克唐纳任首相时也是如此。在麦克唐纳卸任后，鲍德温接任了首相一职。两年之后，也就是1937年，鲍德温辞职了。鲍德温此时正处于在影响力和声望的巅峰，因为他十分老到地处理了一次皇室危机：爱德华八世坚持要与一个离过婚的女人结婚，并因此退位。鲍德温的继任者是内维尔·张伯伦，也就是约瑟夫·张伯伦的儿子。在张伯伦家庭中，内维尔一直被认为在政治才能上比他的兄长奥斯丁逊色，因此内维尔本来要走上经商的道路。当他最终进入政治领域时，他最关心的是经济政策层面的事务。20 世纪 20 年代，他担任保守党政府的卫生大臣，此后他担任国民政府财政大臣。他的主要职责是采取措施让英国从大萧条中恢复过来。

国民政府的经济政策非常正统，主要目标就是保证预算平衡，并为匹配这一目标，通过保持低税收来促进工业发展。在国民政府的庇护下，保守党得以实施一项在 19 世纪意味着自由英格兰已经死去的政策：他们引入了保护性关税。对于约瑟夫·张伯伦尤其是他的儿子内维尔·张伯伦的党派来说，这是唯一通过特惠关税来建立英国及其帝国领土之间紧密的经济纽带的机会。这样做看起来更为可取，因为在整个 20 世纪当中，大英帝国的势力不断被削弱。大英帝国及其自治领（澳大利亚、加拿大、新西兰、南非联邦和爱尔兰自由邦）之间的联系已经变得脆弱。这种联系与其说是法律上的，不如说是情感上的。1926 年，在一次会议上英国及其自治领都接受了这样一项条款，声明所有自治领都是“在大英帝国疆域内的自治区，彼此之间地位平等；虽然都效忠于英国君主，而且都是自由的英联邦国家，但是在内政和外交事务上没有从属关系”。1931 年，《威斯敏斯特条例》（*Statute of Westminster*）在契约性的宪法条款中明确了关于英联邦的这种新思路。因为各自治领都认为自己在国内事务和外交事务上是完全独立的，因此，对于英国政府建议的在帝国成员之间通过特惠关税来改善经济环境，它们表现得非常冷淡。1932 年夏天，在渥太华进行的协商举步维艰。结果没能实现约瑟夫·张伯伦在大英帝国内开展自由贸易的梦想。各自治领对英国工业产品将保持既定关税，但将对其他国家的产品提高关税，这一点基本上达成了共识。

因此，英国政府的经济政策仍然保持谨慎。内维尔·张伯伦自己把他所追求的道路称作一次"辛勤劳动"。事实上，伴随着世界经济形势的整体好转，英国出现了缓慢而持续的经济复苏。但是工业设备没有被彻底检修，在极其贫困的地区，人们几乎要被饿死。失业人数从未降到过 100 万以下。

英国政府在 20 世纪 30 年代需要解决的问题多种多样且非常复杂，如自治领的独立、印度的动荡、国王退位带来的震动，以及最重要的——英国的经济困境。英国经济政策的核心就是平衡预算，因此政府回避了可能引起预算失衡并且阻碍经济各项发展的新的负担。因此，对于重整军备的政策和需要加强英国军队力量的外交政策，表现得极为不情愿。为了为这种态度开脱，保守党的大部分成员对来自独裁者特别是希特勒的危险尽量轻描淡写，对于和他们达成和平条款的看法过于乐观。丘吉尔在保守党中独树一帜，他警告道，希特勒的进攻倾向非常危险。但是此时他的政治影响力非常弱。尽管工党对于独裁者的反对态度清晰明确，但党内的和平传统让工党成员不愿接受军备重整。他们提出的依赖集体安全的建议是不切实际的。

然而，在英国统治阶级中有一个具有影响力的群体，他们对纳粹的兴起表示赞赏。杰弗里·道森（Geoffrey Dawson）就属于这个群体，他是伦敦《泰晤士报》一位非常有影响力的编辑，并且从20世纪20年代早期开始，就抗议英国外交政策中伪装出的亲法倾向；还有洛锡安勋爵（Lord Lothian）这种保有帝国信仰的政治家，他想让英格兰脱离欧洲大陆；亲德派贵族如阿斯特家族，认为希特勒能重建帝国主义时期美好的德国社会。这个群体出于一系列原因，对希特勒态度仁慈。这个群体的成员相信修正主义理论，也就是德国在《凡尔赛和约》中被不公正地对待。如果没有这些不公，德国将会是一个知足常乐的和平国家。他们非常赞赏希特勒重新提出的有规律、有秩序的德国方式。此外，因为德国是欧洲最强的国家，他们相信德国有权要求成为欧洲霸主，这会让不安分的欧洲大陆平静下来，恢复秩序。他们倾向于相信纳粹的宣传理论。在纳粹当权之前，德国面临成为社会主义国家的危险。他们急切地希望欧洲大陆上能出现一个强国来阻止共产主义的传播。克利夫登集团，也就是阿斯特家族（他们主要位于克利夫登地区，故此得名），其重要性在于它影响了，甚至几乎是指定了内维尔·张伯伦在1937年成为首相之后提出的政策。

内维尔·张伯伦将他的注意力转到了外交政策上，因为他对由于政治危机引起的经济生活紊乱感到很不耐烦。他天真而又自大，认为其他所有民族都不如英国，所以无论它们的政治是民主的还是独裁的，并没有太大区别。所以他不明白为什么英国人不能接受独裁，并且缺乏想象力。他根本没意识到纳粹潜在的积极扩张意图。张伯伦以商人之间谈交易的方式与希特勒进行协商，他相信如果双方都有资本并且存在共识，那么完全可以为互惠互利进行谈判。他认为如果英国向希特勒展现一些出于好意的让步，希特勒就会愿意与英国合作来维护和平。带着这样的误解，内维尔·张伯伦满怀希望地着手于推行绥靖政策。张伯伦家族曾经认为内维尔·张伯伦缺乏政治才能，看来他们的判断是非常正确的。

法国

尽管法国对纳粹扩张的态度和英国一样软弱，但法国外交政策的软弱源于完全不同的原因。在 20 世纪 30 年代，人口净下降和法国经济结构的改变给人带来全国性衰退、动荡和紧张的感觉。

法国在战后获得了阿尔萨斯－洛林，但它在战争中的损失也是非常惨重的。1921 年，第一次战后人口普查显示法国人口数量为 3921 万，比 1914 年时的人口数量更少。第一次世界大战期间及此后多年，法国政府一直不敢发表官方声音，公布战争中的死亡人数。战争结束时，在 140 万死亡或失踪的人口中，超过四分之一是 20~25 岁的青年，这必然引起生育率的下降。20 世纪 30 年代中期，出生人口的数量超过了死亡人口的数量。下一年人口数量再度开始增长，但原因是有外国人移民到法国。因为缺少人力和经济生活中的用工需求，法国不得不将士兵的入伍年限压缩至一年，法国看起来远没有战胜国的强势姿态。

尽管人口统计数字呈现了一幅暗淡的景象，伴随着经济结构的转变而产生的紧张态势被视作一种发展中的阵痛。1931 年，45.1%

的劳动力受雇于工业企业，而25年前这个比例是36.1%。很明显重心已经从农业转向了工业，尤其引人注目的是重工业的发展，例如煤矿业、钢铁工业和机械制造业。钢铁工业在1931年的雇佣人数比1906年多了10万。随着这种发展，在战间期，出现了工业集中化的倾向。工人的作用日渐重要，更加需要积极的社会政策，然而法国资产阶级因俄国革命、俄国投资损失及20世纪20年代初期通货膨胀感到惊恐，认为工人们的索取是一次危险革命运动的开端。

在20世纪30年代，经济和财政状况的恶化加剧了这种紧张局势。在上一个十年中，法国经济一直发展得很顺利。1926年完成的对受破坏地区的重建带来了工业设备的现代化。普恩加莱在1926年重返政坛，担任总理。虽然他不能影响外交政策，但却采取了大刀阔斧的经济改革，消灭了财政赤字，迅速结束了通胀。法国以经济强国的地位进入大萧条时期，与其他高度工业化的大国相比，法国更能自给自足，至少一开始法国没有受到大萧条的影响。在1931年忙碌的夏天，在德奥合并和胡佛延债宣言等重要的政治和经济协商中，法国政府利用了这种经济优势。然而在接下来的几年中，国际市场的整体疲软在法国也有所反映，出口迅速下降。如果以1912年的出口额作为基准并且用100来表示的话，那么在1929年增加到125，而到了1936年则减少到了59。出口额降低导致了贸易中逆差持续扩大，到1936年时逆差比例已经达到64%。工业生产速度也随之下降，在1935年已经倒退回了战前水平。由于人口减少，法国的失业问题不如德国和英国严重。即便如此，1935年时，法国的失业人数已经达到了 50 万。政府支出中存在一定程度的浪费在繁荣时期影响不大，然而现在却导致了预算赤字。由于通货膨胀造成的恐慌，人们把法郎兑换成其他币种。左翼党派把这些问题归结于有钱人自私地想要保住自己的财产，如果抛出法郎的行为能够立刻停止，经济困难就会结束。因此，让议会接受经济措施和提高税收，这对政府来说即便不是不可能，也是非常困难的。因为只是采取了临时措施，情况继续恶化，政治家被指责为无能和腐败。1934 年年末时，普恩加莱和白里安都去世了。这个时期的政治领袖有爱德华·赫里欧、爱德华·达拉第和安德烈·塔尔迪厄（André Tardieu），他们的先驱者是德雷福斯事件中的英雄，或是经历了法国在大战中的胜利，成就了一世功名，而他们就无法享有相同的声望和权威。

这种法国社会中的紧张局势最终引发了 1934 年的斯塔维斯基事件（Stavisky Affair）。与德雷福斯案相比，这次事件牵扯了更多原则问题。这是一次黑暗的交易，也是一次揭露政府腐败的小型欺诈。但斯塔维斯基案在历史中有一定的位置，因为它展示了左翼与右翼之间的固有矛盾。这种矛盾从法国大革命时期开始就已经存在了，在德雷福斯案中浮现出来，但似乎被第一次世界大战引发的民族复兴所克服了。某些人煽风点火，这次事件很快升级为民主制和共和制的危机，同时也体现了法国中产阶级的绝望，他们感到自己已经输给了劳工和大型企业。斯塔维斯基事件激起的强烈不满还应该被视作一种不祥的预兆，它产生于这样一种印象：法国通过在第一次世界大战中获胜赢得的荣耀地位，被数届政府白白浪费了。

瑟奇·亚历山大·斯塔维斯基（Serge Alexander Stavisky）是一个富有魅力而又诡计多端的金融诈骗犯。他成功地结识了许多政治家，同时他还是一个密探，所以和警察关系也非常好。如果没有结识这些人，他的欺诈就会早一点被发现。当他的行径败露时，令人不解的事情发生了。警察包围了他的房子，但到达现场时他已经开枪自杀了。调查这次丑闻的法官之一被发现死在铁道上。有传言说斯塔维斯基并非自杀的而是被警察枪杀，因为他知道得太多了，调查的法官也是出于同样原因而被除掉。一位高官，也是激进社会主义党（Radical Socialists）最有影响力的一位领袖的姐夫，被怀疑应该对平息这次丑闻负责。极端右翼人士对于左翼议会中出现了腐败的迹象感到十分愤怒。达拉第开除巴黎警察局局长时并没有正当的理由，却被看作能量与正直的化身，第一次世界大战中的老兵和其他右翼组织举行了游行，他们向议会大厦进发，并试图对其发起攻击。虽然警察被开除了，但法国一位最有威望的军事将领宣布，第二天他将担当游行者的首领。达拉第不能也不愿意面对这次暴动，于是他宣布辞职，一个新的民族统一政府成立了。

新政府的首脑是加斯东·杜梅格（Gaston Doumergue，1863—1937），他曾在1924—1931年担任共和党主席。新政府还包含了所有依然活着的前总理和战斗英雄，如贝当元帅，它通过呼吁国家团结，以及向法国外交政策中注入新的生命力，将法国社会的不同力量凝聚起来。1934年夏天，因为肃清冲锋队和纳粹谋杀奥地利总理陶尔斐斯的行径，导致希特勒名声大跌，杜梅格政府的外交部长路易·巴尔都（Louis Barthou，1862—1934）想要充分利用这一点。巴尔都对于英国试图与德国重新协商军备限制，态度非常冷淡。他访问了所谓的“小协约国”（Little Entente）国家捷克斯洛伐克、南斯拉夫和罗马尼亚的首都。他还去了苏联首都，以加强大国与法国之间的联盟关系。意在阻止德国向东扩张的《东方洛迦诺公约》将作为此前的《洛迦诺公约》的补充，这保证了法德边界的永久性。但是在 1934 年 10 月 9 日，南斯拉夫的亚历山大国王在为加强他的国家与法国关系进行的访问中，在马赛被一名马其顿民主主义者暗杀了，另外一名受害者就是巴尔都，他也在车里，坐在国王的旁边。因为巴尔都的死，法国外交政策迅速回到了对英国的依赖状态。

杜梅格政府试图克服法国政治中最明显的弱点，专注于以牺牲立法权为代价强化行政权力的计划，主要手段是促使议会解散，以及剥夺议会代表加强财政立法的权力。但是杜梅格做得有点过头，他想通过直接对人民发表广播演讲进行呼吁，以此压制反对力量。这种独裁主义的做法完全违背了共和传统。国会议员作为防止“法西斯”思想渗入法国政治中的民主卫士而获得了广泛支持。杜梅格政府垮台了，后续的几届政府一直停滞不前，直到 1936 年春天大选被列入日程。就在弱势的过渡政府执政的时期，希特勒趁机进军莱茵兰。当权的法国政府不够强大，不足以做出放弃信条独自进军的决定，因此选择了与英国共同行动。法国政府没有派军队挺进莱茵兰，而是同意力劝英国通过协议解决问题。

1936年的竞选活动完全成了左翼和右翼之间的斗争。左翼在大选中形成了人民阵线，这个阵线囊括了中产阶级激进社会主义党和共产党。人民阵线获得了压倒性的胜利。因为共产党接受在不积极参与的情况下支持政府，社会主义党在法国历史上第一次成为当权党派，该党领袖莱昂·布鲁姆成为总理。布鲁姆作为社会主义党领袖是一个奇怪的角色。他既不是强硬的政治家，也不是马克思主义者。他是一位知识分子，一名人文主义者，文化底蕴丰富。他对底层人民的同情心让他加入了社会主义阵营。在德国占据法国期间，他对抗纳粹时表现出的勇气使他的人文品质熠熠生辉。第二次世界大战之后，他再次当上总理。他在去世时被认为是代表法国国家形象的重要人物。但当布鲁姆在1936年6月第一次当上总理时，他的特质并不适合当时的情况。他是一个和平主义者和国际主义者，对于外交政策中的细节问题并不感兴趣。他最关心的是社会改革，他想通过使法国人的生活现代化来改善穷人的生活状况。人民阵线政府上台时，发生了一系列强调亟须社会改革的罢工。罢工者采用了新的罢工形式，即静坐抗议。工人们不工作但是仍然留在工厂里。这让罢工破坏者无计可施。停止罢工需要武力，但人民阵线政府并不想使用武力对付支持自己的人。因此实业家不得不做出让步，保证工人们的权利，就像大部分欧洲工业国家那样，强制展开集体谈判，规定每周工作40小时，提供带薪假期，将工资增长幅度从12%提高至15%。这些协议在政府的支持下达成，在政策层面由旨在限制复杂金融交易和大型企业的法律措施进行补充。法兰西银行归于政府控制，这样一来它的信贷政策就不会阻碍政府的经济举措。军工业被国有化，同时政府还启动了一系列公共建设工程以降低失业率。这些改革早就该实施。因此如果法国想加强空军力量，军工业国有化就是必须的，因为这样可以集中批量生产几种型号的飞机。即便如此，见证改变带来的硕果还需要时间，法国飞机制造业在一些年内仍然非常脆弱。

与此同时，布鲁姆政府这种做法的直接结果就是内部矛盾更加尖锐，人民阵线的统一性被削弱。实业家和银行家对于他们不得不做出的让步感到非常愤恨，所以他们没有停止兑换法郎的行为，并且严厉攻击政府不顾预算平衡随意花钱。政府承诺会让法郎保值，然而很快又不得不将其贬值。这种做法激起了中产阶级、激进社会主义党和他们在政府中的代表对于通货膨胀的忧虑，他们对于继续和左翼党派合作产生了怀疑。首先，布鲁姆不得不宣称在社会改革

法国总理莱昂·布鲁姆在大会上致辞。

中需要一个“喘息的机会”，以此来恢复联合政府中资产阶级伙伴的信心。尽管社会主义党仍然是政府的成员，但他的总理位置被一位激进社会主义党成员所取代。接下来社会主义党离开了政府，虽然他们在议会中依然对政府提供支持。然而到了1938年，激进社会主义党总理达拉第转向了右翼。共产党和社会主义党重新回到了敌对的状态。

人民阵线形成的一个原因，以及被强调的共产党参与其中的主要动机，就是确立对抗纳粹和法西斯的坚定立场。不可避免的是，许多反对人民阵线社会计划的人同时也反对它提出的外交政策。他们抱怨道，无论是反法西斯国内改革还是国际行动，都是为了国际共产主义的目标服务，而不是为法国自身的利益。“宁要希特勒，不要布鲁姆”成了当时极端右翼势力中广为传播的口号。只有少数组织支持法国建立法西斯政权，但许多坚定的右翼人士认为由于第一次世界大战造成了巨大的损失，法国应该避免卷入任何有可能引起损失的冲突中。他们认为法国没有任何理由阻碍德国向东扩张。法国已经沿着德国边界处建起了一条坚固的防线，根据建造它的政治家命名为“马其诺防线”。这个概念清晰地展现了法国政策面临的困境。一旦法国爆发抗击德国的战争，武装军队还不够强大，无法直接进入战斗状态。只有在全面动员之后才有可能实现，而且需要一定的时间。马其诺防线建造的目的就是为动员提供掩护。另一方面，修筑防御工事的地区被局限为与德国边境相对，从瑞士到卢森堡的地区，前线更偏北边的部分则几乎没有修筑工事。这旨在证明一旦发生危机，法国能够并且愿意积极地采取行动，以及法国能够采取进攻，穿过比利时向德国进军。这同时也暗示了法国不愿意放任德国在东欧为所欲为。然而，这种对过去政治观念的让步在面对如今的军事现实时会产生何种后果，变得难以预料。

法国政府从未官方承认它愿意取消与东欧国家之间的联盟关系，但接任人民阵线的右翼政府倾向于减弱而非加强法国的义务。法国外交政策依然是语言上的巨人、行动上的侏儒，法国唯一关心的就是避免与英国之间关系破裂。

倒退的民主

莱茵兰的军事化破坏了作为欧洲政治家外交政策依据的各种设想。德国不再受到法国的进攻威胁，而鲁尔大型工业区也不再暴露在法国的炮火威胁之下。法国地位的下降立刻在欧洲东部和东南部都得到了体现。除了捷克斯洛伐克继续依赖于英法两国的支持，这个地区的国家基本都投入了德国的势力范围。在亚尔马·沙赫特卓有成效的引导下，德国的经济政策促成了这种发展。东欧国家农产品价格严重下滑，对于与德国签署易货协定表示热烈欢迎。通过这些协定，它们可以用农产品换取德国制造的商品。此外，德国在莱茵兰获得的成功和意大利在埃塞俄比亚取得的胜利，大大提升了极权体制的威望和吸引力。墨索里尼在 20 世纪 20 年代宣布法西斯不再是一种思想上的输出，他自豪地宣称民主已经是过时的陈词滥调，而法西斯代表着未来的潮流。在波兰、南斯拉夫、匈牙利、罗马尼亚和保加利亚的各种独裁政权都开始效仿法西斯党或者国家社会主义党的形式和做法，同时还宣称他们的政府体制代表了一种新的、适用于20世纪的政治精神。

墨索里尼将法西斯主义赞美为年轻的国际力量，将战胜正在消亡的民主世界，这意味着他已经加入了德国阵营。在墨索里尼的女婿兼外交部长加莱阿佐·齐亚诺伯爵（Count Galeazzo Ciano，1903—1944）于1936年访问德国之后，意大利和纳粹德国之间的密切合作正式建立起来。1937年9月墨索里尼访问柏林，1938年5月希特勒访问罗马。双方互访之后，所谓的罗马–柏林轴心国正式确立。两位独裁者会面的同时还举行了巨大的阅兵式。这一幕被影片记录了下来，让全世界都能感受到法西斯政权的强大。西方民主国家面临着选择：以武力反抗，还是让步协商？绥靖政策开始了。

西班牙内战

轴心国对民主国家反抗意愿的第一次挑战就是西班牙内战。在西班牙发生的内战十分激烈，并且旷日持久，因为这代表了在西班牙社会和精神生活中根深蒂固的力量冲突。实质上就是现代工业和民主力量与封建主义之间的斗争，包含了反对卡斯蒂利亚集权主义、争取地区独立的传统运动，以及由关于西班牙社会生活中教会地位的、由来已久的争端。

1931 年，西班牙军队没能镇压使王权和统治集团陷入危机的摩洛哥起义，接下来出现了反叛，于是一个共和国成立了，由经民主选举产生的议会执政。从一开始，这种共和政权的存在就充满了不确定性。新宪法将教会与国家分离，并试图禁止教会参与各种非严格意义上的宗教活动，这激起了天主教统治集团和普通天主教徒的反抗。工人，也就是传统意义上的激进分子和无政府主义者，对于共和政府未能采取反资本主义措施而感到不满。西班牙各地爆发了暴乱、罢工、焚烧教堂等事件。暴力导致了右翼政党的复苏，反革命分子以法西斯党的模式形成了一个组织——长枪党，并发起运动。为了镇压反动派，中间至极端左翼的党派联合起来形成了人民阵线，并在 1936 年 2 月赢得大选，比法国人民阵线获得胜利还要早两个多月。

胜利者认为这次成功授予他们清除反动政府的权力，并且使他们得以继续推行现代化和社会改革计划。人民阵线政府逐步采取措施分割大型地产，并强迫工业企业家召回他们曾解雇的参与罢工的工人，同时还关闭了天主教学校。但是这些措施本质上会产生深远影响，因而激发了极端右翼反对党采取行动。军队关于发动政变已经考虑了很长时间。如今西班牙反共和分子受到了墨索里尼的鼓舞，他承诺会提供资金和武器。1936 年 7 月中旬，发生了一场政变。1936 年 7 月 12 日，一位担任警察队长的共和党成员谋杀了君主主义领袖，这正中反叛者的下怀。这起罪行似乎表明政府不能保证秩序和安全，也不能对 6 月 17 日爆发的叛乱做出合理的解释。尽管暴动在上层社会和中产阶级中很受欢迎，同时也受到了像长枪

1936年马德里的国民军队。

党这样的组织的支持，但它起初只是军官们的一个阴谋。这些军官命令他们的军队占领政府大楼，并接管各个城镇的政府部门，或者委托极端右翼的政治领袖接管。

西班牙内战持续了很长一段时间并且局势混乱。起初军事叛乱并不成功。将军们在西班牙北部和西北部及北非掌握了权力，弗朗西斯科·佛朗哥将军（General Francisco Franco，1892—1975）率领最训练有素的军队驻扎在这些地区。但整个西南部（除了几个偏僻的小地方）、西班牙的中心、北部的巴斯克海岸（Basque coast）

都忠于共和国。到了 7 月底，两大敌对阵营的地面部队在数量上大致相当。为了加强他们的力量，共和党领袖在稍稍犹豫之后，把武器分给了工人们。对大众产生的依赖让政府偏向了左翼的社会主义者、共产党和无政府主义者，左翼因此变得越来越有影响力。

在军事叛变未获得完全的成功前，双方都向国外寻求援助：共和主义者向法国和俄国求援，而军队则向意大利和德国求援。法西斯国家很快做出了回应。墨索里尼送来了轰炸机，希特勒则批准立即派出 20 架运输机。得到这些飞机是至关重要的。西班牙海军依然效忠于共和政府，而空中运输是把训练有素的摩洛哥军队从非洲运回西班牙的唯一方式。希特勒在几年后说道：“佛朗哥应该为德国运输机的荣耀建一座纪念碑。佛朗哥的西班牙革命多亏了德国的飞机才取得了胜利。”这种说法无疑是正确的。通过佛朗哥率领的摩洛哥军队，西班牙法西斯成功将他们的统治扩展到西班牙南部地区，并且建立了南部地区与他们控制的北部地区之间的桥梁。到了 9 月底，共和主义者已经不再和葡萄牙共享边界。尽管法西斯以四路纵队进发的形式进军马德里郊区，并且在城区还有一支拥护者组成的“第五纵队”，但由于西班牙共和主义者在 1936—1937 年的冬天英勇抵抗，法西斯攻占马德里的尝试失败了。法西斯力量在马德里城外停滞不前，并从那里向西部扩张他们的统治。只有三个地区依然在共和主义者的控制之下，其中之一从马德里延伸到西班牙东南部，由一条狭长的海岸带和共和政权的第二大中心加泰罗尼亚连接起来。最后，大西洋沿岸北部的巴斯克地区仍然在共和主义者的掌控中。共和主义者的力量中心都过于偏远，无法与不断攻城略地的法西斯相比。巴斯克地区的反法西斯政权在 1937 年夏天失败了。之后战争继续拖延。加泰罗尼亚的主要城市巴塞罗那于 1939 年 1 月被占领，数千名忍饥挨饿的西班牙共和主义者和剩下的共和军，加在一起大约有 40 万人，穿过了边界来到了法国。那是一片未开垦的土地，有电线围成的栅栏，缺少避难所和食物，他们只能艰难地维持生存。两个月后，也就是 1939 年 3 月，马德里宣布投降。至此西班牙已不再是国际政治的中心。

西班牙内战与欧洲外交

这次战争不仅是西班牙内部事务，整个欧洲都直接或者间接地卷入这场斗争之中。如果说西班牙军事暴乱最初受挫，而德国和意大利派遣的飞机助其卷土重来，发挥了重要的作用，那么 1936 年秋天在共和主义者对新一轮法西斯攻击的抵抗中，苏联坦克和飞机则发挥了决定性作用。此外，苏联顾问重整了共和军杂乱无章的军事行动，使之统一连贯。德国和意大利通过宣传承认西班牙法西斯的外交地位做出回应，同时他们也给予了实质性的援助。德国派遣了更多飞机和飞行员，以及被称作“秃鹰军团”（Condor Legion）的轰炸机中队。德国空军最著名或者说最臭名昭著的一次空袭发生于 1937 年 4 月，也就是佛朗哥对抗巴斯克地区时对格尔尼卡（Guernica）的袭击。首先他们炸毁了小村庄，然后在街头扫射。在 7000 名当地居民中，伤亡人数达到了 2500 人。后来德国承认这次袭击只是为了测试炸弹的恐怖威力。

墨索里尼在1936年11月与佛朗哥达成了一项秘密协议，帮助意大利对抗可能的西法合作，并且承诺如果发生战争，西班牙可以保持善意中立。如果必要的话，意大利可以在马略卡岛（Majorca）和西班牙领土上建立军事基地。墨索里尼命令，志愿黑衣党野战旅在意大利军官的领导下被运送到西班牙。到1937年2月，4.8万名意大利人在西班牙作战。但是他们并没有受到正规的训练，而且纪律涣散，没能实现墨索里尼的期望，即支持佛朗哥迅速取得战争的胜利。相反，他们1937年7月在马德里附近的瓜达拉哈拉（Guadalajara）遭遇惨败。这次失败让墨索里尼不得不向西班牙派遣更多的军队及最重要的飞机。

毫无疑问，德国和意大利对西班牙法西斯力量的援助比苏联对共和主义者的援助更为有效，因为从黑海穿过地中海的冗长路线都受到德国和意大利潜水艇与军舰的威胁。如果共和军能从北边的法国收到飞机、坦克和补给，这种平衡将会被打破。虽然法国总理莱昂·布鲁姆愿意提供支援，却遭到英国领导人和法国政府中非社会主义党成员的反对。他们担心国际关系变得复杂，尤其是共产党变得强大。尽管共产主义者和布鲁姆所在的社会主义党中许多人士都感到愤怒，但他最终向这种压力屈服了。

在西班牙内战问题上不能取得一致意见是法国人民阵线破裂的一个重要因素。法国和英国不希望让冲突蔓延，所以建议其他国家采取不干预政策。为采用这项政策而进行的协商冗长而拖沓，到苏

弗朗西斯科·佛朗哥在西班牙内战前线吃晚餐。

联、德国和意大利被说服，且被授权监督不干预政策的委会员成立之时，德国和意大利已经制造了无穷无尽的困难。直到确信不会影响西班牙法西斯的胜利之后，德国和意大利才撤出军队。

对希特勒和墨索里尼来说，西班牙内战是他们的对手软弱的有力证据。他们认识到即使苏联、法国和英国可能会对扰乱现状不满，但他们在如何控制法西斯攻击方面不能达成一致。很明显，西方列强最关心的问题就是避免战争。

但是西班牙战争远不只揭示了法西斯国家获得的巨大力量。在民主国家衰败的情况下，反法西斯者失去了动力。西班牙战争刚爆发时，很明显民主力量是正义的一方，民主主义和法西斯主义在西班牙的力量旗鼓相当。如果法西斯在西班牙受到阻碍的话，其势不可当的神话也会被摧毁，在这种巨大的努力下，欧洲的法西斯梦魇也将消失。

明天，对年轻人是：诗人们像炸弹爆炸，
湖边散步和深深交感的冬天；
明天是自行车竞赛，
穿过夏日黄昏的郊野。但今天是斗争。[1]

来自世界各地的人们志愿为西班牙共和国而战。共和军中最高效的就是国际纵队，共产党、社会主义者和自由主义者为其服役。来自各个国家的作家——英国的乔治·奥威尔、美国的欧内斯特·海明威、法国的安德烈·马尔罗（André Malraux）和匈牙利的亚瑟·库斯勒（Arthur Koestler）都来到了西班牙，同共和主义者一起作战，并在他们的作品中倡导这项事业。英勇的马德里保卫战是他们的胜利时刻。同时他们也经历了由于失败带来的纷争，尤其是共产党和无政府主义者之间的斗争，在内讧中，许多忠诚的反法西斯战士被残忍地杀害。

在接下来的绥靖年月中，那些守卫西班牙共和国的人度过了一段艰难的时期。西方民主国家的政府冷淡地对待这些自由战士。美国官员给了他们一个“不成熟的反法西斯者”的称号。在苏联，斯大林放弃共产主义－民主反法西斯联盟的想法后，许多西班牙内战的参与者都被当作罪犯对待。然而一些西班牙共和国的战士活了下来，并在第二次世界大战之后得以开始新的政治生涯。但在西班牙内战之后的几年里，西班牙反法西斯战争的精神似乎只存在于艺术作品里。毕加索的绘画作品《格尔尼卡》（*Guernica*，1937）和海明威的小说《丧钟为谁而鸣》都表达了人类反抗非人道力量时的悲惨绝望。

德奥合并与入侵捷克斯洛伐克

西方民主国家的软弱首先在莱茵兰危机、接着在西班牙内战中显现出来，使得希特勒可以毫无阻碍地继续推行他的侵略与扩张的外交政策。1937 年 11 月，希特勒在与他的主要军事顾问和文职顾问的一次会面中，宣布德国需要更多的生存空间，而这只能通过战争获得，这场战争必须在 20 世纪 40 年代早期打响，因为德国重整军备将在那个时期达到峰值。这样的战争获得成功的前提就是消灭捷克斯洛伐克并且实现德奥合并。希特勒还暗示，西班牙内战在地中海造成的局势可以为迅速行动创造机会。虽然接下来他根据当前的情况调整了策略，实际上发生的一系列事件与会议上设想的完全不同，但这次讲话的确表明了他的基本目标。他的主要军事顾问表明了一些保留意见和疑惑，而他们的犹豫也让他们丢了自己的职位。这些军官被解雇表明军队已经丧失了它的独立性。外交部长康斯坦丁·冯·牛赖特（Konstantin von Neurath，1873—1956）作为一位职业外交家，一直对纳粹言听计从，然而对希特勒的观点多少持谨慎态度，所以他的位置被约阿希姆·冯·里宾特洛甫（Joachim von Ribbentrop，1893—1946）所取代。这样一来，所有障碍都被扫除了。

第一个受害者就是奥地利。纳粹在奥地利对德奥合并的宣传日益加强，导致奥地利采取更多措施加以抑制。1938 年 2 月 4 日，希特勒会见奥地利总理库尔特·冯·舒斯尼格（Kurt von Schuschnigg）时，要求奥地利政府取消这些抑制政策，并且让奥地利纳粹进入政府中。由于受到希特勒激烈言辞及德军向奥地利边境进发的威胁，舒斯尼格屈服了。但是他很快意识到，一旦纳粹进入政府中，他们就会全面控制政府。3 月 9 日，他在绝望中宣布举行一次公投，由公民来决定是否让奥地利保持独立。3 月 11 日，希特勒下了最后通牒，要求推迟公投。3 月 12 日希特勒以舒斯尼格政府不能维持秩序为借口派遣军队进入奥地利。1938 年 3 月 14 日，维也纳——希特勒年轻时悲惨度日的地方，见证了他的胜利回归。德奥合并让德国变得更加强大。西方国家只能在书面上无力地反对。1934 年，当在奥地利发生第一次纳粹起义时，墨索里尼曾派兵至勃伦纳边界，现在他却宣称对奥地利的命运不感兴趣。他已经在亲德的道路上走得太远，无法回头。希特勒欣喜若狂，他告诉墨索里尼，对于墨索里尼为他所做的一切，他铭记于心。

下一个目标就是捷克斯洛伐克。希特勒想要吞并苏台德地区。这是捷克斯洛伐克北部的一大片区域，主要居住着日耳曼人。因为这个地区位于分割德国和捷克斯洛伐克的山脉的南部，还包含了捷

德奥合并：希特勒在维也纳中心的群众集会上宣布奥地利已被纳入大德国。

克斯洛伐克的边防线。如果失去这个地区，就意味着捷克斯洛伐克在欧洲政治中不再是一个独立的国家。西方列强再一次无力地抵抗着希特勒的扩张主义政策。第一次危机在 1938 年的春天爆发，结下来的一个月中有好几次，欧洲似乎都处于开战的边缘。虽然内维尔·张伯伦领导的英国政府并不怎么关心苏台德地区的日耳曼人和捷克斯洛伐克的命运，这件事按照张伯伦的话来说就是“两个距离我们非常远的国家之间的争吵，对于它们的人民我们也一无所知”，但是英国意识到，对于德国占领捷克斯洛伐克而导致的欧洲的矛盾，英国是不可能作为局外人的。这是一个很大的危机，因为1924年法国与捷克斯洛伐克确立了明确的防御联盟关系，而且在法国和捷克斯洛伐克抵御德国入侵时，苏联有义务提供支持。因此英国政府的主要目标是防止发生武力冲突，以防出现某种情况导致法国和苏联的联盟义务自动生效。英国试图说服德国，苏台德地区在捷克斯洛伐克内部获得自治地位，他们就应该知足。同时英国还向捷克斯洛伐克施压，促使他们接受这种让步。但是希特勒鼓动苏台德地区的纳粹示威游行，结果导致与警察之间发生冲突。希特勒于是宣称捷克斯洛伐克过于残暴，无法让苏台德地区的日耳曼人继续生存下去。他威胁道，苏台德地区必须从捷克斯洛伐克完全独立出来，否则就采取军事行动。

在这个重要时刻，张伯伦决定飞到贝希特斯加登，于1938年9月15日与希特勒会晤。张伯伦如希特勒所愿，把苏台德地区划给德国，作为回报他要求德国承诺避免采取直接军事行动。英法政府强迫捷克斯洛伐克接受这个解决方案，否则英法两国收回他们的支持。但是希特勒仍然不满足。9月22日，希特勒和张伯伦在巴特哥德堡（Bad Godesberg）进行第二次会晤时，希特勒宣称在贝希特斯加登时约定的接管苏台德地区的程序过于缓慢，10月1日之前必须完成，如果必要的话将会采取军事侵略的形式来实现。事态完全陷入了僵局，张伯伦回到了伦敦，认为已经没有什么希望维持和平了。但是墨索里尼想要避免战争，急于通过欧洲仲裁者的身份提高自己的威望，他说服希特勒在9月29日召开慕尼黑会议。

第一次世界大战结束时，人们曾希冀建立新的世界秩序，但现在国际政治已经偏离了这种希冀，而慕尼黑会议（The Munich Conference）则证明了偏离的程度已经达到了令人震惊的程度。原本人们期望的是无论是大国还是小国都能拥有平等的话语权，但在慕尼黑，欧洲四大国的首脑——希特勒、墨索里尼、达拉第和张伯伦单独进行磋商。在所有决定都做好之后，打着哈欠的张伯伦和焦虑的达拉第才将达成的协议告知最重要的当事方捷克斯洛伐克的代表。希特勒做出了一个让步，就是把完全占领苏台德地区的期限推迟到10月10日。如果捷克斯洛伐克拒绝接受《慕尼黑协定》（*Munich Agreement*）并奋起反抗，英法两国的公众意见会不会迫使这两个大国去进行援助，不得而知。但是捷克斯洛伐克人和他们的总统贝奈斯已经厌倦了无休止的协商和违背承诺，认为他们不能再冒这个险，于是他们屈服了。贝奈斯辞去了总统职务，把国家政府留给了他认为能够和胜利的纳粹相处得更好的人。

在英国下议院对英国外交政策发起攻击的一次辩论中，温斯顿·丘吉尔将慕尼黑会议描述为“最严重的一次灾难”，但是他孤掌难鸣。张伯伦从慕尼黑回来之后，大众把他看作一个获得胜利的征服者。面对充满热情的大众，他说：“这是历史上第二次我们从德国回到唐宁街，带着维护和平的荣耀。我相信这是我们这个时代的和平。”这句话或许是对张伯伦绥靖政策错误设想最有力的证明。后来他想以《慕尼黑协定》给了英法两国时间重整军备为由为慕尼黑协定辩护，但是这种辩解是苍白无力的。在慕尼黑会议和第二次

1938年慕尼黑会议结束后的内维尔·张伯伦和希特勒。

世界大战爆发之间的数年中，西方民主国家和德国在武装力量上的差距并没有缩小，而是加大了。除掉捷克斯洛伐克使得数量庞大的德国军队不受限制，遍及各地。在苏台德地区防御工事中的大量军事装备，现在也落入了德军手中。德国的军事力量不断增强，张伯伦却没有为英国军备重整注入足够的力量。他把希特勒看作一名伟大的德国爱国者，只是为了完成俾斯麦的德意志统一事业，此后所有日耳曼人就能永保幸福安宁。张伯伦在为《慕尼黑协定》辩解时说道："双方都本着真心和好意。"

在 1938—1939 年的冬天，欧洲的政治家们都心情愉悦。法国签署了一项协定，提供了关于所有与德国有关的争议问题的建议，并且暗示德国可以在欧洲东南部自由行动。英国也表示愿意将欧洲东南部认定为德国的势力范围。西方民主国家与轴心国之间的和谐某种程度上是被墨索里尼打乱的。他突然对尼斯、萨伏依和突尼斯提出强硬声索，但英国愿意承认意大利对埃塞俄比亚的占领，希望能担任法国和意大利的中间人。

这些事件都表明纳粹的残忍程度丝毫没有降低，但是英国和法国的掌权者都没有受到太大的困扰。一夜之间，所有的犹太教堂都被烧毁。犹太人从德国人的经济生活中被驱逐出去，财产也被剥夺。1939 年年初，英国政府相信政治上的绥靖政策能够通过与德国更紧密的经济合作而加强。张伯伦在 3 月 10 日发表声明，称欧洲正日趋平静。而六个月后，英法与德国开战。

绥靖政策结束

捷克斯洛伐克被合并到大德国中，让英国从绥靖政策调整到抵抗政策。纳粹煽动斯洛伐克地区从捷克斯洛伐克独立出来，当捷克斯洛伐克政府采取政策压制这次行动时，希特勒命令伊米尔 · 哈卡（Emil Hácha，1872—1945），也就是贝奈斯的下一任总统来到柏林，强迫他承认捷克斯洛伐克由德国摄政。1939 年 3 月 16 日，德国军队拥入捷克斯洛伐克边界，希特勒进入布拉格。

英国公众舆论突然开始反对德国。在众多让步之后，英国人愤怒的突然爆发让人很难理解。据称英国人之所以被激怒，是因为希特勒这么干说明了他对将所有日耳曼人纳入自己的统治并不满意，并且表明他之前对民族自决的呼吁完全是残忍扩张政策的伪装。占领捷克斯洛伐克的确证明，那些觉得希特勒是一位伟大的德国爱国者的人，之前的想法是错误的。在英国，许多人很有可能只是厌倦了此起彼伏的危机，厌倦了受到欺凌，而且如果希特勒统治欧洲，英国也不可能独善其身。

张伯伦撤销了他的政策，这是由于受到公众舆论的压力，而不是因为他改变了想法。事实上，直到最后他都试图与希特勒重新接触谈判。然而他给公众的印象却是他已经抛弃了绥靖政策，而且他以一个惊人的外交动作让这次政策转变显得戏剧化。波兰和罗马尼亚如今是德国进一步扩张之路上的直接目标，因此也是最快受到威胁的，张伯伦政府向这两个国家做出支持的保证。许多法国人或许更想避开对波兰应尽的义务，正如他们对待捷克斯洛伐克的态度一样，然而英国支持波兰就意味着法国不能退缩。当希特勒进军波兰时，以波兰人不接受将但泽和波兰走廊归还德国为借口，英国和法国于 1937 年 9 月 3 日对德国宣战。

希特勒没想到他对波兰采取行动会导致和英法两国发生战争。他没有任何道德价值观，也没意识到他入侵布拉格引起了多大反感。他也不理解为什么英法没有为具有战略重要性且地理位置相对较近的捷克斯洛伐克开战，却为鞭长莫及的波兰打抱不平。另一方面，希特勒在与波兰的争执中，不愿意达成另一项和平协议。他深信为了恢复因第一次世界大战战败遭受重挫的德国的威望，他非常需要一次成功的军事活动。希特勒并没有因为慕尼黑会议的结果而感到开心，相反他感到压抑，因为他觉得为了对墨索里尼在会议上提出的要求做出让步，他错过了打胜仗的机会。毫无疑问，如果他对波兰的举动会导致与英法发生冲突，希特勒并不害怕因此导致的战争，但他更希望英法保持中立，这样对波兰的战役就能在波兰领土范围内解决。他觉得他有一张王牌能让英法保持中立。1939 年 8 月 23 日，也就是进攻波兰的一周前，德国与苏联签署了互不侵犯条约。

所有的决策制定者都感到震惊，因为他们认为纳粹德国和共产主义苏联之间的对立是不可能被打破的。在德国进军布拉格之后，英国向波兰和罗马尼亚保证，英国和法国政府非常确定，他们能在阻止德国扩张的问题上获得苏联的支持。英法两国派代表团前往莫斯科，但在数次协商毫无进展之后，他们听说苏联没有与西方国家联手，而是和纳粹德国签订了条约。

战间期的苏联

在第二次世界大战爆发之前，欧洲大国急切寻求苏联的合作与协助，这是一种奇怪的命运逆转。历史仿佛绕了一个大圈，又回到了原点。二十年之前，政治家们在巴黎策划欧洲和世界的未来时，急切地要把俄国赶出欧洲。的确，战间期的大多数时间，苏联都处在国际事件的边缘。在 20 世纪 30 年代，希特勒获得了越来越多的权力，苏联也逐渐在欧洲事务中发挥越来越重要的作用。但在 1938 年，在解决捷克斯洛伐克危机时，苏联依然没有机会发言。

如果说在 1939 年，两个敌对的阵营都急于寻求苏联的支持，那么这便是一个明证，巴黎和会上签订条约所依据的基础原则已经完全被打破了：践行民主理念和遵守国际法是在国际事务中被接纳为平等伙伴的必要条件。强权政治的回归暗示了《凡尔赛和约》建立的国际体系已经崩塌。战争注定会发生，这一点越来越明显，而苏联丰富的自然资源、食物、矿产资源和军事力量，将变得非常重要。

在战间期，欧洲知识界和学术圈一直都对苏联的发展非常感兴趣。苏联试验成功和失败的概率各有多少？这成了激烈辩论而非党派讨论的主题。工业化究竟在多大程度上在苏联创造了一个新社会？这个令人困惑的问题的答案是由于工业化创造了一个现代化社会，因此这个问题因为布尔什维克采用的激烈方式变得更难回答，答案也更复杂。布尔什维克正是以激烈的方式创建自身组织，以及实施集体化和工业化的政策。苏联究竟有多强？到底可以依靠它到什么程度？这些不确定性导致苏联在战间期一直作为一个局外人，而且因为 20 世纪 30 年代下半段发生在苏联的事件，不确定性进一步提高了。

斯大林主义和肃反运动

1936 年 6 月发布的宪法草案让苏联人民燃起了希望，认为他们已经进入了解放时期。但是这些希望很快就被斯大林的肃反运动摧毁了。这也让他成了一个恐怖的独裁者。秘密警察也成为他最重要和最可怕的政府武器。肃反运动中大概有数百万人被监禁、驱逐或者处死。他们中的杰出人物会在公审中被定罪。第一次作秀公审发生在 1936 年 8 月，也就是新宪法公布之后的两个月。在这次审判中的 16 名被告里最有名的是季诺维也夫和加米涅夫。他们都是前政治局成员。第二次公审发生在 1937 年，17 名被告中有苏联主要政治作家卡尔·拉狄克。在第二次公审和第三次公审之间，俄国总参谋部内发生了一次秘密肃反。受害者包括内战和俄波战争英雄米哈伊尔·图哈切夫斯基（Mikhail Tukhachevsky）和其他一批高级将领。第三次也是最后一次公审发生在 1938 年 3 月，也是最轰动的一次。在 21 位被告中包括尼古拉·布哈林（Nikolai Bukharin），他曾担任《消息报》（*Izvestia*）主编，被认为是布尔什维克的主要马克思主义理论家，此外还有前人民委员会主席阿列克谢·李可夫（Aleksei Rykov）、前秘密警察首脑雅戈达（H. G. Yagoda）和外交事务代表委员克列斯京斯基（Krestinsky），以及许多高级外交官。在所有的这些审判中，被告们都在压力下“认罪”，大部分被告都被判处死刑并被处决，甚至那些像拉狄克一样只被判入狱的人，也没有再出现在公众的视线之中。

斯大林死后，随着一些事情被揭露出来，肃反运动常常被归咎于他的异常心理。毫无疑问，斯大林的病态心理与多疑的确是致使他组织这些公审和对被告进行残忍惩罚的重要因素。在 1936 年以前以及斯大林死后，那些提出不被大众接受政策的布尔什维克党领袖只是被降级，或者从权力机构中被剔除，都没有被杀死。将政治反对派处以死刑仅限于斯大林当权的时期。尽管肃反中对于被告的处刑方式是斯大林出于异常心理决定的，但也不能否认他在清醒的状况下惧怕这些人的影响力。

其中一些人，例如布哈林，曾反对斯大林的土地政策，并且坚持认为与富农合作而非清除他们能够更有效地提高农业生产量。这些人可能比严苛官僚和专家更受欢迎。官僚和专家是斯大林的忠实拥护者，正是他们使五年计划变得十分艰巨。

大多数怀疑或者反对斯大林经济政策的人建议转变生产结构，提高日用消费品的产量。他们期望这样的改变能够增加他们成功回归政坛的机会。斯大林绝不允许自己控制的权力减弱，或者做出任何经济政策的调整，因为他预料到这将会对他的位置产生威胁。

斯大林在肃反运动中的目标人士都是老布尔什维克成员。在肃反中，老布尔什维克党自上而下的领导层整个被摧毁。老布尔什维克党员在关于马克思主义理论的讨论中受过培训，他们不愿意无条件服从来自上层的命令。据可靠的报道，在政治局和党委会紧闭的大门之内常常发生激烈的争论。此外，许多老布尔什维克成员也是国际主义者，他们以全世界工人的共同利益为信仰。在法西斯和纳粹兴起的时期，他们想把共产国际变成一个囊括所有工人党派的组织，独立运行，不受莫斯科的干扰。老布尔什维克党成员希望拥有更自由的事业，以实现旧时的社会主义理想，即自由而进步的生活方式。例如，他们非常想看到1932年和1933年开始的强制集体化政策放缓实施。这种自由主义的代表人物就是列宁格勒的布尔什维克党领袖谢尔盖·基洛夫（Sergei Kirov），他在1934年被暗杀。在肃反运动的审判中，被告们受到的主要指控就是他们应该为基洛夫的死负责。

毫无疑问，斯大林认为，老布尔什维克党成员希望放缓工业化的态度，以及提高大众经济和社会生活水平的期望，对他的权力构成了威胁。但德国纳粹党的兴起增加了发生国际战争的可能性，因此需要加强和加速而非放缓军备生产，亦即需要继续强调重工业，而不是转向消费品生产。

在外交方面，谨慎意味着所有的选项都应该拿出来讨论，在支持民主国家反对轴心国时不能做出不成熟的决定。制定适应当前危险局势的政策时，任何影响政策统一方向的障碍都应该被清除，这种考量也许是最令人震惊的一次肃反的实施动机。在图哈切夫斯基手下的军队基本上已经发展成一股独立的力量。斯大林可能想过，如果他的政策与军方领袖的观点相左，他还能在多大程度上依靠军队。斯大林对于图哈切夫斯基的不信任似乎是被纳粹挑起的。纳粹希望图哈切夫斯基倒台，这样苏联的军事力量就会被削弱。通过捷克斯洛伐克前总统爱德华·贝奈斯，纳粹成功地将一份巧妙伪造的文件放在了斯大林面前，这是一份使图哈切夫斯基陷入险境的文件。很明显，当图哈切夫斯基及其追随者被清除时，军队中重新任命了政治委员。

斯大林推行持续经济紧缩政策并加强政府管控，其残酷手段或许是20世纪30年代的重要时期苏联获取更大力量的手段。

斯大林的外交政策

在 20 世纪 30 年代中期的恐怖氛围中，持续的经济紧缩和加强政府管控看起来是合乎时宜的，但推行这些政策的残酷手段对苏联和其他国家的关系产生了不好的影响。

当苏联领导人开始实行社会主义政策时，他们自然不想受到外部世界的干扰。苏联与西方邻国的外交关系已经正常化，他们也为保卫世界和平付出了努力，参与了《凯洛格–白里安和平条约》（*Kellogg-Briand pact*）的签订，参加了裁军会议。由于希特勒极力鼓吹反对共产主义，他的当权让苏联统治者感到很不安，他们想要和其他同样希望抑制德国扩张的国家建立密切的联系。在 1934 年 9 月苏联加入国际联盟后，苏联外交部长马克西姆 · 李维诺夫（Maksim Litinov，1876—1952）成为对侵略者进行严厉制裁的主要倡议者。1935 年，苏联和法国及捷克斯洛伐克签订了协议，承诺在受到无端进攻的情况下，互相提供援助。收到莫斯科的指令后，西欧共产党的政策也做出了相应的改变。1935 年的夏天，在共产国际第七次大会中，一项方案宣布开启人民阵线的新政策：共产党现在愿意和任何组织的领袖合作——无论是社会主义者还是右翼力量，站在统一战线抗击纳粹。

这些反法西斯和纳粹的广泛运动看起来开始获得动力，西班牙和法国的大选中人民阵线取得胜利，此时在苏联发生的肃反运动使得民主力量对于重新与布尔什维克合作的可能性产生了怀疑。俄国参与西班牙内战不仅是为了打败佛朗哥，也是为了消灭那些非斯大林主义左翼领袖。这使得英国和法国一些政治家从一开始就基于意识形态及经济方面的原因，反对与苏联合作。他们认为一个采取恐怖措施的政权不足以成为稳定可靠的盟友。苏联政府是否比纳粹主义和法西斯独裁者更为人道和文明，这是个问题。在 1938 年夏天就捷克斯洛伐克危机进行的协商中，英法两国公开对纳粹德国转向绥靖政策，而对苏联态度冷淡。

我们并不知道斯大林对于与欧洲民主国家联盟有没有兴趣或信心，但可以确定的是，慕尼黑会议和西方国家的绥靖政策增加了他的恐惧：这些国家也许会牺牲苏联换取与德国达成协议，可能会任由德国攻打苏联。此外，斯大林是一个马克思主义者，他有理由认为资本主义的德国纳粹和资本主义的西方都是一丘之貉。因此，在 1939 年夏天，当英法代表团出现在莫斯科时，纳粹也表达了想要和苏联签署协定的想法。斯大林最关心的就是确认这些国家没有联合起来对付苏联。和纳粹德国签署协议有一个优势，就是德国愿意把波罗的海诸国及波兰的一部分交与苏联，而英法拒绝这样做。斯大林可能觉得比起优柔寡断的西方政治家，偏执而残忍的希特勒更有吸引力，那些西方政治家直到现在还抱着绥靖的想法。所有一切让斯大林得出了最终结论，他和希特勒签署了协议。假如他的选择是继续和英法进行协商，那么主要的原因可能就是西方众国不顾苏联的支持放弃波兰，苏联将要独自面对一个获得波兰之后更强大的德国。总之，斯大林外交政策的目的就是引发德国和西方众国之间的战争。

就像那个时候所有的政治家一样，斯大林失算了。如果说英法两国对待苏联的态度并不是很直率，那是因为他们误以为苏联和德国永远不会达成共识。同时希特勒被他的外交部长里宾特洛甫所劝服，如果德国和苏联签署协议，那么英法受到威胁就不得不放弃波兰，这样苏联军队就能快速而轻易取胜。斯大林认为西方列强和纳粹德国实力相当，并且在长期的苦战中会陷入疲惫，而保持和平的苏联将会成为欧洲大陆上的最强大的力量。第二次世界大战的悲剧就是从这一系列滑稽错误开始的。

如果 1939 年夏天波兰战争没有爆发，那么其他的原因也可能激起战争。希特勒一直致力于控制欧洲大陆。从 1933 年开始，危机接踵而至，令欧洲大陆应接不暇，而且危机一次比一次严重。每个人都生活在战争即将爆发的威胁之下，局势让人越来越难以忍受。1939 年 9 月 1 日，德国进军波兰，愤怒终于爆发了。公众的反应与和二十五年前第一次世界大战爆发时非常不同。在 1939 年，没有狂热的情绪，也没有解放的感觉。西方国家不断地撤退和失败，没有能力协调社会矛盾与不同阶级的利益，使之向着以自由为基础的共同目标发展，这些都削弱了人们对西方国家力量的信心。看起来集权国家才是未来的趋势这种说法有一定道理。西方国家人民接受战争的背后，是一种末日来临的感觉。面对惨败，需要激起人们内心原始的民族自豪感来摆脱这种宿命论，并且重新建立信心与希望。

HISTORY OF MODERN EUROPE

THE END
OF THE EUROPEAN ERA

1890 TO THE PRESENT

现代欧洲史

欧洲时代的终结，1890年至今

06

[美]费利克斯·吉尔伯特
[美]大卫·克莱·拉奇◎著
高迪迪◎译

Felix Gilbert
David Clay Large

下

中信出版集团 | 北京

目 录

第八章 第二次世界大战

第九章 战后动荡期

第十章　重建与反抗：20 世纪 50 年代

第十一章　欧洲繁荣的十年：20 世纪 60 年代

第十二章　幻想破灭的年代：1967—1973

第十三章　缓和的十年：1969—1979

第十四章　20 世纪 80 年代的西欧——困难重重

第十五章　东欧的新秩序

第十六章　大陆漂移

第十七章　欧洲及全球化的挑战

第八章

第二次世界大战

第二次世界大战始于一场波兰、英国和法国反抗纳粹德国的战争，并且在最初两年中也主要发生在欧洲战场。1941 年 12 月，日本偷袭珍珠港，导致美国参战。至此，这次战争遍及全球。在接下来的 15 个月中，美国坚决地加入战争中。丘吉尔把这段时期看作战争的“转折点”。[1] 直到 1942 年夏末，德国发动猛烈进攻。之后，反法西斯行动开始进行。

然而，这并没有带来最终的胜利。正如英国历史学家理查德·奥弗里（Richard Overy）所说，甚至在 1942 年的转折点之后，同盟国的胜利也不是必然的。同盟国的经济优越性非常重要，但单独这一点并不能保证取得胜利。至关重要的是同盟国能够吸取内部经验教训，在管理上做出有组织、有逻辑的改革，从而更有效地联合在一起，发挥出其人数与火力上的优势，全力抵抗敌人。如果不是同盟国的所有战士和民众展示出他们的决心、智慧和勇气，也许也不会取得这样具有决定性的成果。

欧洲战争

德国主导

一直到 1940 年的秋天，德国人连连取得胜利。波兰抵抗希特勒的政策，结束了绥靖时期，但是在短短一个月中，它就在一场战役中被消灭了。军事武器和策略对战争行为的主导作用，由此可见一斑。德国利用其空中优势摧毁了波兰空军，并且炸毁了道路和铁路，同时还干扰通信，使得波兰军队无法调动，波兰甚至没有一个相对安全的后方。通过集中坦克力量，德国军队攻破了波兰的防线。德军在突破口处保护自己的侧翼，同时派遣坦克及紧随其后的机械化步兵至开阔地带，然后左右夹击把敌军分割成零散的小股部队，最终分别包围并将其歼灭。在这次“闪电战”（突然袭击）中，让人感到困惑的是，波兰只有大城市组织了反抗。波兰人民誓死保卫华沙，然而德国军队从空中投放炸弹，华沙城几乎成了一片废墟。通过空袭毁灭一座大城市，这是首例。

9 月 27 日，在战争爆发四周后，波兰防线彻底崩溃。波兰被德国和苏联瓜分。苏联迅速占据了波兰的东部，这是在《苏德互不侵犯条约》里约定好的。德国和苏联同时还进入波罗的海诸国——立陶宛、爱沙尼亚和拉脱维亚。因此，德国和苏联控制了波罗的海南海岸。德国还额外获得一大块波兰领土，剩下的区域则建立了由德国政府控制的波兰保护国。9 月 28 日，德国和俄国在莫斯科签订了《德苏边界友好条约》（*German-Soviet Boundary and Friendship Treaty*）。

“假战争”

英法两国的军事领导人很晚才从波兰事件中吸取经验和教训。他们认为“闪电战”战术起作用只是因为波兰军事力量薄弱，并不能应用于对付更强大的军队。尽管德国在西方的力量被限制，英国和法国在德国进攻波兰时并没有伸出援手，而是争取时间来建设自己的军事力量。

接下来进入了“假战争”时期。在西方，双方对峙并未展开生

第二次世界大战开始时德国机械化部队进入波兰，德军取走了带有波兰鹰的边界标牌。

死大战。德国宣而不战让英法误以为他们是安全的。英法把希望放在经济战争上。起初，他们建立了严密封锁来防止德国从国外进口货物。因为他们对德国是否敢于攻打西方持怀疑态度，所以并未加强法国的防守力量。马其诺防线并没有沿着比利时边境延伸到海岸线。英法政府感觉他们在西方会非常安全，所以他们的注意力集中在其他领域。当1939年苏联进军芬兰时，英法为了加强北部防线决定组建一支远征军来支援芬兰。然而在这支援军到达之前，战争已于1940年3月结束了，芬兰做出让步，按照苏联的要求重新修改领土边界。

马其诺防线上的通信管沟，是由树枝做成的阶梯、细铁丝网围栏和棍子做成的墙构成的。

考虑到英法两国在北海的利害关系，希特勒决定消除西方同盟国在北部进行军事行动的可能性。4 月 9 日，德国军队抵达丹麦边境并且占领了丹麦。同时他们还攻击了挪威，挪威人的抵抗以失败告终。德国的成功要归功于海军、空军和伞兵部队相互间出色的配合。而英法的应对策略却非常笨拙，军队进入战场时没有任何防空保护和大炮掩护，因此很快就被德军歼灭。

在英国看来，挪威的失败有一个有利的结果。下议院突然召开会议，表明内维尔 · 张伯伦已经失去了国民对他的信任。张伯伦于 5 月 10 日辞职，温斯顿 · 丘吉尔接替了他的位置。丘吉尔组建的政府由保守党、自由党和工党共同参与。丘吉尔写道，他那天上床睡觉时感到如释重负，“我终于获得了指挥全局的大权。我感觉我好像是正在和命运一同前进，而我以往的全部生活不过是为了这一时刻，为承担这种考验而进行的一种准备罢了。”[2]

西线攻势开始

就在英国政权更迭的当天，德国开始对西方展开全面进攻。马其诺防线一片平静，然而此时北部的德军在绵长的前线进军，入侵荷兰和比利时。德国伞兵部队夺取了荷兰的机场和桥梁，使荷兰无法组织有序的防御。在鹿特丹进行的空袭摧毁了市中心。在威廉明娜女王（Queen Wilhelmina，1890—1948 年在位）和政府成功逃往英格兰后，荷兰军队于 5 月 14 日宣布投降。得益于英法的援助，比利时的抵抗持续时间更长。但是德军采用与对付波兰时相同的策略，突破了阿登高地。德军坦克进入法国，驶向亚眠和阿布维尔（Abbeville），楔入抵抗军队，将其一切为二。包括全部比利时军队、在法国的大多数英国军队和一部分法国军队的北部联军，被德军不断收缩进包围圈。5 月 27 日，比利时国王利奥波德三世（Leopold Ⅲ，1934—1951 年在位）和他的军队投降。英法军队被迫退回到敦刻尔克海岸并从那里撤离。在海岸等待时，同盟国遭遇了连续的空袭。德国装甲部队的攻击可能给敌方带来灾难性打击，但是希特勒坚持认为让空军来消灭这些已暴露的军队就足够了，于是命令装甲部队停止追击。"敦刻尔克奇迹"出现了，大量官兵在英国海军的掩护下乘船通过了英吉利海峡。在 5 月 27 日到 6 月 4 日期间，共 338266 人撤回到了英国。

希特勒在敦刻尔克没有启用的装甲部队被用于攻击另一半联军即南部联军。南部联军包括大部分法国军队，他们已沿索姆河形成防线。德国装甲部队再一次成功打破联军防线。路上难民随处可见，德国飞机扫射着仓皇奔跑的人们，制造了恐慌和混乱。由于通信被破坏，法国飞机和反坦克火炮无法抵达前线，德军乘势迅速前进。

6 月 14 日，德军进入巴黎，法国政府逃往南方。丘吉尔在一次匆忙的拜访中试图劝服法国留下参战。法国总理保罗 · 雷诺（Paul Reynaud，1878—1966）愿意这样做，但是当德军渡过卢瓦尔河（Loire）并且进攻驻有法国最后组织严密的兵力的马其诺防线时，法国将领们表示一切抵抗都是无用的，并要求政府结束战争。雷诺卸任，位置由贝当元帅接任。6 月 17 日，贝当元帅要求停战。法国大部分领土已经被德国占据，只有法国东南部和非洲北部还在法国的控制之下。在法国没被占领的地区，以贝当为首的政府建立起来，定都维希。在战争后期，自 1942 年 4 月开始，皮埃尔·赖伐尔领导该政府。赖伐尔期望德国取得胜利，认为法国能采取的唯一政策就是与纳粹合作。

北非摆脱德国的占领获得自由，随后被证明对于盟军来说非常重要。但在 1940 年的春夏，法国的投降则是一个不折不扣的灾难。贝当在维希建立的新政府更加深了这种印象，这让未被占领的法国地区也加入了反民主阵营。毫无疑问，在战败的阴影下许多法国人相信贝当的观点，认为应该抛弃第三共和国并重建社会阶级结构。只有少数人包括夏尔·戴高乐认为，法国只是输了一次战斗并不是整场战争。1940 年 6 月，戴高乐在伦敦首次呼吁法国人民抵抗德军时说道："战争的胜败亦不取决于法国战场的局势，这是一次世界大战。"[3] 此次演说标志着"自由法国"运动的诞生。戴高乐因其著作收获了赞誉，他在作品中强调了在未来战争中坦克和机动部队的重要性。在 1940 年抵抗德军的战役中，戴高乐担任坦克指挥官，证明了自己的军事才能；6 月 6 日，雷诺任命他为战争部副国务秘书，依靠他来支持参战政策。当这些举措失败后，戴高乐乘坐英国飞机逃往伦敦。在伦敦他组织了"自由法国"运动，坚称他可以代表整个法国，而且法国仍是一股强大的力量。许多国家被德国占领后，都在伦敦建立了流亡政府，骄傲的戴高乐与他们保持着距离。

1940年6月，获胜的德军抵达巴黎。

不列颠之战

6月10日，在法国战役结束之前，意大利加入了战争。1939年，尽管意大利人告诉希特勒他们还没准备好，希特勒还是让他们参战了，因此意大利人一直心怀怨恨。只要这种“假战争”持续，保持中立不失为恰当之举，这让意大利有机会从中斡旋。然而当德国不断进军时，墨索里尼也变得越来越不安分。他骄傲地宣称已经创立起一个全新的纪律严明且强大的国家政权；如果意大利不参战，这种说法就只是毫无说服力的吹嘘。意大利的参战与法国战役的结局毫不相关，但是对于英国与地中海地区的交流和英国在近东的地位来说是一种严重威胁。

英国此时孤军奋战。德国最高指挥部相信“德国最终取得胜利只是时间问题”[4]，同时进军英格兰已在计划之中。但是德国的战略一直以陆战为主，包括希特勒在内的将领们在策划海陆两军联合作战时也没有信心。德国将领认为成功的入侵首先需要空袭来消灭所有重要的英国防卫军。德国空军指挥官戈林确信他的轰炸机和战斗机能够让英国跪地投降。

尽管英国的高射炮兵和英格兰南部集结的空军中队弥补了一些数量上的差距，但是德国的空军要优于英国。7月，德国开始攻击英国的机场和军事设施，迫使英国加入空战中以消灭英国皇家空军。事实上，英国皇家空军在力量上确实略显逊色。接着在9月初，德国犯了一个致命错误，他们开始转为对伦敦进行轰炸。9月中旬正是不列颠之战的关键时刻，英国把预备队派去守卫伦敦，使德国空军遭受了巨大损失。这让德军意识到以空军全力掩护登陆作战是不可能实现的，于是他们放弃了入侵计划。然而，他们直到11月时仍对伦敦进行夜袭，几乎每次都投放200枚炸弹。这样做并没有什么直接的战略目的，他们只是想削弱英国的士气并让英国放弃抵抗。伦敦“闪电战”之后德军又接连袭击英国其他城市。最具毁灭性的一次是11月14日袭击考文垂市，导致400人死亡，市中心包括历史悠久的教堂都被彻底炸毁。到了年末，伦敦再一次遭受空袭。德军使用燃烧弹，伦敦的大量古迹遭受到严重损毁，包括伦敦市政厅和克里斯多夫·雷恩爵士（Sir Christopher Wren）设计的教堂。但是人民的士气并没有减弱，战争物资的生产也没有减少。事实上，1940 年英国生产的飞机数量比德国还多。在不列颠之战中，希特勒初尝败绩，他被迫放弃了直接迅速打败英国的计划。正如丘吉尔评价对这次胜利做出贡献的英国飞行员时所说："在人类战争历史上，从来没有一次像这样，有如此之少的人为如此之多的人做出如此巨大的牺牲。"

战场自西向东转移

英格兰幸存的可能性

不列颠之战的胜利大大提升了英国人的士气，发生在波兰、挪威、法国的战役均告失利之后，它证明了即使是纳粹的计划也可能失败。不过，英国的状况似乎仍然没有好转。之后丘吉尔曾承认"通常我每天早晨醒来时都能轻松面对新的一天"，然而在 1940 年，"我每天起床时都担惊受怕"。

丘吉尔认为英格兰孤军奋战很难取得胜利，但是如果英国能够坚持住，那么美国就会加入反纳粹战争。当丘吉尔在战争爆发之际成为政府成员时，他开始和罗斯福总统联系，告知罗斯福一切战况。罗斯福对于纳粹独裁主义的敌意，尽人皆知；此外，自"一战"后，他一贯奉行的基本原则就是与大西洋对岸国家建立友谊对

在伦敦空袭之后，地上的废墟以及后面的圣保罗大教堂。

美国的安全来说至关重要。罗斯福非常同情英国，也非常想要帮助英国，但他更希望在美国不参战的情况下纳粹就能被制止。罗斯福也认为只有在获得议会和美国人民的完全支持下美国才能参战，而且美国人民还没有意识到，如果纳粹统治了欧洲，他们的民主和生活方式将面临什么样的威胁。像美国第一委员会这样的组织，其中包括查尔斯·林德伯格（Charles Lindbergh）和威廉·鲁道夫·赫斯特（William Randolph Hearst）这些举足轻重的人物，认为共产主义比纳粹主义的威胁更大。罗斯福知道，在美国采取任何可能导致战争的行动之前，美国必须在军事上做好准备。1940 年，美国增加了军事预算，推行了兵役法。

1940 年夏天，丘吉尔急切地需要实际支持。由于在敦刻尔克大撤退时小型舰船和驱逐舰损失惨重，英国的航线非常脆弱，极易遭受德国潜艇的攻击。保有航线不仅是为了保证食物供给，也是为了进口战争装备和飞机制造所需的重要原材料。因此，丘吉尔在给罗斯福的信中写道："所以，这是一个生死攸关的问题，我们必须请求美国支援驱逐舰。"而美国方面，这一举动受到宪法限制，客观上也存在很多困难。但经过漫长而复杂的协商之后，协议于 1940 年 9 月 2 日达成，以保护两国安全。英国将从美国那里获得 50 艘老式驱逐舰。作为交换，英国将西印度群岛租借给美国作为海军和空军军事基地，期限为 99 年。该协议并没有打破美国的中立政策，但给公众留下了英美之间拥有共同利益的深刻印象。丘吉尔没有想错，第一步之后就有第二步，这使得美国越来越接近参战状态。事实上，在 1940 年 12 月 29 日的广播讲话中，罗斯福正式宣布美国的任务就是成为"民主国家的兵工厂"，而美国国会于 1941 年 3 月通过了《租借法案》(*Lend-Lease Act*)，以此作为回应。该法案允许总统把战争物资租借给那些对于美国国防至关重要的国家。在纳粹进攻苏联之后，该法案也适用于苏联。《大西洋宪章》(*Atlantic Charter*) 公开表明美国和英国拥有共同利益。1941 年 8 月，丘吉尔与罗斯福在纽芬兰海岸的一艘军舰上会面之后签署了这份文件。两位领导人在《大西洋宪章》中强调，战争的结果必须保证全民自由、独立，以及人民生活水平的提高。尽管丘吉尔对于美国全面参战依然没有耐心，但是他预见到这件事必定会发生，在 1940 年夏天这看起来越来越像一场押对赌注的豪赌。

英国的希望不仅仅存在于外交领域。现代军事作战中，在之前的战争中并未得到重视的情报信息，现在相对于战略战术已经变得更加重要。在这个领域里，英国有很大优势，他们破译了德国的一台“完全新型电动”的“谜”式密码机（ENIGMA，恩尼格玛密码机）。希特勒和德国高级将领正是通过这台机器与陆海空各军队负责人和集团军指挥官交换、传递信息。因此，英方也可以接收到这些信号。当然，这些信号是加密的，需要高超的数学技术来解码。通过“超级机密”（Ultra，他们给情报战的命名），英国获得了大量关于德国军事计划的信息。在不列颠之战中，“超级机密”首次体现了它的价值。通过它，英军得知了纳粹德国空军要攻击的区域以及德军飞机将会从哪些方向进入伦敦。这样英军就有可能在德军飞机到达目标区域前进行拦截，或者在受威胁地区从各地集结空军兵力。相比德国，英国充分利用了“超级机密”和雷达，这对不列颠之战的结果起到了极其重要的作用。在接下来英美两军参加的战役中，“超级机密”都发挥了它的作用：在早些年德国拥有极大优势且处于攻势的时期，通过指出袭击将会在何时何地发生，英美两军就能及时撤退。当隆美尔全面进攻北非时，也发生了同样的情况。1944 年 6 月诺曼底登陆取得成功，正是因为提前得知了德国坦克在法国的分布情况。

英国还破解了德国军事情报机构阿勃维尔（Abwehr）的密码。结果，他们知道了在英国的德国间谍是哪些人，并且开始“操控”他们。这些间谍只有两种选择，要么进监狱，要么继续工作，向德国传达英国想让他们传达的情报。这种双重间谍系统对于英国来说几乎没有风险，因为他们掌握了阿勃维尔的密码，他们能准确知道这些间谍给德国发回了什么消息。因此，一套精巧的欺骗系统建立起来，多次成功驱散德国军队，或是在德军有威胁性地登陆法国之前，或是给德方提供关于在何处登陆的错误信息。

在 1940—1941 年的冬天，英国科学家认为有可能迅速开发出原子弹，虽然该项目的后续工作需要移交给加拿大和美国继续进行。

然而，即使英国能坚持住，那么有没有可能在欧洲大陆重新占据一席之地并且由此进行反击呢？1940—1941 年的冬天和 1941 年春天，英国在地中海地区进行抗争，对此后德国对欧洲的侵略严阵以待。对希特勒来说，这次战争只是为了确保完全控制欧洲大陆。

地中海战役

在法国战役胜利之后，德国把匈牙利和罗马尼亚也纳入自己的势力范围。德国甚至还派遣军队到罗马尼亚守卫油田。墨索里尼一直认为巴尔干半岛地区是自己的领地，因此他对德国入侵该地区感到很不愉快。此外，他对于自己在欧洲战争中的小角色感到不满，想通过攻打希腊获得更多军事荣誉，但是从阿尔巴尼亚撤离到希腊的意大利军队还没有做好英勇作战的准备。意大利不但没有占领希腊，反而被希腊占领了其控制的阿尔巴尼亚的四分之一的土地。

1940—1941 年冬天，在非洲北部被英国打败后，意大利陷入了更大困境。希特勒觉得他需要提供援助。在德国最优秀的坦克指挥官埃尔温·隆美尔（Erwin Rommel）的带领下，希特勒把德国坦克派去支援。但希特勒的主要目标是巴尔干半岛，意大利的困境给希特勒在这个区域建立霸权提供了机会。当匈牙利、罗马尼亚和保加利亚接受与轴心国建立亲密关系时，南斯拉夫拒绝了类似合作。希特勒通过"闪电战"拿下了南斯拉夫，然后又向希腊进发。希腊无法抵御德国的进攻，被占据了几个星期。最后，通过大胆运用伞兵部队，德国在 1941 年 3 月 31 日占据并掌控了克里特岛，英国自非洲派去希腊的援军并未起到任何作用。

由于抵抗德国袭击的可能性非常低，这对于英国来说是一次孤注一掷的行动。但是丘吉尔和再次成为外交大臣的安东尼·艾登深信，如果他们在其他国家武力反抗法西斯国家时不伸出援手的话，以后就不可能号召欧洲人民反对纳粹了。

英国在非洲战场作战之后已无力反抗隆美尔的部队。隆美尔带领部队把英国军队赶到了埃及边境。整个地区看起来都孤立无援，德国部队长驱直入，很难想象如果希特勒带部队侵入埃及、土耳其和其他近东国家，会发生什么事情。但是希特勒的目标是苏联。尽管巴尔干战役推迟了希特勒进攻俄罗斯的计划，但是他现在下令实施该计划。1941 年 6 月 22 日，德国部队进军俄罗斯边境。同时芬兰也在继续反抗苏联的军事行动。

东线攻势

未能迅速解决英国之后，希特勒似乎不确定自己下一步该怎么做。就在那时德国决定了进攻苏联的计划。德国向东扩张一直是希特勒的目标，但是他想在击败西方国家之后再采取行动。然而德军在法国取得胜利之后，英国似乎也再无招架之力。于是希特勒得出结论，如果继续与英国作战，苏联就会被征服。布尔什维克领导人在打败波兰之后，立即占领了那些在《苏德互不侵犯条约》中规定的属于苏联的地区。这让希特勒对苏联的敌意更深。1940 年 11 月，苏联外交部长维亚切斯拉夫·米哈伊洛维奇·莫洛托夫（Vyacheslav Molotov）访问柏林，表明苏联绝不会让出巴尔干地区的主导权。在莫洛托夫的访问之后，希特勒决定实施他的计划。

对于接下来要发生什么，苏联领袖已经得到警告，但是直到最后他们都在拼命试图避免与德国开战。如果与德国交战，境遇将会岌岌可危，他们对局势不抱丝毫幻想。

从一开始，希特勒就把向东方进攻看作“纯粹的意识形态战争”和“灭绝战争”。纳粹党卫军跟随德国国防军进入苏联。他们在那里大量暗杀民间团体，包括布尔什维克政治委员、苏联学者和犹太人。尽管各党卫军小分队主要杀害一般民众，但国防军军官得到了实施灭绝计划的命令，并且全力执行。的确，国防军指挥官，如埃里希·霍普纳（Erich Hoepner）、埃里希·冯·曼施坦因（Erich von Manstein）和瓦尔特·冯·赖歇瑙（Walter von Reichenau）向军队发表演讲并传达命令，响应希特勒的纳粹主张。正如曼施坦因在 1941 年 11 月 20 日的命令里所说："士兵们必须理解对犹太人采取严酷手段的必要性，因为他们在布尔什维克恐怖势力背后偷偷活动，他们必须为此受到惩罚。这些措施对镇压暴动来说也是必要的，大多数暴动初现端倪时都是由犹太人煽动的。"

虽然在战争最开始几周里俘获的苏联战俘数量被德国纳粹夸大了，但是进攻苏联起初看起来大获成功。战后苏联方面承认："《1939 年野战条令草案》中提出的苏联战略理论和其他文件都是不现实的。一方面，它否定了'闪电战'的有效性，这是一种有资产阶级倾向的理论。"[5] 对于德国使用坦克编队进行突破和包围，苏联表示非常意外。德国的空中优势使得他们能够攻击苏联的机场，以及摧毁其陆地上的飞机。斯大林命令坚守前沿阵地，导致苏军错失撤退良机而陷入德军合围，面临大的溃败。在基辅的一次围歼中，德军俘获了 17.5 万名俘虏。

最近调查显示，德国军队在向东部扩张时对苏联民众犯下诸多暴行。德国国防军有组织地屠杀犹太人，以镇压党派反抗为借口焚烧民居。战后，许多德国军官声称国防军的手是干净的；事实正相反，希特勒的军队完全参与了第三帝国的全部罪行。

到了 10 月，德军已经到达莫斯科和列宁格勒。在 10 月 2 日的演讲中，希特勒宣称要给莫斯科"最后一击"。人民开始四处逃散，火车里挤满了人，官员们也驾车逃离。尽管有些工厂在没日没夜地生产反坦克武器或刺猬弹，然后立刻将其投放在莫斯科周围的道路上，但是其他工厂里的人都撤走了。很多人怀疑首都可能会被德军夺取。

斯大林在莫斯科发布通告，强调了政府守卫这座城市的意愿。在战争的前几周，斯大林几近精神崩溃甚至失控。但是在德军围攻列宁格勒且逼近莫斯科时，斯大林表现出了他的坚定，这让所有批判他的声音都归于沉寂，为他树立起作为军事领袖的无可争议的权威。他仿佛就是第二位彼得大帝。在报纸和文学作品中，大家都对俄国的历史感兴趣，甚至包括沙皇时期。这次战争被称作伟大的卫国战争。布尔什维克党领袖想让这次战争看起来不仅是共产主义者的战争，而且是所有苏联人的战争。11 月初，斯大林通过两次伟大的演说激起了人们的爱国热情，来反抗这种野蛮入侵。当时，德军攻势已经失去了冲击力，可能不仅仅是因为苏联的反抗力量强大起来了，也与坦克、大炮和人力的供给跟不上前进的步伐有关。当德军在 11 月发起第二次攻击时，苏联已经做好了准备。苏军顽强抵抗，再加上初冬的提前到来也使德国军队元气大伤。因此德军的第二次进攻并未成功。

尽管如此，苏联的形势一直不容乐观。到了 1941 年战役末期，德国已经占领了乌克兰的大部分地区，逼近莫斯科并且包围了列宁格勒，围城战持续了 18 个月。这种推进战略使德国付出了巨大代价，牺牲了大约 70 万 ~ 80 万人。苏联的损失更加惨重，到 1941 年 12 月时，苏联红军损失了 450 万兵力。被砍下的苏联士兵的头颅被胡乱丢弃在战场上，就像新开垦土地里的土豆。因为缺少人力来看管几千名俘虏，德军只能将他们赶进带刺铁丝网围栏里让他们活活饿死。但是坚韧的苏联人立刻恢复过来，并且从失败中获取教训。那些因为政治成就获得任命的将军被杰出的专业人士所取代。他们把工厂从受威胁地区转移到了安全的乌拉尔和西伯利亚内陆，展现了苏联人的智慧。他们加速生产坦克、飞机和大炮，并且苏联的重型火炮做得比德国的还要好。此外，来自英美的补给品也通过危险重重的海上航道不断运抵摩尔曼斯克（Murmansk），填补了工厂转移到安全地区时的需求空缺。与在波兰、法国和巴尔干半岛地区的战争不同，德军这次在苏联并没有快速取得胜利。

战争高峰期

全球大战

1942 年年初，整个战争的性质发生改变，已不再只是单纯的欧洲争端，而是转变成了全球大战。对于日本宣称的扩张主义来说，欧洲的战争似乎给他们提供了在远东建立日本帝国的机会。英国无法干涉，德国对荷兰和法国的占领让远东地区的国家也容易成为侵略者的猎物。日本在 1940 年占领了法属印度支那，接下来的目标是缅甸、东印度群岛和新加坡。美国想要帮助英国，并且想要阻止这个地区受到单一力量的控制。因此，美国通过外交交涉和经济施压来反对日本的侵略行为。两国在华盛顿进行的协商并不成功。然而在1941年12月7日，日本偷袭美国珍珠港，击沉三艘战舰并且严重损坏另外五艘，双方在协商中几乎谈崩。第二天美国正式向日本宣战。

日本和美国之间的敌对状态爆发之后，德国和意大利也于12月11日向美国宣战。轴心国在1940年达成协议，如果日本受到未卷入欧洲战争的国家的袭击，德国和意大利都要提供援助。希特勒很少履行已签订协议里的条款，令人惊奇的是，这次他却认为有必要履行。向美国宣战是他的个人决定，最初也许是因为他憎恨民主世界的主要人物罗斯福总统。最重要的是，希特勒的决定表明，即使在苏联受挫，他还是非常自信的。他对美国政治缺乏了解也是原因之一。他似乎并没有考虑到，如果没有宣战的话，美国兵力将会集中在远东而不是欧洲。

毫无疑问，德国向美国宣战解决了罗斯福这几个月面临的困境。美国和英国的关系越来越密切，美国对于中立区的保护已经延伸到大西洋，这极大削弱了德国潜艇战的作用。罗斯福和他的顾问越来越确信，美国参战是打败纳粹德国必不可少的因素。罗斯福也相信尽管美国人民对支援英国的政策表示了赞成，但只有当美国直接遭受威胁时他们才会毫不犹豫地认为美国参战是有必要的。然而至今为止德国都避开了直接挑衅。在德国宣战之后，英美的武力可以更加系统有效地结合在一起。

12月22日，丘吉尔和他的几位军事顾问到达了华盛顿。这期间除了去过一次加拿大，他在美国一直待到1942年1月14日。华盛顿会面做出了两个重要的决定，一个是策略上的，一个是组织上的。双方一致同意打败希特勒是首要目标；优先在欧洲作战，其次才是远东战场。同时还确立了统一指挥，不论在哪个战场，只配备一个指挥，可以是英国人，也可以是美国人。这次战争的战略方向交由联合参谋部把控。其中的杰出人物有美方的陆军参谋长乔治·卡特莱特·马歇尔将军（General George C. Marshall，1880—1959）和英方的约翰·迪尔爵士（Sir John Dill，1881—1944）。

1941年8月10日，富兰克林·罗斯福和丘吉尔在纽芬兰海岸举行大西洋会议。双方签署了《大西洋宪章》，为第二次世界大战期间英美合作打下了基础。

这是联合参谋部和苏联总参谋部合作最紧密的一次。苏军不愿意把情报提供给身在莫斯科的英美军事代表。英美军事力量的统一组织防止了延迟、摩擦和混乱的发生，这在同盟战争中很常见。即便如此，有些决定也是经过长时间争论后做出的。正是由于罗斯福和丘吉尔之间的真挚友谊和相互尊重，以及他们对军务的理解，将军们之间存在分歧等重重困难才得以顺利解决。

战争期间最具争议性的问题是何时登陆法国。美方想要在 1942 年实施，而英方认为时机尚未成熟，因为德军状态正好，而美军还没什么经验。英方想要放弃 1942 年在法国登陆的计划，并且认为在北非登陆非常合理。后来英国提出放弃经由英吉利海峡登陆法国的计划，转而通过进攻轴心国的软肋巴尔干半岛，把战争扩张到地中海地区，美国对此持反对意见，事后证明美国的反对是正确的。

全面战争

这次战争已经演变为一次全球性的全面战争。虽然根据地理、财富和战争关联度不同，对战争的调控程度有所不同，但至少所有国家参战都是为了掌控人类生活的所有领域和活动。

英国的孤立位置及其对其他国家在食物上的依赖，驱使英国很快控制了进出口和原材料分配，也避免了士气下降和利润降低。定量供给食物和服装等措施得以有效实行。英国和其他交战国的主要问题是人力短缺。1941 年 12 月颁布的《英国国家服务法案》（*National Service Act*）中规定，18 ~ 50 岁的男性和 20 ~ 30 岁的女性必须服兵役或者做战时后勤工作。人力需求如此之大，在战争的最后一年以至于还增加了“祖母类别”，也就是指超过 50 岁的妇女。

然而在苏联，对人力的规定才是最严格的。所有 16 ~ 55 岁的男性和 16 ~ 45 岁的女性都被动员起来。如此不可思议的做法主要是因为德国在战争早期取得的胜利所带来的灾难性后果：在苏联工业最发达的地区，损失了约 250 万的人力和大量设备，还有 1.4 万辆坦克；俄国人原本所拥有的财产的 90% 都损失掉了。现在，工业必须在偏远的乌拉尔安全地区重建起来，于是在运送到此地的工人中 50% 的劳动力都是女性。到了 1943 年，苏联每月生产 2000 辆坦克和 3000 架飞机。

由于欧洲战争转变为世界大战，使德国发生了巨大变化。这听起来很令人震惊，因为纳粹的扩张主义和侵略政策从一开始就是为全面战争而准备的，但是纳粹领袖考虑的却是“闪电战”。他们限制了军事生产，只提供“闪电战”需要的武器数量。这样还能保证一定的武器储备，在“闪电战”结束之后，能够迅速补充武器损失，尤其是从敌方手里获得的物资也可以弥补一部分损失。这种军工生产具有灵活性，因此很容易随战役实际情况而做出应变。此外，这种做法也不会扰乱德国的大部分工业设备的生产秩序。每次战役后局部遣散军队，保证了战时的经济稳定性。

在东方“闪电战”的失败改变了整个局势。武器装备有限地供应了几个月后也供不应求了。增加军备和扩充军队十分必要，这就意味着德国必须转向总体战，同时还要配备军事物资、标准化武器，飞机生产也仅限几种机型，由武器生产部统一调度。事实上，在部长阿尔伯特·斯佩尔（Albert Speer）的领导下，德国武器生产在两年之内增长了两倍。在解决人力调动问题上，德国不像同盟国那样依赖女性劳动力。虽然纳粹在战争中确实用到了女性劳动力，但是由于对性别角色的传统观念，他们尽可能让女性留在家里，同时使用外国劳动力和犹太人来弥补劳动力的空缺。

纳粹统治下的欧洲

为了应对全面战争的需求，对经济和市民生活所做出的调整不仅影响到了德国，也影响了所有被纳粹占领的国家，即整个欧洲地区。在投降后不久，所有被占领的地区都按照纳粹的目标做出安排。在东部占领区，德国就像一直是这里的统治者一样，许多当地居民被迫迁居，大部分土地财产都被分给了德国将军和纳粹领袖。南斯拉夫被分成两部分，一部分成为意大利王子统治的克罗地亚王国，另一部分受到德国的直接管辖。保加利亚、罗马尼亚和匈牙利都是纳粹联盟国，虽然这些国家原来的统治者还在，但是实际由纳粹支持的党派控制。挪威、荷兰、比利时和法国的部分领土也被德国占领。德国利用傀儡政府作为他们的统治工具，挪威元首维德孔·吉斯林积极与纳粹合作，成为挪威纳粹领袖，此后“吉斯林”成了卖国贼的代名词，各国傀儡政府也被称作“吉斯林政府”。

在所有联合政权中，最可耻的应该是维希法国。它在原则上宣称是一个独立的国家，事实上却是德国的傀儡。为了尽可能维持这种“假政府”的存在，维希政府对德国唯命是从，包括帮助他们解决“犹太问题”。事实上，正如历史学家罗伯特·帕克斯顿（Robert Paxton）和迈克尔·马鲁斯（Michael Marrus）所认为的，在这方面维希政府有时比纳粹还可恶，例如把犹太儿童驱逐出境，当时这并不是德国的政策。最后，维希政府从法国驱逐了7.6万名犹太人，这些人大多数都死在了集中营里。

德国侵略政策的主要目标之一就是经济掠夺。所有被占领的国家都要给德国上缴资金，金额还非常高。大部分商业利润都被税收蚕食，通过运送原材料和食物的方式输入德国。此外，在这些被占领国家实行定量供应，但是程度与德国的不同。跟法国工人相比，德国工人可以拿到两倍的面包、三倍的肉和七倍的动植物油。这种供给上的差距即便没到令人震惊的程度，也是非常大的，几乎直到战争的最后一年，被占领国才达到和德国相当的生活水平。许多被占领国的人民都饱受饥饿的摧残，同时，德国的征兵制度及运送男丁到德国工厂工作的政策，打乱了被占领国人民的日常经济活动和个人生活。德国宣称这种做法是为了防止共产主义入侵欧洲，德国的统治会把欧洲统一起来，开启一个新时代。在所有附属国内，德国组织了纳粹党式的党派和军事单位来抵制共产主义。因此在与苏联的战争中，罗马尼亚、匈牙利和意大利的军队，以及来自欧洲各个国家甚至包括西班牙的志愿军，都在德国的统一指挥下战斗。

随着德国对欧洲的进一步控制，几乎在所有被占领国都发生了抵抗运动。起初这些运动由一些独立的小团体发起，例如之前政府的残留党羽。其中，社会主义者和共产主义者有一些联系，另外还有爱国主义者、天主教信徒和抗议者团体。他们不能再继续容忍纳粹这种惨绝人寰的行为。很快这些组织就联合起来共同抗争，所有这些行动都是秘密进行的。在好几年之内，他们的活动仅仅是保护和帮助那些被纳粹残害的人。《安妮日记》(*The Diary of a Young Girl*，1947）讲述了一家犹太人躲到荷兰朋友的家里、最终被纳粹发现的故事。

抗争的另一个目的是传递情报，尤其是关于德国军方的举动。因此，法国能够与英国保持秘密联系，戴高乐“自由法国”运动的领导人们在伦敦也可以得到德军在法国的部署情况。通过秘密印刷的报纸，各种抵抗组织保持联系。报纸不仅囊括了未经审查的消息，还包括了在解放之后被占领国家该如何建立政治结构等信息。民众普遍希望能全面整顿政治和社会生活。这种对彻底改变的需求只是社会主义者和共产主义者抵抗结果的一部分。战前的统治阶级被否认，因为他们的政策导致战争失败和国家被占领。在许多经济和工业领军人物与德国互相勾结之后，这种对之前统治阶级的轻视情绪越来越严重。

在整个占领过程中，抵抗人士发起破坏行动，但要不要更多地运用游击战视情况而定。德国人从未成功占领南斯拉夫的野外和山区。南斯拉夫的军事组织即铁托元帅（Marshal Tito，1892—1980）带领下的共产党和德拉查·米哈伊洛维奇（Draža Mihajlović）带领的保皇派一直十分活跃。他们抵抗德军，但有时也互相对抗。在苏联的森林和沼泽中，由逃出德军包围圈的农民和士兵组成的小分队摧毁了德军的通信。在英美军队即将到来时，意大利和法国的抵抗组织也采取了行动，这对在该区域击败德军起到了重要作用。

参加抵抗运动的只是人口中相对较小的一部分，一直到最后，他们都冒着巨大的危险。德国秘密警察残忍地折磨那些被认为掌握了地下活动相关情报的人。德国军队，尤其是狂热的党卫军成员，试图使用暴行消灭破坏行动和抵抗行动。他们在半夜实施拘捕，带走人质，但凡遭遇一点点反抗，就置人于死地。那些行动看起来略微可疑的人则惨遭枪杀。

利迪策惨案和奥拉杜尔村惨案正是纳粹恐怖主义的罪证。为了给 1942 年被暗杀的盖世太保领袖莱因哈德 · 海德里希（Reinhard Heydrich）复仇，捷克的利迪策村庄被摧毁。所有的成年男性都被杀死，女性被投放进集中营，孩子们被迫与他们的亲人分开，被驱逐出境。在法国的奥拉杜尔村，为了惩罚那些支持游击队的人，男性被射杀，女性和孩子被赶到教堂里烧死。（实施屠杀的武装党卫军中队中包括 14 名来自阿尔萨斯的当地法国人。战争结束后，他们回到法国，唤起法国人的痛苦记忆，在对纳粹暴行的反思中，他们将奥拉杜尔村惨案作为标志性事件，以此呼吁国家统一起来。）由于侵略者的统治如此彻底和残忍，所有的抵抗运动只有在纳粹预备队的控制开始放松时才会对他们产生压力。

经常有人说德国是一个系统性的民族。这个归纳在某种程度上令人质疑，但有一定道理。德国通过全面动员来使战争系统化时，纳粹认为已经到了解决犹太人问题的“最终时刻”。1942 年 1 月 20

德国士兵在布达佩斯逮捕犹太人，并把他们驱逐到集中营。

日，在柏林附近的万塞（Wannsee）举行了一次海德里希和纳粹党卫军安全部部长主持的会议。除了纳粹党主要的代表组织之外，内政部、司法部和外交部的代表都参与了此次会议。其他的与会者还包括所有被占领国家的民政高官。最后一类人的出席非常重要，因为正如海德里希在会议日程上所说的，这次会议的主要目的就是要找出特别手段梳理出欧洲的犹太人。他们可能被“成群地转移，进入犹太人中转区，然后再运送到更远的东部地区”。那些超过 65 岁或者在第一次世界大战中负伤的犹太人是例外，他们被运送到波希米亚的特莱西恩施塔特集中营，其他人都被运送到东部地区。来自欧洲各地的火车里都挤满了犹太人，甚至像罗马那么远的地方，也用牛车将犹太人运往东部。东部地区代表着切姆诺（Chelmno）、贝莱克（Belsek）、马伊达内克（Majdanek）、特雷布林卡（Treblinka）集中营和奥斯维辛灭绝集中营。将近600万犹太人在被迫做劳力之后，被关进毒气室里毒死。

德国的普通居民对于这次东部大屠杀又知道些什么呢？我们不能准确地说出来有多少德国人意识到了大屠杀这个“最终解决方案”的细节问题。但是这次事件透露出来的野心和决绝，以及把许多人从德国运送到东部，都让他们意识到了这个问题，事实上这上千名“德国百姓”也是共犯。最近的调查显示，那些组织上的工作和一些杀人行为是由非纳粹党的一般民众执行的。纳粹的恐怖依赖于德国民众对于这种残忍行为的有效合作和执行。这不只是少数人的行为。另一方面，政治学家丹尼尔·乔纳·戈德哈根（Daniel Goldhagen）在他充满争议的著作《希特勒的志愿行刑者——普通德国人与大屠杀》（*Hitler's Willing Executioners*：*Ordinary Germans and the Holocaust*，1997）中说道，大屠杀起源于德国人根深蒂固的想要让犹太人从地球上消失的野心。然而这也是一种夸大的叙述。德国非犹太教教徒对于犹太人和犹太人不能被同化的问题抱有复杂的态度。即便如此，大屠杀的罪恶也不能被人理解。这种对全民族罪恶的指责是错误的，不仅模糊了团体内意见和实施的不统一，还让其他共谋党逃脱批判。

命运的关键

1941 年冬天，德军在莫斯科受挫后，这次战争明显将会持续很久。要想取胜，充足的资源和物资具有决定性作用。美国参战为同盟国提供了生产力，确保它们在资源上具有优势。但是要使美国工业潜力完全发挥出来并且使美军成功参战还需要时间。因此，1942 年的情形对于同盟国来说仍不明朗。日本有可能完全占据远东地区，德国和意大利把英国赶出地中海地区，并把苏联踢出战场。这样在美军发挥作用之前轴心国就能获取几乎无可匹敌的位置。

1942 年的前几个月，日本向远东地区的进军十分可怕。他们从美国手中夺得了菲律宾，并在马来半岛上打败了英国军队。2 月 15 日，日军在新加坡俘获 6 万名俘虏。在海陆联合战中，日军占据了荷属东印度，并在 3 月到达巴达维亚（Batavia）。他们占领了缅甸，并且在 5 月 2 日攻下曼德勒（Mandalay）。通往印度之路已经向他们敞开，阻挡他们进军澳大利亚的屏障也已经消失。

在欧洲，1942 年的战役非常重要。尽管德军在莫斯科遭遇了失败，但由于德军兵力仍然处在高峰期，德国还是向东部发起了进攻。相对于 1941 年的失败，希特勒期望发动第二次苏联战役。进攻于 6 月开始，主要目标是苏联的南部边境，目标是夺得苏联在乌克兰的农业区、顿涅茨盆地的工业区和高加索的油田。纳粹认为如果切断莫斯科和列宁格勒的供给，就能靠围攻夺下这两个地方。德国军队成功打入高加索，但是他们向伏尔加河前进的步伐却在斯大林格勒停

这是德国柏林附近的萨克森豪森集中营。在10华氏度（约零下12.2摄氏度）的天气状况下，当守卫在营外寻找逃走的俘虏时，衣着单薄的集中营囚犯们被迫陪同站立六个多小时。这是有逃犯出现时的正常情况，通常会持续更久。许多人被冻死，其他人精疲力竭而亡。

滞了。斯大林格勒战役在这次战争中至关重要。斯大林格勒具有战略上的重要性是因为如果占领那里，就能切断莫斯科与南部的通信。此外，这个名字对于德国人和苏联人来说都有很重要的象征意义。

初冬，除了伏尔加河右岸的一些建筑之外，整个斯大林格勒都被占领。希特勒在 11 月 9 日宣布这座城市“完全由德国控制”，但是苏联人在对岸使用重型大炮进行顽强抵抗。接着他们成功突破斯大林格勒南部和北部的包围。到了 11 月底，由德国将军弗里德里希·保卢斯（Friedrich Paulus）率领的德军不仅没有进攻反倒开始防御。在斯大林格勒前，30 万精兵被包围。希特勒不允许撤退，要求向西突围，想要通过空军向保卢斯提供援助，但事实证明这是不可能的。对保卢斯军队的包围圈越来越小，直到德军被分割成孤立的小股部队。1943 年 1 月 31 日，保卢斯投降，他的军队还剩下 12.3 万人。希特勒对此的反应是责备保卢斯为什么没有自杀。

由于苏军包围造成德军防线出现漏洞，德军已经不能维持他们在苏联南部的有利位置，不得不撤退。苏联士兵对于这次决定性的胜利感到非常自豪，并且坚定地想要进行反击。因为在他们自己的国土上，敌人肆意犯下了许多暴行。苏联红军的士兵们都十分渴望复仇。到 1943 年春天时，东部防线已基本恢复到一年前的状态。

斯大林格勒保卫战中，德军的最后一架飞机从保卢斯被包围的军队中起飞离开。

1942 年秋天，德军在苏联的情形越来越糟糕，在地中海地区也是类似境遇。1941—1942 年的冬天，英国成功地把敌人从埃及边界击退。但是在 1942 年，德意联军将领隆美尔把英军逼回埃及，但因缺乏供给不得不停战。停战期间，英国得到来自非洲海岸的增援，从而加强了自身力量。10 月末，英国第八集团军在新将领伯纳德·蒙哥马利（Bernard Montgomery）的率领下发起进攻。阿拉曼战役（Battle of El Alamein）成为第二次世界大战中英国第一次战胜德国的战役。1942 年 10 月 23 日战斗打响，英军通过重型大炮进行密集炮火进攻，撕开了德军防线。接着英国坦克突破进入，迫使德军撤离。连接大海和沙漠的前线很短，不到 40 英里。由于英国空军补给充足并且控制了海洋，德军的供给线只剩下沿着海洋和沙漠间地带的一段狭窄海岸线，几乎无法使用。隆美尔的军队被迫从一个地方撤退到另一个地方，最终从利比亚撤退到了突尼斯。

当英国正在享受阿拉曼战役的胜利时，德怀特·艾森豪威尔将军（Dwight D. Eisenhower）率领下的英美联军于 11 月 8 日在法属北非登陆。关于英国所坚持的在 1942 年登陆欧洲大陆不可行的说法，美国做出让步，但是把德军从苏联战线转移走非常必要，于是北非被选作突袭的突破口。这次战争取得了完全胜利。在摩洛哥的法国军队仅仅象征性地进行了抵抗，就转而去支援英军和美军。在突尼斯的德军一方面要抵抗南面蒙哥马利率领的英军，另一方面还要抵抗来自西边的英美联军。1943 年 5 月中旬，德军在突尼斯的滩头堡遭到包围，最终被歼灭。

同一时期，也就是1942年夏天，同盟国在太平洋战场也有一定建树。在三次伟大的海战和空战中——5月在珊瑚海，6月在中途岛以及8月在所罗门群岛，日本舰队遭受重创，随后向南部进军时再次受挫。英国成功保卫了印度，中国也在亚洲大陆顽强抵抗。尽管日本也意外地取胜过几次，但还是陷入了盟军的包围圈。到了夏末，日本和轴心国停止进攻，主动权已掌握在反法西斯联盟手中。

投降前的德国

德国几乎征服了整个欧洲，现在却面临自身被占领的危险局面。美国的工业机械发展正如火如荼，以在战争初期看起来不可能的速度生产飞机、船只和坦克。苏联工厂转移到乌拉尔和西伯利亚后，生产力得到全面发挥。在美军的帮助下，英国军工生产免于遭受德军的空袭并且实现稳定增长。现在，轮到德国遍尝炸弹袭击的滋味；到战争末期，德国的大部分城市都成为废墟。很明显，战争的决定性因素就是以大规模工业生产为基础的武器装备上的优势。希特勒本人也承认，在战争的最后阶段，除非能生产出奇迹般的新武器才有可能获胜。然而德国在1944年开始投入使用的制导导弹和V-1、V-2火箭的有效性非常有限，在战争结束时，喷射式发动机还没有开发完全。纳粹也没能成功制造原子弹。希特勒认为核科学是“犹太人的物理”，他的顶级理论物理学家维尔纳·海森堡（Werner Heisenberg）秘密地出售了原子弹项目，这才没有让核武器落入希特勒手中。无论如何，纳粹搞砸的原子弹工程也体现了党内官员、军官和平民专家相互之间的不信任根深蒂固，逐渐削弱了德国的战斗力。

对于德国来说，获胜的唯一希望在于对手各方关系的破裂。美国、英国和苏联的联盟从一开始便存在矛盾。当德国在 1941 年入侵苏联时，英美承诺给苏联一切可能的支持。事实上在德苏战争最初的关键几年，英美联军送去的供给品对苏联的抗争确实起到了重要作用。但是苏联领袖并没有把这种外在的帮助在苏联人民中进行宣扬，他们在关于同盟国的公开声明中态度摇摆不定。他们的主要目的是推进"第二战线"，也就是盟军登陆西欧。苏联有时候指责英国和美国过于胆小，并且在反法西斯战争中缺乏活力，而有时候又

沃纳・冯・布劳恩与其他德国军官在位于佩纳明德的德国V系列武器试验场地。

赞扬他们。这取决于到底哪种方法能够更快地促成第二战线的形成。

当苏联不愿重组流亡政府，尤其是波兰政府时，苏联和英美之间的关系进一步恶化。苏联想要避免做出任何可能会影响战后边界划定的承诺。在东欧，它只支持共产党领导的抗争。1943 年 1 月，在成功登陆北非之后，丘吉尔和罗斯福在卡萨布兰卡会面。他们要求德国“无条件投降”，目的之一是让苏联不要再担心西方国家会牺牲苏联以求与纳粹达成“协议”。1943 年 12 月，丘吉尔、罗斯福和斯大林在德黑兰会面，1945 年 2 月于克里米亚的雅尔塔会面，军事问题是当时最显著的议题。但是在雅尔塔时，战争即将结束，尽管做出的决定都很模糊，但战后安排变得重要起来。解放国家和战败国家都推崇民主主义。德国和奥地利被占领，每个获胜国都可以分得一杯羹。但在两国的首都柏林和维也纳，为了保证分配均匀，设立了一个管理中心。考虑到战后边界以及为战争损失需要做出补偿等问题，设定了通则，然而并没有确定细节。在德国完全战败之前，这并不是纳粹希望同盟国关系破裂的真正原因。只要希特勒当权，苏联和欧洲各国都不愿进行谈判。有政治远见的德国人认为，如果除掉希特勒，那么他们可能和西方国家或者苏联达成一致，签署协议。结果，社会主义者和自由主义者、高级公务员和将军们在 1944 年 7 月 20 日策划了一场阴谋，意图暗杀希特勒。然而这次尝试失败了，希特勒从炸弹爆炸的地方撤离了。因此战争又持续了将近一年的时间。

尽管 1942 年之后德国的势力越来越弱，这使得希特勒和纳粹对德国人民思想的控制也越来越放松，但一帮忠实的纳粹党卫军一直活到了最后。纳粹党卫军的成员紧紧追随纳粹政权，他们的部队一直都是纳粹宝贵的军事力量。直到战争的最后几个星期，每逢关键时刻，这支军队还被投放到战场上。此外，许多在 1944 年冬天被招募进来的纳粹青年组织的成员仍然把希特勒看作命运主宰者。纳粹党卫军的盲目崇拜成了纳粹领袖的武器，正是恐惧和恐怖使得德国人民一直处于参战状态。希姆莱和警察监禁并折磨任何可能怀有反纳粹或战败思想的民众。民众如有这种想法，会经过纳粹组成的人民法院（在这里，没有申诉权）的审判，被判处死刑。纳粹党卫军越来越残忍。被怀疑犯有政治罪行的人全家都要受到监禁。据说战争的最后几天，柏林一条街道的大树上挂着几百具士兵的尸体，只因为他们当了逃兵。

反纳粹统治的组织不只受到了德国警察彻底的、采用恐怖手段的阻碍，讽刺的是，也受到同盟国炸弹攻击的阻碍。德国城市不断被轰炸，导致无法通信，因此纳粹统治者的控制加强了，他们能够优先利用公路、铁路、电报和电话。为了应对这次灾难，纳粹确保食物和水只提供给那些有身份证明的人。纳粹负责疏散人民从爆炸区转移出去；连续几周，那些被转移者的下落连他们的亲戚朋友都不知道。纳粹领袖以及纳粹机关独自把控全局，剩下的人则被炸成灰烬。

尽管在 1943 年春天看到了战争结束的曙光，尤其是在斯大林格勒和北非的战役胜利之后，但是第二次世界大战最后两年，仍然经历了苦战。尽管德国的武器受到重创，但仍然令人畏惧。日本依然控制着一大部分自然资源和防御力量。甚至还出现了与敌人谈判的建议，当然同盟国成员中也有很多反对的声音。

墨索里尼政府垮台

轴心国中第一个垮台的是意大利。在德军于突尼斯战败后，英美联军控制了地中海地区的海域和领空。他们在西西里岛登陆后迅速占领了那里。1943 年 7 月 25 日，在入侵西西里岛期间，墨索里尼政府被一个包括反法西斯人士、一些杰出的法西斯主义者和军事将领构成的地下组织推翻了。尽管新政府宣布会继续参战，但已经开始秘密起草休战协议。纳粹领袖为此已经做好了准备。当 9 月 8

这是大规模进攻当日。为了准备进攻，上膛的大炮在英格兰南岸登上了运输船。

日新政府宣布休战时，德国装甲部队包围了罗马。同盟国本来计划在罗马附近的海岸登陆，但是由于太冒险便放弃了。到了冬天，罗马和那不勒斯的边界已经稳定下来。意大利的中部和北部仍受轴心国的控制。

垮台后，墨索里尼遭到囚禁。但是德国伞兵部队成功将他解救。他被德军诱导，在意大利北部建立了法西斯政府。墨索里尼宣布这个政府不受保守党派和君主主义者的限制，他现在能够追求原始的法西斯社会改革。但是事实上他的政府受到德国的控制。正是德国坚持审判那六名参与推翻墨索里尼的法西斯领导，他们最后被处以死刑。

欧洲战争的结束

法西斯的瓦解并没有使意大利战争结束，但是却有着道德上的影响，在全欧洲范围内激发了反德国的活动。另外，这对于所有战场的战役来说都有着重要的军事意义。同盟国能够向依然在南斯拉夫战斗的战士们提供有效支持。德国的人力资源变得极度紧缺，因为在巴尔干地区的意大利军队都由德军取代。此外，法西斯政权在 7 月被推翻时，把在苏联前线的德国装甲部队吸引到意大利，也对东部战场产生了影响。德军随后再次发动进攻，攻击苏联前线的中心，这也是他们在东方战场的最后一次进攻。但是苏军在反击战中把德军击退到第聂伯河，并且在 1943 年 11 月重新占领了基辅。

从这时起，同盟国完全掌握了主动权。到 1944 年时它们已经取得节节胜利。整个冬天苏军都在持续进攻，到1944年夏天，已经推进到了罗马尼亚和波兰的边界。而夏天结束时，苏军到达了东普鲁士，强迫芬兰退出战争，并把战争重心转移到了南部边界，在那里罗马尼亚和匈牙利宣布投降。因此苏军从东南部和东部逼近了纳粹德国的边界。同时英国和美国也在对德国施压。

意大利前线的僵局被打破了。罗马和佛罗伦萨被攻占，因此只有意大利北部还受德国控制。希腊也得以解放。

然而，具有决定性的成就是1944年英国和美国攻入西欧。1944年6月6日，英美两国军队穿过英吉利海峡，并在诺曼底海岸建立了滩头堡。这种大胆做法能取得成功完全是由于同盟国已经占据上风，这大大挫败了德军的士气。另外，此次登陆由英国的重炮和美国的军舰掩护，他们的火力直指法国地下党提供的德军所在位置。从英格兰带来的人造可移动掩蔽场解决了为军队不断供给物资的问题。物资供给曾经在很大程度上阻碍了大规模登陆的进行。尽管这是一项很难操作的工程，但在艾森豪威尔将军、英国蒙哥马利将军和美国奥马尔·布拉德利将军（General Omar Bradley）的指挥下，该工程得以精心计划并且有效实行。

英军和美军登陆后的几小时至关重要，但是德军的领导者完全靠不住。在应该守卫整条海岸线还是让英美部队进入之后再开战的问题上，德国的将军们无法达成一致意见。此外，在这个关键时刻，希特勒拒绝使用装甲预备队，因为他觉得诺曼底登陆只是一次佯攻，更强大的武力应该等待攻击其他地方。大部分兵力登陆以后，同盟国得以利用坦克进行突破，并且在后方扇形出击。到了9月，法国和比利时的解放已经基本实现。因为缺少物资供应，同盟国军队在之前的德国边界驻军。一个至今也没有答案的问题是：如果同盟国没有广泛进攻，而是收回北部军队，把所有物资都提供给乔治·巴顿将军（General George Patton）率领的南部军队，也许之后他们就能穿过莱茵河，进入德国南部，那么这次战争是否可以在1944年就结束呢？

在当时的情况下，1945年的战争很有必要。在同盟国继续向西部进发时，希特勒下令德国发起最后一次进攻。他把所有的坦克和军队都派到了前线。1944年12月，德军想要突破英美在阿登高地的防线。这次进攻是秘密准备的，以至于"超级机密"都没有给同盟国任何关于这场战争的暗示。在进攻的前两天，德军迅速前进，使美国遭受了巨大损失。此外，德国最开始取得的成功动摇了英美的士气，因为这让人觉得战争即将结束是一种幻觉。此时，与苏联的联盟开始变得有价值起来。但是在进攻了两天后，德军停住了脚步，西方同盟国重新获得了主动权。在两周之内，德国就退回到了他们当初进攻的位置。德国在人力和坦克上损失惨重，大大缩短了战争的持续时间。为了缓解西方同盟国在前线的压力，苏联于1月初开始进攻波兰，到了2月底，他们已经把德军驱逐出波兰，距离柏林不到50英里。英美联军在2月开始发动进攻。3月8日，美国第一集团军穿过了位于雷马根（Remagen）的莱茵河，也就是波恩的南部。当德军还在东部顽强抵抗时，同盟国已经在西部进行扫尾工作了。4 月 26 日，苏军与同盟军在易北河会师。三天后，在意大利的德军投降。4 月 30 日，俄军从各个方向聚集到柏林，希特勒在市中心的燃料库内自杀。希特勒一死，德军的反抗就随之停止了。兰斯的德国军事指挥官于 5 月 7 日向艾森豪威尔无条件投降，一天之后，柏林的指挥官向朱可夫元帅（Marshal Zhukov）投降。苏军占领了柏林。

德军取得一系列胜利之后又遭遇惨败，这让人们开始思考希特勒的军事才能和天分。德国的将军们都想保住德国总参谋部的声誉，所以把所有对于成功的贡献都往自己身上揽，而把所有导致失败的错误都推脱到希特勒身上。他们的解释过于简单。希特勒正确地强调，相对传统军事思想，坦克和飞机在现代战争中十分重要。他确保在这些武器建设及使用上投入了足够精力。不像其他的将军，希特勒意识到，应大胆运用这些新武器。他在策划 1940 年挪威和法国战役时起到了积极的作用，这也展现了现代“闪电战”的可能性。他在策略上的判断并不比那些将军差，尤其是在 1941—1942 年的冬天，他反对那些将军的意见，在苏联的防线坚持抵御，这是非常正确的选择。如果撤退的话，一定会带来灾难。但是希特勒缺少技术训练和注重细节的耐心。他在策划进攻或者下达命令时完全不考虑供给和通信这类因素。他完全依靠自己的直觉，尤其是在德国军队早期取得胜利之后，他相当自信自己拥有绝佳的军事才能。然而，他的直觉也导致了他的两次重大失误。第一次是在 1940 年，他拒绝在敦刻尔克使用坦克对付被包围的英军。第二次是在 1944 年，他觉

1945年5月，在占领柏林后，一名苏联士兵在德国国会大厦上升起了苏联国旗。

得诺曼底登陆只是一次佯攻，装甲预备队都留作为其他地方的袭击做准备。在战争的最后三年，还有一些例子能够证明希特勒在军事才能方面的退化。他对自己的直觉非常自信，并且没有意识到与苏联作战或者在沙漠里作战时可能遇到的技术困难。他把每次失败都归结于软弱无能或者背叛他的下属。他不允许他的将军有任何行动自由，并且独断专行。甚至是到了地方层面，他也要亲自上阵。他不允许撤退，因此牺牲了很多本可以被拯救的军队。他就活在自己的小世界里，拒绝任何可能打扰他做白日梦的人。由于他很少到前线或者被轰炸的城市里去，他完全不了解这场全面战争的残酷性。在最后几个月，他给根本不存在或者只存在于书面上的军队下命令。直到4月22日，他才得知纳粹党卫军进攻苏联失败，然后才清醒地意识到已无力回天。他决定留在柏林，一直到最后。

希特勒最后收到的消息之一就是4月28日墨索里尼的死亡。当在意大利的德军投降之后，墨索里尼和他的情妇想要逃到瑞士去。但是在瑞士边界靠近科莫湖（Lake Como）的地方，意大利抵抗组织战士捕获并且射杀了他们，然后把他们的尸体运到米兰，并且在洛雷托广场（Pizza Loreto）被倒挂示众。墨索里尼之死让希特勒更加坚定了自杀的决心。到了最后一刻，他跟他的情人爱娃·布劳恩（Eva Braun）结婚，然后又说了很长一段关于对“国际犹太人”的指责。他毒死了自己的狗，这样它就不用再跟随其他的主人。他开枪自杀，爱娃·布劳恩则选择服毒。两人的尸体在熊熊大火中化为灰烬。希特勒的结局果然被证实颇具戏剧性。

日本战败

德国的投降使得英美能够集中应对远东地区。1945年5月，当欧洲战争结束后，日本发现自己和五个月前的德国处在相同的处境。主动权在同盟国的手里。5月初，就在季风季节可能会对军队前进造成阻碍之前，英国、印度和中国的军队在路易斯·蒙巴顿勋爵（Lord Louis Mountbatten）的率领下，于一次艰险的战役中再次夺下缅甸。大部分供给都是依靠空运，超过20万名工程师和工人被雇来修建机场和公路，以保持前进的动力。

美军在菲律宾也取得了类似成功。从1944年10月起，美军就恢复了在这些岛屿的战斗。在一次绝妙的攻击中，美军跳过菲律宾南部的棉兰老岛（Mindanao），从菲律宾中部的莱特岛（Leyte）发起进攻。10月20日，美军在莱特岛成功登陆，并在莱特湾获得了胜利。这次战役重创了日本空军，并且消灭了日本舰队，在海战历史上有着重要的地位。它表明，要想在海战中取得胜利，只有重型军舰是远远不够的。在莱特湾，航空母舰、飞机、驱逐舰、鱼雷艇都派上了用场。日军战败使得他们无法从菲律宾获得供给。美国军队在道格拉斯·麦克阿瑟将军（General Douglas MacArthur，1880—1964）的带领下成功拿下了群岛。

在控制了菲律宾之后，美军登陆了硫磺岛和冲绳。这两个岛离日本很近，可以作为攻击日本内陆的基地。日军充分意识到这两个岛在战略上的重要性，因此他们誓死抵抗，因此这次战斗相当残酷。然而，3月中旬，硫磺岛被占领。5月21日，也就是德国投降的两周后，冲绳的重地甜面包山（Sugar Loaf Hill）被夺取。

日本遭到美国空军炸弹的持续轰炸。在空袭中损失船只对于日本来说是致命的，因为日本需要依靠这些船只来运输煤、石油和食物。日本意识到了这种绝望的处境，所以准备投降。尤其8月6日和8月8日在广岛和长崎被投放原子弹后，日本加速做出投降的决定。原子弹引起的爆炸、大火和辐射毁掉了这两座城市的大半地区，导致约13万人死亡，受伤人数也几乎与之相当。日本在8月

14 日接受了同盟国提出的投降条件。1945 年 9 月 2 日，在去往东京湾的“密苏里”号的甲板上，日军在麦克阿瑟将军的面前签署了投降协议。这意味着第二次世界大战正式结束。

然而对于投放原子弹这个决定一直存在争议。科学家认为不应该使用原子弹，因为它的毁灭性令人生畏。最初应该在沙漠里进行试验性爆破，这才更符合美国关于道德的理念和国际关系法。当美国做出这个决定的时候，并没意识到日本已经要投降了，还认为前方有苦战在等待他们。这可能也警醒了人们，尽管这次战争已经是毁灭性的，但是现代科技能够带来的毁灭究竟能达到什么程度，我们并不知道。

日本本身就是一个体现核武器威力的最好实例，同时它也是被灌输西方民主思想的实验基地。在麦克阿瑟将军的带领下，美国占领军当局把美国的政治方针移植到日本传统上。麦克阿瑟决定不罢黜裕仁天皇，也不指控他犯下战争罪行。东条英机和其他领袖承担了所有日本侵略行为和滥用人权的责任。这个决定毫无疑问保证了日本战后时期的社会秩序，但是这对于人们理解日本在战争中的角色却存在很大问题。因为这是以天皇名义而发起的战争，天皇却不需要承担责任。整个日本也开始认为它不需要承担责任。最近的调查显示，天皇仍然被看作军事家们顺从的道具，他在策划战略和做决定时倒是起到了积极的作用。这个“无罪的”天皇仍然稳坐他的宝座，日本以否定和压制他们在 20 世纪带来的恐怖为代价，正在着手向着经济飞速复苏的方向前进。

第九章

战后动荡期

从战时的合作到关于战后和平协议的纷争

战争结束之时的欧洲

第二次世界大战留下的最明显的印记就是物质性的破坏。在英国和德国，只有一些大学所在的城镇幸免于难，例如牛津、剑桥和海德堡，这是出于对这些大学历史价值的考虑；其他所有的大城镇都遭受了极大范围的破坏，许多地区尤其是城镇中心，已全部被夷为平地。华沙、维也纳、布达佩斯还有鹿特丹，都成了废墟。在法国，英吉利海峡海岸边的绝大多数海港，也都遭受了严重破坏。

而欧洲的乡村与之截然不同。除了发生过军事行动的地点，其他地方都毫发无损。但乡村和城镇之间的联系已经中断，一个国家的不同地区几乎也相互断了联系。道路、桥梁、铁路遭受了破坏。军事区的铁路设备也已损坏，火车已经停运，更严重的情况下铁路系统几乎不能再使用。而生产制造这些战后重建急需设备的工厂很多也毁坏了，况且劳动力的问题也非一时就能解决的。道路上挤满了人，他们要么想回到自己的国家，要么想找个新地方居住。凡是在 1945 年春天和初夏见过欧洲大陆景象的人，应该都无法想象他们能在几年内在这里重新过上正常的日子。

德国人在第二次世界大战大部分时期内物资是充足无忧的，但这是因为他们压榨了被纳粹占领的国家的资源。所以，有很大一部分欧洲人处于饥饿中，许多几乎丧失了劳动能力。生活在纳粹占领国的人被发配到了欧洲各处的劳工营，被迫充当苦力。平民百姓也被关押起来或遭受虐待和折磨，只因他们参与了抵抗运动，或是从

这是德国撤军后戴高乐将军带领军队穿过巴黎凯旋门的场景，图的左边是戴高乐将军，中间是乔治·皮杜尔，他是20世纪50年代颇具影响力的法国政治家。

战俘集中营押运回来作为人质。有一位记者描述过一些女俘虏被火车押运到巴黎时的情景："所有的女人都是一个样子：脸色灰绿，眼圈是红褐色的，眼神空洞极了。她们的穿着破烂不堪，衣服都是集中营发的，是从不同国家的死囚身上扒下来的。"[1]

第二次世界大战期间，纳粹分子为了在波兰和乌克兰驻军，把当地的居民赶出了家园，使得整片地区的人口分布发生了改变。而战争结束之时，匈牙利、南斯拉夫和捷克实行了一项与纳粹战时相似的政策，因为他们不愿再忍受可恶的德国人继续留在境内了。与此同时，生活在东普鲁士和西里西亚的德国人因害怕苏联军队的到来，纷纷逃往西部地区。

不是只有德国、奥地利和意大利穷困潦倒、资源匮乏、建筑残破、社会解体；整个欧洲，不论侵略国还是被占领国，都深受苦难。因此，当前最迫切的任务就是要恢复社会的秩序和稳定，而一开始这个任务就落在了在欧洲各国驻军的战胜国身上，因为占领战败国时需要安全的通信线路。也只有战胜国，主要是美国，有能力提供食物及重建道路和房屋所需的基本物资。其实，战胜国重建起基本的生活条件也是出于对自身利益的考虑，因为如果占领军周围都是饥饿的人群，军队的士气和纪律同样会受到影响，被大大削弱。不过，经济支援也与管理机构的重组密不可分，而这也相应地影响着某些政治秩序及权力机构的重建。大部分已解放的国家的政治局势都很紧张，革命一触即发。战前时期的领导人都在纳粹统治时期主动或被迫退位，而现在这些政治家又想重回领导地位。他们希望自己的国家能回到战前的样子。可是，新思想已经在抵抗运动中传播发展，这些运动呼吁建立的是一个更团结的欧洲，希望社会中大型利益集团的权力能被削减，机会可以分配得更为平均。新任领导人在抵抗运动中已经向人民许下承诺，现在他们打算进行社会和政治改革；重返政坛的政治家们面临这样的情况，过去的统治地位无疑会受到影响。欧洲到处都有战胜国的军队，所以战胜国发挥着一定的政治力量也是不可避免的，甚至在有的地区，战胜国几乎掌握着绝对控制权。美国、英国和苏联开始参与到整个欧洲范围内的政治和社会生活的恢复工作之中。

战时为战后欧洲所做的准备工作

第二次世界大战期间，无论是西方同盟国还是苏联，都对彼此为了提高共同的军事实力所做的努力赞许有加。但是，隐藏在战时那种和气表象背后的是战争之前的几十年里形成的格局。对于美国来说，苏联是共产主义国家，也是世界革命的领导者。对于苏联来说，美国和英国（主要是美国）是资本主义的典型代表，同时又是孤立苏联政策的鼓动者。值得一提的是，双方对于彼此国家的意识形态几乎没有直观的认识。苏联人一点都不清楚美国宪法是怎么一回事，更不理解美国总统的权力竟然是有限的。而苏联就算不是在战争状态中，也会对外封锁消息，而且对外国人在苏联的行程有严格的限制，所以美国人对苏联在人力和工业装置设备上遭受的严重损失并没什么概念，美国大概过高估计了苏联的实力。

各个同盟国的领导人肯定都清楚，不同国家之间想要进行合作有多困难，因为彼此不仅国家构成不同，而且一旦开始讨论战后欧洲的格局问题，最基本的分歧就出现了。但是，只要对纳粹的战争还在继续，同盟国之间就不会出现紧张冲突的局面。战时分别在德黑兰和雅尔塔召开的“三巨头”会议（“三巨头”分别是丘吉尔、斯大林和罗斯福）主要讨论的是军事战略方面的计划，而和平协议也只是在大体的层面上达成了共识。苏联同意成立联合国组织成为一个信号，特别是美国方面认为这说明苏联愿意在战后继续合作。苏联出于对国家安全的考虑，要求其西部边境的邻国政府友好相待，这一点得到了采纳。在此背景下，苏联计划向西扩张领土到波兰境内，不过波兰会得到部分德国领土作为补偿。而关于德国的协定依据的是这样一个主要原则，即“确保德国再也不会破坏世界和平”。所以同盟国一致同意纳粹的领导人要受到惩罚，而且德国以后将不准再拥有军队。在雅尔塔会议中，有关赔偿的问题出现了非常严重的分歧。苏联坚决要求得到德国的赔偿，用来弥补其在战争中遭受的严重损失，但遭到英国的极力反对。最终丘吉尔同意将赔款金额定为200亿美元，其中一半分给苏联，不过为了避免发生像第一次世界大战之后的经济混乱和崩溃，赔偿形式不再是黄金，而是物资、产品及设备。而这个赔偿的大前提是德国仍是一个完整的国家，并由中央行政机构负责筹备赔款。

有一个具体的问题是战时就达成了协定的，那就是占领地的划分。总体来说，苏联和西方强国的军队之前占领了什么地方，那里就归他们各自所有了。但是在德国和奥地利有一些特定区域是需要进行分配的。因此，战争结束后，新的欧洲版图形成了。

苏联军队占领了除希腊和南斯拉夫之外的巴尔干半岛地区，南斯拉夫的游击队在其领导人铁托的带领下，凭一己之力成功打败了德国军队，丝毫没有借助苏联的帮助。苏联还占领了波兰、捷克斯洛伐克及奥地利东部地区。在德国，此前美军已经推进到易北河，但依据一项协议，对易北河延伸至德国核心地带这一地区，美国应保证苏联的占领权，因此撤回了军队。奥地利西部被划分成三部分，分别由美国、英国和法国控制，而德国未被苏联占领的地区同样也是按照这样的方式进行划分的。美占德区约有 1700 万居民，土地面积是美、英、法三国所占区域中最大的。英国占领的土地面积小一些，不过因为包括了人口密集的鲁尔河地区，所以人口也超过了 500 万。法国占领的土地面积最小，人口也最少，仅为 500 万。苏联占领区和西方国家占领区之间划定的界线，后来成为划分“东德”（民主德国）和“西德”（联邦德国）的界线。不过占领区建立之初，没人预见到德国将会经历长期的政治划分，直到德国首都柏林被美国、英国、法国和苏联同时占领并管理，才显露端倪。

战争期间，因为诸多争端，各国达成了协议，例如形成一些基本原则，以及共同划分占领区，然而这些争端普遍存在，并且涉及的因素太多，所以所有实质性的问题都未得到解决。因此“三巨头”战后在波茨坦举行会议，以期做出决议。但法国没有收到邀请，这说明了在占领战败国德国的这一计划中，“三巨头”并未充分将法国看作平等的伙伴。后来法国对这种羞辱予以回击，拒绝承认波茨坦会议上的任何决议，并打算自行实施占领政策。

波茨坦会议

选择在波茨坦召开的会议强调了“三巨头”的地位平等。因为无论会议是在美国、英国还是苏联召开，都可能会使东道主国家产生优越感。因此，柏林这一协议中由美、英、法、苏四国共同统治的地区，成了自然而然的选择。但在战争结束前的最后一次战斗中，柏林遭遇了空袭，城市损毁严重，所以把政治家们和随同的外交官及军事人员安顿在波茨坦湖边的宅邸和别墅中，似乎更容易一些。不过毫无疑问，对历史性质的考虑也发挥了一定的作用。在波茨坦宣布终结普鲁士主义和军国主义似乎合情合理，因为自 18 世纪开始，这里就被看作普鲁士军国主义精神的象征。

其实“三巨头”来波茨坦参加会议时，各自对达成解决方案的想法千差万别。丘吉尔和斯大林倾向于根据势力范围划分世界，按照他们目前的想法，苏联能够将东欧及巴尔干半岛纳入自己的势力范围，英国则将拥有地中海地区的意大利和希腊。但是美国代表对这种根据势力范围划分的方法并不买账，因为这种方法带有旧制度外交的残余思想。绝大多数美国人和美国代表对战后世界的看法少了一些权力意识，多了理想主义的意味。这种观点是最佳的，也几乎是对世界和平唯一可能的保证，同时也能够向世界传播民主与民族自决的意识，建立基本人权和经济交换的自由，在这一自由的基础上展开国际合作，以及在经济和社会领域减少不平等现象。18世纪的贸易使得美国人强烈倾向于理想主义和全球化的观点，虽说罗斯福自己也是如此，但是他同时十分清楚权力的重要性，所以他没有表态以扼杀依据权力平衡的原则对协议做出调整的可能性。罗斯福的继任者哈里·S.杜鲁门并不完全清楚这次外交谈判的内容，因此工作中的指导原则只有理想主义这种美国大众普遍拥有的世界观。事实上，在波茨坦会议中，美、苏两国的力量远远大于国力衰微、财力枯竭的英国。而且会议期间，英国正在进行大选。会议刚开始时，英国的代表是丘吉尔，尽管战争使英国损失惨重，但丘吉尔决意要保持英国的帝国地位。可是大选之后工党领袖克莱门特·艾德礼（Clement Attlee）当选首相，并取代丘吉尔成为英国代表。艾德礼认为只有重组政治、经济和社会机构才能确保英国在世界上一直处于具有影响力的地位。因此，会议的主要矛盾就存在于杜鲁门和斯大林之间，前者代表的是理想主义和全球化的视角，而后者却着眼于具体利益，很难理解普及议会民主制有什么好处。

杜鲁门是波茨坦会议的主席。他行事果断，得到了大家的赞许。但是也有人质疑说，这种果断的态度是不是因某种不安的因素而产生，他在一些棘手的问题上急于得到结果，是否问题没有经过充分的讨论，也未能得到解决。不过杜鲁门有足够的理由要尽快结束会议，因为在波茨坦的时候他得到了消息，原子弹试验成功了。美国代表普遍认为，只要美国拥有原子弹的消息一经传开，很多现在有争议的问题怎么解决，最后都由美国说了算。简而言之，对于

1945年7月，同盟国“三巨头”丘吉尔、杜鲁门和斯大林，在波茨坦会议上的合影。

美国有利的是尽快建立起程序，而不是拖延做出实质性决定的时间。会议上，杜鲁门将原子弹的情况告诉了斯大林，可是他那种随意的态度让斯大林更加不信任美国，斯大林觉得美国拥有核武器完全是为自身打算。事实上，斯大林早就知道美国原子弹实验的事了，因为苏联在位于新墨西哥州的华盛顿绝密核武器计划——曼哈顿计划中安排了间谍。

波茨坦会议以签署一份联合公报宣告结束，这似乎是会议成功的标志，但事实却是协议并没有什么实质性内容，只是依照原则和方法论草草了事。其中苏联保证加入抗日战争这一具体结果，也因为美国拥有原子弹后不需要苏联的帮助，而显得毫无意义。还有一些是关于赔偿问题的协议：苏联能从它在德国的占领区得到赔款，并分得从西方占领区所拆迁的工业设施的 25%；其中 15% 将折合成把食物从东部农业区运到西部工业区需要支付的费用。而这些条款与将德国视为一个经济单位的原则相矛盾，尽管会议中重申了这一原则非常重要。会议同时声明，和平条约需为曾经的敌国——意大利、罗马尼亚、保加利亚和匈牙利建立“公认的民主政府”。但是，苏联在东欧建立的到底是不是民主政府？对于这一点尚存争议，因此在这一构想之下，分歧依旧存在。关于通过何种途径解决这些问题，还需要签署一项协议。在波茨坦会议上还召开了外交部长会议（法国和中国也将作为成员），负责处理和平条约和总体的政治问题。另外，由美国、英国、苏联、法国组成的四大盟国管制理事会，将负责处理德国问题。

在某些领域确实达成了最终决议并成功执行。一个是对主要战犯的处罚。在 1945 年 11 月和 1946 年 10 月的纽伦堡国际法庭的审判中，有 10 名纳粹头目被判处死刑随后被绞死，其中有德国外交部长约阿希姆·冯·里宾特洛甫、希特勒的军事参谋威廉·凯特尔（Wilhelm Keitel）和阿尔弗雷德·约德尔（Alfred Jodl）、内政部长威廉·弗利克 (Wilhelm Frick)、反犹刊物主编尤利乌斯·施特莱歇尔（Julius Streicher）等。戈林在监狱中自杀，希姆莱被逮捕后自杀。

同时，关于新国界的划定问题，在过去常常是和平谈判的核心问题，这次却并没有遇到太多困难就得以解决。需要做出的调整相对较少，战胜国都十分小心，不在他们所控制的地区引起严重冲突。在东欧，罗马尼亚将北部的布科维纳（Bukovina）和比萨拉比亚割让给了苏联，又将多布罗加的部分地区割让给了保加利亚。但是罗马尼亚获得了匈牙利割让的特兰西瓦尼亚，同时匈牙利也割让了一部分土地给捷克斯洛伐克。芬兰把北部的贝柴摩（Petsamo）和南部的卡累利阿地峡割让给了苏联。苏联管制着波罗的海诸国，并且沿波罗的海向南扩张，吞并了前东普鲁士的北部地区。按照1939年《苏德互不侵犯条约》，波兰承认了苏联划分的国境线，但

纽伦堡审判。其中的纳粹领导人有第一排的戈林（最左）、赫斯（左二）、里宾特洛甫（左三）和沙赫特（最右），以及第二排的巴本（左三）和斯皮尔（右三）。

是作为补偿，波兰可以在西部扩张其边界。

与此同时，外长会议和四大盟国管制理事会正在进行和平条约的收尾工作，并开始着手处理占领德国时出现的问题。他们突然面临着两个严峻的问题，正是这两大问题导致战时建立的同盟关系最终破裂：前者是在签署和平条约时遇到的障碍，即苏占区的政府结构无法确定；后者有关对德国的占领，即德国的赔款问题。

美国和苏联在欧洲的对抗

和平条约的问题与东西冲突的发展

从表面上看，外长会议为和平条约的起草所做的努力很成功。经过了超过一年半的谈判，和平条约最终于 1947 年 2 月由意大利、保加利亚、罗马尼亚、匈牙利和芬兰共同签署。但是在伦敦、莫斯科和巴黎进行的一系列外长会议谈判中，美国提出各国应该“能广泛代表所有民众的民主权利，并按照人民的意愿，保证尽快通过自由选举的方式建立政府”，但苏联不愿接受美国的这一提议。因此讨论针锋相对，也不可避免地时常陷入停滞。最终各国采取了这样的妥协，让一些非共产党人士加入东欧国家的政府之中，但这只起到象征性的作用，根本不能真正削弱苏联对东欧的控制，最多也就是表示西方没有完全屈服于苏联的要求。这一系列的会议导致了政治局势的恶化。美国和英国也认识到他们没能打开东欧接受西方影

图为温斯顿·丘吉尔发表著名演说的场景。1946年3月5日，在密苏里州富尔顿城，前英国首相丘吉尔在其演讲中警告称，有一块“铁幕”把东欧和欧洲的其他部分分隔开来。而“铁幕”一词随后在冷战时期被经常提及。

响的大门。1946 年 3 月 5 日，温斯顿 · 丘吉尔在密苏里州富尔顿城（Fulton）的演讲中提到了一个新概念“铁幕”，用这个词来表述新的欧洲对立状态。

美国现在越来越确定，苏联拒绝在占领国建立真正的民主政府，其实说明苏联从战败中被解救出来以后，还是准备继续世界革命，并且打算将共产主义传播到整个欧洲大陆。这时出现的困难和分歧让人们猛然醒悟，其实大家都被苏联骗了。因此，苏联不是一个民主政体这一事实现在已经昭然若揭。而苏联增加军备预算和保持强硬军事态度的行为也助长了民众的反苏情绪。

在一些地区发生的事件证明了苏联确实打算采取侵略性的政策。早在 1947 年，苏联就已经很明显不愿意接受美国控制原子能的计划，因为这个计划确保了美国会在多年内垄断核武器，而且苏联认为该计划所需的国际审查体系侵犯了其主权。而苏联对计划的蓄意阻挠进一步说明了苏联不愿在国际秩序中居于次要地位。与此同时，苏联被认为在向巴尔干半岛扩张时采取了侵犯性的行动。希腊似乎已经无力抵抗共产党游击队在北部的进攻，因为这些游击队得到了北部邻国的援助，得以持续作战。自第二次世界大战爆发以来，希腊的非共产党军队是由英国援助的，但英国此时已经没有能力继续援助了，所以美国决定取代英国的角色。美国坚信只有直接参与到对抗中才能阻止苏联拥有对希腊和土耳其的绝对统治权。而此时正是 1947 年 3 月，即杜鲁门主义形成之时，杜鲁门在讲话中声明："这必须成为美国的政策，即支持解放被少数武装分子和外界压力压迫的自由人民。"而杜鲁门主义在接下来的十几年中，成为欧洲的重要因素。

在美国看来，阻止苏联的进一步行动很有必要。美国甚至认为苏联在进行侵略和扩张运动时受到了形势的鼓励，因为经济不景气已经造成了严重不满，而拥有强大力量的共产主义政党已经形成，其在整个欧洲范围建立共产主义政权的目标并不难实现。第二次世界大战刚一结束，法国和意大利就举行了选举，而且在某种程度上，选举是在调整过的更为现代化的宪政框架下进行的。例如，意大利就再次组成了议会共和制的政权。因为共产党在意大利和法国的抵抗运动中发挥了重要作用，所以两国对其十分支持。而共产党也成为两国的群众性政党，其领袖可以参与到政府职能当中。在这种情况下，美国领导人决定分别在政治和经济两个领域阻止欧洲落

希腊独立战争的场景。图中骡子正在往山上运送军需品。

入苏联的掌控之中。1947年春天，在美国暗中支持下，共产党官员被清除出了法国和意大利政府。美国表示，将共产党人士从政府中清除出去有助于美国经济援助的顺利进行。的确，在1947年6月5日，后来成为美国国务卿的乔治·马歇尔将军（General George Marshall）宣布，如果欧洲国家能够制订全面的计划来描述其对经济恢复的要求，美国将为其提供贷款和技术支持。十个月后，也就是1948年4月，马歇尔计划开始实施。

德国赔款问题以及苏联和西方国家关系的破裂

在1947年的时候，美国和苏联的政策呈现着强烈对抗的局面，几乎没有可能达成任何形式的合作。不过就算当时合作还有一点点可能性，在德国赔款问题上产生的冲突也使这种可能消耗殆尽。美国政府认为只有德国经济复苏并把德国的经济资源用于西欧所需时，才能试图保证西欧的安全并阻止共产主义的渗透或统治。1947年春天，在莫斯科的一次外长会议中，各国本来打算同德国起草和平条约，但是苏联却坚持从德国当时的工业生产中收取 100 亿美元的赔款。美国和英国认为，苏联的这种做法已经不仅是要求德国对战争损失进行赔偿了，而是要在德国造成更长时间的不幸和混乱，同时也是在破坏西欧的经济。苏联这种赔款政策像是其已经做好准备向西欧传播共产主义的明确信号。因此，美国和英国政府不仅拒绝了苏联的要求，而且在 1947 年年末和 1948 年年初采取了措施，目的是重建联邦德国的经济生活并为德国加入欧洲复兴计划做好准备。英占区和美占区的经济联合在一起，而且两区也共同建立了一个德国行政机关。第二次世界大战刚刚结束时，为了防止未来德国再次兴起军国主义，德国只被允许进行非常有限的工业生产。但是到 1947 年夏天时，德国的工业生产已经上升到了战前水平。这些经济措施受到货币改革的支持，而这一改革深入了西欧三国所有的占领区，苏联只能自己进行货币改革作为回应。随后，德国的政治生活也恢复了，在三国占领区的许多省和联邦州开始举办当地选举活动。很明显，下一步就是要在联邦德国建立议会和政府。苏联根本没有想到，无论是人口数还是矿产资源都比苏占民主德国庞大和丰富得多的联邦德国，正在逐渐脱离它的控制，成为一个独立的政权。

冷战的开始：柏林封锁

毫无疑问，大多数美国政策制定者都相信，他们面临十分危险的威胁，在这种威胁中，战争一触即发。不过这只是他们的错觉，因为苏联并没有统治整个欧洲的计划，也没打算为了在东欧建立新“帝国”去发动什么战争。但这并不等于就不存在棘手的时刻，新的冲突还是有可能会爆发，可能是因为误解，或仅仅是因为很平常的事件。在冷战的紧张氛围中，长期避免爆发新的战争是大势所趋，如同当初同盟国必然会赢得第二次世界大战的胜利一样。目前，西方国家通过解密苏联的文件只弄清楚了一点：苏联在东欧推行统治的主要原因并不是要发动“世界革命”，而只是想借此来确保其强国地位。正如一位苏联间谍组织的首脑这样回忆道：“对于克里姆林宫来说，共产主义的首要任务是巩固苏维埃国家的政权。只有国家边界军事力量和统治权才能确保我们超级大国的地位。”

另一方面，值得一提的是，苏联对美国政策的误解并不比美国对苏联的少。安德烈·日丹诺夫（1896—1948）是斯大林最信任的副手之一，他曾在1947年这样评价过杜鲁门主义：“美国宣布的是一条崭新的、明显具有侵略性的扩张主义道路，而这条道路的目的是要建立美帝国主义的世界霸主地位。”不过他这样看待世界的局势倒是对斯大林很有帮助，因为这给了苏联继续重视重工业并推行自律生活方式的理由。同时这种观点也和苏联人从理论著作中读到的内容，以及政权建立后最初几年的感受相符合，因此产生了一些共鸣。也就是说，苏联认为自己处于被威胁的危险之中，战时的恐惧依然存在，那就是资本主义要对苏联采取孤立政策，意在推翻苏联的统治。苏联人不相信美国对波兰、匈牙利和捷克斯洛伐克真正的代表制度如此关注不是别有用心，他们认为美国打算从边远地区一直逼近到苏联的中心。正是基于对美国意图的这种错误认识，苏联在这些国家表现得十分冷酷，但是这样做反而印证了美国的观点：苏联的政策充满危险。苏联清除了东欧卫星国政府中其他党派的人士，这些人中甚至有一些因被控叛国而受到审讯，而罪名只是被捏造出来的。其中著名的罗马尼亚国家农民党领袖马纽（Maniu）被单独监禁，最终死于狱中。苏联一边进行着清洗和关押运动，一边谴责资本主义国家的侵略意图，气氛越发令人窒息。而 1948 年 2 月发生在捷克斯洛伐克的清除政治异见者的运动，是最后一次也是最为残暴的一次政变。这次事件比以往的政变更加令人震惊，因为在战争时期，捷克斯洛伐克就是一个卓尔不群的西方化的国家，而且其领袖在西方世界享有很高的声誉。可是现在，总统贝奈斯（Beneš）辞职，外交部长扬 · 马萨里克（Jan Masaryk，开国元勋托马斯 · 马萨里克之子）莫名死亡，官方说法是自杀，但外界有足够的理由对这个说法表示怀疑。

在这些清洗运动的同时，1947 年 9 月，重建一个国际共产主义组织的行动正在进行。第二次世界大战期间，共产国际对西方同盟国做出让步，一度解散。这一次新成立的组织叫作共产党和工人党情报局，因为这个组织的核心就是情报局，情报局的任务是交流经验，必要时在互相协商的基础上协调各国共产党的活动，不过后者很快就成了主导任务。情报局确定路线，各国共产党必须遵守。这样，苏联就能强制要求所有情报局的成员拒绝接受马歇尔计划的资金援助，因为一开始，马歇尔计划的援助对象不仅包括西欧国家，也将东欧国家纳入在内。虽然情报局的决定使刚成立不久的苏联集团摆脱了西方的控制，但是却使得东欧经济远远落后于西欧。今天再回头去看那段历史，这应该算作斯大林的一次战略失策。

苏联在西部的边境建立了广阔的缓冲地带，目的是抵御敌人的攻击，但是苏联对德国的政策却要扑朔迷离得多。考虑到战时工业设备受损严重，毫无疑问苏联急切地想得到德国的赔款。从最早的战时会议开始，苏联就对同盟国提出了这类要求，而且对罗斯福认可的100亿赔款额极为赞赏。但是不得不说，就像两次世界大战证明的那样，苏联有理由惧怕德国，因为德国一旦恢复了实力和军事化，苏联就会首当其冲成为德国攻击的对象。苏联十分清楚，以现在德国的生产水平，赔款会使德国的经济复苏进程减缓，同时苏联也拥有了对德国事务的话语权。所以，苏联认为，美国针对自己的攻击性计划是美国人想让德国重新站立起来的明证，而且苏联也痛恨德国西部占领区的建立，因为苏联无权干预那一区域的发展。

此时苏联决定采取的是强硬极端的手段，这些手段的目的后来也因苏联档案的公开而公之于众。1948年6月18日，苏联切断了连接西柏林与西方的道路和铁路；6月24日，切断了水路交通，又一并切断了东柏林到西方的电力和煤炭运输。苏联希望通过压制柏林来强迫西方同盟国取消建立一个单独的“联邦德国”国家的计划，同时苏联还希望能够重新获得从西部占领区得到赔偿的权利。

这些是最直接的目的，而深层的目的是苏联想让西方国家知道，他们留在柏林毫无意义，因为这里已经成为俄国的地盘。

苏联认为西方国家不会愿意冒险在柏林发动全面战争，而寄希望于能通过谈判定下协议来满足自己的愿望。但事实却是，发生战争的可能性要比苏联预想的大得多，苏联封锁柏林的行为差一点就把冷战升级成真刀真枪的实战。德国美占区首领卢修斯·克莱将军（General Lucius Clay）提出，美国军队的护卫队应该以迅雷不及掩耳之势强行冲进柏林，在抵抗活动中对敌射击。柯蒂斯·李梅将军（General Curtis LeMay）是在欧洲指挥美国空军的司令官，为欧洲提供空中支持，他建议说这是一次绝佳的机会，可以先发制人打击德国所有的苏联军用机场。但是美国五角大楼和国务院认为克莱的计划过于冒险，因此决定以空运的方式打破柏林封锁。著名的柏林空运就此拉开序幕，在这期间，西方同盟国的飞机不停地一直向西柏林运送食物、煤炭和药品，甚至还有婴儿生存所需的配方奶粉。而苏联知道，要是击落运输机的话，极有可能引发第三次世界大战，所以没有这样做。在清楚地意识到通过对柏林施压无法迫使西方同盟国改变政策之后，苏联解除了对柏林的封锁。1949 年 5 月 12 日，德国西部与西柏林之间的交通恢复正常。

柏林一直是一块敏感地带。斯大林死后接管苏联的尼基塔·赫鲁晓夫（Nikita Khrushchev）把柏林比作“西方的睾丸”，他说柏林是一块很脆弱的地方，想让西方领导人尖叫，只要挤压柏林就行。

柏林封锁。载有物资的美国飞机抵达柏林。

赫鲁晓夫也的确抓住了机会向柏林施压，掀起了冷战时期另一次危险的对抗行动，1961 年，他授权建立了柏林墙。西柏林和东柏林完全分裂为各自独立的行政区域，而西柏林因为得到了德国西部地区的经济援助，恢复了经济生活。西柏林也成了西方国家向东欧炫耀的一个展区。因为相比于东柏林的萧条惨淡，西柏林称得上是繁荣昌盛了。

柏林封锁结束了，但是冷战还在继续。欧洲在冷战中的重要性迅速减弱，而远东地区成了这场奇怪战争的主要舞台。

冷战的硝烟弥漫至远东

战争结束之时的亚洲

第二次世界大战是一次全球性的战争。因此仅仅将欧洲事务作为讨论重点容易产生误导性。在欧洲呈现的紧张局面其实与远东地区的发展紧密相连，和欧洲一样，冷战对欧洲而言是一件大事，对远东也同样如此。

1945 年 8 月 14 日，日本投降之时，苏联和西方国家在远东的分歧与在欧洲的截然不同。战争期间，由于苏联急于集中全部兵力对抗德国，所以一直十分谨慎，避免卷入同日本的纷争之中。然而，在雅尔塔会议上，斯大林承诺苏联会在欧洲战场的战事结束后，加入抗击日本的战争当中。因此，苏联军队在中国东北边境集结，并于 8 月 8 日对日宣战。当时日本军队已经陷入绝望，而且 8 月 6 日原子弹在广岛爆炸一事彻底瓦解了日本人的抵抗斗志，因此苏联的加入对于打败日本来说并没起到什么用处。美国跟进谈判程序并接受日本投降的举动清楚地表明，美国认为其与日本的协定只适用于美国自己。此后数年，美国一直是唯一可以控制及影响日本战后重建工作的政治力量。

但是日本的军队入侵了中国，并占领了东南亚的大部分地区。日本的投降对这片区域影响巨大。而这里不仅有美国的军队，中国和英国也在共同抗击日军。不过美国的同盟国们对日本如此突然的溃败并没有准备。

这片地区面积广大、人口众多、民族庞杂，因此处理东南亚问题是一项复杂的工作。而这些固有的困难又被反抗日本占领和统治的革命活动进一步激化。

日本对待东南亚的不同国家，采取的是不同的方式。例如，泰国一直被认为是日本的盟国，日本曾承诺帮助泰国扩张领土，占领毗邻的法属印度支那。在其他地区，例如马来亚半岛（Malaya）和印度尼西亚的岛屿——爪哇、苏门答腊岛、婆罗洲、西里伯斯岛（Celebes），日本通过军事化管理进行统治。在中国、菲律宾和缅甸，日本建立了傀儡政府。而法属印度支那的情况较为特殊。在法国被纳粹控制的时期，法属印度支那的官员同日本勾结在一起。但是法国解放以后，法属印度支那转而抗击日本，而日本在那里建立了傀儡政府。

日本在这些地区实施残酷的剥削。不过日本的占领带来了革命性和持久的结果。日本对这些地区的侵略表明亚洲人民有能力摆脱欧洲的统治，民族主义也具有了强大的动力。民族主义领袖们对待日本统治的态度模棱两可。一些认为应该建立国家政府，就算其行动自由受日本控制，也是实现独立的第一步，而且他们愿意同日本合作建立傀儡政权。而另一些认为日本的统治与西方列强没什么两样，都是一种压迫行为，因此他们组织了抵抗运动。在独立运动的发展过程中，当地领袖获得了民众极大的拥护。印度支那的民族领袖胡志明（Ho Chi Minh，1890—1969）选择同日本做斗争；而印度尼西亚的艾哈迈德·苏加诺（Achmed Sukarno，1901—1970）选择了同日本合作，但是他捍卫印度尼西亚的统一，反对日本分裂印尼的计划。

殖民主义退出历史舞台

因为第二次世界大战时在东南亚作战的同盟国军队由英国指挥，所以战争结束后也由英国来负责东南亚事务。英国的第一项任务是安排日本投降军队，这些驻扎在东南亚的军队加重了这个地区的经济负担。大批军队驻扎于此，战争频繁扰乱秩序，黎民百姓流离失所，交通运输中断隔绝，这一切都阻碍了这片土地的文明进程，很多地区的人们食不果腹。因此，英国政府最亟须提高粮食的产量，尤其是大米，同时还要安排好食物的分配问题。而英国在试图完成这项任务的时候，面对的是在政治上进退两难的局面。毫无疑问，和当地政府及军队合作是效率最高的方法。但是这样就会导致当地政府强大起来，可是过去统治这里的法国和荷兰却希望削弱当地政府的力量。法国与荷兰是英国的盟国，而英国自己在东南亚也有殖民地。因此，由于短期利益与长期利益之间存在矛盾，针对整个东南亚提出的一项统一政策遭遇了困难。协议很难达成，而且不同地区的协议也存在差异。荷兰没有能力重建印度尼西亚，因此在 1946 年被迫承认了印度尼西亚共和国的独立。法国重新在印度支那建立了统治，但是印度支那与法国的斗争从未停止，经过长时间损失惨重的对抗，战争于 1954 年在奠边府大捷达到高潮，最终法国撤军，而印度支那分化成三个独立的国家：柬埔寨、老挝、越南。英国回到马来亚和新加坡，并推动了一项政治进程，即马来亚实现独立，但它仍然是大英帝国的一部分。在东南亚地区，始于日本战败的革命进程还没有最终完成。

共产国际发表的第一份宣言中指出，亚洲和非洲人民从殖民统治中解放出来，是共产主义与资本主义的斗争中不可缺少的部分。因此，尽管苏联没有直接参与到东南亚的斗争当中，但还是对这里的民族运动充满关切，并与其中一些民族领袖交往甚密。比如胡志明，在回到印度支那之前，在莫斯科接受过训练，还为欧洲的共产主义事业工作过一段时间。

因为美国的外交政策也是反对殖民地贸易的，因此在东南亚，民族主义运动无须把苏联和美国放在对立的位置。但是，美国在欧洲与英国和法国紧密合作，因此美国也很有可能成为传统欧洲帝国主义的同盟，美国的实力更为强大，所以一旦美国形成了帝国主义，将会是一股十分危险的力量。实际上，中国就遭遇了这样的情况，而中国也是战后经历了最多困难的亚洲国家。

一系列公开的冲突

中国的斗争

战争刚结束时，中国将成为美苏冲突来源的端倪还没显现出来。在中国，最紧迫的任务同样是解除日本的武装，并赶走驻扎在长江和黄河流域广袤土地上的日本军队。因此很长时间里中国都在协调日本撤军事宜，而这对于蒋介石统治下的中国国民党是非常不利的。就在这个过渡时期，中国北部由毛泽东领导的共产党军队把握住了时机，日益壮大。1945 年 8 月，苏联承认蒋介石政权为中国的中央政府。美国一直指责蒋介石政府在抗日战争中缺乏战斗力，所以许多美国人希望并相信国共合作会刺激国民党，并带来中国迫切需要的社会和农业改革的动力。但是，长时间的谈判并没有解决蒋介石的国民党政府和毛泽东的共产党军队之间的矛盾。在中国东北的问题上，两党针锋相对，而苏联站在了毛泽东这边。日本投降的时候，苏联占领了中国东北，不过苏联宣布这只是暂时的。但是此后数月，苏联并没有从东北撤军的意思。1946 年 4 月，因争取德国赔款局面变得严峻之时，苏联突然之间从东北撤军，而这次突然行动也给了中国共产党进入东北的机会。

美国政府继续努力在中国促成和平，但是两个敌对的政党并不想订立条约，因为双方都认为自己可以赢得全国范围内的胜利。马歇尔将军于 1945 年 12 月来到中国，又在 1947 年 1 月放弃了调解努力。他认为，对于合作的失败，两党各有责任："保守人士占主导"的国民党和另一阵营的"坚定的"[2]共产党。最终的结果是中国打响了国共内战，国民党由美国支持，尽管美国的态度并不情愿而且多少有点敷衍；而共产党由苏联支持。

朝鲜战争

1949 年年初，毛泽东领导下的中国共产党已经胜利在望，蒋介石领导的国民党在当年年末撤退到台湾。美国拒绝承认中国共产党合法的统治地位，并继续承认并保护国民党政府。美国和中国共产党之间的紧张局面导致了冷战中的一个重要事件，那就是朝鲜战争。

第二次世界大战以后，朝鲜半岛一分为二，三八线以北被苏联占领，南部被美国占领。和德国情况相同，在朝鲜半岛建立一个统一的全国政府已经不可能实现了。后来占领军被撤走，苏联在朝鲜留下了共产党政权，美国在韩国留下了西方式的政权。1950 年 6 月 25 日，朝鲜和韩国之间爆发了战争，试图将分裂的国家统一起来。美国军队的领袖渐渐把韩国看作抵抗俄国必不可少的一部分，因此派兵支援溃败之中的韩国政府。此事发生时，俄国正在对联合国安理会进行抵制，于是事情被摆到了联合国的面前。由道格拉斯·麦克阿瑟将军（General Dauglas MacArther）领导的联合国军司令部就此成立，其中主要是美国军队，还有许多其他国家的军队前来支援。联合国军队一开始取得了艰难的胜利，将朝鲜的军队逼退至韩国境外后，美国的军队一度越过了三八线，但是这时，中国共产党的军队前来支援朝鲜，所以美军又被打回韩国境内。最终，朝鲜和韩国沿着三八线进行对抗，之后双方启动停战谈判。1953 年 7 月，谈判进行了近两年之后，停战协定终于签订，两国回到了战前的状态，朝韩保留了三八线作为分界线。

印度支那抗法战争及冷战结束

朝鲜战争渐渐平息，但这时，另一场危险的军事冲突正在中国南部边境处展开。由胡志明领导的越盟发起了一次民族主义运动。

这时印度支那已经分为三部分：老挝、柬埔寨和越南。为争取在越南区域获得更高的自治权，越盟与法国军队展开了斗争。

越盟方面得到了中国和苏联的支持，而法国及其傀儡政权由英国和美国支持。现代武器和空袭无法摧毁在丛林和稻田里作战的游击队，而当法国军队向北部进军时，一部分法军被越军拦截，并最终于 1954 年 5 月在奠边府投降。有一万名法国士兵沦为俘虏。这时苏联、美国和英国达成了停战协议，准备在 1956 年举行大选，建立统一的越南国家。到那时，以北纬 17 度线为界，越南被分为南北两部分，北边由共产党领导，南边由西方主导。但这样的情况无法持续很长时间。紧张的对抗仍秘密持续着，直到冲突爆发，不过这一次的情况完全不同。越南的协议签订后，冷战中最激烈的阶段随之结束。

第十章

重建与反抗：20世纪50年代

重建的基本任务

正当超级大国忙于对抗之时，欧洲的许多国家开始了重建政治秩序的工作。由于这些国家的复苏和发展依赖于美国或苏联的保护，所以他们没有能力仅仅依靠自身力量发展，而只能服从苏联或美国的领导，或者从某种程度上说，服从苏联或美国的命令。因此不可避免，西方国家和东方国家的重建形式大不相同。苏联势力范围的国家如民主德国、波兰、捷克斯洛伐克、匈牙利、罗马尼亚、保加利亚，采用的是苏联模式：由共产党或其领导的政党组织选举，统治国家。西方势力范围的国家没有直接照搬美国的立宪制度，不过这些国家都建立了议会民主制的政体，这种宪政形式使欧洲与美国的民主形态十分相近。对于所有欧洲国家，无论是属于苏联还是美国势力范围，虽然国家的形式和准则有着根本的不同，但他们最紧急的任务都是进行重建，而这意味着他们所面对的困难不可低估。

出于国家的需要，所有的政府活动都是围绕重建经济生活展开的，因为经济问题是政治重建的基础。马克思主义认为经济对政治和社会秩序有着主导作用，所以东方集团采取了这样的重建顺序。当然，非马克思主义的国家，尤其是在1929年经济危机之后，同样意识到经济繁荣对政治稳定的重要性。因为正是在这场危机之后出现了纳粹主义，并发生了如第二次世界大战这样的悲剧。在第二次世界大战之前，经济问题可能并不是政府高度关心的问题，可是现在，西方国家政府在经济重建中的积极作用使政治和经济之间的界限模糊不清。政府不仅有权力，更有责任积极促进经济生活的重建，并对经济发展发挥直接的主导作用。

在重建欧洲的过程中，经济问题的重要性刺激了全球化的趋势，各国开始酝酿超越国界的计划和行动，并打算建立国际组织。超级大国也非常支持这样的想法，因为这不仅看上去十分切实有效，更能够将势力范围内的国家团结在自己的领导之下。由于通过合作有可能完成超出单一国家金融手段能力范围的项目，因此受到了各国政府的支持。得益于这样的合作，各种组织逐渐成立，其中有位于意大利北部的欧洲粒子物理研究所，还有位于巴黎的欧洲空间研究组织。

然而，要是认为这些为了跨国合作所做的努力只是基于实践、政治和金融因素，那就是一种误解了。经过战争之后，欧洲人对待民族主义的态度产生了微妙的变化。第二次世界大战期间，希特勒认为日耳曼民族是优等民族，而这种极端的民族主义激起了强烈反应，但并不意味着国际主义代替了民族主义，比如年轻的南斯拉夫士兵抵抗德军，向德军射击，后来被德军处死；或是法国抵抗运动的领袖就算被酷刑折磨也不出卖战友，最后服毒牺牲。深刻的民族情感的确会激发出这些个人英雄事迹。但是事实上，第二次世界大战中出现的民族主义已经不再是20世纪初期的民族主义了。经过激烈的竞争后，民族主义者已经把自己的国家放在其他任何国家之上了。第二次世界大战时期的民族主义者相信，自己的国家强大起来就可以实现更广泛的永恒价值。天主教徒、社会主义者和共产主义者都坚信，他们的思想通过扎根于民族生存的需求来汲取力量。法国抵抗运动中有两位伟大的诗人：路易·阿拉贡（Louis Aragon）和保尔·艾吕雅（Paul Éluard），他们都是共产主义者，是新型社会秩序的领导者和忠诚的国际主义者。但是他们诗歌的主题，往往夹杂着对法国生活习俗、风光地貌以及历史故事的热情歌颂。事实上，各国民族主义者都反对希特勒暴政，反抗运动把他们联系在一起，逐渐形成了超民族的价值观。在战后岁月中，天主教政党和共产党都是有着最广泛政治诉求的党派，双方都对超民族的意识形态十分欣赏。

重建的背景：科学、技术和经济

第二次世界大战以后，如果科学和技术没有创造出能够促进合作和融合的条件，那么欧洲一体化或是建立以地区为基础的组织的想法都很难实现。

战争时期的军事需求极大促进了科技的发展，而这种动力也一直持续到了战争结束之后的岁月，无论是推动的力量还是推动的速度，都获得了增长。新的发现和创造应用到了经济生活当中，而这些影响了经济组织的形成，同时也影响了公共生活和个人生活。欧洲重建是发生在一切领域的人类活动都稳步推进并加速转型的背景之下的，清楚了解这一点十分重要。

一般认为，核武器时代的起点是广岛和长崎的原子弹爆炸事件。由于人们十分关注对原子能的控制，所以常常会忽视战争也能为科学发现和技术创新带来强大动力，而这些科技也应用到了许多其他领域中。战争中运输机的使用为大规模的空运创造了条件，也使大陆之间联系更加紧密。战时发明出的喷气式飞机大大提高了航空旅行的速度。军队机动化也为汽车产业的快速发展奠定了基础，企业和个人都能从中受益。

在 1939 年以前，只有最富有的人才能出国旅行，而交通运输的革命给了中产阶级轻松穿越国界的机会。

无线电和电视同样提供了开阔的眼界。战争发生之前，无线电就已经出现了。在战争年代，无线电是人们了解世界局势的主要途径，是获知敌军飞机航线的主要方法，而在占领区，无线电节目是人们的秘密精神支柱。随着无线电设备更加先进，节目更加丰富，它几乎已经成了人们生活的必需品。在 1936 年柏林奥林匹克运动会上，电视第一次出现在人们的视野中，但是直到战后几年，电视机的价格仍然居高不下，而且电视节目也十分有限。

直到20世纪50年代电视机的价格才开始有所下降。在1975年，拥有电视机的人口比例在西欧是四分之一，在东欧是十分之一，在苏联是五分之一。

重建不仅限于恢复过去原有的工业设备，战争期间科技创新发展迅速，这意味着某些行业扩大了，而且为生产一些新产品也必须建立新型工业企业。之前就存在的公司，例如意大利的菲亚特和德国的大众汽车成了新的产业巨头；而另一些小型工具制造商，如马克斯·根德（Max Grundig）抓住了无线电和电视发展的良机，建立了欧洲最大的无线电台。正是工业的刺激带来了第二次工业革命，而在第二次世界大战以后，化学工业仍保持着市场领先地位。在20世纪50年代，化学工业产量增至此前的三倍。化学工业迅猛发展的一部分原因是合成产品大量代替了金属、木材和玻璃；另一部分原因是战争刺激了医学研究，许多新型药剂被投入市场。然而，化工产业的竞争十分激烈，同时需要大量的资本投资，因此在这样的情况下，只有大型企业才能盈利。欧洲最大的化工公司是意大利的蒙特卡蒂尼公司（Montecatini），另一个行业巨头是联邦德国的拜耳公司。拜耳公司原是法本公司的一部分，但由于法本公司在第二次世界大战时期实行垄断而被同盟国拆解，拜耳也就成了独立的公司。电力行业的发展也同样重要，因为产品生产离不开用电。计算机时代来临，电视取代了无线电广播，电影和电视也都彩色化了。马歇尔计划实施以后，工业生产力的提升幅度令人震惊。到1956年，联邦德国和意大利的工业产值是第二次世界大战之前和平时期中 1937 年的两倍多，法国和英国的产值比战前提高了 50% 以上。

工业增长是多方面相互关联的过程，发生的范围十分广泛，发生的原因也多种多样。超级大国的影响刺激了对整个欧洲制订的计划，战时的许多专利都是国际合作的结果，交通运输变得便利，也刺激了进出口市场，因此大量工厂都只生产单一产品就显得不经济了。

而就业形势也是避免民族分裂和闭关自守的另一关键因素。20 世纪 50 年代后期，德国和法国的工业蓬勃发展，而两国的劳动力十分短缺。因此，两国都在其他国家招工来填补劳动力不足。20 世纪 60 年代中期，德国的外国劳动力人口有 130 万，法国有 180 万。这些劳动力大部分来自地中海地区，尤其是失业率很高的意大利南部农业区。虽然到 60 年代末，由于人口数量增长和经济衰退，德国和法国不像之前那么需要外来劳动力了，但是欧洲还是通过这些年的内部移民，融合程度变得更高。

东欧集团的战后重建

苏联的重建

在东欧，有一个特殊情况，那就是领导统治东欧的国家苏联自身也是需要重建的国家之一。事实上，苏联的重建工作的规模比世界上任何国家都大，也更为严峻和困难。据苏联估计，第二次世界大战共损失了 1600 万 ~ 2000 万人口，比中欧和西欧加在一起损失的人口还要多。其他的数据也同样触目惊心：有 1700 座城镇和 7 万座村庄被摧毁，这些城镇和村庄主要位于苏联西部，而这里是苏联第二次世界大战之前最发达的地区。苏联地区的工业设备和交通运输全部被摧毁，大量的居民流离失所。

苏联不愿意接受美国的贷款来重建经济，这和美国不愿意向苏联提供贷款是一个道理。但是，只靠苏联人民的劳动来重建经济意味着在第一个五年计划的艰苦岁月之后是同样艰苦的岁月。消费品产量大幅度缩减，许多家庭面临住房短缺的问题，几个成年人挤在一间小屋子里的情况时有发生。战争同样造成了劳动力短缺。为了最大限度地发掘劳动力，苏联建立了劳工营，战犯、难民及所有苏联政权不信任的人都被集中到一起，进行强迫劳动。

苏联的经济计划十分重视重工业，并扩展了集体农庄制度。此外，美国的军备支出数额空前巨大而引发了紧张局势，所以苏联对提升消费品产量的预期降低了。由于第二次世界大战的严重影响，人们很难忍受持续的苦难和严苛的统治，甚至产生了一定程度的不满情绪，这都是不可避免的。苏联赢得了第二次世界大战的胜利，军队和领导人也获得了盛誉，但是这并不等于苏联领袖就能享受同等声望，因此政府对这样的不满情绪也不能完全坐视不理。军队可能会成为国中之国，这对于政府来说十分危险。如果军队对政府的压迫手段愈加不满，那么军队很有可能试图左右政策的制定。

斯大林认为有必要重申统治的权威，通过压制所有可能存在的反对派，来巩固自己的地位。斯大林削弱军队威望的政策中比较直观的就是把苏联最著名的朱可夫元帅，从驻德苏军集团军总司令部贬到苏联的某个战地指挥所。战争时期，苏联的作家和科学家比较自由，这在他们有关西方文学的作品中有所体现，甚至有些作品赞美了西方文学。共产党领袖安德烈·日丹诺夫（Andrei Zhdanov），在列宁格勒战役中成功抵抗德军，而且到1948年去世为止一直是斯大林最重要的助手。他曾在1946年的一次著名演讲中提醒作家和学者们：不要关注“外在美”，“资产阶级的文化是堕落的，是毒害其道德基础的”；作家应该成为“人类灵魂的工程师”，而且“对人民和苏联青年的教育负有重大责任”。日丹诺夫整顿了文学和科学组织，将有赞美西方倾向的文学家和科学家开除，并且建立了规章制度，要求这些组织遵守。

不过，斯大林清除反动派、巩固绝对统治最彻底有效的武器是警察，他和负责国家安全的人民委员即秘密警察首脑拉夫连季·贝利亚（Lavrenty Beria）关系特别亲密。只要斯大林发现有可疑的反动派，哪怕只有一点点可能，贝利亚都会像发生了谋反事件一样处死谋反者。的确，斯大林在晚年时认为身边都是对手和敌人，常常会对失去权力产生恐惧。而这使得与他一起统治国家的领导人都生活在政治恐惧之中、人人自危，直到1953年3月9日斯大林去世时，他们才松了口气。斯大林去世后，接班人问题经过三年争斗，最终尼基塔·赫鲁晓夫成为苏联领导人，并在苏联共产党第二十次代表大会上发表“秘密报告”，终结了斯大林时代。

斯大林没有给他的接班人留下什么轻松的差事。虽然斯大林成功地按照苏联模式组建了东欧的许多国家，但是他不愿意针对特殊情况实行任何政策调整，这一切都危及了东方集团的和谐统一。

卫星国的重建

苏联和其卫星国之间的条约纽带

苏联共产党和工人党情报局（Cominform）为共产主义力量提供了寻求统一战线的基础。此外，苏联也和所有共产主义国家建立了特殊的联系。第二次世界大战期间，苏联与南斯拉夫、捷克斯洛伐克和波兰的流亡政府达成了互助协定，承诺会在抵抗德国侵略时提供援助，并同这些国家进行密切的经济、文化和政治合作。1948年，苏联和保加利亚、罗马尼亚、匈牙利，以及过去是轴心国卫星国的芬兰进行了谈判，并签署了类似的条约。1950 年，苏联又和中国签订了类似的条约，承诺援助中国抵抗日本及其盟国的侵略。朝鲜及越南民主共和国也成了苏联集团的成员。最终，在 1955 年，各国在华沙签署了一项条约，重新定义了欧洲各个共产主义国家之间及卫星国同苏联之间的关系。之前已达成互助协定的国家有苏联、阿尔巴尼亚、保加利亚、匈牙利、波兰、罗马尼亚和捷克斯洛伐克，而《华沙条约》（*Warsaw Pact*）除上述国家外还包括了民主德国，因为此时民主德国已经是苏联同盟体系中的正式成员。《华沙条约》规定缔约国不参加任何其他联盟或同盟；各方保证在任一缔约国受到军事进攻时会立即提供援助，包括使用武装部队；缔约国各方建立武装部队的联合司令部，并建立协商委员会，以协调政治行动。此前，苏联以需要与德国和奥地利的苏占区保持联系为由，在东欧国家（尤其是罗马尼亚、匈牙利、波兰和民主德国）驻军；而这次，双边条约让苏联的驻军更加名正言顺了。

在卫星国建立的新秩序

在东欧建立共产主义政治和社会秩序的前提是从政治力量中清除一切资本主义和非共产主义的政党和因素。匈牙利、捷克斯洛伐克和巴尔干半岛诸国的社会主义者、中产阶级和农民都在战争的最后阶段参与了抵抗法西斯政权的斗争，而美国和英国出于在这些国家建立民主政府的需要，允许社会主义者、中产阶级和农民在政府中占有一席之地。之前我们已经讨论过，在 1947 年和 1948 年，由于美苏之间的局势日益紧张，共产主义在东欧国家十分盛行，城镇、村庄、工厂和企业都成立了共产党委员会。

政府中所有的资本主义和非共产主义因素被清除干净之后，建立新型经济秩序的工作就开始了。保加利亚和捷克斯洛伐克是最先开始行动的国家，两国在 1949 年起草了四年计划。随后在 1950 年，匈牙利开始了五年计划，波兰开始了六年计划。最后行动的是罗马尼亚和民主德国，两国在 1951 年都启动了五年计划，而这些计划的主要目标如出一辙。这些国家采用的都是苏联模式，即注重重工业的发展和农业集体化。其实，苏联模式并不适合这些地区，因为这些地区的实际优势集中在农业上。第一次世界大战之后，捷克斯洛伐克、罗马尼亚和保加利亚进行了农业改革，打破了大地产，建立了小农户。不过，苏联在卫星国推行工业化和集体化的政策，并不仅仅是要盲目地模仿苏联模式。过去，这些地区是面向西方世界的。他们向西方出口农产品，再从西方进口机械和工业品。因此，第二次世界大战之后，重建经济的目的就是打破苏联卫星国与西方的联系，也就是让卫星国做到工业独立，并面向苏联开展商贸交易。

宏观来看，卫星国实现了这样的目标：到 1951 年，保加利亚 92% 的对外贸易是同苏联展开的；波兰同苏联的贸易占对外贸易的 58%，而第二次世界大战前，这一数字仅为 7%。不仅如此，工业产值的增加也十分可观。到 1952 年时，东欧工业最发达的波兰和捷克斯洛伐克的年产值是战前的两倍，东欧钢铁总产量同联邦德国大致相等，也达到了战前的两倍。到 20 世纪 50 年代初期，东欧雇用的工业劳动力人口增加了 33%。

东欧建立了新的社会和经济秩序，从以农业为主转变成为强大的工业型社会。这样巨大的转变自然也会导致紧张的局势，出现犯罪事件、反对运动和蓄意阻挠的行为。虽说这样的社会变革必然会引起动荡不安的局面，但不满情绪的产生还有特殊的原因。苏联领导人将苏联的经济恢复视为重中之重，甚至在完全掌控了匈牙利和罗马尼亚之后，还要求两国继续支付赔款。此外，苏联在所有卫星国内缴获了原本属于德国的财产，并拆除了德国的工业设备，将其全部运送到苏联。苏联人加入了许多合资公司，控制了像罗马尼亚商船队和匈牙利铝土矿之类的企业。因此，这些公司的部分盈利就直接流入苏联。苏联还强制卫星国签署协议，以保证能以极低的价格从卫星国购买某些商品，如煤炭。但是，这些卫星国过去一直生活在资本主义者及法西斯政权的统治下，所以在意识形态上还没有准备好接受苏联的领导。在东欧的许多国家如波兰、捷克斯洛伐克和匈牙利，天主教会拥有自己的根据地，所以政府和教会的冲突不可避免。的确，在所有罗马天主教盛行的卫星国中，教会领袖都因密谋反对政府而受到了审判，这在当时轰动了世界。其中最著名的是 1949 年匈牙利枢机主教约瑟夫 · 闵真谛（József Mindszenty）被关进监狱，并被迫供认自己犯了“叛国罪”。

苏联的这些行为加剧了卫星国的紧张局势，而此时正是苏联在卫星国推行苏维埃化进程中最不受欢迎、反抗最激烈的时期，即农业集体化时期。由于过去的传统及上述的农业改革，小型农场数量巨大；而农业集体化意味着农民会失去宝贵的财产，而得不到任何明显的好处。因此，有些卫星国的领导人开始怀疑农业集体化到底适不适用于自己的国家，或者有些领导人认为推行集体化至少也应该采取更为缓和谨慎的方式。最终这个问题引发了东欧的第一次严重危机。

铁托的反抗和斯大林主义“大清洗”运动

第二次世界大战刚结束时，在东欧复制苏联模式的进程中，南

约瑟普·布罗兹·铁托，第二次世界大战中共产党领袖，他用铁腕统治南斯拉夫，从1945年直到1980年去世。

斯拉夫是复制最早也是最彻底的国家。这是因为南斯拉夫没有借助外部兵力，自己就推翻了纳粹的统治，而正是因为国家解放主要依靠于铁托带领的南斯拉夫共产党，所以战后的国家政府中没有资本主义或社会党的成分。因此，南斯拉夫的共产党纯洁性很高，也能直接按照苏联模式开始工业化和集体化进程。

但是，由于南斯拉夫由不同的民族组成，而且在过去不同民族即塞尔维亚人、克罗地亚人、斯洛文尼亚人之间存在着竞争和冲突，因此南斯拉夫在建立新型社会主义社会的过程中，必须慎重行事，以免因为引起摩擦而威胁到南斯拉夫的统一。因为南斯拉夫位于东欧和西欧的分界处，所以这样的慎重行事让斯大林很不信任，斯大林希望这片地区严格处在自己的控制之中。但是，南斯拉夫一点也不比苏联软弱，要知道，南斯拉夫可是东欧唯一的没有在苏联帮助下赢得解放的国家。当斯大林要求苏联有权在南斯拉夫驻军并安插秘密警察时，铁托拒绝了。就这样，在1948年的一次共产党和工人党情报局的会议上，南斯拉夫代表没有出席，而对此种不服从的行为，苏联的做法是将南斯拉夫从情报局中开除。

苏联本以为采取这样的手段会使铁托屈服。但是作为第二次世界大战中政党的军队领袖，铁托已经成了一位民族英雄，在人民中拥有很高的声望；他凭借自己的声望和西方的经济援助，掌握了国家的主导权。而苏联虽然还继续对铁托进行激烈的言语攻击，并对南斯拉夫实行经济封锁，但其实已经放弃了对南斯拉夫的控制。在铁托的领导下，南斯拉夫形成了特殊形式的共产主义和混合式的经济模式。南斯拉夫没有实行针对整个国家的经济计划。在农业方面，集体制和个人所有制并存；工业方面采取的是国有化制度，但工人拥有个体工厂的控制权，而且很多商品可以进行自由市场交易。

铁托的反抗行为让斯大林和苏联其他领导人担心其他国家效仿南斯拉夫。因此，在苏联的重压之下，东欧掀起了一场全面的“大清洗”运动。虽然这场发生在1947—1948年间的“大清洗”运动主要针对的是资本主义阵营中的政治家们，但有时也作用在了共产主义者身上。

在东欧国家，许多曾经的非共人士所在的政党被消灭或被镇压了，而这些人觉得加入共产主义阵营很有益处，因此，东欧各国的共产党都相当程度地扩大了。可是这些新加入的成员未经训练和考察，也就首当其冲被看成是党内的危险分子。即使是在领导阶层，也出现了不和谐的因素：一派是第二次世界大战中在莫斯科避难的人，另一派是第二次世界大战时留在国内进行地下活动的人，现在这两派在竞争党内的控制权。因此，东欧的共产党正面临着难以控制的局面，甚至有可能出现分裂，而同时又在进行着“大清洗”运动。数百万人被开除党籍，被说成是“异类”或“敌人”。“大清洗”的另一目的是清除有“铁托主义”倾向的领导人，其结果是东欧许多国家的共产党中央委员大换血。有“铁托主义”倾向嫌疑的领导人被带到了法庭前，接受20世纪30年代苏联肃反运动中曾使用过的审判程序：被指控犯有叛国罪，认罪，然后被处以死刑。这场始于1949年的“大清洗”运动中最著名的受害者有保加利亚副总理、匈牙利的内政部长，还有捷克斯洛伐克的外交部长、共产党总书记和副总理。波兰共产党第一书记瓦迪斯瓦夫·哥穆尔卡（Wadysaw Gomuka，1905—1982）被罢免，后被关押，不过他免于死罪。

苏联卫星国的领导层“大清洗”运动持续到了1953年，在运动发展过程中，“大清洗”已经超出了党纪范围，目的也不仅仅是清除“铁托主义分子”。其实，对这些人迫害的目的常常是说不清的。“大清洗”发生时，斯大林预感到自己来日无多，而自己的去世必然会导致苏联共产党领导人的矛盾激化，因此他急于消灭所有潜在的敌人。卫星国的这些审讯很明显是苏联领导阶层斗争的写照，事实证明，与发生在苏联的某些审判相同，卫星国的审判也暗含着反犹太的倾向。斯大林希望看到的是每个东欧国家各自只效忠和服从于一位领导人。这场“大清洗”运动意在将每个国家的权力集中到一位支持斯大林的领袖身上：匈牙利是拉科西 · 马加什（Rákosi Mátyás），民主德国是瓦尔特 · 乌布利希（Walter Ulbricht），捷克斯洛伐克是克莱门特 · 哥特瓦尔德（Klement Gottwald），波兰是波莱斯瓦夫 · 贝鲁特（Boleslav Bierut）。斯大林于 1953 年去世，而当时苏联对东欧采取的各种手段，如统一意识形态、明确社会制度、整合社会经济、武力胁迫，也取得了效果，东欧已经变成了由苏联直接统治的地区。

可是苏联也付出了很大的代价。武力手段只能维持表面的风平浪静，隐藏在表象下的是民众强烈的不满情绪和一触即发的紧张局势。斯大林去世后局势的紧张程度就越发清晰了。在 1953 年的夏天，东柏林的工人们因反对新的工资政策而发起了反抗运动，最后在苏联的武力介入下才得以平息。东欧国家把这次事件看作一个危险的信号，认为这次事件说明了东欧急迫地需要进行经济政策方面的改革，而且要尽快做出承诺。其中，最先开始进行改革的是匈牙利，而且势头强劲。拉科西，这位坚定的斯大林主义者一度当上了总理，但是后来不得不把总理的位置让给具有改革思想的伊姆雷 · 纳吉（Imre Nagy），不过他仍任共产党第一书记。其他国家的改革行动要比匈牙利缓和得多。例如，在波兰执掌大权的贝鲁特没有采取任何激进的改革举措。

当然，如果国际形势没有那么紧张，重建领导阶层和政治路线的进程会容易许多。这也是苏联愿意结束冷战中激烈对抗的原因之一。苏联向印度支那妥协，并在1955年春天同意签订协议，结束占领奥地利并恢复奥地利的主权，此举震惊了世界。也因此，苏联和美国的利益纷争中少了一处摩擦。赫鲁晓夫于苏联共产党第二十次代表大会中明确提出了苏联许多方面的政策改革。他承认“各个国家过渡到社会主义应有不同的形式”，而且对传统马克思主义认为的“只要帝国主义存在，战争就不可避免”的观点做出了修正。

苏联领导人不是不知道，东西方局势的缓和，以及允许东欧国家实行与整体规定的框架有出入的经济政策，会威胁到苏联的统治。因此苏联在1955年与卫星国签订《华沙条约》，目的就是加强彼此之间的军事合作以抵抗西方。此外，苏联迫切地想要消除局势缓和带来的危险，并试图通过加强政治和军事的联系来避免卫星国因经济自治而产生的离心力。在1956年年初成立的杜布纳联合核子研究所（Joint Nuclear Research Institute）就是苏联这种意图的写照，当时东方阵营的各个国家都加入了研究所。毫无疑问，斯大林在东欧共产主义世界强加的统治几乎使东欧分崩离析，新上任的苏联领导人要修正斯大林的政策也是大势所趋。但是，由于在斯大林时期累积的紧张局势一触即发，历史最终证明“控制下的过渡”是一项非常复杂的进程，并对苏联联盟体系的凝聚力存在着严重威胁。

西方的重建

西方集团的条约纽带

第二次世界大战刚刚结束之时，东方和西方的局势差异巨大。苏联作为东方强国，位于欧洲，毗邻东欧各国。而美国作为西方强国，却与欧洲远隔重洋。美国本打算战争结束就从欧洲撤军，不过很快这个想法就被证明是错误的。西欧民众生活在受到苏联威胁的阴影之中，因此自然想要与更强大的力量形成联盟。此外，西欧在战时就出现了跨国合作的倾向，而且这样的想法呼声很高。西欧各国开始紧密合作的第一步是于 1948 年 3 月 17 日签订了《布鲁塞尔条约》（*Pact of Brussels*）。英国、法国和比利时、荷兰、卢森堡经济联盟承诺在任何一方受到军事攻击时它们将提供援助，并同意成立常设理事会以就共同利益和行动进行商讨。与此同时，欧洲绝大多数非共产主义国家的代表齐聚布鲁塞尔，提议描绘更加全面的欧洲合作和一体化蓝图。从这时起，西欧不仅成立了外长协商理事会，而且逐渐形成了欧洲委员会，各国议会成员都参与其中。由于英国、法国和个别国家不愿意自己的主权受到限制，所以这些西欧组织的实际效果受到了一定制约，跨国合作的热度也有些许下降。但是，它们还是保存了下来，而且成功保持了欧洲一体化发展的趋势。

显而易见，西欧国家签订《布鲁塞尔条约》是为了抵抗苏联，可是就算各国签订了军事合作的条约，万一发生战争，西欧也没有

战后，被炸毁的柏林在马歇尔计划的援助下开始重建。

把握可以战胜苏联。因此，刚刚签订《布鲁塞尔条约》之后，美国就签订协定，加入保卫西欧的军事计划之中。协定的结果是北大西洋公约组织（北约，NATO）的成立。北约成员包括美国、加拿大和其他五个欧洲国家：意大利、葡萄牙、丹麦、冰岛和挪威。在这项协定中最重要的实际成果是军事领域的条约：协定中的欧洲国家军队和美国–加拿大军队在欧洲联合驻军，统一听从国际司令部的指挥。而同时北约也是一个政治联盟组织，北约成员承诺捍卫成员国人民的“自由、共同财富和文明”不受侵犯。因此，到 1950 年时，大多数西欧国家和美国都建立了紧密的军事和经济联系。

但是，西方国家在紧密合作的过程中遇到了苏联没有遇到的困难。苏联在其占领的民主德国建立了共产主义政权，所以民主德国在政治上就完全依赖和服从于苏联。但是在联邦德国建立议会民主制的政权不能排除发生政治变革的可能性，民族主义的力量可能会回到政权之中。此外，德国丰富的矿产资源也可能会使德国军队恢复力量。因此，战胜纳粹主义也并没有消除西欧邻国对德国野心的全部恐惧。与联邦德国结盟的西欧国家都心知肚明，随着时间的推移，德国肯定会再次成为主权完整的国家。那么问题就是，要确保赋予德国的这种自由不会使德国再一次拥有霸权和支配权。

为解决这些难题，西方国家经过长期艰苦的谈判后签订了一系列条约。首先要解决的是经济方面的问题：在联邦德国可能会借助其矿产资源恢复军事化这一危险被消除后，怎样才能把联邦德国的钢铁和煤炭用于欧洲经济重建中呢？为此，欧洲煤钢共同体（ECSC）于 1951 年成立。法国外交部长罗伯特·舒曼（Robert Schuman）提出了一项大胆的提议：将联邦德国、法国和比、荷、卢经济联盟生产的煤炭和钢铁统一管理。欧洲煤钢共同体由各成员国的专家组成，作为最高权力机构，它有权制定和调整煤炭与钢铁的价格，提高或限制产量，并为组织金融周转征收费用。英国没有加入欧洲煤钢共同体，因为英国认为一旦加入则会妨碍到国家的煤炭产业，而且这个组织比不上英国与其他英联邦国家之间的联系。而欧洲煤钢共同体的建立是欧洲经济一体化的第一步。所以就这样，英国开始了与欧洲大陆经济长久隔离的局面。

由于消灭德国军国主义是第二次世界大战的目的之一，因此说服德国的邻国修改政策允许德国重新恢复军事化，要比与德国签订经济合作的条约困难得多。而提出修改政策的是美国。因为朝鲜战争爆发，美国政府害怕自己的军事资源过度紧缺，所以要求西欧允许联邦德国恢复军事化以加强西欧在欧洲的地位。在相当长的一段时间里，大量的谈判并没有收到积极的结果。美国的盟国，尤其是法国，对于美国急于忘记历史的做法并不热衷，这是可以理解的。但是，法国碍于美国这一强大盟友的要求，提出了欧洲军事一体化的意见，不过法国希望联邦德国在其中所占的比例尽可能小一些。经过漫长的谈判，法国、联邦德国、比利时、荷兰、意大利、卢森堡六国外长于 1952 年 5 月签署了《欧洲防务集团条约》。条约规定，六国要共同组成一支由指挥机构统一领导的欧洲军，但大部分签署国对放弃本国军事主权这一点抱有疑虑。法国于 1954 年 8 月拒绝承认该条约，突然之间出现了一个完全不同却更为简单的解决方案。联邦德国成了北约的一员，而根据北约对伙伴关系的规定，现在其他国家在联邦德国驻军已不是占领而是作为同盟国展开军事合作。因为英国承诺在欧洲驻扎几个师，而且联邦德国也同意其成立的联邦德国国防军保持较小规模，且不持有核武器、化学武器和细菌武器，法国就此妥协，同意了联邦德国重新武装。

与东欧的情况不同，西欧一体化进程不能靠上层施压强制实行。第二次世界大战中西欧各国共同抵御纳粹时，各国就知道共同利益高于国家利益。而这也是激发一体化构想的一个重要因素。

但与此同时，紧密合作所带来的安全威胁和军事需要也具有决定性的作用，影响着西欧国家重建政治秩序的进程。战争结束了，欧洲人民期待着一个新时代的到来。经历过苦难的民众都认为，他们应该获得工作、医疗保险及养老金。可是这与民营企业家、大型银行和大型工业企业的利益相矛盾。欧洲民众认为政府应该负责清除障碍，尽其所能保证经济事务以民众的利益而非以精英阶层为中心。战争结束后，欧洲各国政府都在一定程度上这样做了。但是事实证明，工业活动想快速恢复就要允许大量修建军事设备，而这很难与长期的经济和社会改革同时推进。此外，美国推行自由企业制度以明确民主体制，进一步助长了针对基本结构变革的反对力量。而战争刚结束时呼声很高的改良主义，就这样被军事安全的需求抢占了上风。

西方集团国家内部的发展

第二次世界大战刚结束的十年里，执政的都是政治目标相似的政党。换句话说，这些政党都强调基督教和罗马天主教。意大利的执政党名为基督教民主党（Democrazia Cristiana，Christian Democracy），该党于1948—1953年间在议会中占有绝对多数地位。联邦德国执政党名为基督教民主联盟（Christlich-Demokratische Union，Christian Democratic Union），此党在1949年的战后第一次议会大选中成了联邦德国最大的政党，并于1953年获得绝对多数地位。法国在第二次世界大战刚结束时，被称为人民共和运动（Mouvment Républicain Populaire，MRP）的天主教政党力量强大，但后来衰落了，起初只是慢慢变弱，到后来衰落的速度非常快。尽管如此，在这段时期法国每一届政府都有人民共和运动的成员。在这些政党之中，建立欧洲一体化的思想根深蒂固，它们希望建立一座基督教的堡垒来抵御异族的入侵，因此这些政党的领袖热切地推行欧洲合作的政策。在这段对欧洲的发展方向至关重要的岁月里，法国、意大利和联邦德国主要负责外交政策的有法国的罗伯特·舒曼，曾在 1947—1953 年间担任法国总理和外交部长，他提议建立欧洲煤钢共同体；意大利的阿尔契德·加斯贝利（Alcide de Gasperi），于 1945—1953 年间担任总理；联邦德国的康拉德·阿登纳（Konrad Adenauer），于 1949—1963 年间担任总理。

战败国的恢复

阿尔契德·加斯贝利和阿登纳是名载史册的两个人，他们不同于 20 世纪早期理想主义的政治家，二人投身于社会改革和国家发展的伟大事业中，分别为战后意大利和德国的政治建设做出了巨大贡献。他们二人在演讲中都强调具体观点，并根据符合常情的现实性理由来调整政策。二人的演讲有些单调乏味，缺乏想象力，不过阿登纳的主要可取之处是虽不露声色却思维敏捷，因此能够以犀利的目光看到同胞身上的弱点。这两位政治家不喜欢讨论空洞的理论，而且认为华美的措辞是不必要的修饰。他们总是给人以行色匆匆的印象，总是在专心处理手头的工作。他们二位这种实干的态度，可能来源于他们总觉得

康拉德·阿登纳于1949年9月20日宣誓成为联邦德国首任总理。

自己没有足够的时间去完成他们注定要完成的事业。阿尔契德·加斯贝利开始自己政治生涯的时候，意大利法西斯党刚刚当权。在之后二十年，他一度入狱，也曾在梵蒂冈的图书馆里任职。他在六十多岁的时候重新步入政坛，领导意大利的抵抗运动。而阿登纳重归政坛，再次当上科隆市市长时已是年近七十，在此前十二年的纳粹执政时期，他没有机会施展政治才华，直到美国占领军打破这一局面。

阿尔契德·加斯贝利和阿登纳分别接管意大利和联邦德国之时，情况并不合适个人施展雄才大略。对这两个战败国的领导人来说，目标已经很明确了：启动经济生活，获得主权国家的地位。

这种平淡无奇的政治目标在某种程度上与意大利战后的政治气氛相矛盾，战争最后阶段的抵抗运动似乎打破了不同阶级之间的障碍。人们普遍期望意大利在战胜法西斯主义以后，会是一个全新的、更为民主和平等的国家。这也就解释了为什么虽然社会主义者和共产党力量强大，但融合了天主教和政治稳健的基督教民主党却在 1946 年的大选中成为最强大的政党。由于制宪议会的影响，意大利从原来的君主制转变为共和制。但是现在议会通过的宪法与法西斯时代之前的宪法十分相似，唯一的区别是 19 世纪自由宪法中强调教会不得干预政治这一条现在被取消了，墨索里尼与教皇的协定成了新宪法的一部分，而罗马天主教依然是意大利“唯一的国教”。

意大利经济状况十分糟糕，因此经济恢复要比大规模的改革重要得多。阿尔契德 · 加斯贝利在经济领域有一个十分得力的助手，那就是路易吉 · 伊诺第（Luigi Einaudi）。伊诺第是意大利顶尖的经济学家，在先后担任意大利银行行长和财政部长期间，采取了严格手段平衡意大利政府预算。1948 年，伊诺第当选为意大利共和国第一任总统。

由于第二次世界大战时同盟国军队在意大利北部驻军，使当地的工业迅速发展。再者，意大利的游击队活动十分频繁，所以在战争期间意大利只损失了 15% 的工业设备。因此，意大利能够迅速恢复工业生产，并能将商品出口到欧洲其他国家。然而，其他国家在重启本国的工业之后，对意大利商品的需求就降低了。接下来，马歇尔计划开始实施，为经济带来了新的动力。意大利政府继续使用法西斯政府的工业和金融资产，为意大利的工业现代化进程提供了资本。其工业增长的结果令人惊讶，1954 年工业生产指数比第二次世界大战前的 1938 年提高了 71%。由于意大利的煤炭资源紧缺，电力就成了工业中最重要的部分，而 1953 年其发电量比 1938 年增加了超过 100%。到 1954 年，意大利人的实际工资是战争刚结束时的 5 倍多，几乎比 1938 年时高出了 50%。不过，意大利的经济状况还是存在着巨大的弱点。由于国家南部农业地区十分贫困，国内市场还是处于相对欠发达的状态。1954 年国家收入的 40% 来自工业，只有 26% 来自农业，却有 42.4% 的劳动人口在从事农业生产。这些数据说明，农业地区的人民仍然处于绝对贫困中，没有能力购买任何制成品。

1951 年时，意大利有 500 万人没有受过教育。这些人中有很多尝试离开家乡去北方工业区寻找工作，因此劳动力市场迅速发展。在国家开放之后，有些人抓住机会来到德国和法国工作。虽然意大利失业人数有所下降，但在 1954 年仍有 400 万人没有工作。要想解决就业问题，只有一个办法，那就是在南部农业区进行土地改革，这样农民能够得到更多的土地，同时也会把工业带到南方。阿尔契德 · 加斯贝利政权在处理这个问题上失败了，因为传统的统治集团拒绝一切从根本上改变社会结构的改革。

阿尔契德·加斯贝利于1948年竞选前发表演说的场景。

在贫穷和失业的双重压力下，工人怀着能够找到工作的期望从南方来到北方，而激进主义在他们中间十分活跃。共产党及其左翼社会主义盟友对工人仍然具有强烈的吸引力，同时又从南方的农民和农业工人中吸收了力量，而且意大利的工会一直是由共产党控制的。基督教民主党分成了左右两翼，右翼希望和君主主义者以及过去的法西斯分子合作，阻挠一切形式的社会改革；而左翼认为有必要联合极端左翼力量进行彻底的社会改革。就这样，因为基督教民主党自身的分裂及人民对于政府不作为的不满，阿尔契德·加斯贝利在 1953 年大选时没能得到他希望的绝对多数的结果，被迫下台。人们本以为加斯贝利的离开会给社会改革带来新动力，但事实证明他们被蒙蔽了。

联邦德国

从很多方面来说，阿登纳在联邦德国的任务要比阿尔契德·加斯贝利在意大利的任务容易得多。因为联邦德国与过去的决裂要比意大利彻底得多，而这个“过去”不仅指纳粹时期，还包含纳粹之前的时期。联邦德国与民主德国被分隔开，意味着容克贵族不复存在。曾经，这些贵族在易北河东部拥有大量地产，还要求关税保护政策和政府的津贴福利，而且反对民主改革。欧洲煤钢共同体的成立使鲁尔区的工业巨头受到限制。因此，联邦德国的统治阶级在社会改革中不受反动分子的影响，在政治改革中不受激进因素的左右。改革成果之一是联邦德国行政部门的构成发生了变化，虽然行政部门仍在国家占有一席之地，但由于其中过去的成员已经不复存在，行政部门的权力比以前小了许多。

德国与意大利的区别还有一点，那就是德国的城市和工业遭到了严重破坏。艰巨的重建工作要求所有阶级必须齐心协力、共同合作，包括政府、雇主、雇员、资本家和工人。与此同时，德国各类商品都十分匮乏，因此生产一旦开始，就会产生高额利润。开始的几年，德国急切地将一切原材料投入生产，所以对工人的需求量很大，几乎没有失业的现象。联邦德国的经济发展吸引了来自民主德国的难民，而他们在联邦德国劳动也有利于联邦德国的经济发展。

事实证明，民主德国的难民并不像人们之前预计和害怕的那样，是一个不知满足的压力集团。劳动力短缺使得雇主们愿意提高工人的地位。而政府采取法律手段保障了充分就业，采用了广泛的社会保障体系，根据生活水平的变化调整养老金，还在法律中引入了共同决策制，为工人们提供管理工业企业的机会。在经历过纳粹时期的独裁统治之后，这种政府对劳工关系的干预能够和阿登纳政府推行的“自由市场政策”相互协调。如果雇主愿意提高劳工的地位，那么工人的合作积极性也能够提高。工人急切地想去工作，这样他们就能逐渐地自食其力了。因此，尽管开始时工资比较低，但是工会在工资谈判中的态度十分缓和。在战后的最初几年中，联邦德国没有发生过严重的劳资冲突事件。就这样，联邦德国的商品很快又重新在国外市场上占有一席之地。

政府尽力阻止可能会影响社会经济重建的冲突发生，这进一步解释了为什么联邦德国的多数党基督教民主联盟如此受欢迎。当然，还有一个原因，那就是德国南部和西部是天主教占主导的地区，因此联邦德国与民主德国分裂意味着信仰天主教的人口比例大大增加，1933 年时天主教徒占整个德国总人口的 32.5%，而 1950 年时在联邦德国这一比例上升至 43.8%。然而，即使是在德国北部新教占主导的地区，基督教民主联盟仍拥有很大的势力。基督教民主联盟的前身是过去的天主教中央党，该政党包含了各社会阶层，从天主教工会的工人到工业企业家和土地主。在纳粹政府倒台之后，无论是外部环境还是情感需求都要求国家能通过共同行动有一个崭新的开始，因此一个能够代表整个国家所有人的政党无疑有着巨大的吸引力。而德国基督教民主联盟便可以看作一个代表统一意见的政党。

基督教民主联盟的领袖阿登纳总理能有如此高的地位，还有国家构成方面的原因。为了避免魏玛共和国时期不稳定的现象再次出现，联邦德国在建立之时严格限制了议会的权力。一旦总理被指定并得到了信任投票，那么只有当对手党派一致推选出一个代替者时，多数反对票才有效，这位总理才能被迫退位。其他党派中比较有地位的只有自由民主党，它是一个小型资本主义政党，不过后来发生了改革而分成左右两个部分，右翼是基督教民主联盟，左翼是一个社会主义党派社会民主党（SPD）。而这两个极端对立的政党似乎不可能融合在一起，也不可能就同一位总理候选人达成共识。

反对党由于没有提出任何明确的政策以供选择，所以也发挥不了什么作用。社会民主党要求基本工业社会化的提议即使在工人中也没有得到什么支持，因为工会正全力解决使经济再次运行起来这一最紧迫的问题，无暇顾及为遥远的未来建立一个理想的社会。此外，社会保障体系和共同决策制保障了工人的基本利益。联邦德国的党派竞争不算严重的另一个原因是联邦德国保留了联邦制度，而部分州是由社会民主党和基督教民主联盟组成的联合政府共同执政的。

绝大多数德国人过于关注经济恢复，因此他们没有时间或意愿仔细反省第三帝国时期德国对世界其他国家犯下的罪行。战争结束后的十年间，民众很少讨论第二次世界大战期间纳粹对犹太人的大屠杀。从某种程度来说，同盟国建立的去纳粹化法庭有助于普通德国民众避免反思自己的共谋罪，因为他们把责任推到了纳粹领袖身上。不过如果联邦德国希望被文明的国际社会再次接纳，那么就不得不采取一些实际行动为纳粹的罪行赎罪。1953年，联邦德国联邦议会首次通过了一系列举措对大屠杀的受害国进行经济赔偿。此外，在1953—1965年间，波恩（Bonn）向以色列输出了轮船、机械工具、火车、医疗器械和电话技术。不幸的是，阿登纳政府在正义立场上所做的努力不如在物资层面那么有良知。政府投票决定不起诉数以万计的纳粹分子，其中包括一些犯下滔天罪行的人，因为这些人的才华和能力有助于国家的复兴。这项政策的确在道德上值得商榷，而且似乎没有必要。正如杰弗瑞·赫尔夫（Jeffrey Herf）在其对纳粹的研究中质疑的那样："如果没有那些对第三帝国如此重要且不可替代的技术，就不能建立民主国家和市场经济吗？"在20世纪50年代，联邦德国以美好现在和光明未来的名义有意忽视那段黑暗的过去，这种做法只是在拖延时间，根本逃脱不了国际上关于纳粹罪行的激烈争论。这个问题在60年代末及70年代再次被提出，而这一次，提出这些愤怒而带有控诉性质问题的是年青一代。

战后法国和英国之间的紧张局势

法国

法国遭受了严重分裂。从地理上讲，国家被分为德国占领区和维希政府；从意识形态上讲，一边是抵抗者及支持抵抗运动的人，另一边是与纳粹勾结的人及容忍勾结行为的人。这种分裂不是阶级的分裂。参与抵抗运动的有各个政治领域的人，包括共产主义者和右翼的民族主义者。抵抗运动的成员都认为重组法国政治是他们的权利和义务。他们希望建立优于过去的政体，但是却没有弄清新形式该是什么样的。他们因对纳粹勾结者的仇恨和对战前政治体系的不满而团结在一起。

想要和叛徒们算账并非难事，曾被纳粹占领的国家都成立了针对纳粹支持者和战争罪行的审判法庭。在法国，支持纳粹的作家罗伯特·布拉希拉奇（Robert Brasillach）受到了审判并于1945年年初被处以死刑。他的案子极有争议，他不是因为任何实际行动而是因其思想意识而获罪的。维希政府的成员也同样受到了审判。赖伐尔被判处死刑，贝当被判终身监禁后死于狱中。第二次世界大战刚结束那年，12.5万名被告中有4万名受到了不同程度的惩罚。然而重要的是，这些审判都没有关注到维希政府对犹太人的迫害和驱逐，一般指控的都是叛国罪。当说到大屠杀同谋罪时，法国比德国更倾向于否认事实的真相。直到20世纪80年代和90年代，法国才开始处理在过去犯下的可耻罪行。受到审判的人包括里昂的盖世太保克劳斯·巴尔比耶（Klaus Barbie）、维希民兵头目保罗·图维耶（Paul Touvier），以及在波尔多负责犹太事务的律师莫里斯·帕彭（Maurice Papon）。这些审判使维希政府在大屠杀中的所作所为浮出水面。

绝大多数抵抗运动的成员把法西斯主义和纳粹主义投降的原

因，归结到一个允许对工业家和银行家产生决定性政治影响的体制上，而不是个人身上。人们普遍认为，当经济力量掌握在少数大资本家手中时，是无法发扬民主精神的。议会民主制得以成功运作的原因在于，此项制度认为社会和经济改革应该提高广大民众的地位，限制富裕的上层阶级的地位。从战争结束前的几个月到解放时期，参与抵抗运动的组织在多个地区尝试夺取行政权，并自行建立政府。但是这样的尝试被战胜国美国和英国军队的领袖阻止了，因为美国和英国希望补给工作运行顺利，交流渠道保持畅通，两国害怕会发生秩序混乱的情况。此外，法国公认的抵抗运动领袖戴高乐反对个体组织侵蚀至高无上的国家权威。

虽然抵抗运动没能成功地在战后动荡期影响改革的进程，但是人们普遍认为法国不会就这样恢复它过去的政体。正如一次民众表决的结果表明的那样，戴高乐在 1945 年 9 月的一次广播讲话中说道："为了恢复真正的共和精神——透明、公平、高效，采取不同的体制十分必要。"在 1945 年的制宪议会上，多数成员同意起草新宪法，他们认为政府不稳定是法兰西第三共和国的主要弱点。回到法国的戴高乐颇具声望，他强调有必要加强行政部门的权力和独立性。但是在制宪议会中占主导地位的左翼（共产党和社会党）试图通过使行政权力服从于立法机构的办法来确保自身在政府中的稳定地位，而国民议会拥有最高权力。戴高乐将这种安排看作令人不安的信号，认为党派争哄的风波再次出现，于是他在 1946 年 1 月辞去了临时政府总理一职。

戴高乐是正确的，事实证明法兰西第四共和国的政府稳定性并不优于第三共和国。第四共和国的政府危机长期存在，政府部门更替频繁。在 1946 年，共产党成了最强大的政党。但是 1947 年 5 月之后共产党再也没有得到过 25% 以上的投票支持率。多数党由基督教民主党、人民共和运动、社会党及左翼自由主义团体组成的联盟构成，第四共和国每届政府获得的支持几乎都来自这些政党。政府行政机关的频繁换届并不是因为什么政治上的冲突或是事务上的意见不合，而是由政治家急于成为部长的野心和密谋推翻他人的诡计造成的。20 世纪 50 年代，法国发现其政治生活开始走下坡路了。要是同一批人或集团掌权太久，反对党就会加强力量，发表不和谐言论。政府中的这些多数党越来越不可靠，可是目前却没有什么政党可以替代。极端主义者，尤其是右翼的极端分子，越来越受到民众的欢迎。联盟的左翼和右翼在平息激进分子这一点上，开始朝相反的方向努力。

然而，法兰西第四共和国遇到的这些问题不能仅仅归结到在野党对执政党的怨恨上，或是政治家之间的争端上，这些政治家确实不该承受这样苛刻的批评。第四共和国有两个目标：实现从战时到和平世界的经济转型；满足社会改革的需要。很明显，同时完成这两个不同的目标十分困难。事实上，政府采取了重要措施进行社会改革。工厂成立了百人以上的委员会，让劳工在工厂的组织中也能拥有一席之地。而许多重要工业如燃料动力工业、保险和大型金融企业、航空和商船运输，都进行了国有化改革。但是由于政党分成了左右两部分，改革的动力减弱了许多。此外，根本问题也开始出现，即如何在众多的小型家族企业的阻挠下将过时的法国工业设备更新。第四共和国将这一问题处理得很好。让·莫内（Jean Monnet，1888—1979）在执政期间建立了一个专门办公室，为经济现代化制订了一套完整的计划。莫内计划建立了志愿项目，有助于更新基础工业，改进耕作方式，以及推动重建和新建工作。政府采纳专家的建议，促进必要劳动力的采购，使投资行为能够获得所需的资本。而马歇尔计划的援助恰逢其时，进一步帮助了此项现代化政策的实施。不过，由于正处于苏联五年计划期间，国家重视重工业和机械生产，现代化政策的成果需要一段时间才能实现。苏联的五年计划重视煤矿、电力、交通、钢铁、水泥和农业机械。法兰西第四共和国种下的经济改善和现代化的种子，需要等到第五共和国的夏尔·戴高乐时期才能收获果实。

到 1956 年，法国的工业产值比战间期产量最高的年份 1929 年高出 50%，比第二次世界大战之前的最后一年 1938 年高出 87%。可是，由于法国政府没有处理好关键的经济来源，这一点太过明显，所以工业现代化的进程几乎没人注意到。战后物资匮乏，企业向政府大量贷款，还有一系列的预算赤字，这些问题引发了通货膨胀，对法国人民造成了伤害。通货膨胀的快速程度可以通过价格的飞涨看出端倪。虽然工资也有所上涨，但是并没有跟上物价上涨的脚步，所以工人和中产阶级的购买力下降了。1951 年，工人阶级家庭每周平均购买肉类的花费占全部开支的三分之一。而由于政府无法摆脱不断上涨的财政赤字，抑制通货膨胀的尝试全部宣告失败。此时收归国有的工业企业还未盈利，引入新的管理模式代价很高，政府怕激起民愤，也没有勇气开除多余的员工。考虑到通货膨胀，政府也不能再提高铁路和电力行业的成本投入了，因为这会进一步加重民众的负担。社会保障体系也出现了大量赤字，因为其基金来自于工人的部分工资，但是保障金的多少最终是由价格决定的。此外，法国的税收体系也不尽如人意，而政府中的左右两翼在改革问题上也无法达成共识。

不过就算没有这些困难，预算也很难达到平衡，因为法国花费在维持殖民力量上的资金几乎是个无底洞。在战争期间，法兰西帝国陷入一片混乱之中。殖民地官员掌握着自由行动权，轴心国控制下的欧洲居民甚至都丧失了这一权利，但因为法国国内分裂为维希法国和戴高乐的自由法国两派，这些官员之间也产生了分裂。有些殖民地如印度支那被日本占领，而马达加斯加岛、叙利亚、北非等其他地区被英军和美军占领。战争期间，这些殖民地与法国的联系越来越松散，证明这些地区对法国的殖民体系有着普遍的不满情绪。首当其冲受到谴责的是法国在殖民地推行独裁主义和经济剥削，切断了殖民地同法国之外任何其他国家的贸易往来。第一次世界大战之后，各个殖民地的民族主义运动都开始活跃起来，这些运动进一步激化了殖民地人民对法国的不满，并且又在第二次世界大战期间汲取了新的动力。

法国制宪议会的成员意识到，有必要重新定义法国与其海外殖民地之间的关系。由此达成的协议是一个不够清晰的折中方案。在新宪法下法兰西联邦（French Union）成立了，该联邦由如下部分构成：法国本土、海外各省（包括法属阿尔及利亚的各个行政单位）、受保护国（突尼斯和摩洛哥）、海外殖民地（主要为西非国家），以及海外属国（越南、柬埔寨、老挝）。法兰西联邦的总统由法兰西共和国总统兼任，其工作由联邦议会协助完成。但是联邦议会只有顾问功能，而且其成员半数是来自法国本土的代表，因此巴黎政府掌握着法兰西联邦的实权。法兰西联邦的构成和议会权力都由法国议会决定，所以在每个海外属地通过选举产生议会这一点也只是形同虚设。诚然，海外属地的影响力受到了严格限制，但是法国即使对属地提出的自治要求只做出了极为有限的让步，依然没能阻止殖民运动朝着民族主义和国家独立的方向发展。

不过，法兰西帝国的存在不仅关系到法国的经济利益和权力，而且关系到法国政体最敏感的神经——军队。战后的发展加强了军官队伍和法兰西帝国之间的联系。法国的军事威望在1940年严重下降。第二次世界大战结束时，法国抵抗运动的骨干们要求在军队中保留一席之地，但是对于常规军官们来说，这些属于外来成员的骨干很令人讨厌，因此法国战后的局面和军队的传统呈敌对之势。与法国军官的意识形态相反的是政治和学术氛围。政治上，社会党被视为温和力量；而学术上不分政治信仰，无论是信奉共产主义的让-保罗·萨特（Jean-Paul Sartre，1905—1980），还是反对共产主义的阿尔贝·加缪（Albert Camus，1913—1960），绝大多数的学术领袖都接受革命价值观。欧洲军官与其他国家尤其是美国之间紧密的军事合作，导致了新型武器的发展越来越迅速，科技方面的冲突越来越严重，忽视过去的倾向越来越明显。不过，虽然法国军官们认为，鉴于法国辉煌的军事历史，法国有资格在欧洲军事联盟组织中享有重要地位，但是欧洲军事组织却并没有授予法国这种地位，仅允许法国在殖民地的军队保留下来，重新获得认证。

因此，法国在宣布要重新占领印度支那后，军队就热情高涨地开始执行任务。这一任务也得到了许多平民政治家的支持，因为他们认为如果法国能获得国际声望，就会为他们自己赢回在处理国内事务时失去的民心。然而法国在奠边府战役被打得落花流水之后，殖民进程也宣告结束。平民领袖和军队领袖开始互相指责，而军队领袖们为了重获军威急切地在其他活动中寻求支持。而之后法国和英国、以色列在苏伊士运河事件（Suez Affair）中联手对抗埃及，证明法国仍然是一个帝国主义国家。这一事件会在后文中详细介绍。

英国

英国自从1940年开始就深陷战火，因此英国人民也同样期盼着战争尽快结束，从而能够迎接更加美好的世界。黑暗艰苦的战争岁月刚一过去，英国人就迫不及待地开始了新生活。甚至在日本还没有投降的时候，英国选民就推翻了丘吉尔政府。虽然工党得到的选票只比其他政党多出了10万票，但因选票很分散，工党虽然在下议院仅握有146个席位，仍以多数优势力压保守党和自由党。政府中出现这样的变化是有原因的。保守党从1931年开始成为执政党，若是选举没有因战争而推迟，那么五年前执政党的地位就会开始动摇了。丘吉尔作为战时领袖获得了一定的信任，但是人们并没有把对他的信任转移到保守党上。保守党人在应对战前经济危机时采取措施不够及时，张伯伦的绥靖政策失败，在重整军备的过程中缺乏力量，以至于英国向纳粹的侵略妥协，这些事情仍在英国人民心中无汉抹去。相比保守党，英国人相信工党会在社会改革中付出更大的热情和更多的努力。还有一个很重要的因素，那就是工党已经是丘吉尔联合政府中的伙伴了，而且工党的部分领袖，如克莱门特·艾德礼、欧内斯特·贝文（Ernest Bevin）和斯塔福德·克里普斯（Stafford Cripps），已经在战争时期发挥了重要作用。

克莱门特·艾德礼政府（1883—1967）被视为改革期间最伟大的政府之一。工党在第一次世界大战前阿斯奎斯政府的基础上建立了"福利国家"制度。英国于1946年通过《国家保险法》（*National Insurance Act*），该法案覆盖范围广泛，包括疾病险、养老保险和失业险。该法案是从当时自由党经济学家威廉·贝弗里奇（William Beveridge）的报告发展演化而来的，表明工党和1914年之前的自由党之间存在一定关联。而《国民医疗服务法》（*National Health Service Act*）作为《国家保险法》的补充，确保了英国全民享有完整的医疗服务。《国民医疗服务法》遭到了医生们的强烈反对，但还是在安奈林·贝文（Aneurin Bevan，1897—1960）的努力下得以实施。而贝文的想象力、魅力和语言修辞能力在某种程度上与丘吉尔有几分相似。和第一次世界大战前的自由党一样，工党在上议院也遭到了抵制。结果是上议院的立法权被削减，此后上议院的否决票只能起到暂时拖延的作用了。

在经济政策方面，工党的目标超越了自由党的设想，他们承诺要建立一个社会主义社会。不过在当时没有使用“社会化”这个词，而是称为“国有化”。英格兰银行、道路交通系统、煤矿产业、运河和码头、电力供应产业及钢铁工业都在国家的控制之中，企业的董事会也由政府任命，而企业过去的所有者得到了一定的补偿。

工党希望通过这样的措施为英国的经济生活注入新的活力，并为民众增加更多的机会。可是英国人民刚刚经历过漫长的战争岁月，已经筋疲力尽，因此这些改革并没有达到预期效果。此外，改革带来的积极作用很大一部分也被同时发生的严重经济危机抵消了。

第二次世界大战加剧了英国经济中长期存在的问题，尤其是贸易逆差这个困扰。英国的国外资产不复存在，可是外债却越来越多。由于英国向美国贷款而且赶上了1949年9月的货币贬值，因此在国外市场上英国成功采取了一些暂时性的缓解措施，提高了英国商品的竞争力。但是，若想长期纠正贸易逆差这个问题，唯一的办法就是限制进口增加出口，也就是限制国内市场商品的生产，大力为国外市场生产商品。而有着社会主义理念的工党政府仍采取着

英国的燃料短缺。1946—1947年的严冬，英国人民排成长队领取微薄的定量供给的煤炭。

国有化经济模式，定量供应食物、燃料和衣物，并限制货币量以防止资金外流。这项经济紧缩政策的设计者是斯塔福德·克里普斯爵士（Sir Stafford Cripps，1889—1952），他是一位极有天赋的专家型官员，同时也是一位禁欲主义者，他完全否认人类对舒适生活的需求。因此在工党执政的岁月里，人民生活并不自由愉快。那是一段约束而压抑的时期。

此外，由于维系大英帝国需要巨大的花费，使得英国的经济状况进一步恶化。虽说殖民地可以为英国提供石油和橡胶等原材料，以及咖啡、茶叶、大米等食材，但同时英国的军事负担也加重了，因为英国需要在世界各个角落都维持其强大的军事力量。在维多利亚时代就有许多将殖民统治合理化的论证，但有一条沿用至今，那就是只有现代工业化大国才能完全守住殖民地不受攻击。维护帝国需要大规模的军事力量，需要斥重金打造现代化的陆海空三军。而为了成功提供军事保护，政府还需要在各个殖民地推行适当的政策来拉近彼此之间的距离。其实，第二次世界大战结束时，英国军队遍布世界各地，无论在德国、意大利、希腊，还是在近东、埃及、非洲，甚至在广阔的东南亚地区，都能见到他们的身影。世界上只要有冲突发生，英国就必然会卷入其中。虽然英国在德国安排占领军需要一笔巨额开销，但毫无疑问，如果英国还想在欧洲继续扮演重要角色，那么在德国的占领军就必须保留。但是在国家经济如此拮据的情况下，增加国内工作机会、减少军费开销才是人们希望看到的。因此工党政府开始尽可能地减少非欧洲的军事义务。

英国放弃殖民统治完全符合工党的基本原则。工党一直反对帝国主义，也反对与帝国主义如影随形的强权政治。虽然第二次世界大战时丘吉尔曾在会议上强调过英国在地中海东部有特殊利益，但工党政府还是于 1947 年宣布英国没有能力对抗希腊和土耳其的共产党，于是这项任务就落在了美国头上。其结果就是杜鲁门主义的形成。此外，工党政府尽快让建立了全面政治制度的殖民地和属国获得独立；而那些还没有准备好独立的殖民地仍由英国官员统治，但是会在这些地区推行自治政策。而英国承认印度独立是其中最惊人的政策。工党政府于1946年3月承认印度独立，但是由于印度国内印度教教徒和穆斯林在国家性质问题上产生了分歧，独立进程耽搁了一段时间。经过长期的谈判之后，唯一可行的办法是为印度教教徒和穆斯林各建立一个国家。印度和巴基斯坦建立后，造成了大规模人口迁徙，数百万难民流亡于两国之间，苦不堪言。此外，两国的国界并没有对印度教和伊斯兰教地区做出清晰严格的划分，比如关于克什米尔的控制权两国就产生了分歧，而此类具有争议的事件使两国关系长期保持紧张。印巴分治激起了仇恨，甘地作为现代印度民族运动的创始人，是泄愤行为最大的受害者。1948年，一名狂热的印度教教徒暗杀了这位最受人尊敬的政治领袖。尽管如此，印度和巴基斯坦的独立还是结束了困扰大英帝国数十年的一触即发的局势，而且印度决定继续留在英联邦的决定也使工党十分满意。印度独立得到承认必然会使这片地区的其他英国属国发生同样的变革，缅甸和锡兰（现已更名为斯里兰卡）相继独立，锡兰继续留在英联邦，而缅甸则选择了退出。

然而，英国国内持续的经济危机使政府渐渐失去民心，工党开始处于不利地位。在1950年大选时，工党仅以微弱优势胜出，几乎已经无法胜任统治地位。1951年10月，保守党重新获得执政权，丘吉尔再次成为英国首相。此后在1951—1964年这13年里，保守党一直保持执政地位。

东欧集团和西欧集团之间的紧张局势不断加剧

1956年秋天出现了一个奇怪的巧合，即东欧和西欧两大集团的代表美国和苏联同时将矛头转向了自己的盟友，其中苏联的打击目标是匈牙利，而美国的目标则是英国和法国。然而，真正让人感到意外的并不是东西欧发生了相似的事件，而是这些事件同时发生。刚开始在战后局势的压力下，两大集团各自的内部关系十分紧密，但是在印度支那问题解决之后，世界局势似乎缓和了许多。所以在两大集团内部关系变得松散，也合情合理。我们在前文提到过，苏联逐渐意识到自己提出的快速工业化和集体化的要求已经在其卫星国引发了严重的社会危机。于是苏联开始修改政策，而1956年发生的匈牙利"十月事件"（Hungarian Revolt，又称1956年匈牙利革命）使局势变得棘手，修改政策更是势在必行。在西方，政治和经济联盟同时形成，虽说这些联盟的作用是持久的，但是欧洲复兴计划的活跃阶段在1952年就结束了。集团的重心转移到外交和军事合作上。因此，意识形态的纽带，即保护西方文明的传统和价值观的想法，虽然过去一度巩固了西方集团，但现在却开始失去其重要地位。西方集团逐渐沦为美国强权政治的工具，而这一点在处理西班牙弗朗西斯科·佛朗哥的独裁统治时非常明显地显露出来。

在第二次世界大战期间，虽然佛朗哥强调自己的国家十分贫穷，不能直接参战，但西班牙的志愿兵还是站在了轴心国一边帮助希特勒对抗苏联。第二次世界大战结束以后，战胜国政府打算采取行动推翻佛朗哥政权。西班牙试图加入北约，但因为欧洲国家的阻挠没有成功。可是在1953年美国与西班牙签署了条约，条约规定美国可以在西班牙建立军事基地，而作为回报美国恢复了对西班牙陆海空三军的支持。这对西班牙的工业化进程来说是关键性的一步，随后几年，工业化力量增强，其速度也加快了。美国国务卿约翰·福斯特·杜勒斯（John Foster Dulles）于1955年访问西班牙之后，美国和佛朗哥共同发布了联合公报，宣布两国在“影响自由国家的和平与安全的原则问题”上“能够互相理解”。“自由世界”这个词向来被西方政治家用于形容美国同盟体制，可是现在听起来却非常空洞。如果美国能够这样自行其是，那么西欧国家的领袖们认为他们也有权效仿美国。

东欧集团的危机

波兰和匈牙利的动荡局面

虽然匈牙利不满的主要原因和其他苏联卫星国没什么不同，都是因为苏联强制推行快速集体化，但是匈牙利的情况也有其特殊性。斯大林主义者和新共产主义路线的追随者相互较量，引发了动乱。纳吉接任总理职务后，上一任总理拉科西继续担任书记，而拉科西是一个坚定的斯大林主义者。在纳吉执政的第一年，全国51%

的集体农场成员脱离了集体制度，12% 的集体农场不得不面临解散。纳吉试图继续推行放弃重视重工业的政策，促进其他经济领域的发展。自从第二次世界大战以来，匈牙利的工人阶级增加了近 50%，因此想在如此庞大的群体中彻底推行共产主义是不现实的。随着农业集体化进程放缓，匈牙利共产党对农村人口的控制也减弱了，因此，共产党对纳吉推行的统治手段有所怀疑。

赫鲁晓夫指责其作为斯大林继任者的竞争对手格奥尔基 · 马林科夫（Georgi Malenkov）在工业和农业政策上的方向错误时，控制着匈牙利共产党中央委员会的拉科西则指控纳吉是马林科夫的追随者。拉科西借着纳吉患病的时机，撤去了纳吉的总理职务，并将他开除出党。拉科西于 1955 年春天再次成为总理。但是时间无法倒流。在政府为知识进步设立的、以著名诗人裴多菲 · 山陀尔（Petöfi Sándor）命名的裴多菲俱乐部的会议上，学生和知识分子共同讨论政治问题；产业工人和农民依然对拉科西政府持怀疑和批判的态度。1956 年夏天，拉科西采取行动逮捕了纳吉和 400 名纳吉的同僚，但是中央委员会有人反对，一些反对成员向苏联使馆寻求帮助。苏联对匈牙利政局动荡深感不安，于是决定阻止拉科西，任命了新总理格罗 · 埃诺（Gerö Ernö）。苏联希望格罗能在拉科西的斯大林主义和纳吉的新政之间找到一条中间道路。

而这种“控制下的转变”最终失败了，很大程度上是因为外部事件。此时正是赫鲁晓夫想要和南斯拉夫拉近关系的时候。赫鲁晓夫在 1956 年的苏联共产党第二十次代表大会上批判了斯大林的政策，并谴责了斯大林对铁托犯下的罪行。因此，苏联和南斯拉夫的领导人于 1956 年 6 月 20 日进行会晤，双方发表了联合声明，宣布“社会主义在不同的国家和条件下有着不同的发展道路”，以及“社会主义发展模式的多样性有助于自身力量的提高”。那么东欧的苏联卫星国自然会提出疑问，为何他们不能像南斯拉夫一样拥有自己选择社会主义发展模式的自由？

波兰是第一个要求自己管理国内事务的国家。苏联的态度在斯大林去世后有所改变，但是苏联的领导地位和经济政策并没有发生太大变化。不过整体的局势有所缓和，秘密警察的特权被削弱，知识分子的表达自由也在很大程度上得以提高。自第二次世界大战开始，一直担任波兰共产党中央总书记的贝鲁特于 1956 年 3 月突然逝世，而这件事为波兰的解放事业注入了新的动力。4 月，政府宣布大赦，约有 3 万名囚犯被释放，其中有 9000 多名政治犯。工人也普遍要求改革。6 月，波兹南发生了罢工事件，政府不得不派军队镇压。像波兹南事件这样的抗议事件层出不穷，引起了政府的高度重视，因此政府中的多数官员，甚至包括贝鲁特的接班人，都认为应该加快解放进程。瓦迪斯瓦夫 · 哥穆尔卡是大赦时期释放的政治犯之一，他得到了批准可以参加中央委员会的商议过程，而且成了波兰政治局的一员。同时，驻波兰的苏军元帅康斯坦丁 · 罗科索夫斯基（Konstantin Rokossovsky）被排挤出了政治局。此时最大的问题就是这些行为会不会激怒苏联领导人。不过哥穆尔卡在与苏联的谈判中取得了苏联的信任。虽然他一直对苏联在卫星国强制推行的农业集体化持批判态度，不过作为忠实的马克思列宁主义者，他坚信共产党始终应该处于领导地位，而且苏联和波兰应站在同一战线上。简而言之，他向苏联保证波兰将一直是《华沙条约》组织中的可靠成员。苏联领导人得到了波兰的保证后，也愿意给予波兰自治权，允许波兰在发展社会主义的同时探索适合自身的道路。1956年10月21日，哥穆尔卡当选为波兰共产党总书记。

匈牙利“十月事件”

苏联承认南斯拉夫和波兰的自治权引发了匈牙利的起义。匈牙利人听说波兰的运动成功了，因此他们认为自己应该更加努力地争取更大程度上的独立。在布达佩斯科技学院及其他公共场所，在布达佩斯、佩奇和赛格德的多所大学，人们激烈地争论着如何能迫使政府采取更大的行动。学生决定10月23日在波兰使馆前举行静默游行。据估计约有五万人参与了此次示威游行。格罗总理晚间发表了广播讲话。本来人们期望他能够接受对更为独立自由的政策的要求，结果出乎意料，他在讲话中强硬地坚持斯大林主义的立场。这次讲话使民众反政府的情绪更加强烈，学生们试图占领广播电台以示抗议。警察为了保护办公大楼开始开枪。政府出动军队进行镇压，可是军队没有驱散示威游行的人群，反而倒向民众。政府此时已经无力控制反对的浪潮了。

匈牙利“十月事件”与同月在波兰发生的事件对比最强烈的是，这不是一次斯大林主义者和新道路拥护者之间的斗争，而是一次反对国内统治的运动。西方承诺提供外部支持，这对运动从党内冲突转变成大范围暴动起到了一定作用。不过，匈牙利的起义影响广泛的原因多种多样。惊慌而绝望的政府于10月23日夜间请求苏联出兵支援，并同时宣布伊姆雷·纳吉为政府总理。政府希望能够通过任命纳吉来平息动乱，可是民众却希望纳吉能在政府中分得部分权力。驻匈牙利的苏联军队很软弱，他们前往布达佩斯，却导致了更加激烈持久的抗争，而当时农村地区没有军队，革命委员会得以成立。匈牙利和奥地利之间的国界也完全失去了防备。

纳吉当选总理并非出于他自己的意愿，他的地位非常不稳固。由于政府向苏联军队求助，而且纳吉有和格罗合作的倾向，因此反对力量的头目对纳吉极其不信任。反对力量认为纳吉执政并不能保证国家开始新的路线，于是他们并没有停止向政府施压。纳吉为了满足反斯大林主义者的要求，摆脱格罗建立了新政府，成员主要为反对派成员。其中，著名的马克思主义学者格奥尔格·卢卡奇（Lukács György）担任教育部长。可是后来许多非共人士加入了反对运动中，如果不采取进一步措施他们就不会善罢甘休。例如，从监狱中释放的匈牙利枢机主教约瑟夫·闵真谛，他在对抗政府时表现出的勇气使他在人民中享有极高的威望，他要求匈牙利建立和德国阿登纳政党相同的基督教民主党。他声称“反对匈牙利自1945年起的一切所作所为，而不是仅仅自1949年起”。同时他表示支持私有制。

如果国家秩序没有迅速重建起来，纳吉有理由害怕苏联会进行干预。纳吉试图通过让前社会民主党领导人、小土地所有者和国家农民党人士加入政府中的方式来平息反共运动。但是这些人只有在纳吉进一步妥协的基础上才愿意与纳吉及共产党合作。纳吉在10月30日宣布重建一个多党体制，并于10月31日宣布匈牙利退出《华沙条约》。

苏联不会允许东欧集团瓦解。赫鲁晓夫后来把布达佩斯称作"他脑子里的一颗钉子"。经过些许挣扎后，赫鲁晓夫决定通过威慑战术将这颗钉子拔除，他于11月4日清晨向布达佩斯派出了50万军队。由于受到了美国中央情报局资助的自由欧洲广播的鼓舞，数百名布达佩斯市民试图阻挡苏联军队的坦克，他们期待西方的援军能尽快到来。但是援军根本没有到来，当日傍晚动乱就被镇压下来。枢机主教闵真谛起义期间在美国使领馆寻求政治庇护，因此免于牢狱之灾。纳吉则在南斯拉夫使领馆寻求避难，但是被移交给匈牙利政府，后来他和其他几位解放运动的领导人一并被处死。部分动乱的参与者设法从奥地利的边境逃走，和17年前佛朗哥政府时期的法西边境一样，那里建立了营地，为幻想破灭、贫困交加的逃亡者提供容身之所。

苏伊士运河事件

英国保守党对苏伊士采取行动的根本原因是它关乎大英帝国权力的兴衰，英国希望借此恢复其在近东的权威。不过这次行动已酝酿了许久，包括在战争结束后马上开始的关于埃及独立问题的谈判。工党政府没有能力解决英国和埃及之间的争端。正如埃及政府期望的那样，工党表示已经做好了从埃及撤出英国军队的准备，但拒绝违背苏丹人民的意愿将苏丹归于埃及统治。1948 年，英国对巴勒斯坦的托管结束后，埃及军队攻打以色列，但是失败了，这使埃及的自尊再次受到创伤。美国和苏联立刻承认了以色列的地位，而以色列在成功抵抗了周边阿拉伯国家的攻击后加入了联合国。英国军队从巴勒斯坦的撤离削弱了英军在近东地区的军事力量，这刺激了埃及民族主义的发展。民族主义学生和被唤醒的平民都加入了示威游行当中来对抗外国人，并对埃及政府施压，要求其强制英国从埃及、苏丹和苏伊士撤军。英国军队与埃及志愿者间的冲突，激动的民众对开罗建筑和商铺的烧抢，不守信用的政府和奢靡的国王之间权力的争夺，这些因素将埃及带入一片混乱之中。1952 年，民族主义军官发起的一场革命废除了国王，结束了旧党派政治家们的统治，建立了专制共和。新政权非常渴望能在外交关系方面取得成功。英国执政的保守党借此机会与其达成了解决方案。英国同意从埃及和苏伊士运河撤出全部军队，条件是英国在运河上可以自由通行，并且国际苏伊士运河公司的管理权归英国所有。除此之外，若发生战争，英国军队有权重新进入运河区域。于是，苏丹成了独立的国家。有保守派的顽固分子不同意这一方案，他们认为达成这一条约是英国的失败。但政府解释说，随着空中运输和空中作战越来越重要，苏伊士运河已经失去了战略上的重要性。

显而易见的是，英国决策者与埃及新统治者寻求共识仍有其他原因。对巴勒斯坦的托管威胁到了英国和阿拉伯国家的关系，在解决完托管这一烦恼后，英国保守党统治者又开始积极着手将英国打造成阿拉伯国家最大的盟友及近东的领导力量。这一地区的财富，尤其是通过管道运输至地中海的石油，以及连接地中海和印度的特殊地理位置，使得控制该地区的国家将成为世界政治中的重要力量。新埃及的领导人迦玛尔·阿卜杜尔·纳赛尔（Gamal Abdel Nasser，1918—1970）曾试图联合阿拉伯国家，成为一个统一的集团。英国将与纳赛尔达成的共识视为加强其对整个阿拉伯地区控制的一步。但他们似乎对阿拉伯国家的支持太过自信了。1955 年，英国与土耳其和伊拉克签署了防御条约，即《巴格达条约》（*Baghdad Pact*）。埃及强烈反对这一西方干涉近东政治的行为，尤其是对阿拉伯防御联盟计划的干预。纳赛尔通过承认中国的地位，以及向捷克斯洛伐克订购军火，表明他独立于西方。埃及这种与东方眉目传情的行为被美国看作挑衅。1956 年 7 月 19 日，美国撤回了为修筑阿斯旺大坝提供的经费。一周后，在 7 月 26 日，纳赛尔宣布埃及将苏伊士运河公司收归国有，并将其收入用于修建阿斯旺大坝。

1956 年 10 月的苏伊士运河事件（Suez Affair）正是发生在这样的背景下。英国保守党政府想保持英国在近东地区的强势地位，并同意从埃及和苏伊士地区撤军，希望以此促成与阿拉伯国家的合作。当纳赛尔表现出超出他们预想的独立时，他们利用他对双方就苏伊士运河所达成协议的违背，试图击垮他。安东尼·艾登于 1955 年在丘吉尔之后担任首相，他加入了以色列和法国秘密策划军事行动的领导层。他们计划把以色列和埃及的冲突作为开端，而后法国和英国军队对其进行干预，占领苏伊士运河，将埃及军队和以色列军队分开。在军事方面，行动按照计划实施，但是在外交方面，计划却失败了。英国对美国的态度判断错误。美国总统艾森豪威尔担心英国和法国威胁埃及的行为会疏远阿拉伯国家，进而使阿拉伯国家加入共产主义阵营。因此美国在联合国与苏联合作，迫使英国和法国于1956年11月3日停火，并撤出运河地区。这次战争并没有恢复英国在近东地区以往的影响力，却标志着大英帝国历史上的一章到此结束。而这一插曲也开启了欧洲、中东和美国政治的新纪元。欧洲领导人被华盛顿的政治家们玩弄于股掌之间，但他们很快忘记这种耻辱，开始为欧盟的创立铺路。苏伊士运河事件激励了泛阿拉伯民族主义并将巴以冲突升级为以色列与阿拉伯世界之间的争端。在中东地区，美国确立了其作为外部势力的主导地位，并为其插手该地区事务打下了基础，这一点有利也有弊，因为这些事务大多数都是非和平事件。

1958年，一场政变瓦解了之前英国在伊拉克的政权，杀死了费萨尔二世（Faisal Ⅱ）及其继承人，还有总理努里·赛义德（Nuri as-Said）。英国失去了它在近东大多数最可靠的同盟伙伴。当支持西方的黎巴嫩总统感到威胁时，支持他的并不是英国军队，而是美国军队。1959年，英国承认塞浦路斯独立。从此，英国失去了它在该地区的最后一个军事要塞。此后，对阿拉伯国家的对抗和操纵发挥影响力的外部势力只剩下苏联和美国，英国再也没有参与其中。

第十一章

欧洲繁荣的十年：20世纪60年代

无论对欧洲还是世界历史来说，发生匈牙利“十月事件”和苏伊士运河事件的1956年，都是20世纪后半叶中具有转折性质的年份。回顾历史我们可以发现，战后时期已经结束，新的时代到来了。

从匈牙利“十月事件”中我们可以明显地看出，西方强国不希望冒着发生战争的危险解放苏联控制下的东欧和中欧国家。匈牙利的起义者宣布，他们希望退出东欧集团体系，并期待能够得到西欧集团的帮助。众多匈牙利人（据估计约有18万人）越过边境进入奥地利，他们中有许多人希望能建立一支军队以解放自己的国家。然而，西方强国不愿牵涉其中，虽然他们没有正式宣布自己的立场，但是其不作为的态度证明西方国家认为从波罗的海到黑海的区域是苏联的势力范围。而苏联军队“二战”后也一直在此驻军，至少苏联拥有这片地区的解释权。因此，当1968年捷克人企图从独裁统治中解放出来时，苏联可以随意对其进行无情镇压。另一方面，当1962年美国对苏联在古巴部署导弹反应强烈并要求苏联尊重美国利益时，苏联很快就从古巴撤走了导弹。

虽然两大集团在欧洲约定俗成地分为了两大势力范围，但这并不意味着美国和苏联两大超级强国在世界其他地区不会出现冲突。东南亚局势日益紧张，最终爆发了越南战争。不过，东西方冲突焦点的转移也为欧洲国家开始制定国内和外交政策带来了可能。

苏伊士运河事件使美国和西欧国家之间的关系发生了进一步的变化。美国通过反对英国和法国的方式来表明不再支持欧洲国家控制殖民地的行动。而这加快了殖民统治的终结，尤其是英法在非洲的殖民活动的终结。苏伊士运河事件结束后，法国和英国在非洲推行了新的殖民政策。然而殖民统治的转移并没有带来快速简单的解决方案，而是引发了悲剧。法国人的后代生活在北非的阿尔及利亚，那么现在的问题就是，非洲独立是否意味着阿尔及利亚也要独立？这一点给法国带来了沉重打击，以至于有好几年政治生活都呈现着混乱局面。虽然英国很快就同意了非洲殖民地的独立，但是在罗德西亚地区黑人和白人之间的斗争却持续了十多年，最终，这个地区在 1980 年分裂成了津巴布韦和赞比亚。

非洲国家从殖民地到独立国家的转变也影响了联合国。1980 年，联合国有 154 个成员国，其中超过半数（80 个国家）是在 1956 年以后得到承认的。由于成员国数量的增加，联合国不再以美国、苏联及其各自的盟国为主导。在联合国大会上进行投票时，新成立的非洲国家成了美苏两大超级大国竞相争取的目标，由此西欧国家获得了很强的政治影响力，并继续对其过去的殖民地施加影响。

欧洲仍然保持着地区上的绝对重要性。美国将欧洲看作工业最为发达的地区，而欧洲的技术也是世界上最先进的。工业和技术使欧洲的军事组织和战略迅速发展，而军事发展也成了这段时期的标志。传统军事力量的使用开始减少，苏联拥有了原子弹和氢弹，因此工业国之间展开了一场核军备竞赛。同时，西欧国家也跟随美国和苏联的脚步，各国开发研制核武器成了大势所趋。

西欧追求稳定和繁荣

英国保守党政府，1956—1964

由于两大超级大国的竞争舞台从欧洲转向了全球范围，因此西欧国家享受了很高的行动自由。这份自由的第一个成果就是欧洲大陆上国家之间的合作更加紧密，不过英国与其他国家之间保持了一定距离。温斯顿·丘吉尔采取了“三环外交”政策。第一环也是最重要的一环，就是维持英联邦国家间的紧密联系；第二环是英美之间的特殊关系；第三环才是英国与欧洲大陆上其他国家之间的关系。

苏伊士运河事件证明大英帝国的实力有着明显下降，因此对于英国来说，与美国的紧密联系尤为重要。当时，部分英联邦国家受到的来自美国的保护远远好于来自英国的保护，而另一部分的英联邦国家在经济上与美国的联系比与英国的密切得多。所以，虽然苏伊士运河事件使英国和美国成了对立的两方，但英美之间的良好关系还是很快就得以恢复。而在英美友谊重建的过程中，英国首相哈罗德·麦克米伦（Harold Macmillan）起到了重要作用。麦克米伦在苏伊士运河事件失败后接替了保守党同僚安东尼·艾登的首相职务，因为苏伊士运河事件是艾登出于个人考虑的产物。这样，直到1964年，保守党在麦克米伦和道格拉斯·霍姆的领导下一直保持着执政地位。

令人惊讶的是，虽然英国在苏伊士运河事件中一败涂地，但保守党仍继续执政了七年之久。不过事件之后的首次议会选举是在1959年举行，而那时战败的影响已经消散了。而且麦克米伦颇具声望，他是丘吉尔最忠实的政治盟友之一，因此在当时无论是天资、经历，还是影响力，没有任何一位政治家能超过他。不过，保守党能继续执政的主要原因是民众不再对工党社会主义化的展望抱有任何幻想。第二次世界大战之后，艾德礼担任首相时的工党政府经历了巨大改革，从那以后社会主义计划开始发展起来。此外，保守党没有采取极端行动去打击反对派，这样就避免了激起民愤。

保守党和工党一致认为，保持全面就业是重中之重。在接下来的十年间，英国几乎没有出现失业现象。同时，保守党避免与艾德礼政府的改革发生正面冲突。保守党当然更支持私人企业而非国有经济，但是保守党的改革行动十分谨慎。1961年的一份政府文件这样说道："良好的经济管理优先于社会服务，所有国有企业都应该因资金雇佣和年度盈余而得到回报，以设立发展和投资基金。"这样一来，保守党就是站在经济实用性而非意识形态的角度来反对国有化。

尽管如此，保守党还是试图为经济政策引入新的方向。工党将英国整个交通系统即铁路、公路和国内航道归为英国运输委员会掌管，而这个庞大的组织很快就陷入了亏损危机。保守党政府把道路服务运营的权力交还到私人手中，试图借此解决问题。但是这项措施反而给铁路系统增加了困难，因为铁路部门不得不与提供公交服务的私营公司及托运公司同时竞争。因此，必须给铁路部门大幅增加补贴。

在试图废除钢铁国有化时，保守党进展得很不顺利。保守党采取的措施是让过去钢铁公司的所有者重新买回原有的公司，而这些公司此时由政府中的钢铁联合集团掌管。私人重获所有权的过程进展十分缓慢，在 1964 年工党重新执政时，仍有一家大型钢铁公司是由政府控制的，而工党执政后私有化的进程也开始倒退。

保守党政府在管理煤矿业时也是困难重重。煤矿业一度是把英国推向繁荣的支柱产业，但是在 20 世纪，煤矿业却遇到了无法解决的难题。由于煤矿业处于落后状态，1946 年进行的国有化改革得到了民众的一致赞许。但是欧洲东西对抗的局面和对石油需求的增加进一步影响了煤矿业。政府制订了许多计划来限制煤炭生产，试图使用新型机器采矿以提高效率，但是效果都不尽如人意。

19 世纪上半叶粮食进口关税提高，而英国不得不进口食品，因而欠下了巨额外债。第二次世界大战又进一步加重了英国外部债务。为了保持工业的全力发展、全面就业和高收入，政府对造船业和煤矿业予以补贴。这些补贴阻碍了市场竞争，导致物价上涨，也使收支失衡更为严重。保守党政府采取了在过去不愿接受的补救措施。德国、法国和比、荷、卢经济联盟国家于 1951 年建立了欧洲煤钢共同体，而六年后的《罗马条约》（*Treaty of Rome*）将这个联盟转变为一个欧洲共同市场，即欧洲经济共同体（European Economic Community，EEC）。这个组织有着宏伟的蓝图，希望能把成员国的经济都整合到一起。英国不愿意受到其他国家的控制来改变自己的经济政策，因此拒绝加入欧洲经济共同体。而保守党政府没有遵守这项政策，就英国加入欧洲经济共同体的事项着手进行谈判，目的是打开欧洲市场以刺激英国工业的发展。但是到了 20 世纪 60 年代，由于戴高乐政府把英国看作美国的掩护者，阻止了这些谈判，因此英国加入欧洲经济共同体的进程就此搁置。

英国希望能在另一领域减轻税收负担并刺激资本投资。保守党政府迅速以合作的姿态允许非洲的英属殖民地获得解放。1957 年，过去的黄金海岸加纳获得独立。在庆祝典礼上，英国女王的表亲肯特公爵夫人和加纳总统克瓦米·恩克鲁玛（Kwame Nkrumah）一同跳起了狐步舞，美国副总统理查德·尼克松（Richard Nixon）则赞赏地注视着他们。尼日利亚于 1960 年获得独立；塞拉利昂和坦噶尼喀于 1961 年独立；乌干达和肯尼亚分别于 1962 年和 1963 年获得独立。这些新成立的共和国都留在了英联邦，只有英属索马里脱离了英联邦，在 1960 年与意属索马里合并，成为一个独立的国家——索马里联邦共和国。

英国不再有义务保卫其过去的殖民地了，所以保守党政府开始缩小军队的规模以削减国防预算，而这项政策于 1960 年被废止。由于发展核武器和升级军事技术耗资巨大，远远超过了缩小军队规模节省的费用，因此大规模减少国防开支的计划也没能实现。

工党重新执政

综上所述，保守党政府的计划没能改善英国的经济状况，因此遭到了许多工党政客的强烈反对。这些政客出于道义原则，反对核武器的建设。同时保守党也激起了工会的强烈反对，因为工会拒绝英国加入欧洲经济共同体。工党和工会害怕英国遵守欧洲经济共同体的条约会使他们失去某些既有的利益，尤其是防止失业的保护政策，而且他们也担心工业国有化进程会变得更加困难，甚至无法完成。

保守党还发生了一起丑闻，即英国国防部长约翰·普罗富莫（John Profumo）与苏联驻伦敦大使馆的军官在一名应召女郎的公寓会面。此事一出，保守党政府的声望严重受损。1964 年，工党在重重问题的包围下上台执政。新一届工党政府不像 1945 年的艾德礼政府那样受人瞩目。当时的艾德礼政府汇集了许多有能力的领袖，他们在 20 世纪 30 年代的反对运动和第二次世界大战时期的联合执政中积累了丰富的经验。但是到 1964 年，当时的领袖大多已经去世，例如战后工党中最杰出的两位政治家休·盖茨克尔（Huge

Gaitskell）和安奈林·贝文。新任首相哈罗德·威尔逊（Harold Wilson）曾是牛津大学的特别研究员，而他本人及其政府成员属于年青一代，因此他们更关心行政效率而不是意识形态，更热衷于实干而不是扩大社会主义在生活中的影响。

不过，威尔逊政府没有完全忽视工党国有化进程所依照的原则。该政府废除了保守党制定的方案，不再允许钢铁工业回到私人手中。而且政府也提高了失业者、患病工人和寡妇的工资，帮助雇主和雇员对社会做出更大贡献。同时，工党政府通过成立英国国家石油公司，使北海的石油开采处于国家的控制之下，确保了北海石油的丰厚利润不会落入私人之手。

工党政府继续推行政策以消除不平等。《同酬法案》（*Equal Pay Act*）规定，在相同情况下女性获得的工资不应比男性少。政府也努力加强综合学校的建设，以消除排外的昂贵私立学校和现代中等学校在社会声望上的差别。消除教育上的阶级差别这一点十分重要，因为学龄儿童的人数在战争刚结束时只有 500 万，而到 20 世纪 70 年代已经上升到了 800 万。

但是，工党政府最初的目标是使英国的经济呈现更好状态。自 20 世纪 20 年代开始，英镑对其他国家货币的比值就很高。这有益于英国进口更多粮食，满足这个岛国的粮食需求，同时也带来了弊端，使英国的商品变得十分昂贵。此外，政府强制执行对劳工有益的法规，这一举措在管理者和劳动者之间掀起了一番争论。而争论不但造成了生产活动减速，而且阻碍了改革创新。尤其在欧洲大陆经济复苏之后，英国的产品再也无法与其他国家的产品进行竞争。英国收支不平衡的问题一年比一年严重，而且失业现象再次出现。到 1967 年时，英国失业人口上升到 50 多万人，而到 1975 年时已经达到 100 万。政府不愿提高粮食的价格来应对国家现金短缺的问题，而出于国际声望的考虑，英国也不希望英镑贬值。

尽管如此，在 1967 年，英镑贬值已是大势所趋。美元和英镑的汇率从 1 英镑对 2.8 美元减小到 1 英镑对 2.4 美元。总体上看，货币贬值提高了英国在海外市场的竞争力，但同时也导致了物价上涨。而且工资也随着物价上涨而上涨，因此货币贬值的优势很快就消失了。工党政府试图强制实行货币紧缩政策，并在与雇主及工会领袖进行艰难谈判后，采取手段控制工资上涨。工人和工会对此表示反对并发动了罢工游行。威尔逊原本打算先稳住局势，等英国加入欧洲经济共同体后再刺激经济发展。但是在 1970 年工党的政策还没取得显著成效时，新一轮大选就开始了。因此可以想见，在英国经济状态如此糟糕的情况下，工党政府没能经受住这次考验。

法国：戴高乐重返政坛

英国在经历了 1956 年的危机之后，采取的第一项外交政策就是修复与美国的关系，之后才是拉近与欧洲大陆的关系，并对新型国际政局带来的更大行动自由加以利用。而比英国更为迅速地利用这个新政局的国家是法国，它也因此成为欧洲独立和民族主义的主角。

在国际政坛，法国在许多方面都处于有利地位，因而能起到更为重要的作用。在两次世界大战之前，法国最严重的问题之一是人口数量下降。而现在这一情况已经好转，从1946年到1960年，法国人口增加了500万，同时国家收入迅速提高了85%。法国对农业进行了改革，小农户的数量大幅减少，机械化越来越普及。拖拉机的数量从1946年的4.6万台上升到1963年的86万台。同时，在技术专家精英团队的指导下，法国在电子工业和飞机制造业方面都处于领先地位。

法国的弱点是政治。有25%的法国人支持共产党，其他大多数人支持右翼集团，而右翼集团内部存在相互矛盾的趋势，既反对现代化，又对国家一直消沉表示不满。第三种力量中间派人士，还十分微弱。第三种力量由社会党、激进社会党和基督教民主党组成。这些政党没有能力统一行动，也无法解决法国因卷入殖民战争而造成的经济问题。

法国总理皮埃尔·孟戴斯–弗朗斯（Pierre Mendès-France，1907—1982）于1954年11月签订了《印度支那停战协定》。1956年3月，法国同意摩洛哥和突尼斯独立。两年前穆斯林在阿尔及利亚掀起了反叛运动，因此法国希望这两个阿拉伯国家能够保留来自穆斯林的支持。对反叛运动，法国军队采取强硬态度以保卫殖民统治。在印度支那和苏伊士接连溃败之后，许多法国军官急切地想要证明自己的价值以表明法国强大的军事传统仍旧充满活力。

对于阿尔及利亚的反抗运动，法国政府采取的态度与其对印度支那甚至突尼斯、摩洛哥的态度都不尽相同。阿尔及利亚作为法国附属国已有一百余年，许多法国人定居于此，而且阿尔及利亚的行政区划分为阿尔及尔市、奥兰（Oran）和君士坦丁，这些行政区是欧洲大陆上法国的一部分。阿尔及利亚对法国统治不满，是因为穆斯林的地位低于欧洲定居者的地位。阿尔及利亚有两个选举团，两者可以选出相同数量的议员，但是一个选举团由120万定居者组成，而另一个则是由850万穆斯林组成。由于阿尔及利亚基本上已经是法国的一部分，因此其独立不仅引起了军队和极端右翼分子的强烈反对，同时也遭到了支持法国政府的党派成员的坚决反对。因此，法国政府经历了曲折漫长的斗争过程。当苏伊士运河事件以法国的惨败收场时，阿尔及利亚的独立运动力量更为壮大了。穆斯林凭借高超的技能领导了游击战争，打败了40多万人的法国军队。这些法国士兵没有能力阻止暴力行动，也无法恢复内陆的安全。战争造成的军事装备费用加重了法国的财政预算赤字，也加速了通货膨胀。

战争中野蛮残忍的行为激起了法国知识分子和教会人士的强烈谴责，反对战争的左翼集团开始形成。法国许多政府部门尝试通过赋予穆斯林更大的政治影响力来恢复和平，但是由于惧怕反对屈服者的力量，他们并没有做出过多的妥协。而在阿尔及尔的法国人由于有着军队的全力支持，对于任何削弱其权力的行为都坚决拒绝。这说明若法国政府的命令与定居者和军队的愿望相左，那么这些命令就很难得到执行。

1958年春天，危机达到了顶点。衰弱无力且换届频繁的政府渐渐开始对人数众多的穆斯林群体妥协。1958年5月13日，在巴黎政治危机期间，阿尔及利亚的定居者举行了一场示威游行，抗议巴黎政府的犹豫不决。在这场示威游行中，示威者占领了阿尔及尔的一座政府大楼，促使军队带头反对政府对穆斯林的妥协让步。在巴黎匆忙成立的新政府没能维护对阿尔及尔军队的统治权，相反，在阿尔及尔叛变的法国军官直接与法国本土的军官和议员取得了联系。为了证实政府的无能，军队在阿尔及尔军官们的带领下占领了科西嘉岛。议会中的政治家们并没有打算镇压叛变运动，而是投票选举出一位能平息混乱局势的将军去收拾残局。1958年5月29日，夏尔·戴高乐被任命为总理。

把戴高乐推上政坛的有阿尔及尔和法国本土的军官、北非的殖民定居者，以及右翼和中间派的政客们，而这些人后来应该会后悔自己的所作所为。不过在1958年时，戴高乐既是政府官员又是人民运动的领袖，因此他几乎是唯一能够激励法国人并使阿尔及利亚战争最终获胜的总理候选人。从心理学的角度可以发现，戴高乐不是一个为运动服务的人，而是习惯于坚持自己的立场，规划自己的道路。

1958年戴高乐出任总理后采取的第一项措施十分符合人们的期望。戴高乐接受任命的条件是，给他六个月的时间通过总统律令执政，以起草新宪法交付公民投票表决。可以想见，1958年9月的新宪法获得了多数赞成票，巩固了政府行政部门的权力。新宪法规定，法国总统七年选举一次，投票者是由参议院和国民议会组成的议会的成员，以及地区委员会的众议院议员。但是几年后，在 1962 年，这项法律做出了变更，总统通过普选产生。总统拥有很大的权力，他有权任命总理，也有权解散国民议会。议会的权力被削弱，因为如果想要通过投票推翻政府，就必须获得国民议会全体成员而不只是出席人员的多数支持。此外，在国民议会通过的情况下，政府可以在有限的时间内通过总统律令执政，而往往在这段时间结束后，即总统律令已达到全部目的之后，这一决议才经议会批准正式生效。1958 年 12 月戴高乐当选第五共和国总统，并于 1959 年 1 月正式就任。至此，他可以开始将自己的想法付诸行动了。

阿尔及利亚的独立

戴高乐的新宪法也为殖民地问题提出了解决方案，出人意料的是，这部分内容凸显了戴高乐的冒险精神。戴高乐构想了一个法兰西共同体，各殖民地除国防、外交事务和总体经济政策必须联合行动外，在其他事务上拥有独立自主权。而实际上，法兰西共同体这一计划从未完全实现。戴高乐承诺殖民地的人民拥有投票权，他们可以投票决定自己的国家是否加入共同体或完全独立。在 1960 年，法国的殖民地（达荷美、喀麦隆、乌班吉沙立、乍得、加蓬、象牙海岸、马里、尼日尔、塞内加尔、上沃尔特）实现了全面独立，不过这些国家与法国还保持着紧密的文化和经济联系。

但是，阿尔及利亚并不包括在其中，那里的战争还在持续。虽然戴高乐一直坚持阿尔及利亚必须留在法国，不过他渐渐谨慎地转变到了更为灵活的立场上。1959 年 9 月 16 日戴高乐宣布，如果法国想要卸掉对北非的义务，给予阿尔及利亚独立自主权是唯一有尊严的途径。在一次全民公投中，阿尔及利亚人得到了机会做出选择——完全被法国同化、完全独立，还是折中与法国紧密联合。戴

1960年1月阿尔及利亚战争期间，法国士兵设置路障的场景。

高乐试图安抚反对派，他声明这次公投会在地区混乱平息之后举行。可是，戴高乐接受阿尔及利亚独立自主这一举动打开了一扇大门。从此，将阿尔及利亚分裂出法国的行动便一发不可收拾。

1961 年 7 月 8 日，法国人在公投中认可了阿尔及利亚的独立自主权。在阿尔及利亚的军官们孤注一掷采取最后一次行动，试图重复 1958 年发生过的把戏。但是现在他们没有了法国的支持，而手下的士兵也不再服从他们。叛变计划失败了，领导过反抗运动的杰出将军和强烈支持法属阿尔及利亚的政客们纷纷逃走，而他们的临阵脱逃也遭到了谴责。法国与阿尔及利亚的民族主义领袖们开始进行谈判，尽管频繁发生的危机一度打断谈判进程，但是双方还是于 1962 年 3 月达成了协定。阿尔及利亚于 1962 年 7 月 3 日正式独立。

戴高乐在结束阿尔及利亚战争上取得的成功，没有其他任何一届法国政府可与之相比。戴高乐成功的原因是他把目光从法国军队的过去转向未来。他认为，对于法国来说真正的机会存在于欧洲。殖民帝国的没落既是一个时代的结束，同时又预示着新的开始。

戴高乐的法国愿景

戴高乐是一位情感强烈的爱国主义者，他希望看到法国变得强大，进而成为欧洲的领袖。他的爱国主义思想有着近乎神秘的来源。在他的回忆录中，他这样描述自己想象中的法国："像童话中的公主或壁画上的圣母一样献身给一个崇高而卓越的使命……我本能地感觉到上天创造法国，如非让它完成圆满的功业，就会让它遭受惩戒性的灾难。假如在这种情形下，它竟在行为和事业上仍然表现为一个庸才，那我就会认为是一种可笑的反常现象……除非站在最前列，否则法国就不能成为法国……总之，法国如果不伟大，就不成其为法国。”

这种浪漫的爱国主义与19世纪激进的爱国主义截然不同，后者认为一个国家的提高必然要以损失其他国家的利益为代价。戴高乐的思想保持了法国的完整性，包括法国的领土不可侵犯，法国的精神独一无二。由于戴高乐把法国看作一个个体，因此他也理解其他国家的个性化。他虽然反对会造成国家个性泯灭的欧洲一体化进程，但是支持欧洲大陆国家之间保有紧密的联系，因为这样欧洲可以成为“祖国的欧罗巴”。

戴高乐的外交政策就是基于这些观念形成的。他使法国远离盎格鲁–撒克逊的力量。而他对美国和英国的敌意也许是因为个人仇恨，因为在第二次世界大战期间罗斯福和丘吉尔对其十分冷漠。出于更根本的原因，戴高乐认为美国与英国的合作会使英美两国统治全球或统治全球的广大地区，形成美式和平。他尤其害怕意识形态和制度上的统一，这可能正是盎格鲁–撒克逊民主和世界政治领袖们希望利用的。戴高乐认为这种国际主义可能会阻碍一个国家的个性发展。

在许多方面戴高乐都表现出他急于限制和消灭盎格鲁–撒克逊的影响，例如，他坚决表明要保证法语作为外交语言。更重要的是，他反对英国加入欧洲经济共同体的企图。对英国来说，经过长期谈判后加入欧洲经济共同体的道路似乎畅通无阻了，但是戴高乐先后于 1963 年和 1967 年对英国的加入投了反对票。他利用每一次机会为法国争取独立自主的权力，使法国从欧洲同盟国对其行动自由的束缚中解放出来。戴高乐逐步将法国军队从北约指挥部撤回：先是在 1959 年撤回了地中海舰队，又在 1963 年撤回了大西洋舰队。最终，法国在 1966 年退出了北约，因此北约的总部从巴黎搬到了布鲁塞尔。

虽然戴高乐很清楚地意识到法国会受到盎格鲁－撒克逊意识形态的迷惑，但是他并没有想到苏联同样会对法国造成威胁。对于戴高乐来说，苏联是一个传统意义上的大国，而不是国际运动舞台的中心和领导者。第二次世界大战期间，戴高乐与苏联达成了一项协议，并于 1964 年通过谈判签署了贸易协定。在 1966 年 6 月法国退出北约的三个月后，戴高乐访问了莫斯科，受到了英雄般的迎接。事实上，虽然戴高乐认为共产主义不如盎格鲁－撒克逊的帝国主义那样危险，但是这并不意味着他不怀疑苏联的力量会进一步强大，也不意味着他不想消除苏联扩张到欧洲中心的可能性。在这样的背景下，虽然戴高乐使法国军队退出了北约指挥部，但法国仍然是大西洋联盟的成员，这一点十分重要。而且，戴高乐反对苏联扩张也是其实行法德合作政策的重要原因。

虽然在纳粹试图统治欧洲时戴高乐与之进行了斗争，但是他认为德国和法国一样是“祖国”，是有自己文化的国家，是他希望重建的欧洲国家独立计划中的组成部分。此外，德国能够阻碍苏联的扩张。因此，戴高乐支持联邦德国反对苏联将西方势力逐出柏林的行动。戴高乐和德国总理阿登纳建立了密切联系，并于 1962 年成功访问联邦德国，开启了两国关系的新纪元。

戴高乐政策的根基在他当权的十年之前就已经存在了，那时法国转型为一个现代化工业国家的进程才刚刚起步。戴高乐政府急于加速转型进程，他创造了两种难以共存的经济体：现代化的政策从第二次世界大战时就已经开始孕育了，并组建了几个大型的国有和私有公司；在其之下是以手工业为基础的传统基础设施，以中等收入获取高额利润，这是一些小型家族企业的梦想。而有人认为他的这种做法将使未来十年面临的问题更加复杂。

在法国经济现代化的进程中，有一个部分对戴高乐来说非常重要，那就是他认为如果没有一支现代化、机械化的军队，国家就不可能变得独立和强大。而正是这一点帮助法国从阿尔及利亚战争的伤痛中走出来，并协调军官团体与他所建立的法兰西第五共和国政府之间的关系。军官们都清楚，装备和训练军队以应对殖民战争对于欧洲战场几乎没有什么价值。而且，军队的现代化也为军官们提供了崭新而令人激动的任务。戴高乐为了让法国再次成为强国，决定发展核威慑力量，也就是核军备。戴高乐掌权之前，法国政府已经开展了核研究，从某种程度上是因为怨恨美国不提供支持。戴高乐扩展了这项事业，1960 年法国第一颗原子弹爆炸。1966 年法国引爆了一枚氢弹，而两年后法国又在太平洋试验了几种核武器。这些都强有力地证明，戴高乐成功带领法国再次成为世界领先的大国之一。

意大利开始转向左翼

意大利虽然没有直接参与1956年那些重大事件，但也深受其影响。这些事件不仅改变了意大利的政党分布，也改变了其政府性质。由于意大利从1945年到1970年共经历了十七次政府换届，所以有人认为政府换届不是意大利政治领域的重要事件。不过，频繁换届的重要性既不应被低估也不应被过度夸大。

与法国一样，无论是在罗马还是在其他各省的意大利官员都很有能力，无论是谁当政，他们都保持了行政的连续性。意大利能够在频繁的换届中保持政治稳定性还有一部分原因，就是这些政治换届只是部长改组或是前任政府官员重返政坛。简而言之，意大利的各届政府其实是由同一个经验丰富的政客集团组成的。1956年的危机改变了意大利统治集团的组成，因此这场危机影响了意大利的政治。

自1945年起，意大利由基督教民主党统治，首相阿尔契德·加斯贝利于1945—1953年间担任政府领袖。他在1947年将共产党驱逐出政府，并带领意大利加入美国阵营。由于基督教民主党的亲美政策使自己与其他两大政党——社会党和共产党之间产生了不可逾越的鸿沟，因此基督教民主党希望获得由资产阶级分裂出来的小政党的支持，这样才能获得议会中的多数席位。1953年，加斯贝利通过新选举，尝试为基督教民主党获取多数地位，但是失败了。因此基督教民主党开始寻找更为稳定的依靠，而1956年的危机为他们的需求打开了一扇大门。苏联对待匈牙利“十月事件”的方式，使许多社会党和共产党人士感到失望，甚至开始反对苏联。在接下来的1957年，社会党领袖彼得罗·南尼（Pietro Nenni）取得党内支持，废除了行动公约，该公约规定意大利社会党和共产党必须共同参与政府工作，不得分开行动。社会党采取的自主政策使南尼的社会党和基督教民主党之间的合作成为可能。这样，开始转向左翼成为意大利政治中的首要问题。

社会党和基督教民主党都愿意合作，以改善意大利问题重重的经济现状。虽然德国和法国比意大利更早地改善了经济，不过意大利的经济增长更为迅速。20世纪50年代期间，意大利经济年增长率为6%，比欧洲其他国家高出1.5%。而且意大利的出口额增加到了十年前的3倍。作为一个基础原材料如此匮乏的国家，意大利能够成功建成像位于北部的菲亚特汽车公司和好利获得公司（Olivetti）这样的大企业是十分了不起的。意大利的工业经济起飞得益于埃尼集团（ENI）和伊里集团（IRI）这两大国有企业，前者拥有天然气和石油生产的垄断权，而后者的组成既有完全国有的产业，例如意大利航空公司和国家电视网，也有部分国有的产业如造船工业。

虽然意大利经济起飞阶段成果显著，但这并没有使意大利成为一个繁荣的国家。工业发展不足以克服传统经济的弱点。国民对税收的广泛抵制，造成了数额巨大的预算赤字和日益加剧的通货膨胀。许多农民生活艰苦，尤其在意大利南部。为了平息农民的动乱，南部曾实行过重新分配土地的计划，但很快就停止了。古老的土地租赁法规定，意大利中部的农民无权拥有他们居住地的土地，而且他们还要上交一部分收成给法定土地所有者。意大利人口的持续增长，尤其是南部的人口增长使情况进一步恶化。20 世纪 60 年代，意大利的人口增加了 400 多万，相当于增长了 9.1%。

为了摆脱贫困的生活，意大利南部的农民纷纷前往北部工业区寻找工作。例如，在 1963 年就有 30 万南部居民去往北部，而在 60 年代此后的每一年都保持了这一数字。意大利工业发展得再怎么迅速也吸收不了如此多的劳动人口，因此失业率居高不下。而那些有幸找到工作的人依然贫困潦倒，因为并没有人会负责为劳动工人建造房屋。此外，从南部移民到北部的人大多是文盲，说话也带有口音，意大利北部的人几乎听不懂他们的方言，对待他们的态度也很不友好。表面上意大利经济辉煌无比，实则人民生活悲苦不堪。同时，有个重要的现象值得关注，即共产党在这几十年间始终拥有 25% 的支持率。

20 世纪 50 年代末，意大利经济面临的问题是到底应该着重发展公有制部分还是私有制部分。意大利工业家联合会是在意大利商界领域颇具影响力的组织，其成员当然是希望强大的国有企业能为私有企业服务，而这一观点得到了基督教民主党中一个派系的支持。基督教民主党是一个大众政党，曾有过强烈反对法西斯主义的历史时期，但在墨索里尼掌权后受到压制，法西斯主义倒台后，他们又以生机勃勃的姿态再度出现。可想而知，当时基督教民主党中的左翼分子是如何笃定地坚持要进行全面社会改革。

基督教民主党的左翼清楚，如果想成功推行这一政策，就需要取得社会党的支持，因为只有这样才能抵制住党内右翼分子的反对。而合作的可能性不仅来自于苏联对匈牙利的干涉，也得益于教皇若望二十三世（John XXIII）的新政策。教皇在 1961 年的教皇通谕《慈母与导师》（*Mater et Magistra*）中呼吁一项社会政策，以改善底层人民的经济状况。后来他又在 1963 年的教皇通谕《世界和平》（*Pacem in Terris*）中强调了和平的重要性，而这就要求左翼联合一切可以联合的力量，包括没有公然否定神的存在的非天主教

1962年9月11日，教皇若望二十三世发表电台演讲，呼吁世界和平。

人士。这些通谕使基督教民主党和社会党的合作变得容易了许多，但是社会党清楚，如果不进行改革，就会切断与共产党的紧密联系。苏联在匈牙利的行为使社会党不那么愿意和共产党结盟了。但是社会党对于和基督教民主党的合作保留自己的意见，因此联合政府的成立一直拖到 1963 年才得以实现。联合政府由阿尔多·莫罗（Aldo Moro）担任总理，社会党领袖彼得罗·南尼担任副总理。

联合政府的成立是一个缓慢且循序渐进的过程，社会党的地位从政治弃权发展为直接参与，但是联合政府没能持续太长时间。社会党因不满于改革速度缓慢而发生分裂，只剩下很少一部分人支持莫罗政府。尽管如此，改革还是取得了一些成就：电力工业变为国有，中学就读率提高，文盲率降低，然而不同类型的学校产生了阶级差别。虽然联合政府以失败告终，但阿尔多·莫罗仍继续担任基督教民主党的领袖并推行改革。

联邦德国：一个西欧强国

与英国、法国和意大利有所不同，联邦德国几乎没有受到苏伊士运河事件和匈牙利“十月事件”的影响。1955 年联邦德国加入北约，标志着其战后时期的结束。盟军高级委员会于同年解散，这样美国、法国和英国的军队在联邦德国不再作为占领力量，而是经过联邦德国允许以同盟的身份留在那里。

阿登纳总理在冷战期间一直支持美国的外交政策，这对联邦德国重新恢复欧洲大国的地位至关重要。但是由于阿登纳服从美国的政策并希望通过北约框架使联邦德国重新武装，因此阿登纳政府受到了社会党和民族主义者的左右夹击。阿登纳的反对者认为，他的做法妨碍了欧洲中部的中立立场，也阻碍了联邦德国和民主德国的统一进程。可是阿登纳认为，在经历了纳粹统治的可怕时期后，联邦德国不得不表示出自己依附于西方世界。他还认为只有与美国全面合作才能保证西柏林不受东方势力的影响。在阿登纳担任总理期间，苏联不停地阻碍联邦德国和西柏林之间的联系，使西柏林无法维持正常生活，以强迫其向民主德国投降。此项政策的具体表现

柏林墙的一部分。

是，民主德国于1961年8月在东西柏林之间建造了一堵墙。建造柏林墙还有一部分原因，就是为了阻止民主德国人逃往联邦德国。阿登纳认为，只有证明了西柏林的事业就是整个西方的事业，柏林的地位才能保住。美国总统肯尼迪于1963年在柏林发表了著名的演说“我是一个柏林人”（Ich bin ein Berliner），以此表达美国对捍卫联邦德国的存在和权利很感兴趣，而这也进一步证明了阿登纳的亲美政策。

法国总统夏尔·戴高乐也强化了阿登纳的外交政策。戴高乐和阿登纳的关系很好，而且戴高乐认为欧洲应该是由各个独立国家组成的有机整体，每个国家都有自己的个性，西方国家之间的合作不应该损害国家认同感。不过，阿登纳政府之所以拥有强大的实力，主要是因为联邦德国经济繁荣。20世纪40年代末，在马歇尔计划的帮助下，联邦德国开始重建工业基地，而其成果令人震撼。在1949—1962年期间，联邦德国的工业产值提高了两倍，由于整体工资很低，出口额在此期间也增长了两倍。联邦德国的收支平衡一直保持良好，并实现了全面就业。尽管联邦德国接收了来自民主德国的250万难民，但1960年时，失业率仅为0.5%。而政府还为移民提供了住房补贴和贷款。

在这种经济状态下，极端的右翼和左翼分子势力微弱。1956年，法院认为共产党属于违宪组织，而且共产党一直以来的支持率都很低。同样的，由难民组成的极端右翼政党在20世纪50年代初期取得了很高的票数，但是很快就销声匿迹了。只有三个主要的政党维持至 20 世纪 60 年代：阿登纳领导的基督教民主联盟、参与政府活动的自由民主党，以及主要的反对党社会民主党。社会民主党于 1959 年采用了《哥德斯堡纲领》，该党表示，应该给予经济发展尽可能多的自由，只在必要的情况下采取经济调控。这份纲领表明社会民主党废除了阶级斗争的思想，着重强调要进行改革而非革命，并直接促进了各利益方在经济领域的合作。

工会一直对社会民主党有着强大的影响力。钢铁和煤矿工业的管理首先成功实现了共同决策，之后工会开始遭受抵制且情况愈演愈烈，于是他们改变了自己的道路。工会开始关注工人的工资问题，且他们的努力得到了雇主的欢迎，因为在经济繁荣时期雇主希望避免劳资冲突和罢工现象。事实上，这一时期大多数德国人并不想参与政治和社会冲突事件，因此他们也愿意做出让步。

西欧：协调一致和剑拔弩张

20 世纪 50 年代中期发生的一系列事件，使欧洲各国在很大程度上获得了主动权和自治权，但这并没有使这些国家恢复到战前主权独立的状态。由于东方集团对西欧施压，因此西欧不得不与美国紧密联系在一起，特别是在军事事务上。欧洲军事一体化的尝试失败后，西方集团想要利用联邦德国的人力和工业资源来保卫西欧，这一微妙的问题随着联邦德国加入北约迎刃而解。美国和欧洲的军事领导人在北约内部进行了组织协调和战略部署。美国和欧洲军事之间的联系也进一步加强，美国在西柏林和联邦德国的其他地区都驻扎了军队，也保留了其在英国的空军基地和地中海的海军基地。虽然戴高乐使法国退出了北约，但法国仍与北约有军事上的合作。欧美之间军事领域的联系比其他任何联盟条约都更为强大，因为军事合作可以保证一旦西欧受到东欧的攻击，美国一定会予以支持。没有任何一个欧洲国家愿意采取危及美国支持的行动。

东欧集团的施压使欧洲各国的合作不仅停留在军事层面，也扩大到了经济层面。第二次世界大战刚刚结束，欧洲经济的合作就拉开了序幕，并成立了欧洲委员会。该委员会是一个协商型大会，成员来自各国的议会及欧洲煤钢共同体。经过几年的停滞和 1956 年的危机之后，1957 年成立了几个科学机构。这些机构结合了不同国家的研究项目，其中有研究核试验的欧洲原子能共同体和进行太空试验的欧洲航天研究组织。如此一来，欧洲经济一体化的发展得以恢复。

在经济合作和一体化进程中，最重要的步骤是各国于 1957 年 3 月 25 日签署了《罗马条约》。签署条约的国家正是欧洲煤钢共同体的六个成员国：法国、德国、意大利、比利时、荷兰及卢森堡。六国达成共识，建立了一个欧洲共同市场（欧洲经济共同体）。这个组织意在消除六国之间的一切经济障碍，制定统一的对外关税，允许成员国劳资自由流通，并通过采取相等的工资率和相同的社会保障体系来统一共同市场内的工作条件，避免造成失业现象。很明显，这些计划不可能一蹴而就。因此，《罗马条约》规划出了不同的发展阶段，总体目标定在十五年之内完成。各国外长受到欧洲经济共同体的委托，在定期召开的部长会议上对总部位于布鲁塞尔的欧洲委员会的行动进行指导。1959 年 1 月 1 日，欧洲经济共同体开始发挥作用，第一步先将成员国的关税降低 10%。此后，虽然在实现过程中经历了十分艰难的谈判且危机不断，但欧洲经济共同体还是成功地完成了自己的计划。

关税下降的速度比预想的要快得多。成员国的海关关税于 1968 年得以废除，成员国统一制定了对非成员国的贸易关税。原计划能够提前完成，是因为经济一体化取得了显著成果：从 1957 年欧洲经济共同体成立之时到 20 世纪 60 年代末，成员国之间的贸易额增长了 720%，而成员国与非成员国之间的贸易额增长了 305%。

对于欧洲来说，20 世纪 60 年代是一段繁荣的时期，欧洲大陆的面貌也发生了翻天覆地的变化。工业活动的发展给欧洲的城市中心区带来了新面貌。钢铁和玻璃材质的政府大楼及高耸的酒店在主要街道和广场上拔地而起。城外建起了许多现代化的公寓，为中产阶级和工人阶级提供了住处。伦敦和巴黎迎来了新的辉煌。“二战”期间，伦敦的许多房屋遭到了破坏，而现在房屋已经重建或是粉刷一新。巴黎的卢浮宫和周围的建筑过去是暗灰色的，而现在都被粉刷成干净的色彩，外墙闪烁着金色的光芒。

然而，各国在农业领域采取的产业政策就没那么成功了。法国的政府规划效果显著，因此农作物有了大量盈余；联邦德国丧失了其东部的肥沃土壤，所以国家的粮食产量相对较少。法国不希望自己的贸易顺差受到阻碍，但联邦德国坚持保持政府援助并对农业生产施加保护。在这个问题上进行谈判只能带来一时的缓和，农业政策之间的差别很难消除。同时，伴随着工业扩张而来的是城乡之间的紧张态势，这削弱了欧洲合作。甚至像丹麦和荷兰这样在前些年没有政治不稳定迹象的小国，现在也开始在左右两翼之间艰难地进行着选择。

戴高乐给欧洲一体化的快速发展造成了另一个阻碍。虽然他了解《罗马条约》的作用，但强烈反对任何侵犯法国主权的经济手段。同时，他也想阻止一切会对法德霸权形成潜在威胁的行为。这也是他反对英国加入欧洲经济共同体的原因之一。

但是，戴高乐不愿英国和斯堪的纳维亚国家加入欧洲经济共同体的情绪，比其法兰西帝国主义更为严重。欧洲经济共同体的成员国采取的是私有和公有成分并存的经济制度，但是英国和斯堪的纳维亚国家与之不同，他们致力于建立福利国家。在这些国家中，瑞典发展得最快，社会保险覆盖了生活的方方面面，养老金的数额是工作时最高薪资水平的65%，这为老年人退休以后的生活提供了经济保障。在这种体系下，自由企业很占优势，尽管工资标准由政府制定，并且制定前会与工会积极协商，但是在任何新法规提交到议会前工会都拥有否决权。高税率是这种体制运行的根本。瑞典的税收占国民总收入的40%，是全世界最高的。只要欧洲经济保持繁荣发展，瑞典充足的木材和铁矿及造船业和汽车制造业的悠久历史，就能够保证瑞典一直位列欧洲最富裕的国家之一。福利国家的经济法规使其很难与欧洲经济共同体成员国基本不受监管的经济环境相结合。

东欧去斯大林化的进程

赫鲁晓夫的国内政策

与西欧不同的是，匈牙利革命为东欧新阶段的政治和经济发展提供了可能。在匈牙利“十月事件”之前，东欧于1953年斯大林去世后就开始了新的发展。而匈牙利“十月事件”为东欧提供了一次重新考虑的机会，以审视其在全新的后斯大林时代所采取道路的正确性、节奏和方向。

斯大林的去世是苏联历史上的一个转折点，从那以后苏联的政策发生了决定性的变化。经过了几年不稳定的状态后，苏联共产党中央委员会第一书记尼基塔·赫鲁晓夫成了政府中的主导人物。赫鲁晓夫是乌克兰人，在第二次世界大战期间，他因保卫乌克兰的表现和作为而颇具声望。在斯大林的帮助下，他在党内的地位也得到了提高。但是1956年2月，赫鲁晓夫在苏联共产党第二十次代表大会的秘密报告中对已经去世的斯大林的统治方式进行了抨击。赫鲁晓夫称：“当革命已经取得胜利之时，斯大林还是采用了极端的手段和大规模的镇压行动……斯大林并没能证明其政策的正确性。”赫鲁晓夫的这一“秘密”报告正式宣告了去斯大林化政策的开端，这也成了接下来十年里东欧集团中的核心问题。

苏联去斯大林化，首先意味着“警察国家”冷酷的手段得以废除。被赫鲁晓夫打倒和开除的政治领袖中，只有克格勃头目贝利亚被处决。其他人都领到了养老金，能够安度晚年，而赫鲁晓

苏联领导人尼基塔·赫鲁晓夫。在国内和外交政策上，赫鲁晓夫在东欧开启了去斯大林化时代。

夫在 1964 年被迫下台后过的也是这样的生活。亚历山大 · 索尔仁尼琴（*Aleksandr Solzhenitsyn*）在其著作《古拉格群岛》（*Gulag Archipelago*）中曾描写过西伯利亚集中营的惨状，而如今集中营中的部分犯人得以释放。索尔仁尼琴的早期作品《伊凡 · 杰尼索维奇的一天》（*Life of Ivan Denisovich*）得到了赫鲁晓夫的认可，并于 1962 年首次在索尔仁尼琴的家乡出版。赫鲁晓夫有意提高知识分子的地位。还有另外一些文学作品抨击了官僚政治的怠慢、腐败和冷漠，协助了去斯大林化的进程。不过，20 世纪 50 年代对文学作品放松控制的状况只是一时的，苏联的知识界和文化界仍然在自由主义和限制约束中交替过活。

去斯大林化给苏联经济政策带来了决定性改变，也在许多方面带来了不可逆性的改变。在斯大林统治时期，苏联致力于发展重工业，而其他领域通通都要为重工业让路。当时，斯大林是要通过建立一支具有成熟火箭技术和武器研制技术的现代化军队来保证国家的安全。赫鲁晓夫上台后，承诺修正这项政策，转而更加关注消费者的需求。他开始通过改进生产方式来提高农产品产量，并推广农业机械，尤其是拖拉机的使用。出于政治和经济的双重考虑，赫鲁晓夫也努力提高日用商品和服装的产量。

在战后岁月中，实行工业集中规划对苏联来说越发困难。这些问题在立陶宛、爱沙尼亚和拉脱维亚这几个波罗的海诸国尤为明显，1939 年的《苏德互不侵犯条约》使这些国家失去了独立自主权。在德国占领时期，这些国家的许多居民与德国人合作，希望能借此使自己的国家重新获得独立。第二次世界大战后这些地区一直被苏联占领，而苏联认为没有必要善待它们，也没有必要在这里继续苏维埃化的进程。

苏联在这些国家实行工业化的手段十分野蛮，其中包括将这些国家的水资源作为整个苏联的北部地区（包括列宁格勒在内）最重要的供水源。到 1966 年时，工业成为这些过去的农业国家最重要的经济组成部分。也就是在那一年，立陶宛工业产值占国民生产总值的 60%，爱沙尼亚占 80%。1945 年，波罗的海诸国三分之二的人口生活在农村，以耕作为生。可是到了 20 世纪 60 年代中期，很大程度上是因苏联的要求，三分之二的人口不得不进行工业化改革。苏联人拥入这些国家，很快便损害了这些国家的种族和文化独特性。可就算是发生了翻天覆地的变化，这一地区的人们毕竟经历了几百年的外族统治，所以他们适应得很好。通过努力，他们把这片地区的工业和农业产量提高到了苏联所有地区当中的最高水平。

但即使如此，在资源、传统和工作习惯如此不同的地区采用相同的经济手段还是变得越来越困难。因此，赫鲁晓夫决定分散苏联工业组织，在不同地区依照当地的资源、条件和潜力量体裁衣，制定不同的经济目标。这是去斯大林化进程中最核心的一部分。而这对下层的经济官僚来说也是一个好消息，因为现在他们可以从事一些在斯大林统治时期不能进行的活动了。

赫鲁晓夫的外交政策

20 世纪 50 年代到 60 年代期间，苏联的外交政策似乎沿着一条曲折的道路从激进走向了平和。但是在此期间，苏联一直十分谨慎，以防采取任何可能会危及其对卫星国控制的外交政策。赫鲁晓夫和他的同僚们意识到国内去斯大林化的目标需要一个和平的国际环境，这样才能使苏联减少安全和军事问题的困扰。赫鲁晓夫认为资本主义和非资本主义国家之间是可能“和平共处”的，而他也采取了一些行动，为这个口号赋予了实际内涵。

经过长期谈判后，1955 年 5 月，苏联与美国、法国和英国签订了《奥地利国家条约》(*Austrian State Treaty*)，条约规定占领奥地利的军队全部撤回。五个月之后各国的军队撤出了奥地利，奥地利成为主权独立的中立国家。同时在1955年的春天，赫鲁晓夫访问南斯拉夫，标志着苏联和南斯拉夫之间的冲突就此结束。他会见了铁托，并向铁托保证南斯拉夫是一个独立自主、领土完整、政治自治的国家。两国经济和文化领域的交流合作也重新建立了起来。但是苏联与南斯拉夫的这次和解对东方和西方造成了完全不同的影响。苏联对南斯拉夫做出的让步刺激了处于相同情况下的波兰和匈牙利，并促使这些国家爆发了1956年的革命运动。西方国家对这些革命的领头者，以及成功躲过苏联逃离匈牙利的人所表现出的同情，使得东方和西方之间的态势再一次剑拔弩张。

赫鲁晓夫对1956年事件的表态是，他不能够容忍东欧苏联集团受到任何外界的干预，东欧未来的发展必须按照苏联体制，而不是西方的体制进行。尽管他表现出了一些合作的愿望，参加了1959年和1960年在纽约举行的联合国大会，但是他发表演讲时的腔调咄咄逼人，而且在不久之后，他又利用在苏联截获了美国U-2侦察机为由，取消了与艾森豪威尔总统一同参加峰会的计划。此后，柏林的局势成为东方和西方之间，尤其是美苏关系中最重要的问题。苏联继续对东西柏林之间的道路交通进行干扰。1961年，柏林墙建立起来，以防止民主德国人转移到联邦德国。柏林墙成了苏联决心在民主德国保持霸权的标志。此外，赫鲁晓夫把他进攻性的政策无端扩大到了西半球，结果引发了古巴导弹危机，而以苏联做出妥协告终。

20世纪50年代末，中苏关系出现裂痕，当时中国政府认为苏联并不愿意帮助中国收回对台湾的主权，当时台湾正处于蒋介石的控制之中。在这一背景下，苏联多方寻找借口为中国大陆提供军事合作。而对于中国来说，这种军事合作是一种限制。毛泽东对赫鲁晓夫说，过去英国和其他列强占领中国多年，现在再也不会允许任何人为了自己的利益而利用中国的国土。

此后，苏联震惊于中国的“大跃进”运动，这场运动严重脱离了苏联模式，似乎也不再需要苏联的经济援助，中国经济甚至可能一跃超过苏联经济。虽然1957年苏联曾承诺帮助中国研发原子弹，但是在这种情况下，苏联在1960年违背诺言也就不足为奇了。1963年苏联和美国签订了《部分禁止核试验条约》(*Limited Test Ban Treaty*)，其中一个目的就是限制一些还在发展核武器的国家的发展进程。中国拒绝签署这项条约，并谴责苏联和美国，认为这两个超级大国共同密谋对抗中国。此后，中国与非美苏两大阵营的国家加强了联系，其中包括亚洲、非洲和拉丁美洲的许多国家，以及罗马尼亚和阿尔巴尼亚。

波兰和匈牙利

在后斯大林时代，苏联卫星国的改革分为两个方面。首先，是将斯大林的心腹和亲信从政府中剔除，这些人适应不了新的政策，也不愿改变过去的政策。其次，是在不放弃共产主义社会原则的情况下，调整经济组织，提高人民的生活水平。波兰和匈牙利是去斯大林化时期两个最不稳定的国家。高压政治和去斯大林化造成的人事变动激起了人民强烈的不满，波兰首先爆发了运动。随后匈牙利爆发了对波兰人“无声的同情示威”。但是一旦共产党政权在这两个国家取得全面控制之后，两者采取的却是完全不同的道路。

瓦迪斯瓦夫·哥穆尔卡曾是波兰共产党中央委员会第一书记，他的政府于1949年被斯大林主义者推翻，他本人遭到迫害。后来在1956年，他又被波兰的不满情绪重新推上政坛。哥穆尔卡是坚定的共产主义者，他大力推进波兰的工业发展，而在工业的促进下，波兰的人口从1950年的2500万增长到1960年的3000万。劳动人口的数量增加了，城市人口比重也随之提高。然而，城市人口的增加使城市的食物紧缺起来。后来，哥穆尔卡成了知识分子和激进分子的攻击目标，这些人反对哥穆尔卡控制思想运动的行为，他们希望保持思想意识的纯洁性，并反对苏联干预其内政。持续的物资紧缺和思想上的不满对哥穆尔卡达成目标造成了影响，他原本想重新协调共产党与波兰传统和国家需要之间的关系。可是现在对于大多数波兰人来说，政府是压迫性的力量。

为了应对匈牙利“十月事件”，苏联罢免了匈牙利的领导人伊姆雷·纳吉，并任命了卡达尔·亚诺什（Kádár János）政府。卡达尔·亚诺什最初认为斯大林主义是绝对无情和残忍的，但是在接下来的几年，卡达尔选择的道路令人瞠目结舌。他无情地惩处了所谓的反革命运动中的领袖，包括纳吉。他将纳吉从南斯拉夫使领馆的避难处引诱出来并进行逮捕，之后将纳吉处死。在卡达尔统治时期，有2000名匈牙利人被处死，2万人被关进监狱。

他通过残酷的手段推行农业集体化。在1956年的革命爆发前，匈牙利推行集体化的农业地区还不到16%（当时匈牙利的农户数量在苏联集团中排在第二位，仅次于波兰），到1961年时实现集体化的农业地区占到了96%。然而与此同时，卡达尔并没有在农业和工业领域采取相同的行政手段，这在一定程度上鼓励了自由企业的发展。

在经历了三四年的农业高产和像铝土矿和铀等原材料的大量销售后，匈牙利的经济获得了一定程度的繁荣，政府也有了一些安全感。一些犯人开始得到释放，1960年年底，政府进行了一次大赦。政府也放松了对文学和知识领域的控制，匈牙利成为卫星国中与西方知识界联系最为密切的国家。在匈牙利的书店内有外国图书销售，到西方国家旅行的现象也越来越普遍。到20世纪70年代时，匈牙利政府可以骄傲地说：夏季去往西方的匈牙利人中90%以上没有叛逃，而是回到了祖国的怀抱。

罗马尼亚和民主德国

罗马尼亚和民主德国虽然在地理上相距很远，但是两国有一处共同点，那就是斯大林时代的结束对两国造成的影响都很小。

1944年秋天，罗马尼亚反抗德国的战争取得胜利后，民主党派掌权，他们愿意接受同盟国反纳粹联盟的休战协议。苏联的军队占领了罗马尼亚，宣布支持共产党及其领袖，这些领袖中的大多数在战时或是去了苏联，或是被关押。在第二次世界大战之后的许多年里，非共产主义政党一直存在，并在罗马尼亚议会中占有一席之地。彼特鲁·格罗查（Petu Groza）是一位对共产党非常友好的农民领袖，但他本人不是共产党员。他在1952年之前一直担任罗马尼亚总理。因此，罗马尼亚只是在20世纪50年代初期按照苏联模式进行过社会调整。不过在斯大林去世之时，苏联的力量就已经很难控制罗马尼亚了。所以，去斯大林化并没有在罗马尼亚引起决定性的政策变动。

20世纪50至60年代期间，罗马尼亚共产党领袖连续掌权并没有保持政策上的一致性。政府快速推行农业集体化，不仅没收了大型地产，也没收了更多农民的财产，而这经常会造成流血事件。政府在进行全面工业规划和集中发展电力产业方面犹豫不决。匈牙利“十月事件”使罗马尼亚的官员放慢了工业化的脚步，提高了人民的工资，而且通过强制运输增加了对城镇的食品供应。

1958年，苏联同意从罗马尼亚撤军，这样罗马尼亚集体化的进程再次开始加速。1962年集体化宣布完成，只有5%的土地还保留在私人手中。另一方面，由于拥有其他国家尤其是欧洲所需的石油和原材料，罗马尼亚有能力发展自己的工业和贸易。西方国家为罗马尼亚的工业发展提供了经济和技术支持，而罗马尼亚的部分产业掌握在西方国家手中。在1963年的经济互助委员会上，罗马尼亚宣布经济独立。大会上罗马尼亚最高领导人齐奥塞斯库成功阻止了任何对成员国强加经济规划的企图，因为这些规划并没有因每个国家的经济状况各异，而做出针对性倾斜。

在文化政策方面，罗马尼亚也保持了谨慎的独立立场。1963年，原本是学校第一外国语的俄语地位下降，而拉丁语再次受到了罗马尼亚人的重视。同时，虽然当时南斯拉夫对苏联的敌对倾向越来越明显，但罗马尼亚还是与南斯拉夫保持联系。尽管如此，罗马尼亚共产党仍旧表态它会遵从《华沙条约》，并强调罗马尼亚是一个社会主义国家。由于罗马尼亚清楚自己拥有独特的历史和文化，因此虽然罗马尼亚还与苏联交织在一起，但自己却有能力进行自治。虽然外交政策上的独立态度仅仅是一种姿态，但这种认同给予了罗马尼亚民族主义重要的地位，政权的基础变得更为宽阔，并且形成了一个砝码，能够平息因社会发展受到严格控制而产生的怨恨情绪。

民主德国与罗马尼亚的情况恰恰相反，其国内的统治力量十分强大，没有受到任何民族主义独立运动的影响。在民主德国，民族主义的含义就是与联邦德国统一或做出让步，而这会威胁到苏联在东欧集团的统治。因此，民主德国的领导人是苏联最忠诚、最顺从的追随者。从另一方面来说，苏联对民主德国的领导人也十分照顾，因为政党内部的任何分歧都可能会使民主德国受到联邦德国的影响，甚至可能会威胁到民主德国的独立存在。

瓦尔特·乌布利希是民主德国的一位决定性人物，同时也是斯大林的忠实拥护者。他于 1946 年至 1971 年期间掌握大权，后因疾病缠身不得不退休，最终于 1973 年去世。他追求的道路十分正统，即推行计划经济，在工业发展中强调重工业，并实行农业集体化道路。民主德国政府在建立之初的十年间一直将重心放在经济上。国家接管并指导大型工业产业，例如煤矿业和化学工业，而在小型工业产业中政府扮演着合伙人的角色。到1962年，民主德国工业产值中私有成分仅占2.7%。在经历了大力建设大规模化学工业和电力产业，以及煤矿业和钢铁工业的蓬勃发展后，民主德国成了东欧集团中最重要的工业国。

重视重工业导致在农业方面的改革迟缓而谨慎。历史上的民主德国是一个有着众多地主和大型地产的国家，农民和农业工人把这些地产分割开。然而从1959年开始，农业集体化进程加速，尽管在20世纪50年代，独立的农民手中握有超过半数的耕地，但是到了60年代初期，这一比例下降到10%。因此民众对共产主义的支

民主德国国务院主席瓦尔特·乌布利希坐在麦克风前，周围是其他政府官员。

持也减弱了许多。

民主德国面临的最大困难是劳动力。工业发展使大量人口从农村转移到城市，但是这造成了农村地区的人口减少，因此城市食物供给变得越来越困难。由于在工业化的初期工资很低，民主德国的人都想移民到联邦德国。在1950—1962年这12年间，约有260万民主德国的人逃往联邦德国，他们主要是通过在东西柏林的分界线上打开缺口逃走的。由于民主德国的人口仅有1720万，所以，如此巨大的移民数量意味着民主德国的劳动力流失严重。1961年夏天，民主德国政府决定通过在东西柏林之间修建一堵墙来阻止人口外流，这样，民主德国人要想逃到联邦德国就十分危险了。

捷克斯洛伐克

去斯大林化和匈牙利"十月事件"没有对捷克斯洛伐克造成直接影响，在这里发生事件的时间与其他卫星国差别很大。第二次世界大战期间，捷克斯洛伐克是第一个被纳粹统治的东欧国家，而捷克斯洛伐克的流亡政府也是最先与苏联结盟的。尽管第二次世界大战结束后共产党在政府中的力量更为强大，得到的票数也更多，然而战后的第一届政府还是试图去模仿西方的民主政体。爱德华·贝奈斯是政府领袖，也是捷克斯洛伐克的创建者之一。他在纳粹的压迫下辞职，又在战争结束后重返政坛。1948年的"二月事件"给予了共产党在政治上的完全控治权，并开启了一段温和时期，而这段时期于20世纪50年代初结束，因为当时斯大林主义者对温和派发起了“清洗运动”，部分温和派分子被处死。

因此，在斯大林去世前，推进去斯大林化进程的力量变弱了。斯大林主义者继续推进他们的经济计划，重视机械、拖拉机和汽车生产，而忽视捷克斯洛伐克的传统工业——纺织业。农业集体化成了重中之重。20 世纪 50 年代中期，政府中的少数派牢牢握紧政权，因此去斯大林化没有产生直接效果。

尽管如此，赫鲁晓夫的秘密讲话以及东欧其他国家去斯大林化的运动，还是对捷克斯洛伐克领导人的权力造成了一定影响。在捷克斯洛伐克，许多人都认为斯兰斯基（Slansky）团体受到的谴责是不公正的，而且当权者的身上蒙着斯大林时期罪行的污点。当同一组织掌权时间太久，人民就会期望做出一些改变，而人民对政府道德上的非议和谴责也越来越强烈。所有这一切渐渐地破坏了捷克斯洛伐克领导地位的根基。

理论上的转变

1956 年之后，东欧国家个人民族主义的利益和传统观念越来越强烈。意大利共产党领袖帕尔米罗·陶里亚蒂使用“多中心”这个词来分析 20 世纪 50 年代的局势。“苏联模式不可能也不应当成为各国必须接受的唯一模式……即使在共产主义运动内部，我们也不能够使用同一个指导方针。”虽然苏联领导人很难完全同意他的说法，但是赫鲁晓夫承认新的力量已经在社会主义阵营中发展起来，并承认“社会主义发展形式的多样化”是正确的。

第十二章

幻想破灭的年代：1967—1973

一系列的干扰逐渐破坏了民众的安全感和经济的稳定发展，因此欧洲繁荣的十年于1967年终结。20世纪60年代末至70年代，超级大国在亚洲和中东地区卷入了诸多纷争。越南和美国展开了游击战，1965年战争开始逐步升级，到1967年时，有40万美国军队卷入这场战争。虽然越南在1968年的“春节攻势”伤亡很大，但是美国期望取得的速胜并没有如期而至。在中东地区，以色列于1967年6月赢得了“六日战争”（Six-Day War，又称第三次中东战争），占领了约旦河西岸，并在南部占领了西奈半岛（Sinai Peninsula），在北部占领了戈兰高地（Golan Heights）。虽然美国是以色列强大的盟友和保护者，但是当时美国完全被越南战争拖住，因此叙利亚和埃及在苏联的鼓舞下认为有机会重新赢得自己失去的领土。两国于1973年突然袭击，发动了赎罪日战争（Yom Kippur War，又称第四次中东战争），然而他们的进攻失败了。因为联合国发出停火令，才避免了埃及和叙利亚全军覆没。阿拉伯国家对美国及其盟国给予以色列的支持感到不满，导致了1973年的阿拉伯石油抵制运动，这场运动在世界范围内造成了广泛的经济影响。

这些事件对欧洲产生了重大影响。美国因为在越南投入了大量的人力和物力，需要欧洲增加对北约人力和财力的投入，以保证欧洲能够抵御来自苏联的威胁。美国在越南和中东的政策也使西欧同盟国对它们与美国的关系产生了怀疑。西欧国家与美国的同盟关系，使西欧采取或做出了一些既不符合西欧意识形态原则，也不符合西欧国家经济利益的行动和承诺。在越南，美国维护的是少数腐败统治阶级的地位。美国比其他任何国家都更为急切地追求战略和经济上的利益，而这与美国所宣称的自己是自由和民主的无私拥护者并不相符。在近东地区，美国对西欧的态度轻蔑而傲慢。由于美国有着丰富的石油储备，因此在面对阿拉伯石油抵制的威胁时，美国处于优势地位。可是对于欧洲来说，其工业十分依赖于阿拉伯的石油，因此石油抵制行为对欧洲造成的后果是灾难性的。西欧的政治气候变得不那么明朗，人们逐渐变得麻木，而与此同时，局势开始逐渐失去控制。

布拉格之春

20世纪60年代以后，动荡局势主要发生在西欧势力范围内。然而，第一个改变现存秩序的激烈斗争却发生在东欧的捷克斯洛伐克。“布拉格之春”事件（Prague Spring）首先引发了广泛的社会不满。

在 20 世纪 60 年代末，捷克斯洛伐克被两部分力量即捷克和斯洛伐克两个民族所左右。去斯大林化改变了东欧集团内许多国家统治阶级的组成，却没有影响到捷克斯洛伐克。此外，执政者按照斯大林的政策强调重工业的发展，引起了斯洛伐克人民的强烈不满。捷克斯洛伐克作家协会是过去的一个民族自治组织，知识分子和作家们在大会上激烈地表达了他们的不满情绪，学生用示威游行来发出他们的谴责之声。统治阶级感受到的压力越来越大，1968 年 1 月，捷克斯洛伐克共产党第一书记安东宁 · 诺沃提尼（Antonín Novotný）被迫下台，斯洛伐克人亚历山大 · 杜布切克（Alexander Dubček）接任。

1968 年 1 月到 8 月这 7 个月发生了“布拉格之春”事件，在此期间杜布切克希望能够找到办法既保持捷克斯洛伐克在东方阵营中的地位，又为国家带来全面的改革。“布拉格之春”既代表着杜布切克改革为国家带来的新生意义，同时也表明了事件发生的季节。杜布切克提倡民主程序，允许更多人参与政府决策，这对缓和斯洛伐克的不满情绪尤其具有重要意义。同时他试图减少许多对自由运动和自由表达的约束，以消除捷克社会党的反对。知识自由是捷克广大中产阶级知识分子所强烈坚持的。学者、作家和学生开始参与重要的学术讨论，而报纸、杂志和书籍对他们的讨论进行了详细报道，并在全西欧范围内进行发表。

杜布切克试图向苏联证明，对知识自由产生的巨大热情并不是捷克斯洛伐克脱离社会主义阵营的第一步，捷克斯洛伐克共产党仍然牢牢控制着政权。但是苏联有理由认为杜布切克的保证没有说服力，因此杜布切克不得不进一步妥协来证明其可靠性，包括不再推行进一步改革。这使他与改革主义者疏远起来，而他的地位也受到了影响。由于捷克斯洛伐克靠近西方，对于苏联来说有着重要的战略意义，因此改革运动让苏联备感焦虑，而在这样的情况下苏联看到了可以终止运动的机会。8 月 21 日，苏联已经待命许久的坦克和军队进入了捷克斯洛伐克并占领了布拉格。一名捷克学生以自焚的方式抗议苏联的重新控制，不过苏联没有让这样的自我牺牲事件影响到他们的行动。

苏联缓慢却无情地将捷克改革运动的领袖赶下政坛，如此做法受到了匈牙利、波兰和民主德国当权者的支持。无论这些国家的领导人有多么同情杜布切克为自我打造社会主义道路进行的尝试，他们都更为关心自己的统治地位是否稳固。因此，他们害怕一旦捷克的改革运动取得成功，西方势力在东欧就有了立足点。

“布拉格之春”没有破坏其他卫星国的政权，不过这个事件标志着去斯大林化运动在东欧彻底结束了。列昂尼德·勃列日涅夫接替了赫鲁晓夫的位置成为苏联共产党第一书记，干预捷克的决定主要由他做出。由于苏联和美国在世界许多地方进行着对抗和冲突，因此安全成了苏联的主要问题。苏联希望借去斯大林化激发出一个更自由、宽松，官僚作风和集权化较少的体制，这样的想法破灭了。

不过在西欧，捷克运动引起了人们深切的同情，而苏联对运动的镇压激起了人们的强烈愤怒。与1956年匈牙利“十月事件”相同，在“布拉格之春”之后的一段时期，许多共产党员尤其是杰出的知识分子改弦易辙。法国的存在主义哲学家让－保罗·萨特称苏联的行为“是纯粹的侵略，在国际法的定义中这种行为是战争罪行”。西欧的共产党一致赞同这种观点，如果共产党运动还想在西欧有任何未来的话，就必须脱离莫斯科而独立存在。

“布拉格之春”激起讨论的还有一点，那就是学生在其中起着重要作用。杜布切克执政就是学生示威游行的结果。对许多人来说，这可能助长了一种妄想，他们认为即使面对现代武器，学生也能够在革命运动中扮演创造性的角色。在“布拉格之春”事件的激发下，西欧政坛上发生了几次重大事件，它们分别是学生运动、欧洲共产主义和恐怖主义。

学生运动

20世纪60年代末，欧洲学生的不满情绪越来越强烈，最终导致了1968年4月至5月的“巴黎风暴”。事件首先从巴黎大学楠泰尔分院爆发，学生开展了有关学校现代化提议的讨论。激进派学生领袖丹尼尔·科恩－本迪特（Daniel Cohn-Bendit）被学校开除后，学校里年轻的教职工和学生联合起来进行强烈抗议，因此院长不得不关闭学校。之后，学生运动的中心转移到了巴黎拉丁区的索邦大学，科恩－本迪特和其他几位学生领袖于 5 月初出席了巴黎大学的惩戒委员会。学生们召开会议来决定他们应该如何应对，而索邦大学的校长害怕发生暴力事件，所以请来了警察。

当警察们开始将学生赶入待命中的面包车时，运动范围从少数激进分子扩大到大部分学生，因为这些学生认为警察不应该进入校园。事实上，这是自 1791 年以来第一次发生警察进入大学校园的事件。一直以来，学生们都将大学看作外界干扰的避难所。学生们走上圣米歇尔大街后，更为激烈的斗争随之而来，警察试图阻止学生，而学生们开始设置路障并向警察投掷石头。有多名示威者和 400 多名警察受伤，460 名学生被逮捕。警察在各处都受到抗议，因此他们被激怒了，行为十分野蛮，甚至在面包车和警察局中殴打被捕学生。事件目击者的同情心转向了学生，抗议活动也变成了民众抗议政府的大规模运动。5 月 13 日发生了大规模的罢工事件，到月末已有 1000 万法国工人参与其中。讽刺的是，工人参与抗议运动瓦解了学生运动。政府满足了工人提高工资的要求，这样学生们再次被孤立起来，并逐渐恢复了平静的大学生活。

巴黎事件是欧洲学生抗议运动中最为浓墨重彩的一笔。其实，联邦德国和意大利的事件爆发于巴黎事件之前。1967 年，柏林学生抗议伊朗国王的访问，引起了暴乱，导致一名学生死亡。对某位学生领袖暗杀未遂的事件引发了学生对报社总部发起攻击的事件，这些报社曾强烈反对学生妨碍其销售活动。在意大利，学生罢课事件非常频繁，其中一些持续时间很长，不过这些罢课的目的大多是反

1968年巴黎的五月风暴。在圣米歇尔大街上，学生向警察扔石头。

对大学过度拥挤的状况。因此，这些学生缺少大众的支持。

大学发生的动乱事件仅仅是不满情绪的一种强烈表达，其实这样的不满情绪已经渗透到了欧洲社会的方方面面。由于战争时期人口下降，而 20 世纪 40 年代末出生率激增，社会中出现了年龄断层现象。新一代人的经历和上一代人有很多不同，因此两代人形成的观点也千差万别。而在 20 世纪 60 年代末，新一代人开始出现在历史舞台上。科技进步改变了许多人的生活。在 50 年代，人们乘船越过海洋至少需要四五天时间，而现在乘飞机一天之内就可以到达大洋彼岸。在欧洲，汽车带来了更为显著的影响。1939 年战争爆发之前，欧洲共有 360 万辆私家车。战争结束时，这一数字减少到

275 万，不过之后立刻开始上升，从 20 世纪 50 年代中期开始增长趋势十分迅猛。到 1970 年时，私家车数量达到了 1047.8 万辆。由于建立了欧洲一体化关税体系，护照限制几乎完全取消，如果想在西欧和地中海地区旅行，无论是乘坐飞机、火车、公共汽车，还是开车、骑自行车或步行，都不再受到国界的限制了。

人们对世界的印象不再全部来自阅读，而是开始从电影和电视中获取。电影院和剧院一样引起了激烈的讨论，而与此同时也越来越受欢迎。从 20 世纪 60 年代开始，电视产业获得了巨大成功，而图书出版、报纸和杂志行业越来越不景气。阅读建立起来的国家联系已经过时，而电影院、电视和旅行使人们的视野集中于现代国际舞台。因此，新型的艺术运动例如流行艺术，讽刺地将消费型社会的象征性符号转化成艺术形式，而这种艺术从美国很快传播到欧洲，并在大洋两端的青年人群中同时引发了热潮。

然而，20 世纪 70 年代的学术界不仅有习惯于新媒体的新一代人，同时也弥漫着压抑无力的情绪。国有和私有企业都在复杂的管理机制下运行，产生分工不同的部门，使个人在等级秩序中占据固定位置。个人生活似乎按照预先规定的模式进行着，没有什么可以选择的余地。

战后的新一代人对标准价值观没什么耐心。战争刚刚结束的那几年，由于重建生活外界环境的需要，物质价值被摆在了首要地位。20 世纪 60 年代的繁荣时期使人们更加重视物质，但这一代人才刚刚起步，因此强调物质价值似乎很容易使他们变得态度傲慢。尤其是在繁荣时期，或者至少说是在经济稳定时期，这似乎是必然现象，也许这一代人过于追求满足物质条件而忽略了在生活中发挥重要作用的因素。

塞缪尔·贝克特（Samuel Beckett）于1952年创作了戏剧《等待戈多》(*Waiting for Godot*)，这部剧作引起了广泛讨论，并在此后的十年里频繁演出。在剧中，人们急切地想要抗争，去平息一股力量，可是他们并不确定这股力量是否存在。这部戏剧表现了人们对生活在一个失去意义的世界里的控诉。年青一代被赫伯特·马尔库塞（Herbert Marcuse）的作品吸引，尤其是《单向度的人》(*One-Dimensional Man*)。在这本书中，他认为过于重视科学和财富积累的西方文化已经阻碍了人的审美和智力发展。马尔库塞认为，像学生和少数派这种边缘分子比工人更适合成为未来革命的领袖，因为工人越来越倾向于过上资产阶级的生活。皮埃尔·孟戴斯–弗朗斯（Pierre Mendès-France）是法国的著名政治家，他表达了对学生运动的强烈支持："这种争论不仅仅是个人或组织之间的，同时也戏剧化地使法国人决心不再庸碌地生活在一个残酷的、无人性的保守社会中，而是要在一个可以正视自己的社会中自由地做自己。"

其实，西欧在20世纪60年代末出现这种不满和浮躁情绪主要归结于政治事件。无论是苏联镇压的"布拉格之春"，还是美国对越南的干涉，都是意识形态将两个超级大国的盟国与其自身联系在一起，并形成了二者统治权力的来源。但是面对民族利益时，这种统治很容易受到影响。两个国家因规划自己的阵营而卷入的冲突，似乎与一开始两个阵营形成时的理念和目的毫无关系。

西欧的政治框架还可以从学生运动中吸取另一个教训。20 世纪 60 年代末发生的一系列事件，尤其是巴黎事件，明确证明了如果没有其他政治力量的支持，学生运动不可能成功。只有当法国工人参与运动并举行大罢工时，学生的行为才转化成对政府的威胁。现在，那些反对现存政治体制的人开始重新审视自己的地位，并对过去尝试获取权力时采用的策略进行了评定。

对革命失败的反应

恐怖主义和欧洲共产主义都属于西欧的左翼政治运动，虽然恐怖主义者和欧洲共产主义拥护者的目标都是改变欧洲现存的社会体制，但是他们采取的方式却截然相反。恐怖主义者认为欧洲的统治阶级根深蒂固，因此只有暴力才能使他们感到恐惧，并诱导他们采取残酷暴虐的对策。而这会强化潜在的社会矛盾，足以引起公开冲突并重新点燃革命的火焰。欧洲共产主义的拥护者也认为统治阶级根深蒂固，但是他们认为只有在政府中占有一席之地并在体制中从事工作，改革才是可行的，他们倾向于借助议会的力量来获取权力。

恐怖主义

在 20 世纪 60 年代末到 70 年代初，恐怖主义只是范围十分有限的国际性运动。恐怖活动主要是模仿，如果某个国家的某栋百货商店发生爆炸，其他国家就会发生类似的事件。一个国家的恐怖分子会为其他国家的恐怖分子提供隐藏之地或武器装备。例如，德国的恐怖分子从警察那里逃脱后，会到巴勒斯坦寻求避难。意大利富有的出版商费尔特里内利（Feltrinelli）过去是高尚的左翼事业的支持者而不是政治活动家，他为联邦德国的恐怖主义者提供资金和武器支持。民主德国的秘密警察（斯塔西）也是如此。此外，带有民族主义色彩的恐怖主义者甚至为了自己的事业，毫不犹豫地轰炸使领馆或暗杀其他国家的外交官。然而在这一时期，没有证据表明恐怖主义已经形成了有统一领导的国际恐怖组织，或是有统一计划指挥行动。

一些恐怖主义者参与了民族解放运动，这些运动在西欧极端左翼的恐怖分子中有着不同的根基。20 世纪 60 年代末学生运动失败之后，激进分子开始使用恐怖主义的策略来推翻现有秩序。在 60 年代末和 70 年代初，民族主义者和反动的恐怖主义者掀起的运动达到了高潮，这是偶然现象而非统一规划出来的。1969 年英国军队进入北爱尔兰，爱尔兰共和军在天主教工人阶级的鼓动下采取了暴力行动以响应大众的示威游行。而巴勒斯坦解放组织恐怖活动的导火索，是 1967 年以色列取得了“六日战争”的胜利。

在西欧，柏林警察射杀抗议伊朗国王访问的学生，并且夺去了学生领袖鲁迪 · 杜契克（Rudi Dutschke）的生命，这一事件不仅激起了年轻学生的抗议，也使许多人对警察的残暴行为十分愤怒。而这为极端主义提供了肥沃的土壤。这些事件刚刚过去，巴德尔 – 迈因霍夫集团（Baader-Meinhof Gang）就开始在百货公司放火，抢劫银行，以及轰炸美国的军事司令部，其目的是要激起人们对革命的同情。1972年，联邦德国黑帮组织的头头被捕，但是他们在律师的帮助下逃到了约旦并秘密回到联邦德国。接着他们又开始进行恐怖活动，手段更为残忍。后来他们再次被捕，但是对这些恐怖分子的审判准备花费了足足三年的时间，而在此期间他们试图通过绝食来换取同情。

此时，一个更加极端的恐怖组织形成了。“六月二日运动”（以一名柏林学生被射杀的日子命名）实施了许多惊人的暴力行为。他们袭击了斯德哥尔摩的德国使领馆并杀害了几名杰出的德国人，其中包括法官和企业家。他们又劫持了一架汉莎航空公司的飞机并将乘客作为人质，试图以这种方法逼迫政府释放巴德尔－迈因霍夫集团的同伴。然而联邦德国警察向被劫持飞机所降落的索马里机场派去了一支营救队，成功解救了人质并处死了劫持者。被关押的巴德尔－迈因霍夫集团领袖听说这次事件失败后，选择了自杀。之后，联邦德国的恐怖主义浪潮很快平息。恐怖主义并没有激起民众的不满，只不过是被民众疏远了，甚至最初同情那些年轻革命者的作家和教育家也都纷纷远离恐怖分子。

意大利是另一个被恐怖主义所困扰的西欧国家。在这里，极端分子试图通过暴力行为制造革命气氛。他们采取“紧张战略”，使得恐怖活动持续了整个70年代，甚至一直延续到80年代。恐怖活动开始于1969年12月12日，那一天在米兰丰塔纳广场（Piazza

Fontana）上的农业银行前发生了爆炸事件，导致16人死亡，多人受伤。很快，恐怖主义通过多起爆炸事件传播开来。恐怖分子炸毁铁轨，向政府会议厅投放炸弹，并炸死了多名警察。由于当时意大利国内政局十分复杂，因此这些事件的责任很难界定。虽然有人说早期的恐怖事件是由共产党鼓动的，但其实真正的幕后指使者是新法西斯主义者，他们试图重新制造出恐怖气氛，警示人们要担心墨索里尼主义重新抬头。很明显，意大利的军事部门对议会不满，并准备进行右翼政变。“红色旅”（Red Brigades）于1971年形成，自称可以抵御右翼政变造成的威胁。

20世纪70年代，意大利大学在校生人数从50万增长到100万，

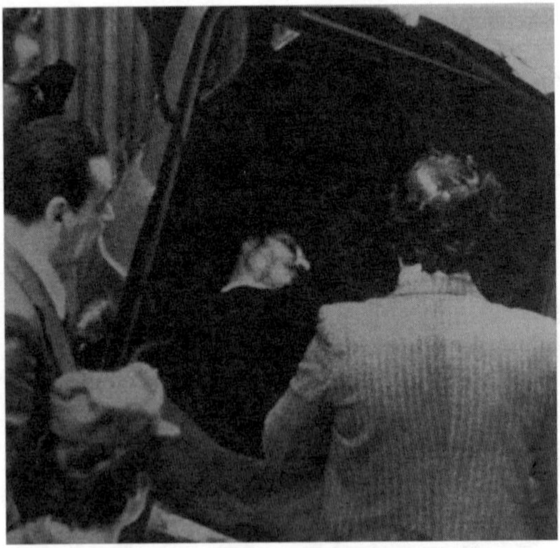

意大利前总理阿尔多·莫罗。莫罗于1978年5月9日被恐怖分子谋杀。

这为“红色旅”提供了进一步支持。由于大学生数量迅速增长，许多学生在获得大学文凭后很难找到工作。在70年代的十年中，每年都有10万大学生找不到工作。意大利人口持续增长（1971年为5000万，比20年前增长了800万），同时经济危机也开始出现。不可避免地，这两大问题使极端主义发展起来，尤其是那些壮志未酬的学生。

在这样的情况下，“红色旅”迅速发展，形成了组织力量，成员几乎遍布意大利的每座城市，虽然全职成员不超过1000人，但临时成员众多。这些临时成员或是为“红色旅”行动提供支持，或是协助隐藏极端分子。在“红色旅”中，有的极端分子进行了多次暴力犯罪，但他们成功躲避了追捕。1978年，“红色旅”进行了最为轰动的一次犯罪活动：绑架意大利基督教民主党主席、前总理阿尔多·莫罗，并在政府拒绝谈判后将其杀害，他的尸体被留在了基督教民主党指挥部附近的一辆被废弃的轿车中。后来，警察成功潜入“红色旅”，虽然类似绑架美国军官的事件时有发生，但意大利恐怖活动的高发期已经过去了。

20世纪70年代发生的最为恐怖的暴力事件，大多是由爱尔兰共和军和巴勒斯坦解放组织这两大民族主义组织制造的，而事实上他们还有一个更为极端的同伙——黑色九月（Black September）。爱尔兰共和军于1973年和1974年策划了多起爆炸事件，造成了多名无辜民众的死伤，其中有的发生在伦敦重建的历史建筑物前（老贝利街和伦敦塔），有的在吉尔福德和伯明翰，还有的在不同的军事基地。这一系列恐怖行动造成了紧张不安的社会氛围，就算是宏伟的大英博物馆也加强了守卫，在入口处检查公文包、雨衣和雨伞，防止有人携带炸药。巴勒斯坦解放组织于 1972 年的慕尼黑奥林匹克运动会上袭击了以色列运动员的住处，导致 11 名以色列运动员丧生。巴勒斯坦人一度开展劫持飞机并绑架人质的恐怖活动，而以色列人于 1976 年 7 月突袭了乌干达的恩德培机场，戏剧性地与巴勒斯坦人和乌干达军队作战，并成功解救了一架被劫持的以色列飞机。此后这类劫持飞机的恐怖事件告一段落。

爱尔兰共和军和巴勒斯坦解放组织的成员认为自己参加的是民族的解放战争，他们的目标是使自己的祖国北爱尔兰和巴勒斯坦获得独立自主权。在这些人看来，由于国际认同的缺失和自身力量的不足，躲藏和非法行动成为他们最为有效的手段。他们声称将恐怖活动扩大到北爱尔兰和巴勒斯坦以外的国家是出于特定目的。爱尔兰共和军在伦敦开展爆炸活动是为了改变众议院的态度和英国政府的政策。巴勒斯坦人劫持飞机则是为了解救因恐怖活动而被关押的同胞，同时他们还想惩罚那些对以色列提供保护的国家领袖。

因此，这一时期的恐怖运动既有着不同手段也有着不同目的。有的是为了实现民族独立，而另一些是为了点燃革命的火花。寻求改变者采取恐怖主义手段是因为他们认为传统革命中的主角放弃了革命目标，抛弃了革命事业。

欧洲共产主义

“欧洲共产主义”一词于1975年6月首次在报刊中出现，并很快成为一个政治词汇。法国、意大利和西班牙的共产党领袖认为，这个词意味着只有这三大国家的共产党才能在议会制宪政的资本主义社会中拥有共同的关注点。但是这种解释其实是为了隐藏共产党政治道路中更广泛的含义。欧洲共产主义是从意大利共产党领袖陶里亚蒂（Togliatti）的声明内容发展而来的，他在声明中指出，共产主义必须是多中心的，这一观点得到了广泛认可。西班牙共产党领袖圣地亚哥·卡里略（Santiago Carillo）对其进行过一番生动的描述：

> 前些年，梦想成真的莫斯科就像是我们的罗马。我们把伟大的十月社会主义革命看作我们的诞生日，那是我们的童年时代……新问题出现使我们的不同更加明显，并使我们意识到我们之间的意见分歧只能通过讨论来解决，而且这种讨论必须带有批判和自我批判的精神，必须承认不同形式的社会主义和社会主义政治道路的存在……作为新时代的共产党，没有什么中心能给我们指引道路，也没有什么国际纪律会强加在我们头上。今天，将我们团结在一起的是以科学社会主义为基础的紧密联系。

欧洲共产主义暗示共产党道路从根本上发生了改变。实行欧洲共产主义意味着法国、意大利和西班牙的共产党不再受莫斯科控制，而是根据其在自治道路中面对的特定问题采取适合的应对方法。同时，欧洲共产主义意味着西欧各国的共产党不再把使用暴力推翻政府看作取得权力的唯一途径，而是愿意与议会联合，并参与到政府决策中。这样，共产党在外交政策上也变得更加灵活。各国共产党在国内无须推行中立的外交政策，而可以接受西方同盟国的存在。

在匈牙利和捷克斯洛伐克的革命事件之后，苏联的权力有所下降，因此西欧几个大国的共产党采纳了欧洲共产主义这一观点。不过西欧各国共产党没有与苏联划清界限，因为他们害怕会在大选中输给自己最危险的对手——社会党。此外，各国共产党的多位领袖对苏联残酷的镇压行动震惊不已。同时欧洲共产主义拥护者认为，在混合所有制经济（大型工业产业归政府所有，并且大部分经济由政府掌管）的社会中推翻政权毫无意义。20 世纪 70 年代的欧洲不同于 1917 年苏联布尔什维克的社会。对于当今的欧洲来说，参与政府决策更有意义，也更能扩大其影响力，并最终建成社会主义社会。基于这些共同观点，各国都依照自身的情况开展了欧洲共产主义运动。

西班牙共产党领袖卡里略强力推行欧洲共产主义，主要原因来自于国内。1950—1970 年间，西班牙进入了快速工业化时期，在此期间西班牙从事工业行业的工人数量翻了一番，从事农业生产的人数却减少了 50%。同时在这段时期内人口也快速增长，导致工业和农业人口的数量差距增大了许多。工业化扩大了中产阶级和工人阶级的规模，也使人们对佛朗哥的独裁统治更为不满。国内相继爆发了工人罢工、学生罢课、反政府示威游行，而佛朗哥于 1975 年去世时（享年 83 岁），其政权也陷入了危机。然而，西班牙人最为恐惧的是再次发生内战。因此，他们愿意接受佛朗哥的下一任国王胡安 · 卡洛斯（Juan Carlos）重建君主政体。胡安 · 卡洛斯实行的是渐进而坚定的民主政治，但是这激起了佛朗哥拥护者的反对，而这些反对者中有人仍手握大权。所以，西班牙的民主进程不得不在保持国内团结的状态下进行，以避免再次发生内战。如果共产党继续在西班牙发动革命，并威胁到政体重建的进程，就会失去大部分人的支持。

在法国和意大利，共产党同样掌控着自己的事业。对法国来说，萨特与共产党决裂是一次标志性事件。第二次世界大战期间，法国知识分子和共产党结成了联盟，共同进行抵抗运动。但是苏联对其卫星国的无情镇压使法国知识分子与共产党之间产生了严重分歧。而在意大利，共产党几乎在北部的所有大城市都取得了行政权，建立了清廉高效的市政府，却没能充分提高当地的经济水平。地方共产党官员需要中央政府的支持，因此意大利的欧洲共产主义开始形成，共产党通过联合执政的基督教民主党来实现自己的目标。

毫无疑问，欧洲共产主义为西欧各国的共产党提供了一个巨大好处，即在近东地区的危机和经济萧条加剧的情况下，共产党拥有了更大的政治灵活性。而这也带来了新的挑战，其中最为明显的就是 1973 年的石油危机。

石油危机

石油危机是由1973年10月的赎罪日战争引发的。在埃及和叙利亚对抗以色列的战争失败后，阿拉伯国家强行限制石油的出口和供应。这种限制主要针对支持以色列的国家，尤其是美国和荷兰，但也危及了西欧。美国虽然是阿拉伯石油的主要购买者，但其实自己也有足够的石油资源而无须依赖阿拉伯国家。但是，西欧的情况与之截然相反，各国完全依赖于阿拉伯的石油。因此，西欧各国的经济立刻因阿拉伯国家限制石油输出，以及连带的石油价格上涨，遭受了严重打击。

西欧各国采取了节约石油的政策，如禁止周日和节假日开车，工业生产和家庭供暖鼓励用煤炭代替石油。西欧许多国家都成立了能源部门。1974年3月，阿拉伯国家结束了对石油的限制，这些国家认为已经通过石油限制表达了自己的政治观点，因此是时候重建与西欧国家的正常贸易关系了。（阿拉伯对荷兰的石油限制更久一些。）但是，贸易禁止本身只是危机中最常见的事件，此类事件早在赎罪日战争之前就已经开始，其影响也在石油限制结束以后持续了很长时间。

有一段时期，中东和北非地区石油资源丰富的国家渴望有效利用自己国家埋藏的丰富资源。由于这些国家缺少必要的开采、精炼和销售技术，因此他们需要美国大型石油公司（埃克森石油公司、加利福尼亚标准石油公司、海湾石油国际有限公司、美孚石油公司、德士古公司）的服务，而这些公司也就取得了在这片地区开采石油的特权。美国公司和阿拉伯国家开始进行谈判，讨论问题包括两者的伙伴关系，即拥有石油租赁权的公司应服从阿拉伯政府；还包括税务问题，即美国公司需要为拥有出口石油的权力而支付费用。1971 年 4 月，双方达成协议，允许石油价格大幅上升，但是也承诺在未来五年内石油价格不会再次上调。

但是，事实证明这项协议并不可行。该协议中规定的石油价格是以美元来定价的，谈判结束 4 个月后，阿拉伯国家试图使用黄金作为价值标准，但美国于 1971 年 8 月拒绝了这一提议。不过美元很快就贬值了，因此双方再次进行了谈判，最终提高了石油的定价。

1973 年的石油禁运主要是由政治因素导致的。阿拉伯国家对美国支持以色列十分气愤，也不满于尼克松总统在 1973 年 4 月宣布的新能源政策。美国鼓励石油贸易的竞争，并在阿拉伯石油占据美国市场大部分份额以后取消了定额分配制。因此，阿拉伯国家及其领导的石油输出国组织欧佩克（OPEC）通过石油禁运向美国传达了一个清晰的信号，那就是阿拉伯国家和欧佩克是十分强大的经济和政治力量。1974 年 3 月，在石油禁运和欧佩克的共同努力下，阿拉伯国家获得了决定石油价格的权力，阿拉伯世界注入了新的力量。西欧和美国报刊上使用“我们”这个词来指代西方世界，以把阿拉伯国家区分开。其实，阿拉伯的胜利只是暂时的。由于西方国家采取了经济手段，而且出现了越来越多的能源替代物，例如煤炭和电力，而这些替代物也更为节约资源，因此对石油的需求降低了。与此同时，随着北海石油的发掘（大部分送往英国和挪威），同时阿拉斯加州过去被忽视的油田也开始得以利用，非阿拉伯国家的石油供应量越来越多。此外，欧佩克内部的利益分歧也在某种程度上削弱了其谈判能力。

石油危机是导致西方世界 20 世纪 70 年代末经济衰退的重要原因。自 60 年代末起，石油价格开始稳步上升。到 1975 年 1 月，每桶石油的价格为 10.46 美元，是石油危机前的 1973 年价格的 6 倍，当时的平均价格为每桶 1.73 美元。石油价格的上涨引发了恶性通货

石油输出国组织，即欧佩克。由石油资源丰富的阿拉伯国家组成的欧佩克，于20世纪70年代初期成为一支重要的经济和政治力量。

膨胀、利率激增，物价也相应上涨。与此同时，欧洲的商品也面临着激烈竞争。战后西方国家极大地推动了亚洲和非洲的经济发展，因此亚洲和非洲的工业生产也得到了很大提高。尤其是日本成了十分惊人的经济力量，其电子产品和汽车的出口对老牌工业强国产生了威胁。到 1980 年时，日本生产的汽车占联邦德国市场份额的 10%，占比利时市场份额的 25%。

石油价格的上涨和其他地区的发展威胁到了欧洲的经济繁荣，而战后重建为欧洲经济带来的动力也已经消耗殆尽。自 20 世纪 70 年代中期到 1984 年，欧洲失业人口增加到大约 1900 万。一场严重的经济衰退已经埋下了伏笔。

妇女反抗运动

在国际政治巨变和经济动荡的背景之下，西欧的女性们开始为提高女性地位做出努力，这是自第一次世界大战前妇女参政运动以来的第一次女性运动。欧洲多国女性活动家们对政府不断施压，但是女性还是在第一次世界大战之后才获得了投票权，而信仰天主教的欧洲国家如法国、意大利、葡萄牙和比利时，直到 1944—1948 年才给予女性参政权。在法国，戴高乐将投票权作为抵抗运动的奖励“赏赐”给女性。然而讽刺的是，伴随这种奖励而来的是残忍的压迫，第二次世界大战期间，一些女性因被控与德国占领军“横向合作”而被当街游行示众。女性获得参政权并没有立刻从根本上改变其社会和经济地位，不过部分原因也在于女性自身，她们倾向于投票给实施传统政策的保守党派。（正是这种估计，使得中间偏右的政府例如戴高乐政府给予女性投票权，并鼓励自由党派抵制变革。）女性活动家们意识到她们既要改变女性的意识，也要改变男性的意识，这样才能实现女性在社会和文化地位中的重要突破。

在第二次世界大战之后的几十年内，女性的命运的确在一些重要领域有所改善。西欧女性的平均寿命显著增加，20 世纪 70 年代初时达到了 75 岁，比男性的平均寿命多出 5 岁。婴儿和幼儿夭折不再是普遍现象。女性抚养孩子的年限也缩减了很多：在 20 世纪初期，女性将生命的一半时间用于抚养孩子，但是到 1970 年时，这一比例减小到四分之一。避孕水平的提高使女性控制生育成为可能。关于避孕方式，相对于避孕套女性更愿意使用避孕药。因此，生育率下降，更多的女性无须花费时间生育和抚养孩子了。1970 年时，西欧国家的平均生育率为 1.6，如此低的生育率使得几乎每个欧洲工业国都不得不从国外引进劳动力以维持经济运作。有趣的是，甚至在意大利和法国这样的天主教国家，女性也无视教会关于不允许使用“人工”方式避孕的禁令，大量服用避孕药。为了避免生育率过低，所有欧洲国家都试图采取手段，通过成立产前护理项目和提供丰厚的产假津贴，来吸引更多的女性生育。然而整体上，摆脱生育孩子的负担要比政府提供的产假津贴更有吸引力，因此生育率依然不断下降。

虽说与过去相比，第二次世界大战以后的西欧女性寿命更长，生育条件也更好，但是女性在外工作时作为劳动者的境遇，以及在国内的政治地位，并没有得到明显改善。越来越多的女性在外工作，不过她们可以选择的工作多数还是传统的“女性”职业，例如速记员或打字员、护士或助产士、教师、裁缝、家政清扫员、半技术性工人及服务业人员。这些工作通常都很枯燥，重复性高，而且平均工资要比传统“男性劳动力”少三分之一到二分之一。更为不幸的是，这些工作通常很少提供晋升的机会。在 1975 年到 1985 年这十年间，西欧女性在就业增长中所占的份额比男性多出了 100%，但是其中的 60% 是相对低薪的兼职工作。此外，虽然生育率有所降低，但是外出工作的女性仍然需要在养家糊口的同时承担家务劳动。的确有一些男性受到“女性解放运动”的鼓舞（或威胁），分担了妻子做家务的责任，但是大部分家务还是由女性承担。欧共体 1973 年的一份调查显示，意大利近一半的已婚男性、德国和法国三分之一的已婚男性，以及低地国家四分之一的已婚男性，不做任何家务，而且毫无疑问，他们对此感到骄傲。

女性在家庭和工作岗位上十分忙碌，然而她们在政治领域并没有突出表现。在战后的头十年，并没有几个西欧女性能成为政治领袖或参与到议会中。英国在 1979 年玛格丽特 · 撒切尔（Margaret Thatcher）上任之前没有出现过女首相。法国于 1993 年才在政府中达到了女性自由的最高水平，因为当时深受弗朗索瓦 · 密特朗总统器重的伊迪丝 · 柯瑞松（Edith Cresson）担任了一年首相（很遗憾没什么作为）。德国直到2005年安格拉·默克尔当选总理，才第一次出现女性成为政府首脑的例子。而意大利始终由男性掌握政治大权，其中还多是年老腐败的政客。在20世纪70年代中期，瑞典的国民大会中女性代表占20%，但是在第二次世界大战后的30年中，英国和法国下议院中的女性代表仅占4%或5%。美国女性愿意说女性的位置“在众议院和参议院中”，但是西欧女性在20世纪80年代之前一直坚守在厨房、托儿所、商店及打字间这类传统场所。

不过在20世纪60年代末到70年代初，西欧发生了许多妇女解放运动（女权运动）。这些运动模仿美国的模式，并极大地推动了社会、政治、经济领域的性别平等。伴随这些运动一起出现的是具有新型含义的性别认同，并逐渐形成了以女性为中心的世界观。女性活动家们认为，欧洲女性在社会和文化领域受到了压迫，而无论是男性压迫者还是女性自身都承认这个观点。为了实现性别平等，女性活动家们清楚，她们需要推翻关于性别和家庭生活中根深蒂固的传统观念。而她们的权威宝典是西蒙娜·德·波伏娃（Simone de Beauvoir）所写的《第二性》（*The Second Sex*）。这本书认为女性的“天性”源于男性主导的文化而非生物学。此书1949年就在法国出版了，但是直到20世纪60年代末才产生广泛影响，而且先是由美国的女权主义者采纳，之后才传回欧洲的。西欧的许多女权主义领袖都有社会主义背景，但是她们意识到社会主义和关于解放与平等的华丽辞藻，与自己的真实生活截然不同。正如1969

1967年的法国作家，著名的女权主义者西蒙娜·德·波伏娃。

年一位法国女权主义者在社会主义期刊中写到的那样："我受到了'人民解放、女性解放'这些词汇的影响。但是我的解放包括我下班后为他服务，而他在读书或'思考'。当我做饭的时候他可以读书消遣，读的也许是《法国世界报》，也许是马克思主义经济学著作。自由仅存在于现实生活中境况优越的那些人手里，而这些人正是男性。"

虽然法国和其他西欧国家的女权主义者因1968年的政治动荡受到了激励，不过很快她们就发现与她们身处同一阵营的男性们并不热衷于性别平等，他们中的多数似乎仍旧认同其对立面保守主义的观点，即最适合女人的地方是床上。如果女性想要继续抗争，她们就要自己来处理。在1970年的一次著名事件中，十几名法国女性将花圈放在无名战士的坟墓上，献给“无名士兵的无名妻子”。当警察将女性们赶走时，她们喊道：“我们是未来老兵的母亲！”然而事实上，做母亲并不是这些女性的主要目标。她们认为不得不生育的女性除非已经做好了生育的决定（无论是否已经怀孕），否则生孩子通常是压迫的另一个来源，做母亲会使女性留在“她们的地方”。20世纪70年代初期，在法国流产还是违法的。1971年4月，包括德·波伏娃在内的343名女性签署了一份声明，宣布她们已经做过非法流产，而出于保密需要，她们做流产的环境通常是十分危险的。声明中指出：“正如我们需要自由使用生育控制手段，我们也需要拥有流产的自由。”四年后，法国议会力压教会的反对意见，通过了一项法律，允许女性在怀孕的前十周使用药物进行流产。毫无意外的是，法国的女权主义者并不满意于这个结果，因此她们继续要求获得更多的自由解放政策。虽然在随后几年中流产权利的范围的确有所扩大，但是相比东欧国家，法国和其他西欧国家受到的限制更多，因为流产在东欧已经成为控制家庭规模的主要方法。

20世纪70年代，法国和英国的女权运动走上了完全不同的道路。法国的女权主义者将由男性主导的文化机构和家庭视作女性受到压迫的主要原因，并在福利国家中寻求帮助，以争取提高自己的社会和经济地位。她们希望国家承认女性的特殊需要，鼓励公司为有家庭的女性职工提供灵活的工作时间表和兼职工作。而讽刺的是，这项举措使女性遭受了经济上的损失。在 20 世纪 70 年代中期法国经济衰退时，公司开始通过雇用无社会福利的兼职女性工人来缩减开支，而女权主义者所宣称的女性的“独特性”被用来支持这项政策。在英国，情况截然不同。英国的女权主义者从一开始就将国家视为首要目标，而且她们坚持平等，而非要求特殊待遇。她们要求女性无论结婚与否，都应和男性获得相等的工资和社会福利。这样一来，虽然英国的女性就业水平比法国低，但是从事相同工作的工资水平更高。英国第一位女首相撒切尔上台时，终止了社会计划，并改变了私人慈善机构和家庭的职能，加重了女性的负担。但由于英国的女权主义者对国家并不信任，她们对这样的做法并不感到惊讶。

一些欧洲女性由于无法实现全面平等和完全自由而十分沮丧，因此她们重新与激进的男性组织联合起来，并谴责“只有男性是压迫者”这一说法。她们制作了一个模型，该模型由女性外阴的图案和一双手组成，双手四指朝上，拇指朝下，掌心向外，以此作为激进的性别宗派主义的标志。这是激进女权主义广泛传播的和平标志。然而与此同时，女权主义逐渐成为主流文化的一部分，欧洲大学中开创了女性研究项目，出版了大量有关女性研究的书籍，而以女权主义为中心的杂志和期刊堆满报摊。法国和德国设立了内阁职位来处理女性事务，其领袖无疑也是女性。

矛盾的冲突

20 世纪 60 年代末和 70 年代发生的事件给欧洲社会带来了两个相反的发展趋势。民众普遍反对学生动乱，要求严肃惩治恐怖活动，并对激进女权主义持保留意见。但是许多人认为，这些运动反映了欧洲日益僵化的社会结构。官僚政治并没有促进社会进步，而是阻碍了社会发展。由国际企业家组成的社会阶层占有了繁荣年代所创造的财富，而普通民众并没有分得一丝一毫。通过战后重建来获取经济安全并扩展、强化文化生活，民众的这一愿望没有实现。

与 1956 年这个战后欧洲史上的转折性年份相同，动乱的 1968 年反映出民众普遍的不满情绪。西欧的学生运动（尤其在巴黎）和布拉格的反苏运动虽然被彻底平息，但是两者都说明了无论是东方还是西方，人们对于第二次世界大战后形成的社会政治秩序已经缺乏耐心。布拉格的动乱威胁到了苏联在东欧的统治，而西欧的学生运动挑战了物质繁荣、消费主义及增长就是真理的神圣性，而自战时开始，这一切的价值观就与由美国经济和文化主导的西欧联系在一起。法国总理乔治 · 蓬皮杜意识到了法国动乱的意义，他曾在危机最严重时这样说道："我们刚刚经历的事件并不会一闪而过。我们的文明正在经历着挑战，经历者并不是政府机构，甚至不是法国，而是物质主义，以及没有灵魂的现代社会。"

蓬皮杜是正确的。虽然无论是西欧学生运动还是布拉格的反苏运动，都没有实现直接目标，但是这些运动反映出的社会问题并没有随着运动本身的平息而消失。在东欧，“布拉格之春”的火炬传递给了人权组织，产生了如捷克斯洛伐克的“七七宪章”组织（Chater 77）和波兰的劳工保护委员会，而它们最终发展为能够最大程度地动摇苏联控制的组织——波兰团结工会。因为这些不同形式的抗议，欧洲将面目一新并更加自信（虽然仍是麻烦不断），所以欧洲各国人民强烈盼望欧洲大陆的分裂局面能够解除，并将自己的国家从超级大国的监管中解放出来。

第十三章

缓和的十年：1969—1979

1973 年夏天，列昂尼德 · 勃列日涅夫宣布 :“在我们看来，冷战结束了。”在某种意义上，这份声明是不成熟的，因为在 20 世纪 70 年代末 80 年代初，美苏两个超级大国之间的局势再度紧张起来，某些评论员称当时的局势为“新型冷战”。不过，勃列日涅夫有一点是正确的，即双方都有意寻找解决办法，以摆脱过去两极对峙的局面。美苏两国通过签署一系列开创性的条约和军备控制协议，使战后一直以来的东西对抗局面得以缓和。这一方向性转变并非来自某个有意识的决定，而是因为两国关注的问题不再是导致冷战爆发的那些事件。换句话说，局势缓和的本质原因是苏联和美国在外交要务和国内经济上出现了新的需求。

东亚成了美苏两国共同关注的焦点。美国军队虽然从 1969 年 6 月开始撤出越南，但仍于 1971 年和 1972 年卷入了激烈的战争。美国最后一支军队于 1973 年 2 月从越南撤出，而越南南北战争在 1975 年共产党占领西贡之时才正式结束。因为担心支持越南民主共和国的苏联将影响力扩大到东南亚地区，美国与苏联在东亚最主要的对手中国建交，并谨慎地与台湾方面疏远了关系。

20 世纪 60 年代末，中国与苏联的关系不断恶化，所以中国共产党出于自身考虑也愿意与美国恢复邦交。中苏摩擦的原因之一是苏联于 1968 年侵略了捷克斯洛伐克，而莫斯科方面将此称为勃列日涅夫主义，宣称苏联有权在偏离正道的共产主义国家中强制重建正统思想。实际上在中国看来，苏联在与美国的战争中大力支持越南民主共和国，并非是对一个处于困境中的共产主义政权表示友好，而是为了在东南亚建立基地进而威胁中国。此外，尤其在中国看来，苏联对越南发挥的作用是一种不祥的预兆，因为在中国东北与西伯利亚的中苏边界上，苏联增强了军备。1969 年和 1970 年，苏联与中国之间发生了一系列边境冲突。

正如中苏不和加剧导致了中美关系缓和，苏联也向着同样的方向发展。为了不陷入与中国和美国敌对的局面，莫斯科方面希望通过减少与美国的冲突，以降低中美关系缓和对苏联利益的威胁。苏联出于对国内情况的考虑也只能朝着缓和的方向发展。斯大林逝世后，苏联领导人急于停止将苏联的经济资源用于重工业和军事，而是投入大范围的工业生产中，他们希望能够得到西欧和美国的经济和技术援助。

美国也很想结束与苏联之间的军备竞赛。越南战争导致人们反对军事开支，因此无论是出于政治考虑还是经济需要，裁减军备都势在必行。与此同时，美国也面临着逐渐严重的贸易逆差和美元疲软。

超级大国之间的关系缓和与军备控制

第一轮限制战略武器谈判

美国和苏联的军备控制会谈缓慢地进行了两年，双方于 1971 年达成共识，其首要目标是限制反弹道导弹系统（可以在敌方导弹击中目标之前将其击落）的部署。有关条约于 1972 年春天签订，但是其内容并不完整。条约只允许双方拥有两个反弹道导弹基地，一个设于各自的首都周围，另一个设于洲际弹道导弹地下发射井周围。该项条约同时还规定，不得向其他国家转让反弹道导弹系统。但是两国逐渐发现，反弹道导弹系统造价非常高而且军用价值很低，因此最终都放弃了部署该系统。

更重要的是，更广泛地裁减军备发展成了第一轮限制战略武器会谈。尼克松和勃列日涅夫于 1972 年 5 月在莫斯科签订了一项协定，协定规定双方在陆地和海洋的进攻性发射器数量上应大致相等。两国采用卫星照片侦察的方式来确保协议的有效执行，而该条约有效期为五年。尽管包含监督条款，但这项条约还是有着很严重的漏洞。条约没有对现存导弹系统的升级做出充分规划，也没有禁止新型导弹的补充。虽然条约禁止以“重型”导弹代替“轻型”导弹，但是却并没有定义何为“重型”。

很快，双方就开始利用条约中的漏洞行事了。苏联开始部署新一代分导式多弹头导弹（MIRV），包括强大的 SS-19，该导弹是具有 6 弹头的洲际导弹，弹头数量是分导式民兵洲际弹道导弹的两

缓和的缔造者。美国国务卿亨利·基辛格（左）与苏联最高领导人列昂尼德·勃列日涅夫会面。

倍。而美国开始发展隐身巡航导弹系统，据称该系统不在限制战略武器谈判条约的管辖范围内。其实，苏联的逆火式轰炸机就算没有在字面上违反会谈的内容，也与其精神不符，因为逆火式轰炸机的航程能够直达美国。而美国也计划用新型洲际轰炸机（B-1）和三叉戟潜射导弹来代替老旧的北极星导弹。

《赫尔辛基协定》

美苏对第一轮限制战略武器谈判的解释存在着分歧，但是这并没有影响两大阵营之间关于欧洲安全和国际合作的谈判。1973 年，欧洲安全与合作会议于芬兰首都赫尔辛基召开，会议结束时（1975

年 8 月），35 个国家共同签署了非约束性条约《最后文件》，即《赫尔辛基协定》（又称《赫尔辛基最终法案》）。该条约肯定了欧洲战后国界的合法性，并呼吁各条约国应加强技术和文化领域的合作。然而，该条约中最为人所熟知的条款是承诺要“尊重人权”。

《赫尔辛基协定》，尤其是人权条款，一开始受到了外界的批评。西方有人质疑苏联能否遵守一个非强制性条约。尽管 1977 年 1 月上台的吉米 · 卡特总统承诺将在全世界范围内保护人权作为美国外交政策的基础，但是卡特政府内部存在分歧，争论的焦点在于美国究竟能将这项改革推向多远。例如，如果损害到国家安全，或者要保持对“友好”国家的影响力，再或者制裁违背条约的行为时，贫穷和无辜的人受到的伤害比掌权者大，那么这一进程是否还要继续？美国虽然找到很多机会提醒苏联及其卫星国遵守《赫尔辛基协定》，例如，苏联不公平地对待安德烈 · 萨哈罗夫等持不同政见者，又如捷克斯洛伐克对国内人权组织“七七宪章”实施迫害，但是却很少或几乎没提及亲美的国家，例如伊朗国王统治的伊朗、韩国、由费迪南德 · 马科斯（Ferdinand Marcos）统治的菲律宾的独裁专制。

《赫尔辛基协定》的签署国于 1977 年在贝尔格莱德举行了后续会议。但是，由于勃列日涅夫谴责西方借苏联损害人权为由干涉苏联内政，而部分西方领导人刚好持相反的观点，贝尔格莱德会议效果甚微也就不足为奇了。虽然侵犯人权的行为在全世界范围内仍在继续，但是《赫尔辛基协定》仍是战后外交史上的一座里程碑。正如一位评论家所说，该协定首次将 1945 年《联合国宪章》中提到的人权问题放在了重要位置。一些成立于20世纪60年代的组织，例如国际特赦组织和美洲的人权观察组织，将保卫人权视为首要问题。从长远来说，这样的发展不可避免地会威胁到莫斯科政府，而莫斯科现在不得不与来自苏联各部分源源不断的要求做斗争，因为克里姆林宫应尊重这些申请者的“人权”。勃列日涅夫原本以为《赫尔辛基协定》明确了现存的国界，并阻止了其他签署国干涉自己的内外事务，这样就能保证摇摇欲坠的苏联集团的神圣和尊严，可是实际上，协定却为这个集团的倾覆埋下了祸根。

第二轮限制战略武器谈判

第一轮限制战略武器谈判产生了一个过渡性的协定，其中一项条款的内容是继续进行谈判以制定更为全面的核武器规定。但是第二轮限制战略武器谈判的进程受到了多种政治和技术因素的阻碍。1974年8月的水门事件使理查德·米尔豪斯·尼克松总统被迫辞职，而尼克松恰恰对苏联比较友好，而且也赢得了勃列日涅夫的信任。1974年11月，尼克松的接班人杰拉尔德·福特（Gerald Ford）访问符拉迪沃斯托克，去评估第一轮限制战略武器谈判的成果，并讨论分导式多弹头导弹发射器的新限度，而他必须谨慎行事。由于苏联一直有侵犯人权的行为，并支持安哥拉和莫桑比克的左翼，因此美国越来越怀疑苏联在维持世界和平的事业上是否是可靠的伙伴。美国于1974年发布了一项国会决议案，规定向苏联做出的贸易让步取决于苏联人权问题的改善，反映了美国国会下定决心要在美苏关系问题上采取更为强硬的态度。而苏联对此项经济“勒索”做出的回应是终止了与美国现有的贸易协定。不过，虽然外交氛围如此恶劣，但是两国之间的军备控制会谈仍在继续。双方都认为军事领域十分重要，因此不应该面临失败或陷入危机的威胁。正如卡特总统所说：“正是由于我们与苏联有着根本上的不同，所以我们才下决心一定要让危险的军备竞赛处于控制之中。”

虽然谈判双方都下定了决心，但是谈判还是因巨大的技术困难而放慢了脚步。两国的核武器均有许多不同的种类，因此衡量两国的军事力量并非易事，然而这还不是唯一的困难。卡特政府认为，第一轮限制战略武器谈判和 1974 年在符拉迪沃斯托克达成的协定，规定了两国导弹、发射器、分导式多弹头导弹的数量应有相等的限度，这一点对于苏联的导弹投掷重量（能上升到太空的导弹弹头规格）更为有利。于是，美国在 1977 年 3 月的全面条约中表示，如果苏联能将其重型洲际弹道导弹减少一半，美国就愿意主动取消导弹实验，该实验针对的是 10 弹头的分导式多弹头导弹，它能够在隧道中或是放置在巨型卡车上移动，以降低其在核打击时的脆弱性。苏联不愿为美国尚未开发出的武器系统而减去一半其现有的陆地核武器力量，因此拒绝了美国的提议，并对每次新总统上台就要重新规划军备控制表示不满。对于苏联如此强硬的态度，美国国会和卡特政府感到不安，卡特总统随即缓和了态度，使会谈得以继续进行，用勃列日涅夫的话说是“局势向好的方向发展”。最终，卡特总统和勃列日涅夫于 1979 年 6 月的维也纳峰会上签署了《第二阶段限制战略武器条约》。

在第二轮限制战略武器谈判中，苏联同意降低洲际弹道导弹发射器的最高规格，并承诺不再增加各型号洲际弹道导弹弹头的数量，而美国也同意不再进行导弹实验。双方对海上发射的弹道导弹和战略轰炸机的新限制也达成了共识。虽然如此，《第二阶段限制战略武器条约》中这两个超级大国拥有的核武器也足以将地球毁灭好几次了。

美国的左翼和右翼对《第二阶段限制战略武器条约》产生了严重分歧。自由主义者反对条约没有阻止军备竞赛，更不用说扭转局面了。而保守主义者认为，条约对导弹发射器的约束和弹头的限制，使苏联在洲际弹道导弹和投掷重量上以大约五比二的比例领先。美国限制战略武器谈判的代表——参谋长联席会议的将军，警告称此条约为“脆弱之窗”，让人顿生不祥之感。而苏联新一轮的举动似乎使局势变得更加令人不安：在苏联支持下，越南侵略了柬埔寨，桑迪诺（Sandino）带领的游击队在尼加拉瓜发生了叛乱。最为严重的是，苏联于1979年12月侵略了阿富汗。在这种氛围之下，美国国会不再认可《第二阶段限制战略武器条约》，卡特于1980年1月3日将此条约废除。为了惩罚苏联侵略阿富汗的行为，卡特禁止美国运动员参加1980年的莫斯科奥运会。而莫斯科也做出回应，拒绝参加1984年的洛杉矶奥运会。因此，至少在当时看来，缓和的局面已不复存在了。

缓和年代的西欧政治

在20世纪70年代，并不是只有美苏两个超级大国在寻求缓和局面。联邦德国、法国和英国政府也同样做出了努力，以改善他们与苏联及东欧各国的关系。虽然西欧各国政府希望和美国保持友好关系，但是各国并不想仅仅成为美国政策的传声筒，而是希望能够在国际舞台上拥有自己的角色定位。各国政府在国内推行了雄心勃勃的社会改革，以改善最贫穷阶级的生活。然而各国的举措遭到了诸多反对，而且也受到了石油危机引发的国际经济衰退的影响。就各国内部形势来说，缓和的十年也可以说成是幻灭的十年。

联邦德国

在中欧，也就是冷战的中心地带，缓解东西方紧张局面的关键事件是1969年10月联邦德国成立了新一届政府。与之前把“不进行试验”当作格言的保守派政府不同，这个新型的社会–自由联合政府（社会民主党和自由民主党）全身心地投入包括外交政策在内的一切领域的试验当中。

联邦德国的新任总理是社会民主党的领袖维利·勃兰特（Willy Brandt）。1913年他出生在一个工人家庭，原名卡尔·赫伯特·弗拉姆（Karl Herbert Fahm）。1933年因希特勒政府的压迫逃到了挪威，之后改名为维利·勃兰特。从挪威的奥斯陆大学毕业后，他成了一名记者。因为德国于1940年入侵挪威，勃兰特辗转逃亡到瑞典，并成为联结挪威和德国反纳粹运动的纽带。1945年，勃兰特返回德国，于1948年重新加入社会民主党。1957年至1966年，他担任西柏林市市长，随即又成为联邦德国的外交部长。勃兰特在其政治生涯中展现了实干的政治风格，同时又是一个特别热情而充满魅力的人。

在勃兰特担任总理期间，他采取开放的态度来对待联邦德国与东方的关系，尤其是与苏联、波兰、德意志民主共和国的关系。勃兰特采取新东方政策，是出于多种因素的考虑。他坚定地反对纳粹所代表的所有思想，认为第三帝国的瓦解并没有使德国真正焕然一新，因此努力地修补与战争中受到德国蹂躏的国家的关系。担任西柏林市市长的经历使他懂得，如果想让数以百万计的德国人从民主德国铁幕背后的重重苦难中解放出来，唯一途径就是改善与东方国家之间的关系。他认为是时候将柏林墙两边德国人民的切实利益放在抽象的德国统一的承诺之上了。对德国统一持反对意见的只有苏联和民主德国政府，他们极力反对民主德国人民和联邦德国人民交往联系。

波恩政府改善与民主德国关系的首次尝试并不成功，因为当时民主德国还在坚定的斯大林主义者瓦尔特·乌布利希的统治之下。在一次勃兰特与民主德国部长会议主席维利·斯多夫（Willi Stoph）的会面中，斯多夫要求联邦德国向民主德国赔偿因与西方战争而损失的生产力，而这一要求使联邦德国和民主德国之间相互理解的可能化为泡影。1970 年 3 月，乌布利希到联邦德国的埃尔福特市进行国事访问，而他并没有被勃兰特热情的接待所打动。

联邦德国的外交官把注意力转向民主德国的"保护者"苏联身上，而他们得到了较为友好的接待。苏联意识到侵略捷克斯洛伐克使其在东欧变得更加不受欢迎，因此西方尤其是联邦德国承认战后国界的合法性变得更为重要。同时，苏联也急切地希望与经济发达的联邦德国扩大贸易往来。尽管如此，1970 年 1 月在莫斯科召开的联邦德国与苏联的谈判还是困难重重。谈判出现了一些 18 世纪外交的典型特征：一方坚持用来解释条约内容的备忘录，另一方却不愿意承认。该备忘录被送到了苏联外交部的门卫那里，这样德国代表就有理由称他们已经将备忘录送出，然而苏联代表却说他们从未接到过这份文件。1970 年 7 月底，双方终于达成协议，勃兰特和外交部长前往苏联首都草签协议，而这份协议就是《莫斯科条约》(*Treaty of Moscow*)。双方政府保证不使用武力，也互不侵犯领土；双方正式承诺战后的边界不可侵犯，既包括民主德国和联邦德国之间的边界，也包括波兰和民主德国之间的边界（奥德河—尼斯河边界）。不过，联邦德国尽量避免承认民主德国是一个完全独立的国家，但是苏联拒绝提及德国统一的可能性。

《莫斯科条约》为联邦德国和波兰之间的谈判开辟了道路，而波兰正是在第二次世界大战期间受德国侵害最深的国家。为了能与波兰实现关系正常化，波恩政府摈弃了冷战中残留的哈尔斯坦主义，这是 1955 年时的一项政策，即拒绝与任何承认德意志民主共和国的国家（苏联除外）保持正常的外交关系。经过长时间的复杂讨论后，联邦德国和波兰于1970年12月签署了《华沙条约》。正如在《莫斯科条约》中一样，波恩正式承认了奥德河—尼斯河边界，而波兰允许居住在波兰的德国人返回民主德国或联邦德国，这使得成千上万的德国人回到了联邦德国。勃兰特亲自到华沙签署条约。在访问期间，勃兰特在无名战士的墓前敬献了花圈，并在访客留言簿上写道：“纪念在第二次世界大战中的死难者，以及暴力和背叛的受害者，我们期待着欧洲各国之间的持久和平与团

1970年，德国总理维利·勃兰特访问波兰期间在华沙犹太隔离区起义纪念碑前下跪。勃兰特此次访问的主要目的是签署联邦德国和波兰之间的条约，而这项条约是勃兰特新东方政策的一部分。

结。”1943 年，7 万名犹太人在华沙犹太隔离区被德国占领军屠杀，当勃兰特到达这里的时候，他突然下跪道歉并流下了眼泪。勃兰特这一临时起意做出的行为受到德国保守人士的批评，他们认为这并不合适也没有必要，然而勃兰特表示自己的行为“是出于同情而做出的一个举动，是为德国的历史与其受害者之间建立沟通桥梁的举动”。不过，波兰人理解勃兰特的做法，而勃兰特这一行为起到的调节作用与《华沙条约》一样重要，两者都改善了波兰和德国之间的关系。

然而，民主德国和联邦德国之间关系的改善仍面临重重阻碍。其中最主要的分歧是关于柏林分裂状态的持续争议，自第二次世界大战时柏林就由四大同盟国共同管理。1971 年 9 月，美国、苏联、英国和法国签署了一项条约，就有关柏林统治权的问题提出了新的规定。三大西方强国认为联邦德国对西柏林没有完全统治权：不再允许联邦德国的议会在西柏林召开，西柏林也不能再派拥有投票权的代表到波恩参加联邦议会，而且西柏林的市民也没有资格到联邦德国的部队（联邦德国国防军）参军。而苏联出于自身利益的考虑，放弃了一直坚持的主张，不再坚持西柏林是德意志民主共和国的领土，因此苏联也就失去了对西柏林的管辖权。同时，苏联同意联邦德国可以在国际舞台上代表西柏林，并在西柏林保留大量的政府机构。条约中与民主德国和联邦德国国民关系最为密切的一点是，允许西柏林人穿过柏林墙去拜访生活在民主德国的朋友和亲属。自从 1961 年柏林墙建立后，西柏林人一直无法前往东柏林以及民主德国的其他地区。这一系列的规定使苏联不想因柏林问题而阻碍其与西方改善关系的想法不言自明。

同盟国在实行条约政策时，依照民主德国和联邦德国的实际情况将细节部分做了些许调整。1971 年 5 月，乌布利希辞去中央委员会第一书记职务，他的辞职促进了民主德国和联邦德国之间的谈判，而《柏林条约》也有效地刺激了这一谈判。1972 年年初，波恩和东柏林共同为两德关系正常化开始做出努力。1972 年 12 月，民主德国和联邦德国签署了《基础条约》（*Basic Treaty*）这一历史性条约。两德承诺放弃使用武力，并承认对方的领土是不可侵犯的。联邦德国正式废除了过去一再重复的说法，即联邦德国是代表整个德意志人民的唯一合法政府。两德之间彼此承认是主权国家，但是联邦德国坚持不愿承认各自的全面外交关系。两德各自在对方的首都设立了常驻使团，但不是使领馆。尽管如此，这也是联邦德国向民主德国迈出的重要一步。因此，民主德国允许其人民在家庭遇到紧急情况时到联邦德国拜访亲属。随后，民主德国又允许年迈的退休人员永久居住在联邦德国，而这一让步其实是减轻了民主德国的经济负担，而加重了联邦德国的经济负担。

《基础条约》的批准和实现，促使两德于 1973 年 9 月成为联合国的成员。但这并非勃兰特新东方政策的全部内容。波恩方面与捷克斯洛伐克签订了条约（与之前和波兰及苏联签订的条约相似），并与保加利亚和匈牙利两国交换了大使，这一系列的举动使波恩“打开东欧的大门”的想法得以实现。自此，除阿尔巴尼亚这一“封闭国家”外，联邦德国已经与东欧集团的所有国家建立了正式的外交关系，而阿尔巴尼亚这一例外也微不足道。很明显，波恩方面长期推行在西方强国尤其是美国的指令中实行外交政策表明，联邦德国是从国际事务的高度来制定外交政策以及定义自身利益的。

实际上，联邦德国以实行新东方政策展现国家独立并没有完全受到西方国家的欢迎，当然也包括美国。美国国务卿亨利·基辛格曾给尼克松总统写过许多备忘录，基辛格表示虽然他并不怀疑联邦德国政治领袖属于西方阵营，但是他认为联邦德国的新东方政策包含着“令人担忧的因素”。基辛格害怕联邦德国试图成为东欧和西欧之间的调停者，以削弱美国在西欧的领导地位，也会影响到美国与东欧对峙时的力量。同时，基辛格还担心联邦德国强势的新东方政策会降低北约组织的统一性。因此，基辛格试图采用超级大国缓和政策来抵消新东方政策可能带来的后果。他认为这样美国就能够比联邦德国的外交政策拥有更大的影响力，也就能阻止联邦德国政府向脱离西欧阵营的趋势发展。

在联邦德国，与勃兰特实行新东方政策同样重要的事件是，社会–自由联合政府并不是以外交政策上的承诺在选举中取胜的，而是因其在国内对社会政治改革做出的承诺而争取支持的。勃兰特上台后不久就提高了社会保险支付金额，并增加了政府在教育方面的支出。同时，他也着手废除联邦德国陈旧的法典，包括有关女性权利、流产、离婚和色情的内容。最重要的是，勃兰特宣布要扩大“经济共同决策制”，这样工人就能够在工厂的董事会拥有一席之地。

这些国内的改革如同勃兰特大胆的外交政策一样遭到了强烈反对，反对的声音不仅来自基督教民主联盟和基督教社会联盟，也来自勃兰特的政治盟友——自由民主党。1972 年 4 月，在联邦议会的一次投票中，自由民主党中的叛变者唆使基督教民主联盟发起“建设性不信任投票”，试图推翻勃兰特政府。基督教民主联盟声称勃兰特的国内改革会威胁到国家的安定和繁荣，而他的外交政策无法实现将民主德国解放出来的任务。基督教民主联盟这样说是为这次投票宣传造势。勃兰特在联邦议会的关键性投票中险胜，于是他决定举行一场联邦选举来取得更为稳定的统治权。这次新选举于 1972 年 9 月举行，是勃兰特为自己的政策所做的一次辩护。选举结果是社会民主党赢得了 45.9% 的支持率，这是联邦德国历史上首次出现社会民主党得票多于基督教民主联盟的局面。

然而，勃兰特虽然赢得了胜利，但是他的某些社会改革计划因代价过高且野心太大而未能实现。1973 年的石油危机使德国的经济增长骤然中断，并导致税收下降。与此同时，某些地区的失业率上升，导致 250 万外来工人怨声载道。这些工人都是在 20 世纪 60 年代急需劳动力时从国外来到联邦德国的，他们大多来自土耳其和南欧。由于工作机会减少，这些外来工人的工作都转到了联邦德国本地人手里，而勃兰特很难阻止这种现象。

1974 年春天，勃兰特发现他最信任的一位助手竟然是民主德国间谍，此人长期将情报传递给东方。这件丑闻使勃兰特蒙羞，因此勃兰特很快就辞职了。而他的辞职让两大对立的政治团体都欣喜不已：一边是担心勃兰特的改革会威胁到自身利益的保守派；另一边则是年轻激进的社会党人士，他们认为勃兰特的“新中心政策”背叛了社会民主党奉行的马克思主义。

勃兰特的辞职标志着一段举世瞩目的总理生涯终结了。勃兰特通过他的举动和信念为德国在全世界描绘出一个崭新且更为积极的面貌。尽管世界对德国的怨恨并没有完全消除，但是勃兰特代表国家表达了德国承认纳粹过去罪行的意愿。同时，德国也表现出废除没有实际意义的意识形态信条的意愿，并支持能够缓解东西方紧张局势的政策。最后，勃兰特表示了德国维护和平的决心。他曾这样说道：“我们注定要为生命赋予和平。生命中再没有比和平更美好的事。”1971 年，勃兰特被授予诺贝尔和平奖，实至名归。

勃兰特下台后，社会民主党中比较保守的一支获得了执政权。1974 年 5 月，社会民主党的保守派领袖赫尔穆特 · 施密特（Helmut Schmidt）成为新一任联邦德国总理。施密特与勃兰特完全是两类人，虽然他喜欢易北河船员帽，不过他来自汉堡中产阶级家庭，而且他也不像勃兰特那么随和。施密特的一位对手曾讥讽他是在官员的娱乐场所学习了社会主义（实际上他在第二次世界大战期间是一名中尉，并在联邦德国新成立的联邦军队继续担任预备军官）。1969 年至 1972 年，他先后担任了国防部长和财政部长。在地位不断上升的同时，他的刻薄与智慧、傲慢与高贵，也使他获得了冷酷

联邦德国总理赫尔穆特·施密特。

的实用主义者的名声。而这些品质并没有使他得到同僚的喜爱。

施密特开始其八年的总理生涯时正是联邦德国战后史上的一段艰难时期。经济混乱导致勃兰特在位最后一年的国民生产总值零增长甚至负增长，而且失业率也居高不下。作为一个实用主义者，施密特采取的做法是削减公共支出并增加税收，这些政策使他在党内一直不受激进分子的欢迎。尽管如此，他还是成功推行了一项重大社会经济改革：一部新型的共同决策制法律（这是勃兰特曾承诺过的）。这部法律规定，在雇员人数超过 2000 人的公司，工人可以拥有与监事会管理人员对等的代表人员。

由于这种相对和平的劳工关系，联邦德国于20世纪70年代末开始从国际经济危机中恢复过来，而西欧其他国家的经济还没有好转的迹象，因此联邦德国将影响力逐渐扩大到国际舞台，成为全世界经济最强劲的国家之一。联邦德国成了汽车、化工、机械工具及通信设备领域世界领先的生产国。1978年，西方工业强国的领导人选择在波恩召开经济峰会，这也说明联邦德国的成就得到了世界的认可。在峰会上及其他场合，施密特用自己的切身经验向其他国家的领导人，尤其是吉米·卡特解释了现代经济体应该如何运作。同时，他直率地表示要建立一条通道把西伯利亚的天然气输送到联邦德国。而这正是美国十分担心的，因为美国害怕联邦德国会成为对抗苏联政策中的“能源人质”。而施密特告诉美国少管闲事。联邦德国私下利用自己强大的经济实力向民主德国贷款，并为愿意移民到联邦德国的民主德国人支付“赎金”。

尽管联邦德国经济繁荣，但是国内还是有人持不同政见。“红军旅”在20世纪70年代中期的恐怖活动在前文已经描述过了。除此之外，抗议生态问题与核武器问题的运动发展得更为持久。联邦德国加强了对核能的依赖，部分原因是阿拉伯石油危机，而这引发成千上万的年轻人走上街头进行反核能游行。还有一些抗议活动是针对联邦德国河流的工业污染，以及因酸雨导致宝贵森林毁灭的现象。在这些生态抗议运动中萌生了一个新政党，名叫绿党（The Greens）。1979年，绿党在联邦德国两个州的议会上都取得了代表席位。接下来几年，绿党在国会中的代表席位增加，而且也在更多州议会取得了席位。尽管在20世纪70年代，英国、法国、瑞典等欧洲国家也成立了绿党，但是那时只有联邦德国绿党取得了实际的政治力量。

外交政策方面，施密特延续了勃兰特的新东方政策。与此同时，他继续加强联邦德国自1955年加入北约后开始形成的军事力量，而此时联邦德国对军事力量的投入比其他任何加入北约的欧洲成员国都要多。联邦德国的国防力量是在西欧与苏联关系日益紧张的背景下发展的，尽管当时第二轮限制战略武器谈判正在进行，但是苏联于1977年开发了一款新型中程核导弹——SS-20导弹，目的是为了打击西欧，也包括联邦德国。在施密特看来，这些武器尤为致命，因为苏联在常规武器中加入了战略性的核武器装备，使武器性能更为优越。因此，施密特默许了美国在欧洲发展和部署中子弹的计划，中子弹是战略型强辐射武器，能够在不破坏有形资产的情况下杀死入侵军队（一位批评家称中子弹为“心理变态的象征”）。美国总统卡特对中子弹的态度发生了转变，这让施密特十分沮丧。因此施密特希望北约采取双轨政策，一方面在欧洲发展美国的中程弹道导弹（潘兴Ⅱ型战术导弹和巡航导弹）；另一方面如果苏联放弃了SS-20导弹，那么美国也同样放弃中程弹道导弹的研发。由于领土面积相当于美国俄勒冈州的联邦德国已经拥有了数千种核武器，因此北约于1979年正式承认了这项计划，不过该计划并没有为国内逐渐壮大的大型反核团体所接受。此外，由于最激烈的反对者大多来自社会民主党，因此施密特与他的前任勃兰特一样，逐渐在自己所在的政党内失去了支持。20 世纪 70 年代末，某些评论员预测施密特政府会很快垮台，不过事实上施密特还是坚持到了 1982 年 9 月。

法国

1969 年，维利 · 勃兰特当上联邦德国总理之际，法国也出现了一个新政府。戴高乐主导的法国政策被 1968 年 5 月的学生运动和大规模的罢工运动深深动摇。尽管在 1968 年 6 月的大选中戴高乐得票最多，但是人们普遍认为真正平息暴乱的并不是戴高乐，而是他的总理乔治 · 让 · 蓬皮杜（Georges Jean Pompidou）。戴高乐不愿意任何人的权力高于他，因此于 1968 年 7 月解除了蓬皮杜的总理职务。不过这并没有阻止戴高乐的威望下降，因为戴高乐政府似乎没有能力应对经济衰退的问题。在 1969 年 4 月的一次全民公决中，他的一项改革提议被否决，于是 79 岁的戴高乐总统宣布辞职。“我和法国有过一个契约……这个契约破灭了……法国人再也没有国家抱负了。”戴高乐用这些引自作家安德烈 · 马尔罗（André Malraux）的痛苦话语，解释了他的辞职。

戴高乐的继任者蓬皮杜比勃兰特年长两岁，蓬皮杜与勃兰特不同，他是学术圈和金融资产阶级中的一员，该阶级在纳粹征服法国前已经统治了法国一段时期。20 世纪 50 年代，蓬皮杜担任罗斯柴尔德银行的总经理，当时他就了解国家经济与政治合作的重要性。担任法国领导人期间，蓬皮杜修改了戴高乐强硬的民族主义外交政策。例如，他支持英国加入欧洲经济共同体，并促使法国与北约的关系更为密切。虽然他支持勃兰特向东欧开放的政策，但还是要求美国保留驻在联邦德国的军队，以防止“中欧的中立化”。然而，他与美国尼克松政府的关系并不和谐。1970 年，蓬皮杜访问美国，他与夫人遭受到举行抗议活动的犹太裔美国人的质问，这些抗议者还向他们吐口水，原因是法国拒绝向以色列出售武器，而是支持阿拉伯国家。蓬皮杜发誓再也不会踏上美国领土了。

蓬皮杜在国内实行的路线也与戴高乐有所不同。他认为政府不仅要考虑建立丰功伟业，还要谋取繁荣昌盛。工会在企业工厂里获得了代表权，国家制定了最低工资标准。大学的数量从 22 所增加到了 65 所，学生们对学校过于拥挤的抱怨也得以缓解。作为一位前银行家，蓬皮杜知道需要将社会福利与经济实力联系在一起。他为许多赞助人和工业开发商开办了国家银行，这些人可以享受宽松的信贷政策。他放宽了对巴黎建筑物高度的限制，因此出现了一些建筑史上灾难性的建筑。例如蒙帕纳斯大厦，它会在夜晚照亮巴黎的天空。他通过使法郎贬值来提高法国出口商品的竞争力，并缩减昂贵的公共工程项目的规模。然而他并没有削减文化领域的政府补贴。作为一位狂热的文艺鉴赏家，他经常会表达出这样的观点：法国应该不仅是世界文化强国，而且更应该是世界文化的领导者。因此，在巴黎的博堡大街上修建一座现代博物馆以纪念蓬皮杜，这合情合理。

1974 年，健康每况愈下的蓬皮杜去世了。戴高乐主义者瓦勒

乔治·让·蓬皮杜

里 · 吉斯卡尔 · 德斯坦（Valery Giscard d'Estaing）当选新一任总统。作为蓬皮杜的财政部长，吉斯卡尔 · 德斯坦赢得了保守的戴高乐主义者的支持，这些人反对蓬皮杜的国内改革。德斯坦在竞选时打着“改变没有风险”的口号，险胜社会党竞选人弗朗索瓦 · 密特朗（François Mitterrand）。

新上任的法国总统德斯坦是一个既富有又优雅的人，从一支已故的远亲那里获得了贵族头衔。他毕业于巴黎综合理工学院，这所学院是战后法国政治精英的摇篮。由于受过这样的教育，德斯坦被寄予了很高的期望，人们期待他能够使法国的经济和资本主义更加合理化。他曾说要建立一个由来自工业、银行业和大学的技术管理者主导的“发达的自由社会”。但是，他所理解的发达技术未必是它原本可能成为的那样。1973 年至 1974 年，当法国像其他欧洲国家一样面临着阿拉伯石油危机时，一个比利时的骗子声称可以从空气中“吸取”近海石油，于是德斯坦在骗子的这项计划中投入了 10 亿法郎。在这项计划失败后，德斯坦提出了在欧洲范围内最具有野心的核能计划，激怒了一些环保人士（联邦德国和英国的反对人数要比法国的多）。而德斯坦在社会文化领域的改革让许多保守派人士惊讶不已，改革包括：把选举投票年龄降低到 18 岁，使流产和离婚自由化，征收资本利得税，选举女性担任要职。因此，德斯坦与当时的德国领导人一样，被许多原本支持他的人疏远了。

德斯坦在外交政策方面显得十分谨慎，而他其实可以更富创新精神。虽然他相信欧洲可以在美国经济危机和外交政策失败（最主要是对越南和伊朗）后起到更重要的作用，但是他却没有推进欧洲的超国家主义。不过，德斯坦与联邦德国总理赫尔穆特·施密特共同发出了倡议，建立欧洲货币体系以减少恶性的汇率浮动。在安全事务方面，德斯坦进一步修改了戴高乐对北约的政策，他命令法国军官加入一个北约计划组中，以此来暗示即使欧洲没有被直接攻击，法国也会加入保卫欧洲的队伍中。然而，德斯坦外交政策的基石是与联邦德国这一法国的“宿敌”建立友好关系。德斯坦曾和施密特在一起下棋，并用流利的英语召开贸易会议，二人共同推进了两国之间的工业和政治合作。如果将法国和德国看作一个经济体，那么它的规模相当于美国的一半，而且要比整个苏联大上许多。不过，德斯坦的把法国经济发展到比联邦德国经济更为强大这一目标受到了阻碍，因为农业发展迟缓、货币疲软、收入整体不平衡，并且技术基础设施不足。尽管存在这些不足，法国还是在德斯坦的领导下在世界事务中扮演着领导角色，而其欧洲邻国对此并不觉得心服口服，更不用说美国了。

英国

1970年，爱德华·希斯（Edward Heath）成为新一任英国首相，这个木匠的儿子在就读牛津大学期间加入了保守党。与当时欧洲大陆的其他领袖相同，希斯也决心为英国打造一个新形象以减少对美国的依赖。希斯永远不会忘记美国在1956年苏伊士运河事件中对英国和法国的“背叛”。尽管希斯愿意美国和苏联之间的关系缓和下来，但是他对英国被排除在超级大国谈判之外这一点愤愤不平。同时让他感到不满的是在美国逆转对中国的政策时，尼克松仅在宣布的一小时前才通知他。因此，希斯并没有聚焦于英国与美国长久以来的“特殊关系”，而是加强了与欧洲之间的联系。1950年，他在下议院的首次演讲中指出，英国迫切需要“加入欧洲之中”。1973年，他成功地使英国加入欧洲经济共同体，而这也是因为戴高乐退出了法国政坛才得以实现。为了巩固与欧洲的关系，希斯改变了（虽然只是部分调整）英国政坛中的一种战后主导趋势，即将对英帝国角色的怀旧之情与英国能够在欧洲体系之外取得繁荣这一毫无根据的信念联系在一起。

然而，加入欧洲经济共同体并没有解决英国的经济问题。英国开放了市场，这样重工业就面临着激烈竞争，长期存在的结构弱点也暴露了出来。不过，英国也能从欧洲经济共同体支持农产品高价的政策中获益。同时，由于英国加入欧洲经济共同体时，世界范围的经济危机刚开始，因此英国也深受其害。希斯认为英国经济的主要问题是高昂的劳工成本和低下的效率，他保证要“让工会落实到位”。他的想法并没有错，而这带来的却是一系列毁灭性的罢工运动。为了平息长期而激烈的矿工罢工运动，政府将矿工的工资提高了 27%。这样的处理办法使英国的通货膨胀率飙升，1974 年时达到了 13%。为了拥有更为有力的授权以解决国内的经济危机，希斯于 1974 年 2 月举行了一次选举。在竞选中，他咄咄逼人地发问：“是谁在统治英国？”令人始料未及的是，在这次选举中，保守党失去了执政权，而工党重掌大权。

英国新任首相是哈罗德·威尔逊，他曾在繁荣的 20 世纪 60 年代担任过首相。然而在 70 年代中期，通货膨胀率的增速十分惊人，一度达到 27%，随之而来的是更为丰厚的工资方案。威尔逊将其与工党的关系称作一份“社会契约”，在这份契约中工会可以控制工资要求，用以交换政府保证的食物补贴和租金管制。但是正如一位评论家所说，这份契约中仅有的“给予和获得”其实就是“政府给予而工会获得”。

虽然威尔逊在 1974 年 10 月的大选中以微弱优势获胜，但是他对自己无法驾驭工会越来越感到沮丧。1976 年 4 月，他在自己 60 岁生日时提出了辞职。这样，首相一职就由詹姆斯 · 卡拉汉（James Callaghan）接任。卡拉汉与威尔逊不同，他来自工人阶级，父母分别是海员和女佣，而且他也没有在牛津大学或剑桥大学就读过，事实上他根本就没有上过大学。他是在工党运动中接受的教育，在其中担任过多种职务。后来他又担任过英国财政大臣、内政大臣及外交大臣等职。

虽然卡拉汉曾与工会关系密切，但是他依然准备规范劳动纪律以恢复英国的竞争力。与威尔逊不同，卡拉汉并不认为英国能够从危机中脱身。他推行了一项带有希斯风格的政策，采取紧缩措施并提倡工资冻结。但是与过去相同，这项政策导致工会组织了具有破坏性的罢工事件。其中最严重的一次是卡车司机的罢工，最终政府将工资提高了 20% 以平息事态。

20 世纪 70 年代末，许多英国人抱怨国家被工会“劫持”了，人们将国内的问题怪罪到卡拉汉的头上，这不太公平。在 1978—1979 年间的冬天，史称“不满的冬天”，罢工纠察导致了药品供应受阻、遗体无人埋葬。至此，卡拉汉的声望急转直下。而许多人认为目前唯一能削弱国内工会权力的政治家只有一人，那就是玛格丽特 · 撒切尔。

民主来到了葡萄牙和希腊

葡萄牙是发明额叶切除手术的国家。1949 年发明这个手术的外科医生获得了诺贝尔医学奖，而这项成就也被许多思想进步的葡萄牙人看作国家的象征：现代史葡萄牙不是已经脑死亡了吗？在安东尼奥·萨拉查（Antonio Salazar）长达36年（1932—1968）的独裁统治下，葡萄牙一直处于停滞不前的状态。社会精英们怀念着帝国时期的光辉岁月，而被压抑的普通民众们麻木地等待着新时代的到来。里斯本的大钟也静静地挂在那儿，因为根本没有人理会它。

在1968年，许多西方国家都发生了动乱，而萨拉查政权也在同年结束。不过，这位年迈的独裁者下台的原因仅仅是他已经疾病缠身。萨拉查的继承人发誓要保持政权完好无损，这样葡萄牙在20世纪也就一直处于困境之中。

这位继承人也许做到了维持政权，但是却并没有维系住葡萄牙在非洲的殖民地安哥拉、莫桑比克和几内亚。殖民地国家激烈的黑人民族主义反抗运动使穷困潦倒的葡萄牙陷入了艰难的危机之中。20世纪70年代初，葡萄牙几乎将年度预算的一半投入殖民地战争中。1974年4月，有一群初级军官受到被强制到非洲殖民地服役的葡萄牙大学生的影响，而且他们认为殖民进程是毫无希望的，也不顺应时代的潮流，还会造成军队的损失和国家财政的亏空，因此这群军官开始反抗政府。面对这场革命，风雨飘摇的政权不堪一击，几乎一夜之间就分崩离析了。由于在政变期间，胜利的军人手持康乃馨来代替步枪，因此这次革命被称作“康乃馨革命”。

然而，这场革命胜利的喜悦就如同军人手中的鲜花，很快便枯萎了。因为叛军的首领发现推翻旧政权是一回事，而建立一个可行的政治体制又是另外一回事。革命后的两年里，葡萄牙政府频繁更替，更换过50个军事派系，其中大部分是左翼激进分子，他们试图在葡萄牙建立一个乌托邦。1975年，已成功渗入政府的共产党没能获取全部权力。而马里奥·苏亚雷斯（Mario Soares）领导的社会党获得了一些温和派的高等军官及西欧社会主义运动的支持。葡萄牙对于美国来说十分重要，尽管葡萄牙在非洲的地位已经岌岌可危，但是它有利于美国北约特许成员的地位，并且有助于亨利·基辛格在非洲的反苏政策。因此，苏亚雷斯依赖于美国提供的经济援助。

政变的失败及执政党实力的衰弱为社会党在葡萄牙推行制度化民主创造了条件。1976年葡萄牙颁布了新宪法，在这部宪法中，国家领导人的权力被独立的法院和多党立法机构所制衡。虽然葡萄牙与欧洲大多数国家一样深陷经济危机，而且1976—1983年间换了9届政府，但是葡萄牙还是成功避免了再次陷入混乱的革命或麻木的保守主义之中。葡萄牙似乎成了欧洲最西部民主的前哨。

希腊，这个被誉为世界“民主摇篮”的国家，在战后岁月中并没有比萨拉查统治的葡萄牙民主多少。20世纪40年代末，希腊接受了杜鲁门主义的援助。而到了50年代，国家由多届右翼政府控制，这些右翼政府获得了国王、军队和中央情报局的支持。60年代初期，中间—左翼联合政府通过大选成功取得了政权。1967年，一支右翼军队的上校们发动政变并建立了军事独裁政权。这个臭名昭著的执政团体实行高压统治，手段十分残忍，其军队杀害或是折磨反对派，禁止“颠覆性”书籍（包括柏拉图的《理想国》），而且囚禁留长头发的年轻人。希腊国王最初支持这些上校，后来也试图推翻他们的统治，但是并没有成功，因此被迫流亡海外。同时，该执政团体的警察也激怒了美国的约翰逊政府。因为希腊是北约成员国，而北约自诩是“保卫民主”的组织。这些上校覆灭的根源是他们愚蠢地决定要吞并塞浦路斯岛，借此战胜希腊过去的对手土耳其。而土耳其也是北约成员国，其国内的民主历史也值得商榷。1974 年，土耳其用武力回应了希腊的侵略，使希腊威风扫地。至此，希腊的军事独裁政权失去了一切合法性，很快就土崩瓦解了。

在接下来的十年，民主的创造者希腊重新将民主与政治体制联系起来。将希腊逐渐过渡到民主政体的是康斯坦丁 · 卡拉曼利斯（Constantine Karamanlis）。他是温和的保守派人士，于 20 世纪 50 年代末执掌希腊政权。他的第一项举措就是针对君主政体进行了一次公民投票，而这次投票的结果很明显是反对君主政体的。在外交政策方面，卡拉曼利斯故意与美国疏远，这是考虑到希腊人民因美国支持希腊军政府而产生了怨恨情绪。土耳其战争过后，希腊退出了北约，但是 1980 年又再次加入。1981 年 1 月 1 日，希腊成为欧洲经济共同体的成员国，不过当时希腊的经济状况极不稳定，而且国内民主仍处于起步阶段。正如一位战后的欧洲学者所说，在布鲁塞尔许多人都会发现，允许希腊加入欧洲经济共同体是“希望战胜了智慧的可悲胜利”。

同样是在 1981 年，希腊选出了一位新总理——安德烈亚斯 · 帕潘德里欧（Andreas Papandreou），他的父亲曾在希腊军政府时期出任总理。帕潘德里欧是一名左翼分子，因此他大部分时间都在逃亡，也曾在伯克利担任经济学教授。20 世纪 80 年代，帕潘德里欧在担任总理期间推行社会主义的民粹主义，并声称要比北欧的社会民主政权更偏向左翼。然而在 80 年代中期，他被迫采取紧缩政策，此项政策疏远了激进的左翼和工会。尽管许多人认为希腊在经济上走的是自己的道路，不过帕潘德里欧政府并没有退出欧洲经济共同体，这是十分明智的，因为这样希腊就能够长久地得到布鲁塞尔的资助。

充满不确定性的时代

在 20 世纪 70 年代，大多数西欧国家经历了充满曲折和矛盾的十年。而在欧洲南部，民主胜利在一场会议的引导下拉开序幕，又在不确定性和幻想破灭的论调中结束。

美苏两个超级大国之间关系的缓和给欧洲带来了希望。自第二次世界大战开始就被分开的东欧和西欧终于结束了冷战的局面。西欧，尤其是联邦德国，利用这个新局面来实施自己与东欧的调解政策。此外，外交条约的签订也促进了政治关系，西欧开始与莫斯科方面及整个东欧建立新的经济联系，并获得了丰厚利润。虽然大体上来说，这些政策与美国的外交政策相符，但是西欧各国已决心要减少对美国经济和外交的依赖。20 世纪 70 年代末，当两个超级大国又回到对抗局面的时候，西欧各国对于是否要继续忠于美国并放弃缓和带来的利益而犹豫不决。此外，许多欧洲人越发觉得美国的领导地位在逐渐下降，尼克松因水门事件（多数欧洲人对此事困惑不已）下台后，接任的杰拉尔德·福特政府在欧洲人眼中十分无能。后来卡特总统突然废止了缓和政策并再次强调反共产主义和反暴动，这让欧洲对美国外交政策的连续性提出了质疑。

20世纪70年代，欧洲政府希望在外交政策上取得的一致性并没有在其国内政策中体现出来。70年代初期，西欧各国在一定程度上都希望延续政府的高额开支、宽松的信贷，以及慷慨的社会福利项目。70年代初期的能源危机，还有来自低成本高技术的太平洋周边国家的工业竞争日益激烈，而上述政策也难以承受，因此西欧国家的繁荣时期很快便终止了。70年代中后期，通货膨胀十分严重，失业率也重回30年代的水平。因此，没有任何一个政府，包括联邦德国的社会民主党和英国的工党，还对过去的凯恩斯主义怀有任何希望。西欧各国并没有试图从经济衰退中挣脱出来，而是削减了公共支出，减少甚至取消了对低效率产业的补贴，削减了福利项目，收紧了货币供应，贬值了货币，并增加了税收。然而，这些政策并没有立即取得成效，反而使得70年代末西欧所有大国掌权的政府也陷入了政治危机之中。1979—1982年政局突变，法国的戴高乐主义者及英国和联邦德国的中间偏左政府被赶下了历史舞台。

西欧各国政府的普遍失败使各国认识到，60年代的希望带来了几种可供选择的应急方案，或是非主流的政治活动形式。首先，只着眼于生态或女权主义的单一利益团体建成的政党很容易被忽视。在此期间，西欧绿色运动的兴起是最重要的事件之一。绿党的吸引力不仅来自于人们对环境恶化的恐惧，更来自于对城市生活、商业主义和无情的工业发展的不满。传统政党体制的不足之处还表现在国家越来越依赖于“直接行动”，而这些行动的发起者是心怀不满或彻底被疏远的公民。更令人震惊的是，政治中的恐怖主义者发动了游击战，通过用枪击穿膝盖骨或刺杀政客和商人、火烧商场、爆炸袭击，或是抢劫银行等方式来反抗“这种体制”。不过这些恐怖活动的效果并不明显。同时，恐怖分子被一些地方性政党收买，并在 70 年代的一段短暂时期内严重威胁了民主体制。西班牙北部的巴斯克和北爱尔兰的天主教派发动了暴力的分裂运动。在英国和法国，也有一些争取文化自治或政治自治的改革运动，它们或许没有那么暴力，但是同样充满激情，这些运动分别发生在英联邦的苏格兰和威尔士，以及法国的科西嘉、加泰罗尼亚、巴斯克、普罗旺斯和布列塔尼。在比利时，佛兰德斯人和瓦隆人展开了民族战争。这些运动都反映了新的民族意识，年轻人开始寻根，以保护地区性民俗和正在快速消失的语言。这些运动也表明了人们对高高在上的官僚统治和集权化政府的不满情绪越来越强烈，而这种不满情绪会在接下来的时期随着布鲁塞尔的权力越来越集中，以及全球化的压力越来越大，而不断增强。

第十四章

20世纪80年代的西欧——困难重重

对于西欧人民来说，幸运的是，20 世纪 70 年代末至 80 年代初的缓和破裂并没有使西欧成为超级大国之间对抗的焦点。相反，超级大国已因与欧洲无关的事情忙得焦头烂额：苏联在处理阿富汗的事务，而美国在处理伊朗和中美洲各国的问题。这样，西欧各国就能够恢复一些因冷战和欧洲两极分裂而损失的国际影响力。美国政府从缓和态度转变成了遏制政策，并在大西洋的国际主义和"美国堡垒"的孤立主义之间摇摆不定。这样的政策不连贯性为西欧各国脱离美国控制提供了动力。虽然不是所有的西欧领导人都对美国的国际角色不满，但是绝大多数的领导人都认为欧洲应该更加努力发展欧洲自己的共同政策。

1985 年，各国为一体化进程做出了一个十分重要的决定，即到 1992 年欧洲将成立一个"欧洲单一市场"，这个机构不仅可以消除欧洲经济共同体的 12 个成员国之间的一切内部贸易壁垒，而且也能够为西欧各国之间更紧密的政治合作提供基础。

20 世纪 80 年代，西欧在国内方面采取的是保守的紧缩措施，这要比 70 年代末福利国家局部的倒退更为彻底。新上台的英国和联邦德国保守党政府，甚至包括法国和南欧的社会主义政权，都缩减了公共支出，并鼓励私人的主动性，以此来振兴低迷的经济。如果说西欧和里根执政的美国在外交政策上差别很大，那么在经济领域两者则处于相同的频率。

撒切尔夫人执政时期的英国

“我不是一个代表民意的政治家，我是一个有执着信念的政治家。”玛格丽特·撒切尔用这句名言总结了她的政治信条。在撒切尔夫人之前的英国首相大多淡化意识形态（如果他们有的话），而是愿意处在难以捉摸的中间地带。但是撒切尔夫人与他们不同，她坚定不移地走自己认为正确的道路，并对此感到骄傲。这条道路包括要重新找回自力更生的精神。撒切尔夫人认为个人自力更生能够使英国强大起来，但是自从第二次世界大战结束后英国人变得过于依赖国家，因此国民极度缺乏自力更生的精神。她在 1976 年的一次演讲中叹息道：“每个人现在都能在自力更生或依赖国家之间做出选择。”她将消除这种“道德上虚弱”的选择视为自己的使命。

撒切尔夫人具有这样的观点不足为奇。她于 1925 年出生于一个富裕的地方杂货商家庭，受父亲的影响，她本能地接受了“英格兰是店主们建成的”这种保守主义的思想。她的记忆中有定量供应卡、肉店外面长长的队伍，还有罢工，而她认为所有的这些都是战后社会主义政府的误导政策导致的。她在学生时代十分勤奋并显得很早熟。她在牛津大学先后学习了化学和法学专业，并担任牛津大学保守党协会主席。1947 年，她大学毕业后嫁给了一位富有的商人并开始了家庭生活，但是作为一个决心在生活中自己做主的女人，她投入了法律实践并获得了成功。很快她就进入了政坛，并于 1959 年成为保守党议会成员。爱德华 · 希斯认为撒切尔夫人拥有过人的才华并且十分勤奋，因此于 1970 年任命她为教育大臣。到 1975

英国首相玛格丽特·撒切尔。

年，在保守党高层的混乱时期，她成功地从过去的支持者希斯手中抢夺了保守党党魁的位置。这场政变之后，她成了英国主要党派中的第一位女性领袖。四年后，她进驻唐宁街十号，成为英国历史上第一位女首相。

担任首相期间，撒切尔夫人采取了通货紧缩政策，并削减了教育、国家医疗卫生和公共住房方面的预算。她的这些政策是英国重回国际市场资本主义的一部分，目的是通过减少税收和鼓励私人经济的方法来克服全球经济的衰退影响。撒切尔政府廉价出售国有企业，降低遗产税，并大力免除资本利得税。同时，她也不鼓励私人企业提高工资，并劝说一些工厂关闭，原因是这些工厂的高工资会影响收益。

这种新型的经济政策有效地降低了通货膨胀，并帮助英国工业在全球市场中盈利更多，也更有竞争力。但是，该政策也造成了很高的失业率。1979 年工党下台时，失业率为 5.6%，而两年后就翻了一番。到 1982 年，有 291 万工人失业，占劳动人口的 12.2%，而在接下来的 1983 年，失业人口突破了 300 万。工会在其伦敦总部前竖立了一块巨大的告示牌，上面写着失业的数据，而失业者们也在怀特霍尔街上游行，举着写有“让撒切尔下台”标语的条幅。

很明显，撒切尔经济政策造成的不满需要一个更为暴力的出口。1981 年 4 月，在伦敦、利物浦和其他工业城市都发生了暴乱，并持续数天。包括伦敦在内的一些地方甚至发生了带有种族歧视的恶性事件，英国本土公民与来自加勒比、印度和非洲的新移民发生了冲突。1981 年夏天爆发了更为严重的暴乱，这次暴乱扩大到了失业现象更为严重的苏格兰。

经济不佳并不是撒切尔政府被暴乱席卷的唯一原因。1981 年，被关押的爱尔兰共和军成员展开了一系列的绝食抗议，他们要求被当作战犯而不是罪犯对待，这次事件使北爱尔兰的问题再次升级。撒切尔夫人拒绝让步，因此博比 · 桑兹（Bobby Sands）和其他 9 名绝食者被活活饿死。新一轮的宗派枪击事件和恐怖爆炸袭击使伦敦不得不派遣更多的兵力前往北爱尔兰。而军队的介入使局面进一步恶化，爱尔兰共和军的成员及其支持者与英国的“占领军”展开了一场血战。

许多工党成员开始对撒切尔政府的反动政策有所行动，而工党的左翼分子开始崭露头角。具有讽刺意味的是，左翼领袖托尼 · 本（Tony Benn）与撒切尔夫人有着许多共同之处。与撒切尔夫人类似，本也是一位不信任温和主义的理论家，而且也认为共识政策是反叛行为。当撒切尔夫人发现了自由主义保守党中的“叛变者”（她将这些人称作“懦夫”），本和他理论上的同盟者攻击了工党中的温和派，控诉温和派因采纳资本主义而出卖了工人阶级的利益。工党的左翼分子要求政党坚定地站在最富有战斗性的工会背后，推动经济全面国有化，并使英国退出共同市场和北约。

左翼主导的工党和撒切尔夫人主导的保守党相互作用，使英国政局呈现两极化，使得两党中的温和派都感到担忧。保守党中有 30 名成员对撒切尔夫人削减开支的政策感到不安，因此在 1982 年投票反对她的预算案，而工党中有许多温和派认为本的政策是“左翼的法西斯主义”。这样看来，重新采取共识政策，团结温和派打击极左和极右分子的机会似乎到来了。工党温和派的一组成员从工党中分裂出来，投入社会民主党中，同时与规模较小的自由党组成了联盟，此时的自由党只是过去一度强大的政治力量的残余势力。他们的目标是模仿社会民主党在联邦德国的成功，然而讽刺的是，他们组建联盟之时，联邦德国的社会民主党已经岌岌可危了。

两党联盟似乎很快就要将撒切尔夫人赶下政坛。在 1981 年 12 月的一次民意调查中，联盟获得了 50% 的支持率，而工党和保守党分别只得到了 23% 的支持率。撒切尔夫人的支持者也有些动摇，许多英国人甚至是保守党员都开始认为“铁娘子”的社会经济政策将国家弄得四分五裂了。

然而 18 个月后，尽管失业率仍在上涨，撒切尔夫人却在选举中赢得了压倒性的胜利。这个惊人的结果主要是由马尔维纳斯群岛战争造成的，英国和阿根廷因马尔维纳斯群岛的主权问题爆发了战争，因此强烈的爱国主义情绪横扫全国。马尔维纳斯群岛是大英帝国的前哨，距离阿根廷海岸大约 300 英里。1982 年 4 月，阿根廷军队登上马尔维纳斯群岛，撒切尔决定将他们赶走并重夺英国对该群岛的主权。这个决定在英国大受欢迎，原因是此时的英国似乎问题重重。正如一位评论家所说：“此时的英国人对成功有着强烈的心理需求，他们需要结束失败和羞辱，去把一些事情做好，去赢得胜利。”撒切尔夫人完美地利用了人们的这种思想，她拒绝了一切谈判性条约，直接将皇家海军派遣到大西洋。不到两个月的时间，马尔维纳斯群岛上 1800 名岛民和 60 万头羊都回到了英国人的手中。

马尔维纳斯群岛战争的确帮助撒切尔夫人在 1983 年的大选中取胜，但是战争也帮助保守党的老对手工党获得了正在衰败的老城区及经济不景气的北部工业区的支持，而工党也将自己定义为“衰退的英国”的政党。社会民主党和自由党的联盟并没有像之前许多评论员预测的那样在选举中赢得胜利。1983 年，选民们似乎被“两个大卫”的双重领导弄糊涂了，社会民主党由大卫 · 欧文（David Owen）领导，而自由党由大卫 · 斯蒂尔（David Steel）领导。在随后的几年里，欧文试图在运动中占主导地位，这样的做法引发了两党的不和，最终两党联盟解散。

撒切尔夫人赢得 1983 年大选的胜利后，似乎和过去一样强硬，她从工党阵营中吸收了技艺高超且富裕的工人加入保守党中。她采取了向租户出售公有住房的政策，并把刚刚私有化的公司英国天然气公司和英国电信公司的股份分给个体购买者，这样的做法吸引了更多的支持者。这些成功使得保守党失去了大量受过大学教育的知识分子，那些知识分子担心撒切尔夫人会因紧缩政策而长久地削减高等教育支出和学术机构。1987 年的大选中，撒切尔夫人轻松获胜，这显示出大多数选民都接受了她在竞选演讲中所说的话，即保守党将英国从社会主义中挽救了出来，从经济衰退中脱离了出来，并使英国再一次获得了信心。“能够再次成为伟大的国家太好了。”这是保守党的胜利标语。

然而值得注意的是，虽然部分得益于北海石油被及时发现和开采，英国大多数地区出现了繁荣局面，但英国的重要地区，尤其是北部地区仍处于经济崩溃之中。由于政府的税收政策倾向于富人，因此贫富差距越来越大。批评者认为，英国社会由卑鄙和自私主导着。对于大多数人来说，这是“撒切尔夫人改革”带来的不好影响。

1988 年 1 月，玛格丽特 · 撒切尔超过了赫伯特 · 阿斯奎斯，成为 20 世纪英国任期最长的首相。与美国的罗纳德 · 里根总统相同，撒切尔夫人也精心规划出了使经济好转的政策，目的是利用个人的主动性和私人企业的复兴，来取代福利国家的干涉主义和再分配思想。然而 80 年代快要结束的时候，她发现自己再一次陷入政治危机之中。由于国家预算大幅增长及贸易赤字现象越来越严重，经济出现了衰退，通货膨胀率和利率再次增加，并且失业率也居高不下。这样的现象动摇了撒切尔政府的信心。同时，生活在英国过去的亚洲和非洲殖民地的居民大量移民来到英国，导致英国城市犯罪率上升，这引发了英国人的不满。在这样的背景下，撒切尔夫人却为 570 万香港人中的 5 万人提供了在英国居住的权利，而英国已经决定将于 1997 年把香港归还给中国，因此撒切尔夫人的做法再次激起了民愤。保守党的部分人士认为这个数字过高，而左翼的批评者觉得撒切尔夫人只计划接收香港的富人和受过高等教育的人，这种做法是狭隘的精英主义。同时，首相也要为持续衰退的交通系统负责，尤其是国家的铁路系统，因为铁路的退化会威胁到伦敦——英国通向欧洲的大门。1989 年 10 月，撒切尔政府的财政大臣辞职，之后撒切尔夫人的支持率就下降到了50年来首相支持率的最低水平。保守党中的一部分人将撒切尔夫人看作潜在的政治负担，因此建议她在下次大选到来之前将权力移交给没有太多争议的同僚。但是，撒切尔夫人明确地表示，在完成自己的使命之前她不会辞职，并表示她的政治遗产根深蒂固，一定会使英国一直走在“正确的轨道上”，直到进入21世纪。

联邦德国转向右翼

联邦德国的社会民主党是一个深受英国工党温和派欣赏的政党，在20世纪70年代末经历了一段艰难的岁月，几近解散。在1976年进行的联邦议会选举中，社会民主党与自由民主党组成的社会－自由联盟以10个席位的微弱优势，击败了保守的基督教民主联盟－基督教社会联盟组成的联盟党（CDU/CSU），而基督教民主联盟再次成为联邦德国最大的独立政党。1979年，赫尔穆特·施密特决定在德国部署新型的美国中程弹道导弹，再加上他要提高老年人退休金的承诺没有兑现，社会民主党的左翼与其疏远并使党内产生了严重分歧。

弗朗茨·约瑟夫·施特劳斯（Franz Josef Strauss）1980年曾代表保守的一方竞选德国总理，但是最终败给了社会－自由联盟。施特劳斯是巴伐利亚的一位右翼政治家，他聪慧过人但十分善变，而且很有煽动力，以至于把许多巴伐利亚之外的温和派选民都吓跑了。但是，施密特当上总理没多久就爆发了第二次石油危机，德国再一次面临着经济衰退，失业率也不断上升。施密特不愿意削减国家福利来恢复经济，原因是他认为自己已经过于激怒社会民主党的左翼了，而施密特更为保守的搭档自由民主党决定不再与他合作。1982 年 9 月，自由民主党领袖和外交部长汉斯–迪特里希 · 根舍（Hans-Dietrich Genscher）举行了一次联邦议会的“建设性的不信任投票”，推翻了施密特政府。之后联邦议会选举了基督教民主

德国总理赫尔穆特·科尔。

联盟主席赫尔穆特·科尔（Helmut Kohl）接任总理一职，科尔迅速与自由民主党结成了新的政治联盟。正如两年前的英国一样，联邦德国开始转向右翼。

然而，这位联邦德国的新总理无论在性格还是政治风格上都与玛格丽特·撒切尔完全不同。科尔和蔼可亲、平易近人，许多人讽刺他是一个对于大千世界知之甚少的乡巴佬。施密特能说一口流利的英语，曾开玩笑说他教过亨利·基辛格说英语，而科尔和见过世面的施密特不同，科尔至少在刚当上总理的时候不会任何一门外语，而且也似乎理解不了外交事务。不过，他无疑是一位具有天赋的政治斗士和政党管理者。他在家乡莱茵兰–普法尔茨州的基督教民主联盟内平步青云，并在 1976 年成为了基督教民主联盟领袖，最终于 1982 年 10 月协助策划了一场决定性的不信任投票，推翻了对手施密特，成为总理。

1983 年 3 月，科尔举行了一次联邦大选，以巩固其作为总理的权力。为了达到这个目标，科尔不得不再次安排一场不信任投票来推翻自己的内阁，不过这一次只是装装样子，原因是联邦德国宪法没有规定总理一时兴起就可以解散内阁。通过这次选举，科尔巩固了他的权力，采取了一项撒切尔主义的经济政策，使联邦德国的经济体系对自由市场企业和私人企业更加开放，最终基督教民主联盟新增了 18 个议会席位。

科尔巩固了权力以后，成功地兑现了削减税收和政府开支的承诺，以此刺激私营企业的发展。虽然整体上来说这些措施使经济小幅上扬，但是也使德国出现了和英国一样的失业率增加的现象。失业率最高的地区是老工业区鲁尔谷，那里的失业率高达25%，而失业率最高的人群是刚毕业的大学生。部分联邦德国青年身穿印有“没有未来！”标语的夹克，如同这个时代的不祥之兆。

虽然失业率暂时没有办法降低，但是科尔政府还是因经济缓慢却稳定的恢复而得到好评，经济的好转还是让绝大多数联邦德国人民更加富有。的确，联邦德国在20世纪80年代中期已经成为欧洲后工业社会的最佳范例，白领阶层和服务业人士在数量上远远超过从事重工业的工人，而且由于联邦德国致力于所有行业工人的共同繁荣，因此传统的阶级差距也缩小了很多。工资的增加刺激了娱乐需求，人们需要有时间去花富余的钱。80年代中期，多数联邦德国人每周工作时间少于40小时，而且几乎所有人都享受每年长达6周的带薪假期。某些联邦德国的雇主和其他地方心怀嫉妒的工人还在疑惑传说中的联邦德国工人身上究竟发生了什么，联邦德国的每工时生产力就已经遥遥领先，外贸总量仅次于美国，位列世界第二，并享受着巨大的贸易顺差。

虽然联邦德国的经济保持繁荣和稳定，但是保守–自由联盟在20世纪80年代的执政地位却岌岌可危。科尔只有在巴伐利亚的基督教社会联盟和自由民主党的共同支持下才能保持执政地位，但是这两个党派的领袖——弗朗茨·约瑟夫·施特劳斯和汉斯–迪特里希·根舍却公开攻击对方。根舍对东方国家采取和解政策，但是施特劳斯却认为这项政策只是单方面的，有一定危险性，尽管他本人也作为中间人向民主德国提供贷款。这个事件使双方矛盾进一步恶化。不过对于科尔来说，幸运的是，其反对党社会民主党内部也同样乱作一团，党内对立的派别针对具有争议性的事件（如核武器和北约导弹），争论应该如何确立社会民主党的立场。绿党内部也存在巨大的分歧，“实际”的一方打算接受现存的政治体系，而“坚持原则”的一方坚决不在理论上妥协，也不愿与传统的党派结盟而玷污了绿党。

在这样分裂而又复杂的背景下，基督教民主联盟–基督教社会联盟在1987年的联邦议会大选中遭遇了尴尬的挫败，而自由民主党表现良好。不过，社会民主党也遭遇了惨败，因此保守–自由联盟设法重新获得了权力。最令人意外的赢家是绿党，虽然其内部存在着分歧，但还是在这次大选中增加了15个议会代表席位。绿党的成功说明，有很大一部分的联邦德国人仍然不满于主流政党解决（或没有解决）环境问题，以及对于妇女和年轻人极其重要的社会问题的方法。

虽然科尔和其他保守党派成员在联邦德国的经济和政治方面取得了一定的成功，但是德国仍有一个他们十分关心的问题没有得到解决，那就是战后的德国没有自豪感，也没有明确的国家定位来弥补纳粹造成的创伤。科尔常说德国人需要“克服”纳粹过去造成的负面影响，他认为自己是无辜的，并自豪地认为自己是“后希特勒时代第一位联邦总理”。在这一点上，施特劳斯赞同科尔的想法。施特劳斯承认自己无法对纳粹的罪行“全身心地怀有罪恶感”，他认为德国人是站起来并“昂首挺胸”再次启程的时候了。

欧洲各国并不愿意德国人再次“昂首挺胸”起来，直到现在欧洲还没有从德国践踏的伤痛中恢复过来。然而科尔最重要的盟友美国却支持德国的复兴。毕竟，联邦德国是美国在欧洲最忠实的盟友，而且联邦德国向北约投入的人力在欧洲国家中是最多的。因此，美国的大使表示，是时候让德国人从“1933—1945 年的悲剧时代”中解放出来了，而且鼓励德国重视其具有正面意义的历史阶段。德国在第二次世界大战中战败 40 周年时，罗纳德 · 里根总统对联邦德国的一个小城镇比特堡（Bitburg）进行了礼节性访问，并在军人公墓敬献了花圈，上面写着“本着和解的精神，本着 40 年和平的精神，本着经济和军事和谐发展的精神”。里根总统对纳粹党卫军士兵墓致敬的做法引起了广泛的抗议，但是里根总统认为年轻的党卫军士兵们同样也是希特勒的受害者。

除了美国的鼓励，科尔政府努力摆脱纳粹阴影的做法也得到了联邦德国部分历史专家的支持。许多保守派的历史学家中开始出现了这样的观点，那就是虽然纳粹的罪行令人悲痛，但是和 20 世纪的其他暴行相比也没有太大的差别，例如第一次世界大战期间土耳其对亚美尼亚人实施的大规模屠杀，第二次世界大战期间的德累斯顿大轰炸、广岛和长崎的原子弹爆炸，以及波尔布特（Pol Pot）在柬埔寨实行的种族灭绝政策。这种带有修正主义思想的说法引起了联邦德国其他历史学家的反驳，历史学术界很快陷入了一场激烈的内部辩论，这场被称作“历史学家之争”的辩论引起了国际上的关注，全世界都注视着德国如何痛苦地寻找一段“可谈的历史”。

密特朗执政的法国

像联邦德国、英国和美国一样，法国也在20世纪80年代初经历了政治道路上的巨大变动，但是法国走上了偏左而非偏右的道路。中间–右翼的联合政府内部出现了分歧，从而导致吉斯卡尔·德斯坦在1981年4月到5月之间的大选中输给了社会党–共产党阵营的候选人弗朗索瓦·密特朗。此时英国首相卡拉汉和联邦德国总理施密特也已经下台，因此德斯坦的退出标志着通过技术统治论的社会经济政策来寻求共识的政治风格已不复存在。

德斯坦的继任者密特朗至少在法国的政治舞台上活跃了40年。他在第二次世界大战中参加抵抗运动，被授予法国军功十字勋章，成了战争中的英雄。1946年，他在国民议会选举中当选为社会党议员，而一直到1980年他都稳坐在这个位置上（除去3年在参议院的时间）。在此期间他两次参加总统竞选，但都以失败告终。尽管坚韧是他最大的强项，但他还有其他优点。和戴高乐一样，密特朗也完全认同法国和法国的历史文化。作为一名退伍将军，他极力宣扬法国“对世界文明的使命”，而且也十分痛恨美国和苏联在没有征求法国意见的情况下就瓜分了大部分世界。他把政治看作一门艺术，并决心减少阶级之间的不平等和不公正的现象。虽然他有社会主义背景，但他认为政治仪式是对波旁皇族或戴高乐的纪念。在就职典礼上，他来到先贤祠，将一枝枝红玫瑰放在了在抵抗运动中牺牲的烈士让·穆兰（Jean Moulin）、废奴主义者维克托·舍尔歇

（Victor Schoelcher）、第一次世界大战前社会党领袖让·饶勒斯的墓前。巴黎管弦乐团演奏着贝多芬的《第九交响曲》，普拉西多·多明戈（Pladcido Domingo）唱着《马赛曲》，为就职典礼伴奏。出席这次盛会的外国宾客有许多是作家和知识分子，他们的到来象征着法国仍在世界文化中拥有领导地位。

密特朗的就职典礼也许值得如此精致华丽，原因是他当选为总统的确具有历史性的意义，经过了23年多位中间－右翼联合政府的总统执政后，法国终于迎来了第一次真正意义上的政治改革。

法国总统弗朗索瓦·密特朗。在就职典礼上，密特朗将一枝象征着社会党的红玫瑰放在了法国社会主义者让·饶勒斯的墓前。

1981年6月，社会党和共产党在议会大选中赢得了绝对多数的席位，之后密特朗任命了4名共产党员担任较小部门的部长。这是法国历史上第二次出现社会党和共产党联合政府，第一次是1936年的人民阵线政府。这次联合政府甫一形成，就着手将五大行业国有化，其中包括电子工业和通信工业，多数银行仍归私人所有。然而经营了150年之久的罗斯柴尔德银行被法国政府国有化，这一事件掀起了广泛的热议。

密特朗政府国有化的手段引起了法郎外逃，原因是许多法国人纷纷将法郎兑换成更稳定的货币。政府向国有化企业的拥有者支付的补偿金高达90亿美元，加上工资普遍上涨，金融困境进一步加剧。政府支出增多通常会带来工作机会的增加，但是法国的情况却是失业率增加了。在密特朗执政的第一年，失业人数从170万上升到200万。

密特朗政府经济政策的明显失败使其不得不改变策略。1982年6月，政府将法郎贬值，并宣布物价和工资不再上涨。这次巨大的转变使密特朗联合政府中社会党成员和共产党成员之间产生了分歧。其实，共产党一直不愿意与“资产阶级”政府合作，原因是担心这样的合作会影响到自己的根本信誉，并会损害党内团结。1984年他们终止了合作，恢复了“纯洁性”，成为反对党。

共产党的离开具有一定的意义，原因是密特朗政府之前一直比其本来的样子更为激进。政府接管的许多公司已经负债累累，一位同时代的观察家犀利地评论道：“密特朗将不实用的国家资本主义推翻，但他采取的是同样不实用的国家社会主义，却称之为改革。”密特朗政府既没有实现财富再分配，也没有改变任何社会构成或统治精英意识的根本形态。

1982年，政府的经济改革带来了成效，抑制了通货膨胀，并恢复了竞争力和企业家精神。政府的研究部部长重新与大学和企业的研究团体取得联系，其采取的政策刺激了科技的发展与创新。但是，政府没有降低法国巨额的预算赤字，也没能改变贸易不平衡现象。法国经济增长水平低于主要的贸易伙伴国，而且失业率也高于欧共体的平均水平。工作竞争的巨大压力激化了对外来工人和北非移民的仇恨，而这些移民存在于法国多数大城市之中。法国人认为，外国人和移民不仅“偷走了法国的工作机会”，而且也提高了犯罪率，并传播了疾病，尤其是艾滋病。与联邦德国相同，这样的仇恨导致了种族主义的反弹，并刺激了极端民族主义政党的发展，其中最著名的是国民阵线，其领导者是让－玛利·勒庞（Jean-Marie Le Pen）。

法国严重的经济和社会问题使社会党在1986年3月的国民议会选举中失利，右翼政党中的两个保守派党赢得了55%的选票。这样的情况给密特朗制造了麻烦，原因是根据第五共和国宪法，总统任命的总理必须得到议会中多数人的支持，或至少不是受到多数人的反对。因此，密特朗不得不选择一位保守派候选人担任总理，他选择了雅克·希拉克（Jacques Chirac），此人是巴黎市市长并曾在德斯坦担任总统期间担任过总理。

希拉克被任命为总理后，法国开启了新的共治时代，也就是政府中总统和总理分别来自对立的政党。因此可以预料到，他们之间会存在很多分歧。主要掌管国内政策的希拉克着手恢复法国的经济，采用的方法是将一些被密特朗政府第一任总理皮埃尔·莫鲁瓦（Pierre Mauroy）收归国有的企业恢复为私有。希拉克还模仿了撒切尔夫人的做法，通过解除对解雇工人的限制为企业家提供更大的“灵活性”。社会政策方面，这位总理制定了预防犯罪的法律，大大提高了警力。而处理“移民问题”的办法就是让官僚机构加大拒绝外来者的力度或驱逐外来者。密特朗总统常常反对这些政策，但很难阻止这些政策的执行，因此他十分关注下一次大选。他希望法国人民不仅可以再次选他为总统，也能投给自己的政党足够多的选票以夺回总理的职位。

这个机会很快就来了。1988 年春天，法国举行了大选，这次大选不仅竞选总统，而且还重新选举国民议会。在总统选举中，与密特朗同时竞争总统之位的有希拉克、保守党成员雷蒙·巴尔（Raymond Barre）、国民阵线领袖勒庞，其中勒庞曾组织过袭击黑人移民的运动。尽管密特朗保住了总统的位置，但左翼政党只是以微弱的优势胜出，这就意味着社会党必须在某些中间派议员的支持下才能维持执政地位。社会党的米歇尔·罗卡尔（Michel Rocard）成为新一任总理，由于受到偏向左翼的共产党和偏向右翼的保守党派的双面夹击，罗卡尔无法果断地处理法国的经济和社会问题，也无法为国家做好充分的准备，以在 1992 年成立的欧洲单一市场中发挥作用。

确实，政府甚至连1989年7月法兰西共和国成立200周年的庆祝活动都计划不好，而法国大革命200周年纪念日的准备活动也因不同派别间的政治斗争受到了严重阻碍。不过，当活动最终开始的时候，密特朗还是在盛大的政治典礼中展现了他一贯的天赋。他主持了多场200周年的庆祝活动，包括巴士底歌剧院的开幕仪式，以及由贝聿铭设计的卢浮宫玻璃钢金字塔入口的落成典礼。与此同时，他还举办了西方经济峰会，并在巴黎迎接了来自西方六个强国的领导人。密特朗的这种表演逻辑是从戴高乐那里继承的，而这种作秀的方式也许会受到戴高乐将军的欣赏，因为戴高乐知道，绝大多数法国人也知道：世界会把你表现出来的样子当作你真实的模样。

南欧

西班牙

与法国类似，西班牙也在20世纪80年代初期走上了偏左的路线。1982年10月的国会大选中，费利佩·冈萨雷斯（Felipe González）领导的社会工人党以绝对优势取得胜利。冈萨雷斯是带有联邦德国赫尔穆特·施密特风格的社会民主实用主义者，他上台后就开始着手完成国内的改革，使西班牙从佛朗哥极度独裁的时期平稳过渡到民主的年代。他从中间偏右的政治家阿道夫·苏亚雷斯

（Adolf Suarez）的手中接过总理的位置。苏亚雷斯和国王胡安·卡洛斯一起逐步但坚决地推翻了佛朗哥的政权。佛朗哥政权企图让右翼军队团体发动两次运动来扭转灭亡的趋势，但是面对胡安·卡洛斯的谴责，佛朗哥组织欠妥的政变不堪一击。1982 年的大选可以看作对西班牙民主政体的另一次试验，原因是上一次社会主义取得胜利还是 1936 年人民阵线的胜利，而那一次遭受了自我标榜旧西班牙的革命捍卫者的挑战，并付出了血的代价。

这一次，西班牙保守的商业阶级与冈萨雷斯联合在一起，使西班牙在 20 世纪 80 年代的欧洲取得了最令人瞩目的经济成就。西班牙于 1986 年加入了共同市场，而 80 年代后期，西班牙是共同市场中经济增长率最高的国家。消费的迅速增长创造出了 150 万个就业机会；外商投资者开始每年向西班牙注入 100 多亿资金，主要面向制造业。这样的成就在政治上似乎是受到撒切尔主义而非社会主义的指导。1979 年，冈萨雷斯所在的政党走上了恢复工业的道路，迫使竞争力低下的企业破产，同时打开了制造业经济的大门，以提高创业积极性。

和撒切尔夫人执政的英国一样，这些政策牺牲掉了那些跟不上步伐的西班牙人。尽管工作机会增多，西班牙仍有 170 万失业人口，为欧洲最高水平。由于国内严重的通货膨胀，没有一技之长的工人和靠退休金生活的人几乎无法靠收入生存。中等和上等阶层人数的增多加剧了贫富之间的矛盾，生活在“新西班牙”的富有的年轻专业人士炫耀着他们的劳力士手表，而另一部分人似乎生活在被抛弃的西班牙，他们或是生活艰难的蓝领工人，或是穷困的农民，或是睡在马德里丽池公园（Retiro park）里的流浪汉。

许多工人认为费利佩（冈萨雷斯在西班牙的称呼）已经抛弃了他们，这并不意外。“费利佩关心商人要比关心工人多得多”“费利佩已经忘记了左翼的根本价值”，是常常能够听到的抱怨。20 世纪 80 年代末，许多心怀不满的社会党人加入了由共产党领导的左翼联盟，试图在 1989 年 10 月的大选中推翻冈萨雷斯。最终冈萨雷斯赢得了这次大选，不过其政党仅获得了一票的优势。

许多事件，尤其是反对冈萨雷斯的运动，纯粹是在选举时进行的。这表明西班牙的确发生了变化，那就是无论是左翼还是右翼都已经变得十分民主了。毫无疑问的是，西班牙的社会也发生了翻天覆地的变化，离婚和流产已经合法化，妇女获得了解放并陆续获得了工作，而教会的地位越来越低，曾经权力极大的天主教阶级也放弃了他们在西班牙传统生活的核心地位。

冈萨雷斯政府同样受到区域紧张局势的困扰，不过这也不是什么新鲜事了。巴斯克和加泰罗尼亚追求自治（或不完全独立）的历史可以追溯到 19 世纪，并在 1936—1939 年西班牙内战期间扮演了十分重要的角色。1979 年西班牙颁布的新宪法规定西班牙是一个文化多元的国家，并给予偏远的加泰罗尼亚、巴斯克和其他少数民族自治权。这些措施安抚了一些少数民族，但是巴斯克自治区中有许多人仍然十分不满，原因是宪法没有允许巴斯克完全独立。分裂主义中的代表是两个极端巴斯克组织，一个是赫里

巴斯克分裂分子在毕加索的画作《格尔尼卡》前举行示威活动，该画作描绘的是西班牙内战时期发生在巴斯克城镇的一次可怕的轰炸。

巴塔苏纳党（Herri Batasuna，意为“人民团结一致”），另一个是埃塔（ETA，Euskadi ta Askatasuna，意为“巴斯克祖国与自由”）。独立活动常常会演变为暴力冲突，巴斯克武装分裂分子曾轰炸中央政府大楼，并向西班牙士兵和警察开枪。很明显，这些巴斯克人在费利佩·冈萨雷斯的“新西班牙”中生活得并不像在弗朗西斯科·佛朗哥统治的旧西班牙时那样自在。

意大利

与西班牙相同，意大利也在20世纪70年代末到80年代初期间经历了巨大的政治、经济和社会变革。意大利共产党和基督教民主党政府之间进行过有限的合作，但结局十分残酷，“红色旅”于1978年绑架并谋杀了意大利总理阿尔多·莫罗。虽然经济有所增长，但是里拉贬值十分严重，因此政府不再铸造和印刷小面额的钱币和纸钞，人们在购买焦糖和口香糖的时候也就缺少零钱来兑换了。尽管意大利主要的天主教政治代表天主教会和基督教民主党反对堕胎和离婚的合法化，但有关堕胎和离婚的立法还是获得了通过。保守党派在1981年的大选中受到了进一步的冲击，1983年基督教民主党处于不利的地位。1981年，基督教民主党不得不做出让步，共和党的乔瓦尼·斯帕多利尼（Giovanni Spadolini）被任命为总理，这是意大利战后历史上非基督教民主党人第一次当上总理。

两年后，社会党的贝蒂诺·克拉克西（Bettino Craxi）成为总理，这让部分基督教民主党人预料到意大利很快会发生文明的崩溃，而这也正是意大利人自从第二次世界大战开始就已预料到的。然而，事实上克拉克西和西班牙当时的总理一样是一位实干家，他更关心如何提高经济增长率和保持政治稳定，而非贯彻马克思主义。克拉克西降低了工薪阶层的工资，限制了工会的权力。这样的措施引发了多起罢工，但是罢工事件在意大利的历史上从来就没有停止过。

克拉克西在位接近三年，而这几乎打破了意大利战后总统在位时间的最长纪录。第二次世界大战结束后，意大利共经历了 45 届政府。不过，这些政府的领袖都来自同样的圈子，都是资深的政界人士，地位的竞争就如同一场抢座位游戏。1986 年，基督教民主党重新获得了总理的职位，但是这次的胜利地位并不稳固，因此基督教民主党不得不与社会党联合执政，就如同克拉克西和基督教民主党共同执政一样。如果想强调意大利现代政治中的连贯性，那么就不得不提到 1989 年 7 月当选为总理的基督教民主党资深政治家朱利奥 · 安德烈奥蒂（Giulio Andreotti），这是他第六次出任总理。

但是，政治上的连贯性并没有阻碍意大利政治舞台上发生巨大变革。基督教民主党和其在天主教政体中的联盟党派已经不那么具有优势了。而他们主要的对手共产党也同样根基不稳，原因是共产党和基督教民主党之间进行了“历史性的妥协”，疏远了强硬的左翼，但是并没有说服中间派和右翼承认共产党在国家政府中的地位。虽然意大利共产党在地方政府尤其是北部仍具有一定的影响力，但似乎很难再实现突破而成为全国性的政党了。意大利共产党的没落，以及曾叱咤风云的法国、西班牙和葡萄牙共产党被孤立的现状表明，马克思主义在西欧不再是短期内可以实现的政治意识形态了。

虽然在 20 世纪 70 年代末至 80 年代初，欧洲政治最重要的成就就是改善了绝大部分工人的经济状况，并使民主政体进一步扩大和稳定，但在外交事务上，由于两个超级大国之间的对抗日趋激烈，整个欧洲不安的氛围越来越严重，西欧人民害怕被牵扯到无法控制的冲突之中。尽管美国和苏联在 20 世纪 80 年代中期努力恢复到缓和的状态，并在 80 年代末签署了历史性的军备控制条约，但是两国之间的冲突给大西洋联盟施加了新的压力。美国及其西欧同盟国的分歧进一步加深，一些观察家开始提出“后大西洋世界”“脱离美国的欧洲”“大陆漂移”等说法。

里根时代的欧美关系

缓和的瓦解

缓和瓦解的方式和它开始的方式一样，并不是突然间发生的，也不是某项政策导致的，而是因为许多分歧的积累而逐渐产生的。中东依然是美苏两国之间争夺的焦点。以色列和阿拉伯国家之间一直充满敌意，美国支持以色列，因此阿拉伯国家就转而向苏联寻求支持。南也门和埃塞俄比亚的独裁政体也公开向苏联寻求帮助，而苏联通过古巴向它们提供了直接或间接的援助，这使动荡的局势进一步加剧。苏联在中东和东非的势力进一步扩大，但西方国家认为这里是它们的势力范围，因此苏联的做法激怒了美国。

然而在美国看来，最令其震惊的事件却恰恰发生在苏联的边界。1979 年 12 月末，苏联向阿富汗派遣了数千名士兵，这些士兵宣称是苏联曾经在喀布尔（Kabul）的政府将他们派来的，而喀布尔正遭受着伊斯兰民族主义叛乱者的袭击。卡特政府早已经因苏联在其西方境内部署 SS-20 导弹而感到沮丧，因此担心这次事件可能预示着波斯湾会被苏联霸占。美国将这次事件称为“第二次世界大战以来对和平具有最大威胁的事件”，为了惩罚苏联的做法，卡特立即宣布采取一系列制裁措施，其中包括禁止对苏联发放技术许可，部分禁止美国向苏联的粮食出口，以及缩减苏联在美国海域的捕鱼权利。同时卡特还威胁要禁止美国运动员参加莫斯科夏季奥林匹克运动会，而这项威胁变成了现实。

虽然西欧各国也对苏联入侵阿富汗的事件惊愕不已，但大部分国家对此事的解读与美国并不相同。西欧认为这只是苏联未经准备

1979年12月，一位阿富汗妇女路过一辆苏联军队的坦克。

的匆忙行动，因为如果阿富汗政府垮台，反苏的宗教激进主义者就会在阿富汗站稳脚跟，甚至有可能将宗教激进主义传播到苏联，而苏联南部的阿塞拜疆仍有很多穆斯林。西欧和美国对阿富汗局势的不同解读其实表明，欧洲主要把苏联看作一个在行使防御权的国家，而美国仍采用冷战思维，认为苏联有称霸世界的野心。

如果说欧洲各国的领导人担心卡特总统推行的外交政策极其意识形态化且死板僵化，那么 1981 年 1 月罗纳德 · 里根接任总统并没有带给欧洲领导人们什么安慰。里根坚定地站在反共产主义的战线上，决心要通过封锁古巴的方式迫使苏联撤离阿富汗。里根成为总统后立刻开展大规模的军备竞赛，甚至恢复了一些之前废除的军备，例如 B-1 轰炸机、MX 洲际战略导弹和中子弹。美国的这些军备竞赛项目似乎是打算构筑美国堡垒，是脱离北约的单独行动，而许多美国的新保守派也的确没有把北约放在眼里，因此美国的做法遭到了欧洲的谴责。同时，欧洲对于美国在军备方面的巨大花费也胆战心惊，因为这份巨额花费对欧洲产生的直接影响甚至会大于美国。出现这种情况的原因是，美国支付武器支出的钱是来自于借款而不是税收，这会使预算赤字极大增加，并导致美国的利率上升，这样一来，欧洲的资本就会流入美国，而欧洲对国内的投资就会处于停滞状态。法国财政部长曾这样问道：“当批评者说美国的政策在使我们破产的时候，我们怎么能巩固与美国的同盟关系呢？”

同时，欧洲也十分担心里根对军备控制谈判的态度，谈判由于国际局势日益紧张而被一再拖延。美国军备控制谈判的领导人员认为“我们现在生活在战前的时代而不是战后的时代”，在他们看来，战争即将到来。里根的安全顾问着手为美国出谋划策，把可能发生的核冲突限制为欧洲战场的战术活动。同时，这些顾问热衷于强行解除瞄准苏联政治中心的核打击。这些战略家被称作核武器使用理论家，以此区分于传统的提倡用相互毁灭原则威胁做出核威慑的理论家。里根坚定地站在核武器使用理论家的阵营，他曾对一些编辑说：“我能够看到什么地方可以进行战略核武器的交换，以此抵御战场上的军队，如果没有这种交换，某一个大国就会按下战略核按钮。”

这样的说法让西欧各国惴惴不安，因为在西欧看来，所谓的“有限”核战争可能未必在控制之中，而西欧正是相互竞争的东西集团上演其极具破坏性演出的舞台。尤其是生活在铁幕下的德国人，对军备竞赛更为忧虑，他们害怕超级大国会引发第三次世界大战而导致德国毁灭。

如果超级大国之间的关系不再继续恶化，那么这种恐惧也就不会如此严重了。1981 年 12 月，波兰政府逮捕了独立的团结工会的头目并宣布了军事管制法。很明显，莫斯科支持波兰的举动，因此里根政府很快宣布了一系列新的制裁手段，包括推行有关运输石油和天然气的技术禁令。同时，美国也明确表示希望欧洲的同盟国能够中止与苏联的石油管道建设合同。虽然欧洲各国政府对波兰的镇压行为表示谴责，但是他们并不希望让这场新的危机破坏管道项目，因为管道项目能够带来大量的收益并创造成千上万的工作机会。而且西欧各国认为里根坚持让西欧服从美国的政策是对其主权的侵犯。

换句话说，超级大国之间的关系恶化也使美国和西欧之间的关系变得紧张起来。《法国世界报》（*Le Monde*）发表社论称，美国试图破坏管道项目，“实际上对里根想要加强的大西洋联盟的凝聚力的破坏比对苏联的惩罚大得多”。赫尔穆特·施密特认为美国的政策“终结了友谊和伙伴关系”。甚至被里根以强硬态度表示支持的玛格丽特·撒切尔都认为自己被美国对待管道项目的立场“深深伤害了”。

欧洲导弹计划的争论

尽管东西局势紧张，美国和西欧之间也存在着分歧，但北约还是继续准备着双轨项目以部署其在欧洲的潘兴Ⅱ型和巡航导弹计划，如果苏联不在1983年年底之前取消不断扩大的SS-20型弹道导弹军工厂，北约就会实行导弹计划。西欧各国政府支持这个决定，原因是他们相信苏联会做出让步，同时他们期望北约的新型中程导弹会对苏联造成威胁，进而说服苏联放弃SS-20型弹道导弹计划。导弹部署国（英国、荷兰、比利时、意大利和联邦德国）希望真实的部署永远也不要发生，因为这些国家的政府知道国民将会强烈反对这项行动。

仅仅在北约宣布导弹部署的几个月后，西欧各国的领导就领教到这项政策是多么具有争议性了。1981年年末，数以十万计的示威者走上伦敦、阿姆斯特丹、波恩、罗马和马德里街头。他们手上的条幅写着“我们不是美国的豚鼠”或是“里根的和平就是我们的灭亡”。西欧各国唯一没有出现这种大规模示威游行的首都城市就是巴黎，毫无疑问美国的导弹没有准备部署在法国，而且法国一直对自己的核武器引以为豪，法国将核武器看作主权和独立于美国的标志。虽然没有法国的参与，但用一个评论者的话说，欧洲各国国内反对欧洲导弹计划的运动是“战后人数最多也最激烈的一次”。里根政府认为示威运动是克格勃煽动的，虽然没有证据说明运动是苏联发起的，但苏联的确使出了浑身解数对反欧洲导弹的情绪煽风点火。

虽然示威游行运动十分壮大，但是人们的抗议并没有阻止潘兴Ⅱ型和巡航导弹的部署计划，1983 年导弹按照计划开始了部署。而实际的部署引发的示威游行规模要比当初宣布时小很多。最重要的是，反欧洲导弹计划小组并没有推翻任何一个欧洲国家的政府。事实却是，科尔和撒切尔夫人都在 1983 年（后来又在 1987 年）赢得了大选，两人都是北约政策的支持者。而欧洲导弹计划的反对者则处于政治弱势地位。意大利社会党的克拉克西上台执政，而他也是北约政策忠实的拥护者。法国的密特朗认为新导弹能够恢复东西方之间核力量的平衡，这种说法也得到了普遍认可。

欧洲的示威游行运动和大选的结果差别如此之大该如何解释？首先，示威游行人数众多并不代表大选中的多数，就算人数多到能够成为抢眼的标题，相比投票人数来说也只是很少的一部分。大多

20万游行者对核战争的威胁做出抗议。1983年10月，美国在西欧部署巡航导弹的计划在伦敦激起了民愤。

数西欧人对安全政策的态度和示威者有所不同。虽然欧洲大众普遍对巡航导弹和潘兴Ⅱ型导弹不感兴趣，但大多数人也十分惊讶于东方和西方之间中程核武器力量的不平衡，因此他们认为如果苏联拒绝缩减自己的核武器力量，那么这次导弹部署就很有必要。同时在许多人的心中，反欧洲导弹计划的运动是与中立主义和反对北约联系在一起的。而只有很少一部分欧洲人希望看到北约解体或美国的力量移出欧洲大陆。尽管导弹问题十分重要，但是它也并不是20世纪80年代中期绝大多数选民在选举中最关心的问题。一次又一次的投票证明了经济问题才是决定性因素，最能够促进经济繁荣的政党或政治家才能够获得大选的胜利。

重回缓和

苏联得知北约在欧洲部署潘兴Ⅱ型导弹和巡航导弹的消息后，宣布退出1983年11月在日内瓦举行的军备控制会谈，并郑重宣告如果西方不停止导弹计划，苏联就不会继续参加。而北约也声称，如果苏联不取消SS-20型导弹的计划，北约就不会停止导弹部署。虽然双方态度强硬，但也都面临着很大压力，不得不重新回到谈判桌上。国会批评里根的武器部署计划花费过高，而且缓和的崩溃已经牵动着美国大众的神经，因此敦促政府寻找重新进行谈判的方式。而苏联也逐渐意识到自己拒绝谈判并没有收到预期的效果，既没有调动反对武器部署的欧洲和平运动，也没有影响里根在1984年二度当选总统。同时，苏联也急于和美国进行对话，以防止美国推进战略防御计划（或称“星球大战计划”），这项计划是里根展开的高科技项目，其目的是使攻击性核武器变得无能和过时。苏联意识到里根想使苏联的武器变得无能和过时，面临着两个选择，一个是进行巨额投资来抵御这项计划，另一个是寻求谈判以阻止“外太空军事化”。1984年春天，苏联领导人康斯坦丁·契尔年科（Konstantin Chernenko）提议在秋天举行新一轮武器会谈。美国同意了这项提议，但是坚持要把战略性和中程武器及空基系统纳入谈判范围。

超级大国直到1985年3月才开始恢复军备控制谈判，由于苏联主要关注限制空基反导弹系统，而美国希望控制包括 SS-20 型导弹在内的中程导弹，因此谈判并不顺利。1985 年中期，苏联的新任领导人米哈伊尔·戈尔巴乔夫（Mikhail Gorbachev）提议中程导弹系统保持在现有水平，但北约的潘兴Ⅱ型导弹和巡航导弹的部署只完成了 20%，因此美国对这一提议的反应并不热情。双方都批评对方没有认真谈判，也违反了现有的条约。

1986 年 10 月，里根和戈尔巴乔夫于冰岛的雷克雅未克（Reykjavik）会面，这是他们首次共同参加峰会。在这次会议上，里

美国总统罗纳德·里根和苏联领导人米哈伊尔·戈尔巴乔夫。二人于冰岛的雷克雅未克初次会面时相互致意。

根突然宣布他不仅愿意从欧洲撤走所有的中程核力量，而且也同意将地球上所有战略性核武器一并销毁。但是这项提议并没有成功实施，原因是里根不愿意将战略防御计划包括在谈判之中，而戈尔巴乔夫却坚持将其包括在内。

尽管雷克雅未克会议上并没有签署重要的条约，但仅仅两个月后苏联就改变了立场，转而同意了美国的提议：苏联只关注于中程核力量，而暂时不考虑包括战略防御计划的其他体系。1987 年 2 月，戈尔巴乔夫宣布苏联将在美国的零点方案的基础上进行谈判，预计欧洲所有的中程核武器都会被拆除。1987 年 12 月，双方又在华盛顿举行了峰会。里根与戈尔巴乔夫签订了中程核力量条约，双方同意拆除两种中程导弹（一种射程为 1000~5000 千米，另一种射程为 500~1000 千米）。这项双零点方案也制定了广泛的实地核查程序。导弹拆除工作于 1988 年完成。

中程核力量条约刚刚宣布，北约中反对双零点方案的军事领袖们就开始加强北约短程核武器的开发，因为他们认为双零点方案会削弱西方的威慑力，而短程核武器可以弥补潘兴Ⅱ型导弹和巡航导弹的损失。他们尤其强调要用射程更长、瞄准更为精确的武器来代替旧式兰斯短程导弹。虽然美国和英国政府坚定地支持这项计划，但是联邦德国对此表示反对，而绝大多数兰斯导弹已经在联邦德国部署完成。联邦德国从来都不喜欢这些武器，原因是这些武器一旦被使用，它们主要就会落在自己国家的领土上。一位联邦德国政治家简明扼要地指出："武器的射程越短，联邦德国的伤亡就越严重。”虽然这项计划能够更新兰斯导弹系统，使其射程越过联邦德国领土，达到其目标地苏联，但是事实上一旦战争爆发，这些导弹就会像磁铁一样把苏联的武器吸引过来。

科尔总理意识到联邦德国人对于兰斯现代化项目很反感，因此坚持推迟此项目，而美国害怕破坏了科尔在其国内的地位，因此勉强接受了。但是，争论并没有失去意义。联邦德国的外交部长汉斯–迪特里希·根舍把联邦德国对短程导弹现代化项目的攻击范围扩大了，他使用战略观点来进行辩护，也就是说苏联在东欧部署的武装力量会继续对西欧的安全造成严重的威胁。这样，根舍将北约的一场技术谈判转化成了更为严重的冲突，冲突的焦点在于西方该如何回应米哈伊尔·戈尔巴乔夫提出的“和平攻势”。

更确切地说，1989 年年初北约和西方各国就不得不解读和回应这场攻势，原因是当时苏联从阿富汗撤军，并单方面从西欧撤走了 6 个师的坦克，同时戈尔巴乔夫要求欧洲大陆“去核化”。西方阵营中的一些国家，尤其是美国、英国和法国，对戈尔巴乔夫的动机和诚意表示怀疑，但是其他国家尤其是联邦德国认为苏联的转变提供了一次史无前例的外交机会，因此这次机会不应该被浪费。根舍称苏联的撤军是将重心转移到国内事务上的结果，因此坚持说北约可以并且应该相应削减其军事力量，北约不再需要用更多制作精良的武器来恐吓苏联了。

虽然根舍和其他西欧各国领导人都没有怀疑过北约的合法性，但这个联盟于 20 世纪 80 年代末还是面临着一场“中年危机”，而这时正值北约成立40周年的纪念日（北约于1949年4月成立）。至少北约也要在西欧联盟成立前加强自身的建设。北约不仅要灵活应对戈尔巴乔夫的挑战，还要承受住美国和西欧忠诚度降低的压力。事实上，北约在成立40周年时面对的问题就是：这个因冷战而成立的组织能在冷战结束后继续存在吗？

欧洲经济共同体：为1992年做的一项规划

当北约正设法解决中年危机的时候，另一个战后国际组织欧洲经济共同体正在崛起。正如历史学家保罗·肯尼迪（Paul Kennedy）指出的那样，20世纪80年代中期，欧洲经济共同体已悄然成为世界上“第五大力量”。西班牙和葡萄牙是欧洲经济共同体的新成员。这样，拥有12个成员国的欧洲经济共同体人口总数约为3.2亿，比苏联人口多5000万，几乎达到了美国人口的1.5倍。成员国的公民绝大多数受过良好教育，并拥有一技之长。而且许多国家的人均收入都高于美国，更不用说高于苏联了。欧洲经济共同体不仅国民生产总值与美国相当，而且控制了超过四分之一的世界贸易。因此，欧洲经济共同体成了世界上最大的贸易区和最富有的消费市场。

由于共同体内部存在不团结的因素影响其效率，这个组织只能算作一个潜在的巨大力量。不团结的现象在军事领域尤为突出，由于语言、训练和装备的不同，某些成员国试图开展协调规划和行动的计划就遭遇了阻碍。例如，在 1987 年的一次法德军事联合演习中，两国的坦克军官很难理解对方的意思，他们就一张简单的地图达成共识就花费了 20 多分钟。几个国家参与的联合军演常常如同使用近代技术去建造巴别塔。而探讨共同防御策略的任务更为困难，原因是 12 个成员国有着各自不同的军事传统和战略重点：爱尔兰是中立国；法国是独立的核大国（不受北约联合指挥部的监管）；英国与美国的关系十分密切；而联邦德国受到国际条约的限制不得拥有战略性核武器，也不得在欧洲之外部署军队（这是联邦德国宪法规定的）。

在经济合作方面，自从 1957 年成立以来，共同市场已经取得了长足的进步，而且最初的目标现在也同样重要。但是与其在世界贸易市场上的主要竞争者美国和日本相比，欧洲经济共同体还是不够团结一致。各成员国有着自己的银行和财政系统、信贷监管系统，以及税收和货币政策。在 20 世纪 80 年代初期至中期，共同体内部的所谓的共同边界仍保留着许多海关，会对人员和货物的快速流动产生一定影响。

欧洲经济共同体这种持续的不团结状态对于西欧来说是雪上加霜。20 世纪 80 年代初期西欧出现的高失业率、国民生产总值与美国和日本相比增长缓慢、高科技产业发展迟缓等现象，到 80 年代中期时变得更为严重，西欧出现了经济停滞甚至是下滑的趋势。有许多人称欧洲患上了“欧洲硬化症”。

欧洲经济共同体内部普遍担心西欧会永远落后于美国和日本，

因此在80年代中期出现了“亡羊补牢”的改革运动。活跃在这场运动最前线的是雅克·德洛尔（Jaques Delors），他是密特朗政府的前财政部长和欧洲经济共同体委员会的主席。德洛尔认为这场运动是关乎欧洲“生存或衰败的问题”，因此他游说委员会的同事建立一个真正的“共同市场”，一个单一的经济实体，内部不存在任何界限和贸易壁垒，这样就不会阻碍共同体内部人员、货物、服务和思想的自由流动了。虽然并非共同体内所有的官员和西欧政治领袖都像德洛尔一样对“团结的欧洲”充满热情，但各成员国还是于1985年签订了《单一欧洲法案》（*Single European Act*），该法案于1987年正式获得批准，在1992年之前为欧洲内部市场提供了制度化的可能。

确切地说，这份文件包括了三大总体目标，但在1992年之前只完成了前两项。第一，该法案计划终止了阻碍成员国之间人员和货物流动的界限和壁垒；第二，该法案取消了各国的某些规定和补贴，使得各国可以从共同体内的其他国家进口一定的商品；第三，该法案对未来做了一系列宏伟的展望，其中包括制定共同的社会政策以援助穷人，建立拥有统一货币和中央银行的货币联盟，以及在外交和国防政策上扩大合作，最终实现真正的“欧洲联盟”。

由于需要制定上百条新的贸易法规和税务条例，因此1992年计划的第一阶段规划起来就异常复杂。而就在委员会追求货币联盟、共同的社会和环境政策，以及更紧密的政治合作这些更深远的目标时，各成员国也有了一次重新审视欧洲联盟价值的机会。虽然西欧各国领导人或多或少都存在着一些顾虑，例如联邦德国的科尔反对成立中央银行，原因是中央银行会使联邦德国的德意志联邦银行失去其在欧洲货币体系中的主导地位。而英国的撒切尔夫人很快就成了共同体中最为坚定的“不情愿的欧洲人”。她认为委员会的某些计划会使共同体的权限扩大到许多领域，而这些领域原本是英国的特权，因此她对该计划提出了抗议。她尤其反对共同货币的想法，因为这样英镑的自主权就会受到影响。同时，她还对欧洲实行共同的社会政策表示担忧，原因是共同政策会使英国再次出现“走后门”的家长式统治，并且她好不容易才取消的福利国家政策也会再次恢复。她也不看好由布鲁塞尔的委员会（而非各国政府）制定的共同劳动政策，该政策为工资和工作条件确立了指导准则。至于废除边境管制这一点，撒切尔夫人认为这会影响英国打击毒品和恐怖分子的行动，同时也会让能够严格限制难民入境的移民条例实施起来更加复杂。

如果说欧洲经济共同体内部的某些人例如玛格丽特·撒切尔对欧洲一体化进程持保留态度的话，那么共同体之外的国家，尤其是日本和美国也同样对这个重大进程隐隐担忧。日本欢迎另一个巨大市场的出现，但也十分担心 1992 年时的欧洲会变得难以战胜。美国因为自从第二次世界大战后就一直声称支持欧洲变得更为强大和团结，所以无法对欧洲一体化进程表示反对。但是，美国一想到欧洲会变得越来越不容易受影响，其经济政策越来越对欧洲自身有利，而在外交和国防政策的态度上越来越任性，就越发担心会失去对其过去盟友的影响力。同时美国的商业团体过于逞强了，因此新成立的欧洲单一市场也许会制定高额的对外关税来减少进口量。在美国的贸易委员会中，对欧洲堡垒的恐惧已经蔓延开来。虽然在 20 世纪 80 年代末共同体还没有制定出对外贸易政策，不过政策的制定者们承诺贸易保护的整体水平不会上升。共同体也提出了口号："不成为欧洲堡垒，而是欧洲伙伴。"随后，美国也开始为新时代做出计划，例如针对 1992 年可能出现的经济和商业问题召开研讨会。可以肯定的一点就是，1992 年将成为十分重要的年份，在这一年里欧洲不仅可以庆祝单一市场的成立，还可以纪念哥伦布发现新大陆 500 周年，而美国只能默默祈祷新大陆与旧大陆之间还能以伙伴的关系继续合作下去。

第十五章

东欧的新秩序

如果说在20世纪80年代西欧背叛美国的监管时带着一些不安，那么东欧各国在80年代末就是以接连奋起的方式来摆脱苏联40年的控制。东欧对于彻底改革的要求虽受到了压制，但仍十分强烈，以至于摇摇欲坠的政府即使做出了重大的让步，也只会激发出更为强烈的改革需求。1988年改革的规模看似大到难以置信，但是也因不够彻底、不够及时而没有取得预期的效果。苏联希望通过改革来改善东欧集团并和西欧集团竞争，但苏联本身却成了这场巨大改革的受害者，而改革最后变得难以控制也难以停止。当国内政权瓦解后，东欧各国开始走上了多元化的道路并开始实行市场经济。这样的道路走起来也异常艰难，因此许多东欧人的幻想破灭了，并开始怀疑西方的道路是否正确。

苏联

具有讽刺意味的是，在东欧人所有试图摆脱苏联控制的事件中，带给苏联最大打击的事件却发生在苏联内部，而这场令人震惊的改革运动的发起者正是苏联领导人米哈伊尔·戈尔巴乔夫。虽然在许多人看来戈尔巴乔夫的改革非常突然，但其实在前几任政府中就有一些蛛丝马迹。至少从最近的范围来说，戈尔巴乔夫改革的起点可以从列昂尼德·勃列日涅夫的时代算起。

勃列日涅夫时代

勃列日涅夫统治了18年（1964—1982），是除斯大林外苏联历史上执政时间最长的领导人。与斯大林不同，勃列日涅夫出生于乌克兰一个朴实的农民家庭，他不会将个人意志强加到苏联人民身上。他是一个具有团队精神的人，一位愿意建立共识和一致性的政治家。赫鲁晓夫下台后，勃列日涅夫成为苏联最高领导人，而他肩负着恢复苏联纪律、团结和稳定的大任。他与同僚们认为赫鲁晓夫反对斯大林的运动带来了危险的批判主义，因此他在上台时试图恢复斯大林的政治遗产，不过不是斯大林最严厉的政策。他巩固了共产党和国家安全委员会，并开展了更为系统化的运动来消除政治分歧和社会中不团结的因素。

出乎意料的是，勃列日涅夫的政策在某些方面取得了重要的成功。苏联人民享受着有史以来最高的教育和医疗水平。政府不仅在这些方面做出了缓慢但稳定的改善，同时也在军备建设上取得了重大成就，苏联的力量扩张到了世界上每一个角落。与赫鲁晓夫不同，勃列日涅夫没有威胁要“埋葬”西方，但其实他有条不紊的军备建设成了朝鲜战争以后对西方安全最大的挑战。

然而，勃列日涅夫的军事扩张对苏联来说并非完全是好事。苏联需要支出相当于国民生产总值两倍的军费，才能与美国的军事实力相抗衡，而这就意味着要从民用经济中榨取金钱、人力和机械设备。因此，虽然苏联的军事实力有了实质上的改善，但其国民经济仍远远落后于西方水平。在西方看来轻而易举就能获得的商品，如汽车和冰箱，对苏联来说几乎是无法得到的，就算能够得到这些商品，也都是粗制滥造的产物。

由于农业一直很不景气，在20世纪70年代初期，苏联不得不进口数以百万吨计的小麦和玉米，而其中大部分是从美国进口的。19世纪，苏联还是世界上最大的粮食出口国之一。农业生产停滞的原因是勃列日涅夫恢复了过去斯大林集体化和集中规划的政策。苏联的农民对于自己耕种的土地没有所有权，也无法决定种植何种粮食以及使用何种肥料，所有的这一切都是由远离农村的官僚为完成五年计划制定的。同时，灵活性的不足也影响到了工业发展，尤其是对现代工业至关重要的高科技产业。例如，苏联没有形成先进的计算机产业，主要原因是政府担心思想和信息的自由交流，而这恰恰是计算机革命的核心内容。在勃列日涅夫时代，拥有家用计算机和个人复印机是违法行为。

一个不允许个人拥有复印机和计算机的政权当然也不会允许文化自由，而且在文化领域勃列日涅夫完全遵循了斯大林的路线。赫鲁晓夫时代相对开放的文化氛围渐渐被重新恢复的正统文化所取代，对不满者各种形式的镇压活动也再次出现（不过不是肃反运动）。如果艺术家、科学家等知识分子的研究成果和作品被发现含有“反苏联”的内容，政府就会把他们关进监狱和精神病院，或者直接遣送出国。苏联氢弹之父、不屈不挠的人权斗士、物理学家安德烈·萨哈罗夫（Andrei Sakharov）曾被放逐到地方城镇高尔基（Gorky）达六年之久。在被流放的政权批判者中，有一些是国家最具创造力的人才：大提琴家姆斯蒂斯拉夫·罗斯特罗波维奇（Mstislav Rostropovich）、诗人约瑟夫·布罗茨基（Josef Brodsky）、小说家亚历山大·索尔仁尼琴。尽管当局保持高度警惕，反对者们仍坚持表达其“颠覆性”言论，有时通过小型的游行示威公开表达，但大多数情况下是通过地下发行（个人发行）的书籍、期刊和小册子秘密地进行宣传。萨哈罗夫斥责当局践踏人权的言论最早就是以这种方式出现的。

到了斯大林时期，勃列日涅夫将镇压反动言论和政府运动结合起来，以激发公众的爱国主义思想和对苏联政权的崇敬心理。当局为了让民众始终记得第二次世界大战期间苏国战胜了德国纳粹，并警告民众，“希特勒的继承者”，也就是联邦德国人再次威胁到了苏联的安全，使尽了浑身解数。列宁被视为最神圣的人物，受到人民的尊敬，他的遗体经过干化处理后放入棺木，永久地停放在莫斯科红场上。自 20 世纪 70 年代中期，新的主旋律变成了崇拜勃列日涅夫。沿袭斯大林的风格，勃列日涅夫被尊称为“伟大的舵手”“伟大的军事领袖”，甚至被称为“伟大的作家”。

然而，勃列日涅夫所有的荣耀以及他想要实现的成就都掩盖不了这样的一个事实：在“伟大的舵手”的带领下，苏联这艘巨轮已经驶入了一摊停滞的死水中，而且看上去，这艘巨轮也无法让自己再驶出这摊死水了。到了20世纪70年代末期，苏联的经济状况恶化得十分严重。基本的食物供给不足，生活用品比以往任何时候都要短缺，人均寿命缩短，婴儿死亡率上升，然而此时的政党领袖和国家官员却只想着避免出现变动，怕这些变动威胁到他们自己的利益。指导执政的中央政治局提出新的思路几乎是不可能实现了，1980年的时候，中央政治局官员的平均年龄已经达到七十岁了。在赫鲁晓夫执政期间，苏联开始采取一种带有理想主义色彩的强硬措施。很明显，在这种措施下，许多苏联人既相信共产主义与生俱来的优越感，同时也坚信从军事实力到物质享受，苏联将会在方方面面“赶超西方”。在勃列日涅夫执政的最后几年里，这种信心被弥漫开来的悲观和绝望情绪所替代。已经没有人相信官方媒体定期公布的看起来很乐观的数据了。当时人们都说：“《真理报》谎话连篇，连反对的言论都不见得是真实的。”唯一一个由国家生产的而且看起来诚实可信的东西就是伏特加了，从1979年到1982年，也就是勃列日涅夫去世的那一年，伏特加的销量增加了两倍。

安德罗波夫—契尔年科过渡期

苏联在勃列日涅夫执政的最后几年里所遭遇的问题使得许多苏联人相信，他们需要一个强大的领导人，能够着手对当前的体系进行根本性的改革。勃列日涅夫拥有巨大的权力，却没有好好利用他的权力，只是一味地维持现状。1982 年 11 月，勃列日涅夫去世，68 岁的尤里 · 安德罗波夫（Yuri Andropov）接替勃列日涅夫成为总书记。许多人相信安德罗波夫有能力开始社会和政治革新的进程。尽管他花了大量的时间用来管理克格勃（国家安全委员会），并且在 1956 年匈牙利镇压起义时出任驻匈牙利大使，人们始终认为他是个灵活变通的实用主义者，知道苏联急需改变勃列日涅夫执政后期出现的停滞和后退状态。在这一点上，人们认为早先在克格勃的工作经验是他的优势所在，因为事实上他并没有获得多少政治支持，而且他很清楚党内骨干被埋没了。

安德罗波夫掌权不久就制定出了他的政治议程。在制定经济政策方面，他提出部分权力下放，增加民众参与经济决策过程，改善管理责任问责制，形成更加严明的职业道德。

为了将自己置于更有利的位置，进而有效地完成自己制定的日程，安德罗波夫迅速地掌握了权力的核心，除了党的总书记外，他还成了最高苏维埃主席、国防委员会主席及武装部队总司令。尽管在中央政治局内，上上下下的领导人大部分仍旧是勃列日涅夫委任的，安德罗波夫还是快速地清理了勃列日涅夫在党内和政府机构中的残余势力。据一位苏联专家说，安德罗波夫在其执政的前七个月里，积累的实权比在他之前的任何一位领导人都多。但是与此同时，安德罗波夫患上了心脏病，在他生命的最后八个月里，病痛的折磨使他无力再参与国家事务。尽管如此，安德罗波夫在 1984 年 2 月去世前，始终掌握着名义上的权力。

接替安德罗波夫的是康斯坦丁·契尔年科（Konstantin Chernenko），一位平凡无奇的官员，在此之前从未担任过任何需要承担重要责任的职务。契尔年科特别擅长煽动人心和政治宣传，作为始终追随勃列日涅夫的副手，他在党内的晋升十分缓慢。安德罗波夫去世的时候，契尔年科已经七十三岁了，而且患有各种各样的疾病，包括肺气肿。即使以苏联传统修辞法最简单的标准来看，契尔年科气喘吁吁的演讲也显得空洞乏味。任命契尔年科为国家最高领导人清楚地暴露出了苏联政权更迭体系的缺陷。显然，中央政治局的老一辈成员们推选契尔年科是因为他很“安全”，而年轻一辈成员（指的是年龄小于七十岁）认同契尔年科，则是因为他们没有办法在人选上达成一致。于是，作为权宜之计，契尔年科就这样被选中，当上了毫无实权的国家领导人。大家希望他能够坚持足够长的时间，直到有能力的继任者出现。

结果事实证明，契尔年科这个毫无实权的领导者表现得比他的同僚们预想的要差。在他担任国家元首的全部时间里，不是在莫斯科住院就是在克里米亚休养。在外交政策方面，契尔年科做出的主要贡献就是促成了和美国之间针对军备限制的新的谈判，然而他却没能亲自参加这场谈判，因为在谈判之前他就去世了。在国内方面，契尔年科希望改革的进程倒退一些，因此他解雇了安德罗波夫任命的一些官员，重新恢复了莫洛托夫的职位。莫洛托夫是斯大林的外交部长，而且在 20 世纪 30 年代的斯大林肃反时期完全归顺于斯大林。那些焦急等待进步变革的苏联人民只能寄希望于契尔年科一身的疾病赶紧发作。1985 年 3 月，契尔年科终于在他执政刚超过满一年的时候死于疾病。

戈尔巴乔夫：开放与调整

1985 年 10 月，戈尔巴乔夫接替契尔年科担任苏共总书记的第七个月，著名的苏联问题专家彼得·雷德伟（Peter Reddaway）便指出，苏联历史的“转折点”即将到来。但是他又十分谨慎地提出了这样一个问题：“如果这个‘转折点’真的到来了，随之而来的改变究竟会像现在显现出来的那样朝着改革的方向进行，还是会朝着相反的方向进行？”

这一问题的答案很快就明朗了，在戈尔巴乔夫的带领下，大方向仍然是改革。但是在这位新领导人为改变苏联社会付出艰巨的努力时，以下问题也始终存在：在戈尔巴乔夫的努力下，是否会产生深刻而持久的变化，以及为实现这样的变化所付出的全部努力是否会使戈尔巴乔夫从权力的顶端瞬间跌落。显然，戈尔巴乔夫面临的任务是十分严峻的，因为自斯大林以来，没有哪一位领导人能够让坚韧不屈的国家官僚机构服从于自己的意愿，更别提把国家官僚机构转变为实现社会现代化和经济现代化的高效工具了。

然而，如果说有人有潜力能够成功完成这样的任务的话，那么戈尔巴乔夫应该就是这样的人。戈尔巴乔夫 1931 年出生于北高加索的一个农民家庭，青年时代的他凭借着对机械化拖拉机站的研究获得了红旗勋章，后来在莫斯科大学学习法律，20 岁的时候加入了共产党，自此之后在党内迅速晋升，晋升的速度比后斯大林时期任何一位苏联领导人都快。1978 年，戈尔巴乔夫从自己的家乡调任到莫斯科，担任中央委员会书记，负责农业事务，这一职务对任职人员的要求最高。两年后，戈尔巴乔夫 49 岁，成为老年人占绝对多数的中央政治局里最年轻的正式成员。1985 年，戈尔巴乔夫成为苏联共产党总书记。在之后的几个月里，他完完全全展现出了以下几个特点：富有洞察力、个性强硬、思维灵敏、精力充沛、善用策略，这些特点也使得戈尔巴乔夫的名气越来越大。除此之外，他还有一种能力，一种在苏联的政客中十分罕见的能力，那就是面对国内外普通群众时展现出来的强大的说服力。

然而，这位年轻且富有活力的领导人传递给苏联人民的信息却一点也不新颖。正如三十年前的赫鲁晓夫和最近的安德罗波夫一样，他提及需要推动苏联社会的进步，提高经济效益，全面打击腐败现象，让普通群众参与到政治进程中。关于改革计划，戈尔巴乔夫最常使用的词语就是“开放”与“调整”，之前的苏联领导人也曾使用过这两个词。

虽说如此，戈尔巴乔夫改革的力度，以及对此表现出来的严肃态度，在赫鲁晓夫改革之后实属罕见，即便是赫鲁晓夫的改革，其力度可能也比不上戈尔巴乔夫的改革。更重要的是，戈尔巴乔夫迅速罢免了一批贪污腐败和能力不足的当地政党领导以表明其整顿的决心，这些官员并不是以安德罗波夫手下的身份“光荣退休”的，而是因其罪行完全公开而被罢免。尽管戈尔巴乔夫是一点一点慢慢地开始反对中央政治局保守的元老们的，但是他却成功地把象征着旧时代的外交部长安德烈·葛罗米柯（Andrei Gromyko）换成了自己的人，即爱德华·谢瓦尔德纳泽（Eduard Shevardnadze）。另外，戈尔巴乔夫还迫使国家计划委员会极端保守的主席提前退休。

除了以上这些重要的人事变动外，戈尔巴乔夫还通过打击酗酒行为表明自己对改革的承诺。酗酒是苏联社会最顽固的问题之一。这可不是小动作，因为在苏联，饮酒和酗酒就如同罗宋汤和公共浴室一样，一直以来都十分重要。由于饮酒的普遍性，俄国开始垄断伏特加的生产，这一高利润的生意一直延续到苏联时期。然而大量饮酒严重损害了公众健康和经济运行效率。早期的苏联政府，包括斯大林政府和赫鲁晓夫政府，对于改变国民的饮酒习惯兴趣不大，因而成效十分有限。戈尔巴乔夫则采取了更加全面的措施，包括：禁止工作期间饮酒，减少出售酒类产品的商店数量和缩短酒馆营业时间，并且大幅提高酒类产品的价格。为了使国民保持清醒的状态，戈尔巴乔夫甚至下令在全国范围内，用矿泉水代替伏特加。这一政策也为他赢得了一个稍具讽刺意味的绰号——“矿泉水书记”。

起初，禁酒运动取得了巨大的成功，国家为此欢呼不已，然而很快情况就不是这样了。一方面，国家生产的伏特加数量减少导致了非法的家酿酒迅速增加。另一方面，极度想喝酒的俄国人开始寻找各种各样能够代替伏特加的东西，包括：液体鞋油、科隆香水、胶水、指甲油、刹车油、防冻剂、蟑螂药和家畜的生长激素。1987

年，4 万名俄国人因为喝这些替代品而中毒（其中 1.1 万人死亡）。与此同时，税收上的损失（从 1985 年到 1989 年约 490 亿卢布）加大了国家财政赤字。1989 年，政府虽然没有正式承认这一政策的失败，但还是重新开放了被关闭的伏特加商店，延长了营业时间，同时增加了国内酒类产品的产量。政府现在才意识到通过限制性措施无法有效抑制饮酒量，但似乎为时已晚，其实通过审视他们的对手美国禁酒令时期的历史，苏联本应更早地明白这个道理。

戈尔巴乔夫这一失败的禁酒运动就是在“开放”政策指导下的第一个重要的社会改革。戈尔巴乔夫对“开放”这个词给出了如下定义：在“开放”政策的指导下，一个全新的社会环境将得以生动地展现出来。我们希望，在生活中的方方面面，公共事务将更加开放。真理才是最主要的。列宁曾经说过：“要更加明亮！”我们要让我们的党了解每一件事。我们要史无前例地扫清所有霉菌能够重生的黑暗角落！

戈尔巴乔夫想要揭开真相的阴暗角落之一就是斯大林时期的那段过去。他认为，如果苏联想要向前发展，就必须公开正视斯大林时期的问题。因此，戈尔巴乔夫重新展开了针对从赫鲁晓夫开始到勃列日涅夫结束的斯大林时代的批判性调查。在纪念布尔什维克革命胜利七十周年的演讲中，戈尔巴乔夫说道：“斯大林的罪行不计其数而且不可原谅……为此，我们的人民付出了沉重的代价，他的罪行给我们的社会生活造成了惨痛的后果。”然而与此同时，戈尔巴乔夫也指出，要揭开“历史的真相”也需要认识到斯大林“为实

从许多方面来看，戈尔巴乔夫的领导代表了与苏联过往的决裂。

现社会主义及维护社会主义成果所做出的贡献是毋庸置疑的”。换句话说，戈尔巴乔夫想要批判的是斯大林的“滥用职权”，而不是斯大林建立起来的共产党的执政体系。

尽管戈尔巴乔夫的演讲只是试探性的，而且措辞十分谨慎，一些民众还是将其解读成了对于声讨斯大林及其体制的鼓励。记者、历史学家、小说家、剧作家及电影制作人纷纷开始公开声讨斯大林时期的传统。反斯大林主义电影《更加光明》（*More Light*）的旁白说道：“人们厌倦了沉默，我们将试着以更加诚实、更加光明的态度谈论过去。”

然而并不是所有的人都渴望更多的光明。勃列日涅夫时期上位的保守派领导人自然不愿意看到勃列日涅夫的恩人斯大林被诽谤成布尔什维克革命的叛徒。对于这些旧秩序的忠实拥护者来说，对于斯大林的批判相当于“便宜了资产阶级的历史编纂”。从他们的角度来看，更加不利的是，对于斯大林的批判也可能会助长对当前政局的攻击，以及对他们所重视的“传统价值观念”和社会规范的攻击。这一威胁越发名副其实，因为戈尔巴乔夫确实鼓励大家针对苏联体制存在的问题进行批判性的讨论。戈尔巴乔夫允许知识分子组织起来，提出新的观点，又把像萨哈罗夫这样持反对意见的人从监狱中释放了出来，鼓励他们参与讨论。国家还解除了对国外广播站的信号干扰，允许在街上进行示威游行活动，甚至允许一种反主流文化在莫斯科的阿尔巴特区（Arbat）发展，这种反主流文化的主要特征是满大街留着长发的孩子和摇滚乐。

如果开放政策仅仅是鼓励知识分子、艺术家和留着长发的孩子们挑战传统秩序的话，就不会引起过多的争论。然而，到了 20 世纪 80 年代末，苏联边境的非俄罗斯民族群体却将这项新政策视为一种鼓励，鼓励他们以极端暴力的方式表达被长期抑制的民族主义思想和宗教不满情绪。以信奉基督教的亚美尼亚人为例，他们与信奉伊斯兰教的阿塞拜疆人进行了好几场激战，也没能使这些阿塞拜疆人被吸收进纳戈尔诺—卡拉巴赫（Nagorno-Karabach），这一地区是亚美尼亚位于阿塞拜疆领土内的飞地，同时也是苏维埃共和国与里海和伊朗之间的边境地区。在乌兹别克斯坦（Uzbekistan），克里米亚鞑靼人正与乌兹别克人进行着生死之战。克里米亚鞑靼人在第二次世界大战期间被斯大林驱逐到乌兹别克斯坦这个中亚的共和国，而乌兹别克人却从未承认过克里米亚鞑靼族人在自己国家中的地位。这些冲突使得苏联当局紧张不安，因为这些冲突使有关古老的民族、宗教、半部落区域的忠诚及传统的问题暴露了出来，而这些问题是过去几十年里占主导地位的“理性共产主义”几乎从未触及过的。在传统上占主导地位的俄罗斯人眼中，使局势越发严峻的是，亚洲和伊斯兰国家人口的增长速度远远超过他们自己的人口增速，俄罗斯人口学家更是悲观地指出，苏维埃共和国的人口正在“泛黄化”。

与此同时，威胁着苏联内部机制的则是来自波罗的海三国、格鲁吉亚和乌克兰的民族主义者们的热切期望。在波罗的海的一些地区，如爱沙尼亚、拉脱维亚和立陶宛，当地的民族主义者十分怀念在两次世界大战之间他们曾获得的短暂独立。他们完全不想加入苏维埃共和国，对于苏联的控制，尤其是在经济和文化方面的掌控深恶痛绝。20 世纪 80 年代末，波罗的海三国要求并且获得了对以上几个地区的高度自治权。然而事情并没有到此结束，因为激进的民族主义者想要的是完全意义上的独立。在爱沙尼亚，议会通过了一系列法律，旨在剥夺其国内俄罗斯工人的公民权，俄罗斯工人则通过罢工进行回击；在立陶宛，80% 的人口都是天主教徒和说立陶宛语的人，当地的共产党把自己从苏维埃政党中分离出来，民族主义领导者们也宣布了将立陶宛从苏联分离出来的决心。1990 年 3 月 11 日，立陶宛共和国正式宣布独立；在斯大林出生的地方格鲁吉亚，民族主义者们聚集在首都的街道上，挥舞着格鲁吉亚共和国短暂独立时期的红、黑、白三色旗。当苏联的军队侵入格鲁吉亚，杀害了二十多名公民时，格鲁吉亚人民高呼："入侵者们，滚回家去吧！"并呼吁苏联解体。

保守评论家指出，苏联实行的开放政策正在滋长危险的自由民主思想，并威胁到了国家政府的集中控制。新的"开放"政策同样导致了极端反自由主义、反犹太主义及反民主主义势力争相涌现，人们开始听见他们的声音。新斯大林主义者们与《今日俄罗斯》(*Sovyetskaya Rossiya*)杂志联合起来，抨击戈尔巴乔夫及支持他改革的盟友们损害了共产党的威严，助长了异端思想，即"个人的内在价值"。极端俄罗斯民族主义者在反西方亲斯拉夫主义者和19世纪末以法西斯主义为原型的黑色百人团身上找到了自己的历史原型。据说这些极端俄罗斯民族主义者通过复兴反对"外国势力"的旧式运动，密谋破坏俄罗斯传统文化。他们中包括"外来的"犹太人势力，这些犹太人经过了数十年的歧视和迫害，在戈尔巴乔夫统治期间，终于获得了宝贵的自由。这种全新的自由赋予了他们一系列新的权利，包括开设犹太文化中心、建立犹太学校、教授犹太历史。一个名叫"记忆"的俄国右翼团体对这种官方承认的自由深恶痛绝，并指责在苏联文化中犹太色彩过于浓烈的现象。这一团体呼吁应禁止犹太人进入苏联的大学、科学研究院和文化机构。因畏惧日益高涨的民间反犹太浪潮，更多的犹太人纷纷离开苏联。这股民间的反犹太浪潮包括在部分苏联城市发起的反犹太活动，这些反犹太运动与政府官方的"宽容政策"相比，更能反映这个时期的特点。在1989年的前11个月里，62504名犹太人移民国外，打破了

1979 年 51333 人的纪录。同时还有 50 万犹太人申请移民。对于戈尔巴乔夫来说，这并不是什么好消息，因为很多离开苏联的犹太人都曾接受过专业的训练，他们所掌握的技能对于苏联的经济改革来说是十分宝贵的。

尽管戈尔巴乔夫本人就是俄罗斯族，他也没有预想到这一切会给苏联带来全面的破坏。他的开放政策原本旨在改变墨守成规的苏联社会、经济及政治体制，使其在国家的“重建”进程中能够承担更多的责任，这也是他改革计划中的第二项任务。这项错综复杂的改革方案彰显了戈尔巴乔夫的雄心壮志。因此，在着手改革之前，戈尔巴乔夫必须做好大量的准备工作。就如 20 世纪的彼得大帝一样，戈尔巴乔夫决心以最快的速度使苏联改头换面，这样才能与西方国家、日本和中国展开有效的竞争，其中中国作为另一个以建设共产主义为目标的国家，也决心大力发展国家经济。戈尔巴乔夫指出，真正重要的是“苏联能否以一种强大的、积极的姿态迈入新世纪”。他认为，实现这个目标最大的障碍就是国内高度集中的经济管理和经济计划体制。1987 年年初，戈尔巴乔夫宣布计划缩减掌握在国有企业和政府机关手里的经济控制权。这些企业和机关的职能被局限在小型的“社会主义市场经济”合作社和私人的家族企业内。同时，戈尔巴乔夫开始彻底开放苏联经济市场，吸引外国投资、合资企业及西方国家的消费品。

如同开放政策一样，经济上的这些调整也引起了党内和中央政治局内保守官员们的强烈反对，这些官员们清楚地意识到，经济上的调整将会严重威胁到他们的权力和特权。反对戈尔巴乔夫改革的一位领头人物雅戈尔·李加契夫（Yegor Ligachev）抨击戈尔巴乔夫激进的改革，认为他的改革是不负责任并且违背社会主义原则的。以李加契夫为代表的官员们用他们最拿手的方法极力阻挠戈尔巴乔夫的改革，即坚持自己的立场绝不让步；以政府的繁文缛节扼杀一切新鲜事物。

实质性的经济现代化改革同样面临着上百万苏联工人的阻挠，因为经济改革给这些工人带来了威胁。尽管每个人都渴望更多更好的生活用品和服务，但是他们也想要全职的工作、国家补贴、合理管制的价格及国家福利。而且，许多群众对于这种允许一部分人比另一部分人富裕的“刺激性”或者“风险性”经济持强烈的怀疑态度。在国家运营的工厂里工作的员工和管理人员们也是如此，因为他们工作的宗旨是生产高质量、高收益的产品，严守职业道德。“他们假装付我工资，我假装给他们干活。”这是苏联有名的谚语，在这种氛围下，很多人都能生活得十分舒适。因此，国有工业和农业持续没落，真正为人们提供商品和服务的却是规模更小的“第二经济”、黑市及夜间经济，出现这种现象也就不足为奇了。以制作精良的套装和修理工作为例，这些商品和服务仍然面临着供应不足的问题，然而政府却缩减了对国有工业和农业的补助，使得这种供应不足的局面越发严峻。因此，事实上，在戈尔巴乔夫的指导下，苏联的消费经济并没有好转，反而越发糟糕。这一事实使苏联政府面临着十分危险的局势，因为原本很有耐心的苏联人民如今开始迫切要求新一任领导人尽快做出改善。戈尔巴乔夫自己也很清楚这一点，他声称："我们的人民会看到明天取得的显著成效，进而评判我们的政策。"到了20世纪80年代末，由于改革缺乏明显的成效，苏联的煤矿产业爆发了大规模的罢工。为了平息罢工事件，政府不得不大幅度提高工人的工资，而这笔花销是政府难以负担的。苏联和西方国家的一些旁观者不禁开始提出这样的疑问：戈尔巴乔夫究竟还有多少个"明天"？

人们对苏联的改变失去耐心也表现在政治领域。作为调整苏联体制的举措之一，戈尔巴乔夫规定人民代表大会苏维埃会议的代表由选举产生，实现政治自由化。在1989年3月的选举中，许多选民利用新规定，选举了一批对共产主义持反对意见的人进入了人民代表大会。5月，新一届苏维埃会议召开时，数百名代表集体指责政府的改革进程过慢（或者在某些地方过快）。特立独行的莫斯科党组织领导人鲍里斯·叶利钦（Boris Yeltsin），因指责党内阶级特权和腐败现象成为人民心目中的英雄人物。一年后的1990年3月，人民代表大会投票决定，不再对共产党垄断权力提供宪法保障。为了应对共产党日益衰弱的局面，戈尔巴乔夫将权力基础转移到了新设立的总统职位上，这一职位是由人民代表大会而非人民选举出来的。一些评论员指出，戈尔巴乔夫不可能通过普选当选为总统。换句话说，戈尔巴乔夫"自上而下的改革"很有可能莫名其妙地演变成"自下而上的改革"。人们认为戈尔巴乔夫就像谚语里所说的"魔法师的学徒"一样，已经没有办法控制住自己"释放"出来的力量了。

1990年1月，立陶宛首都维尔纽斯一座天主教大教堂外的反苏联集会。

戈尔巴乔夫下台，叶利钦掌权

1991 年，根据苏联的整体状况来看，戈尔巴乔夫的改革给苏联造成的毁灭性后果已经十分明显了。在众多加盟共和国一个接着一个脱离苏联宣布独立之后，列宁和斯大林建立的政治结构变得杂乱无章，犹如纸牌屋一样不堪一击。波罗的海三国拉脱维亚、立陶宛、爱沙尼亚是最早被迫加入苏联的，并且为了独立进行了长期的抗争。因此，这些国家成为第一批脱离苏联的国家也就不足为奇了。为阻止这些国家脱离苏联，前莫斯科共产党以苏联坦克为武力后盾，采用残酷的武力手段袭击了立陶宛首都维尔纽斯（Vilnius）的主通信中心。早在 1970 年 3 月，立陶宛议会就已宣布独立。当普通民众把自己藏在议会大厦周围的反坦克障碍带中时，议会大厦便成了全国性抵抗运动最具活力的象征。在议会大厦的墙上，民众们用颜料写下了这样的标语：“戈尔巴乔夫，你会下地狱的！”以及：“红军就是红色的法西斯主义！”

很快，其他加盟共和国也紧随波罗的海三国的脚步宣布独立，这些国家有：白俄罗斯（Byelorussia，后改名为 Belarus）、格鲁吉亚、摩尔达维亚（Moldavia，后改名为 Moldova）、乌克兰、亚美尼亚、阿塞拜疆、乌兹别克斯坦、吉尔吉斯斯坦、塔吉克斯坦。这些国家在宣布独立的同时也将这种渴望独立的热情传播到了世界各地。苏联体制的迅速解体也暴露了苏联基础薄弱、意识形态领域缺乏有力武器等弊端。著名的苏联问题专家德米特里·K. 西梅斯（Dimitri K. Simes）指出：“即便苏联的宣传机构努力了七十年，苏维埃社会主义共和国联盟内的人民也从未被成功地社会化，他们始终不认为自己是一个伟大的多民族国家的公民。从某种程度上说，除非有一个极权国家将苏联领土内的居民都变成顺从的臣民，才能创造出真正的苏联人。”

作为苏维埃帝国的支柱，俄国在摧毁苏联体制的过程中也起到了至关重要的作用。1991 年 6 月，鲍里斯·叶利钦当选为新一任俄罗斯联邦总统。在苏联的历史上，叶利钦是第一位通过普选成为国家最高领导人的总统。叶利钦身材结实强壮，领导作风强硬，而且同样打击伏特加酒的生产。这一切使得叶利钦看起来好像是勃列日涅夫的翻版，然而事实上他却跟戈尔巴乔夫一样的激进，甚至比戈尔巴乔夫还要更激进一些。因为即使戈尔巴乔夫的改革在一定程度上打击了苏联和苏共，他的立场仍旧是为了维护二者的。反观叶利钦，在早期的政治生涯中，作为乌拉尔地区的政府官员，他表现出了足够的忠诚，然而在这期间，他也看清了苏联的前景。1987 年 10 月，叶利钦从中央委员会辞职，他重返政坛便是向苏联最高领导人的位置发起冲击。在戈尔巴乔夫失败的领导下，苏联出现了政治真空，叶利钦则十分乐意填补这些政治真空。1990 年 6 月，在叶利钦的煽动下，俄罗斯联邦议会通过投票终止了“违背俄罗斯联邦国家主权的苏联法令”。一年后，叶利钦政府在俄罗斯联邦内解散了苏共中央，戈尔巴乔夫对此极其愤怒。即便如此，戈尔巴乔夫也没办法从叶利钦手中重新夺回权力了。

由于戈尔巴乔夫无力阻止俄罗斯和其他加盟共和国各奔东西，使得苏联共产党人惊慌不已。因此，这些苏联共产党人坚信戈尔巴乔夫与叶利钦暗中勾结，企图摧毁苏联体制，也就不足为奇了。1991 年 8 月，趁着戈尔巴乔夫前往克里米亚休假，莫斯科的共产党人士组织起来，秘密谋划了一场政变，希望借此重新实现苏联的领土完整和意识形态统一。为了防止戈尔巴乔夫阻碍政变，反叛者派遣间谍前往克里米亚，切断了戈尔巴乔夫与外界的通信。但是，政变的领导者们即使有能力将戈尔巴乔夫隔离在外，却无法用类似的方式阻挠叶利钦。叶利钦是在莫斯科郊外的宅邸里打网球的时候听到政变风声的。得知政变的消息后，叶利钦迅速返回莫斯科并发表演讲，号召群众联合起来对抗政变。对抗政变的号召发表后，叶利钦迅速占领了俄罗斯议会大厦。随后，由群众组成的志愿保卫者们将它包围了起来。当反叛者命令一整队的坦克攻打议会大厦时，叶利钦大胆地走出议会大厦的掩体，亲自面对坦克，这一勇敢的姿态极大地鼓舞了保卫者们。在保卫者们与坦克兵交涉的时候，叶利钦登上了一辆坦克，并高高地挥舞起白、蓝、红三色旗。1917 年俄国十月革命前，白、蓝、红三色旗一直是俄国的国旗。此时，摆在反叛者面前的只有两条路：一是重新集结新的军队，继续政变；二是就此罢手，放弃政变。反叛者们选择了第二条路。叶利钦大获全胜，随后派飞机前往克里米亚将戈尔巴乔夫接回了莫斯科。当飞机起飞前往首都莫斯科时，戈尔巴乔夫预言道："我们正飞向一个新

1991年8月，鲍里斯·叶利钦针对反戈尔巴乔夫政变发表演讲，该政变以失败告终。

时代。”此时的戈尔巴乔夫并不知道，他的这句预言有多么准确。

1991 年的“八月政变”发生在苏联体制走向终结之前。发动政变的反叛者试图把戈尔巴乔夫赶下台，但却帮叶利钦获得了最终的胜利，同时还帮了那些决心彻底击垮苏联的人。苏联总统眼睁睁地看着各加盟共和国脱离苏联，却无能为力。8 月 24 日，乌克兰宣布独立。当天，戈尔巴乔夫辞去苏共总书记职务，并解散了苏共中央委员会。委员会的成员们在撤出位于莫斯科中心的总部时，遭到了市民们的嘲讽，市民们冲着这些委员大声喊着：“耻辱！耻辱！”对于一个曾经以铁腕统治这个国家长达 75 年之久的组织，这样的结局实在是有些不体面。残酷的压迫统治无疑是这一体制走向终结的主要原因。苏共打着为人民服务的旗号对人民进行控制，因此人民对其悲惨结局没有给予一丝一毫的同情。只有当新的统治秩序暴露出恐怖的面目时，人们才会万分想念苏共统治下“美好的过去”。

到了 1991 年年底，苏联已经处于一种迅速分崩离析的状态。唯一合理的解决办法就是将其彻底埋葬。戈尔巴乔夫依然顽强地坚守着苏联总统的位置，并没有接下埋葬苏联这一任务，因为他拒绝承认苏联气数将尽。1991 年 12 月 8 日，叶利钦在没有与戈尔巴乔夫进行过多商议的情况下，在白俄罗斯首都明斯克（Minsk）会见了乌克兰和白俄罗斯的领导人，起草了一系列文件，宣告苏联的终结以及独立国家联合体（CIS，Commonwealth of Independent States）的诞生。新成立的独联体是由自主实体组成的松散的联邦，其目的是为了填补苏联遗留下来的真空。此后不久，戈尔巴乔夫于圣诞节当天辞去了苏联总统一职。当天晚上，苏联国旗在克里姆林宫完成最后一次降旗仪式，取而代之的是新的俄罗斯三色旗。

东欧回归多元化

早在苏联解体前，莫斯科已无心抵御日益壮大的国内反动势力，各卫星国逐渐脱离苏共的控制，苏联掌控的东欧集团也开始慢慢瓦解。在苏联国内的反动势力中，有一部分是由戈尔巴乔夫的改革激发的。勃列日涅夫主张严格限制东欧各国的自主权，戈尔巴乔夫并没有坚持这一主张，反而强调各国有权寻找“适合自己的社会主义道路”。另外，戈尔巴乔夫还向东欧各国承诺，苏联不会以武力镇压各国的改革。这一方面意味着，东欧各国能够以不同的姿态回应戈尔巴乔夫提供的各种可能性；另一方面也意味着，它们的回应能够折射出超越戈尔巴乔夫控制的国家差异和国家战略。简而言之，新时期的东欧得以回归多元化，这样的发展令人激动不已，同时又充满了挑战。

波兰的动荡

1989 年，波兰发生了以下几次翻天覆地的变化：团结工会正式取得合法地位；民主党派在战后时期第一次半自由选举中大获全胜；波兰建立了东欧社会主义阵营里的第一个非共产党政府。以上这些变化虽然与戈尔巴乔夫对东欧采取的权力下放政策有关，但主要还是由 80 年代初波兰的动荡引发的。数十年的压迫、腐败引发的经济停滞与官员的自大无能，使得波兰工人们对这个国家心灰意冷。1980 年夏天，波兰工人发动了一系列非暴力罢工。罢工运动的中心在格但斯克（Gdańsk，即之前的但泽）的列宁造船厂。在电工莱赫 · 瓦文萨（Lech Walesa）的领导下，波兰工人占领了列宁造船厂。这些工人要求政府允许他们成立独立的工会，而且领导工会的官员必须由他们自己选举产生。格但斯克的工人运动引起了社会各个阶层的热切关注。知识分子为团结工会出谋划策，天主教会的部分成员也公开表示了对这些工人悲惨境遇的同情。由于教会在波兰国内有着非同一般的影响力，其支持就显得尤为重要了。波兰的天主教教义与民族主义有着密切的联系，这种联系在教皇若望 · 保禄二世（John Paul Ⅱ）的作用下得到了加强与巩固。若望 · 保禄二世是梵蒂冈历史上第一位波兰籍的教皇，这位教皇曾在 1979 年“任性地”访问了自己的家乡。在广播被禁之前，教会与工人们在 1980—1981 年期间的合作成果都会通过天主教集会的广播进行实况转播。

支持团结工会的呼声太过强烈，政府不得不屈服。1980 年 8 月 31 日，政府与工人们达成协议。协议的主要内容就是允许工人“创造由工人自己掌控的新的工会组织，真正意义上为工人阶级发声”。该协议的内容包括：新成立的独立工会不得扮演政党的角色，且不得违反国际联盟的现有体制；承认波兰统一工人党（Polish United Workers Party）对国家的领导作用。在社会主义国家中，指导经济发展是政府的核心职能，但在波兰，政府坚持对经济和政治职能做出的区分却显得有些模糊不清了。

针对协议内容产生的分歧使得波兰在接下来的几年里陷入混乱状态，具体表现为：政府和波兰执政党内部频繁发生变动；大量地方性罢工此起彼伏。工人们要求五天工作日和更高的薪资，然而政府却坚持工人们应保持原有的工作强度，即周六也需要工作，同时继续镇压冬季爆发的罢工潮。随着双发的对峙难分高下，团结工会的要求从经济转向了政治，工人们开始要求自由选举与放宽对境外旅游的限制。1981 年 2 月，前国防部长沃依切赫·雅鲁泽尔斯基（Wojciech Jaruzelski）当选党中央第一书记。在他的领导下，政府态度依旧强硬，并利用军队武力镇压地方性罢工运动。1981 年 12 月，团结工会领导人要求处理国家经济事务的主导权力，局面进入白热化阶段。对此，政府宣布戒严令、搁置公民权利、取缔工会活动、拘禁工会领导人并将其交由军事委员会全权处理。为抵抗戒严令而自发组织的罢工运动在军事力量的打击下迅速崩溃。虽然苏联的坦克没有直接参与，但是可以明显看到的是，苏联完全支持波兰政府的野蛮镇压行为。

在接下来的八年里，波兰无论是在经济领域还是在政治领域，始终停滞不前。1988 年，波兰人均国民生产总值与 1978 年相比，降低了 13%；通货膨胀率每年都接近 100%。波兰欠西方银行的债务数额惊人，甚至连每年的利息都无力偿还，不得不请求延期支付。西方银行借给波兰的钱实在是数额巨大，如果放任波兰继续这样下去，造成的损失它们也承担不起。但是，这些西方银行别无他法，只能允许波兰延期偿还。西方银行的让步已经是波兰政府唯一的救命稻草了。因为站在苏联阵营中，波兰饱受西方国家政府和本国民众的抨击，而勃列日涅夫及其继任者却并不完全信任波兰，他们认为，波兰打压“反苏分子”和“反社会主义分子”的力度还远远不够。事实确实如此，波兰政府并不是高效有力的管理者。在打压团结工会和其他反动势力方面，波兰所采取的措施仅仅是使这些

1980年8月，莱赫·瓦文萨在格但斯克的列宁造船厂向罢工者发表演讲。

势力被迫转入地下而已，转入地下后这些势力的活动与 1980—1981 年短暂“开放时期”相比，也没有丝毫的减弱。而且，波兰政府也无力取缔教会，甚至没有办法有效地封锁教会的言论，使得教会逐渐发展成为空前的反对文化和异见政治的中心力量。

著名的东欧历史学家指出，20 世纪 80 年代中期波兰的局势就如同棋盘上的僵局一样：受到压迫的人民并不承认政府的合法地位，政府也不把人民放在眼里；社会上众多反动势力也没有办法将自身巨大的潜力转化成真正的权力。然而，戈尔巴乔夫接手苏联，开始对苏联及东方社会主义阵营进行大刀阔斧的改革，为打破这一僵局提供了契机。戈尔巴乔夫似乎特别乐于挑起波兰的局势变动，他认为雅鲁泽尔斯基很有可能成为他的盟友，与他一起对抗旧斯大林阵营中的民主德国、捷克斯洛伐克、罗马尼亚和保加利亚。戈尔巴乔夫的这一预想很快便成为现实。波兰政府十分迅速地跟上了苏联领导人的步伐，1987 年 11 月，波兰政府组织公投，希望教皇批准一系列激进的经济改革，其中包括抬高物价。长期以来，始终对政府不屑一顾的公民们直截了当地抵制公投，政府不顾人民的意愿，按照计划抬高物价。这一行为直接导致 1988 年春天新胡塔（Nova Huta）和格但斯克两地爆发了大规模的罢工运动。政府以武力镇压了罢工运动，但显然，强烈要求恢复团结工会合法地位的工人们不会就此罢休。8 月，工人们又组织了一场声势浩大的罢工运动，迫使政府邀请团结工会领导人莱赫 · 瓦文萨前往首都华沙进行和谈。

这一事件给工人们带来了希望的曙光，然而，令大家意想不到的是，前前后后进行了两个多月的“圆桌会议”真的使谈判双方达成了一致。自此，团结工会获得了合法地位及召开自由选举的权利。但是为了使政府做出以上的让步，团结工会也付出了一定的代价：选举必须立即进行。代表团结工会的政治团体几乎没有时间准备选举，无论选举结果如何，众议院 65% 的席位仍然保留给波兰统一工人党及其联盟党派。团结工会内的许多成员认为，为了使工会获得官方认可，付出的代价未免太大。

无论如何，团结工会仍然全身心地投入了竞选当中。团结工会组织了数十场集会，在大城市里到处张贴看起来有些奇怪的海报，海报上印着美国好莱坞明星加里 · 库珀（Gary Cooper）手持选票，坚定地向前走去，他胸前的衣服上佩戴着团结工会的徽章，海报的最下面还写着“1989 年 6 月 4 日，波兰将迈入全盛时期！”的标语。团结工会的竞选宣言是：“我们将保障您的安全。”这样的宣言可能不太激励人心，但是对于团结工会来说，竞选宣言是什么其实并不重要，因为波兰人民都迫切希望把选票投给政府的反对党。大选结束，团结工会赢得了新参议院的 99 个席位（总共 100 个席位），最后一个席位留给众议院竞争。

波兰人民曾眼睁睁地看着自己追求的自由被苏联和波兰政府扼杀，所以，当团结工会的支持者们聚集在华沙胜利广场上庆祝大选胜利的时候，他们不禁担忧，华沙胜利广场会不会出现镇压活动。然而波兰政府并没有镇压人民的庆祝活动，他们无力组建团结工会满意的新内阁，只是加强了对反对派武装势力的管控。莱赫·瓦文萨亲自选出新一任总理塔德乌什·马佐维耶茨基（Tadeusz Mazowiecki）。众议院委任总书记雅鲁泽尔斯基为新一任总统，但大部分实权已转移到团结工会及其同盟者手中。

一幅刊登在杂志上的漫画可以很好地描绘出这一事件的历史意义。漫画中，驾驶舱内，两名团结工会官员将客机的方向盘交到瓦文萨手里，一名官员说道："您为了这一切如此大费周折，现在，这架客机是您的了。"1989 年 8 月，团结工会接管的这架"客机"虽然还没有完全处于掌控之中，但搭乘这架"客机"的"乘客们"已经做好了飞行的准备。衰退了几十年的经济，如今比以往任何时候都要糟糕。政府别无他法，只能通过大量发行货币掩盖其负债累累的事实，进而导致了波兰货币兹罗提严重贬值。政府缩减价格补贴，加强管制，导致物价大幅度上涨，然而某些商品却是例外，因为这些商品已经无法在市场上买到了。越来越多的波兰工人抽出一部分工作时间，想尽一切办法获取（西方国家的）强势货币，然后拿到黑市上进行交易。这种行为导致商品产量下降，进而使生活必需品和服务短缺的现象越发严重。大量衣冠楚楚的波兰人围在垃圾堆里翻找食物已经是生活常态了。因此，越来越多的人开始陆陆续续离开波兰也就不足为奇了。1988 年，大量医生离开波兰，移民国外的医生数量甚至超过了还在国内念书的医学院学生的总数。阻止波兰人大量移居国外的唯一办法就是西方国家拒绝为波兰人办理签证业务（所谓的最佳避难方式）。

新上任的领袖希望发展自由竞争的市场经济，以转变波兰的经济模式。但由于缺乏可自由兑换的货币、投资银行、信用分析员及股票交易所，波兰的经济转型十分不易。尽管有些大企业能够从经济转型中获利，但其他数以百万的波兰工人则会面临失业的风险，因为这些工人所在的工厂如同工业革命时期的博物馆一样年代久远，老旧不堪。这些工厂因无力与大企业竞争而接连倒闭，工人们自然也就没有了工作。这些失业的工人，在将自己的悲惨命运同那几个一夜暴富的企业家进行对比之后，还会继续对团结工会充满热情吗？他们会不会转而支持团结工会最大的对手，即反资本主义的民粹主义组织全波兰协议工会（OPZZ）？

上述情况真的发生了，不管是团结工会自己，还是团结工会最主要的对手，都没能占得上风。曾经的反叛者们在向民主主义和资本主义艰难转变的进程中沦为了受害者。1991 年 10 月 27 日，团结工会在议会选举中落选。此次选举是自第二次世界大战以来，波兰第一次真正意义上的民主选举。充满魅力的团结工会领导人莱赫·瓦文萨虽然得以继续担任总统一职，却因为他自己的狂妄自大而越来越被人们孤立。团结工会由于内部纷争不断，逐渐分崩离析，格但斯克造船厂作为团结工会的起源地在资本化的市场经济中逐渐落后，无力竞争，并于 1996 年停业清算。与此同时，原本在 20 世纪 80 年代末就要退出历史舞台的波兰统一工人党，分裂成两个新的党派，其中的波兰共和国社会民主党在 20 世纪 90 年代又卷土重来了。1995 年，革新后的社会民主党在总统竞选中击败了瓦文萨。幡然醒悟的瓦文萨把自己的失败以及波兰的困境都归咎于西方国家。他指责道：“西方国家怂恿我们废除旧体制，却没告诉我们应该用什么体制来代替旧体制。留给我们的只有统一工人党的瓦砾、船厂、矿山和钢铁厂。打败我们的是西方国家的政客们，他们应该为我们的不幸承担责任。”

新匈牙利的改革

1989年年初，波兰和匈牙利作为激进社会改革的信徒和实践者，在一定程度上与东欧和中欧的国家产生了分歧。两个国家的改革进程在以下几个方面均有相似之处：第一，20世纪80年代末，波兰和匈牙利为了复兴旧有的民族主义传统，都对各自国家的共产主义展开了猛烈的攻击；第二，两国都十分支持戈尔巴乔夫在苏联进行的改革，并多次发起运动，试图从根本上摆脱苏联的束缚；第三，两国都希望通过大力发展自由的资本主义市场经济，吸引西方国际投资，缓解国内的经济危机；最后，两国都希望迅速并且和平地从一党制国家过渡到多党制国家，或者建立一种类似于多党执政的政体。然而，波兰和匈牙利两国在改革进程中最大的区别在于：匈牙利并没有一个类似于波兰团结工会那样的组织，能够在转变（或推翻）现有政权的进程中发挥主动性，因此这一任务只能由匈牙利社会主义工人党自己完成。

自1956年苏联镇压了匈牙利国内的叛乱之后，匈牙利便一直处于亚诺什·卡达尔（János Kádár）的领导下。在这段时期里，匈牙利的经济发展迅速，文化风气十分自由。自20世纪70年代起，匈牙利对西方国家的开放程度比任何一个苏联卫星国都要高。然而到了20世纪80年代末，卡达尔已经70多岁了，无力应对匈牙利政治体制改革和经济自由化的需求了。正如民主德国、捷克斯洛伐克、罗马尼亚和保加利亚这几个和匈牙利情况类似的国家一样，卡达尔试图避免匈牙利走戈尔巴乔夫改革的老路。1988年5月，匈牙利社会主义工人党内部的一群年轻的“自由主义者”们召开了一场特殊的会议，以明升暗降的方法选举卡达尔担任新设立的党主席一职，这只是一个荣誉性的职位。同时，以卡达尔为核心的领导班子也全部被开除。旧的领导班子起初被中间派人士格罗斯·卡罗伊（Grósz Károly）取代。1989年6月，由四人组成的主席团开始掌管国家政权，其中两人是激进的改革者。所谓的“四人组”同意在1989年10月下一届党代会召开前领导匈牙利社会主义工人党。

在新的领导班子的带领下，匈牙利成了“自上而下”的社会主义改革的先锋。1989年5月，格罗斯下令拆除匈牙利和奥地利接壤的边境铁丝网和其他检测装置，这一举动使数百名滞留在匈牙利的民主德国人迅速流向西方国家。老一代匈牙利共产党认为1956年爆发的叛乱是一场由西方国家鼓动的“反革命运动”，而新的匈牙利政府则推翻了这一武断的结论，这是废旧立新的又一次标志性行动。匈牙利政府承认1956年爆发的是一场反对苏联控制的“人民起义运动”。这一坦白类似于新成立的波兰政府官方声明，第二次世界大战时期在卡廷森林（Katyn Forest）残忍杀害数百名波兰官员的凶手并不是德国人，而是苏联人。匈牙利政府为了使其对 1956 年事件的平反更加真实可信，重新安葬了起义领袖伊姆雷·纳吉。政府举办了一场公共葬礼，将纳吉的尸体从不知名的墓地迁到了一处国家公墓重新安葬。在不久之后的起义周年纪念日上，成千上万名匈牙利人聚集在议会大厦外高呼："苏联滚回家吧！"也有人不合时宜地喊着戈尔巴乔夫的昵称："戈尔比！戈尔比！"

然而事实上，此时的戈尔巴乔夫模式对于匈牙利的改革来说已经过时了。1989 年春天，匈牙利政府开始允许独立的反对党成立，同时宣布第二年召开自由的议会选举。匈牙利社会主义工人党领导人清楚地意识到，如果不加紧内部机制转变，他们很有可能在选举中失败。毕竟，波兰统一工人党就因为没有做出任何改变，成了活生生的反例。匈牙利社会主义工人党想要避免走波兰的老路，并希望在第一次自由选举后始终掌握住最高领导权。在 1989 年 10 月召开的历史性会议上，匈牙利社会主义工人党改名为匈牙利社会党（Hungarian Socialist Party），并多次批判其自身旧的组织形式，指出新成立的社会党将是完全意义上的民主政党。"欧洲国家"取代"苏联的兄弟国"，成为匈牙利社会党的新代名词。

然而，仍然有大量的匈牙利人对国家向民主社会转变的诚意表示怀疑。考虑到战前布达佩斯曾吹嘘自己的医院能够恢复女性的贞操，当时匈牙利人民就怀疑国家是不是想要通过这种方式拉拢人心。匈牙利社会党虽然在一定程度上为历史所累，但是它有着波兰统一工人党不具备的优势：匈牙利社会党面对的反对势力分裂成了一个个敌对的党派。这些敌对党派推动了匈牙利民族主义的复苏，而匈牙利民族主义运动的自由和民主程度都不如波兰和苏联的排外性民族运动。在强调本民族文化时，匈牙利社会党对“真正意义上的匈牙利人”和“世界主义者”（例如犹太人）进行了区分。同时，他们又找到另一个发泄被压抑的民族主义的方法，即抗议邻国罗马尼亚对当地匈牙利人少数群体的镇压。匈牙利一从苏联主导的联盟中脱离出来，就毫无顾忌地把自己的真实情感发泄给了自己的邻国。

如果说东欧各国民族主义的再次兴起会导致一系列问题的话，那么匈牙利为挽救面临困境的经济而发展资本主义自由市场，引进西方国家投资，也有其阴暗的一面。如果这一转变能够顺利完成，那么最有可能从企业私有化中获利的，是那些无力继续支撑旧有社会主义体制的当地人。这是因为国家把私人购买国有企业的自主权给了高级管理者们。这样的规定虽然能有效地安抚候选官员的不满，减少发生叛乱的潜在可能，却再一次抛弃了绝大部分的普通民众。匈牙利大力引进西方国家的投资，这意味着它需要大量的资金、工作岗位，以及到目前为止仍然无法获取的商品和服务。西方国家的公司非常乐于在匈牙利生产并销售他们的商品，虽然风险较高，但潜在的利润也十分可观。匈牙利对于西方国家的公司有着巨大的吸引力，因为这些东欧国家有着大量训练有素而且十分廉价的劳动力。但对于东欧国家来说，只有保证国内的工资和利润水准始终低于西欧各国的标准，这样的吸引力才会一直存在。

民主德国：柏林墙倒塌

历史学家弗里茨·斯特恩（Fritz Stern）在记录1989年夏天和秋天民主德国发生动乱的历史时指出："德国以如此自然，如此大胆，并且在各方面都如此成功的姿态登上历史舞台，这样的情况自1848年以来，还是第一次出现。"德意志民主共和国的转变令人无比震惊，主要因为民主德国人给人们的印象一直都是顺从地接受国家的领导。1953年6月，东柏林爆发了工人罢工事件，除此之外，民主德国人没有再对国家最高领导机构——民主德国社会统一党发起过任何挑战了。与匈牙利和波兰不同，民主德国没有武力反抗苏联压迫的传统。生活在易北河东岸"社会主义花园王国"里的公民们，若不满自己的处境，要么选择移民联邦德国（1961年8月柏林墙修建之前，这种方法还是相对比较容易的）；要么选择"内心移民"，也就是表面上顺从国家统治，背地里却尽可能地投入与自己公民身份不符的艺术、智力和社会活动中去。这种双重身份的反抗形式广泛地存在于社会主义国家中，然而只有民主德国把这种形式发挥到了极致。民主德国的路德教教会追求人的内在和本质，他们认为内在的"灵魂"自由比实现政治和社会权利更为重要。尽管民主德国统一社会党始终承诺保障人民的内心生活，但事实上大部分人并不愿意把自己全身心地交付给国家，一位研究者将这种情况称为"现实中的反革命"。

少数民主德国人拒绝私下抗争或"内心移民"，而是以极其高调的方式批判国家政权，例如讽刺民谣歌手沃尔夫·比尔曼（Wolf Biermann）、物理学家罗伯特·哈弗曼（Robert Havermann），还有政治家鲁道夫·巴罗（Rudolf Bahro），这些人最后不是被流放国外就是被关入监狱。还有数百名籍籍无名的反叛者联合新教教会的支持发起和平运动，也被关进了监狱。埃里希·昂纳克（Erich Honecker）当局（1971—1898年执政）最终允许联邦德国政府花钱引渡这些罪犯前往联邦德国，这一政策既能为民主德国挣得大量强势货币，又能抑制国内反动势力的发展，一举两得。

民主德国政府因其正确的决策得以迅速发展经济，其经济发展水平虽落后于西方国家，却远远高于其他东方阵营国家，否则受到民主德国政府打压的反动势力原本极有可能在更早的时候发动全面的抗议运动。尽管民主德国还需要依靠苏联的石油和联邦德国的金融信贷，但从20世纪70年代开始直到80年代初这段时间里，民主德国的经济增长每年都十分显著，尤其在重工业领域。虽然生活用品出现过短暂的紧缺，购买大件商品，如摩托车，需要等上很长一段时间，但至少民主德国没有像其他东欧社会主义阵营国家那样，真正陷入贫困潦倒的窘境。

然而，民主德国的“经济奇迹”没能在整个20世纪80年代持续下去，没能跟上高科技迅速发展的步伐。民主德国只能不断提高出口到其东方盟国的工业制品的数量，这种方式并不能获得足够的强势货币。民主德国逐渐陷入死板僵硬的集中经济体制的泥沼中，这一经济体制是由瓦尔特·乌布利希创立的，昂纳克则负责贯彻实施。结果越陷越深，再也没有办法像西方国家一样，生产高质量的商品并在全世界范围内进行销售了。

如果不是戈尔巴乔夫在苏联大刀阔斧的改革，以及波兰和匈牙利两国新的发展刺激到了民主德国人民，进而使他们也渴望看见政府做出转变，谁也不知道他们对民主德国当时的局面还能忍受多久。民主德国的年轻人开始公开示威，要求政府进行改革，在警察驱赶他们的时候，他们高声呼喊："戈尔比！戈尔比！"昂纳克却始终坚持民主德国既不需要改革，也不需要开放，他认为民主德国已经是一个"先进、开明的社会"了。然而，1989 年夏秋之交，数千名民主德国人开始逃离民主德国，他们穿过民主德国与匈牙利接壤的边界逃入匈牙利，或者拥向联邦德国在布达佩斯、华沙和布拉格设立的办事处，希望借此前往联邦德国。由此看来，昂纳克的观点越来越站不住脚了。当德累斯顿的民主德国年轻人疯狂地拥入火车站，企图攀上一列开往联邦德国运输难民而途经民主德国的密封式火车时，这一局势变得越发难以控制。

1989 年 10 月，戈尔巴乔夫访问东柏林，纪念德意志民主共和国成立四十周年，这一事件给大批反对昂纳克政府的游行示威活动提供了契机。发生在莱比锡的大型示威游行使昂纳克坚信，是时候采取镇压手段了。昂纳克下令警察和军队射杀游行示威的群众。但是据说在命令执行前，前任国家安全局局长、民主德国中央政治局最年轻的成员埃贡 · 克伦茨（Egon Krenz）凭借一己之力单方面摧毁了昂纳克的阴谋。一周后，也就是 10 月 18 日，克伦茨和他在政治局的同僚们成功迫使昂纳克在一份证明上签了字，这份证明指出昂纳克的身体状况已经无法支持他继续担任民主德国领导人了。克伦茨接替昂纳克担任民主德国统一党领导人及国家首脑。新上任的领导人随即发表一系列公开讲话，承诺进行改革，甚至还飞往莫斯科会见苏联领导人，以此正式表明民主德国改革的决心。

然而，这些巨大的转变并没有起到稳定局势的作用，因为大部分民主德国人已经不再信任他们的政府了。11 月 4 日，克伦茨宣布允许民主德国人经由捷克斯洛伐克自由前往联邦德国，之后每天都有将近 1 万人穿越边境前往联邦德国。选择留在民主德国的人意识到，只有通过不断地游行示威才能带来有意义的转变。就在克伦茨宣布打开捷克斯洛伐克边境的同一天，50 万群众走上街头游行示威，要求东柏林实现民主。三天后，为赢取人民的信任，克伦茨孤注一掷，宣布解散整个部长会议，次日中央政治局也随之解散，取而代之的是一个小型团体，其成员包括德累斯顿的著名改革家汉斯·莫德罗（Hans Modrow）。即便如此，游行示威依然没有停止。

11 月 9 日傍晚，一名民主德国政府官员草率地宣布政府刚刚起草了新的法律，允许人民以任何方式离开民主德国。之前政府允许人民经由捷克斯洛伐克离开民主德国的时候，柏林墙已经成了摆设，现在，柏林墙彻底沦为了冷战遗留下来的丑恶象征。晚些时候，东柏林和西柏林的群众攀登上位于勃兰登堡门附近的柏林墙顶部，自然而然地形成了一场声势浩大的派对。在接下来的几天里，数百万民主德国人穿过新设的关卡，甚至包括位于勃兰登堡门的一处关卡，前往联邦

1989年11月，5万多名民主德国人在莱比锡游行示威，反抗昂纳克政府。

德国。民主德国政府并不希望自由离开的人民从此一去不复返，值得安慰的是，离开民主德国的人大部分最终都回来了。在所有人都欣喜若狂的同时，人们很容易忽略这样一个十分讽刺的事实：1961 年，为了阻止人们逃往联邦德国，民主德国政府建立了柏林墙；如今，出于完全一样的原因，民主德国政府又凿开了这面墙。

柏林墙的倒塌及其他一系列戏剧性的转变确实在一定程度上能够缓解民主德国存在的某些问题，然而又引发了更多的问题。民主德国政府向国内反共势力施加了新的巨大压力，与波兰和匈牙利的

1989年11月11日，士兵们目睹示威者砸毁柏林墙。

情况不同，民主德国的反共势力毫无组织性和经验。其中最主要的反对派组织新论坛（New Forum）根本不是政党，它从一开始就不打算发展为政党。反共势力可以夸口说自己是没有获得广泛群众支持的领导者。反共势力的支持者担心，如果克伦茨承诺的自由选举如期举行，反共势力可能没有足够的时间准备竞选。对于克伦茨来说，他显然希望通过放弃一部分宪法规定的政治垄断权力，赢得人民的支持，进而长久地担任最高领导人。

克伦茨的愿望并没有实现。12 月 3 日，距离柏林墙倒塌还不到一个月的时间，克伦茨领导的统一社会党也走到了尽头。起初，一个临时成立的特别委员会接替统一社会党，在1990年5月（后提前到3月召开）的大选前暂时管理国家事务。经过选举，汉斯·莫德罗成为新一任总理，年轻律师葛雷格·吉西（Gregor Gysi）成为饱经风霜的德国统一社会党的领导人，他曾为保护民主党派的权利进行辩护。与此同时，昂纳克及其亲信因利用职权谋取私人财富遭到软禁。然而，政府做出的这些改变并没能恢复人们对政府的信心。统一社会党位于东柏林的总部成为抗议示威活动和愤怒的群众每日必去的地方，人们生怕莫德罗政府会将各办公室洗劫一空，然后留下斯塔西（民主德国秘密警察）看守总部。民主德国，曾经被视为旧德国秩序的捍卫者，如今也走到了尽头。

民主德国的局势变化导致的最重大的事件就是德国的重新统一。在过去的四十年里，民主德国和联邦德国第一次有可能重新统一成一个整体，而且在柏林墙倒塌之后的几周里，这种可能性越来越大。民主德国和联邦德国的重新统一意味着一个新的主权国家的诞生。摆在眼前的困难显而易见，起初，民主德国政府反对完全意义上的统一，因为他们认为，只有在独立的民主德国才能继续掌握领导权。投票结果显示，大部分民主德国人支持某种程度上的统一，而且民主德国人民要求“统一的祖国”的呼声越来越高。然而另一方面，许多接受过高等教育的人则更希望自己的社会主义国家进行改革，而不是直接一头扎进资本主义性质的联邦德国。随着人们对民主德国日益失去信心，反对统一的意见也变得越来越无关紧要了。1990年3月18号，民主德国召开的第一届自由选举中，支持尽快统一的保守派以决定性优势战胜了循序渐进的社会民主党和民主社会主义党派（前统一社会党）。大部分民主德国人认为，德国越早实现统一，他们就能越早过上联邦德国同胞们那样的富裕生活。

1989 年年底和 1990 年年初联邦德国的投票也表明联邦德国人强烈支持德国统一。为了彰显德国的民族魄力，1989 年 11 月，在未征询西方国家意见的情况下，联邦德国总理科尔宣布实行德国统一的“十点计划”。对于大部分联邦德国人来说，实现德国统一的条例太过强制性，他们不禁担心，在实现德国统一的进程中，至少在早期阶段，联邦德国为了统一将不得不做出巨大的经济牺牲。他们担心民主德国提出的一比一的货币兑换比率会让世界上最稳健的货币之一德国马克迅速贬值。一些持反对意见的党派也在政治领域提出了质疑，例如德国绿党就担心重新统一会导致极端民族主义的复兴。与此同时，其他的社会民主主义者们则坚持，即便要走统一的道路，也并不意味着试图恢复 1937 年的德国边界，因为这些领土如今有一部分位于波兰和苏联境内。

然而，德国的统一问题不只是涉及德国自身。第二次世界大战后，战败的德国并没有签订任何和平条约，所以四大同盟国对柏林和德国边界的划定仍然负有责任，不管怎么说，德国在实现重新统一之前必须要征求四大同盟国的意见。那么四大同盟国对德国的统一持有怎样的态度呢？美国政府表示乐于看见德国实现统一，但希望统一的进程能够缓慢而谨慎地进行。起初苏联表示暂时反对德国统一，无疑是因为戈尔巴乔夫担心突如其来的德国统一会影响他在苏联的统治，苏联人民对于第二次世界大战期间德国的侵略仍记忆犹新。然而戈尔巴乔夫不得不屈服于这一事件的压力，于 1990 年 2 月宣布支持德国统一。但同时戈尔巴乔夫也表示自己反对统一后的德国继续保留其北约成员国的身份，并呼吁外国军队撤离德国境内。至于法国和英国，他们并不担心统一后的德国将会具备强大的军事实力，他们更担心的是作为一个整体的德国将会拥有难以估计的经济实力。因此，英法两国提出要在德国实现统一之前确保欧洲经济一体化进程不受阻碍。1989 年 12 月，为鼓舞人心，维利 · 勃兰特（Willy Brandt）在联邦德国国会上说道："没有人规定德国必须站在侧道上，老老实实地等着整个欧洲这辆列车抵达终点。"勃兰特说得没错，1990 年 9 月 12 日，四大同盟国与德国签署了最终协议，归还了他们在德国的占领权，为 10 月 3 日民主德国和联邦德国的合并铺开道路。

捷克斯洛伐克：从"天鹅绒革命"到"天鹅绒离婚"

紧随波兰、匈牙利和民主德国之后的是捷克斯洛伐克。随着越南共和国转变为共产主义国家，人们开始用"多米诺效应"来形容发生在亚洲的一系列事件。然而讽刺的是，从目前的情况来看，"多米诺效应"好像更适合用来形容在戈尔巴乔夫改革的作用下，一个个苏联加盟共和国接二连三脱离苏联的情况。在 1989 年 11 月，一系列戏剧性事件爆发前，大部分东欧局势的研究者都认为捷克斯洛伐克的政权不会那么快就被推翻。与民主德国相比，捷克斯洛伐克更像是坚不可摧的思想堡垒。1968年“布拉格之春”后扶植的政府是东欧最具统治效力的政府之一。总统古斯塔夫·胡萨克（Gustáv Husák）及其主要副手米洛什·雅克什（Miloš Jakeš）对支持改革领导者亚历山大·杜布切克（(Alexander Dubček）的人士进行了彻底的“大清洗”。三分之一的自由共产党成员亦即近50万人被驱逐出境。杜布切克本人也被贬到布拉迪斯拉发（Bratislava）担任林业指导（该地大量树木死于酸雨）。同时，政府还以“从事颠覆性活动”为由，肃清了一批大学、文化组织和经济机构，这些组织自此只能从事最基本的工作。新挑选出来的政党和官僚精英必须完全遵守政党的规章制度。自1968年局势“正常化”以来，这些精英便开始与胡萨克和雅克什合作，这意味着，人们选择以强制性集体失忆的方式，刻意忽略了在镇压“布拉格之春”时惨遭践踏的理想与信念。一位名叫帕拉赫的年轻人曾以自焚的方式表示对苏联入侵捷克的抗议。当捷克人民自发来到他的墓前送上花圈并低声叹息道“我们并没有忘记”的时候，警察将帕拉赫的尸体转移到了别的地方，然后在原来的墓地掩埋了另外一具尸体。

尽管胡萨克和雅克什并不忌讳采用武力手段维持“正常化”，但他们也会使用经济手段让捷克人民服从于他们的统治。直到20世纪80年代末，捷克斯洛伐克的经济发展和民主德国一样，都足以支持人民的正常生活。虽然耐用消费品质量低下，经常缺货，但布拉格商店的销量甚至比东柏林还要好。很显然，捷克斯洛伐克的工人认为发动起义的代价太大，因此没有加入当地知识分子组织的反抗运动。捷克斯洛伐克最主要的反共组织“七七宪章”，是由被驱逐的艺术家、作家和音乐家组成的小团体，他们遭到迫害更多是因为在国外发动抗议活动。当该团体最直言不讳的成员、剧作家瓦茨拉夫·哈维尔（Vaclav Havel）于1977年被捕入狱，只有为数不多的几个作家还在为示威游行奔走。

另一方面，1983年苏联宣布要在捷克斯洛伐克部署核导弹，这一决定不仅引发了知识分子的愤怒，就连工人们也对此愤怒不已。大规模的抗议运动使人们看清了原本隐藏起来的对苏联霸权的敌视。捷克斯洛伐克的民族主义传统可以追溯到19世纪初，而且人们对战间期的民主政府仍然记忆犹新。随着波兰人民和匈牙利人民为了实现民主和国家独立开始发动起义，以布拉格查理大学（Prague's Charles University）的学生为代表的捷克人民，为了恢复昔日的民主，也开始发动起义。1989年11月17日，一群学生在布拉格圣温塞斯拉斯广场（St. Wenceslas Square）游行示威，他们手里挥舞着国旗，高声喊着战时总统托马斯·马萨里克（Tomáš Masaryk）和亚历山大·杜布切克的名字。看到自己的示威运动起到了一定的作用后，学生们激动地尖叫着：“我们不想成为最后一个！”“辞职吧，落伍的人！”

胡萨克和1987年成为捷共领导人的雅克什对此做出的回应果然不出所料，他们下令动用警力和军事力量驱散学生。超过100名学生受伤，14名学生伤势严重。胡萨克和雅克什的策略显然是个错误，因为这一策略激起了原本对局势漠不关心的工人们的愤怒，使得这些工人连同许多中层雇工纷纷加入学生们的示威队伍。11 月 17 日“大屠杀”发生后的第一个星期日，5 万名群众聚集到圣温塞斯拉斯广场举行反对政府的示威游行。等到星期五的时候，这一数字已经飙升到了 50 万。抗议者们从布拉格迅速扩散到布拉迪斯拉发，迫使著名的护林员杜布切克回到首都，公开要求政府下台。局势发展到这里，跟民主德国政府一样，摆在捷克斯洛伐克政府眼前的只有两个选择：要么以武力镇压反抗运动，要么直接辞职。11 月 23 日，捷共领导人雅克什以及整个政治局选择了辞职，捷克政权最终宣告终结。

最初，另一个政党取代了雅克什及其同僚，该政党似乎乐意进行改革以粉饰太平，却不愿意让出权力。然而，随着时间的推移，捷克人民要求的不再是简单的部分民主，而是真正意义上的绝对民主；不再是 1968 年提出的“人道社会主义”，而是真正的经济自由。而杜布切克本人就如同他过去曾经抨击过的共产党一样，似乎也逐渐跟不上捷克迅速发展的局势了。新兴起的反共组织公民论坛，接过“七七宪章”的大旗，要求尽快成立包含民主党派在内的联合政府，进行自由选举。一旦进行自由选举，捷共 40 多年的垄断政权很有可能就要走向终结了。面对着持续不断的大规模示威游行及大罢工的威胁，捷克政府不得不做出让步。12 月 9 日，胡萨克辞职，反对党领袖组建了民主党派占多数的内阁。这次革命持续了整整三周，反政府人士从未采取过暴力手段进行抗议。因此，捷克斯洛伐克新任总统哈维尔将 1989 年 11—12 月期间发生的整个事件称为“天鹅绒革命”。

捷克斯洛伐克与其邻国波兰、匈牙利和民主德国一样，想要脱离苏联，投入欧洲的怀抱，主要是希望加入欧洲经济共同体的发达西欧国家及欧洲市场。仿照匈牙利，新成立的捷克政府也开始撤掉设立在捷克斯洛伐克与奥地利接壤的边境的铁丝网。总的来说，和其他国家一样，捷克斯洛伐克期待的未来，混杂着对过去的深刻记忆。

很快，捷克斯洛伐克遗留下来的一个历史问题，即捷克人和

1989年11月23日，一名示威者手持捷克国旗在圣温塞斯拉斯广场游行。

斯洛伐克人之间挥之不去的敌意逐渐显露出来，给统一后的国家避免民族主义重新抬头造成了很大的困难。对于斯洛伐克人来说，在过去很长的一段时间里，他们一直认为自己是二等公民，因此希望成立一个松散的联盟以获得更多的自治权。而捷克人则希望建立一个高度统一的联邦。新建立的捷克斯洛伐克联邦中，斯洛伐克的那一部分相对来说更接近于过去的经济体制，因此，斯洛伐克人并不愿意接受捷克领导的激进的市场改革。斯洛伐克总理弗拉基米尔·麦恰尔（Vladimir Meciar）转变为激进的民族主义者，主张将统一的联邦再次分裂成两个国家。起初，捷克人民不愿意接受这一解决方案，但捷克总理瓦茨拉夫·克劳斯（Václav Klaus）最终认为，如果想要继续和斯洛伐克维持伙伴关系，分离才是最好的选择，克劳斯担心斯洛伐克保留日益老化的国营重工业的决定会阻碍布拉格向资本主义市场经济转变。1992 年 11 月 25 日，联邦议会同意将捷克和斯洛伐克联邦共和国分离成两个独立的国家。幸运的是，两个国家分离的过程也十分平缓，“天鹅绒革命”最终走向了“天鹅绒离婚”。

保加利亚的政权更迭

对比捷克斯洛伐克和保加利亚，二者之间的区别在于，捷克斯洛伐克从头到尾始终向西方国家看齐，从未热情地接受过苏联的控制；而保加利亚则不同，在巴尔干半岛上的邻国陆陆续续脱离苏联期间，保加利亚却始终坚定不移地跟随着苏联。保加利亚从未发生过什么“索非亚之春”。正如当局指出的那样，缺乏反苏联势力反映出这样一个事实，那就是在保加利亚国内，经济利益和国家发展战略能够实现真正意义上的互补。自斯大林死后，保加利亚得以将重心从重工业上转移到轻工业和农业上来。渐渐地，保加利亚生产的水果和蔬菜开始在苏联拥有了固定市场。

托多尔·日夫科夫（Todor Zhivkov）从1954年3月到1989年11月一直担任保加利亚共产党的总书记。其间，从1962年开始，日夫科夫成了保加利亚唯一的领袖。对于任何一个国家来说，能够担任国家领导人如此之久，足以令人印象深刻，对于保加利亚来说尤为如此。托马斯·霍布斯曾经用“下流、野蛮和短暂”这三个词

捷克斯洛伐克新任总统，前反共人士，瓦茨拉夫·哈维尔。

来形容人的生命，在保加利亚这样一个频繁爆发民族复仇和军事暴乱的国家里，统治权也是如此。在操控权势方面，日夫科夫显然天赋异禀，但是他能够大权在握这么多年，更多的还是要归功于他专制但平易近人的政治作风。

即便如此，日夫科夫也颁布过让政府和国家信誉扫地的政策。1981 年，日夫科夫手下严格控制的保安部队卷入了一起失败的刺杀教皇行动。另外，他还通过国际走私毒品和武器挣得的钱补贴自己少得可怜的薪水。1984 年，日夫科夫发动了针对国内土耳其人的“保加利亚化”运动，强迫土耳其人更换保加利亚名字，禁止他们信奉伊斯兰教。当这一运动遭到土耳其人的反抗时，日夫科夫下令将国内的土耳其人驱逐出境。

驱逐土耳其人为日夫科夫的下台埋下了祸根，因为大量技术人才的流失严重打乱了原本发展平稳的经济。保加利亚外交部长佩特尔·姆拉德诺夫（Petar Mladenov）在刺杀教皇丑闻后一直致力于修复保加利亚的国际声誉，他认为，已经 78 岁的日夫科夫是该下台的时候了。11 月 9 日，姆拉德诺夫在中央政治局精心策划了一场和平的政变，日夫科夫最终辞职，柏林墙也于同一天倒塌了。同民主德国的昂纳克一样，辞职后的日夫科夫随即因贪污腐败遭到软禁。

日夫科夫下台并遭到软禁之后，保加利亚政府效仿民主德国和捷克斯洛伐克，宣布放弃自己在国家政治中的领导地位，并在第二年召开自由选举。对于日夫科夫之前颁布的政策，姆拉德诺夫甚至大胆地反其道而行之，重新召回了之前被驱逐出境的土耳其人。12 月末，姆拉德诺夫宣布土耳其人可以换回自己原来的名字，继续信仰伊斯兰教，并允许他们在公共场合讲土耳其语。数千名曾被日夫科夫驱逐出境的土耳其人重新回到了保加利亚。尽管该政策受到了西方的普遍好评，却在国内遭到了强烈反对。大部分保加利亚人并不喜欢土耳其人，他们认为这些土耳其人已经赖在他们的国家 500 多年了。而且土耳其人被驱逐出境后，一些保加利亚人曾以极低的价格买走了土耳其人留下的房子和其他财产，如今土耳其人又回来了，保加利亚人开始担心他们是不是需要把这些东西物归原主。这一切表明，在保加利亚和东欧任何一个国家，随着战后秩序的瓦解，旧的民族主义和种族纷争会以报复的方式再次出现在人们眼前。

上述趋势持续存在，与位于东欧和中欧北部的一些国家形成鲜明对比的是，保加利亚旧政权的势力从改革进程的一开始就无比强大。直到 1991 年新的联合政府才得以掌权，开始推进自由市场改革。日夫科夫最终被判七年监禁。然而，经济停滞、犯罪率上升使得保加利亚人开始重新审视他们的新领导人们。1995 年 1 月，保加利亚社会党重新掌权，颁布了一系列政策，旨在放缓以市场为导向的改革进程，保护原有的国有企业。然而这一系列政策却导致了严重的通货膨胀和货币贬值。1997 年，支持改革的民主派重新执政，然而此时的领导人自己也很清楚，保加利亚的民主实践和市场资本主义仍然十分脆弱。

罗马尼亚：齐奥塞斯库的结局

没有人会认为保加利亚是一个开放自由的国家，位于巴尔干半岛的罗马尼亚也给人们留下了同样的印象。自 1965 年以来，罗马尼亚形成的政治和社会秩序在总统尼古拉·齐奥塞斯库（Nicolae Ceausescu）的绝对领导下。在罗马尼亚，齐奥塞斯库的巨幅肖像贴在广告牌上和建筑物的外面，几乎随处可见，画中的他年轻俊朗。齐奥塞斯库下令禁止罗马尼亚人同外国人讲话，维护治安的警察好像无处不在。一旦有任何反动的迹象，就会立即遭到镇压。石油资源富裕、土地肥沃使得罗马尼亚毫无节制地大量出口自然资源，直到 20 世纪 70 年代，罗马尼亚开始频繁出现能源短缺问题，商店货架上几乎没有食物可以出售。罗马尼亚人常常开玩笑说他们的经济全掌握在“肯特公爵”手中，因为肯特香烟已经成了人们在黑市上用来交易的货币，而黑市则是人们能够买到东西的唯一地方。齐奥塞斯库认为人口数量越庞大，罗马尼亚的军事实力就会越强大，因此严禁国民采取任何形式的避孕措施，怀孕后一旦流产就会遭到五年以上的监禁处罚。这一政策导致数千名妇女死于自行流产或不安全的非法流产，还导致国家的孤儿院里挤满了被遗弃的孤儿。

为了把人们的注意力从国内的压制上转移开，齐奥塞斯库颁布了一项对外政策，这项对外政策在苏联人看来有些蛮横无理了（大部分罗马尼亚人都不把苏联放在眼里）。在苏联与中国的对峙中，罗马尼亚并没有支持苏联，而是选择保持中立。罗马尼亚渐渐开始不再履行《华沙条约》了，甚至允许在其领土上开展违反条约的军事演习，并迫使苏联军队撤离罗马尼亚境内。随着孤立无援的罗马尼亚坠入了贫困和绝望的深渊，齐奥塞斯库试图通过宣扬自己是罗马尼亚历史美德的化身，使自己的统治合法化，而与此同时，他的人民正遭受东面的斯拉夫和西面的匈牙利的双重夹击。齐奥塞斯库通过压制生活在特兰西瓦尼亚（Transylvania）的少数匈牙利人的文化传统，试图激发罗马尼亚的民族主义情感。

然而具有讽刺意味的是，齐奥塞斯库一边努力激发罗马尼亚的民族主义，另一边却制定了一系列意图摧毁罗马尼亚文化遗产的政策，其中一项政策要求用统一集中的公寓楼取代传统的一家一户式的平房，以此实现建筑用地的“体系化”。这项政策从 1974 年宣布实施，一直到 20 世纪 80 年代，几乎使布加勒斯特（Bucharest）所有美丽别致的小村落消失殆尽，村民们不得不搬进钢筋混凝土搭建的住房里。为了给这些毫无个性的建筑腾地方，罗马尼亚首都古老的教堂和新式艺术建筑也全被夷为平地。

齐奥塞斯库的统治虽然荒谬至极，但在东欧其他国家发生翻天覆地的变化时，在他统治下的罗马尼亚确实无懈可击。他的一意孤行在这个时候就凸显出了明显的优势：无论是戈尔巴乔夫还是西方国家都拿他没有办法。凭借着强制性出口政策，他成功地还清了罗马尼亚欠下的所有外债。齐奥塞斯库亲自选出的代表们如同傀儡一样完全赞同他们的领导人。

然而留给这位自称是“喀尔巴阡的天才”的领导人的时间已

经不多了。1989 年 12 月 15—16 日，距党代会召开还不到一个月，齐奥塞斯库政府试图将一名持反对意见的新教牧师从蒂米什瓦拉（Timisoara）的一座教堂中驱逐出去，结果突然引发了大规模公开的示威运动。上百名群众在该牧师所在的教堂外围成了一个圆圈，还有群众烧毁了独裁者发布的小册子。安全部队冲到现场直接向人群开枪扫射，那些拒绝射杀自己人民的军官则立刻被安全部队当场处决。有关蒂米什瓦拉发生的这场大屠杀的消息迅速扩散，人们不再掩饰自己对齐奥塞斯库的愤怒而沸腾起来。反对齐奥塞斯库的暴乱和游行示威迅速席卷全国。极其讽刺的是，1989 年 12 月 21 日，由罗马尼亚官方组织的万人集会演变成反政府和反齐奥塞斯库的大规模示威游行。政府官员还没来得及按照惯例说几句吹嘘政府的话，就被高喊反政府口号的学生淹没了。一瞬间，所有人都聚集到了一起。“齐奥塞斯库滚下台吧！”的呼喊声响彻整个宫殿广场。被整个场面吓坏了的齐奥塞斯库迅速撤离发表讲话时所在的阳台，和他的妻子一起乘坐直升机离开了布加勒斯特。然而在离开前，齐奥塞斯库仍不忘向警察下令镇压人民。

齐奥塞斯库企图以武力镇压日益高涨的起义运动，而罗马尼亚人在经历了 25 年的羞辱与不幸后极度渴望复仇，二者结合在一起，最终导致了这个对人民压迫最重的东欧政权的血腥下场。12 月 21 日，背叛的军队抓获了潜逃的齐奥塞斯库夫妇。圣诞节当日，经过简单的审讯，齐奥塞斯库夫妇由行刑队执行死刑。

齐奥塞斯库政权的瓦解并没有给罗马尼亚带来社会稳定、种族

1989年12月24日，军队和反对齐奥塞斯库的示威人群相互搏斗时四处躲藏的布加勒斯特市民。

和谐和经济发展。更糟糕的是，罗马尼亚向市场资本化迈出的第一步就引起了某些行业从业人员的广泛反对，例如矿工，他们的生活和旧体制是完全捆绑在一起的。上述情况，在保加利亚也出现过。原来的统治精英担心经济自由化会带来更多的政治自由，如果政治更自由了，那些记录齐奥塞斯库统治时期的真相的秘密档案就被公开，而他们在其中所扮演的角色也会随之被公之于众。重新接管国家的扬·伊利埃斯库（Ion Illiescu）便利用他们的担忧及社会动乱，披着假民主主义的外衣，将自己变成了一个彻头彻尾的独裁者。与齐奥塞斯库的做法相同，伊利埃斯库也通过煽动民族仇恨，尤其是针对匈牙利少数民族的仇恨，来巩固自己的政权。他对激进的右翼分子发动的一系列运动表示支持，这些右翼分子同时也攻击罗马尼亚国内的吉卜赛人和犹太人。20 世纪 90 年代中期，罗马尼亚慢慢开始西化，然而政府仍然不愿意抛弃旧模式，即便旧模式会阻碍罗马尼亚获取西方国家的援助和投资。

南斯拉夫：巴尔干半岛的民族冲突

20 世纪 40 年代末，南斯拉夫脱离苏联，成为一个独立的国家，这使得国内的共产党领袖坚信，在面对民主改革的浪潮时，与其他的东欧国家相比，南斯拉夫更能顶住压力。但是正如一位领导人指出的那样："发生在罗马尼亚的针对共产党官员的暴力和复仇事件太过触目惊心了。"为了防止罗马尼亚的悲剧在南斯拉夫上演，南斯拉夫的共产党人士公开宣布将建立多党体制和全面的市场经济。1990 年 1 月 21 日在贝尔格莱德召开的党代会上，作为南斯拉夫六大半自治性联盟共和国之一的斯洛文尼亚要求结束宪法规定的权力垄断，组建民主党派，召开自由选举，将南斯拉夫转变为由六个独立政党组成的联邦，每个政党代表一个联盟共和国。南斯拉夫最大的共和国成员和过去一直起主导作用的塞尔维亚，拒绝了斯洛文尼亚提出的上述要求。南斯拉夫共产党最终走向了分裂。

塞尔维亚有充分的理由忌惮一直起主导作用的南斯拉夫共产党及各大联盟共和国。南斯拉夫的共产党人士在贝尔格莱德召开了会议后，大量民主党派如雨后春笋般涌现出来，这些民主党派要求实现自身的合法地位，起草新的环境保护法，以及扩大区域自由。媒体也开始刊登大量不和谐的言论，包括对糟糕的监狱环境和官员贪污腐败的报道。即便是被人民视作南斯拉夫战后英雄的铁托，在他去世十周年的纪念日到来之际，也成了批判性报道的目标。

然而，人们对政府领导的质疑逐渐被南斯拉夫自身的统一问题所掩盖。1989 年 3 月，生活在科索沃（位于塞尔维亚境内的自治省）的阿尔巴尼亚人因塞尔维亚共和国政府限制他们的自治权而发起反抗。在阿尔巴尼亚人、塞尔维亚的基督徒和生活在附近的黑山穆斯林之间的激战中，28 人丧生。发生在科索沃的这次战争激发了塞尔维亚的民族主义，以及从贝尔格莱德夺回中央权力的欲望。进而导致了 1990 年 1 月在科索沃爆发的第二轮种族冲突。数千名塞尔维亚人逃离了现场，然而马其顿人却在战斗中被捕，不得不向邻国保加利亚寻求帮助。塞尔维亚坚持反对科索沃成为南斯拉夫联盟和国内独立的共和国，因为科索沃对于塞尔维亚来说有着巨大的历史意义，当年，为争取独立，塞尔维亚和土耳其在科索沃地区曾经进行了一场战争。塞尔维亚外交部长指出："科索沃是塞尔维亚最神圣的中心，是我们心目中的耶路撒冷。"

后共产主义时期的东欧女性

如果说在东欧人民眼中，向以资本主义市场经济为基础的多党制政府转变往往特别困难的话，对于那些想要谋求这一转变的女性来说，更是难上加难了。在这些国家，女性的优势往往被人们夸大了，但不可否认的是，与新秩序相比，旧秩序下的女性更容易获得国家给予的权利和某些特权。包括苏联在内的政府，都会为女性提供广泛的接受教育的机会，还会为她们的孩子提供免费日托，女性还可以享受到产妇津贴，而且政府还会保证女性不会因怀孕休假而丢掉工作。如果女性怀孕后决定人工流产，大部分东欧国家还会提供免费的流产手术，当然罗马尼亚是个例外。这些国家规定男女是平等的，因此，女性可以从事在非共产主义社会里常常只有男性才能从事的工作。然而，从整体上看，东欧女性在劳动中所获得的报酬和声望仍然低于男性，而且女性进入管理层的比例也低于男性。尽管苏联法律明确要求男女在工作上一律平等，但苏联女性医生和技术人员挣得的工资却低于男性同事。在波兰，人们都说女性就如同一杯美酒的沉淀物一样，“她们会慢慢地沉底”。然而当问题最终涉及女性劳动力的时候，这些国家最主要的目标就变成了尽可能地剥削女性劳动力，而不是实现男女平等。因此，在这些国家，男性自始至终掌控着最高权力，自然也不会做出过多的努力实现男女平等。西方国家的“新时代男性”，会和自己的妻子共同分担家务和照顾孩子的责任，然而这类“新时代男性”在东方阵营的国家里，几乎不存在。西式的女权主义者被诋毁为“资产阶级顽疾”，支持女权主义的人会被侮辱为暴力的、毫无女性特征的女同性恋。

从政治角度来看，东欧国家为女性参与国家和地方立法机构提供了机会，特意为她们保留了四分之一到三分之一的席位。然而需要注意的是，这样的方式并没有给予女性任何实质上的权力。除了一些领导人的妻子以外，比如艾琳娜·齐奥塞斯库（Elena Ceausescu）、米拉·米洛舍维奇（Mira Miloševič）、玛尔戈·昂纳克（Margo Honecker）和赖莎·戈尔巴乔夫（Raisa Gorbachev），很少有女性能够对政治产生重大的影响。因此，由于中央委员会和政治局内很少有女性的存在，政府的高层职务仍然由男性垄断。

女性在旧体制中享受到的广泛的社会福利逐渐减少，虽然没有完全丧失。新的民主国家提供的日托项目时间逐渐缩短了，有的甚至不再免费提供了。以俄罗斯为例，叶利钦政府大幅减少了提供给儿童和家庭的福利，包括国家出资建立的日托所。孕妇不再那么容易就可以进行流产手术了。自1990年民主德国和联邦德国统一后，对女性公民流产的限制更加严苛了；在匈牙利，只有在“危机情况下”才可以实施流产手术；在波兰，重新复兴的天主教会通过立法规定，除因强奸和乱伦导致怀孕实施流产，其他情况下的流产均不合法。与此同时，市场资本主义改革引发的经济紊乱使东欧女性遭到了沉重的打击。截至1993年，俄国劳动部公布的数据显示，超过70%的俄国女性待业在家。如此高的失业率主要是因为大量由女性员工占主体的传统工业纷纷倒闭，例如纺织业。叶利钦政府对此完全置之不理，甚至还说是让女性回归“最本质命运”的时候了，指的就是为人妻、为人母。在波兰，有偿工作的女性比例从1987年的79.9%降低到1991年的71.3%。1991年12月，每100个曾经有过工作的女性中，就有13个已经失业。在前德意志民主共和国，将近90%的女性不是在接受教育就是已经进入工作岗位，然而到了1992年，女性的失业率竟高达63.6%。到了1998年，整个东欧的女性失业率为60%。女性失去工作不仅会影响其家庭收入的稳定性，还会严重打击女性的自信心。

20世纪90年代，女性想要重新从事社会认可的工作难上加难，却被迫转入黑手党操控的、遍及整个欧洲的色情交易及色情产业。被迫从事色情工作不仅极其危险，而且还会遭到人们的非议，犯罪团伙从欧洲东部向西部走私年轻女性，一旦有人试图逃跑，便免不了被殴打，有些人甚至会因此丧命。20世纪90年代末，欧洲每年都会发现数百名年轻女性的尸体，有的是被勒死的，有的是被枪杀的，还有的是被活生生打死的，尸体已经面目全非。

从政治角度看，在苏联时期，女性仍有机会进入国家或地方政府工作，然而随着苏联解体，女性从事政治领域工作的机会越来越少了。总的来说，新体制建立一年的时间里，女性从事政治工作的比例降低了三分之一。一方面，在旧时政府的领导下，不少女性从事政治领域的工作确实十分体面，因此，失去这样的工作机会也极大地打击了女性的自信心。然而另一方面，新的体制也为女性提供了自我提升和获取权力的机会，这也是自旧体制宣告终结后，女性们喜闻乐见的转变。不满于叶利钦政府缩减社会和家庭福利项目的开支，俄罗斯的女性活动家们自发成立了一个全部由女性组成的组织“俄罗斯妇女”（Women of Russia），该组织致力于恢复女性权益，支持女性工人占主导的工厂重新营业。1993年，“俄罗斯妇女”在立法选举中赢得了8%的选票，由此获得了21个议员席位。1992年，波兰议会选举汉娜·苏霍茨卡（Hanna Suchocka）担任波兰历史上第一位女总理。在捷克共和国，丽塔·克里莫娃（Rita Klimova）成为捷克驻华盛顿大使；达格玛·布鲁索娃（Dagmar Buresova）担任捷克民族议会主席。在匈牙利，一位女性成为基督教民主党副主席；来自于匈牙利自由民主联盟的女性政客们成立了匈牙利妇女联盟，致力于鼓励女性打破性别歧视参与政治生活。在赫尔穆特·科尔下台后，安吉拉·默克尔（Angela Merkel）成为德国基督教民主联盟的领袖。

然而有趣的是，在东欧阵营中，很少有女性政客愿意把自己与西方的女权主义者相提并论，但与此同时，她们的男性同僚表现出来的对女性问题的毫不在乎，又引起了她们的强烈愤怒。她们在努力改善女性生存环境的过程中，不仅要与男性们的冷漠和反对做斗争，毕竟种族和宗教信仰的政治理念的复兴，引起了男权社会的人们对女性所扮演角色的重新审视；同时也要和那些态度消极的姐妹们做斗争。新时代下社会和政治的混乱使得许多女性开始怀念昔日的美好。1997年，布拉格查理大学性别研究所负责人伊丽娜·斯可洛娃（Jirina Siklova）指出："女性们总是抱怨现在的日子没有以前好过了，然而事实并非如此。"人们无法判断这句话的真假，但是这句话确实反映出了这样一个事实，在试图满足多元化民主和市场资本化要求的过程中，东欧各国都面临着越来越大的挑战。

第十六章

大陆漂移

20世纪最后十年的到来和新千年的召唤使得大多数欧洲人比以往更有信心地对待未来。毕竟，东西方之间旧有的政治分歧似乎消失了，大部分的欧洲大陆归于平静。然而，在接下来的十到十五年时间里，这种信心逐渐消失了。在此期间，东西方自由通航的希望破灭了，取而代之的是对各种各样的风暴、危险的思潮和令人沮丧的对大陆漂移的担忧。在法国、英国、意大利和德国，国家领导权的更迭并没有使得政治上获得重大改变，或者让政府的表现更加出色。重新统一的德国在复兴昔日民主德国的道路上历尽艰辛。尽管联邦政府为民主德国注入了大量资金，但长期的高失业率、社会痼疾和对政治不满的情绪持续存在。在俄国，鲍里斯·叶利钦的政体似乎为议会机构和开明的价值观念最终被采纳提供了些许希望，但是叶利钦精心选拔的继任者弗拉基米尔·普京（Vladimir Putin）希望重建克里姆林宫的所有权力。自第二次世界大战爆发以来，在欧洲大陆的东南边境，再也没有出现公开的激烈战争，而为了应对暴行，欧洲人发现他们要再一次依靠目前世界上仅存的超级大国——美国。

千禧之年的蓝血贵族：法国、英国和意大利

在法国人看来，20 世纪的最后十年他们并不十分愉快或辉煌——当然，除了在足球界以外。德国的重新统一对法国是一次沉重打击，因为这会威胁到法国掌握欧洲大陆的主导权。法国总统弗朗索瓦·密特朗以笨拙的手段试图推迟德国的统一进程，但最后他仅破坏了巴黎和波恩的关系。法国在非洲法语区、北约和巴尔干半岛方面话语权的乏力，再一次凸显了它作为世界强国的衰落。

法国世纪末的悲鸣不仅体现在外交事务上。在国内，也出现了政治无能和愈演愈烈的社会危机。自 1990 年到 1997 年间，法国先后有六位不同的总理执政，一次重大变化发生在总统级别。当时是 1995 年，戴高乐主义者雅克·希拉克取代了社会主义者密特朗。然而，在所有的政治洗牌中，国家领导层似乎都无力应对令人烦恼的社会和经济问题，这些问题包括失业、膨胀的政务机构、工人动乱、城市暴力事件、衰落的家庭农场和持续增长的排外情绪。

在文化战线上，法国已经失去了它在 20 世纪大部分时间内拥有的强大影响力，更不能和 19 世纪时相提并论。即便是在时装设计领域，巴黎也不得不分给纽约、伦敦和米兰一杯羹。法国文化和社会被美国化的标志随处可见，从过多的麦当劳快餐店到巴黎郊外的迪士尼乐园都是明证。虽然法国依旧在科学研究和技术领域成果显著，但当至关重要的高科技信息革命到来时，它在其中一个重要领域上却犯了错误。直到 1997 年，才有不到 15% 的法国家庭拥有

法国总统雅克·希拉克。

个人电脑，不到 1% 的家庭连接了互联网，这些数字远低于其欧洲邻国。在这一领域，希拉克自己就是个不幸的例子，他忽略了互联网作为“盎格鲁 – 撒克逊网络”的作用。在这种狭隘的观念背后，隐藏着某种难以适应巨变的恐慌——法国社会和文化机构已因外界的腐蚀性影响变得过于脆弱和衰微。正如政治学家皮埃尔 · 伯恩鲍姆（Pierre Birnbaum）所说 :“我们的问题是尚未找到在保留我们理想社会的同时实现现代化的道路。”

尽管希拉克对于网络观念保守，这位新任总统却认为自己是社会经济现代化的推动者。自入主总统府后，他发起了通过精简国家政务机构减少法国过高公共债务和繁重赋税的运动，这些机构纵容自己的员工比私营部门员工享有更加完善的工作保障、更短的工作时间、更多的薪水、更长的假期、更丰厚的养老金和覆盖面更广的医疗体系。在大学生带领下，公务员组织大型罢工来应对总统发起的这项运动，而这是从根本上颠覆国家。希拉克向公众表明了尽管他是戴高乐主义者，但他并不是真正的戴高乐，他很快就做出让步并结束了裁减运动。他的政府倒台原因还有当时正逢1996年法国卡车司机大罢工，罢工的目的是把工作时间从每周39小时减少到35小时（不降低工资），还有把退休年龄从60岁降到55岁，随后，这一情况为许多私营部门开了先例。接下来罢工的是农场主，他们为了反对政府削减对农民的补助，把拖拉机开到巴黎，封锁了城市里的主要街道。最终国家没有削减农民补助金。

1997年，希拉克在年初号召议会选举，希望在此次选举中获得足够的支持，这样便可以再次尝试精简法国臃肿的社会核心部门。察觉到他的这一意图后，投票者转向左翼，迫使希拉克同新任社会党总理利昂内尔·若斯潘（Lionel Jospin）同台执政。正如20世纪80年代中期密特朗被迫和时任总理希拉克分权那样，现任总统希拉克也不得不和来自反对党的总理同在一屋檐下执政，而这种情势是不会使他们成为快乐的一家的。

在若斯潘获选时，他曾承诺要创造70万个新工作岗位，其中的一半是在公共部门中。而这明显和希拉克缩减政务部门以减少财政赤字的意愿相矛盾。然而，事实证明若斯潘没有能力创造那么多新工作岗位，幸好他及时采取了一系列务实的措施。他没有再像竞选时那样痛斥英美支持的市场导向型经济带来的“过剩”，取而代之的是，他开始呼吁要平衡社会公平和“资本主义现实”之间的关系，并且这种社会公平往往是具有经济效率的公平。他甚至对自己的国民宣讲他们“不应该期待国家和政府为他们包办一切”，这听起来非常像是在说希拉克的做法；或者说在这个问题上，像是暗指与若斯潘地位相当的英国首相托尼·布莱尔。若斯潘只会纸上谈兵，1999年时他宣称计划把占国内生产总值54%的公共支出缩减到51%，同时在2002年前把占国内生产总值3%的预算赤字减少到1%。然而，等到他真正实行削减政策时，公共服务联盟便开始罢工，同时他在法国共产党和绿党中的盟友们警告他，不要太过于偏离社会党准则，毕竟这才是他当选的原因。若斯潘接受了这些建议，摒弃了一时兴起的“盎格鲁–撒克逊”社会经济政策。

2003年时，这一模式再次上演。让–皮埃尔·拉法兰（Jean-Pierre Raffarin），一位富有争议的新任总理，曾试图让公立和私营部门的员工负担大部分养老费用，但以失败告终。三年后，另一位保守派总理多米尼克·德维尔潘（Dominique de Villepin）通过一场名为“首次雇佣合同”的改革创造就业岗位，但这项改革使得年轻员工在受雇佣前两年承担更大的工作风险。作为对此次改革的回应，支持工会的抗议者们在全国各地游行示威，与此同时，学生们在大学静坐示威。德维尔潘迫于压力，极不情愿地放弃了改革。所以，当雅克·希拉克漫长的总统任期接近尾声之时，他和听命于他的内阁成员们表明他们无法削减国民已获得的社会权利，因为显而易见，这些权利是法国工人认为自己身为法国公民的重要标志。

希拉克在任期间还受到过度移民的困扰，这一问题自 20 世纪 60 年代起就在困扰法国。虽然法国通过各种方式堵住外国移民潮，但是来自北非和东南亚的外来移民还是持续拥入法国，而这引发了本地居民的强烈不满。在法国 1995 年大选中，极端右翼反移民主义候选人让 - 玛利 · 勒庞获得了 15% 的选票，同时在 1997 年的议会选举中，他所在的国民阵线与当时两大主流政党社会党和戴高乐党派实力相当。更令人震惊的是，在 2002 年的总统大选中，勒庞赢得了 18% 的选票，仅次于希拉克。为维护勒庞的“法国当为法国人”的提议，国民阵线发言人表示：“我们要遣返阿拉伯人和亚洲人回国，并不是因为憎恨，而是因为他们损害了我们的民族身份，抢走了我们的工作。”

密特朗执政时期，青年社区犯罪率的增加也加剧了国人对外来移民的憎恨，许多移民到郊区的青年聚集到了荒凉的公寓区，这些公寓区大多围绕着国家主要城市建造。20 世纪 90 年代末，青少年犯罪事件成倍增加，未满 18 岁的青少年犯罪事件占所报道案件的四分之一。法国民众对发生在杂乱郊区的青少年暴力事件的担忧逐渐变成了恐慌。2005 年秋天，外来移民区的一群青年闹事者点燃了巴黎和其他几座大城市外围的汽车与商铺。这是法国自 1968 年学生抗议行动以来最严重的一次社会动乱。在近两周内，破坏者还在街上流窜，这充分说明了法国当局对制止暴乱事件的无能。最终身处绝境的法国总理德维尔潘在希拉克的支持下挺身而出，在动乱地区颁布了宵禁令，使得局面得以控制，实施这一行动的法律依据可追溯到20世纪50年代法国在阿尔及利亚的残酷战争。在随后对闹事者的跟踪调查中，政府部门意识到引发动乱的直接原因是巴黎近郊发电站的两名外来青少年突发奇想要自己手动发电，但这并不是最根本原因。本次动乱背后所隐藏的是成千上万的阿拉伯和亚洲青年在法国遭到孤立，对未来也不抱期待，尽管为了增强社会凝聚力，社会工作部门宣称要消除种族歧视，但少数族裔还是被安排在凄凉的贫民区就业和生活。各级政府官员许诺将采取新措施融合这些不满的青年移民，但是宗教激进主义在法国穆斯林群体中的高涨，使得实现同化不断增长的法国社会边缘人群的愿望变得十分复杂。

英国在20世纪90年代这十年间的处境和法国一样艰难。德国统一让英国忧心忡忡，而这一事件发生时又恰逢德国在世界杯足球赛上击败英国。尼古拉斯·里德利（Nicolas Ridley）是玛格丽特·撒切尔夫人的贸易工业部部长，他于1990年7月对国民宣称，德国正在“自我膨胀”，并试图再次称霸全球。对于德国统一这个问题，里德利的观点和撒切尔很相似，但因他的表达过于直接而遭到了罢免。

四个月后，撒切尔自己也离开了政坛。她强硬的作风造成了自己同国家及所代表党派的不和，大部分的保守党同僚们视她为不利的政治因素而纷纷反对她。这也是撒切尔于1990年11月下野的原因。保守党主席表示：“我想我们不会再见到她回归政坛了。”也许他讲这句话更多的是出于解脱感而不是懊悔。

英国国民当然不会像看待继任首相约翰·梅杰（John Major）那样看待撒切尔夫人。约翰·梅杰在接任首相前曾任贸易大臣、外交大臣和财政大臣。47岁的他是英国近百年来最年轻的首相。和前任首相撒切尔的中产阶级身份相比，梅杰的背景更接近平民百姓。梅杰的父亲是一位音乐大厅的表演者，他和第一任妻子基蒂·德拉姆曾表演过一部作品叫《德拉姆与梅杰》（*Drum and Major*）。年轻的梅杰16岁就离开了高中，连大学都没有念过，更不要说去读牛津这样的名校了。应聘巴士售票员失败后，梅杰依靠救济金度日。最终他在保险银行业找到了工作，在这之后他加入了伦敦南部的地方政治党派。梅杰工作努力、勤奋，富有坚持不懈的精神，并得到他专横的上司撒切尔夫人的赏识，这位“铁娘子”就曾声称是自己慧眼识才发现了他，这些使得梅杰在保守党内的地位迅速上升。他缺少领导天分或领袖魅力，但他的个人领导风格就像他爱看的板球比赛一样令人振奋。

梅杰从撒切尔一派脱离的重要表现之一就是他对欧洲的立场。与撒切尔夫人不同，他并不是发自内心反对与欧洲大陆保持更密切的联系，他甚至想看到英国“成为欧洲的中心”。然而，他这种不明朗的亲欧姿态遭到了他所在政党撒切尔一派的强烈反对。因此，最终他这一届政府只接受了欧盟的部分协定，没有接受欧盟的统一货币政策，关于这一点后文有更详细的介绍。

梅杰在任期内受到来自保守党内部与欧洲对抗的困扰，撒切尔倡导的“欧洲怀疑论”把这场对抗战推向顶峰，这种理论涉及欧洲委员会主席雅克·德洛尔（Jacques Delors），她谴责所有模仿欧洲大陆的社会政策，将它们看作“听从德洛尔的社会主义”。梅杰也因没能说服欧盟其他成员国撤销对进口英国牛肉的禁令而遭受指责，之所以施行该禁令是因为在英国当地牛群中检测出了“疯牛病”。烤牛肉和热啤酒一样，都是典型的英国饮食，所以许多英国人认为欧盟禁止进口牛肉对“约翰牛”（英国的拟物化形象）来说是一种打击。最后，提倡重视家庭和高道德标准的梅杰政府却因为

戴安娜王妃的葬礼。

丑闻不断而倒台，其中大多数是性丑闻。梅杰内阁的16位官员和资深议会成员不得不因为不光彩的行径而辞去职务，其中有9人卷入了性丑闻。

约翰·梅杰政府不应为温莎皇室的家庭价值观负责，但是皇室不得体的行为损害了他们建立已久的声誉，这一事件和根深蒂固的经济危机一同使20世纪90年代的英国陷入了猜忌和阴郁的社会氛围中。1992年查尔斯王储（Prince Charles）和戴安娜·斯宾塞（Diana Spencer）王妃的童话婚姻触礁，同时公之于众的还有查尔斯王储与卡米拉·帕克·鲍尔斯夫人（Mrs. Camilla Parker-Bowles）的婚外情，戴妃饱受暴食症困扰及其因抑郁试图自杀的事件。查尔斯和戴安娜婚姻的破灭很快引发了另外两起皇室婚姻触礁事件，分别是安妮公主（Princess Anne）和马克·菲利浦斯上尉（Captain Mark Phillips）离婚，安德鲁王子（Prince Andrew）和莎拉·弗格森（Sarah Ferguson），也就是约克公爵夫人（又名菲姬）离婚。英国皇室成员出现应受指责的行为并不新鲜，人们只要回忆起爱德华七世的不贞事件和爱德华八世与美国离异女子沃利斯·辛普森（Wallis Simpson）的风流韵事就够了，但温莎家族在过去近半个世纪里显得保守稳重多了。对梅杰来说仅剩的一点安慰是，这一系列事件最终以1997年8月戴安娜于巴黎某地下通道辞世而悲剧收尾时，他已经卸任了。

到1997年年初，梅杰和他代表的保守党执政时间已经足够久了，因此在当年5月的首相大选中，政府改由托尼·布莱尔（Tony

Blair）所代表的工党领导。时年 41 岁的布莱尔甚至比梅杰接任首相时还要年轻，事实上，他是自小皮特之后最年轻的英国首相。虽然布莱尔出身于学术世家又曾就读于牛津大学，但他本身并不古板，他曾很谨慎地透露自己在大学期间是“丑陋谣言”摇滚乐队的吉他手，但是他对公众声明自己从未碰过毒品，这也使得他在 20 世纪 70 年代摇滚吉他手中显得与众不同。大学毕业后，布莱尔在伦敦当律师，其间和另一位伦敦律师结婚，后加入工党。他在工党中晋升很快，80 年代时还是议会新成员，到 90 年代初期就已经成为该党党魁。技术工人阶层和中层管理人员曾为撒切尔和梅杰抛弃工党，正是布莱尔靠自己的能力重新赢得了这些人的支持，他也凭借此举一跃成为 1997 年大选的胜利者。

在担任首相期间，布莱尔曾承诺推行给社会注入活力的新政策，该政策旨在“抛弃过时的教义和信条”，以便和现代全球市场需求保持一致。虽然他还保证要兼顾贫困者的需求，也一直强调“他不会把一切都交给市场”，但他的“新工党”政策看起来一点儿也不像工党政策，至少不像坚定的旧工党拥护者所希望的。虽然左翼对布莱尔颇有微词，但他有幸实行了真正的政策变革，因而迅速成为广受欢迎的领导人。

新任首相立即开始强力推行改革。在宪法政策领域，布莱尔主张权力下放，这使得长期掌握在政府中心的权力被分散到地方。自 1707 年《联合法案》（*Act of Union*）颁布后，他首次重组了苏格兰地方议会，并首次成立了威尔士地方议会。英格兰银行获得了制

英国首相托尼·布莱尔。

定货币政策的权力。伦敦也首次获准直接选举本市市长。相反，上议院，或者说至少议会中世袭成员的权力减少了，原因是布莱尔政府废除了大多数世袭席位。原有的 750 名贵族世袭议员仅剩 91 名，这让所有贵族席位议员纷纷上书质疑他们被解雇的原因。显而易见，他们对此安排并不满意。

贵族们对英国政府的不满同持续不断的北爱尔兰问题相比，显然不值一提。长久以来，新教和天主教双方争斗不断，布莱尔接任首相后就此事对贝尔法斯特（Belfast）进行了私人访问，希望能息事宁人。令人鼓舞的是，他成功说服了支持天主教的爱尔兰共和军于1997年7月停火。同年秋天，在美国参议员乔治·米切尔（George Mitchell）的帮助下，代表天主教的爱尔兰新芬党同代表新教的党派进行了和平谈判。布莱尔也出席了这次谈判，他也成了自1921年起首个同爱尔兰新芬党签订和约的英国首相。1998年，双方签署了《北爱和平协议》（*Good Friday Agreement*），承诺采用和平方式来解决双方争端，但直到2005年9月爱尔兰共和军解散，低层级的宗派暴力活动才停止。

此外，在离大英帝国更远的地区，英国政府正式将香港归还给中国。在撒切尔担任首相时就已经决定了这项移交工作。北京方面承诺会保证香港殖民地时期的民主权利，而布莱尔则警告称，一旦中方违背了这一承诺，香港所有的自由与繁荣将毁于一旦。

布莱尔对英国政府的另一项改革是允许120名妇女参加议会选举投票，这是一次前所未有的改变，这些妇女大多是首次代表工党出席。她们很快被媒体冠以"布莱尔宝贝"的头衔。这些"宝贝"很快有了自己的孩子，作为现代女性，她们要求议会给予忙于工作的母亲们一份应有的待遇。她们特别强调，在公共场所要有可以照顾孩子的婴儿护理中心，在餐厅要设有高脚的婴儿座椅，还应保证在会议室进行母乳喂养的权利。布莱尔这一届政府已做出使女性在工作场所享受到便利的承诺，所以妇女们期待政府完全接受她们提出的要求，但是政府却拒绝了全部提议。尽管斯堪的纳维亚议会多年前就有尚在哺乳期的母亲加入，威斯敏斯特却仍保留着仅有男性议政的风气。

20世纪90年代末期，英国经济是欧盟中最富有活力的，多数英国民众已从梅杰时期的低迷状态中走了出来。美国国务卿迪安·艾奇逊（Dean Acheson）于1962年发表著名言论称英国“失去了帝国的光辉，但还未确定自己在世界格局中的地位”，如果事实真是如此，那这个问题似乎会在20世纪末解决。1999年伦敦享乐主义盛行，在此期间来访的一位美国记者对此进行了报道，称英国人“已经放弃了谋求大国地位，转而寻求安逸生活”。另一方面，如果有人向从酒馆出来的人询问保守党的公信力，用以解读英国国民性的话，那么就会听到一堆喋喋不休的抱怨。题为《英国的毁灭》《停滞的英国》《我们怎样看待自己》的书籍表现出了英国人在某些方面和法国一样既悲观又困惑。

布莱尔主张并鼓励乐观主义成为国民的主流心态，他和欧盟签署了社会问题方面的合作项目，用以统筹和兼顾各成员国的生活及工作水平，这一点他远远胜过保守党的欧洲怀疑主义者。不过，在这一问题上，他并没有完全采纳欧洲大陆的观点。相反，像撒切尔和梅杰一样，他的政府很愿意同欧洲在减少管制和增加民间自由项目方面进行协商。在新工党的带领下，英国经济在欧盟成员国中最具活力，其前景也更乐观。而另一方面，在欧盟成员国中，英国的工作时间最长，离婚率和青少年未婚先孕的比例也最高。更糟糕的是，尽管那些“布莱尔宝贝”已经尽力，但英国妇女的薪资依然比男性低很多，当然这也有一部分原因是妇女大多选择从事工资水平较低的服务领域的工作。

毫无疑问，布莱尔遭到了旧左翼政党的批评，认为他丢弃了工党的核心理念，也忘记了自己要保护无产者利益的承诺。在 2000 年 5 月 4 日的市政府大选中，工党失去了全国将近 600 个议会席位，最为耻辱的是，工党在首次伦敦市长大选中落败，这一切都令布莱尔的反对者们获得了复仇的快感。本次选举的胜利者是肯 · 利文斯通（Ken Livingstone），他曾是工党的一员，但对于托尼 · 布莱尔的中间派做法失望透顶。他的胜利依靠的是公开的平民主义、女权主义、平等主义，发给男人的啤酒和购买“该死的卡布奇诺”的票。

布莱尔是幸运的。工党最强大的对手保守党内部分歧过大，组织涣散，因而并没有在他的政府失败时从中渔利。布莱尔也在 2001 年 6 月 8 日的大选中以较大优势连任，这正是布莱尔政府所需要的有利形势。布莱尔本人也想借助此次胜利解决国内长期存在的一些问题，比如正在崩溃的公务系统和交通运输系统，他被指责在第一个任期中对这些问题疏于照管。但与其意愿相反，他却深陷外交问题的泥潭，最显著的问题就是他决定加入美军主导的阿富汗和伊拉克战争。和 20 世纪 60 年代的美国总统林登 · 约翰逊（Lyndon Baines Johnson）一样，布莱尔为了实现他的军事承诺，动用了过多的政治资金，这使得他在国内的政策执行起来举步维艰。虽然他成功赢得了 2005 年 5 月大选的胜利，但他的这次胜利却是险胜，在 2006 年 9 月，迫于来自自己政党的压力，他宣布将于一年内卸任。然而，可以说布莱尔的个人风格兼具务实主义和传教士的热忱，他的卸任可以说是英国和西方世界在战后的又一次历史性转折。

在布莱尔宣布离职的前几个月，他深陷腐败丑闻，这起丑闻还涉及工党的资助者。而这一切和同意大利上层政治家们定期操纵的非法投机相比，只是小错误而已。在冷战时期，意大利很长一段时间都由保守的基督教民主党执政，虽然这个党派因腐败低效而臭名昭著，但它消除了人们对其政敌意大利共产党的恐惧，共产党是意大利政坛上又一大党派，其影响力仅次于基督教民主党。当时在意大利流行着一句俗语——“捏着鼻子，投基督教民主党一票”。然而，随着柏林墙的倒塌，意大利人民再也无法忍受基督教民主党的贪污腐败，发起了一场著名的“净手运动”（Mani Pulite）来清除腐败风气。在全国范围内进行调查后，国内成百上千名贪腐的政客，还有和罗马政治机构相互勾结的意大利黑手党，被揭露了出来。在这场运动中，三分之一的国家议会成员和二分之一的西西里岛议会成员受到了审查，意大利政坛上两大最有权力的政治领袖，基督教民主党领袖马里奥·安德烈奥蒂（Mario Andreotti）和社会主义党领袖贝蒂诺·克拉克西，都因贪污被送上法庭，最后都被驱逐出境，开始了政治流亡。

净手运动的爆发为意大利政坛带来了翻天覆地的改变，至少表面上看来是这样。在1992年议会选举中，基督教民主党首次失去了重要的阵营。苏联解体后，意大利共产党的实力被削弱，已没有足够的实力对基督教民主党构成威胁。两年后的议会改选，确立了新的规则，最终结束了基督教民主党在国内的长期统治。随后，基督教民主党分解成了 7 个不同的小党派。基督教民主党主导的联合政府让位给了西尔维奥·贝卢斯科尼（Silvio Berlusconi）领导的中间偏右政党。贝卢斯科尼是一位极富魅力的电影产业大亨，他曾承诺，要实现意大利现代化进程，让其成为像他这样的企业家向往的圣地。贝卢斯科尼代表的政党名叫意大利力量党（Forza Intalia，意为“加油意大利”），这听起来像是给足球加油的口号，这不足为奇，因为这位总理也拥有意大利最好的足球俱乐部 AC 米兰。他还拥有私人电视网络、报刊和大型金融服务机构。他重要的同盟伙伴是米兰的伦巴第联盟（Lumbard League），其领袖翁伯托·博西（Umberto Bossi）利用反移民情绪和北方对较为落后却榨干税款的南方的怨恨情绪进行非法交易。尽管贝卢斯科尼把自己视为一个拥有完美品格的商业老手，但这一切却证明了他用过很多老办法，比如给政府职员回扣等来建立他自己的商业帝国。此外，还有一些关于他与黑手党之间关联的谣言，如他曾承认“我是被迫加入政坛的，否则会有人把我送进监狱”，暗指如果他赢得选举，议会就承诺豁免他入狱。之后的事情显而易见，贝卢斯科尼和他昔日的伙伴翁伯托·博西无法继续合作下去了。1995 年 12 月，博西反击政府，导致贝卢斯科尼被一名默默无闻的技术官员兰贝托·迪尼（Lamberto Dini）所取代。

1996 年议会选举，似乎选出了一届与过去决裂的清廉政府，即中间–左翼的联合政府，这一届政府的领导者是自由经济学教授罗

意大利的西尔维奥·贝卢斯科尼。

马诺·普罗迪（Romano Prodi），他并无贪污史和血案案底。在普罗迪治国期间，意大利经济面临危机，急需加入欧元区来缓解紧张的经济局势。然而，普罗迪发现要通过清正廉明的方式让意大利政治经济走上现代化道路是十分困难的。像其他致力于改善意大利人民生活的领导人一样，比如众所周知的墨索里尼，普罗迪也遭到了人民对根本变革的强烈抵制，而恰是这种变革才能杜绝所有流于表面的运动。正如朱塞佩·兰佩杜萨（Giuseppe Lampedusa）的小说《豹》（*The Leopard*）当中所写的，“假使我们希望一切如故，就得先让它一切都变”，这部小说开创性地描写了西西里岛和意大利本土的统一。普罗迪发现大部分本国人民满足于安逸现状，但他本人却认为与其安于现状，不如开拓进取，虽然现在的意大利经济迅速发展，国民财富持续增加，但发展还是受到来自高赋税和条条框框的限制（好像法国一样），这就造成了意大利不得不跛着脚一步不落地紧跟其他成员国。国家经济在遭遇危机后慢慢好转，让意大利国民时刻记住，无论政府怎么说怎么做，强大的欧盟对自己日常生活的影响远胜过政府。碍于欧盟，普罗迪没有削减养老金、医疗保障金的支出，或者说没有对社会福利体系做出变革。他所领导的政府为意大利南部投入了大量资金，但最后还是没有改变南北方巨大的生产和生活差距。

1998 年 10 月，普罗迪辞去了总理一职，由意大利左翼民主党总书记马西莫 · 达莱马（Massimo d'Alema）接任，该党派的前身是意大利共产党，达莱马也成了首位拥有共产党员背景的西欧国家领导人。他能出任总理恐怕比他曾加入共产党更具代表性，不过他的政策都十分温和。他希望成为意大利的托尼 · 布莱尔，倡导处于传统左翼道路和未成形的右翼道路之间的第三条道路。他倡导的曲线外交在意大利外交事务中影响巨大，通过削减赋税，重新改革福利体系，让意大利紧跟欧盟发展脚步，进而让国家更有竞争力。但是最后，达莱马却展现出了像普罗迪一样的无能，也同样在政坛黯然失色。在此期间，贝卢斯科尼利用他掌握的电视台和报纸宣传自己的政策，渴望卷土重来。

2001 年春天，贝卢斯科尼重新掌权，他保证自己这一次会以意大利国家利益为重。这一次，他用了5年时间如期证明了自己是一位传奇领袖。但他这一届政府又一次受到接连不断的政治丑闻的打击，通过政治和法律手腕，贝卢斯科尼成功免于承担所有罪责，而他最贴身的顾问却被判定曾在2004年支持并煽动黑手党。同时，贝卢斯科尼过度专注于保护自己的商业，这让他没有时间和精力去振兴意大利停滞已久的经济。更重要的是，他和托尼·布莱尔一样，因于2003年指派先遣部队入驻伊拉克，导致自己在国内深受打击。

2006年年初，贝卢斯科尼重新参加选举，但是前景并不乐观。他的政治宣传满是自怜自恋的腔调，宣称“我是政界的基督”“我是个忍气吞声的受害者。我经历了种种磨难，我要为每位国民牺牲自己”。他甚至保证自己会在大选结束前远离性爱（对他来说真是一种“牺牲”）。令人震惊的是，这种把戏险些奏效，不过他所在政党还是再一次以极微弱的差距败给了罗马诺·普罗迪领导的中间偏左党派。意大利国内和世界各地的许多贝卢斯科尼的反对者都为罢免了这个狡诈的企业家而松了一口气，但是同时，这些人又惊讶地发现，意大利这样一个饱经沧桑的国家根本就需要一个像贝卢斯科尼这样的人来治理。有些人仍然担心他又会找到方法绝地逢生。事实上，他也的确于2008年4月充分利用罗马诺·普罗迪乏善可陈的表现第三次当选总理。

统一的德国

历经 1990 年谈判从而统一的德国，和 1871 年俾斯麦设想的新德国是极为不同的实体。与德意志第二帝国也不同，德国的再次统一凭借的不是军事胜利，而是苏维埃政权的瓦解和德意志民主共和国的内乱。赫尔穆特 · 科尔治理下的德国不同于俾斯麦时代，它更加民主，而且和欧共体成员国相处融洽。此时的德国没有在周边树敌。更重要的是，由于美国对苏联施压，统一的德国成为北约的正式成员，就如曾经的联邦德国一样。1871 年，德国在凡尔赛宫庆祝首次统一，但遭到了沙文主义和军事力量的恐吓。1990 年 10 月 3 日，在德国国会大厦举办了民主德国和联邦德国合并的庆祝活动，这是一次克制而简单的庆典，也反映出德国决心尽力回避过去曾给自身及世界带来苦难的民族冒险主义。

新德国面临的首要困难之一就是在哪里定都。应该定都于联邦德国自 1949 以来的政府所在地波恩，还是搬回德意志帝国 1871—1945 年的首都柏林呢？（东柏林在 1949—1990 年间曾是德意志民主共和国的首都，但没有完全被联邦德国承认。）赞同定都波恩的呼声更高。波恩是位于莱茵兰地区的一座小城，虽然不引人注目，却见证了联邦德国的民主变革和引以为豪的经济繁荣。同时，波恩在地理上更靠近欧共体和北约的中心。赞同定都波恩那一派人士急切地指出，柏林曾经遭遇过“军国主义普鲁士”动乱、威廉二世时期灾难性的国际事务的影响、魏玛时期失败的民主历程、纳粹时期的道德与政治灾难，还有苏联时期斯大林对德意志民主共和国的独裁统治。赞成定都柏林的那一方并不否认这座城市的过往历史，但是他们也认为定都柏林有利于克服分裂、巩固统一，可以让分离了40年之久的民主德国和联邦德国增进对彼此的了解。正如德国总统理查德·冯·魏茨泽克（Richard von Weizsäcker）所说："我们来自全国各地，到了柏林我们成了一家人。"1991年6月20日，联邦议会投票选取首都，柏林险胜。

尽管就官方公布的消息，德国在1990年10月3日已经统一了，但是在政治、社会、经济和心理认同感上，民主德国和联邦德国存在巨大差异也是事实。在享受统一后的喜悦没多久，新统一的国家就出现了相互对立和消极的情绪。联邦德国地区人民对于他们要为民主德国人承担高赋税，以此让他们生活水平赶上自己而十分不满。联邦德国人谴责"东德佬"们不思进取、十分落伍、缺乏创造力。而从民主德国人的角度看，他们觉得联邦德国人狂妄自大、野心勃勃，毫不关心民主德国所面临的困难。在这一点上，民主德国的妇女尤其感到委屈，因为她们在德意志民主共和国时期得到了很多现实利益和社会特权。民主德国的妇女为失去一个郑重赞美女性（然而，同时也有剥削）的国家而感到悲哀，她们认为自己是德国统一最大的受害者。德国笼罩在东西方对立的阴云中，正如民主德国诗人所说："我们拆除了柏林墙，可是我们没有想到东西双方还是存在着隔阂。"事实上，只有人民"心中的墙"被拆除了，现实中臭名昭著的柏林墙才能真正倒塌。

精神上饱受“新国家”折磨的民主德国人被现实中社会经济上的不公彻底点燃了心中怒火，虽然财政资金从西边转移到了东边，但民主德国并没有如同1990年科尔总理在竞选中所保证的那样，出现“经济繁荣的景象”。由于在新的市场中缺少竞争力，许多民主德国企业不得不选择关门，导致了大规模的失业潮。一大批国有企业通过一个由政府控制的名叫“特罗伊汉德”（Treuhand）的信托机构进行私有化，这让更多的工人失去了工作。民主德国的女性工人组织起来，指出妇女比男人更快失业。民主德国人失去的不仅是稳定的工作，还有各种国家给予的福利设施，这些福利要远远比联邦德国人（现在已经是整个德国）从福利计划中获得的多得多。更重要的是，很多民主德国人在现在这个他们完全陌生的国家里失去了价值观和身份认同感。这种不满和沮丧的情绪很快在大选中表现出来，在1994年联邦议会选举中，民主社会党表现出色，在东部地区获得30个席位，该党派成员多是过去民主德国的共产党成员，在过去的东柏林他们的优势更明显。

政府禁止民主德国人抓住斯大林时期的遗留政策不放，这不仅仅是为了应付当下的需要。统一德国政府决定曝光并判决德意志民主共和国的一些不法行为，他们对这一目标的执行热情高涨，甚至超过了过去40年分裂时期内任何一届政府对纳粹的抵制。随着斯塔西（Stasi）即原民主德国秘密警察机构收集的厚重文档被解密，过去内部情报部门如何工作，以及与哪些人曾经合作过，就如同一幅更为清晰的图像呈现了出来。有一些著名的政治文化工作者，曾在原民主德国时期表达过不同政见，现在被曝出曾与斯塔西合作。

除了要扭转政治经济局面来适应国家已统一的新形势以外，德国新拥入了许多来自第三世界的移民和寻求庇护的难民。1991 年，25 万难民拥入德国，到 1992 年时数量增加了一倍。现在德国已经接纳了 140 万难民，占世界难民总数的 8%。其中有些人因在本国受到政治迫害而逃离故土，而另一些人仅是为了过上更好的生活。德国的地理位置优越，经济繁荣，还有相对宽松的避难法，因此成为难民最向往的欧洲移民国家。可惜随着难民和移民的大量拥入，德国的排外情绪高涨，袭击外国人事件的数量持续攀升，尤其是在东部各州情况更为严重。1991 年秋天，在东部小镇霍耶斯韦达（Hoyerswerda），一群光头党成员袭击了来自越南和莫桑比克的外来务工人员。第二年夏天，暴徒们又袭击了位于罗斯托克港口（Rostock）东部的避难中心。尽管德国领导人惩治了这些排外分子，但德国政府对这些袭击事件的回应仅仅是把避难法修改得更加严格。1993 年 7 月，德国政府不再接收取道波兰和捷克等声称政治稳定的周边国家进入德国的避难人员。这大大减少了寻求避难人员的数量，原因是这两个国家是难民进入德国的主要通道。当然这一新政策也给德国东部邻国造成了很大压力，他们不得不加紧边界巡查，以防止本要进入德国而未成功的难民进入本国。更加严格的避难法和迟来的强硬政策有效地抑制了排外暴力事件，减少了 20 世纪 90 年代后期因仇恨而引发的犯罪事件。但是外国移民融入的问题始终存在。

柏林一个公园中的土耳其妇女。

外来人口融入的挑战在已定居德国的大批土耳其居民身上表现得尤为突出，他们在这里已经居住多年了。但是他们和其他一些长期居住的外来人口都没能获得公民身份，主要原因是德国法律规定只有“血统纯正的日耳曼人”才能获得这一身份。包括成千上万从苏联而来的日耳曼裔，他们的祖先几百年前从德意志移居到了国外，然而这些人对这片土地知之甚少。因为这种政策有纳粹种族歧视的味道，所以很长时间以来德国人都为此受到批判。最后，在 20 世纪 90 年代末期，德国的移民法有了重大改变。根据 1999 年 5 月出台的新规定，凡是在德国出生的孩子，父母双方只需有一方在德国居住满 8 年，就可以获得德国公民的身份。这样的孩子成年后保留双国籍，到 23 岁以后可以选择自己保留哪一个国籍。所以一直到了 21 世纪，德国才不再对血统保持热衷，这种热衷在过去的岁月里曾对其邻国造成毁灭性的打击。

在德国即将统一的前几个月，部分外国领导人，主要是玛格丽特·撒切尔和弗朗索瓦·密特朗表示，他们担心德国会再次成为世界和平的威胁。然而，在统一后的十年里，德国用自己的实际行动证明了这样的担心是没有根据的。在赫尔穆特·科尔的领导下，新成立的统一政府宣布的第一个外交政策是承认德国与波兰之间的边界。这一举动消除了波兰的担忧。德国继而为波兰和其他东欧民主国家提供了大量物资援助。至于在西欧，德国又重新确认了波恩—巴黎中轴线，这条中轴线一直是联邦德国外交政策中最重要的因素之一。科尔履行了欧洲一体化的承诺，与密特朗密切合作，推动欧洲货币一体化的发展，科尔本人也被称为“最后一位伟大的欧洲人”。

在国际安全问题上，新成立的德国政府的表现与过去的联邦共和国一样谨慎和顽强，至少一开始是这样的。当 1990 年爆发海湾战争时，德国政府并没有像美国要求的那样派遣军队，只是为盟国提供了经济支持。这表明德国不想把重心放在国际事务上，想成为“政治上的侏儒”和“经济上的巨人”。德国不想在刚刚统一后就表现得过于冲动，其宪法规定国家在任何情况下都不能在北约以外的地区展开军事行动。绝大多数的德国民众支持这样的保守政策。

然而一年后，德国宣布承认斯洛文尼亚和克罗地亚的独立，这导致了南斯拉夫的解体。德国这样单方面采取行动和表态的做法遭到了批评。不过，在巴尔干半岛的外交方面的大胆举措并不代表德国在各方面都变得独断专行了。从总体上看，德国政府的姿态仍是听从盟国尤其是美国的安排，在国际安全事务上也起着带头作用。由于上述宪法中“不能超出北约范围”的规定，并鉴于德国过去在巴尔干半岛的侵略行为，德国一开始拒绝加入联合国在巴尔干半岛的维和行动中。但是在 1994 年 7 月，位于卡尔斯鲁厄（Karlsruhe）的联邦最高法庭宣布，在联邦议会批准的情况下，德国的军队可以参与到北约地区之外的多国联合军事行动中。在接下来的几年里，德国军队加入了联合国在巴尔干半岛的维和行动中，在其中起辅助作用。1999 年，德国又加入了北约轰炸塞尔维亚的行动中。为了使这项重要行动变得合法化，德国政府宣称塞尔维亚人在科索沃的“种族清洗”运动与纳粹的罪行极为相似，因此德国不能对这次新发生的人间惨剧坐视不管。这场轰炸行动是德军自 1945 年以来参与的第一次战斗，在整场行动中，德国一直谨慎地完成着自己的任务，让美国和欧洲的盟国去冲锋陷阵。

德国在处理内部事务时也和处理国际事务时一样，严格遵守着柏林墙倒塌前联邦德国定下的规则，原因主要是长期在位的联邦德国总理科尔轻而易举地坐上了重新统一后的德国的第一把交椅。随着时间的推移，人们渐渐发现，这位身高 6 英尺 2 英寸、体重 350

磅的总理，其政治风格就如同他本人的身体一样，“坚定不移”。1996年，科尔超过康拉德·阿登纳，成为德国战后任期最长的总理，很多人认为他甚至能打破俾斯麦在位19年的纪录。然而，在位时间过长也成了科尔的弱点来源，他变得容易自满，而且对普通百姓的诉求也显得漠不关心。同时有很多德国人只是单纯地对他感到厌烦了。在争取统一的过程中，科尔看上去就像是改革浪潮中一颗受欢迎的定心丸，其实在很久之前，科尔给人的感觉就是不知变通和令人厌倦，他似乎没有能力也不愿意在这个充满挑战的新时代做出必要的调整。年轻的德国人更是认为他不如1998年联邦选举中的竞争者社会民主党的格哈德·施罗德（Gerhard Schroder）具有吸引力。后者自称“新型社会主义者”和经济现代化的倡导者，是足与托尼·布莱尔相媲美的德国人。施罗德共有过四段婚姻，从这一点上也可以说明他是“喜欢重新开始的人”。施罗德在大选中获胜，建立了社会民主党和绿党共同执政的联合政府，这是德国历史上第一次出现这种国家层面的联合政府。至于科尔，他曾在民主德国进行大选时，为了支持基督教民主联盟而接受过秘密捐赠人的非法贿赂，这一事件最终被揭露出来，因此他离开了政府，而且声名一落千丈。他拒绝供出秘密捐赠人的名字，并将谴责他的行为比作纳粹对犹太人的迫害，但这一切都无济于事。

施罗德刚刚上任后，在“水晶之夜”60周年纪念日那天发表了一场重要演说。水晶之夜是发生在1938年11月的纳粹反犹太人行动。这位新上任的总理在演讲中表示，德国必须“在向前看的同时也不

竞选中的德国总理赫尔穆特·科尔。

忘历史”。他表示德国再次统一说明德国终于迎来了自己的时代，感觉“不比别人强，也不比别人弱”。虽然大部分外国人都觉得他的演讲无关痛痒，但是一些国内的批评者认为这是德国思潮的一个危险转折。德国犹太人主要发言人伊格纳茨·布比斯（Ignaz Bubis）警告称：“智力民族主义思想正在蔓延，并存在反犹倾向。”听到了这些批评以后，施罗德表示他本人及其政府并没有想要无视德国过去所犯下的罪行。为了把这一点表达得更为透彻，他决定在新首都柏林建立一座国家纪念馆以纪念大屠杀的罹难者和德国的耻辱。这个计划遭到了强烈的反对，很多德国人认为如果这样做德国就会永远无法摆脱纳粹的罪恶。几年以后，大屠杀纪念馆终于在 2005 年 5 月对公众开放。在开幕式上，德国联邦议会议长沃尔夫冈 · 蒂尔泽（Wolfgang Thierse）说道："今天我们建立一座纪念馆来铭记纳粹德国所犯下的最严重、最恐怖的罪行——试图毁灭全人类的罪行。"

虽然新建成的大屠杀纪念馆是对德国犯下的罪行最有效的纪念，但是在它开放之时，上至总理施罗德下至普通民众都明显地想要以德国自己的方式摆脱掉这个痛苦的枷锁，想要轻装上阵，在外交政策上，尤其是与美国的外交关系上，施罗德领导的德国政府有时候的表现证明了德国的确是一个更加"正常的"国家，能够让政治生活走上正轨。施罗德在 2002 年夏秋大选期间不遗余力地批评美国总统布什，原因是萨达姆 · 侯赛因被怀疑在伊拉克藏有大规模杀伤性武器，布什声称如果他不销毁这些据称存在的武器，美国便会入侵伊拉克。施罗德认为应该对萨达姆进行政治施压，使其允许联合国的武器核查官回到伊拉克搜寻武器。同时，他还表示对伊拉克的一切"军事冒险"活动都可以在德国不参与的情况下进行。如同 1991 年海湾战争那样，德国政府也不愿意参与到美国的军事行动当中。施罗德的立场得到了德国选民的一致支持，他们不像其他西欧人那样赞同布什的伊拉克政策。施罗德在经济领域的失败使他的政治前途很不稳定，但是他机智地与广受非议的布什划清界限，使他打败了保守党派的竞争者，并再次当选德国总理。

施罗德没有遵循德国的外交传统，反而在重要的外交事务上公开向美国提出质疑，而与此同时，部分德国民众对于德国的现在与过去的关系有了崭新的、民族主义色彩更为强烈的观点。在战后的岁月中，德国人不敢公开表示自己在第二次世界大战中遭受的苦难，因为他们害怕外界会把这种行为看成是德国想要逃避或减轻自己的罪恶。但是，当大屠杀纪念馆作为德国耻辱的记忆在德国风光中占据最醒目的位置时，德国历史学家和作家们也在提醒着世界：德国人虽然是希特勒时代实施暴行的行凶者，同时也是受害者。历史学家约尔格·弗里德里希（Jörg Friedrich）在其著作《火焰》（*Der Brand*，英文名为 *The Fire*）中描述了 1945 年 2 月皇家空军一号对德累斯顿的轰炸，成千上万的人因为这场轰炸在这座城市的街头和地窖中死去。德国小说家居特尔·格拉斯（Günther Grass）也在其 2003 年的作品《蟹行》（*Krebsgang*，英文名为 *Crab Walker*）中呼吁人们关注 9000 多名德国难民的命运，1945 年年初，苏联潜艇击沉了德国邮轮威廉·古斯特洛夫号（Wilhelm Gustloff），这些难民在寒冷的波罗的海中溺亡。还有一部描写受害者的作品受到了很大关注，这部作品描述了超过 1200 万德国人在第二次世界大战之中及之后被赶出今天的波兰、俄国和捷克共和国，140 万难民在西去的艰苦跋涉中死去。施罗德承诺建立一个反对驱逐行为的纪念中心，以回应德国内部被驱逐者的呼吁。

虽然施罗德承诺开放劳动市场和鼓励创业，但是经济增长和恢复并未见太大起色。德国的经济动力已经难以承担国内的重负，更别说拉动整个欧洲的发展了，工作机会也越来越向劳动力成本低廉的地区流失。第二次世界大战后德国的失业率高达 11.2%（民主德

美国总统比尔·克林顿和德国总理格哈德·施罗德（左）。

国的失业率还要更高）。德国的大学曾是促进经济发展的重要动力，但是现在已经变得资金不足、人满为患了，部分最优秀的学者去了美国和英国。施罗德所在的社会民主党渐渐在议会选举中失去了根基，导致参议院也就是国家议会中的上议院被保守的基督教民主联盟和基督教社会联盟所掌控。

2005 年 5 月，施罗德宣布在 2005 年 9 月举行新一轮选举，这一举动令所有人感到惊讶，因为依据法律选举本应于一年后举行。由于在全民投票中，施罗德所在的社会民主党获得的票数比保守联盟落后了 17%，一些观察家称施罗德一定是希望被判政治死刑。对这一举动另一种更可能的解释是：施罗德想尽快进行大选，这样他就能直面保守派领袖安格拉·默克尔。默克尔在民主德国时是赫尔穆特·科尔的内阁成员。在施罗德看来，说得委婉一些，默克尔并不是因个人魅力或在竞选过程中的过人之处而扬名。同时，在这个从未有过女性担任总理的国家，她的性别也许正是她的劣势。

事实确实如此，施罗德在大选活动中比默克尔更加出色，几乎将她打败。默克尔仅以微弱的优势取胜，因此基督教民主联盟和基督教社会联盟不得不与社会民主党组成大联合政府。在此前的德国历史上，只有一次大联合政府执政的经历，那是在1966—1969年库尔特·格奥尔格·基辛格（Kurt Georg Kiesinger）担任总理期间，结果导致了新纳粹主义右翼和恐怖主义极端左翼的兴起。大多数观察家认为，到21世纪初，德国中间派的民主政体足够强大，可以抵御极端主义的侵蚀。然而，2005年的大选过于偏向左翼了，其中存在着原有的民主社会党和新成立的左翼党，严重威胁着温和的社会民主党对政治光谱最左侧的控制。一年后，在东部勃兰登堡和梅克伦堡－西波美拉尼亚（Mecklenburg-West Pomerania，默克尔所在的选区）的地区性选举中，支持排外和新纳粹主义观点的国家民主党在国会中赢得了多数席位。

许多保守党派成员站在了支持默克尔的阵营里，他们希望德国产生一位像玛格丽特·撒切尔那样的女总理，能够改变实行了多年的政策，因为这些政策以牺牲经济杠杆作用为代价支撑起国家沉重的社会福利负担。然而现实是，联合政府及德国劳动人民对“拥抱资本主义”即良好的社会福利和严格的劳动保护法的迷恋，让这一切成为泡影。的确，入主柏林总理府后的几个月内，默克尔政府并无法用降低工人工资或者增加联邦财政赤字等可能行之有效的方式改革医疗卫生服务体系。失业率依然居高不下。

默克尔在国际政坛上的成就更为显著。她在中国进行国事访问时有效地代表了德国的国家形象，而且在对伊朗施压制止其核计划的国际协作中起到了表率作用。她还为改善美德两国棘手的双边关系做出了贡献。2006 年夏，默克尔邀请美国总统布什访问斯特拉尔松（Stralsrund）即梅克伦堡－西波美拉尼亚，她用得克萨斯传统烤肉招待了总统一行。德国看上去又成了美国在欧洲大陆最亲密的合作伙伴。尽管默克尔表现出和布什合作的诚挚意愿，但还是明确表示没有出兵伊拉克的计划。

虽然德国现有的经济困难并没有解决，但在默克尔的带领下，德国确实摆脱了一些阴郁和消极气氛。在 2005 年大选之前不久，据一项调查显示，只有 30% 的受访者相信可以通过积极进取改变生活现状。当德国着手准备主办 2006 年夏季世界杯足球赛时，大部分德国民众对德国能做好这项工作表示乐观。当德国在比赛中取胜时，全国民众热血沸腾，自信满满。有默克尔总理当他们的啦啦队队长，德国各地都挥舞起了爱国旗帜，而这一盛况在几年前是不可想象的。这届世界杯的一些场次的比赛包括总决赛在宏伟的柏林体育馆举行，该馆此前是为了 1936 年“纳粹奥林匹克运动会”而修建的，但是现在没有人会认为在这场体育盛事中柏林成为旗帜的海洋，意味着德国要回归往昔的军国主义和民族主义。

俄国：回到了专制统治

说到后共产主义时代的国家地位，德国比位于东方的俄罗斯更有优势。众所周知，德国在欧盟和北约的位置十分牢固，并因其经过检验的议会政体、独立的司法体系、运行良好的银行体系、充满活力的证券市场和健康的经济而感到自豪。与其相反，新生的俄罗斯不属于任何联盟，其刚刚形成的民主政体和半私有制经济都十分脆弱。如果说统一后的德国发现很难将东部各州与世界盛行的多元民主制度及市场资本主义融合在一起，那么俄罗斯会发现这种转变更加令人懊恼。

俄罗斯复兴的艰巨挑战似乎没有吓倒新任总统鲍里斯·叶利钦。像昔日的彼得大帝一样，他宣布不管国民是否赞同，他要让自己的国家与世界同步走上现代化进程。1991 年 11 月，叶利钦宣布在他的内阁任命两位改革者叶戈尔·盖达尔（Yegor Gaidar）和安纳托利·朱贝斯（Anatoly Chubais）。他们的首要任务是让俄罗斯的众多国有工厂、银行、农场和公共设施私有化。因俄罗斯集体经济太过僵化，私有化进程受到了欢迎，这一点很快变得越来越明显。然而，这次对经济的拯救收效甚微，最好的国有企业很快就被内部知情者组成的小派系收购，这些人往往是旧体制下的工厂管理人员。苏联时期无论企业是否需要某些员工，都会一直负担他们的福利，新企业家们摆脱了这种制度，解雇了数千名工人。

尽管俄罗斯的私有化运动出现了一些不平等的现象，在叶利钦时代的前几年，私有企业还是受到俄罗斯民众的热烈欢迎。成千上万名满怀希望的企业家开始创业，参加从哈佛商学院请来的访问学者所开设的讲座成了一种时尚。随着私有企业的发展和外资银行与公司的涌入，像莫斯科和圣彼得堡（苏联时期名为列宁格勒）这样的城市变得焕然一新。数量越来越多的西方的连锁商店和精品店（店名都含有罗马字母而非斯拉夫字母）里展示的都是之前无法想象的商品。街上到处都是最新款式的梅塞德斯、宝马轿车和体形庞大的多功能车（SUV），以及为新贵们所钟爱的各类汽车。重建的宾馆，例如位于莫斯科的都市酒店装饰着大理石、青铜器皿和水晶。宾馆的休息厅内尽是身穿阿玛尼套装的商人和欧亚裔的高级应召女郎。然而，在街道的另一旁，头发灰白的老妇人在街角的小货摊上兜售着小玩意儿。这些妇女之所以沦落到这般境地，是因为国家发放的养老金受到快速通货膨胀的影响根本无法支撑生计。

在俄罗斯大城市之外，新的社会秩序带来的改变就没有那么明显了。在西伯利亚大草原和森林里星星点点的村落当中，没有一丝浮华的痕迹。在苏联时期，农业的运作就不怎么高效，也无法带来过多的财富，但是在叶利钦时代，由于旧的体制被废除而取而代之的新体制还未建成，农业呈现出完全混乱的局面，更准确地说，私人生产者所拥有的资源少得可怜，而残存的国营集体企业已经和市场脱节，只能等着接受政府的救济。在一些地区，尤其是人口稀少、远离俄罗斯西部人口中心的地区，那里的国有农场迅速没落，又得不到政府的救济，因此市民被迫回到以物换物的经济生活中。

英国的旅行作家科林·萨伯伦（Colin Thuberon）于 20 世纪 90 年代中期穿过西伯利亚，他看见村民由于缺少拖拉机的燃料和喂马的饲料而无法耕种。村民们整天观看电视里播放的美国和墨西哥的肥皂剧，《圣塔芭芭拉》（*Santa Barbara*）是他们最喜欢的一部。

在通向可行的、公平的市场经济（俄罗斯用这个词表明与强盗式资本主义截然不同）的道路上的最大障碍是社会中各个阶层猖獗的腐败问题。当然，在俄罗斯，腐败不是什么新鲜事物。在沙皇时期，腐败问题就已经是普遍的事实，在果戈理的小说《死魂灵》里就可见一斑。在苏联时期，腐败也一度猖獗。叶利钦在上任后不久就宣布“要与犯罪、受贿和腐败斗争到底”，但是由于叶利钦政府难以给警察和法院机构中的官员发放工资，这些人经常选择加入犯罪团伙中，而不是打击它们。

如果说俄罗斯的警察部门和安全部队没有加强国家的秩序和稳定，那么俄罗斯的军队也同样没有做到。曾经的苏联红军辉煌一时，实力可与北约比肩，同时也是政府用以维持东欧集团统一的主要力量，而在叶利钦时期，军队已经显得苍白无力。和苏联一样，军队在 1990 年和 1991 年迅速瓦解，乌克兰共和国、阿塞拜疆共和国和摩尔多瓦共和国各自组建了自己的军队。战略性武器仍在莫斯科的控制下，其他军事装备都归属于其所在的独立共和国。乌克兰曾宣布有权获得苏联驻扎在敖德萨的黑海舰队，从那时起俄罗斯就和乌克兰展开了激烈冲突。与此同时，俄罗斯的波罗的海舰队由于缺少资金支持而削减了 40%。在加里宁格勒（Kaliningrad），港口停靠的船只和潜艇向波罗的海泄漏了汽油和核燃料。

叶利钦在刚刚成为俄罗斯总统时拥有很高的名望和地位，但因国家经济不景气、执法混乱及国际声望不高，人们对他的评价也越来越差。叶利钦过去在国家杜马一直有着明显的优势，现在议会对他的反对越来越强烈。打头阵的是副总统亚历山大·鲁茨科伊（Aleksandr Rutskoi），他过去是叶利钦的支持者，也是阿富汗战争的退伍老兵；此外还有议会领袖鲁班·哈斯布拉托夫（Ruban Khasbulatov）。他们在立法机构的支持者主要包括再度合法化并开始复兴的共产党（他们渴望恢复苏联体制），以及痛恨苏联解体的极端民主主义者。许多立法机构成员也对叶利钦的独断风格及其任期内的集权感到不满。这些反对派的议会成员认为自己获得了足够强大的民众支持，于是开始竭尽所能地破坏叶利钦进行的民主改革。1992 年，他们强迫叶利钦罢免其首席改革顾问——叶戈尔·盖达尔。

因受议会反对而深感挫败的叶利钦决定于 1992 年 9 月解散国家杜马，并于 12 月重新选举。这是一个十分冒险的决定，因此总统将宣布时间选在了 9 月 19 日，星期日，这样他在立法机构的政敌当时就不在白宫里。然而，在叶利钦实施这一“出人意料”的计划之前，消息就泄露了出去。持反对意见的立法者聚集到议会大楼，将之团团围住。为了巩固他们的位置，鲁茨科伊和哈斯布拉托夫召集了一批保卫者，其中包括旧时的君主主义者、新纳粹主义者和哥萨克人，哥萨克人穿着传统的高筒靴，头戴毛皮毡帽。窗户上挂着标志，表明这次行动意在让叶利钦、盖达尔和犹太人付出血的代价。《华盛顿邮报》的李·霍克斯塔德（Lee Hockstader）把整个场景描述成“像主题公园般怪诞，像迪士尼乐园般奇异，像侏罗纪公园般恐怖”。叛乱者希望充满怨恨的军队也能前来支持他们。同时，叛乱者还不切实际地希望得到西方民主国家的认可，但是华盛顿、巴黎和伦敦方面很快宣布他们支持“通过民主选举产生的总统”。叶利钦一开始不敢采取军事行动抵抗叛乱者，因为他不确定士气低落的军队是否能支持他。他试图通过停在外面的装甲车播放劲爆的摇滚乐驱散反对者。这辆播放音乐的带有卡其布顶篷的汽车后来被命名为“黄色戈培尔”。鲁茨科伊和哈斯布拉托夫并没有被声音攻势吓到，而是召集身在首都的随从袭击主要电视台和市长办公室。面临着这样的局面，叶利钦不得不采取强硬的手段镇压叛乱。10 月 4 日，叶利钦从坎特米洛夫斯基（Kantemirovsky）调来坦克轰炸白宫。坦克部队十分配合，这使得叶利钦长吁了一口气。下令执行这次行动后，叶利钦必然面临着各方的嘲讽：两年前被困在白宫内的正是他本人，当时他期待着军队不要在外面对他开火。此刻，炮火在政府大楼外轰炸着，怒火在楼内燃烧着，保卫者和军队之间的激战即将打响。青年们冲向战场疯狂地挥舞着手臂，努力吸引美国有线电视网络（CNN）摄像师的目光。共有 150 人死于这场冲突，其中大部分是旁观者。当军队终于冲进了大楼并逮捕了叛乱头目时，白宫（此时应该称为“黑宫”）已经被炮火轰炸得满目疮痍，墙壁也被烟灰熏黑了。当然，这样的破坏很快就会被修复，然而想要修复俄罗斯刚刚起步的改革进程就要困难得多了。

虽然 1993 年的“十月事件”以失败告终，但这个行动表明在俄罗斯，共产党和民族主义仍然拥有强大的力量。在当年 12 月的议会选举中，叶利钦希望能够成立一个更温顺的议会，但是新成立的议会却更加顽固。极端民族主义政党的候选人弗拉基米尔·日里诺夫斯基（Vladimir Zhirinovsky）支持率高达 23%。新议会的第一条法案就是释放十月运动的领袖鲁茨科伊和哈斯布拉托夫，叶利钦赦免了他们，以期安抚民族主义右翼势力。

叶利钦想要战胜右翼的反对者，这成了俄罗斯国内的团结及脆弱的民主秩序面临的下一个重要考验：莫斯科发动了对高加索车臣共和国（Republic of Chechnya）的持久战。车臣共和国是新俄罗斯联邦 89 个单元中的一个，它意欲从联邦中脱离出来，并决定成立一个独立的伊斯兰国家。俄罗斯对车臣反对派的镇压很快演变成为流血冲突的困局。有观察家把车臣冲突比作叶利钦的越南战争，不过更好的比喻应该是苏联的阿富汗战争。

俄罗斯对车臣独立企图的镇压开始于 1994 年 12 月的一次草率进攻。俄罗斯的将领们承诺很快就能战胜“原始的野蛮人”。然而从一开始，俄军就出师不利，由于缺少地图和情报数据而陷入了一个接一个的陷阱之中，而且他们的进攻没有经过侦察，也没有后援部队。因此，直到 1995 年春天，俄军才占领了车臣的首都格罗兹尼（Grozny）。然而，由于叛军一直躲藏在周围的山中，并周期性地发动突袭，俄军很难达成最后的胜利。格罗兹尼的“解放运动”

已经夺去了俄罗斯和车臣4万人的生命，城市已经变得面目全非。根据参加过第二次世界大战斯大林格勒战役的老人回忆，当时格罗兹尼受损的情况不比第二次世界大战中的斯大林格勒强多少。

经过多个月毫无结果的苦战，双方于1996年年底签署了停战协议。此时车臣已有8万人战死，而俄罗斯军队的损失比苏军在阿富汗的伤亡还要惨重。尽管俄军也有牺牲，俄罗斯政府还是没能将反抗者彻底消灭，也没能清除车臣地区这个不稳定因素的源头。由于俄罗斯无法拔掉车臣这根眼中钉，叶利钦只能尽力假装它不存在。

俄罗斯总统已经无暇顾及在车臣发生的灾难了，因为他需要

俄罗斯军队在入侵车臣共和国期间在途中稍作休息。

关注在更近的地方出现的威胁。1996 年 6 月，总统大选拉开了帷幕，叶利钦面临着共产党竞选者根纳季 · 久加诺夫（Gennady Zyuganov）的巨大威胁。与之形成鲜明对比的是，极端右翼候选人日里诺夫斯基因其可笑的举动，比如拍摄洗澡时的裸照，以及创立自己的伏特加酒品牌，而失去了众多支持者，几乎不构成威胁。叶利钦的情况很不乐观，因为俄罗斯联邦自从成立以来，所面临的问题一项都没有得到解决，事实上，甚至变得更糟了。国家经济严重下滑，贪污腐败问题层出不穷，而政府尽管多次寻求国外支援和贷款，却仍然无法承担应尽的金融义务。在这样的危急情况下，叶利钦的一些助手建议他动用总统的权力，取消这次大选。然而，叶利钦乐观地决定应战，他热情地投入竞选活动当中，丝毫不顾自己的病体和因宿醉而变得麻木的大脑。除了精力充沛地与贫民打成一片，叶利钦的主要优势是其对手都缺乏魅力：有人说，久加诺夫演讲时，鸟都会睡着然后从树枝上掉下来。另一个重要的优势是拥有诸如鲍里斯 · 别列佐夫斯基（Boris Berezovsky）和弗拉基米尔 · 古辛斯基（Vladimir Gusinsky）等新兴富商的支持，他们知道自己如果想要继续富有下去，前提就是叶利钦必须获胜。最后，叶利钦几乎买断了广播和电视广告，以增加曝光率。

如果俄罗斯的整体状况不是如此糟糕的话，叶利钦的这些独特优势本应该让他以压倒性优势获胜。在实际情况中，叶利钦只获得了 38% 的支持率，因此不得不与票数第二多的久加诺夫（32%）进行新一轮的选举。叶利钦在第二次投票中获得了 53.8% 的支持率，这主要是因为在第一次投票中支持率第三的候选人（15%）莱德拜德将军（General Ledbed）决定支持叶利钦。

受到胜利鼓舞的叶利钦宣布了一系列新的经济改革政策。1998年3月，叶利钦罢免了行动迟缓的总理维克多·切尔诺梅尔金（Viktor Chernomydrin），任命了年轻的改革者谢尔盖·基里延科（Sergei Kiriyenko），许多俄罗斯的评论家都认为基里延科带来了一股新鲜的空气。基里延科计划通过削减政府开支和增加税收的办法解救这个即将破产的政府。如果不是俄罗斯正好赶上因1998年年中亚洲经济崩溃而导致的世界经济混乱，这些举措可能会产生一定的影响力。俄罗斯被迫贬值卢布，并拖欠外债，毫无疑问这进一步损害了国家本已摇摇欲坠的信誉。国际货币基金组织很快宣布不会再投资俄罗斯这个无底洞了。久加诺夫要求叶利钦辞职，改天换地的时刻再次到来，叶利钦于1998年8月罢免了基里延科和全体政府，并重新任命自己的老朋友切尔诺梅尔金担任总理。但是切尔诺梅尔金与俄罗斯大型天然气分销商高兹普罗姆公司（Gazprom）关系密切，因此国家杜马无法接受切尔诺梅尔金。为了平息杜马的批评，叶利钦任命拥有共产党背景的外交部长叶夫里根·普里马科夫（Eugeny Primakov）为总理。

普里马科夫承诺为数以百万计的工人发放已拖欠数月的工资，以期缓和国内的不满。同时，普里马科夫再次向西方债权国家表示会继续推行开放市场的改革。然而实际上，只要腐败、裙带关系和难以捉摸的政治体制没有彻底修改（这项挑战是叶利钦无法或不愿完成的），普里马科夫的政策就无法获得实质性的进展。与此同时，许多普通公民的生活变得越来越令人绝望。1998 年冬天，莫斯科有 11 个人因缺少燃料而被冻死。欧盟害怕俄罗斯会出现像非洲那样的大规模饥荒事件，因此给予了这个受灾国 4.72 亿美元的食物救济。

2000 年 1 月 1 日，叶利钦突然辞去俄罗斯总统职位，并将此位留给了弗拉米基尔·普京。六个月前他刚任命普京为总理。

直到 2000 年 3 月 26 日在联邦大选中胜出，普京才由代理总统正式转为总统。在选举期间，这位俄罗斯新任总统在西方并不是很有名。他的背景调查显示他曾在德累斯顿以克格勃特工身份工作了许多年。苏联解体后他在圣彼得堡市政府担任公职人员，之后接管俄罗斯联邦安全局（Federal Security Service），其前身就是克格勃。普京在个人举止和习惯方面表现得与叶利钦非常不同。他较为严峻又有些冷漠，从不饮酒，并通过柔道和滑雪运动保持身材。当上总统后，普京承诺开展更多的经济改革，促进人权和政治自由，加强法制。

然而，从普京早期的表现和政策看不出他决定建立一个更加自由、多元、亲西方的俄罗斯。确实，随着这位前特工在第一个任期开始适应总统这一职位，他逐渐将脑海中建设国家的计划付诸实践，那就是逐渐抛弃俄罗斯对于民主的尝试性实验。

他首批行动之一是再次对车臣开战，接着把莫斯科发生的多起神秘的公寓爆炸事件归咎于车臣的反叛。尽管双方阵亡人数很多，这场战争在国内却很受支持，并且帮助普京树立了一个绝不允许俄罗斯的利益被藐视的硬汉形象。

在恢复俄罗斯的自尊和加强自己强硬领导人的形象时，普京也开始关注具有象征意义的事情。他在军队中恢复了苏联的国歌及苏联的红色军旗。私下里，他一直对苏联解体表示惋惜，而且在各种公众演讲中他会缅怀苏联时代的荣耀。“难道只剩下斯大林的战俘集中营和压抑的情绪吗？”他提出这样尖锐的问题。“苏联的科学成果呢？尤里·加加林（Yuri Gagarin）创造了人类飞向太空的奇迹。还有像作曲家迪米特里·肖斯塔科维奇（Dmitri Shstakovich）这样的艺术和音乐领域的文化英雄，这些都不存在了吗？”普京似乎暗示，取得这些成就是因为苏联国力强劲，还有人们对苏联处于世界强国地位的信心。

当然，仅仅处在象征意义层面的措施不足以增强国力，普京很快就采取具体措施来巩固行政力量。他说服杜马准许他立刻开除俄罗斯 89 个地区中有“非法行为”记录的官员。为了拉近自己与军队的距离，他身边环绕着以前的军官，而且他将武装部队的预算提高了两倍。作为前克格勃成员，他赋予了情报部门更大的权力。

在俄罗斯国内对这些举措做出有效批评越来越难了，因为克里姆林宫逐渐关闭了独立的媒体资源。早在 2000 年 6 月时，普京就命令逮捕并监禁了木斯特媒体（Media-Most）负责人弗拉基米尔·古辛斯基（Vladimir Gusinsky），其罪名是腐败。尽管古辛斯基在叶利钦执政期间如鱼得水，但在普京执政时被控的罪名则是批判性地报道了车臣战争，并且在政治上支持普京的反对者。为了最终获释，古辛斯基亲自签名将木斯特媒体交由克里姆林宫管控。

普京还非常重视克里姆林宫在最重要的能源行业的权力，最终成功地将这一重要部门的绝大部分纳入国家掌控之下。而俄罗斯石油大亨米哈伊尔·霍多尔科夫斯基（Mikhail Khodoкovsky）对此持中立态度，他的尤斯科石油公司（Yusko）是俄罗斯最大的私有公司。这时戏剧性事件出现了。像古辛斯基一样，霍多尔科夫斯基因腐败罪名而被监禁；像古辛斯基一样，霍多尔科夫斯基实际上参与了地下经营。然而，霍多尔科夫斯基的真正罪名是政治层面的——为亲民主计划提供资金帮助，并且设法在杜马建立反普京集团。此外，令普京难以容忍的是，像尤斯科这样的盈利公司竟然坚持不并入国有能源企业集团。霍多尔科夫斯基入狱后，俄罗斯政府介入并接管了他的公司，他本可以逃往国外，但令人惊奇的是他居然选择留在国内，坦然接受监禁。

普京的反转政策让西方国家措手不及。美苏 1972 年签订了《反弹道导弹条约》，条约允许美国建立有限的反导弹防御系统。而俄方拒绝承认这一条约，让华盛顿方面更加感到惊愕。美国总统布什受其国家安全顾问及苏联事务专家康多莉扎·赖斯（Condoleezza Rice）的影响，在其第一任期内对普京就持否定态度。副总统迪克·切尼（Dick Cheney）的负面态度更甚。他说："每次看到普京，我都想起克格勃，克格勃，还是克格勃。"

可是，从一开始普京就渴望同布什政府发展积极的关系。在 2001 年 1 月，普京提出与这位美国新任总统举行私人会晤，以便消除两人间的分歧。两人最终于2001年6月在斯洛文尼亚会晤。普京为此次会晤做了精心准备。得知布什是福音派教徒后，普京便告诉布什，自己经常佩戴母亲赠给他的十字架，这对于他是一份特别的礼物，自己的乡间宅邸几年前被一场大火夷为平地时，这枚十字架是从灰烬里找回的唯一一件物品。这个故事达到了预期效果。会后，布什告诉记者们说，他透过普京的眼睛看到了他的灵魂——“一个诚实率真的男人”的灵魂。后来在意大利热那亚召开八国集团会议期间，普京的确让布什看过那个神圣的十字架。布什说自己为普京此举深深地感动了。

虽然通过私人会晤布什和普京或许已经成为灵魂上的好友了，但至少曾有一度，2001年美国遭遇“9·11”恐怖袭击真正使他们成为地缘政治上的伙伴。袭击发生后，普京是第一个给布什打电话表示慰问并对美国表示支持的外国领导人。他告诉布什，俄罗斯人民对美国的遭遇感同身受，因为他们最了解恐怖主义意味着什么。普京力排众议，宣称他允许美国军用飞机穿越俄罗斯领空飞往阿富汗。他还宣布俄方不反对美国在中亚的前苏联领地建立空军基地。作为回报，美方则没有对俄国在车臣的“反恐战争”大加批评。

尽管布什和普京尽力保持良好的私人关系，但美俄关系在“9·11”恐怖袭击之后开始降温，且两国已有的分歧重归原点。令俄罗斯感到不快的是，美国从《反弹道导弹条约》中完全抽身。美国还敦促北约组织将势力拓展到波罗的海沿岸的原苏维埃共和国。普京对俄国境内一些人权组织及民主倡导者的镇压招致了美国国会议员的各种责难。美国媒体就俄罗斯境内兴起的排外的民族主义大加批评。俄政府对于一些极端右翼暴徒于光天化日之下在莫斯科街上攻击外国人控制不力，也招致美国媒体的大肆批评。让指责普京的一些美国批评家更加担心的是，莫斯科方面以取消大量的天然气供应作为制裁乌克兰的政治武器，因为2004年乌克兰在“橙色政变”时使亲西方而反俄的维克多·尤先科（Viktor Yushenko）最终当权。美国于2003年开始了对抗萨达姆·侯赛因（Saddam Hussein）的战争，普京公开反对伊拉克战争，与俄罗斯对美国在阿富汗反塔利班行动的立场截然相反。布什因此对普京大失所望。尽管布什本人对自己的失望之情还有所控制，但副总统切尼却在立陶宛的电视讲话中公开指责俄政府的国内和外交政策。被切尼的言辞激怒后，普京反击道，切尼对俄罗斯的指责就如同他作为猎人一样“精确”，这是暗指这位副总统新近在怀俄明州猎鸭时，失手开枪将一位同行伙伴打成残疾。

普京在2004年3月总统选举中大获全胜从而连任。至此，普京所在的党派完全控制了国家杜马，而且在克里姆林宫形成了有效的中央集权。但普京很快就更进一步扩展了他的权力。2004年9月初，一伙车臣恐怖分子在俄南部别斯兰镇（Beslan）的一所学校大楼里挟持大约1200名儿童及成人作为人质。在解救人质的过程中，由于现场混乱及营救行动组织拙劣，导致数百名儿童、教师及家长丧生。普京因此宣称他需要额外的权力来同恐怖主义作战。普京宣布要执行一项事实上已经实施数月的计划，即取消联邦省省长和独立议会成员直接参与选举的权利。批评家们曾称叶利钦作风铁腕，而普京却在向世人表明他远比其前任更胜一筹。

南斯拉夫解体

第一次世界大战开始于巴尔干半岛，在20世纪末，这个饱受战火之苦的区域又经历了第二次世界大战以来最为血腥的战役。南斯拉夫分裂战争不仅重新激发了巴尔干半岛长期以来的仇恨，同时也揭露了西方大国在迅速且果断处理由东欧剧变引发的新矛盾和民族冲突时的无作为和不作为。巴尔干区域在美国不情愿且姗姗来迟的干预下，才勉强恢复了表面的秩序。因此南斯拉夫解体强调了冷战后期的一个不大体面的事实：当区域安全和人权受到威胁时，即便欧洲的处境岌岌可危，若非美国牵头，欧洲人也无法采取有力的措施。

尽管南斯拉夫的暴力分裂暴露了国家上空自1919年创建以来就存在的深深裂痕，这次分裂也绝非不可避免。它是由区域领导人的特定政策所造成的，尤其是塞尔维亚总统斯洛博丹·米洛舍维奇（Slobodan Miloševič）和克罗地亚总统弗拉尼奥·图季曼（Franjo Tudjman），他们更热衷于利用内部分歧，而非想办法克服分歧。不像铁托利用军队来平息各成员国之间的不满，这些领导人通过煽动民族仇恨来巩固自身权力。他们都声称自己的国家是历史上受到虐待的无辜受害者，利用这种关于民族和宗教仇恨的有害言论引发邻国的敌对情绪，并摧毁了这个在奥匈帝国废墟上建立起来的、内部分歧最大的“继承国”。

1989 年 6 月 28 日，南斯拉夫暴力分裂正式拉开其标志性序幕。米洛舍维奇在科索沃黑鸟场（Field of Blackbirds）发表了演讲，以纪念 1389 年塞尔维亚被土耳其击败 600 周年。正是这场战争开启了土耳其对塞尔维亚长达 500 年的统治。人们也许会认为，塞尔维

克罗地亚总统弗拉尼奥·图季曼（左）和塞尔维亚总统斯洛博丹·米洛舍维奇。

亚更情愿忘记这一刻，而非庆祝它。但是对于塞尔维亚人来说，这一天是神圣的，因为他们具有传奇色彩的领导人沙皇拉扎尔（Tsar Lazar）宁愿誓死抗争也不愿向土耳其人屈服。因此，他的行为是塞尔维亚挑战权威和牺牲精神的象征。我们也可以回想起，在1914年的同一天，塞尔维亚民族主义者加夫里诺·普林西普刺杀了奥地利大公弗朗茨·斐迪南，由此引发了第一次世界大战。而米洛舍维奇将黑鸟场直播事件变成了一次抗议集会，谴责科索沃地区具有数量优势的阿尔巴尼亚族对塞尔维亚少数民族的迫害。表面上看，米洛舍维奇宣布贝尔格莱德政府将会剥夺科索沃的自治权并重申对其全面管理，是为了保护当地的塞尔维亚人；而实际上，这一举动的目的是为了佐证米洛舍维奇民族主义者的身份，并接管科索沃自治省在八个南斯拉夫联盟成员集体领导层中的投票权。米洛舍维奇和他的追随者认为这次重新安排仅仅是个开始，因为在他们眼中，塞尔维亚没有享受到与其疆域及它为反抗奥地利（及之后的德国）的压迫、解放南斯拉夫做出的历史贡献相称的权力。他在黑鸟场直播中说道："纵观历史，塞尔维亚人从未侵略或剥削过其他的民族。通过两次世界大战，他们解放了自己，同时，如果可能，他们也会帮助其他民族实现解放。"

毫无意外，米洛舍维奇在科索沃的行径为其他的南斯拉夫共和国敲响了警钟。他们认为，这是塞尔维亚重新定义南斯拉夫为扩大的塞尔维亚——"塞尔维亚–斯拉维亚"（Serbo Slavia）的第一步。第一个做出回应的国家是斯洛文尼亚共和国，正如我们曾经看到的，斯洛文尼亚曾在终止南斯拉夫中央集权的过程中起到领导作用。尽管斯洛文尼亚人仅占南斯拉夫总人口的 8%，但其硬通货出口占南斯拉夫总量的 23.5%。斯洛文尼亚的民族精神更接近于维也纳，而非贝尔格莱德。所以斯洛文尼亚将自身看作脱离旧集团的先进集体。在塞尔维亚阻止斯洛文尼亚为自身及其他南斯拉夫共和国谋求更多的自治权时，这个北部的小共和国宣布将完全脱离南斯拉夫联盟。塞尔维亚统治的南斯拉夫人民军（JNA）努力阻止分裂，但是由于在斯洛文尼亚群众中缺乏支持，很快就不了了之。1991 年，斯洛文尼亚成为独立的国家，一年后，在德国的敦促下，西欧国家也承认了斯洛文尼亚的独立。

作为南斯拉夫共和国中支持斯洛文尼亚推行松散联邦制的国家之一，克罗地亚和斯洛文尼亚一样受到塞尔维亚野心的威胁。在克罗地亚民族主义者的眼中，信奉希腊东正教的塞尔维亚是俄罗斯的附属品，而信奉天主教的克罗地亚则属于文明的中欧。许多年来，克罗地亚民族主义都是南斯拉夫的禁忌，因为它与战时支持纳粹的乌斯塔沙组织（Ustachi）有一定关联。随着铁托中央集权的瓦解，克罗地亚民族主义的抱负再次成为塞尔维亚主张的劲敌。克罗地亚领导人图季曼俨然是米洛舍维奇的翻版。在提升克罗地亚地位的行动中，图季曼对于过去给出了不同的解读，他表示乌斯塔沙政权并未像贝尔格莱德政府声称的那样，在第二次世界大战期间屠杀了那么多的塞尔维亚人，同时图季曼将乌斯塔沙领导人安特·帕韦利奇（Ante Pavelic）称作克罗地亚人的英雄。图季曼从个人角度否认这些倡议反映了任何民族仇恨，但是，他发表了越来越多的种族主义和反塞尔维亚的言论。在某一场合中，他声称 :“感谢上帝，我的妻子既不是犹太人，也不是塞尔维亚人。”

随着克罗地亚和塞尔维亚领导人都煽动着民族主义的火焰，不同种族之间的小争执很快就升级成了严重的对抗。1991 年夏天，在克罗地亚的塞尔维亚聚居区克拉伊纳（Krajina），塞尔维亚人开始了示威游行，反对克罗地亚控制该区域的警署和政府机构。在克罗地亚警方力图镇压示威时，南斯拉夫军队介入并支援了当地的塞尔维亚人。很快，南斯拉夫两个最大的共和国陷入了激烈的战争。不久，联盟军队和塞尔维亚准军事部队就打败了克罗地亚在克拉伊纳的警戒部队，并在 1992 年 4 月末实现了对整个地区的控制。克拉伊纳的克罗地亚人曾与塞尔维亚人世代为邻，却在“种族清洗”中第一次被迫离开这个地区，这是巴尔干战争中最不堪的衍生影响。

战火仍在克拉伊纳蔓延，而塞尔维亚人又开始向南斯拉夫东部的克罗地亚 – 塞尔维亚边境进攻。他们的主要目标是克罗地亚城市武科瓦尔（Vukovar），在此，南斯拉夫空军遭到了无情的轰炸。这座坐落在多瑙河河畔的美丽城市很快成了一片废墟，尸横遍野。克罗地亚的爱国者将其称为“克罗地亚的斯大林格勒”。克罗地亚也进行了反击，它对克罗地亚管辖地域内的塞尔维亚居民发动了一场恐怖战役；这次战役中，塞尔维亚人同样遭受了“种族清洗”。

而塞尔维亚 – 克罗地亚战争的另一焦点则是四周筑有城墙的海

滨小镇杜布罗夫尼克（Dubrovnik），拜伦勋爵曾将它称作“亚得里亚海的珍珠”。不同于武科瓦尔，杜布罗夫尼克并非直接位于塞尔维亚–克罗地亚的边境，也没有大片需要“解放”的塞尔维亚飞地。杜布罗夫尼克之所以遭到了大范围的侵略，是因为它的美丽和历史意义使之成为克罗地亚的旅游中心。接连几天，塞尔维亚的军队向这座城市开火，并将坦克开进了城市里，摧毁了数世纪以来在无数次进攻下屹立不倒的中世纪建筑。

如果克罗地亚人最终无法组建自己可靠的、可与南斯拉夫人民军势均力敌的军事力量，那么杜布罗夫尼克的困境也可能在整个克罗地亚重演。到 1992 年年初时，克罗地亚能够有力地保卫它剩余的领土，而塞尔维亚也不愿意为了争夺更多的领土而付出更高的代价，这时米洛舍维奇表示愿意进行谈判。前美国国务卿赛勒斯·万斯（Cyrus Vans）代表联合国从中斡旋，最后克罗地亚成功脱离了南斯拉夫获得独立。在他的建议下，联合国派遣了 12500 名维和士兵前往克罗地亚以监督停战和解的进展。

斯洛文尼亚和克罗地亚从南斯拉夫中独立并随即得到西欧国家的认可，促使波斯尼亚和黑塞哥维那共和国召开公投大会来决定这个多民族国家是否应该独立。波黑塞族宣称他们绝不会生活在穆斯林和克罗地亚人占多数的独立国家中，所以抵制公投。然而，波斯尼亚和黑塞哥维那共和国在独立进程中取得了进展，并于 1992 年 4 月宣布独立。极端利己主义的前精神科医生波黑塞族领导人拉多万·卡拉季奇（Radovan Karndzic）宣布波黑塞族国家独立为塞族

在克罗地亚的塞尔维亚士兵。

共和国（Republika Srpska）。随即，波黑塞族军队由拉特科·姆拉迪奇（Ratko Mladic）领导，并在南斯拉夫人民军的支持下，对东部和北部波斯尼亚的非塞族居住地展开了“种族清洗”。仿佛非要超过在塞尔维亚–克罗地亚战争中所犯下的暴行似的，这些军队开始了掠夺、折磨、屠杀等骇人听闻的罪行。数千名穆斯林战俘被当即射杀或被转移到集中营，在那里他们被威胁如果不唱塞尔维亚民族主义歌曲就会被处死，他们还被迫自相残杀和为遇害的亲属挖掘坟墓。

1992 年 5 月初，波黑塞族军队和他们的盟军南斯拉夫人民军冲入了波斯尼亚的首都萨拉热窝。卡拉季奇希望将这座国际化都市划分为塞尔维亚区域和非塞尔维亚区域，并将面积最大和最富饶的部分保留给塞尔维亚人。然而塞族袭击者仅仅占领了机场和周围的山区高地附近的某些城镇街区。从他们位于山顶的阵地（顺便说一下，1984 年冬季奥运会的滑雪比赛就是在这些山上进行的），塞尔维亚的炮手向萨拉热窝发射炮弹，希望通过连续重创，迫使它投降。尽管经历了一个月的轰炸，萨拉热窝依然坚持到了最后，这座城市遭受的痛苦和西方记者对塞尔维亚集中营中暴行图文并茂的报道，最终吸引了国际社会对波斯尼亚日益蔓延的悲剧的关注。

西方国家不愿干预波斯尼亚的冲突，就像之前他们也曾犹豫是否要对塞尔维亚–克罗地亚战争采取措施。为了为他们的无能为力做出辩解，西欧人和美国人又开始老生常谈，称内部民族冲突是巴尔干延续多年的痼疾，处理起来无从下手。正如美国驻贝尔格莱德大使劳伦斯·伊格尔伯格（Lawrence Eagleburger）所说："只有人们自己才能停止自相残杀，世界上的其他国家对此都无能为力。"这种观点让人回忆起，正是西方国家在回应卢旺达内战时的冷漠无情，才造成了更大的人类惨剧。另一方面，如果西方大国在此情况下不采取任何措施，萨拉热窝的人民也许会饿死，其他的波斯尼亚地区也许会遭受"种族清洗"，这一点变得越来越清晰。1995 年 5 月 20 日，联合国安理会最终对贝尔格莱德采取了经济制裁，同年 6 月，联合国军队武力接管了萨拉热窝机场，以输入人道主义援助。然而，这些举措并不能阻止杀戮，只是禁止了双方进行武器交易。实际上，这更有利于塞尔维亚一方，因为他们已经获得了充足的武器供应，而波斯尼亚则没有。随着持续进行的屠杀，联合国的西欧成员国决定在波斯尼亚创立所谓的安全区域，并派遣维和部队来保证这些区域的安全。显然，美国并没有参与，华盛顿方面表示波斯尼亚对美国战略利益并不构成影响，正如国务卿詹姆斯·贝克（James Bake）的一句名言："我们在那场战争中没有任何赌注。"欧洲派遣到波斯尼亚的维和部队"蓝盔军"（Blue Helmets）的装备和武器都十分落后，这种不充分恰恰反映出欧洲人在执行任务时的摇摆不定，以及他们无法彻底掌控发生在自家后院的大规模的人间灾难。

在斯雷布雷尼察小镇（Srebrenica）发生的可怕的一切，清楚地表明了西方的应对并不充分：1995 年 7 月，就在倒霉的荷兰维和部队的眼皮底下，这个小镇遭受了波斯尼亚战争中最为恶劣的暴行，这也是第二次世界大战之后欧洲最大的单一战争罪行。仅在 1993 年 4 月，有一小段时间，人口以穆斯林为主的斯雷布雷尼察小镇设法逃离了波黑塞族的魔爪。按照赛勒斯·万斯和前英国外交大臣大卫·欧文（David Owen）起草的计划，这个小镇本应成为穆斯林省的一部分，但是计划并未得到波黑塞族的认可。为了平息小镇及近郊的战乱，联合国将这片区域划定为安全区域，并派遣 7000 名荷兰维和部队士兵在此巡逻。这支假模假式的军队难以遏制米洛舍维奇和他的伙伴波黑塞族的军队，他们设想扩大国家版图，将斯雷布雷尼察镇纳入其中，在前南斯拉夫的废墟上建立起新的塞尔维亚国家。1995 年 7 月 6 日，波斯尼亚塞尔维亚人对这片飞地发动了全面的攻击。他们迅速击败了穆斯林守卫军和荷兰的侦察哨兵，并抓获了 30 名荷兰士兵作为人质。接着，他们将妇女和儿童运出小镇，将大多数男人囚禁在当地的足球场馆内。就在接下来的几天，这些战俘——多数为手无寸铁的平民，都被有组织地处死了。还有一些人在试图向树林逃跑时遇袭身亡。据红十字会后期的统计数据表明，共计 7079 名穆斯林在斯雷布雷尼察遇害。事后，对这次事件负责的姆拉迪奇将军将攻下的小镇作为“送给塞族共和国的礼物”奉上。

荷兰维和部队软弱无能，无法阻止斯雷布雷尼察惨案的发生，这使得联合国在波斯尼亚的全部军事活动遭到质疑。很显然，如果此前美国没有大力支持欧洲联络小组处理危机，也许联合国和大西洋联盟的信誉会遭到无法弥补的破坏。因此，1995 年夏天，华盛顿方面双管齐下，精心部署了军事和外交攻势，来终结已经持续三年的波斯尼亚战争。北约开始空袭萨拉热窝附近的炮位和军队基地。与此同时，由助理国务卿理查德 · 霍尔布鲁克（Richard Holbrooke）领导的谈判小组在贝尔格莱德、萨格勒布和萨拉热窝三市穿梭，对米洛舍维奇、图季曼和波斯尼亚总统阿利亚 · 伊泽特贝戈维奇（Alija Izebegovic）施加压力，力图利用外交手段打破僵局。

华盛顿方面在波斯尼亚战争最后几轮谈判中发挥的领导作用尤为突出，这几轮谈判于 1995 年秋季在俄亥俄州代顿市的赖特帕特森空军基地（Wright-Patterson Air Force Base）举行。为了防止巴尔干领导人在公开场合互相指责，这些谈判在完全保密的条件下进行。据霍尔布鲁克称，谈判中“既没有大谈历史，也没有一句空话”。然而，因为在波斯尼亚民族边境划分的问题上，领导人存在巨大的理念分歧，所以谈判进行得十分艰难。米洛舍维奇急于逃脱制裁，在之前波黑塞族强硬的立场上做出让步，不再坚持分割萨拉热窝和坚守在波斯尼亚东部侵占的土地，会议才最终达成共识。通过利用特殊的仿电子游戏机来模拟波斯尼亚的地形，霍尔布鲁克和巴尔干的领导人最终达成了折中方案，保留了波斯尼亚原则上的统一，实则分化出了两个不同的实体：以塞族共和国为基础的塞尔维亚地区和首都位于萨拉热窝的穆克联邦（Muslim-Croat Federation）。北约执行部队（IFOR）和前来支援的两万名美国士兵在内部边境巡逻，防止新的暴力事件发生，并协助难民撤离。

《代顿和平协定》（*The Dayton Accord*）的达成无疑是一项重要的成就。但是在实现的过程中，很显然它无法将波斯尼亚转变为一个独立的国家，或者克服由战争加剧的民族分裂。尽管有北约执行部队的保卫，试图返回家园的难民仍无法跨越那些在近期战争中形成的边界线。

激烈的民族冲突蔓延到了科索沃。那里的塞尔维亚人一直要求贝尔格莱德政府打击阿尔巴尼亚–科索沃分裂者。米洛舍维奇被迫在有关波斯尼亚的重大领土问题上做出了让步，使得波斯尼亚塞族人将他视作“叛国贼”，因此他急于重申自己的民族主义者身份。

《代顿和平协定》墨迹未干，米洛舍维奇就发动了镇压科索沃解放军（KLA）的战役，这支民间游击队致力于创建一个独立的穆斯林–阿尔巴尼亚科索沃国家。米洛舍维奇的安全部队采用惯用的伎俩，席卷了科索沃的村庄，杀害了所有疑似科索沃解放军的人，数以万计的居民被迫逃到山中避难。

科索沃新发生的人间灾难让西方国家感受到了威胁，并且暴力事件也许还会继续蔓延到邻国马其顿，那里有阿尔巴尼亚民族的大片聚居地，于是西方大国开始疯狂地寻求外交解决方案。西方的谈判者拒绝了科索沃解放军实现科索沃完全独立的要求，他们试图劝说科索沃同意成为塞尔维亚的一个省，但可以获得更多的自治权。作为交换条件，他们允诺派遣北约维和部队驻军保卫。华盛顿方面并没有开出任何条件，因为比尔·克林顿总统正深陷与莫妮卡·莱温斯基（Monica Lewinsky）的丑闻，无法得到美国人对派兵的支持。与此同时，西方国家对米洛舍维奇施压，让其接受外国军队在塞尔维亚领土上驻军。然而，这些努力没有取得丝毫进展，直到在1999年3月在巴黎近郊的朗布依埃（Rambouillet）举行的会议上，科索沃解放军军官突然改变了想法，同意成为塞尔维亚的自治区。然而，塞尔维亚方面仍拒绝北约军队踏足科索沃的领土，认为这会对神圣的国家认同感造成威胁。北约曾威胁道，如果贝尔格莱德不停止侵略行动，就要对科索沃的塞尔维亚军队发动空袭，亲自对抗塞尔维亚，如果接下来不发起进攻，北约就会颜面尽失——当时正值北约50周年纪念日前夕，按照原定计划会在4月举行庆祝活动。

此外，来自民间的压力也在不断加剧，西欧和美国的观众在收看夜间新闻节目时，目睹了数千名科索沃人被迫离开家园，进入了马其顿和阿尔巴尼亚脏乱的难民营。北约陷入了困境，它既想不出专门的作战计划，又无法达成“终止战争”的协议，于是派出战斗机和导弹，于1999年3月12日向塞尔维亚发起军事行动。尽管组织匆忙，这项军事行动仍是继海湾战争之后西方发动的最大规模的军事战役，也是自北约成立以来第一次进攻一个主权国家。在战争中还第一次使用了美国B-2隐形轰炸机，轰炸机从密苏里的基地直飞到塞尔维亚，向当地目标投掷卫星制导的“智能”炸弹。

运用这种高科技军事装置，不仅能减少对地面的附带损害，而且还能控制北约军队的伤亡。五角大楼方面担心一旦有飞行员丧生，就会影响民间对这次任务的支持。此外，为了减少或者避免北约的伤亡，战斗机和轰炸机都在高空行动。这些策略确实避免了联军的伤亡，没有一名飞行员在执行任务时丧生，但也影响了轰炸的实际效果，尤其是当瞄准移动的小型目标时。尽管北约炸毁了塞尔维亚的桥梁和发电站，但是仍无法阻止塞尔维亚军队在科索沃进行的残忍的种族清洗。而且，无论多么先进的“智能武器”，都要在称职的士兵手中才能发挥作用：一名北约的飞行员误将难民队伍当作塞尔维亚的坦克护送部队，炸死了60名科索沃人。

尽管北约的准备并不充分，轰炸战役仍大量破坏了塞尔维亚的基础设施，也使得塞尔维亚人民的生活越来越艰难，他们最初的虚张声势也遭受了夜间突袭的打压。因为担心公众的失望情绪不断增长可能对自己的政权不利，最终米洛舍维奇同意于6月10日从科索沃撤军。如果西方国家能够在空袭的同时派遣陆地部队——或者至少最初不曾声称绝不使用陆地军队，那么这场战争也许会更早结束。

塞尔维亚对科索沃控制的结束，也意味着米洛舍维奇统治的终结。2000年9月，米洛舍维奇在选举中完败于反对党候选人沃伊斯拉夫·科什图尼察（Vojialav Kostunica）。然而，米洛舍维奇仍坚持参加最后一轮选举，这时反对者在街上游行，要求他立即辞职。确切地说，13年前支持米洛舍维奇走向权力的巅峰的暴徒如今要将他拉下台。2000年10月，米洛舍维奇放弃了政权。6个月后，为了终结联合国的制裁并得到西方经济上的援助，科什图尼察政府将这名前独裁者移交给海牙国际法庭，让他接受国际法庭对他犯下的种族灭绝罪和战争罪的审判。

对米洛舍维奇的审判于2002年2月正式展开。这是自1961年以色列法庭对阿道夫·艾希曼（Adolf Eichimann）审判以来，国际司法史上最重大的时刻。实际上，对米洛舍维奇的审判甚至更有开创性，因为被告是有史以来第一个面对国际战争罪审判的前任领导人。第二次世界大战后，还没有国家领导人作为被告面对纽伦堡和东京的审判。然而不幸的是，随着米洛舍维奇审判的进行，它更像一场低俗的闹剧，而非高尚的法律剧。尽管因为心脏病造成了审判进程的延迟和暂停，米洛舍维奇仍坚持为自己辩护，在此期间他表现出了自己的戏剧天赋。他不仅恐吓目击者，还谴责法庭“侵犯了自己的人权”。对米洛舍维奇的起诉很难成立，因为无法证明米洛舍维奇个人应对拉特科·姆拉迪奇领导的军队所犯的罪行负责。尽管海牙国际法庭对拉特科·姆拉迪奇和波黑塞族领导人拉多万·卡拉季奇也提出了同样的战争罪起诉，但他们仍在塞尔维亚境内逍遥法外。虽然违反了公开审判的原则，前北约指挥官韦斯利·克拉克（Wesley Clark）仍获准私下提供证据，并有权在公开记录中删去与美国国家利益有关的部分敏感内容。实际上，华盛顿方面仍不介入审判，因为布什政府不承认海牙法庭的权威性。2006 年 3 月 11 日，在裁定结果做出之前，米洛舍维奇又向海牙法庭开了最后一个玩笑，他因心脏病突发离世。在他死去之前，米洛舍维奇曾给俄罗斯政府写信，声称自己正遭到狱警的毒害。

当然，米洛舍维奇并非遭到毒害，但是他好战的民族主义和宗教分裂主义情结对巴尔干半岛造成了无法磨灭的伤痛。2006 年 6 月，在进行公投之后，黑山宣布从 2003 年建立的塞尔维亚与蒙地内哥罗联盟国家（State Union of Serbia and Montenegro）中脱离，黑山人表示他们再也无法忍受塞尔维亚的欺凌。而据穆斯林和基督教目击者称，塞尔维亚剩余的地区仍对宗教少数族裔发起攻击，而当局对此很少过问。塞尔维亚政府无法履行多次做出的承诺，一直未将姆拉迪奇和卡拉季奇移交海牙法庭。同时，科索沃的阿尔巴尼亚族人仍在进行争取独立的战争，努力脱离贝尔格莱德政府的控制。2008 年 2 月 17 日，这场战争终于取得了成功，在科索沃的首都普里什蒂纳（Pristina），领导人宣布“民主的多民族国家”科索沃共和国正式成立。不久之后，华盛顿方面和一些欧盟国家承认了这个新国家，此举严重地激怒了塞尔维亚和它的旧盟友——俄罗斯。

第十七章

欧洲及全球化的挑战

当 2001 年 9 月 11 日恐怖分子袭击纽约和华盛顿时，许多评论家，不只是美国的评论家，宣称全新时代已经到来。在这个时代，“一切都已经改变了”。恐怖分子袭击后仅半年，许多方面确实有了明显变化，当然，从新的角度看，美国变得脆弱，世界面对的最为严峻的问题其实早已形成，其中之一就是全球化的挑战。事实上，如今全球化的许多特点都体现了 19 世纪左右全球资本主义发展的起起伏伏。我们应该记得，20 世纪初时，国际贸易迅速发展，世界经济广泛融合，科技创新不断带来交流方式的变革，数百万的移民漫步在地球上寻找繁荣。然而，1914—1918 年爆发的第一次世界大战迅速结束了全球化的第一个阶段。接踵而至的大萧条和第二次世界大战使得许多人开始怀疑美好的时光能否到来。在我们这个时代，世界经济融合中的阵痛，加上很有可能在未来发生的毁灭性恐怖分子袭击，使得一些权威人士预言众所周知的全球化“厄运”即将到来。不过关于全球化仍无定论，好比“9 · 11”事件更为长期的预谋还未暴露。就像美国记者亚当 · 高普尼克（Adam Gopnik）对于双子塔大厦倒塌的评论：“这是由罗马发动的第一次哥特式洗劫，还是萨拉热窝1914年的刺杀事件，或者单纯只是成为最危险因素的曼森家族？”

即使在21世纪之初的前五年，西方国家的经济命运仍然以令人困惑的形式起伏不定。由于美元的价值相对于欧元、英镑、法郎迅速降低，美元在国际市场的主流地位处在日益增长的压力之下。同时，欧洲人和美国人以相同的方式挣扎着度过了一场金融的“完美风暴”。这场风暴是由房价的崩溃（尤其在美国）、严重的信贷危机及能源与食物的价格飞涨引发的。经济的衰退警示我们要尽快并有计划地处理主要危机，比如气候变化、全球食物短缺，与此同时还要降低在某些方向采取行动的意愿。

更为广阔和深化的欧盟

在20世纪90年代及21世纪初，西欧国家扩大了它们国际联盟的地域范围，并且加强了成员国之间的法律、政治和经济联系。这种跨国界的融合过程始于20世纪50年代，并且一直在稳步推进。但是随着近期的发展，“欧洲”不再仅指西欧，“欧洲共同体”变成了“欧盟”——一个有着更强内聚力的实体。正如欧洲社会政治领域的诸多变化，这些改变回应着东欧国家的崩溃和全球化的压力，特别是后者。欧洲面临着越来越多来自新的贸易集团的竞争，比如北美贸易自由协定（NAFTA），还有令人惊叹的新兴经济体，比如中国。而且欧洲比以往任何时候都更深地融入全欧洲及全球维度的经济、社会和环境进程中，这需要多国采取协调一致的行动。欧盟为应对各种各样的挑战采取的措施成了世界上最先进的超越民族国家的尝试。而且与此同时，联盟扩大和深化的计划阻止了普通欧洲人之间产生巨大的不满情绪，以及民族主义情绪的再次抬头。

1991 年 12 月，欧共体的 12 个成员国代表汇聚于荷兰城市马斯特里赫特（Maastricht），拟定出联盟修订协议，将欧共体更名为欧盟。欧盟也是在此次会议中做出了创建欧洲货币联盟（EMU）这一历史性决定，即使用单一欧洲货币欧元。新的货币计划于 2002 年正式实行。新的欧洲中央银行在法兰克福建立，负责调整利率及欧洲货币联盟统一金融政策。

除引入单一货币之外，《马斯特里赫特条约》（*Maastricht Treaty*）还创立了新的社会协议，授权欧盟设立工人健康和安全标准，允许成员国之间劳动力的流动，并规定了相关事项。其他条款提出在防治犯罪、外来移民、庇护政策方面加强合作。做出这些变化是因为国际犯罪和恐怖组织数量增多，仅靠任何一个国家的力量无法有效对抗其活动。然而，欧盟成员国在边境安全、社会福利以及劳工政策方面的法律体系和观念各不相同，证明制定一套让各成员国都能接受且统一的法规是不可能的。特别是英国，在一些对于主权国家的认同感极其重要的领域，不愿意听命于欧盟的领导。为了防止英国对《马斯特里赫特条约》全盘拒绝，欧盟允许英国不参与某些条款，比如英国就不加入欧洲货币联盟。为了形成法律，条

让–玛利·勒庞及国民阵线开展的反对《马斯特里赫特条约》活动的宣传海报。

约需要得到每个成员国的认可，这被证实绝非易事。丹麦在 1992 年 6 月投票反对条约，一年之后因为一些条款失去了效力才表示赞同。法国仅凭 51% 赞同对 49% 反对的微弱优势通过此条约。条约于 1993 年 11 月 1 日正式生效，比原计划的时间晚了 10 个月。

1995 年 1 月 1 日，欧盟成员国数量从 12 个增加到 15 个，新加入的国家有奥地利、芬兰和瑞典。这些原本中立的国家最初是拒绝加入欧盟的，因为欧盟同北大西洋公约组织有着密切的联系，欧盟成员国除爱尔兰之外都是北约成员。这些中立国的加入也可被视为冷战结束的另一种馈赠。

批准奥地利、芬兰和瑞典这样繁荣的国家加入欧盟，相对于吸收相对贫穷且政局动荡的东欧国家，争议性要小得多。摆脱了苏联的控制后，这些东欧国家（准确来说，是这些国家中的政治和经济精英）渴望“回归欧洲”，重新确立自己在更为广阔的理想和准则的共同体中的地位，他们被排除在外几乎有半个世纪了。这种雄心引发了西方较为矛盾的回应。西欧领导人和舆论制造者们理解这些国家肩负着避免出现“第二个雅尔塔”的道德责任，或者说避免欧洲经济出现新分水岭。但同时他们也意识到，如果这些落后国家以现有成员国的类似标准加入欧盟，那么联盟在补助金和地域援助计划方面的支出就可能超出欧盟的预算，除此之外还有其他的担忧。东欧国家才刚刚开始采用民主规范，正努力建立起西欧式的金融体系、法律法规及法律实施程序，且众所周知，其边境动荡不安。正因为这些原因，西欧国家连续几年推迟接收新成员国，并利用这段时间将欧盟总部的专家派到东欧各个首都，辅助其在政治、经济和法制方面达到欧盟标准。最终，在 2004 年 5 月，十个预备成员国经过十几年的等待，越过层层关卡，正式加入欧盟。其中包括波兰、匈牙利、捷克共和国、斯洛文尼亚、斯洛伐克、爱沙尼亚、拉脱维亚、立陶宛、马耳他和塞浦路斯。只有最后两个国家曾经不是苏联势力范围的成员。还有两个是《华沙条约》国家，即罗马尼亚和保加利亚，因其政治和经济制度与邻国相比相对落后，最终于 2007 年 1 月 1 日成功加入欧盟，至此欧盟成员国总数达到 27 个。

理论上，欧盟的各个成员国是平等的。但是新加入的东欧国家较为贫穷，加之在某些情况下人口总量相对较大（比如波兰），毫无疑问导致新成员国是在不对等的条件下加入的。欧盟允许其前期成员国为可能向西迁移寻求工作的东欧人设置配额。法国是控制配额最严的国家之一，因为来自东欧未经审核的移民带来的威胁会产生掠夺性的影响，其最为形象的表现就是大量拥入的波兰水管工抢走了本土水管工的工作。波兰用一张旅游海报幽默地回应了这种惊人的策略。海报上一位典型的波兰水管工表明自己要留在波兰，并且欢迎法国游客去波兰旅游。但或许最终只有波兰人自己觉得好笑，因为虽然有移民限制，在波兰加入欧盟的两年内，许多波兰人还是选择迁往西欧，以至于波兰国内缺少足够劳动力从事欧盟承诺支付费用的基础设施修建工作。同样，欧盟也没有一视同仁地向新的东欧成员国发放其著名的丰厚的农业补贴，因为这样不仅代价较高，而且会帮助东欧的农民更有效地与西欧农民展开竞争。此外在许多更为微小的方面，欧盟新成员国都被提醒着它们的地位低人一等。一位被激怒的捷克商人曾抱怨自己无论何时飞往伦敦或巴黎，在机场总是被问带了多少钱，打算待多长时间。毫无疑问，纵使东欧最终加入了欧盟，一些东欧人却开始质疑加入欧盟究竟有什么好处。

土耳其加入欧盟的可能性，相较于东欧国家的加入，给欧盟带来了更大、更复杂的挑战。土耳其如果加入欧盟的话，它就是联盟中的第二大国家，同时也是最贫穷的国家。土耳其早在 1987 年就申请加入欧盟，但是此后多年他们的申请石沉大海。土耳其定期提醒欧盟总部自己正在等待回应，这迫使欧盟和西欧政府开始考虑像土耳其这样的国家加入意味着什么。通常这种思考的结果都不是很乐观，不仅仅是因为土耳其贫穷且人口稠密。尽管土耳其是民主国家，但它有着模糊的人权记录和经不起推敲的法典，且国家军队在政界表现得太过活跃。土耳其是北约成员国之一，但其与同为北约成员国的希腊过从甚密。希腊同时也是欧盟成员国，与土耳其共同长期战斗以控制塞浦路斯。即便土耳其国内相对稳定且西化，但在它周边都是一些事端多发的国家，比如伊拉克、叙利亚，还有伊朗。最重要的是，虽然土耳其是一个政教分离的国家，但 7000 万人口中绝大多数都是穆斯林。2002 年年末开始当权的正义与发展党领袖雷杰普 · 塔伊普 · 埃尔多安（Recep Tayyip Erdogan）曾是一名宗教事务人员。事实上，埃尔多安为土耳其申请加入欧盟做出了很多贡献，并且推行了具有重要意义的法律改革，比如废除死刑，然而对于欧洲人而言，这似乎不如大多数土耳其人的宗教信仰意义重大——难道欧洲的穆斯林还不够多吗？有时土耳其确实很擅长拆自己的台。例如 2003 年年末，土耳其司法部颁布了这样一条法律：只要强奸犯和受害者结婚，他就可以被判无罪。司法部长解释这条法律时给出的理由是“没有人愿意娶一个非处女的女孩”。2005 年，一位过于热心的检察官对土耳其最著名的小说家奥尔罕 · 帕慕克（Orhan Pamuk）提出指控，罪名是当他谴责土耳其帝国在第一次世界大战中屠杀亚美尼亚人时，表达了“反土耳其情绪”。后来这一指控被取消。帕慕克后来获得了 2006 年的诺贝尔文学奖，他本人却又谴责法国的一条新法令规定否认土耳其对亚美尼亚人进行的大屠杀为非法。类似这样的插曲强化了土耳其在欧洲人心中固有的、难以改变的东方形象，即表面上西化的可怕的奥斯曼帝国后裔，几个世纪以来，信仰基督教的欧洲不惜代价对其进行防御。所以最后欧盟下定决心，对可预知的未来不抱有任何希冀地于 2005 年 10 月与土耳其展开了入盟谈判。

那个时候，许多土耳其人又反对加入欧盟了。他们怨恨欧洲人对自己法律和政治制度上的不足指手画脚。许多人暗示土耳其太过原始，虽然西化但仍然是“外来者”而非真正的欧洲国家，土耳其人对此极其愤怒。许多虔诚的穆斯林担忧土耳其加入欧盟后他们就要放弃大部分伊斯兰教的灵魂，转而接受启蒙思想或基督教思想。但是亲西方的土耳其人梦想与欧洲形成伙伴关系，这种可能性也可能破灭，由此引发了一个令人不安的问题：以后这个庞大的伊斯兰国家是否将看向东方而不是西方？一位著名土耳其官员警告道，如果西方拒绝土耳其，那么它将面临巨大的失败，“西方将会在极其需要同伊斯兰世界沟通时失去这一桥梁”。

在重新考虑土耳其申请加入欧盟时，一位土耳其报刊专栏作家在 2005 年 6 月提出了这样一个问题：“如果欧洲人背弃了自己的计划，那么我们为什么还要这么积极地申请加入呢？”他提及在最近一次批准新欧洲宪法的表决会上，法国和荷兰投了反对票，而该宪法不仅为扩大的欧盟提供了实用的管理体制，也表明了欧盟的意识形态目标。

2005年春天未通过的宪法其实已经筹备了很长时间。2002年1月初，超过100名成员国代表在布鲁塞尔举行例会。在会议中，制宪者透露尽管成员国宣扬团结统一及共同理想，但欧洲还是火药味十足。大国与小国在国内权力分配和预算控制上的意见存在着明显的断层。欧盟理事会是集合欧盟各国首脑召开峰会的组织。当法国和德国提议设立欧盟理事会主席这一职位时，这一分歧显露无遗。在小国看来，这是大国利用残酷的手段将欧盟转变为强者的专制暴政，于是聚集起来反对提案。另一件具有强烈争议的事与可能使欧盟更具活力的价值观有关。一些得到教皇支持的代表试图在宪法序文中插入有关欧洲基督教起源的特定参考文献，然而他们最终失败了，从布鲁塞尔发出的文件中没有任何关于道德价值的、影响深远的哲学性语言。

制宪会议的最大失败不在于这份宪法制定得如何，毕竟其中还有一些可取的优点，而主要在于其制定流程。整个过程没有尽力吸引公众，或是使这项工程看起来能够引发人们的兴趣。因此，欧洲很少有人知道制宪会议正在进行，更没人知道其中讨论的事项。

当新宪法倡议者试图使25个成员国共同批准使新宪法产生法律效力时，他们再次陷入了无法引起公众兴趣的窘境。法国和荷兰是原欧洲经济共同体发起国，所以当亲欧盟派向法国和荷兰施压时，摩擦产生了。此时宪法推行者面临的争论并不是对这个或那个条款的反对，而是对非组织性官僚机构广泛存在的敌意，普通公民对这一机构没有真正的影响力。

法国有10%的新宪法反对者，他们让高调的支持者感到十分头痛，特别是总统希拉克：反对宪法就意味着明确地反对他。荷兰民众的态度更是坚决——62%的反对票，38%的支持票。从某种程度上来说，荷兰人的投票结果透露出普遍存在的恐惧，即像荷兰这种小国在欧盟中会逐渐失去影响力，而新宪法可能会加剧这一趋势。他们还害怕欧盟会越来越保守，可能会干涉对自由荷兰的核心精神弥足珍贵的政策，比如允许同性婚姻、安乐死，以及拥有方便获取软性毒品的渠道。然而通常情况下，无论是荷兰还是法国，人们对宪法的反对反映的是对傲慢的“欧共体官员”支配压抑多时的厌恶。他们从来不在乎投票结果，也不解释如何制定出越来越多的干涉性条例。这些条例限定着一切，从避孕套的尺寸到电动修草机的噪声指数。

在反对欧洲宪法的意见出现之后，欧盟立刻举行了一次峰会。会上因不同国家存在反对意见，又出现了新的激烈争论。英国首相布莱尔和法国总统希拉克针对农业补贴公开辩论。布莱尔反对欧盟每年为欧洲大陆上的农民发放较多补贴，特别是法国农民。他指责法国的农业效率较低且发展缓慢。希拉克则从他的角度提出欧盟是时候停止每年给英国退税了，就是不应再向英国发放农业补贴，因为英国政府并没有对欧洲整体农业市场做出多少贡献。针对布莱尔对法国农业的评价，希拉克愤愤不平地反驳道，英国为欧洲农业做过的唯一贡献就是疯牛病。他又补充说：“你不能相信一个厨艺那样差的人。”

由宪法投票引发的对欧盟的敌意在一定程度上影响了欧元体系。该体系于 2002 年 1 月按计划推出，到目前为止它是欧盟做出的最有争议的变革。不是所有欧盟成员国都是欧元区成员，比如英国、丹麦和瑞典就选择不加入。2004 年和 2007 年入盟的新成员曾承诺在某一时间点加入欧洲货币联盟，但是当那一时刻到来时，它们无一达到足以实现这一转变的经济水平。

加入欧洲货币联盟的先决条件是不仅愿意加入，而且必须达到设定的严格的财政标准，最重要的是保持年度预算赤字不超过国内生产总值的 3%, 并且国内债务总额不能超过国内生产总值的 60%。德国一直避免巨额赤字以保证德国马克的稳定，因而在最初关于欧洲货币联盟的谈判中，德国坚决支持所谓的《稳定与增长公约》（*Stabilty Pact*）。通过此公约，可以避免一些财政混乱的国家（如意大利和法国）因为自己的失职破坏新的欧洲货币体系。欧洲货币联盟的成员国如果在给定时间内不能达到《稳定与增长公约》要求的标准，就要接受相应的制裁或强制罚款。

巧合的是，2002 年 1 月 1 日货币体系统一的过程进展得异常顺利，后来问题才逐渐显现。其中一个问题来源于欧元在国际货币市场中取得的胜利。欧元进入市场的第一年，其币值一直低于美元。然而到欧元使用三周年时，其币值超过了美元，成为世界上最坚挺的货币。这种发展自然对作为世界常用储备货币的美元带来长期威胁，然而同时也使得欧洲商品在国际市场中的价格更高，因此抑制了出口。此外，欧洲货币联盟将“所有国家遵循同一模式”的财政刺激方案强加给成员国，被证明是很不明智的。因为欧元区内每个国家的经济水平，无论是绝对实力还是在金融界的地位，差异非常大。例如，德国经济总量较大但发展缓慢；爱尔兰虽然经济总量较小但发展迅速；葡萄牙的国内生产总值极其低下，而且负债累累。最初欧洲货币联盟的条例对较小较穷的国家而言太过严苛。为了加入欧洲货币联盟，或者说留在联盟中，葡萄牙不得不竭尽全力减少公共开支，最后导致失业率上升，并且引发了巨大的社会动荡。希腊为 2004 年奥林匹克运动会耗费了大量财力，最后只能依靠一些伪造账目以达到联盟的标准。不过归根结底，大国才是《稳定与增长公约》最恶劣的破坏者。2004 年，法国的年度赤字超出了规定数额的 1.1%。在此后不久，作为条约主要制定者的德国年度预算赤字和国内债务总额都超过了规定标准。当欧洲委员会开始惩罚违反条约的法国和德国时，这两个具有影响力的国家直接拒绝接受任何制裁。他们还声明未来也不能达到条约标准，因为他们预计现在的经济问题还将延续下去，德国为实现再次统一需要源源不断的资金。小国对这种专横的行为深感气愤，但由于势单力薄只能不了了之。在此期间，英国、丹麦和瑞典对欧洲货币联盟这场俗不可耐的财政闹剧冷眼旁观，并且重申他们不想参与其中。

虽然欧盟和欧洲货币联盟面临诸多难题，扩大的欧盟成为一股真正的全球力量这一事实却不容忽略，至少在经济领域内不能忽略。曾经的欧共体已经是世界上最大的贸易集团及最富有的单一市场，如今新成立的更为广泛的欧盟更是如此。像诺基亚、空中客车、英国石油公司及红牛这样以欧盟为基础的跨国公司在全球市场中可与美国公司竞争，甚至赶超它们。欧盟向发展中国家提供的外援比美国还要多。而且欧盟的民族，特别是生活在西欧核心国家的人民，享有世界上最高的人均收入、最丰厚的社会福利和最健全的医疗体系。这些提供给欧洲老龄化人口的福利待遇被认为太过慷慨；到 2005 年为止，欧盟居民中每 100 个工作人员中就有 35 人有资格领取退休金。西欧居民的预期寿命和身体状况甚至优于美国人。荷兰人的身高为世界之最，其次是丹麦人。

但如果欧盟确实成了社会经济领域的超级强权，它能像其拥护者所说的，真正成为“欧洲大陆的美国”吗？尽管近年来欧盟采取了一些深化的措施加强实力，但问题的答案是否定的。另一方面，这个深化的过程引发了一些人和派别的不满与反对意见。他们始终认为欧盟的本质还是一个贸易集团，或是觉得“欧盟大哥大”推出的政策没有为自己带来帮助，反而带来了伤害。

尽管看起来欧洲是“统一的”，这种统一也只是部分的。欧盟依然缺乏共同的军队、统一的防御或是统一的外交政策，并且近期没有打算努力实现这些理想。伊拉克战争使得那些不同程度支持 2003 年入侵的欧盟国家与反对入侵的国家泾渭分明。（欧盟成员国的民众普遍认为伊拉克战争给周边地区带来了不利影响。）虽然边境恐怖组织威胁日益加强，不过欧洲还是没有像美国联邦调查局那样统一的执法机构，也没有类似中央情报局的全欧洲情报机构。前文提及的有关预算、补贴和权力分配的内部争论比 20 世纪 70 和 80

年代更为激烈，更为决绝。至于联盟标志，欧盟有一面旗帜和一首联盟歌曲，但鲜有人挥舞联盟旗帜，似乎也没人知道联盟歌曲。联盟内部没有统一的语言，除非算上英语，目前在东欧也还未普及，更不用提在老对手法国了。新欧元纸钞看起来恰到好处地表现了“欧洲的”特质，但是纸币上印刷的拱门和桥梁并不是真实存在的建筑物，因为设计者们不可以“特许”任何一个国家的文化遗产印在上面。这些图案必须是抽象的，就像欧盟本身一样。

欧盟旨在将欧洲从旧式的民族主义痴迷中拯救出来，正是这种痴迷使得欧洲在“黑暗”的 20 世纪充满了悲剧和血腥。不过当然，这些民族主义的冲突情绪不会那么轻易就消失的，只要去看一场欧洲杯足球赛就能体会到了。尽管在欧洲强势的民族主义随处可见，但欧盟东欧成员国的民族主义热潮却是最为棘手和麻烦的。比如，波兰落入了莱赫·卡钦斯基（Lech Kaczynski）和雅罗斯瓦夫·卡钦斯基（Jaroslav Kaczynski）的掌控之中。这对孪生兄弟是保守天主教派成员，用他们自己的“血泪史”反对欧盟的政教分离论、同性恋和自由主义，而且还要求在欧盟中获得与其庞大人口数量相匹配的地位。在斯洛伐克，联合政府中包含两个极端保守主义政党，它们公开宣扬反犹太主义。2006 年秋天，布达佩斯被要求总理久尔查尼·费兰茨（Gyurcsany Ference）辞职的暴徒占领，一些示威者手里拿着让人想起法西斯主义铁十字的横幅，这个标志在第二次世界大战期间意味着支持纳粹党。在解释东欧好战的民粹主义复苏时，一位政府分析人士指出，民众既未参与 20 世纪 90 年代初新的政治体系的构建，也未参与加入欧盟的决策。2006年，这位分析人士在报道中称："许多人认为自己是政治体系的转变和加入欧盟的决策制定中的失败者。"

这是谁的欧洲

当《马斯特里赫特条约》下的欧盟奋力解决因其扩张带来的问题时，它也在应对欧共体曾经面临的挑战，即成员国内众多移民团体引发的复杂的社会和安全的问题。这些挑战在20世纪90年代和21世纪初迅速激化，因为国内持续的混乱和长期物资短缺，来自非洲、高加索、中东和中亚的数百万难民拥入欧洲，寻求工作机会或到此避难。同时，欧盟所面临的人口现状即低出生率和老龄化问题，意味着许多欧盟成员国需要外来劳动力的支持。

尽管欧盟急需劳动力，但外来人口的注入仍对国内人口造成了新的阻力。这种问题波及了新的地区，如西班牙，直到目前它还是劳动力输出多于迁入。就新的工业分支而言，例如大型工程及高科技产业，仍然依靠国内数量众多的劳动力。20世纪90年代，德国因为在翻修柏林国会大厦时起用了外来劳动力，导致国内工人发起了暴动。之后的十年或更长时间，德国烟囱清洁工依然排斥来自贫穷地区的外来同行，因为外来劳动力的侵入会破坏他们对内向型传统行业的垄断。在西班牙南部，摩洛哥和阿尔及利亚的居民深受传说中外来者“窃取”本国工作机会的困扰。欧洲高科技产业工人心酸地称自己被“班加罗尔化”了，因为他们的工作都被来自印度的廉价劳动力顶替了。西欧右翼党派趁机念起反移民和反全球化的魔咒，想利用不断增长的怨恨情绪捞到一些好处。来自奥地利的约尔格·海德尔（Jörg Haider），一名适合上镜的政治煽动者，在 20 世纪 90 年代末成为捍卫本土权利的新星，一个欧洲招牌式的排外人物。法国的让–玛利·勒庞的女儿马林和她父亲一起高举反全球化的旗帜。潘·福尔廷（Pin Fortuyn），一个衣着奢华的同性恋荷兰民粹主义者，通过利用自己的同胞对于被移民淹没，以及被泛欧洲和

2005年在都柏林，爱尔兰渡轮工作者示威游行，反对一项雇用工资低下的东欧移民替代国内工人的计划。

全球性机构压倒的恐惧，制造了一批狂热的拥趸。

当诸如海德尔、勒庞和福尔廷这样的民粹主义政治家发出警告，称欧洲正在被不能或不会被同化的“外侨”侵占时，这些他们最为警惕的人指的是拥有伊斯兰教信仰的移民——这些移民庞大的社群还在因为高出生率而不断膨胀，以及来自非洲、中东和南亚的新移民潮。当然，“9 · 11”恐怖袭击事件和西欧“土生土长的”恐怖分子的后续袭击，使得欧洲数百万穆斯林的存在看上去更具危险性。2001 年 12 月，一名出生于英国的伊斯兰教改宗者理查德 · 里德（Richard Reid）企图利用藏在鞋子里的炸弹炸毁一架飞往迈阿密的班机。2004 年 3 月 11 日，一伙来自西班牙的宗教恐怖分子在马德里炸毁了两列火车，造成 191 人死亡。2005 年 7 月 7 日，四名自杀式炸弹袭击者引爆伦敦地铁和一辆公交车，导致 52 人死亡。他们全部是出生于英国的伊斯兰教教徒。2006 年 7 月，德国的宗教极端主义者企图在德国北部炸毁两列火车。如果他们成功了，那么肯定会将数百人置于死地。

欧洲恐怖分子的可怕行径激起了欧洲人的反抗情绪。一些批评家称宗教极端主义是一种威胁，并且谴责欧洲努力（那些努力常常是三心二意的）将所有宗教的信徒融合的做法是错误和无望的。比如，一位不在乎世俗眼光的意大利记者奥莉娅娜 · 法拉奇（Oriana Fallaci）坚持认为欧洲人对宗教极端分子制造的威胁太过宽容和自满，而这些人将把欧洲变成他们宗教的殖民地。法拉奇尖锐的言论如同宗教极端主义一样具有号召力，在整个欧洲有许多人对此表示赞同。

生于索马里的荷兰政治家阿亚安·希尔西·阿里（Ayaan Hirsi Ali）发表了一个极其重要的回应。她认为她从小被灌输的宗教信仰同现代民主、个人自由和性别平等是不相容的。她同荷兰电影制片人特奥·凡·高（Theo van Gogh，文森特·凡·高的曾侄孙）合作，剪辑了一部短片，名为《投降》。片中拍摄了印在赤裸而受伤的女性身体上选自《古兰经》的诗句，这激起了荷兰伊斯兰教团体的愤怒。2004 年 11 月 2 日，一名年轻的摩洛哥裔荷兰人穆罕默德·布耶里（Mohammed Bouyeri）在光天化日之下于阿姆斯特丹街道对凡·高发出了致命的枪击。布耶里将曾刺入凡·高胸部的刀随信一同寄出，在信中，他点名要取几人的性命，其中就包括阿亚安·希尔西·阿里。讽刺的是，尽管阿里躲过了凡·高式的悲剧，却因为在寻求政治避难时隐瞒出身而被驱逐出荷兰，之后移居美国。

铺天盖地的关于伊斯兰教的斥责，无论源自何处，明显忽略了绝大多数欧洲穆斯林不想和恐怖主义混为一谈的事实。认为欧洲穆斯林整体是一种威胁的印象，也模糊了欧洲穆斯林群体间重要的不同点，这种不同体现在他们信仰程度的差异和在欧洲生活的舒适程度上。大体上，法国穆斯林去清真寺的次数和天主教徒去教堂的次数一样屈指可数。德国土耳其人对信仰的态度也很宽容，但比拥有北非血统的法国穆斯林要在意，他们对当前的居住国很满意。德国在 2006 年世界杯足球赛上夺得冠军，当非穆斯林德国人看到国内土耳其人挥舞着德国国旗欢庆胜利时，感到非常欣慰。在英国，来自马来西亚和东非的穆斯林更愿意节俭地生活，而且对待英国社会

马德里恐怖分子列车炸弹袭击后，一名示威者手中的标示牌上写着："我们都在那列火车上。"

比来自巴基斯坦和孟加拉国的穆斯林更坦诚，后者不愿意让女性外出工作。荷兰著名的自由文化激怒了某些当地的穆斯林（杀害特奥·凡·高的凶手就是一个典型的例子），但是某些杰出的宗教事务人员或伊斯兰教政治领袖还是拥护荷兰文化的，他们能够发现荷兰多元文化中的优点。

然而，虽然欧洲伊斯兰教对于现世民主主义绝非完全是威胁，但令人不安的趋势在欧洲年青一代穆斯林之间涌动：这种趋势就是更重视伊斯兰教教徒的身份认同，更积极地把这种身份呈现出来。德国的土耳其人甚至对伊斯兰教的依恋越来越炽烈。在法国，糟糕的移民聚居区生活带来的耻辱与距离感，导致越来越多年轻穆斯林采用更为极端的行为方式。英国私立的伊斯兰学校严格坚守性别区分，而且不接受非穆斯林学生。尽管法国公立学校禁止戴头巾，英国政治领袖坦言遮住整张脸的面纱就如同“隔离面具”一般，但西欧的许多妇女和女孩仍然戴着头巾或面纱。不过欧洲穆斯林在生活中遇到的挫折对他们增强信念起到了重要作用，当然因以色列人对待巴勒斯坦人的方式产生的愤怒也起到了相同的作用，同样的还有俄罗斯对车臣的压制，以及美国对伊拉克的入侵和占领带来的不满。

欧洲的穆斯林也对侮辱（或感觉侮辱）他们信仰的行为越发敏感。这无疑是因为在欧洲大陆发生了太多次的“侮辱伊斯兰教”事件。2006 年 2 月，丹麦报刊发表了一系列嘲弄先知穆罕默德的漫画，引发了欧洲许多城市的穆斯林抗议游行，他们因漫画激发的愤怒很难消退。此时新上任的教皇本尼迪克特十六世（Benedict XVI）的言论对这一行为推波助澜。此举引起了更大的愤怒，因为冒犯者是天主教的教皇，这一教派历史上曾经是伊斯兰教的竞争对手。教皇解释说自己的本意被误解了，但其态度漫不经心，所以解释收效甚微，于是此后他不得不多次道歉。教皇为了安抚穆斯林言行前后不一，让他自己十分被动，导致一些追随者离他而去。同时，一些捍卫言论自由的人担心这种宽容会牺牲掉西方某些宝贵的价值观。所有的一切，以及类似的插曲，都增强了欧洲穆斯林捍卫信仰的决心，也使非普通大众更加关注伊斯兰教对欧洲社会和价值观的适应能力。

绿色分歧：欧洲和美国的环境政策

如果说多数欧洲人认为恐怖主义对他们的人身安全和日常生活构成了巨大而直接的威胁，那么治理环境这一问题，尤其是应对气候变化，便是新时代最主要的长期挑战。因为环境问题会对人类的健康和生存带来深远的影响。然而，各国政府对环境危机的严重性和确切本质难以达成共识，对如何全力应对持续的环境恶化也存在分歧。在这一领域最主要的分歧来自于西欧和美国。

自 20 世纪 80 年代中期起，欧洲主要国家就提出了有关环境和能源的政策。当欧共体与欧盟合体后，其环境和能源政策便开始与美国所倡导的背道而驰。美国在 20 世纪 60 和 70 年代便作为先驱通过了意义重大的全国环境立法，而且是1987年《蒙特利尔议定书》（*Montreal Protocol on Ozone Depletion*）的缔约方之一。然而随着新世纪和千禧年临近，欧洲各国政府和欧盟开始从国家、地区和全球层面率先推出应对环境恶化的措施。从原则上讲，欧洲越来越多地强调环境不是金钱能够换来的，而美国却首先从企业支出、国家竞争优势和国内政治后果方面看待环境问题。

欧盟与美国的绿色分歧围绕着各种具有争议的问题，比如飞机的"噪声污染"和有毒废品的处理。虽然关于飞机噪声和废品处理的争论没有引起多少环境学家之外人士的兴趣，但气候变化或者说"全球变暖"确实引起了各国公众的普遍关注。引发对全球变暖现象关注的是一项科学证据，即在20世纪中期出现短暂停顿之后，全球气温持续上升，而且上升的速度越来越快。越来越多的科学家把气温上升归因于大气中"温室气体"如甲烷和二氧化碳不断增多，这些气体会锁住地表阳光中的热量，而非使其扩散到宇宙中。专家强调，全球持续变暖会使气候带发生移动，冰山和极地冰冠融化致使海平面上升，同时还会出现更多的极端天气模式。2006年年末，受英国政府委托形成的一份报告预测，如果不尽快采取措施减少温室气体，那么气候变化将会引发末日效应。末日效应包括干旱、洪水、饥荒、疟疾泛滥，以及许多动植物物种灭绝。

虽然科学界对于人类面对气候变化的危害承受能力仍有争议，但是1997年，来自世界各国环境部门的官员签署了《京都议定书》（*Kyoto Protocol*）作为应对气候变化的框架公约。议定书要求

35 个工业国家到 2012 年时将温室气体排放量平均减少 1990 年排放水平的 5.2%。为了充分发挥效力，《京都议定书》需要所有签约国共同确认通过。后来所有 15 个欧盟成员国于 1997 年全部签署了议定书，到 2002 年 5 月 31 日时，所有签约国都确认通过了该协议。至此，确认国数目达到了 61 个，到 2002 年年底时，这个数字增长到了 100 个。最初美国并不在其中。克林顿在极力提倡“绿色”的副总统艾伯特 · 戈尔（Albert Gore）的支持下，于 1998 年签署了《京都议定书》，但他没有把协议呈至参议院请求批准。考虑到共和党在参议院占多数，如果将协议提交至参议院，这一努力一定会付诸东流。来自俄克拉荷马州的共和党人詹姆斯 · 英霍夫（James Inhofe）是参议院环境和公共事业委员会主席，他对全球变暖并不在意，认为这是“强加于美国民众的最大骗局”。克林顿的继任者乔治 · 沃克 · 布什（George W. Bush）上任后很快将美国从《京都议定书》中整个撤出。他声称议定书存在“致命的缺陷”“其目标没有科学根据、不切实际”。同时布什表示这份协议会给美国经济带来不可承受的负担，也不会取得显著成效，因为签署国中没有包括像印度和中国这样的主要“发展中”国家。布什认为中国五分之四的能源来自煤炭，因而到 2009 年时它将超过美国成为世界上最大的温室气体排放国。目前中国某些地区空气污染之严重为世界之最。人们应该想一想参加 2008 年北京奥运会的运动员是否应该像普通市民那样戴上口罩。美国行政机构进一步分析称，如果存在应对全球变暖的最佳措施，那应该是允许企业提出自己的创新措

伦敦示威者反对布什政府拒绝签署应对气候变化的《京都议定书》。

施。由副总统切尼（Cheney）领导的能源特别行动组（Energy Task Force）主张找到一种能够支持传统能源继续使用的方式。

尽管美国没有签署《京都议定书》，俄罗斯、澳大利亚、主要发展中国家及欧盟各国仍然决定继续向减少排放量的目标努力，从而为世界其他国家树立好的榜样。到2006年年末，当各国环境部门官员在肯尼亚的内罗毕召开新一届气候变化大会时，德国已成功将排放量减少了17%，英国减少了14%，法国减少了1%。西班牙及欧洲其他一些国家虽然排放量依旧上升，但他们仍然希望通过对碳基能源征税、规定能源效率和其他措施在2012年时达到议定书上的目标。1990—2004 年，美国的排放量几乎增加了 16%。虽然 2000—2004 年间只增加了 1.3%，但同一时期 41 个工业国的排放量总共才增加了 2.4%。美国开始对私营企业采取措施，但 2006 年时，其温室气体排放量占全球总排放量的 21%，依旧是世界上温室气体排放量最大的国家。

从某种程度上来说，不同国家关于气候变化和其他重大环境问题的政策差异反映出了不同的政治文化，这种差异使得大西洋两岸呈对立之势。在欧洲，不同环境党派由不同的国民议会代表，随着时间的推移成功地推动主流党派致力于更加绿色的方向。欧洲政府定期对环境友好型企业进行税收激励，而能源机构则规划管理制度，旨在限制公众和私人能源消费。这些政策逐渐被那些将全球变暖视为巨大威胁的国民广泛接受。根据 2006 年 6 月皮尤研究中心民意测验，超过 80% 的法国人和西班牙人表示全球变暖是关系到自身的“大事”；略超过 60% 的德国人和英国人认为自己对此负有责任。而在美国，虽然有同样想法的民众还不到 50%，考虑到环境保护署的高层官员们弱化了署内科学家的调查成果，意在淡化全球变暖带来的危害，这个比例也已经相当高了。

虽然在新千年之初，美国人均能源消耗量依旧比其他国家多，不过美国与欧洲在环境意识上的差距似乎缩小了。这个趋势的重要表现之一是汽油价格逐步升高，使得许多美国人开始重新考虑他们所钟爱的高油耗多功能车。因为美国汽车制造商企图始终落后于学习曲线，底特律的市场份额持续被生产节能产品的国家制造商所抢占。生于奥地利的加州州长阿诺德·施瓦辛格（Arnold Schwarzenegger）曾担任悍马汽车的代言人，是著名的高能耗的化身。但是作为美国最大州的州长，且加州是世界二氧化碳排放量排名第十二的地区，最终施瓦辛格转型为环保倡导者。2004 年，他放弃了他的悍马车，设定了国内最严格的汽车二氧化碳排放量标准。对于全球变暖，施瓦辛格表示："我觉得争论结束了。我们相信科学，我们看到了威胁。我们也意识到现在是时候采取行动了。"所以加利福尼亚甚至在华盛顿还在犹豫的时候就开始采取行动了。2006 年 8 月，加州州议会通过了一系列措施，旨在到 2020 年之前实现温室气体排放量减少 25% 的目标。加州明确希望其他州可以效仿自己的环保措施，而后至少有 10 个州宣布实施减排计划。

随着关于温室气体的担忧日益增长，国家也开始担心越来越依赖中东能源带来的国家安全问题，毕竟中东是世界上最不稳定的地区。更具体地说，对于美国而言，如此依赖中东国家沙特阿拉伯的石油能源是否明智？曾经参与"9·11"事件的恐怖分子大部分都来自这里。

分裂的方式：反恐战争与跨大西洋关系危机

如果说"9·11"恐怖袭击被看作某种世界末日，使突然变得脆弱并受到深重创伤的美国站在面对考验的严峻时刻，那么美国和欧洲对这一考验的反应则截然不同。关于“反恐战争”的严重分歧使得美国与其传统欧洲伙伴之间的关系变得极度紧张。当然，在西方遭遇安全威胁时如何做出最有效的反应这一问题上，欧洲和美国不是第一次产生不同意见。事实上，针对如何遏制好战的恐怖分子产生的不同意见，在某些方面呼应了冷战期间双方曾经存在的分歧。

欧美在反恐战争上的分歧在“9 · 11”恐怖袭击之后并没有明显地表现出来。相反，整个欧洲表现出的是悲伤及团结一致的态度，从各国领导人到普通民众都是如此，欧洲各国政府很快宣布支持启用北大西洋公约组织第五条款，即联盟国自卫条款。根据这一条款，北约任何一个成员国受到攻击，都等同于其他成员国受到攻击。事实上，这就意味着欧洲的北约组织成员国准备联合一致惩罚阿富汗境内的塔利班政府，因为它为幕后策划“9 · 11”恐怖袭击的基地组织恐怖分子提供了庇护。这是历史上第一次启用北大西洋公约组织第五条款。

然而，最关键的是，美国此时却一脚踢开这一具有历史意义的多国支持，而是采取孤军奋战的战略。五角大楼清楚地阐明美国不想像科索沃战争那样再次“团体作战”。因此，整个欧洲只有英国受邀积极参与阿富汗军事行动。英国最终只是在准备空袭时略微提供了一些支援，在后来的地面战役中派遣了一些特种部队。除了批准英国参与这次军事行动，布莱尔的主要任务是帮助美国在反恐行动上获得全球支持。尽管欧洲各国政府声称支持阿富汗战争，但他们对于自己被推到边缘地带感到恼怒。他们担心美国政府在阿富汗近乎单边的战略可能意味着美国对反恐战争有进一步的诉求。

以 2001 年 9 月下旬攻打萨达姆所在的伊拉克为开端，布什政府明显地要借“9 · 11”恐怖袭击的机会扩大反恐战争的范围，进而打击其他“无赖国家”，此时那些原本担心的国家真正开始惊慌了。2001 年 9 月底，就在轰炸阿富汗前不久，时任美国国防部副部长保罗 · 沃尔福威茨（Paul Wolfowitz）告诉德国外交部长约施卡 · 菲舍尔（Joschka Fischer），美国打算在消灭塔利班和基地组织后，消灭萨达姆政府。沃尔福威茨坚持认为萨达姆就是现代版的希特勒，是一个罪大恶极的头目，任何试图“压制”他的努力都难以奏效。沃尔福威茨进一步暗示，一旦萨达姆被消灭，中东的政治局势也会随之改变，在美国政府看来，这是使反恐战争获得持久胜利的唯一希望。

甚至在阿富汗战争演变为对伊拉克的入侵之前（当然，在没有抓获本 · 拉登或者没有彻底摧毁塔利班之前），欧洲的政治家和学者们对美国设计反恐战争的方式持保留意见。布什总统早些时候曾以十字军东征做比较，对欧洲敲响警钟，因为它似乎激起了不同宗教之间的原始冲突。欧洲各国对布什提出的“邪恶轴心”这个词感到不安，因为这一提法听起来特别像本 · 拉登对西方国家的称呼，而且这一提法使人联想到不能与之谈判只能与之玉石俱焚的邪恶敌人。法国外交部长于贝尔 · 韦德里纳（Hubert Vedrine）警告说：“我们必须要不惜一切代价避免文明的冲突。”“我们一定要避免掉进这个巨大的、可怕的陷阱。”这个陷阱是由“9 · 11”恐怖袭击煽动者设计出来的。尽管欧洲国家领导人明白对阿富汗采取军事措施的必要性，但一些领导人却公开质疑把更广泛的反恐活动演变为一场战争，并采取大规模的军事行动是否合理。在自己的土地上与各派别恐怖分子斗争了几十年后，欧洲人越来越觉得最好的反恐形式应借助于警察和情报机关共同协作。而且，正如有些人指出的那样，由于恐怖主义是战争失败者使用的武器，从传统意义上讲，军事胜利不会使恐怖主义消失，只会使之更加猖獗。

欧洲人或多数欧洲人对于主要通过军事行动进行反恐持保留意见，部分是因为他们对军事行动更加怀疑，这既是受欧洲自身过去血腥战争的影响，也是第二次世界大战后强调以软实力外交和经济说服达到外交目的经验之体现。欧洲没有共同军队及国防经费相对较低等因素，更是强化了这种观念。相反，美国自第二次世界大战以来一再依靠它的军事力量，也就是说，经常依靠其海军陆战队作为外交的第一武器，尽管这一策略不是次次成功，但是使用军事手段作为辅助颇具诱惑力，因此这一传统一直延续了下来，毕竟这种辅助手段效果明显、使用便捷，而且只要国家领导层能够说明其合理性，美国人便愿意表示赞同。当对方不能有效反击时，这一手段同样适用。基于欧美之间的历史分歧，美国政治评论家罗伯特·卡根（Robert Kagan）提出了精辟的二分法，即“欧洲人来自金星，而美国人来自火星”。这个二分法或许有些太过简单化了，但是在使用硬实力来解决包括恐怖主义威胁等紧迫问题时，欧美的确似乎是生活在两个不同的星球上。

伊拉克战争所带来的分歧比阿富汗冲突所带来的分歧明显得多。布什政府认为萨达姆·侯赛因带给全球安全迫在眉睫的威胁，因为他拥有“大规模杀伤性武器”，他可能自己使用这些武器，也可能将这些武器卖给其他国家，或者卖给国际恐怖分子。布什政府的一些官员还称萨达姆对“9·11”恐怖袭击起到了推波助澜的作用。为了达到改变伊拉克政权的目的，美国号召盟国支持这一行动，虽然美国国防部主张由美国控制所有能够联合的力量，而且布什坚持认为如有需要，美国应该单独采取行动。面对美方的战斗召唤，许多欧洲国家政府开始推诿，他们明确表示更希望通过联合国给萨达姆施加压力，以使国际武器核查官重返伊拉克对其军械库进行彻底核查。而法国更进一步坚持认为美国无法证明其军事行动的合理性。德国总理施罗德说，他不支持联合国任何赞同战争的决定。他声称：“我不会乖乖听从华盛顿方面的命令。”美国国防部秘书长唐纳德·拉姆斯菲尔德（Donald Rumsfeld）做出回应说，德法两国是“老欧洲”（以此同那些愿意帮助美国铲除萨达姆的“新”东欧国家相区别），美国的保守媒体则谴责法国是“吃到芝士就投降的猴子”，而德法关系是“黄鼠狼的轴心关系”。最后，华盛顿方面只能把愿意共同对付伊拉克的各国联合起来。这些国家包括欧洲的一些小国，例如西班牙、意大利、丹麦、荷兰、捷克共和国、匈牙利、爱沙尼亚、拉脱维亚、立陶宛、斯洛伐克和波兰。然而，唯一为此做出重要努力的，除美国之外只有英国。如前所述，尽管自己的政府及政党对此存有疑虑和担忧，托尼·布莱尔还是向美国做出了承诺。他也因此遭到英国公众的强烈反对。2003 年 2 月中旬，英国爆发了有史以来最大规模的游行示威，大约有 100 万人聚集到伦敦抗议即将发生的战争。

"伊拉克自由行动"始于 2003 年 3 月 20 日美英对伊拉克的联合空袭。第二天地面进攻开始。虽然两国联合部队在一些地区遭遇强烈抵抗，但到了 4 月 9 日，美军已控制了巴格达，4 月 14 日占领了萨达姆 · 侯赛因的家乡提克里特（Tikrit）。两周后，布什总统站在亚伯拉罕 · 林肯号航空母舰的飞行甲板上，在国旗下宣布已"完成使命"，并宣布美国在伊拉克的主要军事行动结束。

时任美国国务卿科林 · 鲍威尔上将（General Colin Powell）在战争伊始便警告说伊拉克政府会"像高脚酒杯一样破裂，要想收拾碎片会非常困难"。事实很快就证明鲍威尔的话非常具有预见性。伊拉克政府比较容易就被摧毁了，但重组却很难。军事占领从一开始就由于计划不周及军队水平不过硬而受阻。伊拉克拥有所谓的"大规模杀伤性武器"是发动这次战争的主要借口，对"大规模杀伤性武器"的疯狂搜索也使军事占领变得混乱。美军一到，萨达姆 · 侯赛因就逃离了巴格达，但最终还是被美军擒获，而虚构出来的大规模杀伤性武器似乎消失在了风中。

反对入侵伊拉克的欧洲民众们不需要以没有找到大规模杀伤性武器为证据，来证明整个军事行动是不公正、不合法的，但他们越来越相信战争是基于虚假的借口发动的，甚至可能就是不折不扣的谎言。这无异于对愤怒的情绪火上浇油。民众的愤怒在某些情况下表现得歇斯底里。在德国、法国、西班牙和英国，有些图书宣称正是美国自己策划了“9 · 11”恐怖事件，为袭击阿富汗和伊拉克找到借口，结果这些书十分畅销。

参与入侵伊拉克战争的欧洲国家领导人发现自己受到狂怒的民众越来越猛烈的抨击，而且一直被施压解释这次政策的合理性。托尼 · 布莱尔的处境正是如此。他固执地与美国结盟并为伊拉克战争寻找借口，因此被嘲讽为“布什的走狗”。事实上，随着伊拉克陷入血腥的泥潭，各种叛乱部队同联合军对抗，宗派武装彼此混战，交战各方暴行累累、穷尽手段折磨敌人，“意愿联盟”成了“畏缩联盟”。在2004—2006年间，西班牙、荷兰、匈牙利、波兰及意大利都纷纷撤军。毫无疑问，尽管布什政府再三要求那些完全避开伊拉克战争的欧洲国家重新考虑他们的相关政策，以及为解除军事占领所面临的困境做出一些努力，但这些国家越发不愿这样去做。

华盛顿方面一直在给伊拉克战争找借口，称这次军事行动是整个反恐行动不可或缺的一部分，但是就这一点，很多欧洲人，还有越来越多的美国人，都认为这场战争严重偏离了反对恐怖主义的初衷，并且认为这场战争事实上激起了伊斯兰世界的反美情绪，导致又有数千人加入恐怖主义行列。甚至英国议会也在2006年7月发表了一项报告，提出伊拉克战争使得恐怖主义变得更加难以应付了。

然而，无论人们如何衡量战争的合法性和逻辑性，伊拉克战争不是布什政府在反恐战争中使欧美关系紧张的唯一要素。欧美间的另一分歧体现在美国对待恐怖分子嫌疑犯的方式上。2006年6月，一些人权组织指控美国中央情报局可能串通了欧洲安全部门的官员，在欧洲绑架疑似恐怖分子，并把这些嫌犯关进东欧的秘密监狱，之后用飞机把他们送往其他国家，对他们施以酷刑。这政策被华盛顿方面称为“特殊引渡”。欧盟最高司法官员应这些组织的要求对此事展开调查。尽管欧洲的一些官员在这些事件中起到了一定的作用，但是在华盛顿的欧洲评论家眼里，事件中的头号恶棍是在反恐斗争中乐于违背欧洲法则并漠视基本人权的美国政府。面对这些指控，华盛顿方面通过国务卿赖斯公开否认美国“把嫌犯由一国运往另一国，其目的就是为了使用酷刑对其进行审问”。

欧美争论的另一焦点是美国在古巴关塔那摩湾（Guantanamo Bay）的特殊监狱，在那里数百名恐怖嫌犯无限期地受到关押，既没有审判，也无法通过常规渠道见到律师，甚至都不知道具体的指控罪名是什么。尽管布什政府辩称关塔那摩监狱的规则是符合国际法的，而且对于反恐战争是必不可少的，但欧洲各方批评家（也有许多美国批评家）觉得这种行为是某种形式的酷刑，是与基本法律规范背道而驰的。2006年6月，欧盟正式督促布什政府关闭关塔那摩监狱。布莱尔和德国总理默克尔则亲自向布什提出了这一建议。然而，应该注意的是，德国政府多年来拒绝接受将关押在关塔那摩拘留所的一名土耳其裔德国恐怖主义嫌犯遣送回国，因此从根本上耽误了他被释放出狱。

华盛顿方面发动的反恐战争引发了众怒，因而也极大地破坏了美国的全球形象，更破坏了其在欧洲的形象。皮尤研究中心在2006年春天做的一项民调发现，过去四年，美国在欧洲的好感度显著地降低了。与美国团结合作的意识也随着“9·11”恐怖袭击而被不信任、恐惧甚至是憎恨所取代。许多欧洲人觉得美国对伊拉克发动的战争比朝鲜的核武器计划或伊拉克的核野心更加危险。美国在欧洲各国首都的使领馆大楼必须在混凝土安全防护栏后面设警戒线，而且全天候由当地警察和美国海军陆战队守卫。布什总统每每涉足欧洲都会引发大规模抗议游行。当然，自第二次世界大战以来，美国历届领导人及美国政策经常遭到欧洲人的反对，但是双方之间的敌意和不信任感从未如此之深。

尽管各方存在着严重分歧，但是这些分歧未必是永久存在的，其造成的伤害也未必无法修复，更不应该一成不变或漫无边际地说，在处理当今的重大问题上，美国会永远追寻与欧洲各国截然不同的道路。第二次世界大战爆发时，美国没有响应英国的号召参战，当时丘吉尔评论道，在无路可走的时候，人们通常可以寄希望于美国会做正确的事。随着21世纪的曙光降临，一系列新的全球挑战开始浮现，要有效地应对这些挑战，就需要欧洲和美国再一次携手并进。我们希望决定性的合作伙伴关系很快就会开启。

注释

第二章

[1] 哈爱理（Élie Halévy）著，《英国人物史》（*A History of the English People*）后记，沃特金（E. I. Watkin）译，第二章（伦敦，1934），第306页。

第三章

[1] 戴维 · 劳合 · 乔治著，《战争回忆录》，卷四(伦敦，1934)，第 210 页。

第五章

[1] 温斯顿·丘吉尔著，《第二次世界大战》，第四卷，《命运的铰链》（*The Hinge of Fate*，波士顿，1950），第498页。
[2] 罗伯特·奥本海默著，《科学与共识》（ *Science and the Common Understanding*，纽约，1953），第35页。

第七章

[1] 威斯坦·休·奥登（W. H. Auden）著，《西班牙1937》“Spain 1937”， 休·托马斯（Hugh Thomas）引用于《西班牙内战》（*The Spanish Civil War*，纽约， 1961），第221页。

第八章

[1] 温斯顿·丘吉尔著，《第二次世界大战》，第四卷，《命运的铰链》，第830页。
[2] 同上，第一卷，《风暴来临之际》（*The Gathering Storm*，波士顿，1948），第667页。
[3] 引用于《夏尔·戴高乐全战回忆录》（*The Complete War Memoirs of Charles de Gaulle*），第一卷,《呼唤荣誉》（*The Call to Honor*），乔纳森·格里芬斯（Jonathan Griffins）译（纽约，1955），第84页。
[4] 自1940年6月30日起，《约德尔将军战争日记》"*War Diary of General Jodl*"。
[5] 这条引证来自于苏联官方的《战争史》（*History of the War*，1960）。亚历山大·沃思（Alexander Werth）引用于《战时苏联，1941—1945》（*Russia at War*, 1941—1945，纽约，1964），第133页。

第九章

[1] 珍妮特·弗兰纳（吉尼特）著，《巴黎日报：1945—1965》（纽约，1965），第26页。
[2] 这些词语引用自1947年2月7日马歇尔将军的讲话。

推荐阅读

通俗读物

Geoffrey Barraclough, *An Introduction to Contemporary History*（1964）

Mark Mazower, *Dark Continent:Europe's Twentieth Century*（1999）

Eric Hobsbawm, *The Age of Extremes:A History of the World, 1914-1991*（1994）

Peter Conrad, *Modern Times, Modern Places:How Life and Art Were Transformed in a Century of Revolution, Innovation and Radical Change*（1998）

Eric D. Weitz, *A Century of Genocide:Utopias of Race and Nation*（2003）

Michael Howard, *Liberation or Catastrophe?:Reflections on the History of the Twentieth Century*（2007）

Tony Judt, *Reappraisals:Reflections on the Forgotten Twentieth Century*（2008）

Bonnie S. Anderson and Judith P. Zinsser，*A History of Their Own:Women in Europe from Prehistory to the Present*（rev. ed.，2000）

Paul Kennedy, *The Rise and Fall of the Great Powers:Economic Change and Military Conflict from 1500 to 2000*（1987）

George L. Mosse, *Fallen Soldiers:Reshaping the Memory of the World Wars*（1990）

Amy Chu, *Day of Empire:How Hyperpowers Rise to Global Dominance—And Why They Fall*（2007）

Anthony Pagden, *Worlds at War:The 2500-Year Struggle Between East and West*（2008）

1890 年至第一次世界大战初始：政治、学术和经济的一般趋势

Barbara W. Tuchman, *The Proud Tower*（1966）

Robert Wohl, *The Generation of 1914*（1979）

Peter Gay, *Freud:A Life for our Time*（1988）

David C. Large and William Weber, eds., *Wagnerism in European Culture and Politics*（1984）
Eugen Weber, France. Fin-de-Siècle（1986）
David Cannadine, *The Pleasures of the Past:Reflections in Modern British History*（1989）
Peter Gay, *Modernism:The Lure of Heresy*（2007）
HeinzGollwitzer, *Europe in the Age of Imperialism, 1880-1914*（1969）
E. J. Hobsbawn, *The Age of Empire:1875-1914*（1988）
Marc Ferro, *Colonization:A Global History*（1997）
H. L. Wesseling, *Divide and Rule:The Partition of Africa, 1880-1914*（1996）
Anthony Anghie, *Imperialism, Sovereignty, and the Making of International Law*（2005）

19 世纪末和 20 世纪初的强国

Max Beloff, *Britain's Liberal Empire, 1897-1921, vol. I*（1970）
Roy Jenkins, *Asquith, Portrait of a Man and an Era*（1965）
David Cannadine, *Ornamentalism:How the British Saw Their Empire*（2002）
Heather Streets, *Martial Races:The Military, Race, and Masculinity in British Imperial Culture, 1857-1914*（2004）
Thomas Weber, *Our Friend "The Enemy" :Elite Education in Britain and Germany before World War I*（2008）
David Cannadine, *The Decline and Fall of the British Aristocracy*（1992）
Jonathan Schneer, *London 1900:The Imperial Metropolis*（1999）
Judith Walkowitz, *City of Dreadful Delights:Narratives of Sexual Danger in Late Victorian London*（1993）
Eugen Weber, *The Nationalist Revival in France, 1905-1914*（1959）
Eugen Weber, *Peasants into Frenchmen*：*The Modernization of Rural France*（1976）
Charles Rearick, *Pleasures of the Belle-Epoque:Entertainment and Festivity in Turn-of-the-Century France*（1985）
Robert Lee, *France and the Exploitation of China, 1851-1901:A Study in Economic Imperialism*（1989）
Douglas Johnson, *France and the Dreyfus Affair*（1966）
Michael Burns, *Dreyfus:A Family Affair*（1992）
Mary Louise Roberts, *Disruptive Acts:The New Woman in Fin-de-Siècle France*（2002）
Lamar Cecil, *William II Prince and Emperor, 1859-1900*（1989）
Lamar Cecil, *William II, Emperor and Exile, 1900-1941*（1996）

John C. G. Rohl, *Wilhelm II:The Kaiser's Personal Monarchy, 1888-1900*（2004）
Isabel V. Hull, *The Entourage of Kaiser Wilhelm II*（1982）
Mathew Seligmann, *Germany from Reich to Republic, 1871-1918:Politics, Hierarchy, and Elites*（2000）
Arne Perras, *Carl Peters and German Imperialism, 1856-1918:A Political Biography*（2004）
David Blackbourn, *The Conquest of Nature:Water, Landscape, and the Making of Modern Germany*（2006）
David Blackbourn and GeoffEley' s, *The Peculiarities of German History*（1984）
David Clay Large, Berlin（2000）
Robert A. Kann, The Habsburg Empire*:A Study in Integration and Disintegration*（1957）
Alan Sked, *The Decline and Fall of the Habsburg Empire, 1815-1918*（2001）
Carl Schorske, *Fin-de- Siècle Vienna*（1980）
Jacques Kornberg, *Theodor Herz:From Assimilation to Zionism*（1993）
Alexander De Grand, *The Hunchback Tailor:Giovanni Giolitti and Liberal Italy from the Challenge of Mass Politics to the Rise of Fascism, 1882-1922*（2001）
Richard A. Webster, *Industrial Imperialism in Italy*（1975）
W. Bruce Lincoln, *In War's Dark Shadow*：*The Russians before the Great War*（1983）
Theodore R. Weeks, *Nation and State in Late Imperial Russia: Nationalism and Russification on the Western Frontier*（1996）
Greg King, *The Fate of the Romanovs*（2003）
Alan Wood, *The Origins of the Russian Revolution, 1861-1917*（2003）
SebagMontefiore, *Young Stalin*（2007）

外交事件和第一次世界大战

William L. Langer, *The Diplomacy of Imperialism, 1890-1902*（1972）
George Kennan, *The Decline of Bismarck's European Order*（1979）
Paul M. Kennedy, *The Rise of Anglo-German Antagonism, 1860-1914*（1980）
Fritz Fischer, *Germany's Aims in the First World War*（1967）
John Keegan, *The Face of Battle*（1977）
John Keegan, *The First World War*（1998）
J. M. Winter, *The Experience of World War I*（1989）
Niall Ferguson, *The Pity of War*（1999）
Eric J. Leed, *No Man's Land:Combat and Identity in World War I*（1979）

Gerald D. Feldman, *Army, Industry, and Labor in Germany, 1914-1918*（1966）
Broc Millman, *Managing Dissent in First World War Britain*（2000）
Jeffrey R. Smith, *A People's War: Germany's Political Revolution，1913-1918*（2007）
Isabel V. Hull, *Absolute Destruction:Military Culture and the Practice of War in Imperial Germany*（2005）
Maureen Healy, *Vienna and the Fall of the Habsburg Empire:Total War and Everyday Life in World War I*（2004）
Paul Fussell, *The Great War and Modern Memory*（1975）
Arthur Marwick, *The Deluge*（1965）
ModrisEksteins, *Rites of Spring:The Great War and the British of the Modern Age*（1989）

战间期和平条约及其不足

Gerhard Schulz，*Revolution and Peace Treaties, 1917-1920*（1972）
Margaret MacMillan，*Paris 1919:Six Months that Changed the World*（2002）
David A. Andelman, *A Shattered Peace: Versailles 1919 and the Price We Pay Today*（2008）
Patrick O. Cohrs, *The Unfinished Peace after World War I:America, Britain, and the Stabilization of Europe, 1919-1932*（2006）
Arno J. Mayer, *Political Origins of the New Diplomacy, 1917-1918*（1959）
Arno J. Mayer, *Politics and Diplomacy of Peacemaking:Containment and Counterrevolution at Versailles, 1918-1919*（1967）
Sir Harold Nicolson, *Peacemaking, 1919*（1939）
David Clay Large, *Between Two Fires:Europe's Path in the 1930s*（1990）
Gordon Craig and Felix Gilbert, eds., *The Diplomats, 1919-1939*（1953）
S. J. Woolf, *European Fascism*（1968）
H. A. Turner, Jr., *Reappraisals of Fascism*（1972）
Donald Cameron Watt, *How War Came:The Immediate Origins of the Second World War*（1989）
Anthony Read and David Fisher, *The Deadly Embrace:Hitler, Stalin, and the Nazi-Soviet Pact, 1939-1941*（1988）

法西斯主义在意大利的兴起

Adrian Lyttelton, *The Seizure of Power:Fascism in Italy, 1919-1929*（1973）
Denis Mack Smith, *Mussolini*（1982）

R.J.B.Bosworth，*Mussolini's Italy:Life under the Dictatorship*（2006）
Victoria De Grazia, *How Fascism Ruled Women*（1994）

德国从民主到纳粹独裁

Eric D. Weitz, *Weimar Germany*：*Promise and Tragedy*（2007）
Richard J. Evans, *The Coming of the Third Reich*（2003）
Jonathan Wright, *Gustav Stresemann:Weimar Germany's Greatest Statesman*（2002）
Atina Grossmann, *When Biology Became Destiny:Women in Weimar and Nazi Germany*（1984）
Atina Grossmann, *Reforming Sex:The German Movement for British Control and Abortion Reform*（1995）
George L. Mosse, *The Crisis of German Ideology*（1964）
Henry Ashby Turner, *Jr., German Big Business and the Rise of Hitler*（1985）
GeoffEley, *From Unification to Nazism:Reinterpreting the German Past*（1986）
Richard J. Evans, *Rethinking the German History:Nineteenth-Century Germany and the Origins of the Third Reich*（1987）
Fritz Stern, *Dreams and Delusions:The Drama of German History*（1987）
Richard J. Evans, *The Third Reich in Power*（2005）
Ian Kershaw, *Hitler:1889-1936 Hubris*（1998）
Ian Kershaw, *Hitler:1936-1945 Nemesis*（2000）
Ron Rosenbaum, *Explaining Hitler*（1998）
David Schönbaum, *Hitler's Social Revolution*（1980）
Richard Overy, *The Dictators:Hitler's Germany, Stalin's Russia*（2005）
Robert Gellately, *Lenin, Stalin, and Hitler:The Age of Social Catastrophe*（2007）
Viktor Klemperer, *I Will Bear Witness, 2 vols*（1995，1999）
Peter Hoffmann, *History of the German Resistance*（1977）
David Clay Large, ed., *Contending with Hitler:Varieties of German Resistance in the Third Reich*（1991）
Detlev Peukert, *Inside Nazi Germany:Conformity, Opposition, and Racism in Everyday Life*（1987）
Eric A. Johnson, *Nazi Terror:The Gestapo, Jews, and Ordinary Germans*（1999）
Peter Hayes, *Industry and Ideology:I. G. Farben in the Nazi Era*（1987）
David Clay Large, *Where Ghosts Walked:Munich's Road to the Third Reich*（1997）
David Clay Large, *Nazi Games:The Olympics of 1936*（2007）
Franz-Josef Brüggemeier, Marc Cioc and Thomas Zeller, eds., *How Green Were the Nazis?*

Nation, Environment, and Nature in the Third Reich (2005)

民主国家

Eugen Weber, *TheHollowYears:Franceinthe 1930s* (1994)
William Wiser, *The Twilight Years:Paris in the 1930s* (2000)
James Joll, *Three Intellectuals in Politics* (1965)
H. S. Hughes, *The Obstructed Path: French Social Thought in the Years of Desperation, 1930-1960* (1968)
Robert Soucy, *French Fascism:The Second Wave, 1933-1939* (1995)
A. J. P. Taylor, *English History, 1914-1945* (1965)
Robert Graves and Alan Hodge, *The Long Week-End:A Social History of Great Britain, 1918-1939* (1941)
Alan Bullock, *The Life and Times of Ernest Bevin, vol. I, Trade Union Leader, 1881-1940* (1960)
Christopher Price, *Britain, America, and Rearmament in the 1930s:The Cost of Failure* (2001)
Andy Thorpe, *Britain in the 1930s:The Deceptive Decade* (1992)
Anthony Powell, *A Dance to the Music of Time*
Evelyn Waugh, *Vile Bodies and A Handful of Dust*
Samuel Hynes, *The Auden Generation*：*Literature and Politics in England in the 1930s* (1977)

绥靖政策

Maurice Cowling, *The Impact of Hitler:British Politics and British Policy, 1933-1940* (1977)
A. L. Rowse, *Appeasement:A Study in Political Decline, 1933-1939* (1961)
N. J. Crowson, *Facing Fascism:The Conservative Party and the European Dictators, 1935-1940* (1997)
Yvon Lacaze, *France and Munich:A Study of Decision Making in International Affairs* (1995)
Hugh Ragsdale, *The Soviets, the Munich Crisis, and the Coming of World War II* (2004)
Jeffrey Record, *The Specter of Munich:Reconsidering the Lessons of Appeasing Hitler* (2007)

Gabriel Jackson, *The Spanish Republic and the Civil War, 1931-1939*（1965）
Hugh Thomas, *The Spanish Civil War*（1961）
Stanley G. Payne, T*he Spanish Civil War, the Soviet Union, and Communism*（2004）
R. A. Stradling, *History and Legend:Writing the International Brigades*（2004）
Peter Stansky and William Abrahams, *Journey to the Frontier:Two Roads to the Spanish Civil War*（1966）
Martin McCauley, *The Soviet Union since 1917*（1981）
Katherine Bliss Eaton, *Daily Life in the Soviet Union*（2004）
SebagMontefiore, *Stalin:The Court of the Red Tsar*（2003）
Stephen F. Cohen, *Bukharin and the Bolshevik Revolution*（1974）
Ilya Ehrenburg, *Memoirs, 1921-1941*（1964）
Loren R. Graham, *Science and Philosophy in the Soviet Union*（1972）
David Holloway, *Stalin and the Bomb*（1994）
Robert Conquest, *The Great Terror:Stalin's Purges of the Thirties*（1990）
Sheila Fitzpatrick, *Stalin's Peasants:Resistance and Survival in the Russian Village after Collectivization*（1994）

第二次世界大战

Peter Calvocoressi and Guy Wint, *Total War:Causes and Course of the Second World War*（1972）
Gerhard L. Weinberg, *A World at Arms:A Global History of World War II*（1994）
Williamson Murray and Allan R. Millet, *A War to Be Won: Fighting the Second World War*（2000）
Ian Kershaw, *Fateful Choices:Ten Decisions that Changed the World, 1940-1941*（2007）
Jon Meacham, *Franklin and Winston:An Intimate Portrait of an Epic Friendshi*p（2003）
Laurence Lafore, *The End of Glory:An Interpretation of the Origins of World War II*（1982）
Donald Cameron Watt, *How War Came*（1989）
Winston S. Churchill, *The Second World War, 6 vols.*（1948-1953）
Charles de Gaulle, *The Complete War Memoirs of Charles de Gaulle, 1940-1946, 3 vols.*（1955-1960）
Gordon Wright, *The Ordeal of Total War, 1939-1945*（1968）
John Lukacs, *The Last European War, September 1939/December 1941*（1976）
Angus Calder, *The People's War:Britain, 1939-1945*（1969）

John Keegan, *The Second World War* (1989)
Rick Atkinson, *An Army at Dawn:The War in North Africa, 1942-1943* (2006)
Rick Atkinson, *The Day of Battle:The War in Sicily and Italy, 1943-1944* (2008)
Catherine Merridale, *Ivan's War:Life and Death in the Red Army, 1939-1945* (2007)
Steven Merritt Miner, *Stalin's Holy War:Religion, Nationalism, and Alliance Politics, 1941-1945* (2003)
Paul Fussell, *Wartime:Understanding and Behavior in the Second World War* (1989)
MacGregor Knox, *Mussolini Unleashed:1939-1941* (1982)
Hugh R. Trevor-Roper, *The Last Days of Hitler* (1947)
Richard Overy, *Why the Allies Won* (1997)
Max Hastings, *Armageddon:The Battle for Germany, 1944-1945* (2004)
Paul Fussell, *The Boys' Crusade:The American Infantry in Northwestern Europe, 1944-1945* (2004)
F. H. Hinsley et al., *British Intelligence in the Second World War:Its Influence on Strategy and Operations* (1981)
William Stevenson, *A Man Called Intrepid* (1976)
Alexander Werth, *Russia at War, 1941-1945* (1964)
R. O. Paxton, *Vichy France:Old Guard and New Order, 1940-1944* (1972)
Philippe Burrin, *France under the Germans* (1993)
Robert Gildea, *Marianne in Chains:In Search of the German Occupation, 1940-1945* (2002)
Henry Rousso, *The Haunting Past:History, Memory, and Justice in Contemporary France* (2002)
Donald McKale, *Hitler's Shadow War:The Holocaust and World War II* (2002)
Jeffrey Herf, *The Jewish Enemy:Nazi Propaganda and the Holocaust* (2006)
Ian Kershaw, *Hitler, the Germans, and the Final Solution* (2008)
Mona Sue Weissmark, *Justice Matters:Legacies of the Holocaust and World War II*(2004)
Jan Gross, *Neighbors:The Destruction of the Jewish Community in Jedwabne, Poland* (2001)

第二次世界大战之后

Walter Laqueur, *Europe since Hitler* (1983)
David Reynolds, *One World Divisible:A Global History since 1945* (2000)
Tony Judt, *Postwar:A History of Europe since 1945* (2005)

Eric Hobsbawm, *Interesting Times:A Twentieth Century Life* (2002)
Martin Walker, *The Cold War:A History* (1993)
John Lewis Gaddis, *We Know Now:Rethinking Cold War History* (1997)
W. R. Smyser, *From Yalta to Berlin:The Cold War Struggle over Germany* (1999)
Detlef Junker, ed., *The United States and Germany in the Era of the Cold War, 1945-1990:A Handbook* (2004)
Martin McCauley, *Russia, America and the Cold War* (2004)
Jack F. Matlock, *Reagan and Gorbachev: How the Cold War Ended* (2004)
Richard K. Betts, *Conflict after the Cold War:Arguments on Causes of War and Peace* (2005)
Peter Calvocoressi, *The British Experience, 1945-1975* (1978)
Kenneth Harris, *Attlee* (1983)
Alan Bullock, *Ernest Bevin, Foreign Secretary, 1945-1951* (1984)
Nigel Nicolson, ed., *The third volume of Harold Nicolson, Diaries and Letters, 1945-1962* (1968)
Alan Sykes, *The Radical Right in Britain:Social Imperialism to the BNP* (2005)
Stanley Hoffman, *Decline or Renewal?France since the 1930s* (1974)
William Shawn, *Janet Flanner (Genêt), Paris Journal, 1944-1965* (1977)
Simone de Beauvoir, *The Mandarins*
Tony Judt, *Past Imperfect French Intellectuals, 1944-1955* (1994)
Richard J. Golsan, *Memory, the Holocaust and French Justice* (1996)
Sarah Farmer, *Martyred Village:Commemorating the 1944 Massacre at Oradour-sur-Glane* (1999)
Alice Kaplan, *The Collaborator:The Trial and Execution of Robert Brasillach* (2000)
H. Stuart Hughes, *The United States and Italy* (1953)
Muriel Grindrod, *The Rebuilding of Italy:Politics and Economics, 1945-1955* (1955)
Giles MacDonogh, *After the Reich:The Brutal History of Allied Occupation* (2007)
PetraGoedde, *GIs and Germans:Culture, Gender, and Foreign Relations, 1945-1949* (2003)
Norman M. Naimark, *The Russians in Germany:A History of the Soviet Zone of Occupation* (1995)
Richard Overy, *Interrogations:The Nazi Elite in Allied Hands, 1945* (*2001*)
Norman Goda, *Tales from Spandau:Nazi Criminals and the Cold War* (2008)
Atina Grossmann, *Jews, Germans, and Allies:Close Encounters in Occupied Germany* (2007)
Lewis J. Edinger, *Kurt Schumacher, A Study in Personality and Political Behavior* (1965)

David Clay Large, *Germans to the Front: West German Rearmament in the Adenauer Era*（1996）
Robert Lee Wolff, *The Balkans in Our Time*（1974）
MishaGlenny, *The Balkans: Nationalism, War and the Great Powers, 1804-1999*（2000）
Zbigniew K. Brzezinski, *The Soviet Bloc: Unity and Conflict*（1961）

殖民帝国的终结

R. von Albertini, *Decolonization：The Administration and Future of the Colonies, 1919-1960*（1971）
John Talbott, *The War without a Name：France in Algeria, 1954-1962*（1980）
Irwin M. Wall, *France, the United States，and the Algerian War*（2002）
J. P. D. Dunbabin，*The Post-Imperial Age：The Great Powers and the Wider World*（1994）

恐怖主义

Wolfgang Mommsen and Gerhard Hirschfeld, eds., *Social Protest, Violence and Terror in Nineteenth- and Twentieth-Century Europe*（1982）
David Carlton and Carlo Schaerf, eds., *Contemporary Terror: Studies in Sub-State Violence*（1981）
Walter Laqueur, *Terrorism*（1977）
Jessica Stern, *Terror in the Name of God. Why Religious Militants Kill*（2003）
Fredrik Logewall, ed., *Terrorism and 9/11: A Reader*（2002）
Lawrence Wright, *Looming Tower: Al Qaeda and the Road to 9/11*（2006）
Ian Buruma, *Murder in Amsterdam: Liberal Europe, Islam, and the Limits of Tolerance*（2007）

学生运动

John R. Gillis, *Youth and History: Tradition and Change in European Age Relations, 1770 to the Present*（1974）
AlainSchnapp and Pierre Vidal-Nacquet, *French Student Uprising: November 1967 to June 1968*（1971）

David Caute, *The Year of the Barricades:A Journey through 1968* (1988)

欧洲共产主义

Filoee da Torre, Edward Mortimer, and Jonathan Story, eds., *Euro-Communism:Myth or Reality* (1979)
Adam Ulam, *The Communists:The Story of Power and Lost Illusions, 1948-1991* (1992)

石油危机

Walter Laqueur, *Confrontation:The Middle Eastern War and World Politics* (1974)
Karen R. Merrill, *The Oil Crisis of 1973-1974:A Brief History with Documents* (2007)

核武器和裁军

Laurence Freedman, *The Evolution of Nuclear Strategy* (1981)
Léon Wieseltier, *Nuclear War, Nuclear Peace* (1983)
Jonathan Schell, *The Fate of the Earth* (1982)
George F. Kennan, *The Nuclear Delusion:Soviet-American Relations in the Atomic Age* (1982)
Strobe Talbott, *Deadly Gambits* (1985)
McGeorge Bundy, *Danger and Survival:Choices about the Bomb in the First Fifty Years* (1989)
Leon V. Sigal, *Nuclear Forces in Europe* (1984)
Diana Johnstone, *The Politics of Euromissiles* (1984)
Jeffrey Herf, *War by Other Means:Soviet Power, West German Resistance and the Battle of the Euromissiles* (1991)

西欧复苏

Derek W. Urwin, *Western Europe since 1945* (1989)
H. Stuart Hughes, *Sophisticated Rebels: The Political Culture of European Dissent*(1988)
JosefJoffe, *The Limited Partnership:Europe, the United States，and the Burdens of Alliance*

(1987)
Richard J. Barnet, *The Alliance* (1983)
William Pfaff, *Barbarian Sentiments:How the American Century Ends* (1989)
T. R. Reid, *The United States of Europe:The New Superpower and the End of American Supremacy* (2004)
Robert Kagan, *Of Paradise and Power:America and Europe in the New World Order* (2003)
John Peterson, *Europe, America, Bush:Transatlantic Relations in the 21st Century* (2003)
FareedZakaria, *The Post-American World* (2008)
Simon Serfaty, *Architects of Delusion:Europe, America, and the Iraq War* (2007)
Reginald Appleyard, *International Migration:Challenges for the Nineties* (1991)
Bill Edgar, *Immigration and Homelessness in Europe* (2004)
Peter Wagstaff, ed., *Border Crossings:Mapping Identities in Modern Europe* (2004)
AgataGorny, ed., *Migration in the New Europe:East-West Revisited* (2004)
Patrick Ireland, *Becoming Europe:Immigration, Integration, and the Welfare State* (2004)
Joseph E. Stiglitz, *Globalization and its Discontents* (2002)
John Baylis, Steve Smith, and Patricia Owens, *The Globalization of World Politics* (2008)
Peter Jenkins, *Mrs. Thatcher's Revolution* (1988)
Hugo Young, *The Iron Lady:A Biography of Margaret Thatcher* (1990)
Juliet S. Thompson and Wayne C. Thompson, *Margaret Thatcher: Prime Minister Indomitable* (1994)
Con Coughlin, *American Ally:Tony Blair and the War on Terror* (2006)
David Owen, *The Hubris Syndrome:Bush, Blair, and the Intoxication of Power* (2007)
George Ross, Stanley Hoffmann, and Sylvia Malzacher, eds., *The Mitterrand Experiment:Continuity and Change in Modern France* (1987)
John T. S. Keller and Martin A. Schain, eds., *Chirac's challenge: Liberalization, Europeanization, and Malaise in France* (1996)
John Hayraft, *Italian Labyrinth* (1985)
Tobias Jones, *The Dark Heart of Italy* (2005)
Alexander Stille, *The Sack of Rome: How a Beautiful Country with a Fabled History and a Storied Culture Was Taken Over by a Man Named Silvio Berlusconi* (2006)
Henry Ashby Turner, Jr., *The Two Germanys since 1945* (1987)
Jeffrey Herf, *Divided Memory:The Nazi Past in the Two Germany* (1997)
Timothy Garton Ash, *In Europe's Name:Germany and the Divided Continent* (1993)
Konrad H. Jarausch, *The Rush to Germany Unity* (1994)

Charles S. Maier, *Dissolution:The Crisis of Communism and the End of East Germany*（1997）
Philip Zelikow and Condoleezza Rice, *Germany Unified & Europe Transformed*（1995）
Andrei S. Markovits and Simon Reich, *The German Predicament*：*Memory and Power in the New Europe*（1997）
Marc Fisher，*After the Wall:Germany, the Germans and the Burdens of History*（1995）
Jan-Werner Müller, *Another Country:German Intellectuals, Unification and National Identity*（2000）
Angela E. Stent, *Russia and Germany Reborn:Unification, the Soviet Collapse, and the New Europe*（1999）
Paul Hockenous, *Joschka Fisher and the Making of the Berlin Republic*（2007）
Clifford W. Mills and Arthur Meier, *Angela Merkel*（2007）

苏联的终结和新俄罗斯

Mikhail Gorbachev, *Perestroika:New Thinking for Our Country and the World*（1987）
David Remnick, *Lenin's Tomb:The Last Days of the Soviet Empire*（1993）
David Remnick, *Resurrection:The Struggle for a New Russia*（1997）
Dimitri K. Simes, *After the Collapse:Russia Seeks Its Place as a Great Power*（1999）
Peter Baker and Susan Glasser, *Kremllin Rising:Vladimir Putin's Russia and the End of Revolution*（2006）

东欧剧变

Joseph Rothschild, *Return to Diversity:A Political History of East Central Europe since World War II*（3d ed., 2000）
MishaGlenny, *The Rebirth of History:Eastern Europe in the Age of Democracy*（rev. ed., 1993）
Lawrence Weschler, *Solidarity:Poland in the Season of Its Passion*（1982）
Charles Gati, *Hungary and the Soviet Bloc*（1988）
Timothy Garton Ash, *The Uses of Adversity:Essays on the Fate of Central Europe*（1989）
Timothy Garton Ash, *The Magic Lantern:The Revolution of '89 Witnessed in Warsaw, Budapest, Berlin and Prague*（1990）
Timothy Garton Ash, *History of the Present:Essays，Sketches，and Dispatches from*

Europe in the 1990s（1999）
Laura Silber and Allan Little, *Yugoslavia:Death of a Nation*（1997）
Jan Willem Honig and Norbert Both, *Srebrenica. Record of a Crime*（1997）
Roger Cohen, *Hearts Grown Brutal:Sagas of Sarajevo*（1998）
Richard Holbrooke，*To End a War*（1998）
Paul Hockenous, *Free to Hate:The Rise of the Right in Post-Communist Eastern Europe*（1993）

环境保护主义和气候变化

F. Muller-Rommel, *Green Parties in National Governments*（2002）
Kirstin Dow and Thomas Downing, *The Atlas of Climate Change:Mapping the World's Greatest Challenge*（2006）
Fred Krupp and Miriam Horn, *Earth:The Sequel—The Race to Reinvent Energy and Stop Global Warming*（2008）

专有名词对照表

A Farewell to Arms《永别了，武器》
Abbeville 阿布维尔
Abwehr 阿勃维尔
Acerbo Law《塞博法案》
Achmed Sukarno 艾哈迈德 · 苏加诺
Act of Union《联合法案》
Adalia 阿达利亚
Adam Gopnik 亚当 · 高普尼克
Admiral Horthy Miklos 霍尔蒂 · 米克洛什上将
Admiral von Tirpitz 冯 · 提尔皮茨上将
Adolf Eichimann 阿道夫 · 艾希曼
Adolf Hitler 阿道夫 · 希特勒
Adolf Stöcker 阿道夫 · 斯托克
Adolf Suarez 阿道夫 · 苏亚雷斯
Adrianople 阿德里安堡
Adriatic Sea 亚得里亚海
Aduwa 阿杜瓦地区
Aegean Islands 爱琴群岛
Agadir 阿加迪尔
Agrarian Party 农民党
Aisne 埃纳河
Alban Berg 阿尔班 · 贝尔格
Albert 阿尔伯特
Albert Camus 阿尔贝 · 加缪
Albert Gore 艾伯特 · 戈尔
Albert Speer 阿尔伯特 · 斯佩尔
Alcide de Gasperi 阿尔契德 · 加斯贝利

Aldo Moro 阿尔多 · 莫罗
Aldous Huxley 阿道斯 · 赫胥黎
Aleksandr Kolchak 亚历山大 · 高尔察克
Aleksandr Rutskoi 亚历山大 · 鲁茨科伊
AleksandrSolzhenitsyn 亚历山大 · 索尔仁尼琴
Aleksandr Stamboliski 亚历山大 · 斯塔姆博利伊斯基
Aleksei Rykov 阿列克谢 · 李可夫
Alexander Ⅱ 亚历山大二世
Alexander Dubček 亚历山大 · 杜布切克
Alexander Kerensky 亚历山大 · 克伦斯基
Alexander von Kluck 亚历山大 · 冯 · 克鲁克
Alexandra 亚历山德拉
Alfonso XIII 阿方索十三世
Alfred Derfus 阿尔弗雷德 · 德雷福斯
Alfred Hugenberg 阿尔弗雷德 · 胡根贝格
Alfred Jodl 阿尔弗雷德 · 约德尔
Alfred Mahan 阿尔弗雷德 · 马汉
Alfred Milner 阿尔弗雷德 · 米尔纳
Algeciras 阿尔赫西拉斯
Alija Izebegovic 阿利亚 · 伊泽特贝戈维奇
Allies 协约国
All-India Home Rule League 全印度自治联盟
All-Indian Congress Committee 印度国会委员会
all-Russian Congress of Soviets 全俄苏维埃大会
Alsace-Lorraine 阿尔萨斯-洛林
Anatole France 阿纳托尔 · 法朗士
Anatoli Lunacharsky 阿纳托利 · 卢那察尔斯基
Anatoly Chubais 安纳托利 · 朱贝斯
André Gide 安德烈 · 纪德
André Malraux 安德烈 · 马尔罗
André Tardieu 安德烈 · 塔尔迪厄
Andreas Papandreou 安德烈亚斯 · 帕潘德里欧
Andrei Gromyko 安德烈 · 葛罗米柯
Andrei Sakharov 安德烈 · 萨哈罗夫
Andrei Zhdanov 安德烈 · 日丹诺夫
Aneurin Bevan 安奈林 · 贝文
Angela Merkel 安吉拉 · 默克尔

Angora 安哥拉
Annie Besant 安妮 · 贝桑
Ansaldo 安萨尔多
Anschluss 德奥合并
Austen Chamberlain 奥斯丁 · 张伯伦
Ante Pavelic 安特 · 帕韦利奇
Anthony Eden 安东尼 · 艾登
Anticipation of the Reaction of Mechanical and Scientific Process upon Human Life and Though《机械化与科学进程对人类生活与思想的影响预期》
anti-Semitism 反犹太主义
Antoine Henri Becquerel 安托万 · 亨利 · 贝克勒尔
Antonín Novotný 安东宁 · 诺沃提尼
Antonio Rudinì 安东尼奥 · 鲁迪尼
Antonio Salazar 安东尼奥 · 萨拉查
Arbat 阿尔巴特区
Aristide Briand 阿里斯蒂德 · 白里安
Arnold Schwarzenegger 阿诺德 · 施瓦辛格
Arras 阿拉斯
Arthur Balfour 亚瑟 · 贝尔福
Arthur Henderson 亚瑟 · 亨德森
Arthur Koestler 亚瑟 · 库斯勒
Asia Minor 小亚细亚
Atatürk 阿塔土克
Atbara River 阿特巴拉河
Atlantic Charter《大西洋宪章》
Austrian State Treaty《奥地利国家条约》
Authur Schnitzler 阿图尔 · 施尼茨勒
Avanti《前进》
Aventine 阿文丁
AyaanHirsi Ali 阿亚安 · 希尔西 · 阿里
Baader-Meinhof Gang 巴德尔 - 迈因霍夫集团
Bachum 波鸿
Bad Godesberg 巴特哥德堡
Baden 巴登州
Baghdad Pact《巴格达条约》
Baldwin 鲍德温
Balfour Declaration《贝尔福宣言》

Balliol College 贝列尔学院
Basque coast 巴斯克海岸
Barres 巴雷斯
Basic Treaty《基础条约》
Batavia 巴达维亚
Battle of Caporetto 卡波雷托战役
Battle of El Alamein 阿拉曼战役
Battle of Jutland 日德兰海战
Battle of Masurian Lakes 马祖里湖战役
Battle of Tennenberg 坦能堡战役
Battle of the Marne 马恩河战役
Bauhaus 包豪斯建筑学派
Bayreuth 拜罗伊特
Beatrice Webb 阿特丽斯 · 韦伯
Beaverbrook 比弗布鲁克
Beer Hall Putsch 啤酒馆暴动
Béla Kun 贝拉 · 库恩
Belfast 贝尔法斯特
Belgrade 贝尔格莱德
Belle Époque 美丽年代
Belsek 贝莱克
Benedict XVI 本尼迪克特十六世
Beneš 贝奈斯
Benito Mussolini 贝尼托 · 墨索里尼
Benjamin Jowett 本杰明 · 乔伊特
Berchtesgaden 贝希特斯加登
Berhard von Bülow 伯恩哈德 · 冯 · 比洛
Berlin Congress 柏林国民会议
Bernard Montgomery 伯纳德 · 蒙哥马利
Bertolt Brecht 贝尔托 · 布莱希特
Beslan 别斯兰镇
Bessarabia 比萨拉比亚
Bethmann-Hollweg 贝特曼 · 霍尔维格
Bettino Craxi 贝蒂诺 · 克拉克西
Bihar 比哈尔邦
Bismarck 俾斯麦
Bitburg 比特堡

Black Hundreds 黑色百人团
Black September 黑色九月
Bloody Sunday 血腥星期日
Blue Bird《青鸟》
Blue Helmets 蓝盔军
Blum 布鲁姆
Bobby Sands 博比 · 桑兹
Boer Republics 布尔共和国
Boleslav Bierut 波莱斯瓦夫 · 贝鲁特
Bonn 波恩
bordereau 备忘录
Boris 鲍里斯
Boris Berezovsky 鲍里斯 · 别列佐夫斯基
Boris Pasternak 鲍里斯 · 帕斯捷尔纳克
Boris Yeltsin 鲍里斯 · 叶利钦
Bosnia 波斯尼亚
Bourbons 波旁家族
Bratianu family 布勒蒂亚努家族
Bratislava 布拉迪斯拉发
Braunau 布劳瑙
Brave New World《美丽新世界》
Brenner Pass 勃伦纳山口
Brest-Litovsk 布列斯特 – 立托夫斯克
Briand 白里安
Brusilov offensive 布鲁西洛夫突破
Bucharest 布加勒斯特
Buddenbrooks《布登勃洛克一家》
Bukharin 布哈林
Bukovina 布科维纳
Bundesrat 德意志联邦参议院
Byelorussia，Belarus 白俄罗斯
Calliaux 卡约
Cannae 坎尼
Captain Alfred Dreyfus 阿尔弗雷德 · 德雷福斯上尉
Captain Mark Phillips 马克 · 菲利浦斯上尉
Carleton Club 卡尔顿俱乐部
Carol Ⅱ 卡罗尔二世

Carpathian Mountains 喀尔巴阡山脉
Catholic People's Party 天主教人民党
Caucasus 高加索
CDU/CSU 联盟党
Cecil Rhodes 塞西尔 · 罗兹
Celebes 西里伯斯岛
Center Party 中央党
Central Committee of the Communist Party 共产党中央委员会
Central Executive Committee 中央执行委员会
Central Party 中央党
Central Powers 同盟国
Charles Evans Hughes 查尔斯 · 埃文斯 · 休斯
Charles G. Dawes 查尔斯 · 道威斯
Charles Lindbergh 查尔斯 · 林德伯格
Charles Maurras 夏尔 · 莫拉斯
Charles Peguy 夏尔 · 佩吉
Château-Thierry 蒂耶里堡
Chater 77 “七七宪章” 组织
Chelmno 切姆诺
Chemin des Dames 高地贵妇小径
Cheney 切尼
Christabel 克丽丝塔贝尔
Christlich-Demokratische Union，Christian Democratic Union 基督教民主联盟
Christopher Isherwood 克里斯多福 · 伊舍伍
Clement Attlee 克莱门特 · 艾德礼
CNN 美国有线电视网络
Colin Thuberon 科林 · 萨伯伦
Colonel Georges Picquart 乔治 · 皮卡尔上校
Colonel Hubert Henry 休伯特 · 亨利上校
Colonel Jean Baptiste Marchand 让 · 巴蒂斯特 · 马钱德上校
Cominform 共产党和工人党情报局
Commissariat for Internal Affairs 内政人民委员会
Commonwealth of Independent States，CIS 独立国家联合体
Compiègne 贡比涅
Condoleezza Rice 康多莉扎 · 赖斯
Condor Legion 秃鹰军团
Congress Party 国大党

Constantine Karamanlis 康斯坦丁 · 卡拉曼利斯
Constantinople 君士坦丁堡
Corfu 科孚岛
Council of People's Commissars 人民委员会议
Count Carlo Sforza 卡洛 · 斯福扎伯爵
Count Galeazzo Ciano 加莱阿佐 · 齐亚诺伯爵
Count Leo von Caprivi 列奥 · 冯 · 卡普里维伯爵
Count Mihaly Karolyi 米哈利 · 卡罗伊伯爵
CountSergei Witte 谢尔盖 · 维特伯爵
Courland 库尔兰
Crimean War 克里米亚战争
Cyrus Vans 赛勒斯 · 万斯
Dagmar Buresova 达格玛 · 布鲁索娃
Daniel Cohn-Bendit 丹尼尔 · 科恩 - 本迪特
Daniel Goldhagen 丹尼尔 · 乔纳 · 戈德哈根
Danube federation 多瑙河联邦
Danube Monarchy 多瑙河帝国
Danzig 但泽
Dardanelles 达达尼尔海峡
Darwin 达尔文
David Hilbert 大卫 · 希尔伯特
David Lloyd George 戴维 · 劳合 · 乔治
David Owen 大卫 · 欧文
David Steel 大卫 · 斯蒂尔
Dean Acheson 迪安 · 艾奇逊
Democrazia Cristiana，Christian Democracy 基督教民主党
Der Brand，*The Fire*《火焰》
Der Rosekawalier《玫瑰骑士》
Derfus Affairs 德雷福斯事件
Deutsche Bank 德意志银行
Diana Spencer 戴安娜 · 斯宾塞
Dick Cheney 迪克 · 切尼
Dimitri K. Simes 德米特里 · K. 西梅斯
Disraeli 迪斯雷利
Dmitri Shstakovich 迪米特里 · 肖斯塔科维奇
Doctor Zhivago《日戈瓦医生》
Dodecanese 多德卡尼斯群岛

Dominique de Villepin 多米尼克 · 德维尔潘
Don Luigi Sturzo 唐 · 路易吉 · 斯图尔佐
Donald Rumsfeld 唐纳德 · 拉姆斯菲尔德
Donets Basin 顿涅茨盆地
Dorothy Thompson 多萝西 · 汤普森
Douglas Haig 道格拉斯 · 黑格
Draža Mihajlović 德拉查 · 米哈伊洛维奇
Drum and Major《德拉姆与梅杰》
Druzes 德鲁兹人
Dr. Leander Starr Jameson 安德 · 斯塔尔 · 詹姆森博士
Dubrovnik 杜布罗夫尼克
Duma 杜马
Düsseldorf 杜塞尔多夫
Dwight D. Eisenhower 德怀特 · 艾森豪威尔
D．H．Lawrence 劳伦斯
Eamon de Valera 埃蒙 · 德 · 瓦勒拉
earl of Halifax 哈利法克斯伯爵
Easter Rebellion 复活节起义
École Normale Supérieure 巴黎高等师范学院
Economic Consequences of the Peace《和约的经济后果》
ECSC 欧洲煤钢共同体
Edith Cavell 伊迪丝 · 卡维尔
Edith Cresson 伊迪丝 · 柯瑞松
Édouard Daladier 爱德华 · 达拉第
Édouard Herriot 爱德华 · 赫里欧
Eduard Benes 爱德华 · 贝奈斯
Eduard Bernstein 爱德华 · 伯恩斯坦
Eduard Shevardnadze 爱德华 · 谢瓦尔德纳泽
Edward Grey 爱德华 · 格雷
Edward Heath 爱德华 · 希斯
Edward Ⅶ 爱德华七世
Edwin Montagu 埃德温 · 蒙塔古
Egon Krenz 埃贡 · 克伦茨
Elefthevios Venizelos 埃莱夫塞里奥斯 · 韦尼泽洛斯
Elena Ceausescu 艾琳娜 · 齐奥塞斯库
Emil Hácha 伊米尔 · 哈卡
Emile Combes 埃米尔 · 孔布

Émile Zola 埃米尔 · 左拉
Emily Davies 艾米丽 · 戴维斯
Emmeline Pankhurst 艾米琳 · 潘克赫斯特
Emperor Charles Ⅰ卡尔一世皇帝
Emperor Francis Joseph 弗朗茨 · 约瑟夫皇帝
Emperor Menelik 孟尼利克皇帝
EMU 欧洲货币联盟
Energy Task Force 能源特别行动组
Engelbert Dollfuss 恩格尔伯特 · 陶尔斐斯
ENI 埃尼集团
ENIGMA 恩尼格玛密码机
Enquete sur la monarchie《对君主政体的调查》
Enrico Corradini 恩里科 · 柯拉迪尼
Entente Cordiale《英法协约》
Epsom Derby 埃普瑟姆德比赛马会
Equal Pay Act《同酬法案》
Erfurt 爱尔福特
Erich Hoepner 埃里希 · 霍普纳
Erich Honecker 埃里希 · 昂纳克
Erich Ludendorff 埃里希 · 鲁登道夫
Erich von Manstein 埃里希 · 冯 · 曼施坦因
Eritrea 厄立特里亚国
Ernest Bevin 欧内斯特 · 贝文
Ernest Hemingway 欧内斯特 · 海明威
Ernest Rutherford 欧内斯特 · 卢瑟福
Ernst Jünger 恩斯特 · 荣格
Ernst Röhm 恩斯特 · 罗姆
Ernst Thälmann 恩斯特 · 台尔曼
Erwin Rommel 埃尔温 · 隆美尔
Essen 艾森
Esterházy 艾什泰哈齐
Esterhazys 艾什泰哈齐家族
ETA，Euskadi ta Askatasuna 埃塔
Eugenio Pacelli 欧金尼奥 · 帕切利
Eugeny Primakov 叶夫里根 · 普里马科夫
European Economic Community，EEC 欧洲经济共同体
Eva Braun 爱娃 · 布劳恩

Expressionism 表现主义
Faberge 费博奇
Fabian socialist 费边社会主义者
Fabians 费边主义者
Fabius 费边
Faisal Ⅱ 费萨尔二世
Fasci di Combattimento 战斗法西斯
Fashoda 法绍达
Federal Security Service 俄罗斯联邦安全局
FelipeGonzález 费利佩 · 冈萨雷斯
Feltrinelli 费尔特里内利
Ferdinand Foch 斐迪南 · 福煦
Ferdinand Marcos 费迪南德 · 马科斯
Field Marshal von Hindenburg 陆军元帅冯 · 兴登堡
Field of Blackbirds 黑鸟场
First World War 第一次世界大战
Flanders 佛兰德斯
Foch 福煦
Forza Intalia 意大利力量党
Four Power Treaty《四国条约》
Fourteen Points《十四点原则》
Francesco Crispi 弗朗西斯科 · 克里斯皮
Francis Ferdinand 弗朗茨 · 斐迪南
Francis Joseph 弗朗茨 · 约瑟夫
Francisco Ferrer 法兰西斯克 · 弗雷尔
FrançoisMitterrand 弗朗索瓦 · 密特朗
Franco-Prussian War 普法战争
Franjo Tudjman 弗拉尼奥 · 图季曼
Franklin Delano Roosevelt 富兰克林 · 德拉诺 · 罗斯福
Franz Josef Strauss 弗朗茨 · 约瑟夫 · 施特劳斯
Franz Kossuth 弗朗茨 · 科苏特
Franz von Papen 弗朗茨 · 冯 · 帕彭
Freicorps 自由军团
French Union 法兰西联邦
Friedrich Adler 弗里德里希 · 阿德勒
Friedrich Ebert 弗里德里希 · 艾伯特
Friedrich Engels 弗里德里希 · 恩格斯

Friedrich Nietzsche 弗里德里希 · 尼采
Friedrich Paulus 弗里德里希 · 保卢斯
Friedirch von Holstein 弗里德里希 · 冯 · 霍施泰因
Fritz Stern 弗里茨 · 斯特恩
Fulton 富尔顿城
F.D.Maurice 弗雷德里克 · 丹尼森 · 莫里斯
F. E. Smith 艾德文 · 史密斯
Gabriele d’Annunzio 加布里埃尔 · 邓南遮
Galicia 加利西亚
Gallipoli Campaign 加利波利战役
Gamal Abdel Nasser 迦玛尔 · 阿卜杜尔 · 纳赛尔
Garmisch-Partenkirchen 加尔米施 – 帕滕基兴
Gary Cooper 加里 · 库珀
Gaston Doumergue 加斯东 · 杜梅格
Gavrilo Princip 加夫里若 · 普林西普
Gazprom 高兹普罗姆公司
Gdańsk 格但斯克
Gelsenkirchen 盖尔森基兴
General Colin Powell 科林 · 鲍威尔上将
General Curtis LeMay 柯蒂斯 · 李梅将军
General Dauglas MacArther 道格拉斯 · 麦克阿瑟将军
General Francisco Franco 弗朗西斯科 · 佛朗哥将军
General George C. Marshall 乔治 · 卡特莱特 · 马歇尔将军
General George Marshall 乔治 · 马歇尔将军
General George Patton 乔治 · 巴顿将军
General Gordon 戈登将军
General Herbert Kitchener 赫伯特 · 基钦纳将军
General Jan Christian Smuts 扬 · 克里斯蒂安 · 史末资将军
General Ledbed 莱德拜德将军
General Lucius Clay 卢修斯 · 克莱将军
General Luigi Pelloux 路易吉 · 佩卢克斯将军
General Omar Bradley 奥马尔 · 布拉德利将军
General Wilhelm Groener 威廉 · 格勒纳将军
Gennady Zyuganov 根纳季 · 久加诺夫
Geoffrey Dawson 杰弗里 · 道森
George Bernard Shaw 乔治 · 萧伯纳
George Curzon 乔治 · 寇松

George Grosz 乔治 · 格罗兹
George Mitchell 乔治 · 米切尔
George Orwell 乔治 · 奥威尔
George Sorel 乔治 · 索雷尔
George W. Bush 乔治 · 沃克 · 布什
George V 乔治五世
Georges Clemenceau 乔治 · 克列孟梭
Georges Jean Pompidou 乔治 · 让 · 蓬皮杜
Georgi Malenkov 格奥尔基 · 马林科夫
Gerald Ford 杰拉尔德 · 福特
Gerhard Schroder 格哈德 · 施罗德
Gerhart Houptman 格哈特 · 豪普特曼
German-Soviet Boundary and Friendship Treaty《德苏边界友好条约》
German Workers' Party 德国工人党
Gerő Ernő 格罗 · 埃诺
Gertrud Scholtz-Klink 格特鲁德 · 朔尔茨 – 克林克
Giacomo Matteotti 吉亚科莫 · 马泰奥蒂
Gibraltar 直布罗陀
Giovanni Giolitti 乔瓦尼 · 乔利蒂
Giovanni Spadolini 乔瓦尼 · 斯帕多利尼
Giulio Andreotti 朱利奥 · 安德烈奥蒂
Giuseppe Lampedusa 朱塞佩 · 兰佩杜萨
Golan Heights 戈兰高地
Good Friday Agreement《北爱和平协议》
Gorizia 戈里齐亚
Gorky 高尔基
Graham Wallas 格雷厄姆 · 华莱士
Great Council 大议会
Great Serbia 大塞尔维亚
GregorGysi 葛雷格 · 吉西
Greys 格雷家族
Grigori Zinoviev 格里戈里 · 季诺维也夫
Grósz Károly 格罗斯 · 卡罗伊
Grozny 格罗兹尼
Guadalajara 瓜达拉哈拉
Guantanamo Bay 关塔那摩湾
Guernica《格尔尼卡》

Gulag Archipelago《古拉格群岛》
Günther Grass 居特尔 · 格拉斯
Gustáv Husák 古斯塔夫 · 胡萨克
Gustav Noske 古斯塔夫 · 诺斯克
Gustav Stresemann 古斯塔夫 · 施特雷泽曼
György Lukács 格奥尔格 · 卢卡奇
Gyurcsany Ference 久尔查尼 · 费兰茨
Habsburgs 哈布斯堡家族
Hague 海牙
Haldane 霍尔丹
Hanna Suchocka 汉娜 · 苏霍茨卡
Hannibal 汉尼拔
Hans-Dietrich Genscher 汉斯 – 迪特里希 · 根舍
HansModrow 汉斯 · 莫德罗
Harold Macmillan 哈罗德 · 麦克米伦
Harold Wilson 哈罗德 · 威尔逊
Heart of Darkness《黑暗之心》
Heinrich Brüning 海因里希 · 布吕宁
Heinrich Cuno 海因里希 · 古诺
Heinrich Himmler 海因里希 · 希姆莱
Helmholtz 亥姆霍兹
Helmut Kohl 赫尔穆特 · 科尔
Helmut Schmidt 赫尔穆特 · 施密特
Helmuth von Moltke 赫尔穆特 · 冯 · 毛奇
Henckel-Donnersmarck 汉克尔 – 唐纳斯马克
Henrik Ibsen 亨利克 · 易卜生
Henry Philippe Pétain 亨利 · 菲利普 · 贝当
Herbert Asquith 赫伯特 · 阿斯奎斯
Herbert Gladstone 赫伯特 · 格莱斯顿
Herbert Hoover 赫伯特 · 胡佛
Herbert Marcuse 赫伯特 · 马尔库塞
Hermann Bahr 赫尔曼 · 巴尔
Hermann Göring 赫尔曼 · 戈林
Herri Batasuna 赫里巴塔苏纳党
Herzegovina 黑塞哥维那
Hitler's Willing Executioners: Ordinary Germans and the Holocaust《希特勒的志愿行刑者——普通德国人与大屠杀》

Hjalmar Schacht 亚尔马 · 沙赫特
Ho Chi Minh 胡志明
Hohenlohe 霍恩洛厄
Hohenzollern monarchy 霍亨索伦君主国
Holy Synod 圣议会
Hoyerswerda 霍耶斯韦达
Hubert Vedrine 于贝尔 · 韦德里纳
Huge Gaitskell 休 · 盖茨克尔
Hugo von Hofmannsthal 胡戈 · 冯 · 霍夫曼斯塔尔
Hungarian Revolt 匈牙利十月事件
Hungarian Socialist Party 匈牙利社会党
H.G.Wells 赫伯特 · 乔治 · 威尔斯
H.G.Yagoda 雅戈达
Ich bin ein Berliner 我是一个柏林人
IFOR 北约执行部队
Ignace Paderewski 伊格纳西 · 帕德雷夫斯基
Ignaz Bubis 伊格纳茨 · 布比斯
Ilya Ehrenburg 伊利亚 · 爱伦堡
Imperialism, the Highest Stage of Capitalism《帝国主义是资本主义的最高阶段》
Imre Nagy 伊姆雷 · 纳吉
Independent Socialists 独立社会主义者
Invergordon 因弗戈登
Ion Illiescu 扬 · 伊利埃斯库
Iosif Vissarionovich Dzhugashvili 约瑟夫 · 维萨里奥诺维奇 · 朱加什维利
IRI 伊里集团
Iron Age 铁器时代
Iskra《火星报》
Ismet Inönü 伊斯麦特 · 伊诺努
Ismet Pasha 伊斯麦特帕夏
Istria 伊斯的利亚
Iuliu Maniu 尤利马 · 马纽
Izvestia《消息报》
Jacques Chirac 雅克 · 希拉克
Jacques Delors 雅克 · 德洛尔
Jamal-ud-Din al-Afghani 哲马鲁丁 · 阿富汗尼
James Bake 詹姆斯 · 贝克
James Callaghan 詹姆斯 · 卡拉汉

James Franck 詹姆斯 · 弗兰克
James Inhofe 詹姆斯 · 英霍夫
James Keir Hardie 詹姆斯 · 凯尔 · 哈迪
Jan Bratianu 扬 · 布勒蒂亚努
Jan Masaryk 扬 · 马萨里克
Jan Palach 扬 · 帕拉赫
János Kádár 亚诺什 · 卡达尔
JaquesDelors 雅克 · 德洛尔
Jaroslav Kaczynski 雅罗斯瓦夫 · 卡钦斯基
Jean Jaurès 让 · 饶勒斯
Jean Monnet 让 · 莫内
Jean Moulin 让 · 穆兰
Jean-MarieLe Pen 让 – 玛利 · 勒庞
Jean-Paul Sartre 让 – 保罗 · 萨特
Jean-Pierre Raffarin 让 – 皮埃尔 · 拉法兰
Jeffrey Herf 杰弗瑞 · 赫尔夫
Jerusalem 耶路撒冷
Jesse Owens 杰西 · 欧文斯
Jirina Siklova 伊丽娜 · 斯可洛娃
JNA 南斯拉夫人民军
Joachim von Ribbentrop 约阿希姆 · 冯 · 里宾特洛甫
Johann Strauss 约翰 · 施特劳斯
Johanner Brahms 约翰内斯 · 勃拉姆斯
John Burns 约翰 · 伯恩斯
John Edward Redmond 约翰 · 爱德华 · 雷德蒙
John Foster Dulles 约翰 · 福斯特 · 杜勒斯
John Keegan 约翰 · 基根
John Major 约翰 · 梅杰
John Maynard Keynes 约翰 · 梅纳德 · 凯恩斯
John Paul Ⅱ 若望 · 保禄二世
John Profumo 约翰 · 普罗富莫
John Robert Clynes 约翰 · 罗伯特 · 克莱因斯
John XXIII 若望二十三世
Joint Nuclear Research Institute 杜布纳联合核子研究所
Jörg Friedrich 约尔格 · 弗里德里希
JörgHaider 约尔格 · 海德尔
Joschka Fischer 约施卡 · 菲舍尔

Josef Brodsky 约瑟夫 · 布罗茨基
Joseph Chamberlain 约瑟夫 · 张伯伦
Joseph Conrad 约瑟夫 · 康拉德
Joseph Goebbels 约瑟夫 · 戈培尔
Joseph Joffre 约瑟夫 · 霞飞
Joseph Stalin 约瑟夫 · 斯大林
Josif Djugashvili 约瑟夫 · 朱加什维利
Józef Pilsudski 约瑟夫 · 毕苏斯基
József Mindszenty 约瑟夫 · 闵真谛
Juan Carlos 胡安 · 卡洛斯
Julian Grenfell 朱利安 · 格伦费尔
Julius Streicher 尤利乌斯 · 施特莱歇尔
Junkers 容克
Jutland 日德兰半岛
J'accuse《我控诉》
J. H. Thomas 詹姆斯 · 亨利 · 托马斯
J. Robert Oppenheimer 朱利叶斯 · 罗伯特 · 奥本海默
Kabul 喀布尔
Kádár János 卡达尔 · 亚诺什
kaiselich 帝国的
Kaliningrad 加里宁格勒
Kantemirovsky 坎特米洛夫斯基
Karl Herbert Fahm 卡尔 · 赫伯特 · 弗拉姆
Karl Liebknecht 卡尔 · 李卜克内西
Karl Marx 卡尔 · 马克思
Karl Radek 卡尔 · 拉狄克
Karlsruhe 卡尔斯鲁厄
Károlyi 卡罗伊
Käthe Kollwitz 凯绥 · 珂勒惠支
Katyn Forest 卡廷森林
Kellogg-Briand pact《凯洛格 – 白里安和平条约》
Kemal's People's Party 凯末尔人民党
Ken Livingstone 肯 · 利文斯通
Ketteler 凯特勒
Kiaochow 胶州湾地区
Kimberly 金伯利
King Ferdinand 国王斐迪南

King Humbert 亨伯特国王
King Leopold Ⅱ 国王利奥波德二世
KLA 科索沃解放军
Klaus Barbie 克劳斯 · 巴尔比耶
Klement Gottwald 克莱门特 · 哥特瓦尔德
Klondike 克朗代克
koniglich 贵族的
Konrad Adenauer 康拉德 · 阿登纳
KonstantinChernenko 康斯坦丁 · 契尔年科
Konstantin Pobedonostsev 康斯坦丁 · 波别多诺斯采夫
Konstantin Rokossovsky 康斯坦丁 · 罗科索夫斯基
Konstantin von Neurath 康斯坦丁 · 冯 · 牛赖特
Krajina 克拉伊纳
Krebsgang/Crab Walker《蟹行》
Krestinsky 克列斯京斯基
Kurland 库兰
Kurt Georg Kiesinger 库尔特 · 格奥尔格 · 基辛格
Kurt von Schuschnigg 库尔特 · 冯 · 舒斯尼格
Kurt Weill 库尔特 · 魏尔
Kwame Nkrumah 克瓦米 · 恩克鲁玛
Kyoto Protocol《京都议定书》
Ladysmith 莱迪史密斯
laissez-faire 放任主义
Lake Chad 乍得湖
Lake Como 科莫湖
Lamberto Dini 兰贝托 · 迪尼
Land Purchase Act《土地收购法案》
Lateran Treaty《拉特兰条约》
Lavr Kornilov 拉夫尔 · 科尔尼洛夫
Lavrenty Beria 拉夫连季 · 贝利亚
Lawrence Eagleburger 劳伦斯 · 伊格尔伯格
Le Bourget 勒布尔歇
Le Cateau 勒卡托
Le Monde《法国世界报》
League of Nations 国际联盟
Lebensborn 生命之源
Lech Kaczynski 莱赫 · 卡钦斯基

Lech Walesa 莱赫 · 瓦文萨
Lee Hockstader 李 · 霍克斯塔德
Lend-Lease Act《租借法案》
Leo Tolstoy 列夫 · 托尔斯泰
Leo XIII 利奥十三世
Léon Blum 莱昂 · 布鲁姆
Leon Trotsky 列夫 · 托洛茨基
Leopold III 利奥波德三世
Lev Kamenev 列夫 · 加米涅夫
Leyte 莱特岛
Liberal Party 自由党
Liberia 利比里亚
Liechtensteins 列支敦士登家族
Life of Ivan Denisovich《伊凡 · 杰尼索维奇的一天》
Lille 里尔市
Limited Test Ban Treaty《部分禁止核试验条约》
Linz 林茨
Lionel Jospin 利昂内尔 · 若斯潘
Lister 利斯特
Little Entente 小协约国
Loire 卢瓦尔河
Longwy-Briey Basin 龙韦 – 布里埃盆地
Lord Derby 德比勋爵
Lord Irwin 欧文勋爵
Lord Lothian 洛锡安勋爵
Lord Louis Mountbatten 路易斯 · 蒙巴顿勋爵
Lord Rosebery 罗斯伯里伯爵
Louis Aragon 路易 · 阿拉贡
Louis Barthou 路易 · 巴尔都
Louvain 鲁汶
Ludwig Kossuth 路德维希 · 科苏特
Luigi Einaudi 路易吉 · 伊诺第
Lumbard League 伦巴第联盟
Lusitania 卢西塔尼亚号
Lyndon Baines Johnson 林登 · 约翰逊
Lytton Strachey 里顿 · 斯特拉奇
Maastricht 马斯特里赫特

Maastricht Treaty《马斯特里赫特条约》
Magda Lupescu 玛格达 · 路派斯库
Magnitogorsk 马格尼托哥尔斯克
Magyars 马扎尔人
Mahdi 马赫迪
Majdanek 马伊达内克
Majorca 马略卡岛
Majority Socialists 多数社会主义者
Maksim Litinov 马克西姆 · 李维诺夫
Malaya 马来亚半岛
Mandalay 曼德勒
Mani Pulite 净手运动
Maniu 马纽
Marcel Proust 马塞尔 · 普鲁斯特
Margaret Thatcher 玛格丽特 · 撒切尔
Margo Honecker 玛尔戈 · 昂纳克
Marienbad 玛丽亚温泉市
Marinus van der Lubbe 马里纳斯 · 范 · 德 · 吕贝
Mario Andreotti 马里奥 · 安德烈奥蒂
Mario Soares 马里奥 · 苏亚雷斯
Marquess of Salisbury 索尔兹伯里侯爵
Marshal Tito 铁托元帅
Marshal Zhukov 朱可夫元帅
Massimo d'Alema 马西莫 · 达莱马
Mater et Magistra《慈母与导师》
Matthias Erzberger 马提亚 · 厄资博格
Maurice Gamelin 莫里斯 · 甘末林
Maurice Maeterlinck 莫里斯 · 梅特林克
Maurice Papon 莫里斯 · 帕彭
Maurras 莫拉斯
Max Amann 马克斯 · 阿曼
Max Grundig 马克斯 · 根德
Max Planck 马克斯 · 普朗克
Mecklenburg-West Pomerania 梅克伦堡 – 西波美拉尼亚
Media-Most 木斯特媒体
Mein Kampf《我的奋斗》
Memel 梅梅尔

Mensheviks 孟什维克
Michael 米哈伊尔
Michael Marrus 迈克尔 · 马鲁斯
Michel Rocard 米歇尔 · 罗卡尔
Mihai Ⅰ 米哈伊一世
Mikhail Borodin 米哈伊尔 · 鲍罗廷
Mikhail Gorbachev 米哈伊尔 · 戈尔巴乔夫
Mikhail Khodorovsky 米哈伊尔 · 霍多尔科夫斯基
Mikhail Tukhachevsky 米哈伊尔 · 图哈切夫斯基
Millerand 米勒兰
Miloš Jakeš 米洛什 · 雅克什
Mindanao 棉兰老岛
Miners' Minimum Wage Act《矿工最低工资法案》
Minsk 明斯克
Mira Milošević 米拉 · 米洛舍维奇
mirs 村社
MIRV 分导式多弹头导弹
Mohammed Bouyeri 穆罕默德 · 布耶里
Mohandas Gandhi 莫汉达斯 · 甘地
Moldavia，Moldova 摩尔达维亚
Monica Lewinsky 莫妮卡 · 莱温斯基
Mons 蒙斯
Montecatini 蒙特卡蒂尼公司
Montreal Protocol on Ozone Depletion《蒙特利尔议定书》
More Light《更加光明》
Mouvment Républicain Populaire，MRP 人民共和运动
Mrs. Camilla Parker-Bowles 卡米拉 · 帕克 · 鲍尔斯夫人
Mstislav Rostropovich 姆斯蒂斯拉夫 · 罗斯特罗波维奇
Mülheim 米尔海姆
Munich Agreement《慕尼黑协定》
municipal Socialism 市政社会主义
Murmansk 摩尔曼斯克
Musil 穆齐尔
Muslim-Croat Federation 穆克联邦
Mustafal Kemal Pasha 穆斯塔法 · 凯末尔帕夏
NAFTA 北美贸易自由协定
Nagorno-Karabach 纳戈尔诺 – 卡拉巴赫

National Health Service Act《国民医疗服务法》
National Insurance Act《国家保险法》
National Liberals 国家自由党
National Service Act《英国国家服务法案》
National Socialist German Workers' Party 德国国家社会主义工人党
NATO 北大西洋公约组织
Nehru 尼赫鲁
NEP 自由经济政策
Netherlands 荷兰(一译"尼德兰王国")
New Forum 新论坛
Niall Ferguson 尼尔 · 弗格森
Nicholas Ⅱ 尼古拉二世
NicolaeCeausescu 尼古拉 · 齐奥塞斯库
Nicolas Ridley 尼古拉斯 · 里德利
Niels Bohr 尼尔斯 · 玻尔
Nikita Khrushchev 尼基塔 · 赫鲁晓夫
Nikola Pašić 尼古拉 · 帕希奇
Nikolai Bukharin 尼古拉 · 布哈林
Nine Power Treaty《九国公约》
North Sea 北海
Northcliffe 诺斯克里夫
NovaHuta 新胡塔
Nuremberg Laws《纽伦堡法令》
October《十月》
OGPU 国家政治保安总局
Olivetti 好利获得公司
Omdurman 乌姆杜尔曼
On the Theory of the Law of Energy Distribution in a Normal Spectrum《关于正态光谱能量分布规律的理论研究》
One-Dimensional Man《单向度的人》
OPEC 欧佩克
OPZZ 全波兰协议工会
Oran 奥兰
Orange Free State 奥兰治自由邦
Orhan Pamuk 奥尔罕 · 帕慕克
Oriana Fallaci 奥莉娅娜 · 法拉奇
Oscar Wilde 奥斯卡 · 王尔德

Otto Von Bismarck 奥托 · 冯 · 俾斯麦
Ottoman Empire 奥斯曼帝国
Pacem in Terris《世界和平》
Pact of Brussels《布鲁塞尔条约》
Passchendaele 帕斯尚尔战役
Pasteur 巴斯德
Patel 帕特尔
Paul Cambon 保罗 · 康邦
Paul Claudel 保罗 · 克劳德尔
Paul Éluard 保尔 · 艾吕雅
Paul Fussell 保罗 · 福塞尔
Paul Kennedy 保罗 · 肯尼迪
Paul Kruger 保罗 · 克留格尔
Paul Reynaud 保罗 · 雷诺
Paul Touvier 保罗 · 图维耶
Paul Valéry 保罗 · 瓦莱里
Paul von Hindenburg 保罗 · 冯 · 兴登堡
Paul Wolfowitz 保罗 · 沃尔福威茨
Petar Mladenov 佩特尔 · 姆拉德诺夫
Peter Groza 彼特鲁 · 格罗查
Peter Reddaway 彼得 · 雷德伟
Peter Stolypin 彼得 · 斯托雷平
Pélleas et Mélisande《佩利亚斯与梅丽桑德》
Petőfi Sándor 裴多菲 · 山陀尔
Petsamo 贝柴摩
Philipp Scheidemann 菲利普 · 谢德曼
Philip Snowden 菲利普 · 斯诺登
Piave 皮亚韦河
Piazza Fontana 丰塔纳广场
Pierre Birnbaum 皮埃尔 · 伯恩鲍姆
Pierre Laval 皮埃尔 · 赖伐尔
Pierre Mauroy 皮埃尔 · 莫鲁瓦
Pierre Mendès-France 皮埃尔 · 孟戴斯 – 弗朗斯
Pietro Nenni 彼得罗 · 南尼
Pin Fortuyn 潘 · 福尔廷
Pius XI 庇护十一世
Pius XII 庇护十二世

Pizza Loreto 洛雷托广场
Place in the sun 阳光照耀之地
Pladcido Domingo 普拉西多 · 多明戈
Pless 普勒斯
Pol Pot 波尔布特
Polish United Workers Party 波兰统一工人党
Polish Corridor 波兰走廊
Ponsonbys 庞森比家族
Poor Law《济贫法》
Pope Benedict XV 教皇本尼迪克特十五世
Pope Leo XIII 教皇利奥十三世
Pope Pius X 教皇庇护十世
Poznán 波兹南
Prague Spring“布拉格之春”事件
Prague's Charles University 布拉格查理大学
Pravda《真理报》
Present Paul Kryeger 总统保罗 · 克留格尔
Prince Andrew 安德鲁王子
Prince Charles 查尔斯王储
Prince Chlodwig von Hohenlohe 克洛德维希 · 冯 · 霍恩洛厄亲王
Prince Max of Baden 马克斯 · 巴登亲王
Prince Yussupov 尤苏帕夫王子
Princess Anne 安妮公主
Pristina 普里什蒂纳
Progressives 改革论者
Queen Wilhelmina 威廉明娜女王
Radical Socialists 激进社会主义党
Radovan Karndzic 拉多万 · 卡拉季奇
Raisa Gorbachev 赖莎 · 戈尔巴乔夫
Rákosi Mátyás 拉科西 · 马加什
Rambouillet 朗布依埃
Ramsay MacDonald 拉姆齐 · 麦克唐纳
Rapallo 拉帕诺
Rasputin 拉斯普京
Ratko Mladic 拉特科 · 姆拉迪奇
Raymond Barre 雷蒙 · 巴尔
Raymond Poincare 雷蒙 · 普恩加莱

Recep Tayyip Erdogan 雷杰普 · 塔伊普 · 埃尔多安
Red Brigades 红色旅
Reflections on Violence《反思暴力》
Reichstag 德意志帝国国会
Reinhard Heydrich 莱因哈德 · 海德里希
Reinsurance Treaty《再保险条约》
Remagen 雷马根
Rene Waldeck-Rousseau 勒内 · 瓦尔德克 – 卢梭
Representation of People Act《国民参政法》
Republic of Chechnya 车臣共和国
Republika Srpska 塞族共和国
Rerum Novarum《新事》、新通谕
Retiro park 丽池公园
Revisonism 修正主义
Reykjavik 雷克雅未克
Rheims 兰斯
Rhineland 莱茵兰
Richard Holbrooke 理查德 · 霍尔布鲁克
Richard Nixon 理查德 · 尼克松
Richard Overy 理查德 · 奥弗里
Richard Reid 理查德 · 里德
Richard Strauss 理查 · 施特劳斯
Richard von Weizsäcker 理查德 · 冯 · 魏茨泽克
Richard Wagner 理查德 · 瓦格纳
Riesorgimento 意大利复兴运动
Rita Klimova 丽塔 · 克里莫娃
Riviera 里维埃拉
Road to Wigan Pier《通信维根码头之路》
Robert Brasillach 罗伯特 · 布拉希拉奇
Robert Havermann 罗伯特 · 哈弗曼
Robert Kagan 罗伯特 · 卡根
Robert Musil 罗伯特 · 穆齐尔
Robert Nivelle 罗贝尔 · 尼维尔
Robert Paxton 罗伯特 · 帕克斯顿
Robert Schuman 罗伯特 · 舒曼
Romano Prodi 罗马诺 · 普罗迪
Rosa Luxemburg 罗莎 · 卢森堡

Rosenkavalier《玫瑰骑士》
Rostock 罗斯托克
Rothermere 罗瑟米尔
Ruban Khasbulatov 鲁班 · 哈斯布拉托夫
Rudi Dutschke 鲁迪 · 杜契克
Rudolf Bahro 鲁道夫 · 巴罗
Rudolf Hess 鲁道夫 · 赫斯
Ruhr area 鲁尔区
Ruthenians 鲁塞尼亚人
Saad Zaghlul Pasha 萨德 · 扎格鲁尔 · 帕沙
Saar area 萨尔地区
Saddam Hussein 萨达姆 · 侯赛因
Salonika 萨洛尼卡
Samashki 萨马西村
Samuel Beckett 塞缪尔 · 贝克特
San Marino 圣马力诺
Sandino 桑迪诺
Santa Barbara《圣塔芭芭拉》
Santiago Carillo 圣地亚哥 · 卡里略
Sarah Ferguson 莎拉 · 弗格森
Schacht 沙赫特
Schleswig 石勒苏益格
Schlieffen Plan 施里芬计划
Schneider-Creusot 施耐德 – 克勒索
Schwarzenbergs 施瓦岑贝格家族
Serbo Slavia 塞尔维亚 – 斯拉维亚
Serge Alexander Stavisky 瑟奇 · 亚历山大 · 斯塔维斯基
Sergei Eisenstein 谢尔盖 · 爱森斯坦
Sergei Kiriyenko 谢尔盖 · 基里延科
Sergei Kirov 谢尔盖 · 基洛夫
Sidney Webb 悉尼 · 韦伯
Siegfried Sassoon 西格夫里 · 萨松
Sigmund Freud 西格蒙德 · 弗洛伊德
Silvio Berlusconi 西尔维奥 · 贝卢斯科尼
Simone de Beauvoir 西蒙娜 · 德 · 波伏娃
Sinai Peninsula 西奈半岛
Sinclair Lewis 辛克莱 · 刘易斯

Single European Act《单一欧洲法案》
Sinn Fein 新芬党
Sir Christopher Wren 克里斯多夫 · 雷恩爵士
Sir Edward Carson 爱德华 · 卡森爵士
Sir Edward Grey 爱德华 · 格雷爵士
Sir Henry Campbell-Bannerman 亨利 · 坎贝尔 – 班纳曼爵士
Sir James Chadwick 詹姆斯 · 查德威克爵士
Sir John Dill 约翰 · 迪尔爵士
Sir Samuel Hoare 塞缪尔 · 霍尔爵士
Sir Stafford Cripps 斯塔福德 · 克里普斯爵士
Six-Day War 六日战争
Slansky 斯兰斯基
Slobodan Milošević 斯洛博丹 · 米洛舍维奇
Smyrna 士麦那
socialism in one country 一国社会主义
Somme 索姆河
Sons and Lovers《儿子与情人》
South Seas 南太平洋
South Tyrol 南蒂罗尔
Sovyetskaya Rossiya《今日俄罗斯》
Spartacus group 斯巴达克同盟
SPD 社会民主党
Srebrenica 斯雷布雷尼察小镇
Stabilty Pact《稳定与增长公约》
Stafford Cripps 斯塔福德 · 克里普斯
Stasi 斯塔西
Statute of Westminster《威斯敏斯特条例》
Stavisky Affair 斯塔维斯基事件
Stephen Spender 斯蒂芬 · 斯彭德
Stolypin 斯托雷平
Stralsrund 斯特拉尔松
Strength through Joy 快乐的力量
Stuttgart 斯图加特
St. Stephen 圣史蒂芬
St. Wenceslas Square 圣温塞斯拉斯广场
Sudeten area 苏台德地区
Suez Affair 苏伊士运河事件

Sugar Loaf Hill 甜面包山
Sylvia 西尔维娅
TadeuszMazowiecki 塔德乌什 · 马佐维耶茨基
Taff Vale Decision《塔夫河谷决议》
Tangier 丹吉尔
Tata Iron and Steel Company 塔塔钢铁公司
the Balkans 巴尔干半岛
The Cabinet of Dr.Caligari《卡里加里博士的小屋》
The Dayton Accord《代顿和平协定》
The Diary of a Young Girl《安妮日记》
the Dohnas 多纳家族
The Education Act《教育法》
The Foundations of Leninism《列宁主义的基础》
The Great War and Modern Memory《伟大的战争及现代的记忆》
The Greens 绿党
the Krupps 克虏伯家族
The Leopard《豹》
The Man without Qualities《没有个性的人》
The Munich Conference 慕尼黑会议
The Ring of the Nibelung《尼伯龙根的指环》
The Second Industrial Revolution 第二次工业革命
The Second Sex《第二性》
The Spirit of St. Louis 圣路易斯精神号
the State Union of Serbia and Montenegro 塞尔维亚与蒙地内哥罗联盟国家
The Waste Land《荒原》
Theo van Gogh 特奥 · 凡 · 高
Theobald von Bethmann-Hollweg 特奥巴尔德 · 冯 · 贝特曼 · 赫尔维希
Theodore Roosevelt 西奥多 · 罗斯福
Théophilus Delcassé 泰奥菲勒 · 德尔卡塞
Thomas Mann 托马斯 · 曼
Threepenny Opera《三便士歌剧》
Tiflis 第比利斯
Tikrit 提克里特
Timisoara 蒂米什瓦拉
Tisza 蒂萨
Todor Zhivkov 托多尔 · 日夫科夫
Togliatti 陶里亚蒂

Tomáš Masaryk 托马斯 · 马萨里克
TonyBenn 托尼 · 本
Tony Blair 托尼 · 布莱尔
Tory Democracy 托利民主
Trades Disputes Act《劳资争议法》
Transvaal 德兰士瓦
Transylvania 特兰西瓦尼亚
trasformismo 波动选票法
Treaty of Brest-Litovsk《布列斯特 – 立托夫斯克和约》
Treaty of Lausanne《洛桑和约》
Treaty of Moscow《莫斯科条约》
Treaty of Neuilly《纳伊条约》
Treaty of Rapallo《拉帕洛条约》
Treaty of Rome《罗马条约》
Treaty of Sèvres《色佛尔条约》
Treaty of St.Germain《圣日耳曼条约》
Treaty of Trianon《特里亚农条约》
Treaty of Versailles《凡尔赛和约》
Treblinka 特雷布林卡
Treuhand 特罗伊汉德
Trieste 的里雅斯特
Triple Alliance 三国同盟
Tripolitan War 的黎波里战争
Tsar Lazar 沙皇拉扎尔
Tudjman 图季曼
T. E. Lawrence 托马斯 · 爱德华 · 劳伦斯
T. S. Eliot 托马斯 · 斯特尔纳斯 · 艾略特
Umberto Bossi 翁伯托 · 博西
Unionist 统一党
unpleasant and pleasant plays 悲喜剧
Unter den Linden 菩提树大街
Ural 乌拉尔
Ustachi 乌斯塔沙组织
Uzbekistan 乌兹别克斯坦
Vaclav Havel 瓦茨拉夫 · 哈维尔
Václav Klaus 瓦茨拉夫 · 克劳斯
Valery Giscard d'Estaing 瓦勒里 · 吉斯卡尔 · 德斯坦

Verdun 凡尔登
Victor Schoelcher 维克托 · 舍尔歇
Victoria 维多利亚
Viktor Chernomydrin 维克多 · 切尔诺梅尔金
Viktor Yushenko 维克多 · 尤先科
Vilnius 维尔纽斯
Viviani 维维安尼
Vladimir Gusinsky 弗拉基米尔 · 古辛斯基
Vladimir Ilich Lenin 弗拉基米尔 · 伊里奇 · 列宁
Vladimir Ilyich Ulyanov 弗拉基米尔 · 伊里奇 · 乌里扬诺夫(列宁本名)
Vladimir Meciar 弗拉基米尔 · 麦恰尔
Vladimir Putin 弗拉基米尔 · 普京
Vladimir Zhirinovsky 弗拉基米尔 · 日里诺夫斯基
Vojialav Kostunica 沃伊斯拉夫 · 科什图尼察
von Schleicher 冯 · 施莱谢尔
Vukovar 武科瓦尔
Vyacheslav Molotov 维亚切斯拉夫 · 米哈伊洛维奇 · 莫洛托夫
Waiting for Godot《等待戈多》
Wallis Simpson 沃利斯 · 辛普森
Walsin Esterhazy 沃尔森 · 艾什泰哈齐
Walter Gropius 瓦特尔 · 格罗皮乌斯
Walter Rathenau 沃尔夫 · 拉瑟努
Walter Ulbricht 瓦尔特 · 乌布利希
Walter von Reichenau 瓦尔特 · 冯 · 赖歇瑙
Wannsee 万塞
Warsaw Pact《华沙条约》
Weigand 韦甘德
Werner Heisenberg 维尔纳 · 海森堡
Wesley Clark 韦斯利 · 克拉克
Wilhelm Frick 威廉 · 弗利克
Wilhelm Keitel 威廉 · 凯特尔
Wilhelm Marx 威廉 · 马克思
Willi Stoph 维利 · 斯多夫
William Beveridge 威廉 · 贝弗里奇
William Bullitt 威廉 · 布利特
William Gladstone 威廉 · 格莱斯顿
William Ⅱ 威廉二世

William Randolph Hearst 威廉 · 鲁道夫 · 赫斯特
Willy Brandt 维利 · 勃兰特
Winston Churchill 温斯顿 · 丘吉尔
Władysław Gomułka 瓦迪斯瓦夫 · 哥穆尔卡
Wojciech Jaruzelski 沃依切赫 · 雅鲁泽尔斯基
Wolf Biermann 沃尔夫 · 比尔曼
Wolfgang Kapp 沃尔夫冈 · 卡普
Wolfgang Thierse 沃尔夫冈 · 蒂尔泽
Women of Russia 俄罗斯妇女
Women's Social and Political Union 妇女社会政治联盟
Woodrow Wilson 伍德罗 · 威尔逊
World Congress of the Communist Parties 共产主义世界大会
Wozzeck《沃采克》
Wright-Patterson Air Force Base 赖特帕特森空军基地
Yap 雅浦岛
Yegor Gaidar 叶戈尔 · 盖达尔
Yegor Ligachev 雅戈尔 · 李加契夫
Yom Kippur War 赎罪日战争
Young Plan 扬格计划
Young Turks 青年土耳其党
Ypres 伊普尔
Yuri Andropov 尤里 · 安德罗波夫
Yuri Gagarin 尤里 · 加加林
Yusko 尤斯科石油公司
Zabern 扎本
Zeppelin 齐柏林硬式飞艇
Zhirinovsky 日里诺夫斯基